DIREITO
dos Valores Mobiliários

DIREITO
dos Valores Mobiliários

Ary Oswaldo Mattos Filho
Professor Sênior da FGV DIREITO SP

VOLUME 1
Dos valores mobiliários
[Tomo 1]

2015

SUMÁRIO

Apresentação 11

1. O conceito de valor mobiliário 17
1.1 A origem 19
   1.1.1. O aparecimento do valor mobiliário 19
   1.1.2 O Direito dos Valores Mobiliários 24
   1.1.3 O que é valor mobiliário? 26
1.2 Valor mobiliário ou título de crédito? 27
   1.2.1 A relevância da discussão 28
   1.2.2 Os títulos de crédito no Direito brasileiro 32
   1.2.3 As tentativas nacionais de adaptação das emissões societárias à teoria dos títulos de crédito 38
   1.2.4 O título de crédito no Código Civil 42
   1.2.5 Efeito de comércio e valores mobiliários 45
1.3 A discussão na atualidade 50
1.4 Por que definir valor mobiliário? 51

2. Estados Unidos: o conceito de "valor mobiliário" segundo a Suprema Corte 55
2.1 Contrato de investimento ou alienação de imóvel? (C. M. Joiner Corporation, 1943) 64
2.2 Contrato de investimento ou negócio imobiliário? (W. J. Howey Company, 1946) 66
2.3 Contrato de investimento ou apólice de seguro? (Variable Annuity Life Insurance Company of America – VALIC, 1959) 70

2.4 Contrato de investimento ou apólice de seguro? (United Benefit Life Ins. Co., 1967) 73
2.5 Contrato de investimento ou depósito em instituição de poupança? (Alexander Tcherepnin, 1967) 75
2.6 Contrato de investimento ou aquisição de imóvel? (Forman, 1975) 77
2.7 Contrato de investimento ou plano de pensão? (Teamsters, 1979) 82
2.8 Contrato de investimento ou prestação de garantia? (Marine Bank, 1982) 86
2.9 Contrato de investimento ou venda de estabelecimento? (Landreth Timber Co., 1985) 88
2.10 Venda de negócio ou venda de ações? (Ruefenacht, 1985) 95
2.11 Contrato de investimento ou garantia de pagamento? (Reves, 1990) 97
2.12 Contrato de investimento ou venda de telefone? (Edwards, 2004) 103
2.13 Síntese da jurisprudência norte-americana 104

3. Análise comparada das soluções adotadas por alguns países 119

3.1 A Comunidade Econômica Europeia 123
3.2 Segundo grupo: Japão e Inglaterra................................. 125
   3.2.1 Japão 125
   3.2.2 Inglaterra 128
3.3 Terceiro grupo: Alemanha, França, Itália e Espanha.................. 134
   3.3.1 Alemanha 134
   3.3.2 França 138
   3.3.3 Itália 140
   3.3.4 Espanha 142
3.4 Quarto grupo: Portugal, Argentina e Brasil 151
   3.4.1 Portugal 151
   3.4.2 Argentina 155

4. O desenvolvimento do mercado de valores mobiliários no Brasil 157

4.1 A construção dos critérios caracterizadores do conceito de valor mobiliário... 160
4.2 O fim dos valores mobiliários ao portador e endossáveis à ordem 161
4.3 A antiga divisão dos campos de competência.......................... 165
4.4 A criação da Comissão de Valores Mobiliários........................ 170
   4.4.1 Títulos ou contratos de investimento coletivo 179
   4.4.2 Direitos participativos ou de parceria 182

 4.4.3 Prestação de serviços 186
 4.4.4 Rendimento advindo do esforço do empreendedor ou de terceiro 187
 4.4.5 Direitos participativos 188
4.5 Alcance, limitações e exclusões 188

5. Ações 191
5.1 A ação enquanto paradigma dos valores mobiliários 193
 5.1.1 A evolução da companhia e da ação 193
 5.1.2 O que é ação? 198
 5.1.3 Ação enquanto forma racional de organização do macrossistema produtivo 201
5.2 Ações escriturais, certificado de ação e custódia 203
 5.2.1 Ações escriturais 205
 5.2.2 Certificado de ações 206
  5.2.2.1 Competência para emissão 206
  5.2.2.2 Suspensão da transferência de ações 206
  5.2.2.3 Perda do certificado 206
 5.2.3 Custódia 207
5.3 O capital social 208
 5.3.1 Valor de emissão 210
 5.3.2 Espécies 212
 5.3.3 Classes 212
  5.3.3.1 Ação preferencial de classe especial ou golden share 213
 5.3.4 Capital fixo e capital autorizado 216
 5.3.5 Modificação do capital social 220
 5.3.6 O aumento do capital social 221
 5.3.7 Preço de emissão 222
 5.3.8 Ações ordinárias e preferenciais ofertadas pelo mesmo preço 236
 5.3.9 Qual o limite da aplicabilidade do artigo 170 da Lei n. 6.404/1976? .. 238
5.4 Direito de preferência 242
 5.4.1 Exclusão do direito de preferência 246
5.5 Redução do capital social 250
 5.5.1 As reduções facultativas do capital social 251
 5.5.2 A redução facultativa e o prejuízo do minoritário 254
 5.5.3 As reduções compulsórias do capital social 256
 5.5.4 A redução do capital e seu efeito patrimonial 258
 5.5.5 A aprovação do conselho fiscal na redução de capital 259
5.6 Ações não integralizadas 263
5.7 Negociação com suas próprias ações 264

5.8 Ações de tesouraria 266
    5.8.1 A regulamentação da CVM 269
    5.8.2 Ações de tesouraria como moeda de aquisição de participação acionária 274
    5.8.3 Limite máximo de ações em tesouraria 288
    5.8.4 A responsabilização pelo dano 291
    5.8.5 A disponibilidade financeira para aquisição de suas próprias ações .. 293
5.9 *Stock option* 293
    5.9.1 Por que dar a opção de compra? 296
    5.9.2 O prazo para o exercício 297
    5.9.3 A stock option pode ser considerada remuneração? 298
    5.9.4 Criação e oferta dos contratos de opção 299
    5.9.5 A quem ofertar 301
    5.9.6 A stock option é uma operação privada 301
    5.9.7 A recompra de ações adquiridas por stock option 306
    5.9.8 Recompra por falta de liquidez 308
5.10 Restrições à aquisição de suas próprias ações 311
5.11 Reembolso 319
5.12 Amortização 325
5.13 Resgate 329
5.14 Bônus de subscrição 335
    5.14.1 O bônus de subscrição no Direito brasileiro 337
    5.14.2 Exercício unilateral de direito 339
    5.14.3 O preço de exercício 342

6. Ações ordinárias 363
6.1 A grande discussão 365
    6.1.1 A evolução do processo associativo 366
6.2 A lenta evolução do direito ao voto 371
    6.2.1 O paradigma inglês 372
    6.2.2 O paradigma holandês 374
    6.2.3 Contraste entre os dois modelos e sua evolução 377
6.3 O valor do voto 382
    6.3.1 Um voto por cabeça 382
    6.3.2 Um voto por ação 389
6.4 A ação ordinária no ordenamento brasileiro 395
    6.4.1 A experiência brasileira na democracia societária 398
6.5 Direitos e responsabilidades inerentes ao voto 400
    6.5.1 O direito de voto e suas condicionantes 400

   6.5.1.1 O voto por procuração 400
     6.5.1.1.1 O parágrafo 1º do artigo 100 da Lei das Companhias..... 403
     6.5.1.1.2 O parágrafo 3º do artigo 126 da Lei das Companhias..... 416
   6.5.1.2 Voto múltiplo 418
     6.5.1.2.1 O voto múltiplo no Direito brasileiro................... 421
     6.5.1.2.2 Os acréscimos criados pela Lei n. 10.303/2001 424
   6.5.1.3 O voto das ações empenhadas, gravadas com usufruto ou alienadas fiduciariamente 426
     6.5.1.3.1 O voto da ação gravada com o penhor 426
     6.5.1.3.2 O voto da ação gravada com a alienação fiduciária em garantia 430
     6.5.1.3.3 O voto da ação gravada com o usufruto 432
  6.5.2 Os mecanismos para aglutinação do poder de voto 435
   6.5.2.1 O acordo de voto 436
   6.5.2.2 O trust... 438
6.6 O Estado como sócio e a prática de políticas públicas nas companhias de economia mista... 441
 6.6.1 A companhia de economia mista na Constituição Federal........... 441
 6.6.2 O que é interesse público para o Direito Administrativo? 445
 6.6.3 O interesse público na Lei das Companhias 448
 6.6.4 Análise de uma situação concreta............................... 449
6.7 O acordo de acionistas no Direito brasileiro 453
 6.7.1 A natureza do acordo... 453
 6.7.2 As partes no acordo de acionistas 457
  6.7.2.1 A participação de terceiro não acionista no acordo.......... 458
  6.7.2.2 A participação de administrador no acordo 461
 6.7.3 Contratos típicos, mistos ou atípicos............................. 462
 6.7.4 O objeto do acordo de acionistas................................ 463
  6.7.4.1 O acordo de voto 464
  6.7.4.2 A negociação com o voto 468
 6.7.5 O acordo de acionistas com valores mobiliários conversíveis em ações votantes 469
 6.7.6 Acordo de acionistas e o interesse social 469
 6.7.7 Acordo de voto com e sem controle 472
 6.7.8 O direito de preferência ou de bloqueio 477
 6.7.9 Vigência, prazo do acordo, rescisão 479
 6.7.10 Os acordos de voto e de preferência por prazo determinado........ 480
 6.7.11 Os acordos de voto e de preferência por prazo indeterminado...... 482
 6.7.12 Arquivamento na sede da companhia........................... 488
  6.7.12.1 Os efeitos do arquivamento 488

6.7.13 A reunião prévia 494
6.7.14 A ausência às deliberações ou abstenção de voto do acionista acordante 495
6.7.15 Acordo de minoritários e preferencialistas para eleição do conselho 495
6.7.16 A execução específica judicial e arbitral do acordo 497
6.7.17 As dificuldades com os parágrafos 8º e 9º do artigo 118 em face do artigo 154 501
6.7.18 A suspensão do voto 507
6.7.19 Acordo de acionistas com ente público 513

7. Ações preferenciais 523
7.1 As razões justificativas das ações preferenciais 525
7.2 Origem e evolução 529
7.3 A normatização vigente 543

Referências 545

Índice remissivo 553

APRESENTAÇÃO

Este livro começou a ser gerado já há muito tempo. Diferentemente da criação dos seres vivos, esta sofreu várias interrupções, algumas curtas e outras muito demoradas. Mas, como toda obra, ela teve um começo e, ainda, espero eu, não chegou ao seu termo final.

A ideia teve início em um dos quentes verões da Nova Inglaterra, sentado sob uma das enormes árvores que sombreiam os enormes gramados da Escola de Direito de Harvard. Para lá eu tinha voltado em 1984 a fim de cumprir o meu pós-doutorado. E foi lá, enquanto bolsista da Comissão Fulbright, que dava tratos à bola para formatar meu trabalho, de sorte a justificar minha estada.

Já então tendo abandonado a área do Direito Tributário, depois de tantos anos enquanto professor da Escola de Administração da Fundação Getúlio Vargas, me dedicava, na mesma GV, há mais de cinco anos, ao Direito Societário e ao então nascente Direito dos Valores Mobiliários. Para Harvard, voltei a convite do Professor Louis Loss, que além do mais me apresentara, com sua carta, à Fulbright.

À época de minha ida, além das aulas da matéria então denominada "Mercado de Capitais", já atuava como consultor externo da Bolsa de Valores de São Paulo, em parceria com o então chefe do seu departamento jurídico, o amigo Washington Leopoldi. A época não poderia ser mais efervescente. Tínhamos, desde os fins de 1976, duas novas leis importantes.

A primeira reformulara substancialmente a Lei das Companhias de 1940, aproveitando o esqueleto construído por Valverde, mas com inúmeros conceitos novos que já há algum tempo eram discutidos pelo professor Alfredo Lamy Filho em suas aulas na Faculdade de Direito da PUC do Rio de Janeiro. Trouxera ele à discussão vários institutos do Direito norte-americano, os quais nosso mundo empresarial reclamava, tais como o conselho de administração, a execução específica do acordo de acionistas, a responsabilidade da companhia em face daqueles que com ela transacionam, como seus empregados e fornecedores, dentre tantas outras novidades. Como companheiro de empreitada, a ele se juntou o advogado

José Luiz de Bulhões Pedreira — sem favor algum, uma das pessoas mais envolvidas profissionalmente com a junção de dois mundos necessários ao direito dos negócios, o direito societário e o direito tributário.

Desta feita, o mundo acadêmico e o mundo da advocacia do dia a dia se juntaram, a convite do então Ministro da Fazenda, Mário Henrique Simonsen, para que apresentassem o anteprojeto que daria a nova cara do direito societário brasileiro.

A segunda norma que Simonsen encomendara à dupla foi a confecção de uma nova lei criadora da Comissão de Valores Mobiliários, retirando do escopo do Banco Central algumas das competências relativas aos valores mobiliários emitidos pelas sociedades anônimas, criando uma autarquia competente para normatizar o processo de capitalização que então se buscava para financiar a grande empresa privada brasileira.

Da primeira proposta, qual seja, a da alteração da Lei do Anonimato, tínhamos uma vasta experiência que se acumulara desde a segunda metade do século XIX. Esse conhecimento, como seria de se esperar, manifestou-se na quantidade de emendas e sugestões então apresentadas. Inúmeras foram as mesas de debates, e por vezes as discussões se encaminhavam para duelos verbais e demonstrações de erudição nem sempre necessárias.

Já a proposta de criação da Comissão de Valores Mobiliárias quase que vem ao mundo sem qualquer padrinho, ressalvadas algumas discussões administrativas referentes à organização e aos poderes da futura autarquia. Na verdade, essa anemia nada mais fez do que demonstrar o jejum praticado entre nós quanto ao conhecimento das regras e ao funcionamento do mercado de valores mobiliários. Na discussão de 1975 e 1976 sobre um regulador do mercado de valores mobiliários, o que nos valeu, enquanto sistematização legal, foi a importação de dois norte-americanos que, em 1965, a convite do Banco Central, vieram para cá trazer as modernidades praticadas acima do Rio Grande. Da vinda de Norman Poser e Alan Roth resultou o primeiro trabalho sobre o assunto, feito a pedido da então Gerência de Mercado de Capitais do Banco Central.

A ideia da criação de uma outra autarquia para regular o mundo dos valores mobiliários, malgrado os esforços do então Ministro Simonsen, só logrou sua aprovação com a redução da competência para a nova autarquia, restando bem mais restrita. Essa era uma resistência multiforme, já que contrariava centros de poder cristalizados. De um lado, a burocracia do Banco Central; de outro, o setor privado que atuava no mercado de ações, que temia a criação de mais uma burocracia estatal. Mas malgrado todos os percalços, a *SEC brasileira* foi criada em dezembro de 1979, e paulatinamente aumentou seu papel na busca de seus dois desideratos legais, quais sejam, o de regular o mercado de valores mobiliários, bem como o de incentivar o seu desenvolvimento.

Era esse o meu pano de fundo já nos idos de 1984, enquanto buscava encontrar uma forma de apresentar ao Professor Loss o tema de minha predileção. À época, havia grande expectativa quanto ao real surgimento de um mercado de valores mobiliários pujante no Brasil. Quase tudo era novidade. Muitas eram as dúvidas. A CVM buscava ainda seu lugar ao sol, lutando contra as animosidades disfarçadas. O Banco Central ainda não estava curado do ciúme por sua perda parcial da competência sobre o mercado de valores mobiliários, bem como pela resistência que as bolsas de valores e as sociedades corretoras apresentavam, já que ainda se sentiam desconfortáveis com o surgimento de um regulador específico para o seu pequeno território.

Portanto, o que havia à época era um conjunto de normas legais e a vontade governamental de criar um mecanismo para o financiamento da grande empresa nacional. Mas me atormentava uma dúvida antecedente. Qual o papel do Direito na criação de um mercado de valores mobiliários? Criada a norma legal, surgiria o mercado? Tinha para mim que havia um antecedente bem mais importante a ser entendido do que estudar artigos ou conjunto de normas. E, já à época, tinha enormes dúvidas sobre a importação de modelos vindos de outras culturas, distintas das nossas. Claro que nem de longe tinha em mente recriar a Semana Modernista na área do Direito dos Valores Mobiliários.

Preocupava-me, e muito, poder pensar e encontrar respostas para a minha constatação básica, qual seja, por que o mercado de valores mobiliários surgiu de forma natural na Holanda, na Inglaterra, nos Estados Unidos, no Canadá e na Austrália. Em contrapartida, na Europa continental e entre nós, sua criação se arrastava com graus diferentes de sucesso — e, assim mesmo, todos os exemplos relevantes na Europa continental são razoavelmente recentes.

Podemos apontar entre nós uma experiência fugaz e difícil, ainda no século XIX, que resultou no Encilhamento, mas cujo grande afluxo de recursos financeiros que geraram sua eclosão nasceu do auxílio indireto do Estado; se é que se pode chamar de auxílio a política de criar liquidez provocando emissões privadas de moeda de curso corrente, feitas por orientação governamental da nascente República a algumas instituições bancárias. Ou seja, a explosão na emissão de ações ao final do século XIX deveu-se ao excesso de liquidez na Praça do Rio de Janeiro e não pelo nascimento da aceitação natural das pessoas para investirem em ações ofertadas publicamente.

Minha grande indagação continuava presente e sem resposta. Por que o mercado surgiu naturalmente em alguns países enquanto em outros nem com incentivos governamentais ele surgia forte? Com essa dúvida "existencial" na cabeça fui ao meu primeiro encontro com o Professor Loss. Ele concordou que o tema era mais do que importante, mesmo fundamental, mas me avisou de sua complexidade, já que necessitaria de conhecimentos não só de Direito, mas de um bom conhecimento prévio de Economia, História, Sociologia, Psicologia, dentre outros ramos do conhecimento.

Certamente acometido pelo deslumbramento dos adventícios, talvez por me achar como parte das "torres de marfim do conhecimento", tolamente me julgando dela fazer parte, defendi meu ponto de vista com convicção aguerrida. Por conta de minha convicção, o Professor Loss me recomendou iniciar minhas leituras por alguns autores fundamentais. De posse da lista de autores, fui à Harvard Coop para comprar e ler o inafastável Max Weber, passando por Werner Sombart, por Otto Hintze, passando pelo inevitável Marx e muitos outros mais. Já de volta ao Brasil, fui buscar luzes que me faltavam em Sérgio Buarque de Holanda, Caio Prado Júnior, Gilberto Freire, etc.

Passado um tempo relativamente longo, já tendo lido e pensado muito e escrito alguma coisa, concluí que seria mais prudente e realista alterar a ordem dos fatores, de sorte a retornar ao mundo do Direito — o que fiz nesses últimos anos e que resultou nestes primeiros volumes; e espero, se os fados me ajudarem, dar continuidade ao trabalho. Essa continuidade está sendo facilitada pela inexistência das interrupções que prejudicaram esta primeira parte do trabalho, tal como o ocorrido com minha ida por três anos para trabalhar junto ao governo federal ou os onze anos — bem gastos, creio eu — na criação e direção da Direito GV.

No processo de elaboração deste trabalho, tentei a ele dar o *sabor* que nossa Escola de Direito imprime a seus alunos e professores. Parti da premissa de que é sempre relevante analisar o Direito de forma crítica, procurando as razões históricas da criação de determinado comando legal e comparando-o com a realidade concreta enquanto norma aplicada à sociedade brasileira e resultante dessa aplicação; claro que sem abandonar a doutrina, que ainda exerce entre nós enorme peso nas decisões judiciais e administrativas. Por tal motivo, e, na medida do possível, tentei abordar o entendimento dos julgadores, quer os administrativos, quer os judiciais, quando da aplicação do Direito em discussão. Muito embora a nossa tradição dê um justo acolhimento aos doutrinadores, creio ser importante dar um maior relevo às decisões administrativas ou judiciais. Ao fim e ao cabo, será das decisões — principalmente aquelas emanadas do Poder Judiciário — que se poderá extrair a certeza do Direito. É a partir desses julgados que surge o papel nobre da academia, ao comentar criticamente a sua razão de decidir, principalmente se a academia ou outros julgadores tiverem entendimento diferente. Será desse diálogo que se enriquecerá a Ciência do Direito.

Não posso deixar de mencionar que a tarefa, quanto ao levantamento da jurisprudência judicial, não tem sido fácil. Se de um lado ela ficou mais acessível por meio da Internet, de outro, como é facilmente constatável, inexiste uma unidade quanto às palavras-chave para a busca eletrônica. Também, como outros pesquisadores devem ter encontrado, a grande discussão nos tribunais inferiores está centrada no Direito processual e não na matéria substantiva, o que afasta esses julgados de uma análise mais crítica do Direito substantivo, além da constatação de que são raras as decisões judiciais concernentes ao mercado de capitais como um todo.

Outro tropeço inevitável que ocorre na discussão do Direito dos Valores Mobiliários surge pela mudança de sua normatização, na medida em que, em sua maior parte, ela advém de regras emanadas da Comissão de Valores Mobiliários, algumas do Banco Central e do Conselho Monetário Nacional ou de decisões conjuntas da CVM e do BC. Isso torna o trabalho perecível em um espaço de tempo razoavelmente curto, conspirando para que, no futuro, ele possa ser disponibilizado em forma de livro eletrônico, permitindo uma atualização mais constante e com melhor aproveitamento de nosso ecossistema. Um bom exemplo do perecimento poder-se-á verificar com a edição da Instrução CVM n. 555, publicada em 17 de dezembro de 2014, quando este livro já se encontrava em fase de produção gráfica. Neste caso, só foi possível colocar uma nota de alerta quando trato dos fundos de investimento, bem como agregar esta anotação à atenção do leitor.

Por se tratar de um trabalho razoavelmente longo e em grande parte opinativo, penso que poderá levantar discordâncias e que certamente deverá conter erros e imprecisões. Sobre as discordâncias, fica desde já feito o convite para que possamos debatê-las na Direito GV; quanto aos erros, fico desde já grato aos eventuais leitores que me corrigirem.

Nascido esse primeiro filho em papel, tenho que agradecer os incentivos de meus três filhos, seres pensantes e generosos, para que continuasse este trabalho depois de tantas e tão longas interrupções. Quando lia as apresentações feitas por outros autores agradecendo a paciência dos filhos quanto ao tempo e ao convívio deles roubado, tendia a achar piegas essas colocações, como se fosse algo de praxe e de bom tom. Agora, sentindo na carne o preço do afastamento a eles, não só devo agradecer pelo apoio e pela paciência oriental que comigo têm tido, mas também à Rebecca, ao Ary Eduardo e à Helena entregar este trabalho que tanto tempo me tem consumido. Dizem que a vida só é vivida se se têm filhos, plantam-se árvores e escreve-se um livro. Com estes filhos de papel, cumpro o preceito que vem secularmente guiando a humanidade, muito embora vá continuar na lide para produzir mais filhos de papel e dedicá-los sempre aos três biológicos.

Seria totalmente desleal se aqui não agradecesse o empenho de algumas almas generosas que me ajudaram a completar esta primeira etapa de minha jornada solitária. Ao Hugo Maciel de Carvalho, que, com a paciência de um sábio oriental, buscou corrigir os meus crimes, dolosos ou culposos, contra o vernáculo tão bem cuidado por Machado e Eça. À Valkiria Zacharias da Silva, também oriental em sua paciência, gentil por natureza, a busca do acerto das notas de rodapé que, um descuidado como eu, havia me esquecido de citar a página, o volume e outros detalhes de que a boa educação literária não abre mão. As eventuais falhas remanescentes, por ser declaração de verdade, devem-se à minha teimosia, que, diga-se de passagem, vem se sofisticando. Não tenho dúvida que um trabalho como este deverá conter passagens de que o leitor discorde ou mesmo que contenham impropriedades. Aos leitores, fico desde já agradecido pelo apontamento de tais discordâncias/falhas para que possa dialogar com o discordante ou corrigir eventuais erronias.

Aos meus amigos e colegas da FGV devo pedir desculpas pelo meu alheamento às tarefas administrativas tão imprescindíveis em uma Escola tão séria e exigente como a Direito GV. A desculpa, se houver, está agora nestes dois volumes. Porém, pecador empedernido que sou, pretendo pedir desculpas pelas minhas futuras ausências para poder continuar este trabalho.

ARY OSWALDO MATTOS FILHO
São Paulo, 30 de outubro de 2014.

ary@mattosfilho.com.br
ary.mattos@fgv.br

capítulo 1
O CONCEITO DE VALOR MOBILIÁRIO

> *"When I use the word," Humpty Dumpty said, in a rather scornful tone, "it means just what I choose it to mean — neither more nor less."*
> *"The question is," said Alice, "whether you can make words mean so many different things."*
> *"The question is," said Humpty Dumpty, "which is to be master — that's all."*
>
> LEWIS CAROL. Through the Looking Glass.

1.1 A ORIGEM

1.1.1 O aparecimento do valor mobiliário

Os valores mobiliários, papéis ligados à genealogia dos títulos de crédito, remontam à época em que a sociedade urbana europeia se torna mais complexa, principalmente no que diz respeito à necessidade de transporte rápido e seguro de recursos financeiros de uma praça para outra. Tais papéis antecedem aos bancos de emissão e sucedem à criação da moeda na Europa. Os doutrinadores aculturados pela via europeia comumente atribuem o nascimento dos títulos de crédito aos centros financeiros da hoje Itália, ou a alguns centros econômicos franceses e belgas. Na realidade, a Europa redescobre os títulos de crédito a partir do século XIV ou XV,[1] e isso devido a dois fatores que impediam a maior velocidade

---

1. Embora fuja ao escopo deste capítulo, os títulos de crédito surgem naturalmente, como necessidade provocada pela velocidade dos negócios. Assim, como o ato de comércio já fora enormemente praticado, mesmo antes da Europa atingir o estágio cultural pós-barbárie, também os títulos de crédito existiram em outros locais, quando os europeus ainda viviam em cavernas. Confira-se BRAUDEL, Fernand. **The Structure of Every Day Life**: the Limits of the Possible. New York: Harper & Row, 1979, p. 472: *"In fact as soon as men learn to write and have some coins to handle, they had replaced cash with written documents, notes, promises and orders. Notes and checks between market traders and banks were known in Babylon twenty centuries before the Christian era. There is no need to exaggerate the modernity of such system to admire their ingenuity. The same devices were found in Greece and Hellenistic Egypt where Alexandria became 'The most popular center of international transit'. Rome was familiar with current accounts, and debit and credit figure in the book of the argentari. Finally, all the instruments of credit, bills of exchange, promissory notes, letters of credit, bank notes, checks were known to the merchants of Islam, whether Muslins or not, as can be*

nas transações mercantis: o entesouramento de moedas e a segurança no transporte de dinheiro.

O primeiro fator decorria da circunstância de que as moedas eram cunhadas em ouro, prata, cobre e outros metais não preciosos. Porém, desde aquela época os europeus já costumavam guardar as moedas de ouro e prata, circulando somente as outras inferiormente valoradas. Tal comportamento representava a desconfiança nos governos que colocavam o dinheiro em circulação, mas, além disso, essa falta de numerário acarretava enorme dificuldade para finalizar as transações que envolvessem grandes somas; ou seja, aquelas que exigissem moedas de maior valor, como as de ouro ou de prata. Assim, reduzia-se o meio circulante e diminuía-se a capacidade operacional dos mercadores e empresários da época.

A segunda situação, que também conspirou favoravelmente para o aparecimento dos títulos de crédito, foi a necessidade do transporte de grandes somas de dinheiro ou metais preciosos entre cidades (fator segurança), bem como a grande variedade de moedas, quanto à origem da cunhagem, que eram transacionadas num mesmo local (fator comodidade).

Finalmente, deve ser agregado que as operações mercantis não eram necessariamente terminadas com a efetivação do pagamento à vista, fato que, através das operações a termo, gerou a necessidade de documentos que dessem vida legal à transação; documentos esses que passaram, posteriormente, a ser suscetíveis de negociação por terceiros não envolvidos na transação original, na medida em que se veio a admitir a cessão de créditos, independentemente da relação mercantil da qual se originaram.

Assim, a evolução se deu do escambo ao surgimento da moeda, e desta ao crédito, pela criação de papéis que o documentassem. Tal processo culmina com o aparecimento do crédito mais sofisticado de então, com o aparecimento dos bancos de emissão ou dos papéis representativos de quantias monetárias ou lastreados em ouro ou prata, emitidos por ourives e comerciantes de metais preciosos.

Porém, qualquer que fosse a forma jurídica adotada, tudo se resumia a diferentes formalizações de operações de crédito.[2] Em virtude de tais fatos históricos, foi necessária a recriação de instrumentos legais que facilitassem a transmissão de direitos, bem como agilizassem a circulabilidade do crédito. Tal instrumento consubstanciou-se no aparecimento da cambial, dentre outros títulos surgidos à época.

---

seen from the genize document of the tenth century A.D., principally found in the Old Cairo synagogue. And China was using bank notes by the ninth century A.D."

2. BRAUDEL, Fernand. Op. cit., p. 476: *"But if it is possible to say that everything is money, it is just as possible to claim that everything is on the contrary credit — promises; deferred reality. Even this louis d'or was given to me as a promise, as a check."* Ou, como afirmou Schumpeter, transcrito por Broudel: *"money in turn is but a credit instrument, a claim to the only final means of payment, the consumer's good"*.

De lá para cá, os instrumentos circulatórios de créditos e de direitos evoluíram de acordo com as necessidades das práticas empresariais. Porém, a circulação do crédito, independentemente da responsabilidade do cessionário na circulação dos direitos, ganha força na medida em que se torna instrumento mais ágil, já que, em tal situação, o crédito passa a valer por si mesmo independentemente da relação jurídica que lhe deu causa. Ou seja, a obrigação dele decorrente e o direito inscrito no documento valem por si, abstraída a relação causal originária da obrigação. Enfim, nasce a autonomia do crédito contido no título.[3]

A autonomia dos direitos cartulares teve outro grande impulso com a recriação do endosso na França do século XVI, em que, partindo-se da permissão de um único endosso, evoluiu-se até o endosso em branco.[4] Assim, com a criação da cambial, transferiu-se o direito; com o endosso, transmitiu-se o título.

Ambas as figuras foram fundamentais para a aceleração na velocidade de circulação da moeda e incremento do crédito e, como consequência, para o aumento da economia europeia de então. Criou-se, portanto, um direito abstrato que se deslocou da relação original que lhe deu causa, tal como a primitiva venda e compra, ou o anterior câmbio de moedas. O título passa a valer por si, sem se prender à relação jurídica anterior, sendo tal criação o instrumental fundamental para a agilização dos negócios mercantis dos séculos XVI e XVII.

Do cenário até aqui descrito, e levando em consideração a realidade empresarial da época, verificaremos que poucas foram as manifestações mercantis que colocavam ao mesmo tempo, e no mesmo relacionamento jurídico, muitas partes contratantes. Isso significava que os títulos de crédito cumpriam a função de regular e retratar, no mais das vezes, o relacionamento bilateral entre duas ou pouco mais partes envolvidas no negócio jurídico. Algumas vezes, a mesma relação agasalhava mais contratantes; porém, não era frequente tal situação negocial se materializar com a ocorrência de grandes aglomerados de contratantes.

Raras eram as obrigações que tinham a necessidade de aglutinar um universo numeroso de partes envolvidas no mesmo conjunto de direitos e obrigações, já que raros eram os mecanismos jurídicos disponíveis para agasalhar um grande número de contratantes dentro da mesma relação obrigacional. Independentemente do número de coobrigados, era sempre uma relação de crédito e débito que

---

3. Tullio Ascarelli diz que: "O Direito acaba por ficar plenamente objetivado e despersonalizado, por ser considerado um bem, um valor, como tal, exatamente definido e delimitado, distinto da relação econômica que se originou e submetido, portanto, às regras da circulação dos bens móveis e não mais àquelas relativas à circulação dos direitos". (ASCARELLI, Tullio. **Teoria geral dos títulos de crédito**. São Paulo: Saraiva, 1969, p. 11).

4. Toda a evolução da circulabilidade, em função da autonomia do título de crédito, parte da aceitação de sua literalidade. Ou seja, o título é um valor em si mesmo, sujeito às regras que presidem as transações das coisas móveis, e não mais a existência do bem do qual se originou o título de crédito. Tal princípio já existia no Direito francês dos séculos XVI e XVII, sob a máxima *"possession de bonne foi vaux titre"*.

se constituía, sendo os direitos e deveres válidos aqueles que estivessem inscritos na cártula, fato que não permitia grandes variedades além da quantia a ser paga, local, data e beneficiário.

A falta de dispositivos legais decorria fundamentalmente do porte da economia então existente, a qual não gerava negócios de vulto que justificassem o surgimento dos mecanismos hoje disponíveis para a emissão dos chamados títulos de massa. De outro lado, os negócios resumiam-se, fundamentalmente, às operações de venda e compra com pagamento à vista ou financiadas. Estas últimas eram assim realizadas tendo em vista distâncias geográficas, câmbios monetários, etc.

Assim, se de um lado tínhamos o título de crédito representativo em si mesmo do direito de receber e da obrigação de pagar, de outro, e com a evolução e crescimento das transações, começam a aparecer obrigações mais complexas, as quais retratam situações em que as partes contratantes se encontram em um esforço associativo em busca de um fim comum. Tal finalidade associativa não depende da existência de uma cártula, mas, por conterem regras mais detalhadas de direitos e obrigações, obrigavam não só a emissão de um título, mas dependiam das regras inscritas em um contrato associativo.

Esses títulos nascidos de um processo associativo de fins convergentes, muito embora não devam ser considerados como títulos de crédito, foram, naquilo que se refira ao volume de participantes, uma das primeiras manifestações de emissão de títulos colocados entre inúmeros tomadores — tal como ocorreu nos séculos XVII e XVIII, com as ações emitidas pelas várias Companhias das Índias, ou com os contratos de arrendamento de espaço em navios mercantes.

Tais investimentos eram vendidos a um número grande de tomadores, e representavam uma expectativa de direito e não mais um direito líquido e certo, conforme inscrito na cártula representativa do crédito. Nesses casos, o crédito não era mais certo, mas dependia do sucesso do empreendimento comum. O objetivo era a capitalização das companhias ou o financiamento para a construção de novas embarcações, fato que se dava, e de forma fundamental, pelo acesso às economias privadas individuais, dentro de uma relação obrigacional também privada.

Já nos demais países envolvidos na busca de grandes aportes de recursos para a exploração comercial das descobertas marítimas, fundamentalmente Portugal, Espanha e, em menor escala, a França, verificamos, ao contrário, que o esforço de investimento era realizado pelo Estado ou pelo soberano pessoalmente, e não pelos capitais privados, situação que gerou a pouca utilização dos títulos de crédito ou dos títulos associativos, já que o financiamento se dava pela via tributária.

Mas o grande processo associativo da época, e de caráter privado, era a venda de participação de espaço em embarcações que se dirigiam às Índias ou praticavam o comércio marítimo entre países mais próximos, visando à venda de bens produzidos na Europa e à compra de especiarias, tecidos, etc., e que negociavam tais bens no retorno da embarcação, repartindo o lucro ou lamentando as perdas.

Esses negociantes e investidores também se agrupavam debaixo do mesmo interesse comum de lucro, dentro de um negócio dividido em participações ou quotas associativas, representativas de espaço físico dentro da embarcação, sendo todas dependentes do sucesso do mesmo empreendimento comum, qual seja, o lucro da ventura comercial marítima no mesmo navio.

Em fins do século XIX, o fenômeno associativo se torna mais visível pelo surgimento das grandes corporações ligadas ao desenvolvimento de projetos de porte que diziam respeito ao Canal de Suez, ao surgimento da grande indústria do ferro e do aço, a construções de estrada de ferro, exploração do petróleo, dentre outras atividades empresariais. De qualquer forma, entretanto, tratava-se de manifestações do capitalismo de massa, cujas ocorrências estavam normalmente localizadas em alguns poucos países, usualmente de cultura anglo-saxã.

Ao final do século XX e início do atual, entretanto, assiste-se ao grande movimento de interpenetração de fluxos comerciais competitivos, que trazem em seu bojo a necessidade de enormes volumes de capitais. Verifica-se também o surgimento da tendência dos bancos privados, após a quebra econômica de alguns países de economias de grande porte, de crescentemente emprestarem recursos de forma securitizada, repassando o risco aos investidores, bem como da tendência das economias mais fortes de exportarem seus mecanismos de financiamento às economias periféricas.

É diante de tal quadro que o mercado de valores mobiliários vem crescentemente assumindo um papel relevante como mecanismo de financiamento do sistema produtivo nacional. Entretanto, para o desenvolvimento deste mercado, e na medida em que o governo entenda de regulá-lo, a tarefa primordial será discutirmos os princípios básicos componentes deste novo ramo do Direito, denominado Direito dos Valores Mobiliários, trabalhando novos institutos e discutindo o que venha a ser "valor mobiliário", sua distribuição pública, a manipulação de mercado, a informação privilegiada, dentre outros, para que possamos ter ideia do alcance deste instrumento, suas limitações e obrigações decorrentes de sua oferta, inclusive as conexões com os ramos do Direito já estabelecidos, como o Direito das Obrigações, o Direito Administrativo, o Direito Societário, etc.

Tal tarefa se impõe para que se possa, dentre outros objetivos, determinar o alcance e o limite para o Estado exercer o seu poder de polícia sobre os agentes emitentes, intermediadores e adquirentes ou vendedores de valores mobiliários, bem como para determinar o campo de atuação destinado aos acordos e às obrigações daí decorrentes que nascem e se extinguem dentro do âmbito privado, sem a interferência estatal. Em outras palavras, será necessário traçar as grandes linhas do Direito dos Valores Mobiliários.

1.1.2 O Direito dos Valores Mobiliários

Não se pretende discutir a existência da autonomia ou não do Direito dos Valores Mobiliários, dada a pouca utilidade do debate, se é que alguma existe. A discussão aqui proposta parte do objetivo de apresentar um recorte facilitador da lógica expositiva da matéria, de sorte a aglutinar as porções que esta nova vertente utiliza dos outros ramos do Direito, bem como acomodar mais facilmente as inovações legislativas que venham a compor a lista dos princípios peculiares ao Direito dos Valores Mobiliários. De outro lado, pretende-se com a nova compartimentalização facilitar a busca de soluções, de informações ou a constatação das perplexidades que nos atingem enquanto operadores deste razoavelmente novo ramo do Direito no ordenamento brasileiro.

Como grande quadro de inserção, temos que o Direito dos Valores Mobiliários pertence a uma nova vertente nascida das profundas mudanças ocorridas na vida econômica dos países, as quais vieram ao mundo após a crescente globalização do sistema financeiro e de suas transações, acopladas à internacionalização do sistema produtivo, bem como em decorrência de um grande aumento das trocas comerciais. Como contrapartida, os mecanismos de aglutinação da poupança privada, seus locais de negociação e os tipos de investimento também passaram, cada vez mais, a atuar em escala global e de forma crescentemente uniformizada.

Como consequência da internacionalização da busca de poupança pelos empreendedores e da globalização das aplicações pelos investidores, passamos a assistir a um grande esforço de convergência legislativa entre os vários países, convergência esta patrocinada pelos enormes interesses econômicos nascidos do relacionamento entre poupadores/investidores e tomadores/devedores, bem como da crescente troca de informações e experiências entre os organismos estatais reguladores dos mercados de valores mobiliários.

Assim, o Direito dos Valores Mobiliários ganhou força e espaço no mundo jurídico proporcionalmente ao crescimento econômico das várias nações, bem como na proporção da adesão desses países ao modo capitalista de produção.

No que tange ao sistema produtivo, adotamos entre nós, e por disposição constitucional, os fundamentos da livre iniciativa[5] e, como consequência, a preferência, também constitucional, pela iniciativa privada para o exercício direto da atividade econômica.[6] Desta feita, caberá ao Estado a exploração da atividade econômica somente na ocorrência de situações em que haja problemas relativos à segurança nacional ou relevantes interesses coletivos, conforme o que seus significados e abrangências venham a ser definidos por lei.

---

5. Vide art. 1º, IV, e art. 170 da Constituição Federal.
6. Vide art. 172 da Constituição Federal.

Isso significa que, entre nós, ao menos no que respeita ao preceito constitucional, a primazia da atividade econômica pertence ao setor privado, sendo seu local de atuação o mercado, no qual as forças de oferta e demanda se encontram e operam dentro do regramento estatal que visa proteger a livre concorrência, a defesa do consumidor, do meio ambiente, bem como dar função social à propriedade.[7]

Assim, temos, de um lado, que a função dos valores mobiliários é financiar de forma pulverizada os investimentos privados; de outro lado, é função do Estado regrar o este relacionamento obrigacional, buscando que seja equitativo. O Direito dos Valores Mobiliários, como consequência, conta, ou busca contar, com o regramento estatal tendente a dar as condições de equidade nas transações ocorridas no mercado de valores mobiliários, o qual se compõe de investidores e ofertantes de valores mobiliários, agentes de intermediação e de negociação.

A atividade que ocorre em seu seio é, entretanto, eminentemente privada. As condições impostas pelo regramento estatal para que se consiga um relacionamento equitativo entre seus vários agentes se dá, dentre outras formas mais adiante discutidas, pela informação obrigatoriamente veraz dada pelo emitente de valores mobiliários, ou pela proibição de situações caracterizadoras de manipulação de preço quanto ao emitente, ou pela vedação ao *front-runner* pelo corretor da operação, etc.

O tratamento equitativo entre os que atuam no mercado de valores mobiliários visa dar condições de igualdade jurídica e de informação. Entretanto, o Governo, enquanto órgão regulador do mercado, por exemplo, não assegura a veracidade das informações dadas pelos emitentes, mas pune a informação mendaz; não avalia nem discorda do preço de emissão de um valor mobiliário, mas exige informações públicas para que o investidor possa fazer sua própria avaliação. A normatização estatal, como regramento geral, visa, portanto, à proteção do mercado e de seus atores, bem como a punição de seus infratores.

A palavra "mercado", muito embora não definida pela legislação, é por ela mencionada,[8] por exemplo, na lei que instituiu a Comissão de Valores Mobiliários – CVM, ganhando, desta feita, cidadania no mundo jurídico.

No presente contexto, temos que o termo "mercado" significa o conjunto de ofertas feitas e de negócios realizados em um dado período de tempo, de acesso público direto ou indireto, independentemente de terem suas transações ocorrido ou não no mesmo local físico ou eletrônico, buscando, pelo volume de transações, alcançar a melhor e mais correta formação de preço possível.

---

7. Vide art. 170 da Constituição Federal.
8. Na ementa da Lei n. 6.385/1976 diz-se que "Dispõe sobre o mercado de valores mobiliários e cria a Comissão de Valores Mobiliários". No artigo 19 da mesma Lei, comanda-se que "Nenhuma emissão pública de valores mobiliários será distribuída no mercado sem prévio registro da Comissão".

O mercado também é relevante na medida em que sinaliza a possibilidade de acesso de todos que queiram lá transacionar seus ativos e, de outro lado, pela presunção de que, quanto melhor o acesso e maior o número de seus negociadores, maior será o interesse estatal em regrá-lo visando estabelecer as condições de equidade entre seus participantes, buscando a proteção da poupança popular.

Assim, as normas cogentes buscam estabelecer que tais operações, não dirigidas a comitentes específicos, ocorram em um mercado organizado, transparente e com normas que deem um tratamento uniforme a todos os seus participantes. A regulação estatal, de outro lado, dentre outros requisitos, exigirá a existência de local adequado e apto a atender a movimentações de grandes volumes de transações de forma eficiente e confiável. É com tal intuito que qualquer emissão, seja ela primária ou secundária, necessita ter a autorização prévia da autoridade governamental antes de qualquer oferta pública de valor mobiliário, já que se destina a ser ofertada indistintamente ao público em geral.

Se o bem ofertado publicamente for valor mobiliário haverá, e de forma obrigatória, a interveniência ativa da autarquia reguladora desse mercado. Mas, quer para saber se a empresa emitente está ofertando algum tipo de valor mobiliário, quer para saber se há a necessidade prévia de autorização estatal, se faz necessário conhecer, e da forma mais clara possível, o que seja valor mobiliário, o alcance do termo e, como consequência, a capacidade da intervenção estatal voltada para a proteção de seus atores, como será mostrado abaixo.

1.1.3 O que é valor mobiliário?

Certamente, dentre as tarefas árduas acometidas ao Direito, merece destaque a dificuldade e a necessidade de sua conceituação. De um lado, ela se impõe como fronteira demarcatória da abrangência e atuação do direito inerente ao "valor mobiliário". De outro, servirá para definir o campo de atuação governamental na regulamentação do uso de tal instrumental como forma de capitalização de empreendimentos, através da normatização estatal para o acesso ao público detentor de poupança.

Por último, há que se saber o que seja valor mobiliário para que a autoridade competente possa punir, civil ou penalmente, aqueles que transgridem as regras legais do país, utilizando-se ilegalmente de valores mobiliários para atingir um objetivo socialmente danoso.

Ou seja, a conceituação não visa somente saber o que é valor mobiliário pelo prazer de tal, mas também, e como consequência, delimitar o campo de atuação dos órgãos do Poder Executivo federal encarregados de normatizar e incentivar o seu uso, ou punir pela má utilização de seus mecanismos.

Historicamente, e em resumo, a proteção do Estado visa dar condições de avaliação do investimento aos poupadores que possam ser atingidos ou sejam alvo de ofertas, de compra ou de venda, de valores mobiliários, feitas de forma pública. Vê-se, portanto, que a preocupação se volta à necessidade de regrar o acesso à chamada economia popular, na medida em que o grande objetivo é proteger os potenciais compradores ou vendedores alvos da oferta de investimento representado pela oferta pública de compra ou de venda de valores mobiliários. Daí decorre que os valores mobiliários suscetíveis de serem ofertados ao público serão objeto de nosso estudo, já que podem também ser emitidos e negociados de forma privada, ou seja, indisponíveis ao público ou mercado e, portanto, fora do campo de atuação regradora da Comissão de Valores Mobiliários.

A oferta privada não consta do mundo de preocupações do Direito dos Valores Mobiliários, na medida em que não afeta diretamente a economia pública, mas tem repercussões quase que exclusivamente no campo das relações privadas entre as partes contratantes, prescindindo, nestes casos, da regulação específica que o Estado exerce por intermédio de órgão governamental determinado. Na medida em que se consiga conceituar o que seja valor mobiliário e no que consista "ir ao mercado", como será visto em um dos próximos capítulos, temos que uma parte substancial da tarefa já estará vencida.

1.2 Valor mobiliário ou título de crédito?

A existência dos títulos de crédito, por alguns atribuída aos juristas medievais,[9] pode ser tida como uma das mais revolucionárias criações do mundo antigo mercantil, cujos efeitos dinamizadores nas transações comerciais constituíram-se no mecanismo mais relevante para a "internacionalização" do mundo europeu até então conhecido. Pela comparação histórica, tenho para mim que esse mecanismo se deve muito mais à junção dos interesses comerciais entre as bancas financeiras e os comerciantes, aos quais se deve a engenhosidade de criar um título simples e eficaz para impulsionar dramaticamente as transações financeiras

---

9. Ascarelli atribui o mérito da criação e originalidade dos títulos de crédito ao mundo dos juristas, na medida em que: "ao profano que indagasse quais são os méritos e qual a contribuição do direito comercial na formação da civilização moderna, não saberia indicar instituto algum mais perfeito e mais significativo do que os títulos de crédito. A vida jurídica moderna seria impensável sem a rede de títulos de crédito; às invenções técnicas faltariam os meios e a disciplina para sua adequada realização social; as relações de troca tomariam necessariamente um diferente aspecto. Foi graças aos títulos de crédito que o mundo moderno pode mobilizar a própria riqueza; foi graças aos títulos de crédito que os ordenamentos jurídicos puderam vencer os obstáculos do tempo e do espaço, transpondo com a máxima facilidade os elementos representativos de bens longínquos, e materializando no presente riquezas do futuro". Vide LOPES, Mauro Brandão. A contribuição de Tullio Ascarelli à doutrina dos títulos de crédito. **Revista de Direito Mercantil, Industrial e Financeiro**. São Paulo: Malheiros, n. 38, p. 27-35, abr./jun. 1980, p. 27.

e comerciais.[10] O reconhecimento jurídico quase sempre surge após esta criação da prática dos negócios estar implantada e em pleno uso.

O título de crédito teve o condão de criar a portabilidade do crédito de maneira muito mais simplificada do que os vetustos contratos elaborados pelos praxistas baseados no Direito antigo enraizado nas práticas romanísticas e canônicas. Sua engenhosidade estava em colocar de forma resumida, em um único documento, todos os requisitos formais para dar segurança e certeza ao vínculo obrigacional creditício de então.

Essa simplicidade e eficiência na portabilidade do crédito fez sua merecida fama, rapidamente se espalhando pelo mundo dos negócios de então. Como já mencionado anteriormente, a partir da aceitação do endosso ocorre o segundo e crucial evento para a maior dinamização do mundo empresarial, fazendo com que o crédito passasse a poder ser transmitido de maneira rápida e eficiente. Sua eficácia como instrumento garantidor da existência de uma relação devedor/credor, bem como a sua transmissibilidade a terceiro credor sem vincular o credor originário ao credor seguinte fez com que a titularização do crédito atravessasse os séculos com pequenas ou nenhuma modificação.

1.2.1 A relevância da discussão

Como já visto acima, as necessidades do mundo dos negócios são as grandes criadoras das inovações no mundo jurídico. Ou seja, a necessidade empresarial cria a demanda que irá produzir experimentos cujos comportamentos serão regulados posteriormente pelos comandos legais que irão propiciar o conforto de uma eventual certeza jurídica nas transações futuras. Raras são as criações legais que precedem a uma demanda ainda não existente, bem como raras são as criações legais que se perenizam no tempo em decorrência das mudanças contínuas ocorrentes nas sociedades politicamente organizadas. Somente tendem a ter vida por período maior de vigência os princípios básicos que norteiam o convívio social de forma ordenada. No mais, os comandos e conceitos tendem a se amoldar

---

10. "No exercício de sua atividade comercial, os 'mercatore' medievais frequentemente estabelecidos em praças geograficamente distantes, eram obrigados a deslocar-se a fim de celebrarem seus negócios, de se aprovisionarem de mercadorias destinadas à revenda, e de cobrarem os créditos respectivos. Com vista a evitar os enormes riscos inerentes a transportar consigo avultadas quantias de dinheiro nas suas longas viagens por caminhos inseguros, foi despontando um novo e original instituto jurídico: o comerciante depositava o seu dinheiro junto a um banqueiro, que lhe entregava em troca um documento especial ou carta ('cartulae') e que lhe permitia, mediante sua apresentação junto a outro banqueiro sediado no local de destino ou negócio, aí levantar correspondente quantia pecuniária, necessária aos pagamentos; mais tarde, tornou-se mesmo possível que tal documento fosse utilizado pelo comerciante como meio directo de pagamento e de circulação de créditos no tráfico jurídico, mediante seu mero endosso a outros comerciantes, que assim assumiam a titularidade do crédito pecuniário nele inscrito". Vide ANTUNES, José A. Engrácia. **Os títulos de crédito**: uma introdução. Coimbra: Coimbra, 2009, p. 10.

às demandas e alterações temporais que necessariamente ocorrem, de forma não necessariamente igual, nas várias sociedades e no âmbito dos distintos padrões de cultura.

De outro lado, usualmente vemos que os atores do mundo do Direito tendem a resistir às alterações ocorrentes fixando-se nos antigos padrões até então existentes, buscando fazer com que as inovações, reclamadas ou implantadas pelos segmentos mais ativos e inovadores da sociedade, sejam parcialmente atendidas pela busca de acomodação dos novos instrumentos dentro da antiga compartimentalização já existente. Para mim, foi isso o que ocorreu com o mundo conceitual dos títulos de crédito, principalmente se levarmos em consideração as enormes discussões então existentes no mundo latino da Europa continental e, de lá, migrando para nós no início do século XX.

É incito ao ser humano a sua tendência de produzir, consumir e buscar trocar bens e serviços, bem como é natural a busca associativa para alcançar determinados fins comuns que atendam às respectivas expectativas daqueles que se unem. Para tanto, várias foram as maneiras encontradas para prefixar os direitos e deveres de cada associado quanto ao surgimento de dúvidas reais ou produto das respectivas espertezas na interpretação com relação àquilo que havia sido combinado no início.

Mas se o mundo empresarial é rápido e oportunista na tomada de decisões, o mundo das leis é ritualista e, consequentemente, mais lento do que o mundo dos negócios. É nesse contexto que coloco o surgimento dos títulos de crédito. Até então, a atividade empresarial estava restrita em um relativamente pequeno espaço territorial enquanto universo de atuação, dadas todas as dificuldades materiais existentes, como já apontado no início deste capítulo.

Mas malgrado todas as dificuldades, já naquela época medieval, como até hoje, o mundo empresarial se dividia em dois grandes grupos no que concerne aos empreendimentos participativos entre pessoas. Há aqueles que se associam em torno de um objetivo empresarial comum e aqueles outros que emprestam recursos para os que deles necessitam. Assim, o mundo associativo evolui dos empreendimentos comuns únicos, nos quais se combinava um único negócio — em que, uma vez concluído, a associação se desmanchava —, até os empreendimentos comuns sem prazo determinado; indo da outorga das concessões reais à formação de empreendimentos que não mais necessitam de autorização prévia estatal, mas de mero e posterior registro.

De outro lado, naquela época, como hoje, há aqueles que emprestam capital sem se associar aos riscos do empreendimento, mas vivem da cobrança de uma remuneração que será tanto maior quanto maior for o risco do negócio, mais longo o prazo para recuperar o capital ou mais necessitado dos recursos esteja o tomador.

É nesse contexto que surge uma figura, e quase que de forma natural, que é aquele que faz a intermediação entre o poupador e o tomador dos recursos.

Se tivermos em mente os negócios de maior vulto iremos verificar que, à época, direitos e deveres se materializavam em contratos no mais das vezes escritos em latim, cuja interpretação se baseava em normas do Direito romano ou mesmo canônico, por intérpretes que atuavam em um continente politicamente fragmentado. Se esse era o mundo do Direito das Obrigações, o outro mundo, o dos empreendimentos que buscavam o lucro, criava normas comerciais que vigiam sobre aquelas outras regras de aplicação local. É nesse contexto que a lei dos mercadores cria ou copia instrumentos que tornem mais ágeis e seguros os negócios intrarregionais e suprassoberanias.

Essa divisão natural, muito bem entendida pelos praticantes do ato de comércio de então, entre o ato de se associar e o de emprestar, é que foi deformada pelo mundo jurídico em sua busca insatisfeita de unir os dois universos sob o manto único dos títulos de crédito. Como seria de se prever, a realidade, em superando as definições, deságua, como sempre, na criação de um limbo que, no caso, foram os títulos de crédito atípicos.

Com o passar dos tempos, títulos similares vieram à vida, impulsionados pelas necessidades empresariais à medida que os atos de comércio se tornavam mais sofisticados pela necessidade da obtenção de crédito. Foi essa crescente relação entre detentores de poupança e tomadores de crédito que teve o condão de criar a demanda de instrumentos semelhantes aos então existentes, mas com maiores ou menores diferenças em face dos instrumentos cambiais disponíveis à época. Dessa necessidade é que surgem mais tarde, e pela demanda dos atos negociais, títulos como a duplicata, o cheque, as garantias hipotecárias, etc. Ou seja, a necessidade atiça o engenho humano na criação de inúmeros outros instrumentos destinados a dar segurança na circulação indireta de bens e serviços, criando opções mais seguras do que o comércio direto que então era praticado com a entrega de dinheiro em troca do recebimento de mercadoria. Essa facilidade o mundo medieval deve à engenhosidade dos banqueiros, que encontraram determinados mecanismos para, ao mesmo tempo em que aceleravam o ato de comércio, criar uma nova forma de auferir lucro com a troca de moedas ou com os títulos de transmissão do crédito.

Vários séculos depois, e com o surgimento de inúmeras maneiras de transferir o crédito, sentiram alguns juristas a necessidade de se buscar desenvolver uma teoria unificadora dos títulos de crédito, de sorte a juntar suas características e seus qualificativos em uma única definição, mantendo a condição de liquidez e certeza legais e dispensando o processo de conhecimento para a caracterização do vínculo obrigacional creditício. Foi nesse contexto que surgiu a definição de Cesare Vivante que fez fama no mundo europeu, além de ser repetida de forma abundante entre os nossos cultores da teoria dos títulos de crédito. Mas se a definição teve o mérito de encapsular em seu conteúdo as relações empresariais do fim do século XIX, ocorreram, como seria de se esperar, determinadas tentativas de adequações forçadas da sintética definição em face dos novos instrumentos surgidos nos decênios posteriores.

Ou seja, com as inovações constantemente ocorridas no mundo empresarial surgiram outros títulos que poderiam ou não estar dentro do conceito de título de crédito desenhado por Vivante. Algumas situações eram facilmente acomodáveis; outras necessitavam da saída clássica dos pensadores menos imaginativos, que sempre tendem à criação de um terceiro gênero dentro da mesma espécie, na medida em que o novo título ou contrato não mais caiba na definição até então aceita. Foi o que aconteceu com alguns tipos de títulos de crédito, tais como aqueles títulos emitidos pelas sociedades por ações, que passaram a ter maior relevância no mundo dos comercialistas italianos a partir do fim do século XIX.

Assim é que, a partir da primeira metade do século XX, os cultores do Direito Comercial europeu continental, principalmente entre os doutrinadores italianos, espanhóis e portugueses, passaram a desenvolver a teoria dos títulos de crédito típicos, como seria a nota promissória, e daqueles outros pensados para agasalhar os do terceiro gênero, como as ações, cognominando-os de "títulos de crédito atípicos".[11] Claro está que a enorme discussão que se instalou nas hostes jurídicas somente a elas dizia respeito, na medida em que as companhias continuavam a emitir seus títulos, sendo somente relevante saber o que daria direito à execução específica, separando-os daqueles outros que não seriam possuidores de tais direitos.[12]

---

11. Segundo nos dá conta Mauro Brandão Lopes, Ascarelli não aceitava a existências dos títulos de crédito impróprios, na medida em que: "também nesse detalhe, a sua teoria desautorizava frontalmente, a meu ver, a costumeira divisão dos títulos de crédito em títulos impróprios e títulos próprios, que ele próprio parece adotar, porque os primeiros não são títulos de crédito, seja por servirem de simples comprovantes de legitimação, i.e., vale dizer, por serem documentos não constitutivos de direito, seja por serem documentos de legitimação no sentido de que não impõem o legitimado como titular de direito autônomo". Vide LOPES, Mauro Brandão. A contribuição de Tullio Ascarelli... Op. cit., p. 33.

12. Esses constantes remendos de tentativa de adequação da realidade mutante à definição não trouxeram bons resultados, como já havia anotado José Alexandre Tavares Guerreiro ao descrever, com certo humor, a manca realidade resultante, quando observou que: "Bem terá procedido, talvez, o legislador imperial ao exigir, como requisito de matrícula nos cursos jurídicos de Olinda e de São Paulo, então criados pela lei de 11.8.1827, aprovação dos candidatos em exame de geometria, além de outras matérias. Na verdade, tanto andaram fazer do Direito ciência exata, e além de exata abstrata, e, assim exata como abstrata, divorciada da realidade social e da vida econômica, que, para entender suas teorias e disciplinas, quiçá fosse realmente necessário, ou pelo menos útil, a racionalidade apriorística da geometria, ou aquele *sprit de géométrie*, de que nos diz Pascal, em que os princípios se distanciam do uso comum, posto que palpáveis. Em matéria de títulos de crédito, tanto se procurou edificar uma teoria e uma doutrina geometricamente perfeitas, dotadas de logicidade intrínseca impermeável, sobretudo à base das construções alemãs, endeusadas por certo dogmatismo que se assemelha ao que, em sociologia, se chama sistema fechado, que inúmeras dificuldades se puseram diante do jurista, para explicar o desenvolvimento de institutos cambiários que a praxe mercantil como que deformou de sua pureza teórica, introduzindo brechas e fissuras na pretendida

As discussões jurídicas giravam em torno de como classificar as novas possibilidades surgidas no mundo empresarial. As divergências ocorriam porque determinadas representações negociais ora eram classificadas como títulos de crédito propriamente ditos, ora como títulos de crédito impróprios. Esta foi uma maneira pouco elegante de buscar encaixar "a fórceps" determinados títulos que certamente não cabiam na definição vivanteana. Assim, por exemplo, as ações seriam títulos de crédito impróprios e as notas promissórias títulos de crédito próprios. A essa dupla classificação alguns adicionaram uma terceira hipótese: a dos títulos de crédito de legitimação ou dispositivos e, de outro lado, os títulos de créditos translativos de direitos. Ou seja, o mundo jurídico se tornara por demais complicado para as necessidades creditícias ou associativas exigidas pelo mundo empresarial.

Entre nós, os títulos de crédito próprios e impróprios tiveram sua tradição importada da matriz das cambiais existentes na Itália, a qual não seria, necessariamente, permanentemente válida para as alterações econômicas e empresariais que se produziram e continuarão a se produzir no mundo dos negócios. Tal divisão dos títulos de crédito em próprios e impróprios refletiu-se diretamente na concepção do vigente Código Civil brasileiro.

1.2.2 Os títulos de crédito no Direito brasileiro

Nesse ordenamento do início do século XXI, voltou-se à busca da unificação dos regramentos civis e mercantis, a exemplo da codificação italiana editada no início da década de 1940, muito embora em 2002 já não mais lá estivesse vigente. Dentre as inovações, e para aquilo que aqui nos interessa, o nosso Código Civil trouxe para seu bojo a definição vivanteana de título de crédito — cujo autor, no final do século XIX, buscara unificar os títulos de crédito sob sua sempre louvada definição —, muito embora o mundo dos negócios, passados mais de cem anos, tivesse sofrido mudanças radicais, tornando-se muito mais complexas as relações mercantis do que as existentes à época de Cesare Vivente.

Foi nesse contexto jurídico-econômico que, na década de 1960, já tendo o Direito italiano perdido sua primazia e liderança entre as culturas periféricas, passaram estas a sofrer a crescente influência da cultura jurídica do mundo anglo-saxão, influência esta perceptível na atualidade, inclusive sobre os países da Europa continental. Essa mudança é bastante visível no mundo dos negócios, no que diz respeito ao Direito Financeiro, e das transações entre nações e nos mecanismos de

---

edificação monolítica e monumental". Vide GUERREIRO, José Alexandre Tavares. Cheque visado. **Revista de Direito Mercantil**, n. 62, p. 17-24, abr./jun. 1986, p. 17, itens 1 e 2.

financiamento dos empreendimentos empresariais — isto é, o mundo do Direito das transações empresariais, aí também inserido o Direito dos valores mobiliários.

Como já foi notado, vislumbrou-se um novo embaraço, haja vista que a expressão "valores mobiliários" foi utilizada, dentre outras nacionalidades, pelos Direitos francês, belga, inglês, norte-americano,[13] português, etc., enquanto toda a tradição brasileira referente às emissões de títulos pelas companhias fora construída tendo como influência a teoria, então em voga, dos títulos de crédito, baseada em tradição mais do que centenária, a qual foi construída em época e em país no qual o processo de capitalização do setor produtivo via oferta pública de valores mobiliários era irrelevante. Tal posição pode ser entendida historicamente na medida em que o valor mobiliário, como instrumento de capitalização das empresas, pelo acesso à poupança do público em geral, começou a ter vida própria na economia brasileira a partir do fim da década de 1960, sem esquecermos a efêmera e danosa experiência brasileira ocorrida nos fins do século XIX.

De fato, o que ocorreu foi que, com a edição da Lei n. 6.385, de 1976, alguns tipos de emissões feitas pelas companhias de capital aberto passaram à categoria dos valores mobiliários, independentemente da discussão ainda não resolvida sobre se seriam ou não títulos de crédito. Em verdade, o artigo 2º da Lei n. 6.385, de 1976, fala que "são valores mobiliários sujeitos ao regime desta lei", com isso se afastando da discussão ainda inconclusa sobre os títulos de emissão feitos pelas sociedades anônimas. Para o mundo dos valores mobiliários, tal pendenga sumiu de suas preocupações, inclusive porque o que era de interesse do setor produtivo, a certeza e liquidez do crédito, eram dados pela legislação processual civil.

Ressalvadas as discussões ainda existentes no meio acadêmico mais tradicional, ocorreu com essa mudança a diminuição das tentativas de se alargar o conceito de título de crédito, ganhando enorme preponderância, como se verá mais adiante, a conceituação do que seja valor mobiliário — isso porque, com o advento da lei que normatizou o mercado de valores mobiliários, o termo "valor mobiliário", muito embora então não definido nem classificado, adquiriu foro de cidadania, o qual foi definitivamente estabelecido com a criação de uma autarquia federal denominada Comissão de Valores Mobiliários.

---

13. Vide, na doutrina francesa: MORANDIÈRE, Leon Julier de la. **Droit Commercial**. Paris: Dalloz, 1965, cap. 3, p. 627, que se refere aos *"valeurs mobilières"*; RIPERT, George. **Droit Commerciel**. Paris: Librarie Générale de Droit et de Jurisprudence, 1963, cap. 1, título 1, p. 768, ao discutir o *"régime juridique des valeurs mobilières"*. Na Bélgica: VAN RYN, Jean; HEENEN, Jacques. **Principe de Droit Commercial**. Bruxelas: É. Bruylant, 1976 — ao discorrerem sobre a teoria geral dos títulos negociais, abre-se no título 4, p. 304 et seq., uma subdivisão para os *valeurs mobilières*. No Direito inglês, bem como no norte-americano, há uma nítida diferença entre os termos *"securities"* (que correspondem aos valores mobiliários) e *"negotiable instruments"*, estes últimos equivalentes aos *titres negociables* dos Direitos francês e belga, ao passo que as *securities* correspondem aos *valeurs mobilières*.

Entretanto, se a discussão se acalmara no que concerne ao mundo dos valores mobiliários, inclusive pelo fato de ter adquirido *status* e cidadania legal, é de se ter em consideração que há que se buscar as distinções entre esses dois mundos, principalmente no que tange à definição legal constante do artigo 887 de nosso Código Civil, já que ela pode ou não agasalhar um contrato de investimento como o *commercial paper*, desde que se distinga de uma nota promissória enquanto título de crédito.

Resulta, portanto, que é necessário confrontar o conceito de título de crédito com o de valor mobiliário para ver se é possível a construção de um sistema mais ajustado à atual realidade jurídica brasileira, mesmo chegando-se à conclusão de que o título pode transmudar-se de uma para outra categoria dependendo de sua inserção no mundo dos negócios. Para tanto, porém, é necessário que, anteriormente ao confronto, examinemos as duas posições em separado para, depois, em contraste com a construção anglo-saxônica, por nós adotada, verificarmos da possibilidade de extrairmos conceitos próprios.

Desta feita, será necessário analisarmos o conteúdo do Título VIII do Livro I da Parte Especial do Código Civil, que trata dos títulos de crédito. Este, em seu artigo 887, ressuscita e traz ao mundo legal a definição vivanteana construída ao final do século XIX. Assim, a lei brasileira estabeleceu que os predicados essenciais de um título de crédito são: (i) a materialização documental do direito obrigacional creditício que nele deverá estar inscrito; (ii) desde que preenchidos os requisitos da lei.[14]

Nesse contexto, o título caracteriza-se: (i) pela integralidade da obrigação, ou seja, a obrigação existente é a expressa no documento, não se considerando a relação preexistente à sua emissão; e (ii) pelo fato de o direito do credor estar inserido no título, independentemente da relação entre o eventual credor anterior e o devedor. Da conceituação decorre que, doutrinariamente, são elementos fundamentais na caracterização do título de crédito a literalidade da obrigação e a autonomia do direito dos sucessivos credores.

Uma vez caracterizado o título de crédito, restou aos juristas a difícil tarefa de demarcar seu campo de abrangência, ou seja, quais títulos seriam suscetíveis da caracterização como "títulos de crédito"[15] e quais outros que em seus qualifi-

---

14. "O título de crédito, documento necessário ao exercício do direito literal e autônomo nele contido, somente produz efeito quando preencha os requisitos da lei".
15. J. X. Carvalho de Mendonça diz que: "é difícil categorizar os títulos de crédito, sem deixar ensanchas à crítica. Diremos mais, é tarefa quase desanimadora. Precisamos, entretanto, tomar uma orientação qualquer que seja, para a exposição do relevante assunto. Encerrando assim o problema e como andamos em terreno cheio de desvios e surpresas, estabelecemos duas ordens daqueles títulos: 1ª) Os títulos de crédito propriamente ditos, nos quais se atesta uma operação de crédito (n. 458 supra), figurando entre eles os títulos da dívida pública, as letras de câmbio, os *warrants*, as debêntures, etc.; 2ª) Os títulos de crédito impropriamente ditos, nos quais ainda que não representem uma operação de crédito, se encontra a par de sua literalidade e autonomia, *id quod quacumque causa debeatur* (n. 459 supra)." (CARVALHO DE

cativos não caberiam e, como conclusão, o porquê da diferenciação. Nessa busca demarcatória, não é inverídico afirmar-se que a história dos títulos de crédito, na doutrina brasileira, se divide em antes e após Cesare Vivante.

Antes dele os comentadores brasileiros cingiam-se ao Código Comercial, que se referia a "papéis de crédito", sem qualquer sistematização razoável. Coube ao comercialista italiano o mérito de tentar construir a teoria unitária dos títulos de crédito, segundo a qual todos os títulos nominativos, ao portador ou à ordem, seriam dotados de características comuns. A histórica e elegante construção parte da definição segundo a qual "o título de crédito é o documento necessário para se exercitar o direito literal e autônomo que nele é mencionado".[16] Tal colocação, que à época foi bastante aplaudida, como nos conta o próprio Vivante,[17] pressupõe que o elemento essencial, qual seja, a circulabilidade autônoma do direito que do título emana, existe em função de ser este não só um instrumento de pagamento, mas, principalmente, um instrumento de crédito.[18]

Vivante legou aos juristas brasileiros a divisão dos títulos de crédito em quatro categorias distintas, a saber: (i) os títulos de crédito propriamente ditos, (ii) títulos de crédito que servem para a aquisição de direito real, (iii) títulos de crédito atributivos da qualidade de sócio; e (iv) títulos de crédito que dão direito à prestação de serviço.[19]

Porém, nota-se que, inclusive entre nós, toda a teoria dos títulos de crédito foi composta em função de seu mais antigo e, à época, mais importante membro, qual

---

MENDONÇA, José Xavier. **Tratado de Direito Comercial brasileiro**. Rio de Janeiro: Freitas Bastos, 1963, v. 5, parte 2, p. 55, item 463).

16. Veja-se Cesare Vivante, segundo o qual *"Il titolo di credito è un documento necessario per esercitare il diritto leterale ed autonomo che vi è menzionato"*. (VIVANTE, Cesare. **Trattato di Diritto Commerciale**. Milano: Francesco Vallardi, 1929, v. 3, p. 123).

17. Conforme transcrição do próprio Vivante, ao se reportar a afirmativa de Cammeo (CAMMEO, Federico. **Titoli del debito pubblico e la competenza sulle relative controversie**. Whitefish: Kessinger, 2010), que *"Uno dei tratti più felici dell'opera del Vivante è quelo de aver fatto posto ai titoli nominativi nella teoria dei titoli di credito".* Também, no mesmo sentido a citação de Thaller, transcrita por Vivante, segundo a qual *"C'est à la généralisation des titres fiduciaires de toutess nature que le tarité doit son generalité et son merit de tout premier ordre. On jugera par les citations suivantes de l'avantage que nous trouverions aussi en France à constituer une doctrine de synthèse reunissant à la fois les titres nominatifs, à lordre et au porteur dans une même raisonement"*. (VIVANTE, Cesare. Op. cit., v. 3, p. 164, nota 3).

18. Confira-se ASCARELLI, Tullio. **Panorama do Direito Comercial**. São Paulo: Saraiva, 1947, aula 4, p. 108.

19. VIVANTE, Cesare. Op. cit., p. 155, item 987, segundo o qual: *"I titolo di credito pottrebbero anchi distinguirsi secondo il loro contenuto in quatri gruppi: a) titoli di credito propriamente detti, che danno diritto ad una prestazione di cose fungibili, in merci o in denaro, come gli ordini in derrate, le cambiali, le cartelle fondiarie; b) titoli che servono all'acquisito di diritti realli sovra cose determinate, comme le polizze di carico, le lettere di venttura, le fedi di deposito, le note di pegno; c) titoli che attribuiscono la qualità di socio, comme le azioni; d) titoli che danno diritto a qualche sevigio, comme il bigliletti di viaggio o di transporto. Ma a la dottrina dei titoli di credito è indifferente a questo diverso loro contenuto, perchè si occupa di essi soltanto dopo che furono emessi in vista della loro circolazione".*

seja: a letra de câmbio.[20] Tal construção já mereceu inclusive reparos de Ascarelli no que diz respeito às ações emitidas por sociedades anônimas.[21] Porém, na medida em que a legislação de 1976 classificou alguns títulos de emissão pelas sociedades anônimas, temos que o problema ficou semanticamente resolvido por sobreposição ao conceito vivanteano, mas sem resolvê-lo didaticamente.

A adoção irrestrita da divisão vivanteana por nossos juristas não levou em conta que o mundo empresarial italiano de sua época tinha em mente que as ações, enquanto os títulos de crédito, eram, na realidade do início do século XX, de emissão restrita ou em quantidade relativamente pequena. O fenômeno associativo, então já plenamente desenvolvido no mundo anglo-saxônico, era de existência restrita na cultura latina de fins do século XIX. Hoje, entretanto, o acesso à poupança privada, em consequência do desenvolvimento do mercado de capitais, criou a possibilidade de emissões bastante volumosas, quer dos "títulos de crédito próprios", como as debêntures ou os *commercial papers*, quer dos "impróprios", como as ações ou as debêntures de renda variável.

A pulverização dos "credores", dentro de uma mesma relação obrigacional associativa ou creditícia, nascida e regrada pelo Direito Cartular, retirou parcialmente a autonomia que originalmente se concebeu como característica fundamental dos títulos de crédito. A relação originária,[22] nos títulos de massa, pode, em determinadas circunstâncias, ser alterada sem consentimento do credor, através de uma

---

20. VIVANTE, Cesare. Op. cit., p. 123, item 953: *"Se dice che il titolo è il documento necessario per esercitare il diritto, perchè fino a quando il titolo esiste, il creditore deve esibirlo per esercitare ogni diritto, sia pricipale sia accessorio, che esso porta con sè e non si può fare alcun mutamento nella portata del titolo senza annotarlo sovra di essa"*. Também à p. 129, item 959: *"All'opposto il titolo ha una influenza essenziale sulla sorte del credito, cosicchè il credito no se trasmette efficacemente se non se trasmette il titolo, il credito non se può esigere se non si presenta il titolo; finchè il titolo esiste, esso è il segno imprescindibile del diritto. Il credito esiste nella misura determinata dal titolo: nessuna eccezione. Nessuna limitazione può restringerne la portata contraddicendo alla sua parola, che fondò la legittima aspettativa del suo possessore: ogni ato giuridico intenso a restringere la portata del titolo, come il pagamento parziale del credito, deve risultare dal titolo"*.

21. A divisão entre títulos de crédito próprios e impróprios partiu do reconhecimento de que as ações não seriam, a rigor, títulos de crédito, mas documentos atributivos da qualidade de sócio. Muito embora, somente no que diga respeito ao aspecto circulatório, a ação ao portador, hoje não mais permitida pela lei, não se comporte como um título de crédito, mesmo porque ela não nasceu e nem existe em função de uma relação creditícia, mas demonstrativa da qualidade de sócio, cujos direitos, inclusive de eventuais créditos se encontram contemplados nos estatutos sociais. Na ação nominativa, ademais, a emissão do título não cria direito, sendo este existente a partir da anotação feita no livro de registro de acionistas, e segundo o contido nos estatutos sociais da companhia. Deve se ressaltar que a oposição que se faz no Brasil, quanto às ações nominativas, não tem a mesma substância no Direito italiano, já que naquele as ações nominativas são necessariamente emitidas, sendo transmissíveis por endosso. Confira-se ASCARELLI, Tullio. **Teoria geral dos títulos de crédito**. Op. cit., p. 133, nota 2.

22. ASCARELLI, Tullio. **Panorama do Direito Comercial**. Op. cit., aula 4, p. 130-131.

decisão majoritária ocorrida em assembleia geral de acionistas, de debenturistas ou de cotistas de dado fundo de investimento.

Ou seja, a relação cartular não é mais literal nem relevante, e a relação obrigacional pode ser alterada sem a vontade do credor vencido pelo voto da maioria. Passa a inexistir a literalidade do título e, cada vez mais, nem mesmo a cártula necessita existir para que o direito se materialize.[23]

De outro lado, os títulos emitidos por uma sociedade, sejam de participação, sejam de empréstimo, bem como os seus subprodutos, resultam de um contrato — este será ou o contrato social, no caso das ações, ou a escritura de emissão, na hipótese de debêntures. Tal situação contraria a teoria dos títulos de crédito, segundo a qual o direito autônomo, oriundo da promessa cambial, é entendido como um ato unilateral do subscritor, e não como obrigação oriunda de vínculo contratual entre o emitente e o tomador. A cártula é o contrato. Assim, quer em relação às ações, de maneira específica, quer em relação aos títulos de emissão em massa, em geral, a construção da teoria dos títulos de crédito, toda ela é baseada no desenvolvimento histórico das cambiais, o qual passa a sofrer uma incompatibilidade ao analisarmos o conceito de "valor mobiliário".

Tal inadequação é mais patente ao estudarmos os certificados de depósito, a ação escritural, o bônus de subscrição, etc., em face da estrutura vivanteana e dos requisitos formais para a existência do título de crédito.[24] A escrituralidade dos valores mobiliários veio a colocar um grande empecilho na busca por fazer

---

23. Mesmo os que se opunham a Vivante, por meio da "teoria da criação", não desenvolveram instrumentos que hoje seriam hábeis para classificar os valores mobiliários existentes. Para tanto, confira-se REQUIÃO, Rubens. **Aspectos modernos de Direito Comercial**: estudos e pareceres São Paulo: Saraiva, 2010, p. 299, item 511, segundo quem: "essa teoria tem como paladinos Siegel e Kuntze, seguidos por Bruschettinni, Navarrini e outros. O direito deriva da criação do título. O subscritor dispõe de um elemento de seu patrimônio; fez para a vida o que por um testamento faria para efeito *post mortem*: dispôs dos próprios bens. O título é como o testamento: tem valor próprio, dispensa e lhe repugna o acordo de vontades. O emissor fica ligado à sua assinatura e obrigado para o futuro portador, credor eventual e indeterminado. Mas só com o aparecimento desse futuro detentor é que nasce a obrigação." Para maior aprofundamento leia-se BONELLI, Gustavo. Appunti sulla natura giuridica dei titoli di credito: parte prima. **Rivista di Diritto Commerciale**. Milano: Vallardi, v. 6, n. 6, p. 513-549, 1908. Para a classificação alemã, leia-se PONTES DE MIRANDA, Francisco Cavalcanti. **Tratado de Direito Privado**. Rio de Janeiro: Henrique Cahen, 1947, §§ 3.733 a 3.742, em que analisa os títulos de crédito.
24. Segundo João Eunápio Borges: "termo final de lenta evolução, o título de crédito para exercer com eficácia sua função, deverá satisfazer os dois requisitos seguintes: a) que a aquisição do documento determine a aquisição do direito nele consignado; b) que a sua posse seja necessária e, às vezes, suficiente para o exercício do direito dele resultante" e, mais adiante, "se o documento, porém, for um título de crédito, será ele sinal imprescindível do direito que nele se contém, de tal forma que: I- o direito não existe sem o documento no qual se materializou; II- o direito não se transmite sem a transferência do documento; III- o direito não pode ser exigido sem a exibição e a entrega do título ao devedor que satisfez a obrigação nele prometida; IV- o adquirente do título não é sucessor do cedente, na relação jurídica que o liga ao devedor; mas investe-se do direito constante do título, como credor originário e autônomo". (BORGES, João Eunápio. **Títulos de crédito**. Rio de Janeiro: Forense, 1971, cap. 1, p. 9-10).

perdurar a tentativa acadêmica para manter o mundo dos valores mobiliários dentro do figurino novecentista dos títulos de crédito. Esse constrangimento foi parcialmente satisfeito por outro invento da técnica, qual seja, a assinatura eletrônica criada em 2001.

Essa discrepância entre o conceito e a realidade foi mitigada quando da discussão parlamentar do projeto do Código Civil, quando à última hora é aprovada a Emenda Mauro Rodrigues Penteado,[25] a qual prevê a emissão em grande número de títulos de crédito por mecanismo informático, desde que observados os requisitos mínimos contidos no artigo 889, quais sejam: a data de emissão, os direitos concedidos e a assinatura do emitente.

Já no mundo dos valores mobiliários, fruto direto do desenvolvimento do mundo da informática, até mesmo os títulos deixaram de ser emitidos, na medida em que as cártulas então existentes passaram a ser representadas pela escrituração eletrônica, cuja movimentação passou a ser controlada por instituição financeira escolhida pela lançadora do valor mobiliário. Desta feita, a venda e compra é hoje objeto de mero débito e crédito na escrituração contábil da instituição financeira contratada para manter o registro dos acionistas, recebendo o investidor periodicamente um extrato das respectivas movimentações.

1.2.3 As tentativas nacionais de adaptação das emissões societárias à teoria dos títulos de crédito

Entretanto, já na década de 1930 para 1940 tenta-se adequar a construção vivanteana à cambiante realidade. Essa tentativa foi empreendida por Tullio Ascarelli, discípulo de Vivante e então entre nós residente, para quem a emissão dos títulos de massa já era uma realidade palpável. Para ele, os títulos de massa seriam aqueles de emissão de longo prazo e relacionados com as bolsas de valores. Tal construção, que denota a tentativa de adequar a teoria a uma realidade que havia se transformado, tem como pedra basilar o prazo de emissão do título.

Ora, as debêntures, que chegaram a ser caracterizadas pela doutrina brasileira como títulos de crédito, podem ser emitidas a prazos variáveis desde o Decreto n. 177-A, de 15 de novembro de 1893. De outro lado, já no fim do século XX, a Comissão de Valores Mobiliários passou a permitir a emissão de *commercial papers* pelas sociedades por ações, possibilitando a emissão de títulos necessariamente de curto prazo. Ou seja, o prazo é irrelevante para qualquer

---

25. Art. 889, § 3º: "O título de crédito poderá ser emitido a partir dos caracteres criados em computador ou meio técnico equivalente e que constem da escrituração do emitente, observados os requisitos mínimos previstos neste artigo".

classificação, visto que depende da vontade dos emitentes e tomadores do valor mobiliário ofertado.[26]

Também é inservível a distinção feita entre os títulos de massa e os singulares, segundo a qual os primeiros se caracterizariam pela emissão de muitos títulos, sujeitos a uma regulamentação comum e emitidos em uma única operação.[27] Primeiro, porque "muitos", segundo a expressão utilizada por Tulio Ascarelli, não é palavra cientificamente reveladora de nada. Segundo, porque um comprador pode emitir "muitas" notas promissórias a um mesmo vendedor, com a cláusula de impossibilidade de redesconto das mesmas; neste caso, embora muitos títulos de crédito tenham sido emitidos, não se criou um título de massa — isto porque um título de massa deve levar em consideração a massa de tomadores e não o volume de títulos emitidos.

Com o aparecimento, na legislação brasileira, da expressão "valores mobiliários", os doutrinadores nacionais passaram, à época, a se preocupar em estabelecer definições mais atualizadas e condizentes com a nova realidade, visto que já não era tão nova a utilização do vocábulo entre nós.[28] Na conceituação, voltou-se ao exame da doutrina francesa, que, como já foi apontado, utiliza-se da expressão "valor mobiliário", e segundo a qual este seria o título de crédito negociável, representativo do direito de sócio, ou mútuo a longo prazo, chamado também de "título de bolsa" — muito embora nem todos os títulos sejam em bolsa negociados.[29] Tal conceituação é transcrita com ressalvas tendo em consideração que não necessariamente o prazo longo seja revelador de uma categoria distinta, muito menos que o fato de o título ser negociado fora de bolsa o descaracterize como valor mobiliário.

Como foi acima apontado, a individualidade caracterizadora dos títulos de crédito, para alguns autores, seria o volume de títulos emitidos; para outros, seria o prazo que medeia entre a emissão e o resgate. Já vimos que tais categorias não

---

26. Vide ASCARELLI, Tullio. **Teoria geral dos títulos de crédito**. Op. cit., principalmente p. 9, nota 7, e p. 312.

27. ASCARELLI, Tullio. **Teoria geral dos títulos de crédito**. Op. cit., p. 311, n. 24: "podem-se distinguir títulos emitidos em massa, isto é, em série, e títulos individuais, isto é, emitidos singularmente. No primeiro caso, a uma única operação corresponde à emissão de muitos títulos regulados por uma disciplina comum e envolvendo, cada uma delas, direitos idênticos. Isso se dá com as ações, as obrigações e os títulos da dívida pública."

28. Vide BULGARELLI, Waldírio. Os valores mobiliários brasileiros como títulos de crédito. **Revista de Direito Mercantil**, n. 37, p. 94-112, jan./mar. 1980; LEÃES, Luiz Gastão Paes de Barros. O conceito de *security* no Direito norte-americano e o conceito análogo no Direito brasileiro. **Revista de Direito Mercantil Industrial Econômico Financeiro**, v. 13, nova série, n. 14, p. 41-60, 1974; COMPARATO, Fábio Konder. **Novos ensaios e pareceres de Direito Empresarial**. Rio de Janeiro: Forense, 1981, p. 17-19; COSTA, Philomeno J. da. **Anotações às companhias**. São Paulo: Revista dos Tribunais, 1980, p. 111.

29. RIPERT, George. **Droit Commerciel**. Op. cit., item 1.680, p. 768.

servem para demarcar o campo caracterizador do valor mobiliário. Uma terceira hipótese apontada à época seria a condição de fungibilidade dos valores mobiliários, situação não encontrável nos títulos de crédito.[30] Assim, todos os títulos emitidos em massa, por serem fungíveis, seriam valores mobiliários; *a contrario sensu*, todos os títulos não fungíveis, mesmo que emitidos em grande quantidade, seriam títulos de crédito.

Aceito que a fungibilidade seja o elemento caracterizador; temos que a debênture — classicamente catalogada como título de crédito —, poderia ser recusada a adentrar a categoria dos valores mobiliários; e as ações ao portador custodiadas, quando isso ainda era permitido pela legislação brasileira, seriam consideradas como títulos de crédito, já que dotadas da característica da fungibilidade. Ou seja, a ação seria ou não título de crédito dependendo da classe então adotada pela companhia emissora ou pelo acionista.

Parece, entretanto, que a fungibilidade poderia ser um dos critérios, mas não será o critério solitário que distinga o valor mobiliário de outra categoria de bens, visto ser a fungibilidade uma categoria funcional que aproveita a outros valores que não somente os mobiliários.[31] A quarta possibilidade distintiva dos valores mobiliários, em face dos títulos de crédito, seria a caracterização dos últimos como instrumentos de pagamento ou de prestação, e aos primeiros como contratos de investimento.[32]

O que resultava claro da análise das tentativas de classificação dos valores mobiliários que então se começava a fazer é que o grau de incertezas era muito superior ao desejável.[33] A incerteza advinha da tentativa de compatibilização de duas estruturas distintas. De um lado, temos o fato de que o conceito e a categorização dos títulos de crédito existentes são peculiares ao sistema legal italiano, por nós copiado ou absorvido na primeira metade do século passado e reafirmados

---

30. COMPARATO, Fábio Konder. **Novos ensaios e pareceres de Direito Empresarial**. Op. cit., p. 18: "dessa homogeneidade dos valores mobiliários, em cada série de emissão, decorre a característica de sua fungibilidade, ausente nos títulos de crédito".

31. Tal distinção teve sua importância reduzida por Giuseppe Ferri, ao afirmar que: *"La diferencia es recogida por la doctrina más reciente, sin que se atribuya por otro lado, relevancia sustancial con referencial al concepto de título de crédito: en general se limita a destacar la fungibilidad propia de los títulos individuales y la posibilidad de una unión en un título múltiplo o de fraccionamiento, que se da en los primeros y no en los segundos."* (FERRI, Giuseppe. **Títulos de crédito**. Buenos Aires: Abeledo-Perrot, 1965, p. 6, nota 3).

32. COMPARATO, Fábio Konder. **Novos ensaios e pareceres de Direito Empresarial**. Op. cit., p. 19.

33. DE LUCCA, Newton. **Aspectos da teoria geral dos títulos de crédito**. São Paulo: Pioneira, 1979, p. 36-37. "[...] a ação da sociedade anônima? Seria ela um título de crédito ou um "valor mobiliário". Ou, antes ainda, os valores mobiliários são títulos de crédito? Parece-nos importante assinalar, desde logo, que os valores mobiliários não possuem um elemento peculiar que os distinga dos títulos de crédito. O único traço distintivo — se é que se possa falar assim —, é que os valores mobiliários assumem, em princípio, a característica de serem negociados em mercado. [...] Mas, como é óbvio, não parece de nenhum rigor metodológico dizer-se que a negociação em mercado seja característica absoluta dos valores mobiliários".

pelo Código Civil em seu artigo 887. De outro lado, o conceito de valor mobiliário constante das sistemáticas jurídicas francesa e, principalmente, norte-americana, foi por nossa legislação absorvido a partir da segunda metade da década de 1960.

Ou seja, se de um lado existe a dificuldade conceitual *de per si*, de outro, a absorção de dois sistemas incompatíveis entre si resultou, à época, num desgastante, porém inútil, esforço de compatibilização conceitual. Se a classificação abrangente dos títulos de crédito, desenhada unitariamente por Vivante, é incompatível com as classificações contemporâneas dos sistemas jurídicos não italianos, o mais sensato, como se verá adiante, será abandonarmos totalmente a camisa de força que voluntariamente alguns tentam continuar a vestir, para buscarmos, como o fizemos, um figurino mais confortável à época em que vivemos e à economia que praticamos ou que queremos incentivar.

Tal não se deve a um injusto menosprezo ao esforço do passado, mas sim ao fato de que, na sistemática legal brasileira, ao se adotar o modelo italiano do fim do século XIX e início do século XX, não se levou em conta, no mais das vezes, o aspecto fundamental que fez dos títulos de crédito o grande instrumento na circulação de bens e do crédito: a liquidez e certeza que esses títulos carregam, já que dotados de execução específica. Ocorre que a execução específica é objeto de lei processual civil,[34] não sofrendo a influência do Código Civil.

Assim é que, pelo artigo 585 do Código de Processo Civil, a debênture goza de liquidez e certeza em sua relação creditícia, muito embora não tenha necessariamente uma cártula, muito menos tenha seu conteúdo obrigacional nela inscrito, mas sim no prospecto e na escritura de emissão, sendo esse relacionamento alterável pela maioria dos debenturistas e com a concordância da companhia emitente. Ou seja, não é necessária a discussão infinda para se saber se a debênture seria ou não considerada como um título de crédito, já que a lei processual lhe deu a

---

34. "Art. 585 – São Títulos executivos extrajudiciais: I – a letra de câmbio, a nota promissória, a debênture e o cheque; II – a escritura pública assinada pelo devedor, o documento particular assinado pelo devedor e por duas testemunhas, o instrumento de transação referendado pelo Ministério Público ou pelos advogados dos transatores; III – os contratos garantidos por hipoteca, penhor, anticrese e caução, bem como o seguro de vida; IV – o crédito decorrente de foro ou laudêmio; V – o crédito, documentalmente comprovado, decorrente de aluguel de imóvel, bem como de encargos acessórios, tais como taxas e despesas de condomínio; VI – o crédito de serventuário de justiça, de perito, de intérprete, ou de tradutor, quando as custas, emolumentos ou honorários forem aprovados por decisão judicial; VII – a certidão de dívida ativa da Fazenda Pública da União, dos Estados, do Distrito Federal e dos Municípios, correspondente aos créditos inscritos na forma da lei; VIII – todos os demais títulos a que, por disposição expressa, a lei atribuir força executiva. § 1º – A proposição de qualquer ação relativa ao débito constante de título executivo não inibe o credor de promover-lhe a execução. § 2º – Não depende de homologação pelo Supremo Tribunal Federal, para serem executados, os títulos executivos extrajudiciais, oriundos de país estrangeiro. O título para ter eficácia executiva, há de satisfazer aos requisitos de formação exigidos pela lei do lugar de sua celebração e indicar o Brasil como lugar de cumprimento da obrigação."

característica necessária e suficiente para dar ao crédito por ela representado as características de liquidez e certeza.

Resumidamente, constata-se que as dificuldades teóricas tiveram início com as divergências acadêmicas, produzindo a confusão dogmática, levando a que juristas de prestígio iniciassem um infindável debate, tentando fazer caber os novos e os antigos instrumentos creditícios ou associativos, dotados de vida própria, em gêneros e subgêneros da espécie títulos de crédito. Certamente, o debate não teve o condão de cercear o andamento da criatividade e do crescente aumento dos atos de negócio, mas teve o poder de reter o mundo doutrinário afastado do mundo real, bem como o de desviar parcialmente o esforço intelectual para uma disputa então inconclusa.

Mas a beleza e utilidade da cambial pura permaneceram íntegras, já que essa simples cártula foi capaz de criar um documento dotado de certeza do direito nele inscrito (literalidade), de dar a transportabilidade do crédito nele contido, bem como de criar um mecanismo simples, porém eficiente, quanto à transmissibilidade de seu direito, não se reportando às razões existentes entre o emitente e o credor. A engenhosidade do título de crédito é que ele é o próprio contrato, que, para sua validade, só alguns poucos requisitos dele se exigem. Ou seja, o grande trunfo do título, bem como sua rápida e enorme aceitação, decorreu de sua simplicidade e da eficiência na criação e transmissão do crédito. É nesse contexto que coloco a célebre definição de Vivante, que, de forma precisa, condensou as características originais e virtudes do título.

1.2.4 O título de crédito no Código Civil

Com a vigência do Código Civil de 2002, os títulos de crédito passam a contar com um bloco de regras gerais, mantidas ainda as normas especiais referentes a situações específicas, como, por exemplo, as referentes aos *warrants*, aos certificados de depósito bancário, à própria letra de câmbio, etc. A aceitação do Título VIII do Livro I da Parte Especial do nosso Código Civil não foi pacífica entre os doutrinadores brasileiros. Isso porque trouxe para dentro do Código, em seu artigo 887, quase que literalmente, a célebre definição vivanteana segundo a qual "o título de crédito, documento necessário ao exercício do direito literal e autônomo nele contido, somente produz efeito quando preencha os requisitos da lei". Essa repetição em lei, que já era combatida por Ascarelli ao comentar o mesmo dispositivo do Código italiano, também foi tida por tautológica por nossos comercialistas.[35]

---

35. Newton de Lucca, em seus Comentários ao Código Civil, nos aponta a perplexidade inicial trazida por Tullio Ascarelli e por Fábio K. Comparato quanto ao conteúdo do artigo 887, sendo que este último nos dá conta

Ou seja, ao comandar que o título de crédito tem como pressuposto necessário à sua validade a literalidade, para poder gozar da autonomia do direito/obrigação nele inscrito, limitou, enquanto proposição generalista, o alcance do preceito. Isso porque, pelo *caput* do artigo, o título de crédito deve conter necessariamente a data da emissão, o direito creditício concedido e a assinatura do emitente. Da definição legal resulta que todo o conteúdo obrigacional, bem como os direitos do credor, necessariamente têm que estar inscritos na cártula. O outro requisito essencial é a assinatura do emitente constante do próprio título de crédito, que seria um dificultador na emissão de maior vulto, conforme previsto no parágrafo 3º do artigo 889. Tal empecilho hoje pode ser vencido na medida em que já foi regulamentada a assinatura digital. A assinatura, que se pressupunha ser feita de próprio punho, passou também a ser admitida legalmente se feita na forma eletrônica, conforme faculdade criada pela Medida Provisória n. 2.200, de 2001.

Mas se, de um lado, o Título VIII do Livro I da Parte Especial do Código Civil, concernente aos títulos de crédito, teve o condão de desagradar a importantes doutrinadores, teve, de outro lado, o condão de demarcar ainda mais fortemente o campo que separa os títulos de crédito dos valores mobiliários, principalmente após a vigência da Lei n. 10.303, de 2001, ao eleger os contratos de investimento coletivo como fato caracterizador do valor mobiliário.

Assim é que o título de crédito necessariamente implica a emissão da cártula, sendo que os direitos e obrigações exigíveis são somente os lá inscritos e dentro do permitido pelo Código Civil. Os valores mobiliários têm direitos e garantias constantes do prospecto de emissão, do estatuto social, das assembleias gerais de seus portadores, ou da escritura de emissão, conforme seja o caso. Os valores mobiliários não necessitam da emissão da cártula, mas a prova de investidor se

---

daquilo que Ascarelli denominou de tautologismo em relação à definição, então já constante do Código Civil italiano, nos seguintes termos: "Ascarelli aplicou essa distinção conceitual, pela primeira vez, no artigo 'Sul Concetto di Titoli di Credito e Sulla Disciplina Del Titolo V Libro IV del nostro Codice', publicado em Banca, Borsa e Titoli di Credito, em 1954, num fascículo em homenagem a Gaicomo Molle [...]. Sustentou, então, que o conceito de 'título de crédito', tal como definido por Vivante, resumia o conjunto de elementos comuns a certos documentos jurídicos, disciplinados em lei. A partir do momento em que o legislador adotou esse conceito em 'disposições gerais', comuns a todos os títulos de crédito em espécie, das duas uma: ou ele repetiu, simplesmente, sob a forma genérica, as regras próprias de cada um dos documentos doutrinariamente considerados 'título de crédito' — o que é uma inutilidade, em texto de lei — ou então, caso se esteja permitindo a 'criação' de títulos de crédito atípicos, inominados, o legislador suscitou um autêntico círculo vicioso: essas disposições gerais se entendem aplicáveis aos 'títulos de crédito', e 'título de crédito' é uma expressão que designa os documentos disciplinados por essas disposições gerais. Ascaralli voltou ao assunto com maior vigor, em 'Il Problema Preliminarae dei Titoli di Credito e la Logica Giuridica' [...]". Vide DE LUCCA, Newton. Dos títulos de crédito. In: TEIXEIRA, Sálvio de Figueiredo (Coord.). **Comentários ao Código Civil**. Rio de Janeiro: Forense, 2003, p. 124.

faz pela inscrição no respectivo livro de registro da companhia ou do fundo de investimento coletivo.

Também temos que os valores mobiliários são, por natureza, contratos de investimento coletivos, enquanto os títulos de crédito são somente instrumentos representativos de dívida, servindo como tais na execução em caso de inadimplemento da obrigação. Além do fato de que, por mandamento legal, os títulos de crédito podem ser emitidos ao portador, ao passo que os valores mobiliários necessariamente têm que ser emitidos na forma nominativa.

Finalmente, a distinção passou a existir no campo legal, quando, com a criação da CVM, determinados tipos de investimento emitidos pelas companhias passaram a ser tidos por valores mobiliários, conforme o constante do artigo 2º da Lei n. 6.385, de 1976. Posteriormente, foi acrescida mais uma possibilidade de inclusão no mundo dos valores mobiliários, por meio da adoção no mundo legal brasileiro do conceito de contrato de investimento coletivo, o qual será analisado mais adiante.

Desta feita, perdeu qualquer sentido a discussão sobre se determinados títulos — tais como as ações, as debêntures ou os *commercial papers* — são enquadráveis como título de crédito ou como valor mobiliário. Mas, embora o conceito de contrato de investimento coletivo não seja pacífico, como adiante se verá, pelo menos ficou superada a questão da dicotomia entre os títulos de crédito e os valores mobiliários, restando, ainda, a discussão, fundamentalmente na Europa continental, quanto à eventual distinção com relação aos *effets de commerce* e aos demais títulos de investimento ou de garantia creditícia.

Assim, hoje, pelo menos no que tange aos valores mobiliários emitidos e colocados publicamente, inexiste mais a dúvida ou discussão para sabermos se determinada emissão é classificável como título de crédito próprio ou impróprio. Na medida em que ele conste do elenco de situações específicas incluídas no artigo 2º da Lei n. 6.385, de 1976, é, para efeitos do mundo legal, um valor mobiliário, regendo-se por regras próprias presentes na Lei das Companhias (Lei n. 6.404/1976), na Lei n. 6.385/1976, no regramento baixado pela Comissão de Valores Mobiliários, pelo Banco Central ou pelo Conselho Monetário Nacional. A liquidez e certeza do crédito eventualmente dotada ao valor mobiliário não advém do constante do Título VIII do Livro I da Parte Especial do Código Civil, mas de legislação específica, conforme a norma atributiva de tal qualidade às debêntures.

Assim, nada impede que exista um mesmo título que possa se comportar como título de crédito ou como valor mobiliário — claro está que não ao mesmo tempo ou ao sabor da conveniência do emitente ou do credor. Se o papel for emitido somente enquanto documentação de dívida, se não for objeto de oferta pública por parte do emitente aos tomadores, pertencerá ao mundo dos títulos de crédito. Entretanto, se a ele se agregar a expectativa de lucro, transformando-o por tal em um contrato de investimento, então estaremos no domínio da legislação concernente aos valores mobiliários.

Assim, são valores mobiliários aqueles definidos por lei — como as ações, as debêntures, os demais certificados emitidos por sociedades por ações ou as cotas lançadas publicamente pelos fundos de investimento — e outros que venham a ser assim categorizados por preceito de igual hierarquia legal. Essa lista pode crescer, na medida em que agora não mais se trata de uma lista taxativa, mas de uma definição sujeita a várias interpretações, como foi a chegada dos contratos de investimento coletivo ao mundo dos valores mobiliários.

1.2.5 Efeito de comércio e valores mobiliários

A expressão "efeitos comerciais" foi importada entre nós do mundo jurídico francês; porém, lá como cá, a expressão englobava parte do universo do crédito dos empresários. Entre nós, ainda na vigência do Código Comercial de 1850, vamos encontrar todo o Título XVI da Parte Primeira voltado para a regulação das letras de câmbio, das notas promissórias e dos genéricos "créditos mercantis". Mas, de forma dispersa pelo Código, vemos algumas outras denominações genéricas, tais como quando se encontra o termo "papéis de crédito, e outra qualquer espécie de valores" (artigo 10, IV); "letras, ou outros quaisquer papéis de crédito endossáveis"(artigo 54); "quaisquer papéis de crédito" (artigo 55), ou "é unicamente considerada mercantil a compra e venda de efeitos móveis ou semoventes, para revenda a grosso ou a retalho", (artigo 191, 2ª parte). Ademais, o Título XVI, Capítulo II, criava nova hipótese, ao prever as "letras da terra", que nada mais eram do que as letras de câmbio, as notas promissórias, "os escritos particulares ou crédito com promessa ou obrigação de pagar quantia certa, e com prazo fixo, a pessoa determinada ou ao portador", com o qualificativo de serem emitidas e exigidas "na mesma Província" (artigos 425 e 426).

Assim, para o Código Comercial, os termos "créditos mercantis", "papéis de crédito", "letras", "letras de câmbio" significavam o universo de papéis ou títulos usados na atividade empresária, aí entendida a prestação de serviços bancários, sendo destinados a transmitir crédito ou a criar obrigação creditícia entre o tomador e o prestador. É interessante notar que o artigo 427 do mesmo Código Comercial ainda abria uma possibilidade enorme para a criação de novos mecanismos de transferência de crédito ao dizer que "tudo quanto neste Título fica estabelecido a respeito das letras de câmbio, servirá de regra igualmente para as letras da terra, para as notas promissórias e para os créditos mercantis, tanto quanto possa ser aplicável".

Em 1908 é publicado o Decreto n. 2.004, de 31 de dezembro, que trata da letra de câmbio, da nota promissória, bem como regula as operações de câmbio, revogando todo o Título XVI do Código Comercial. No Decreto, a letra de câmbio passa a contar com requisitos mínimos para que dispusesse da presunção de liquidez e certeza, o mesmo ocorrendo com a nota promissória (artigo 54). Nesse sentido, o artigo 49 estabeleceu que "a ação cambial é executiva", "podendo ser proposta contra um, alguns ou todos os coobrigados, sem estar o credor adstrito à observância da ordem dos endossos" (artigo 50). Pelo seu caráter de liquidez e certeza decorreu que, "na ação cambial, somente é admissível defesa fundada no direito pessoal do réu contra o autor, em defeito de forma do título e na falta de requisito necessário ao exercício da ação" (artigo 51). Neste mesmo decreto foi criado um novo título, qual seja, a duplicata, sob a curiosa denominação do Capítulo V do Título I, de "multiplicação da letra de câmbio".

Assim, longe estávamos da busca de uma teoria unificada dos títulos de crédito, mas contávamos com títulos normatizados de forma específica — como a letra de câmbio, a nota promissória, a duplicata, letras da terra, etc. —; de outro lado, tínhamos os demais "créditos mercantis", aos quais se aplicariam as regras gerais das obrigações cambiais.

É neste universo difuso que surgem os efeitos comerciais no mundo jurídico brasileiro, os quais:

> se o Código [Comercial de 1850] não os denominava de títulos de crédito, como hodiernamente se chama, intitulava-os *papéis de crédito*, sendo completa a sinonímia. Na técnica bancária chamam-se *papéis negociáveis* aqueles cujo pagamento pode se contar como certo, em virtude das firmas que nele se contem. Estes papéis são de ordinário classificados em categorias, conforme a solvência mais ou menos absoluta destas firmas. Designam-se também sob o nome de *papéis à ordem* (subentendida de 1ª ordem, ou de ordem superior), isto é, fornecidos por casa de 1ª ordem.[36]

A menção ao nome "efeitos comerciais", enquanto sinônimo dos papéis de crédito, surge quando o Ministério da Fazenda cria a Alta Comissão Internacional, voltada ao estudo do relatório produzido pela Conferência Pan-Americana de 1915, buscando a criação de uma legislação uniforme concernente aos títulos de crédito, a qual colocou que "devemos desde logo manifestar que na expressão *papéis comerciais*, que não tem significação técnica especial, encontramos o intento de se referir a *efeitos comerciais*, que, no conceito geral, correspondem aos títulos em circulação, que se prestam ao desconto bancário: *letras, notas promissórias, cheques*".[37]

---

36. Vide CARVALHO DE MENDONÇA, José Xavier. **Tratado de Direito Comercial brasileiro**. Op. cit., v. 5, 2ª parte, p. 53.

37. Vide CARVALHO DE MENDONÇA, José Xavier. **Tratado de Direito Comercial brasileiro**. Op. cit., v. 5, 2ª parte, p. 52-53, nota 2.

Já na França, de forma distinta, desde o século XIX temos que o Direito francês subdividiu os títulos de crédito assim categorizados em dois grandes subgrupos, a saber, o dos *effets de commerce* e o dos *valeurs mobilières*, ambos pertencentes ao grupo maior dos *titres négociables*.[38] Há que se notar, entretanto, que os doutrinadores franceses, diferentemente dos italianos, não se preocupam em definir a categoria maior dos títulos negociáveis, mas sim a das subespécies. Com tal método, o processo de classificação aparentemente ficou mais suave, tendo em vista que os títulos podem tentar se acomodar em duas categorias distintas, nenhuma delas considerada como agasalhadora de "títulos impróprios". Entretanto, a doutrina francesa vinculava o conceito de valor mobiliário ao de título associativo ou ao de empréstimo de longo prazo. De outro lado, parte da doutrina agrega ao critério temporal a necessidade de cotação em bolsa de valores.[39]

O que se verifica da leitura da colocação de Lyon-Caen e Renault é que, muito embora a sistemática francesa fosse menos ambiciosa do que a italiana, já que não se buscava uma síntese mais abrangente, categorizaram-se os valores mobiliários pelos qualificativos de serem emitidos em grande quantidade e negociados em bolsa de valores. Isso porque, quer no mundo societário francês, quer no italiano, não podemos imaginar que todas as sociedades anônimas emitissem ações "em massa" e, muito menos, que todas tivessem suas ações negociadas em bolsa de valores.

À dupla categorização de efeitos comerciais e valores mobiliários foi acrescida uma terceira espécie, a dos "títulos concretos".[40] Como hipótese de trabalho, temos que efeitos comerciais são títulos negociáveis, que conferem um crédito incondicional, de soma de dinheiro, em virtude de seu estatuto jurídico como instrumento de pagamento (letra de câmbio endossável) ou de crédito (cheque nominativo ou

---

38. Já Lyon-Caen e Renault colocavam que: *"Du reste, l'expression d'effets de commerce n'a pas um sens limité aux trois titres qui vennent indiques. On peut comprendre lês warrants et les titre qui, bien que valuables en eux-memes, manquent de quelques unes des conditions voluesa pour constituer lês lettre dechange. Un caractere commun de ces titres, qui ont toujour pour objet une some d'argent, est la simplicité de leur mode de transmission em même temps que l'enerfie particulière dês effets attachés a cette transmissio. Aussi lês appele-t-on parfois, tout au moins lês lettre de change et les billets à ordre, effets de circulation. [...] 5. Les effets de commerce ont des relations avec les operations de change. Il en est ainsi spécialement de la letter de change; c'est même de là que lui vient son nom. Mais il est à remarquer qu'aujourd'hui ce nom ne répond pas nécessairement la realité, puisqu'il peut avoir letre de change san opérations de change"*. Vide LYON-CAEN, Charles; RENAULT, Louis. **Traité de Droit Commercial**. 3. ed., Paris: Cotillon, 1898, t. 4, p. 2-3.
39. MORANDIÈRE, Leon Julier de la. **Droit Commercial**. Op. cit., p. 627, item 683: *"caractères distintifs — On appelle valeurs mobilières des titres émis par des personnes morales, publiques ou privées, qui confèrent des droits associés ou créanciers identique pou une série de telle sort que ses titres, dáilleurs négociables suivant des modes du droit commerciel, sont suscetibles d'une cotation collective, la cotation en Bourse."*
40. VAN RYN, Jean; HEENEN, Jacques. **Principe de Droit Commercial**. Op. cit., p. 269, item 1.280: *"les titres négociable réspond à des besoins très variés. Les uns instruments de payment ou de credit; c'est sont des effets de commerce. D'autres facilitent les opérations commerciales sue des marchandise détenues par un titre (les titres concrets). D'autres enfin permettent de réaliser des placements des capitaux productifs d'un revenu périodique; ce sont les valeurs mobilières qui jouent ce role."*

ao portador, etc.). Os títulos concretos são títulos negociáveis, oriundos de um contrato em virtude do qual os títulos são emitidos ou a ele se referem; mas que, uma vez colocados em circulação, conferem a seu titular um direito próprio (o conhecimento marítimo, o *warrant*, etc.). Finalmente, os valores mobiliários são títulos negociáveis destinados a permitir a colocação de capitais, emitidos globalmente, em montante previamente fixado, e que conferem direitos idênticos, dentro da mesma série (de ações, partes beneficiárias, etc.).[41]

A dificuldade dessa divisão é que as letras de câmbio são mais utilizadas como instrumento de crédito do que como documento de pagamento. Com o desenvolvimento de atividades negociais como a de *factoring*, que entre nós recebeu o nome de "faturamento", o desconto de letras de câmbio e duplicatas irá passar a ser um instrumento de investimento se visto do lado do poupador. Assim, com o desenvolvimento do mercado de capitais, vários títulos que historicamente eram classificados como "efeitos comerciais" passam a se comportar, na realidade negocial, como títulos negociáveis que permitem a colocação de capitais, mas não necessariamente em série, de igual valor, remuneração ou prazo de vencimento. O que está ocorrendo é que o mercado financeiro, ao alargar o seu leito tradicional de relacionamento entre o empresário e o banqueiro, cria novos tomadores de risco, que são os detentores de poupança disponível e que se encontram no campo diferenciado do mercado de capitais.

Aceita a premissa de que a teoria dos títulos de crédito não se coaduna, em boa parte, com o desenvolvimento ocorrido no mercado de capitais e, de outro lado, apresenta grande dificuldade de compatibilização com o termo "valor mobiliário", temos que a sistemática franco-belga, se bem que mais acurada, também não vem conseguindo manter sua inteireza. Isto porque não é verdadeira a afirmação de que há uma perfeita distinção entre os campos dos *effets de commerce* e dos *valeurs mobilières*, além disso, também não é real apontar como categorias absolutamente distintas a divisão entre os *negotiable instruments* e as *securities* dos Direitos inglês e norte-americano. Como já foi mencionado anteriormente, os *effets de commerce* podem ser considerados valores mobiliários, dependendo da forma como venham à luz.[42]

Assim, se forem emitidos como instrumentos de investimento e crédito, e não como forma de pagamento, poderão adentrar no campo dos valores mobiliários, mesmo que o mercado criado para sua liquidez não seja o de bolsa. Claro está que

---

41. A classificação e as definições foram tiradas, quase que literalmente, da seguinte obra: VAN RYN, Jean; HEENEN, Jacques. **Principe de Droit Commercial**. Op. cit.

42. *"les effets de commerce sont des titres à ordre ou au porteur donnant à leur titulaire le droit de toucher une somme d'argent determiné, à une échéance génèralement prochaine. Ils sont essentiellement négociables et transmissibles par simples endorsement, ou mème par tradition manuelle."* (CORNIOT, S. (Coord.). **Dictionnaire de Droit**. Paris: Dalloz, 1966, verbete *effets de commerce*).

instrumentos de pagamento, como o cheque, dificilmente poderão pertencer ao mundo do Direito como valores mobiliários. De outro lado, os *negotiable instruments*, que equivalem aos *effets de commerce*, são papéis emitidos por empresas, e suscetíveis de serem comercializados.[43]

Porém os *negotiable instruments*, não dificilmente, são considerados como *securities* ou valores mobiliários. Ou seja, os *effets de commerce*, bem como os *negotiable instruments*, poderão se transmudar em *valeurs mobilières*, ou *securities*, caso sejam emitidos como instrumento de crédito e de investimento, e não mais como instrumento só de dívida. Porém, mesmo nesses sistemas legais o mundo dos valores mobiliários é cambiante, hoje de crescente utilização por conta dos efeitos comerciais ou papéis negociáveis.

Talvez a sistematização fique mais fácil se dividirmos os títulos em: (i) instrumentos de pagamento, não necessariamente negociáveis e emitidos para extinguir débitos; e (ii) instrumentos de investimento, suscetíveis de serem negociados, que visam, por parte do emitente, a obtenção de recursos, e, por parte do adquirente, a percepção de lucro.

Assim, mais do que diferenças estruturais, há a possibilidade de se encontrar variáveis funcionais. A classificação funcional, em servindo a seu propósito, é tão válida quanto a estrutural.[44] Historicamente, vemos que a evolução doutrinária dos títulos ou valores mobiliários não tem sido tão rápida quanto a ampliação do mercado no qual são emitidos e negociados. O surgimento dos títulos de crédito, valores mobiliários, *effets de commerce* — não importa qual a categorização que se dê — objetivou acelerar a circulação de bens e serviços, quer através de instrumentos de pagamento, quer por intermédio de papéis de crédito. Em ambas as situações, a estrutura dos títulos continua razoavelmente a mesma. No correr do tempo, o que mudou radicalmente foi o acesso ao prestador de poupança, na medida em que a "banca", tomada no sentido italiano renascentista da palavra, tenha perdido o monopólio do crédito.

---

43. *"a general name for bills [...] letters of credit, and any negotiable securities. Any written security which may be transferred by endorsement and delivery or by delivery merely, so as to vest in the endorsee the legal title, and thus enable him to sue thereon in its own name. Or, more technically, those instruments which not only carry the legal title with them by endorsement or delivery, but carry as well, when transferred before maturity, the right of the transferee to demand the full amounts which their faces call for."* (BLACK, Henry Campbell. **Black's Law Dictionary**. Union: Lawbook Exchange, 1991, p. 1.187, verbete *negotiable instruments*). O mesmo autor, ao definir *public securities*, à p. 1.522, diz que estas seriam *"bonds, notes, certificates of indebtedness, and others negotiable or transferable instruments"*.

44. "o problema dos títulos de crédito é, mais do que qualquer outro, um problema de técnica jurídica, pois com freqüência, a dificuldade não reside na interpretação da norma ou na individuação do fim visado pelo legislador, mas na coordenação da norma no sistema geral." (ASCARELLI, Tullio. **Teoria geral dos títulos de crédito**. Op. cit., p. 13).

Os títulos continuaram estruturalmente os mesmos, mas funcionalmente passaram a atuar em avenidas bem mais largas. Em tal contexto, é forçoso concluir que os valores mobiliários, inclusive na sistemática jurídica brasileira, devem ser examinados no contexto funcional em que atuam. Agregue-se a tal proposta o fato de que os valores mobiliários, enquanto objeto de nova legislação, quando da criação da Comissão de Valores Mobiliários, foram aceitos, como em outros sistemas jurídicos conhecidos, como categoria definida pela estruturalidade dos títulos existentes,[45] colocando-se, como consequência, sua jurisdição sob a ótica também da distinção funcional. Mas, se a distinção entre títulos de investimento e títulos de pagamento pode ser feita em razão da funcionalidade, fica ainda sem resposta o que caracteriza o comportamento do título dentro de uma ou outra categoria. Ou seja, o que é valor mobiliário?

1.3 A DISCUSSÃO NA ATUALIDADE

Hoje essa discussão perdeu seu sentido prático, mas aqui é colocada na tentativa de mostrar quão árdua e pedregosa foi sua caminhada. Também é ela importante para vermos que as buscas da síntese universal de determinado conjunto de coisas, quase sempre, termina com o surgimento de um terceiro gênero, como aconteceu com a adoção quase que como objeto de fé da teoria única dos títulos de crédito. Neste ponto, os franceses foram bem-sucedidos, na medida em que admitiam os efeitos comerciais, sem uma fronteira estreita quanto a sua definição, nem adotando uma lista fechada, e, assim, tiveram menos transtornos para defender algo indefensável.

Entre nós, as críticas de Ascarelli à definição de Vivante não foram suficientes para sanar as impropriedades da manutenção desta definição (como objeto de artigo de lei) em nosso ordenamento jurídico, mesmo passado mais de um século de mudanças no contexto jurídico-econômico.

Hoje, devido ao crescimento da importância de se estimular o surgimento de novas maneiras de coletar fundos junto ao público em geral, estão surgindo inúmeros mecanismos de aglutinação de poupanças com a finalidade de financiar um empreendimento coletivo. A partir desse momento, o que se torna vital para a comunidade é a existência de mecanismos que deem proteção à poupança privada, que mecanismos de gestão transparente sejam estabelecidos, que o nível de informação prestada ao eventual investidor seja adequado para que ele possa tomar sua decisão de investir ou não, que as negociações nos mercados secundários ocorram sem a utilização de mecanismos não equitativos, etc.

---

45. Vide artigo 2º da Lei n. 6.385/1976.

O mundo dos valores mobiliários tem agora seu universo próprio de atuação, com seu regramento específico e autoridade governamental designada para normatizar suas ações, bem como realiza um crescente fluxo internacional de recursos. Creio que ele está buscando cumprir o seu papel, mas isso não evitará que um número ponderável de trabalhos de mestrado e uns poucos de doutorado ainda venham a aprofundar ainda mais a busca da unicidade teórica dos títulos de crédito. Quanto a esses trabalhos, agora no campo do Direito dos Valores Mobiliários, tenho para mim que a busca da pedra filosofal será a tentativa de se definir, tal qual Vivante o fez, o que seja contrato de investimento coletivo. Mas estou certo de que o mundo dos negócios continuará a investir e a criar novos negócios, independentemente dos nossos achados acadêmicos.

1.4 Por que definir valor mobiliário?

O valor mobiliário simboliza a exteriorização jurídica de um elo econômico — independentemente da existência de uma cártula —, o qual surge da relação obrigacional que une o poupador (credor) e o empreendedor (devedor) no investimento comum. Esta relação deve obedecer a forma estabelecida em lei e no contrato. Essa relação entre o ofertante do investimento e o público potencialmente subscritor tem grande capacidade de originar conflitos sociais, na medida em que as expectativas dos investidores sejam frustradas pela suspeita do não cumprimento da obrigação contratada, pela frustração do investimento ou pela constatação de que foram ludibriados em seus investimentos. Esse risco do desassossego social é tão mais intenso quanto maior seja o universo alcançado pela colocação dos valores mobiliários, bem como pela pulverização dos investidores em função de seu pequeno valor unitário.

É esse o motivo pelo qual os Estados tendem a estabelecer regras para regular o acesso à denominada "poupança popular". Ao cabo, o que fazem os governos nada mais é do que estabelecer normas para que o relacionamento entre o investidor e o tomador se dê pela vontade livre de ambos, decidindo-se o primeiro após a análise de um fluxo de informações considerado ideal pela autoridade governamental. Em suma, o que buscam, ou deveriam buscar, as regulamentações estatais é o estabelecimento de regras que deem um tratamento equitativo para o estabelecimento do vínculo obrigacional entre o ofertante do valor mobiliário e o investidor.

Assim, o Estado, ao exigir que a oferta pública tenha que passar por seu crivo prévio de adequação às informações que julgue necessárias, antes de serem tornadas públicas, busca tornar obrigatório que os fluxos de informações sobre o investimento sejam aqueles minimamente necessários e suficientes para que o investidor julgue a conveniência de fazê-lo ou não, de mantê-lo ou não. A partir da constatação da necessidade de tal política pública de proteção do investidor, terá o Estado que definir, necessariamente, esse seu campo de sua atuação específica; ou seja, terá que definir o que seja valor mobiliário para poder delimitar o seu campo de atuação. Isso significa que, para poder demarcar o âmbito no qual exercerá o seu poder de polícia, terá o Estado que necessariamente definir o objeto de sua atuação, vale dizer, definir o que seja valor mobiliário. Sem essa definição ou delimitação de seu campo de atuação, o Estado estaria agindo de forma ilegítima, na medida em que o seu poder de ação permissivo ou restritivo sempre decorre de norma legal.

O seu campo de atuação é desenhado pelos limites ou definições contidos no dispositivo de lei e nas interpretações finais da Administração Pública ou aquelas emanadas pelo Poder Judiciário. Entretanto, ao buscar definir o que seja valor mobiliário, a norma legal terá que saber previamente quais os instrumentos de acesso à poupança popular ela deseja abarcar. Poderá pecar pelo excesso, abrangendo todo e qualquer investimento, ou seja, tudo aquilo que não seja consumo ou "economias guardadas no colchão". Outrossim, poderá errar pela modéstia, deixando várias áreas da poupança privada desprotegidas. Assim, a difícil missão é encontrar o justo termo quanto à abrangência do conceito de "valor mobiliário". Como nos têm mostrado outras legislações, isso é uma tarefa sem fim, de constantes e infindáveis alterações, tal como infindáveis são as maneiras pelas quais o homem imagina poder buscar e atingir a poupança alheia. Esse caminho é muito novo ao nosso ordenamento jurídico, constituindo-se no denominado Direito dos Valores Mobiliários. Porém, como a história nacional tem demonstrado que caminhamos em direção a uma alteração profunda do papel do Estado empresário e, como consequência, ao surgimento da necessidade de agregar crescentemente recursos privados a empreendimentos de grande porte, cuja demanda não é servida pelas operações bancárias tradicionais, temos que é necessário aprofundar rapidamente essa ainda incipiente discussão.

Os caminhos encontrados por vários países para dar cabo dessa missão têm variado no tempo, levando em consideração, fundamentalmente, a relevância que esse mecanismo de desintermediação financeira tem para cada um deles. Assim é que as definições serão tão mais precisas e extensas quanto maior seja o papel do mercado de valores mobiliários na vida econômica de uma dada nação. Onde este mercado for irrelevante para o financiamento do sistema produtivo, temos que proporcionalmente irrelevante será a atuação do Estado na regulação do acesso à poupança privada através da colocação de valores mobiliários e, consequentemente, desimportante a existência ou não da delimitação desse campo do exercício do poder de polícia estatal. Nos países onde inexiste tradição e estrutura de financiamento via mercado de valores mobiliários, sendo estes oferecidos pelo sistema financeiro privado ou estatal, suas eventuais ofertas enganosas tangenciam muito mais a quebra de contrato ou a lei penal do que a tentativa de criação de mecanismos de desintermediação entre o poupador e o sistema bancário.

Em geral, são três as modalidades que os países adotam para delimitar o campo de atuação da regulação estatal: ou as legislações elencam de maneira mais ou menos aberta os valores mobiliários que estão sob sua supervisão; ou partem para definir o que seja "valor mobiliário"; ou adotam, como o Brasil, uma lista à qual são agregados novos componentes com o passar do tempo.[46] Claro está que, quanto mais internacionalizado for o mercado de valores mobiliários, maior será a tendência de se adotar o critério legal das economias centrais, na medida em que as melhores empresas dos vários países tendem a buscar recursos nos grandes centros financeiros do mundo. Nesta caminhada, os ofertantes de valores mobiliários necessitam se adequar aos critérios mais rígidos desses países, fazendo com que ocorra uma crescente homogeneização das normas legais das economias periféricas em direção das regras seguidas nas economias mais fortes. Essa é uma das razões de o conceito de valor mobiliário estatuído pelo Direito norte-americano vir se impondo, de forma crescente, como paradigma que tem servido como modelo para as legislações de vários países. De outro lado, é de se ter em mente que, com o fortalecimento da Comunidade Europeia, o Direito dos Valores Mobiliários vem cada vez mais se tornando homogêneo, mercê das várias diretivas que Bruxelas emite periodicamente.

Há, entretanto, que se colocar um diferencial entre a conceituação norte-americana e a europeia continental, já que, para sua completa adequação, necessitar-se-ia de uma aproximação muito maior entre as vertentes e características distintas entre os Poderes Judiciários com tradição construtivista, como a anglo-saxã, e com tradição estritamente codificada e interpretativa, mais característica do Direito europeu continental e de seus seguidores em outros continentes. Porém, a convergência entre esses dois sistemas tende a uma crescente aproximação, na medida em que, pelas necessidades empresariais, inclina-se o Direito dos Valores Mobiliários a criar mais tipos legais abertos, ou aqueles outros cujas características foram desenhadas pelos ordenamentos jurídicos alienígenas.

Disso resulta que, quanto maior for a divergência entre conceitos básicos neste ramo do Direito, menor será a interatividade entre os mercados alienígenas, dificultando sobremaneira a oferta pública de valores mobiliários em âmbito supranacional, como hoje vem, e de forma crescente, acontecendo em várias modalidades de investimento. Assim, conceitos como "contrato de investimento", "manipulação de mercado", "dever de lealdade", etc., tendem a fazer com que os precedentes judiciais das economias mais robustas e as normas comunitárias dos

---

46. Entre nós, a lista do que se considera "valor mobiliário" foi posteriormente acrescida de uma definição abrangente.

países centrais também passem a fazer parte do mundo jurídico local, bem como patrocinem uma capacitação mais construtivista nas sentenças emanadas do Poder Judiciário nativo. Será dentro deste contexto que se examinará a evolução do conceito de "valor mobiliário" nas economias centrais, para se analisar o caminho que já percorremos e as dificuldades de sua necessária implantação entre nós.

capítulo 2

ESTADOS UNIDOS: O CONCEITO DE "VALOR MOBILIÁRIO" SEGUNDO A SUPREMA CORTE

A necessidade da conceituação do que seja "valor mobiliário", como já foi apontado acima, só aparece em função de não se poder prescindir da demarcação do papel do Estado, bem como da definição de sua área de atuação. Foi essa a situação ocorrida nos Estados Unidos, a qual, entretanto, levou em consideração a peculiaridade local, qual seja, os estados formadores da União detinham plena capacidade legislativa no que diz respeito à normatização, fiscalização e eventual punição quanto ao mercado de valores mobiliários. Entretanto, com o surgimento da crise financeira cristalizada em 1929, o Congresso norte-americano edita legislação de alcance nacional, a qual não ab-roga as normatividades dos estados, mas com elas passa a conviver, duplicando o sistema estatal de normatização. Tal situação torna hercúlea a tarefa de análise dos vários ordenamentos, razão pela qual será objeto de análise somente a normatização federal, citando-se, eventualmente, a norma estadual quando esta tiver servido de suporte ao regramento federal ou a alguma decisão judicial também de alcance nacional.

Historicamente, temos que o conjunto de normas legais regulatórias surge quase sempre após o acontecimento de uma grande *débâcle* do mercado de ações. Assim o foi no século XVIII com o "Buble Sea Act"[1] na Inglaterra, bem como com as leis de 1933 e 1934 nos Estados Unidos. Esta última regulação é rapidamente implementada para fazer face à Crise de 1929. A nova legislação federal, que passa a conviver com as legislações estaduais então existentes, passa a regular a emissão e a oferta de valores mobiliários, bem como passa a regrar o trabalho dos intermediadores. Para tanto, criou-se uma agência federal em 1933 para, de forma

---

1. Em 1720, foi promulgado na Inglaterra o então denominado "Buble Act", que teve por finalidade evitar novos escândalos financeiros, como os proporcionados pelas empresas Mississipi Company e South Sea Company. Com o estouro da "bolha", milhares de pessoas que haviam adquirido ações com o pagamento em prestações ficaram arruinadas. Em 1825, o Buble Act foi tornado sem efeito, sendo substituído em 1844 pela primeira legislação moderna no que diz respeito às sociedades por ações.

específica, regular o mercado de valores mobiliários: a Securities and Exchange Commission – SEC. Até sua criação, tais funções foram realizadas, neste curto interlúdio regulatório, pela Federal Trade Comission, ente do governo federal, já há muito existente, encarregado de regular as transações comerciais entre os estados da federação.

Se olharmos historicamente, iremos verificar que, quanto mais dramática tenha sido a causa necessária para a criação do órgão estatal regulador das transações, tanto maior será a abrangência do termo "valor mobiliário", bem como mais restritivas serão suas normas para regular o acesso à poupança do público, além da constatação de que mais severas serão as punições por suas transgressões. Neste contexto é que se insere a legislação americana.

Por sobrevir à crise financeira de 1929 e para evitar ou tentar evitar novas ocorrências desastrosas é que a legislação e as decisões judiciais preveem uma das formulações mais abrangentes quanto à conceituação de valor mobiliário. Tal situação deve ser analisada de perto, quer pelo volume de estudos e trabalhos lá já feitos, quer, principalmente, porque a legislação brasileira, neste aspecto, tem no Direito norte-americano sua indubitável fonte de referência.

Também nos Estados Unidos a complexidade do conceito de "valor mobiliário" evoluiu de acordo com a sofisticação do mercado. No início (século XIX), as legislações estaduais lembravam muito as regras hoje vigentes em boa parte dos países que normatizam os mercados de valores mobiliários menos desenvolvidos. A primeira legislação que veio a público dizia que as companhias de investimento não podiam vender ações, obrigações ou "outros valores mobiliários de qualquer outro tipo ou característica" sem que antes houvesse o registro junto à autoridade estadual competente.[2] Assim, o conceito de valor mobiliário abrangia as ações e obrigações emitidas pela empresa (*bonds*), sendo o trecho remanescente da frase ("...de qualquer tipo ou característica") destinado a apanhar hipóteses não vislumbradas pelo legislador, mas que eventualmente viessem a ocorrer futuramente. Tal situação somente veio a se modificar em 1919, quando a lei dos valores mobiliários de Illinois adotou a sistematização de itemizar, da maneira bem mais detalhada, as hipóteses nas quais poderia aparecer alguma espécie de valor mobiliário.[3] A classificação adotada pelo estado de Illinois, por precaução, dividiu os valores

---

2. Vide a lei do estado do Kansas, de 1911, em seu § 1º da seção 133, que textualmente proibia a venda de *"any stock, bond or other securities of any kind or character"*. No mesmo sentido legislou, em 1913, o estado da Califórnia, para o qual *"the term security, when used in this act, includes the stock, certificate, bonds and other evidence of indebtedness, other than promissory notes not offered to the public by mater thereof, of an investment company"*. No mesmo ano, a lei do estado de Wisconsin legislou que *"security or securities mean any bond, stock notes, or other obligations or evidence of indebtedness which constitutes evidence of, or is secured by, title to, interest in or loan upon any or all of the property of such investment company"*.

3. A lei do estado de Illinois definia valor mobiliário da seguinte forma: *"The word securities shall include stocks, bonds, debentures, notes, participation certificates, certificates of shares or interests, pre-organizational*

mobiliários em duas grandes categorias. A primeira abrangia as ações, debêntures e obrigações (*bonds*), sobre as quais não pairavam dúvidas sobre a caracterização; a segunda categoria, as denominações de conteúdo abrangente, como certificados de participação nos lucros. No mesmo ano de 1919, o estado de Minnesota, dentro do grupo dos termos abrangentes, coloca em sua legislação como sendo valores mobiliários os "contratos de investimento".

O mesmo termo "contrato de investimento" foi mais tarde utilizado pela legislação federal de 1933, servindo como denominação genérica tendente a abranger um enorme e não muito bem-definido grupo de *securities*, cuja efetiva aplicabilidade aparece com maior visibilidade no julgamento pela Suprema Corte do processo SEC vs. W. J. Howey Co., julgamento este que vem a ocorrer somente em maio de 1946. Não obstante, já em 1920, o Judiciário de Minnesota fora chamado para definir a abrangência do termo "contrato de investimento",[4] cujo resultado prático, entretanto, foi quase nulo quanto à criação de um parâmetro legal esclarecedor.

Entretanto, muito embora o Securities Act de 1933 tenha representado um apanhado das legislações estaduais então vigentes, quanto ao conceito de valor mobiliário, as leis de vários entes da federação norte-americana deram algumas definições tão amplas que podiam abranger todos os tipos de investimentos, tais como os "investimentos especulativos feitos em bens móveis".[5] Assim, durante cerca de duas décadas, a conceituação de "valor mobiliário" atendeu muito mais à motivação de apanhar um enorme espectro de contratos de investimento, na tentativa de proteger a poupança privada através de uma definição bastante aberta e, consequentemente, abrangente. Isso ocorreu em várias situações nas quais havia dúvida se os títulos teriam sido utilizados como garantia de pagamento, enquanto instrumentos garantidores de transações comerciais, ou como contrato de investimento. Esse foi o caso das enormes discussões judiciais tendentes a definir se nota promissória seria ou não valor mobiliário, para se saber se os credores estariam ao abrigo da legislação estadual referente aos valores mobiliários, inclusive a de caráter penal.

---

certificates and subscription, certificates evidencing shares, trust, estates or association and profit sharing certificates."

4. Na decisão do processo State v. Gopher Tire & Ruber (177 N. W. 937 – Minn. 1920), contrato de investimento foi definido como *"[...] the placing of capital or laying out of money in a way intended to secure income or profit from its employment in a "investment" as that word is commonly used and understood"*. Ou seja, nessa primeira tentativa para se definir o que fosse contrato de investimento, o resultado foi quase que nulo, na medida em que a diáfana expressão "entendimento comum" não é tão uniforme como imaginaram os julgadores de então.

5. Nesse sentido, a legislação de Ohio, até pouco tempo atrás, ditava que *"Security means any certificate or instrument which represents title or interest in, or credit of any person or any public governmental body"* (§ 1707-01 (b)).

Por razões já mencionadas, a crise de 1929 veio a dar o elemento político necessário para que o recém-eleito Presidente Roosevelt, três meses após sua posse, visse aprovada a lei federal que passou a obrigar o registro prévio junto à Federal Trade Commission dos valores mobiliários que viessem a ser ofertados ao público. Como já visto, a lei internacionalmente conhecida como "Act of 1933" baseou-se numa somatória das conceituações de valor mobiliário então existentes nas legislações estaduais, hoje chamadas "Blue Sky Laws".[6]

A presunção era de que a lei federal viesse a dar unidade de comando legal às normas estaduais, com elas atuando harmônica e independentemente. Neste sentido, a conceituação federal de valor mobiliário adotou a mesma regra seguida pelas legislações estaduais: (i) listar hipóteses específicas, usando as denominações de cada tipo de valor mobiliário, ou (ii) listar situações operacionais, usando tipos abertos.[7]

Disso resultou que o elenco, além de ficar contido em frases cansativamente longas, procurou esgotar as possibilidades de negócios nas quais determinada situação pudesse vir a caracterizar a hipótese de estarmos diante de algum valor mobiliário. Mas mesmo a prolífica e repetitiva redação não evitou que a realidade e criatividade negocial criasse hipóteses específicas não contempladas pela legislação, deixando a caracterização e a abrangência do conceito de valor mobiliário como tarefas a serem implementadas construtivamente pelo Poder Judiciário.[8]

6. *"Indeed, it was in Kansas, apparently, that the term "Blue Sky Law" first came into general use to describe legislation aimed at promoters who 'would sell building lots in the blue sky in fee simple."* (LOSS, Louis; SELIGMAN, Joel. **Fundamentals of Securities Regulation**. Aspen: Aspen Law & Business, 1998, p. 8). Assim é que as legislações estaduais, buscando proteger os investidores, foram rapidamente sendo implantadas em todos os estados da Federação.

7. O ato de 1933, em sua seção 2, assim caracterizou valor mobiliário: *"When used in this title, unless the context otherwise requires: (1) the term 'security' means any note, stock, treasury stock, bond, debenture, evidence of indebtedness, certificate of interest or participation in any profit sharing agreement, collateral trust certificate, preorganization certificate or subscription, transferable shares, investment contract, noting trust certificate, certificate of deposit for a security, fractional individual interest in oil, gas, or other mineral rights, any put, call, straddle, option, or privilege or any security, certificate of deposit, or group or index of securities (including any interest therein or based on the value thereof), or any put, call, straddle, option or privilege entered into on a national securities exchange relating to foreign currency, or, in general, any interest or instrument commonly known as a security, or any certificate of interest or participation in, temporary or interim certificate for, receipt for, guarantee of, or warrant or right to subscribe to, or purchase, any of the foregoing."*

8. Assim é que o legislador, não satisfeito com o detalhamento das hipóteses, ou não convencido de que pudesse abranger negócios futuros, ainda não praticados pelo mercado, adotou hipóteses imprecisas, tais como *"unless the context otherwise requires"*, *"evidence of indebtedness"*, *"participation in any profit-sharing agreement"*, *"investment contract"*, *"any interest or instrument commonly known as a security"*, *"or any certificate of interest or participation [...]"*. Foi, certamente, em virtude de tais dificuldades que, muito embora por várias vezes chamada a se pronunciar sobre o conteúdo do conceito de valor mobiliário, a Suprema Corte norte-americana só decidiu julgar doze vezes, e somente em cinco levou em consideração a definição em pauta. Tais decisões foram: SEC v. C. M. Joiner 320 U.S. 340 (1943); SEC v. W. J. Howey Company Service 380 U.S. (1946); SEC v. National Securities Dealer Inc. 395 U.S. 651 (1959); SEC v. Variable Annuity Life Ins.

Para agravar a situação, a lei posterior, também conhecida como "Act of 1934", em complementando à legislação de 1933, alterou as hipóteses previstas como valor mobiliário por acréscimos e exclusões.[9] Mas mesmo esta segunda listagem exaustiva da Lei de 1934 não tem impedido que os juristas norte-americanos considerem a caracterização do valor mobiliário como uma das tarefas mais difíceis, e hoje ainda inacabada.[10]

Assim é que por decisões dos tribunais judiciais, consolidadas por julgados da Suprema Corte norte-americana, motivadas por ações propostas pela Securities and Exchange Comission, o conceito de valor mobiliário sofreu um constante aumento em sua abrangência, originado da necessidade de estender a proteção governamental a novas modalidades de captação de recursos junto ao público poupador.

Nesse sentido, os tribunais norte-americanos decidiram cerca de 792 casos relativos à conceituação de valor mobiliário, sendo 11 originárias da Suprema Corte, além de ter sido objeto de mais de 300 artigos publicados pelas revistas das faculdades de Direito dos Estados Unidos.[11] O que se verifica durante todo esse tempo é que coube ao Poder Judiciário, na maior parte dos casos, aumentar o campo de atuação do órgão regulador estatal, agindo o Poder Legislativo através de leis que ampliaram o campo de isenções de registro junto à SEC, porém nunca legislando no sentido de reformular restritivamente a definição de valor mobiliário.

Co. of America, 359 U.S. (1959); SEC v. United Benefit Life Ins. Co. 387 U.S. 202 (1967); Tcherrepin v. Knight, 289 US 322 (1967); United Housing Foundation v. Forman 421 U.S. 837 (1975); International Brotherhood of Teamster v. Daniel, 439 U.S. 551 (1979); Landreth Tiber Co. v. Landreth, 471 U.S. 681 (1985); Securities Industry Association v. Board of Governors FRS, 468 U.S. 137 (1984); Gould v. Ruefenach, 471 U.S. 701 (1985); Reves v. Ernst, 494 U.S. 56 (1990); Securities Industry Association v. Board of Governors, 406 U.S. 137 (1984) e SEC v. Edwards, 540 U.S. 398 (2004).

9. O Act of 1934 adicionou como valor mobiliário: *"[...] any oil, gas, or other mineral royalty or lease"*; excluiu, por sua redação: *"currency or any note, draft bill of exchange, or other bank acceptance which has a maturity at the time of issuance of not exceeding nine months, exclusive of days of grace, or any renewal thereof the maturity of which is likewise limited"*. O ato de 1934 não repetiu os termos *"evidence of indebtedness, fractional undivided interest in oil, gas or other mineral rights [...]"*. Porém, a versão consolidada, que é a que se utiliza para fins legais, manteve a redação de 1933.

10. *"It is interesting that in the more than 60 years of securities regulations in this country, we have no clearly accepted definition of a security. In this regard we are somewhat in the same position as some of the members of the United States Supreme Court when dealing with obscenity: We can generally tell a security when we see one, on a case by case basis, but have been unwilling to attempt to give a generic definition to the term."* (LONG, Joseph C. Interpreting the Statutory Definition of a Security: Some Pragmatic Considerations. **Saint Mary Law Journal**, v. 6, n. 1, p. 95-205, 1974, p. 96). Veja-se, também, na mesma obra, à p. 167: *"even so, such is the complexity of the financial world that a constant stream of cases to seek to draw the line between 'securities' and real property or various hybrids emanating from the banking and insurance industries"*.

11. Vide GABALDON, Theresa A. A Sense of Security: an Empirical Study. **Journal of Corporation Law**, v. 25, n. 2, 2001, p. 68.

Pode-se, assim, trabalhando com um grau acentuado de generalização, dividir a evolução do conceito de valor mobiliário, no Direito norte-americano, em dois grandes blocos. O primeiro deles é resultante da conceituação do termo "contrato de investimento" pela lei de 1933, com sua alteração de 1934. O segundo grande bloco de discussões será sobre a prevalência ou não da realidade econômica subjacente ao ato associativo praticado, sob a forma pela qual o valor mobiliário surge no mundo jurídico. Porém, mesmo esse segundo bloco quase sempre surge dentro da análise que a Suprema Corte faz do termo "contrato de investimento".

Claro está que existem inúmeros aspectos do conceito elástico de valor mobiliário, constantes da legislação norte-americana, que devam ser objeto de tratamento específico em trabalhos acadêmicos voltados para o Direito comparado de *lege ferenda*. Entretanto, no presente analisar-se-ão as vertentes alienígenas que serviram de paradigma ao legislador pátrio. Por tal motivo, não se fixará nas discussões lá ocorridas com referência à abrangência do conceito de "*notes*", "instrumento de dívida", etc.

No Direito norte-americano, como agora no Direito brasileiro, as legislações de 1933 e de 1934 optaram por colocar na categoria de valores mobiliários os tipos substantivos já previamente existentes no mundo negocial local, bem como aqueles outros que dependem da sedimentação de uma definição de aceitação comum. Na primeira categoria, como já visto na transcrição dos respectivos artigos, encontramos os contratos representados por *stocks*, debêntures ou *notes*, aí se referindo a legislação a papéis representativos de contratos de investimento específicos. Entretanto, a legislação norte-americana também criou hipóteses representadas por situações hipotéticas abrangentes e, como tal, não poderiam constar das leis como previsões específicas. Assim, surgem as hipóteses de *evidence of indebtedness, profit sharing agreement* ou *any instrument commonly known as a security*. Entretanto, se analisarmos todas as hipóteses contidas em ambas as legislações, verificaremos que todas cabem dentro do conceito amplo de "contrato de investimento". Essa delimitação fez com que as grandes contendas jurídicas, que acabaram desembocando junto à Suprema Corte, girassem em torno da discussão para se saber se determinada atividade negocial de captação, não prevista de forma específica, estaria abrangida pelo conceito amplo de contrato de investimento, ou se, ao contrário, muito embora tivesse nascido com a denominação de um valor mobiliário específico, não preenchia as condições para que fosse considerada como uma ação ou como uma nota promissória emitida enquanto investimento e não como garantia de futuro pagamento.

É de se ter em mente, entretanto, que a maior parte dos valores mobiliários ofertados ao público, levando-se em consideração não só o volume em dinheiro, mas também a quantidade de lançamentos realizados, pertence a categorias bem conhecidas, cujos conceitos já se encontram estabelecidos e razoavelmente definidos. Assim, as ações, debêntures e fundos de investimento em tais valores mobiliários representavam a grande maioria das capitalizações das companhias.

Entretanto, como já visto anteriormente, as leis de 1933 e de 1934 contemplam determinados valores mobiliários cuja tipificação não merecera da doutrina, nem do Poder Judiciário, qualquer tentativa de exame mais acurado, enquanto espécie juridicamente conceituada. Dentre os tipos "abertos", é de relevância discutir os contratos de investimento. A sua importância decorre do fato de esse tipo de contrato ter sido adotado pela legislação brasileira, bem como porque, dado o fato de ter seu contorno fugidio e de amplíssima abrangência, tem o condão de poder aumentar em muito o campo do poder de polícia da autoridade governamental. Esse poder regulamentar sobre fatos geradores opacos irá provocar, certamente, a intervenção decisória do Poder Judiciário, na busca da solução do conflito entre a autoridade reguladora e o cidadão.

Em verdade, o contrato de investimento pode ser colocado como a grande e genérica categoria na qual os vários subtipos de alocação de recursos financeiros, ou de bens neles avaliáveis, irão se materializar. E isso porque o acesso ao mercado de valores mobiliários se faz em busca de recursos do público detentor de poupança. O poupador, por seu lado, busca o tomador de seus recursos na expectativa da obtenção de lucro. Essa relação acontece no mundo jurídico através da assunção recíproca de direitos e deveres, que se materializa através de uma das formas contratuais previstas em lei. Ou seja, o contrato de investimento deve ser considerado como a célula matricial da qual decorrem as várias espécies pelas quais o investimento poderá ocorrer. Claro está que os contratos de investimento não resultam sempre de obrigações associativas, mas a característica fundamental é sempre a busca de retorno sobre o investimento, tendo como contrapartida a assunção de determinado risco.

Existem, por exemplo, os contratos associativos de massa para a realização de obras de caráter social; porém, na medida em que nestes não esteja presente a expectativa de retorno do investimento prometido, não estaremos no mundo dos valores mobiliários. Neste caso, ademais, inexiste a necessidade da presença desse tipo de poder regulador estatal tendente a proteger o cidadão, já que inexiste a figura do investidor e do investimento.

É da constatação dessa realidade que se torna importante acompanhar as situações fáticas sobre as quais as decisões da Suprema Corte norte-americana vieram a construir os parâmetros qualificadores do contrato de investimento.

No âmbito do Direito norte-americano, a caracterização do que sejam os contratos de investimento partiu exclusivamente da capacidade construtivista de seu Poder Judiciário. Assim, não foi a lei que definiu ou tipificou a conduta como sendo caracterizadora da oferta pública de contratos de investimento. Ao contrário, foram alguns poucos julgados, emanados da Suprema Corte, que estabeleceram as regras nacionais caracterizadoras desses valores mobiliários. Assim, esta é a razão pela qual é de todo conveniente, para a análise do que seja contrato de investimento, levarmos em consideração as decisões da Suprema Corte norte-americana,[12] o que se fará abaixo.

2.1 Contrato de investimento ou alienação de imóvel? (C. M. Joiner Corporation, 1943)[13]

Muito embora o termo "contrato de investimento" constasse como previsão legal de várias legislações estaduais, bem como das normas federais, somente em 1943 a Suprema Corte, ao analisar a ação proposta pela SEC contra C. M. Joiner Leasing Corporation, toca no assunto sem, entretanto, aprofundá-lo. Nesse processo judicial, um determinado proprietário (Johnson) dava em arrendamento terras com a perspectiva de encontrar petróleo, com a condição de que o arrendatário perfurasse um poço-teste, buscando com isso a valorização da área remanescente de sua propriedade. Neste contexto, uma pessoa (Anthony), arrendou para si uma área de 4.700 acres dessas terras localizadas no estado do Texas, assumindo com o arrendante (Johnson), como forma de pagamento, a obrigação de perfurar um poço de teste, na busca de petróleo. A Joiner Leasing Corporation adquiriu de Anthony os mesmos direitos sobre 3.002 acres da mesma área, por preço simbólico, assumindo a única obrigação de perfurar o poço de petróleo. Anthony, que era um perfurador profissional de poços de petróleo, concordou com Joiner Leasing em fazer ele mesmo tal perfuração, cabendo a esta última (Joiner Leasing) arrumar o devido financiamento para o pagamento pelo trabalho a ser realizado por Anthony. Para tanto, buscou a Joiner repassar contratos, redividindo o contrato original em pequenos lotes a terceiros interessados. A campanha de venda foi feita pelo correio, com o envio de cerca de mil prospectos, sendo que os compradores finais estavam espalhados em 18 estados, além do distrito de Colúmbia. Os arrendatários adquiriram direitos sobre áreas não maiores do que 20 acres, normalmente entre 2,5 a 5 acres. O preço de aquisição variou entre US$ 5,00 e US$ 15,00 por acre. O maior adquirente pagou US$ 100,00, sendo que a grande maioria despendeu US$ 25,00 ou menos.

O material publicitário de venda em nenhum momento mencionava as condições de perfuração em que os adquirentes iriam incorrer ou os custos incidentes

---

12. As decisões da Suprema Corte dos Estados Unidos são aqui apresentadas na busca de facilitar o entendimento e as discussões em aula. Assim, não são transcrições literais, tendo sido excluídas as partes que julgo não relevantes para os fins didáticos. Recomendo que as investigações mais aprofundadas sejam feitas com a consulta direta aos próprios julgados e em sua integralidade.

13. Securities and Exchange Comission v. C. M. Joiner Leasing Corporation et al. 320 U.S. 340.

para que os arrendatários pudessem desenvolver seus respectivos lotes de terra. De outro lado, esta publicidade assegurava que a Joiner Company estava obrigada e iria perfurar um poço como teste, destinado a mostrar as eventuais possibilidades de produção de petróleo nas áreas oferecidas em arrendamento mercantil. O material publicitário enviado aos possíveis adquirentes enfatizava que os eventuais arrendatários fariam um investimento, bem como estariam adquirindo uma participação em um empreendimento.

A SEC entendeu que a Joiner Company oferecia valores mobiliários sem o respectivo e prévio registro, razão pela qual enquadrou criminalmente a ofertante, com base na Lei de 1933. As decisões — tanto a da primeira instância como a da Corte de Apelação — entenderam que se tratava de arrendamento de terra e não de oferta de contratos de investimento.

A Suprema Corte decidiu apreciar o caso, reformando a decisão da instância inferior. Entendeu ela que a oferta feita não era de um contrato de arrendamento mercantil de um pedaço de terra. Não tivesse havido na oferta o apelo econômico contido na proposta e na promessa de exploração do poço-teste de petróleo, o resultado poderia ser bem diferente. A proposta, entretanto, era da venda de um contrato que oferecia ao adquirente a possibilidade de participar, sem nenhum retardo ou custo adicional, da descoberta de petróleo, que poderia ser seguido do empreendimento exploratório, estando este interligado com o arrendamento mercantil de forma econômica e legal. Era em consequência deste acordo que a Joiner Company ficou com os 3.002 acres, deixando Anthony com 1.700 acres por sua participação. E era seu trabalho perfurar o poço piloto que, pela subcontratação, permitiu à Joiner buscar o financiamento pelo arrendamento de lotes menores.

Do arrendamento parcelado dos mil a dois mil acres de terra, por US$ 5,00 a US$ 15,00 o acre, é que surgiriam os recursos necessários ao cumprimento, pela Joiner Company, da obrigação de perfurar o poço piloto, recuperar seus custos, bem como as despesas de venda, remanescendo com cerca de mil acres para especular sem qualquer custo.

Sem a perfuração bem-sucedida do poço, nenhum dos arrendatários teria qualquer valorização de suas terras. Ficava claro, assim, que um interesse econômico na perfuração do poço-teste estava subjacente ao negócio que os acusados estavam vendendo, dada a mais-valia esperada,[14] que animava os eventuais compradores.

---

14. Dizia o prospecto que: *"[...] we are submitting this proposition to you in language that will appeal only to business people who are interested in making an investment where they have a good chance for splendid returns on investment [...].You will really be in the oil business. Remember, if you do not make money on your investment it will be impossible for us to make money [...]. Fortunes made in oil go to those who invest. We believe you should invest here and now."*

No entender da Suprema Corte, tendo como ponto de partida a Lei de 1933, o significado do termo "valor mobiliário" fora construído de sorte a englobar as denominações específicas ou abranger os termos genéricos aptos a abarcar a descrição das situações em que surjam as possibilidades para negociação ou para a especulação de auferir um ganho — ou seja, um investimento. Os primeiros, como obrigações ou ações, são suficientemente padronizados e a própria denominação detém um significado já bem-estabelecido. Os segundos, entretanto, têm contornos mais difusos, detendo características mais descritivas, tais como "contrato de investimento" ou "em geral, qualquer interesse ou investimento comumente conhecido como valor mobiliário".

Entendeu a Suprema Corte que o arrendamento dos lotes de terra era feito na expectativa da sua valorização se o petróleo fosse encontrado em algum dos lotes, pois poderia significar a existência do mineral em outros pedaços de terra circunvizinhos. Isso significava que as vendas poderiam ser enquadradas legalmente em qualquer das hipóteses abertas previstas na Lei de 1933. Entendeu a decisão que o alcance da Lei de 1933 não poderia se paralisar diante do óbvio ou do lugar comum. Os esquemas negociais novos e desconhecidos, como o do presente caso aparentava ser, também são alcançáveis, se factualmente comprovado que estejam sendo amplamente ofertados ou transacionados pelo público sob condições ou termos que tenham, na atividade mercantil, as características de um "contrato de investimento" ou de "qualquer instrumento ou interesse comumente conhecido como 'valor mobiliário'". Concluiu a Suprema Corte que o teste judicial se caracterizava pelo título que era colocado junto ao público, bem como pelo plano de ampla distribuição e pela indução econômica que foi colocada no prospecto de oferta e de publicidade. Tal interpretação, entretanto, teria que ser restrita, na medida em que a sanção aplicável é extremamente grave, por ser ela de ordem penal.

2.2 Contrato de investimento ou negócio imobiliário? (W. J. Howey Company, 1946)[15]

A primeira vez em que a Suprema Corte norte-americana se debruçou detidamente para discutir e definir o que fosse um contrato de investimento ocorreu quando da decisão do processo instaurado pela SEC contra W. J. Howey, em 1946. Este caso diz respeito ao procedimento de oferta pública de venda de pequenas unidades de terrenos plantados com pés de laranja, conjuntamente com o oferecimento de um contrato optativo de prestação de serviço para o cultivo, trato, negociação da produção de laranjas e da remessa do lucro ao proprietário do imóvel;

---

15. Securities and Exchange Commission v. W. J. Howey Company and Howey-in-the-Hills Service, Inc. 328 US 293-302.

prestação esta realizada pela Howey-in-the-Hills Services Inc., pelo prazo de dez anos, sem possibilidade de ser cancelado pelo beneficiário do serviço. Durante vários anos, a empresa plantou 500 acres de laranjais por ano, oferecendo à venda a metade para bancar os recursos necessários, ficando com a outra metade como investimento próprio. A venda sempre foi feita através dos dois contratos distintos. Assim, quem comprava o terreno não necessariamente estaria contratando a prestação de todos os serviços; entretanto, cerca de 85% dos adquirentes assinaram ambos os contratos com as duas empresas Howey.

A oferta era sempre feita com o aviso de que não seria econômica a exploração pelo próprio adquirente da terra, dada a pequena faixa de terra a ser cultivada, com capacidade para receber apenas 48 laranjeiras por acre, sendo que a maioria das compras referira-se a lotes inferiores a cinco acres. Ademais, os ofertados sempre foram pessoas sem conhecimento agrícola na produção de uma fruta de clima quente, sendo estes possíveis investidores residentes no norte e nordeste dos Estados Unidos e no Canadá, passando férias na Flórida. Assim, a distância, a falta de conhecimento especializado, bem como a falta de escala faziam com que, quase obrigatoriamente, fosse assinado o contrato de prestação de serviços acoplado ao contrato de venda e compra do lote de terra. O material de venda enfatizava a possibilidade de retorno de 10% ao ano, durante o prazo de vigência do contrato de prestação de serviços, que era de dez anos. As decisões dos tribunais inferiores entenderam que, em realidade, existiam dois contratos distintos, um de compra e venda e outro de prestação de serviços, fato que descaracterizaria as hipóteses legais tidas pela SEC como indicativo da existência de um valor mobiliário.[16]

A decisão da Suprema Corte, encaminhada pelo voto vencedor do relator Ministro Murphy, partiu da constatação de que a Lei de 1933 não define o que seja contrato de investimento, o mesmo ocorrendo com as discussões parlamentares quando de sua aprovação pelo Congresso Nacional. Entretanto, a discussão sobre seu significado já existia em julgados estaduais, na medida em que o termo "contrato de investimento" já constava de inúmeras leis estaduais anteriores à vigência da lei federal. Porém, mesmo nos ordenamentos estaduais, não se explicitava o significado do conceito de contrato de investimento, tendo sido o seu conteúdo construído através de decisões do Poder Judiciário estadual. Desta feita, a nova legislação federal, ao utilizar a mesma expressão "contratos de investimento", estava agasalhando a jurisprudência cristalizada nos estados.

A construção jurisprudencial estadual partiu da premissa de que havia a necessidade de se proteger a poupança popular, o que ocorreu pela preterição da forma sob a qual o negócio foi revestido juridicamente, buscando-se a substância

---

16. Entendia a SEC que o conjunto dos contratos em questão se caracterizaria como valor mobiliário pelo fato de representar o interesse ou a participação em um contrato de investimento.

econômica contida em cada situação. Neste sentido, o contrato de investimento se caracterizava por ser aquele esquema negocial ou vínculo que visasse à "alocação de capital ou entrega de dinheiro com o objetivo de assegurar a renda ou lucro decorrente de seu emprego".[17]

A decisão da Suprema Corte, com base na construção jurisprudencial das decisões estaduais, estabeleceu o paradigma segundo o qual "contrato de investimento, para propósito do Securities Act, significa um contrato, transação ou situação onde a pessoa investe seu dinheiro num empreendimento comum, do qual espera obter lucros pelos esforços exclusivos de seu promotor ou de terceira pessoa".[18]

O negócio sob exame da Corte, no entender do voto vencedor, caracterizava-se por ser um contrato de investimento na medida em que as companhias rés estavam oferecendo algo mais do que o pagamento pela venda de terra acoplada a um contrato de administração. Foi oferecida a oportunidade para investir recursos financeiros e participar dos lucros de um enorme empreendimento administrado e parcialmente detido pelos acusados. Eles ofereciam tal oportunidade a pessoas residentes em outras unidades da Federação, as quais não detinham nem os equipamentos nem o conhecimento necessário para a realização de tais tarefas. Essas pessoas não tinham o desejo de cultivar as terras e fazê-las produtivas, tendo sido atraídas somente pela perspectiva de lucro sobre os investimentos por elas feitos.

Tais pedaços de terra somente ganham significado econômico, enquanto laranjais, quando cultivados com os outros pedaços de terra, criando a devida massa crítica empresarial. A transferência da titularidade da terra aos compradores é puramente incidental para descaracterizar a existência de um contrato de investimento. Desta feita, os elementos de uma associação empresarial buscando lucratividade estão presentes no caso. Os investidores proveem o capital e participam dos ganhos e lucros; os administradores gerem, controlam e operam o empreendimento.

Conclui-se que os arranjos dos quais os rendimentos dos investidores decorrem envolvem um contrato de investimento, independentemente da terminologia de que os contratos são revestidos. Esta conclusão não é afetada pela possibilidade de que os compradores pudessem adquirir a gleba de terra sem aceitar o contrato de prestação de serviços, na medida em que o Ato de 1933 proibia a venda ou a oferta de venda de valor mobiliário sem a autorização prévia da autoridade governamental.

É importante ter em mente, como acima apontado, que o próprio Ministro Murphy disse em seu voto que não estava a Suprema Corte criando uma nova

---

17. State v. Gopher Tire & Rubber Co., 146 Minn. 52, 56, 177 N. W. 938, 938.

18. *"In other words, an investment contract for purposes of the Securities Act means a contract, transaction or scheme whereby a person invests his money in a common enterprise and is led to expect profits solely from the efforts of the promoter or a third party, it being immaterial whether the shares in the enterprise are evidenced by formal certificates or by nominal interests in the physical as ets employed in the enterprise."*

definição de contrato de investimento, mas sim recolhendo precedentes conhecidos e já aceitos pelo Poder Judiciário de vários estados da Federação.[19] Isto é o que nos mostra o Professor Joseph C. Long,[20] ao sublinhar que a primeira manifestação judicial do conceito de contrato de investimento ocorre em 1923, com base na lei dos valores mobiliários de Kentucky, de 1920.[21] Essa é a primeira vez que se caracteriza o contrato de investimento como sendo o vínculo obrigacional cujo objetivo é a obtenção de lucro, porém sendo este buscado através do esforço de terceiro tomador do investimento. O conceito de "contrato de investimento", que emanou da decisão judicial, entretanto, foi buscado no *Corpus Juris*, em que pela primeira vez utilizou-se a existência do esforço de terceiro na produção do lucro como elemento caracterizador do investimento.[22] Porém, somente após a decisão da Suprema Corte é que a definição de contrato de investimento passou a fazer parte do grande mundo jurídico e negocial.[23]

---

19. *"The term 'investment contract' is undefined by the Securities Act or by relevant legislative reports. But the term was common in many states 'blue sky' laws in existence prior to the adoption of the federal statute and, although the term was also undefined by the state laws, it has been broadly construed by state courts so as to afford the investing public a full measure of protection. Form was disregarded for substance and emphasis was placed upon economic reality. An investment contract thus came to mean a contract or scheme for the 'placing of capital or laying out of money in a way to secure income or profit from its employment.'"*

20. LONG, Joseph C. Interpreting the Statutory Definition of a Security. Op. cit., p. 111.

21. Neste julgado (Lewis v. Creasy Corp. 248 S.W. 1046 – Ky. 1923), em que a autoridade bancária do Kentucky tentava enquadrar a atividade da Creasy Corporation como sendo ofertante de valor mobiliário, decidiu-se que: *"It necessarily means the investment of funds in a designated portion of the assets or capital of a concern, with the view that the latter by using, and operating with, the investment will earn a profit for the investor. In other words, it carries with it the idea that* they will earn his profit through the efforts of others than his own. *It thus include bonds, stock certificates, shareholders certificates and other similar investments, but its definition does not include interests income from the lending of money, or the profits which one might make by his own efforts as the result of any ordinary commercial contract which he might enter into [...]. We, therefore conclude [...] that the primary purpose of Blue Sky Laws is to protect investors from investment in securities* whereby a profit is promised and expected without any active efforts on the part of the investor, *and witch scheme contemplates that the company or individual who receives the investment will employ himself or itself in such a manner as to reap a profit to the holder of the sold security; and that it was not intended to apply to contracts containing mutual obligations, such as are daily entered into in commercial life, and from witch a profit can only be reaped by the uses witch the investor alone makes of them."* (grifos meus).

22. O Corpus Juris é uma coleção de princípios legais aplicáveis ao Direito anglo-americano, editados em caráter enciclopédico. Sobre o conceito de contrato de investimento, vide Corpus Juris, vocábulo *licences*, § 168 e § 275 (1925). Este Corpus, ao definir o termo "valor mobiliário", disse que: *"the term securities, as used in these laws (Blue Sky Laws), means written assurances for the return of payment of money [...] except where special definition are given by the statutes [...]. It means the investment of funds in a designated portion of the assets and capital of a concern, with a view of receiving profits through the efforts of others than the investor [...]"*.

23. *"In other words, an investment contract for the purpose of the Securities Act means a contract, transaction or scheme where by a person invest his money in a common enterprise and is led to expect profits solely from the efforts of the promoter or a third par, it being immaterial whether the shares in the enterprise are evidenced by formal certificates or by nominal interests in the physical assets employed in the enterprise."*

Contra o voto vencedor, o Ministro Frankfurter entendeu que a expressão "contrato de investimento" não seria um termo de arte, mas uma concepção dependente das circunstâncias de uma dada situação. Ficou claro, para ele, que o ponto crucial de análise no caso prendia-se em saber se os contratos de aquisição da terra e os contratos de administração da propriedade eram contratos separados ou meramente partes de uma mesma transação. Fica claro pelo voto dissidente que, na opinião da Corte Distrital, o negócio não criava um contrato de investimento. Em seu entender, o processo não mostrava uma única venda feita pela Howey Company durante o período abrangido neste caso, excetuado àqueles interessados que inspecionaram a propriedade antes de comprá-la. Ademais, o processo demonstrava que nenhum ofertado necessitava contratar os serviços da Service Company para cuidar de sua propriedade, e que, dos 51 adquirentes de terras naquele período, somente 42 contrataram a Service Company para cuidar de suas propriedades. Simplesmente porque esquemas podem ter a aparência de transações contrárias à lei não significa que o contrato em questão fosse uma evasão a ela.

Porém, temos que o voto vencedor grafou, no nível federal, a importante conceituação que, emanada do caso Howey, passou a servir de paradigma para as decisões futuras, estabelecendo os parâmetros distintivos dos contratos de investimento, enquanto valores mobiliários, dos demais títulos emitidos como garantia de pagamento e não como investimento. Assim é que ficou estabelecido que um contrato de investimento é caracterizado por ser: (i) um investimento em dinheiro (ii) em um empreendimento comum, o qual é (iii) realizado com a expectativa de lucro, e (iv) cuja geração dependa exclusivamente do esforço de terceiros.

2.3 Contrato de investimento ou apólice de seguro? (Variable Annuity[24] Life Insurance Company of America – VALIC, 1959)[25]

No presente caso, discutiu-se quando um determinado tipo de contrato deve ser classificado como contrato de investimento ou como uma apólice de seguros. Agregue-se a peculiaridade de que, pela legislação norte-americana, a

---

24. *Annuity* ou anuidade é uma modalidade de contrato, normalmente vendido pelas empresas de seguros de vida, que garante pagamentos fixos ou variáveis, em data futura pré-determinada, sem que haja a ocorrência da morte do beneficiário, sendo o próprio pagador do prêmio seu beneficiário. Esses contratos têm elementos de apólice de seguro e de plano de previdência privada. Segundo o Black's Law Dictionary, a *annuity* é *"a right to receive fixed, periodic payments, either for life or for a term of years [...]. A fixed sum payable to a person at specific period of time or for life. Payments represent a partial return of capital and return (interest) on the capital investment. Therefore, an exclusion ratio must generally be used to compute the amount of non taxable income [...]."*

25. Securities and Exchange Commission v. National of Securities Dealers Inc., Variable Annuity Life Insurance Company of America and Equity Annuity Life Insurance 359 US 651.

competência legislativa exclusiva sobre seguros pertence aos estados da federação, ao passo que a legislação sobre valores mobiliários, por ser concorrente, requer a aprovação prévia da agência federal, além da estadual. A modalidade de contrato sob exame garantia ao beneficiário, após ter atingido uma determinada idade, um pagamento periódico de montante não pré-fixado, sem a segurança de qualquer pagamento mínimo, mas com a previsão de pagamento máximo, o qual variava de acordo com os resultados dos investimentos feitos pela companhia seguradora com os recursos que lhe foram pagos periodicamente pelo "assegurado". Assim, a questão se prendeu à discussão para se saber se a companhia seguradora estaria fazenda uma oferta pública de uma modalidade diferente de contrato de seguro, o que implicaria a subordinação exclusiva à legislação estadual ou, ao contrário, se estaria ofertando um valor mobiliário, sob a forma de um contrato de investimento, situação em que teria nascido a necessidade de aprovação prévia da SEC, sem qualquer subordinação à legislação estadual de seguros.

Esses contratos introduziram duas novas variáveis. Do lado da companhia de seguros, significou que os prêmios coletados eram aplicados fundamentalmente em ações e em outros valores mobiliários de renda variável. Para o segurado, significava que o benefício variava em função da rentabilidade de tais papéis durante o curso de maturação, rentabilidade essa dependente do sucesso do administrador dos prêmios coletados. Assim, diferentemente das tradicionais apólices de seguro, nas quais o montante a ser pago quando da ocorrência do evento é garantido pelas reservas técnicas da companhia seguradora, neste caso, o risco do montante a ser pago era incorrido pelo segurado, em função da melhor ou pior gestão da carteira de renda variável pela companhia seguradora.

Ora, um dos pontos fundamentais do Ato de 1933 foi obrigar a transparência na gestão do patrimônio do investidor que tivesse sido alvo de uma oferta pública de venda de valores mobiliários. Já para as companhias de seguro, o que se exigia e se fiscalizava era a formação e manutenção das reservas técnicas que responderiam pelo pagamento do sinistro e pela solidez da companhia seguradora. Duas filosofias distintas que inspiravam diferentes conjuntos de legislações.

Isso significava que os aparatos legais detidos pelas unidades da federação seriam incapazes de fornecer aos segurados os instrumentos necessários para que pudessem acompanhar as formas de investimento, antecipando-se ao eventual insucesso das aplicações ou ao grau de risco que o administrador da seguradora estava disposto a correr, principalmente porque o pagamento do seguro era limitado por um teto, mas não por um piso mínimo.

Ou seja, nas palavras do Ministro Brennan, "o investidor estava colocando seus fundos nas mãos de terceiros para serem investidos em renda variável, na expectativa de que os recursos serão investidos em valores mobiliários, e o seu sucesso dependerá do sucesso do investimento". Mais adiante, conclui que "nesse tipo de operação o exame feito pelas autoridades estaduais de seguros, para determinar a adequação das reservas e da solvabilidade, torna-se menos e menos válido". A maioria da Corte declarou que neste tipo de seguro aplicava-se a lei federal relativa aos valores mobiliários, na medida em que os "segurados" eram parte em contratos de investimento e não em contratos de seguro.

Entretanto, quatro importantes ministros da Suprema Corte[26] entenderam que o caso sob exame referia-se à análise de uma modalidade de seguro, situação na qual seria aplicável somente a legislação estadual. Isso porque o Securities Act e o Investment Company Act atribuem à exclusiva competência estadual o poder regulamentar da atividade exercida pelas companhias de seguro. No voto perdedor, reconheceu-se que este novo contrato continha ambas as características, na medida em que esse contrato seria:

> uma nova espécie com ambas as características, a de um contrato de seguro e a de um contrato de investimento, destinada a acomodar a cobertura do *annuity insurance* às contingências do clima econômico dos dias atuais. Isso, entretanto, não deve permitir que se ignore a vontade do Congresso ao aprovar estas leis, deixando a futura legislação do negócio de seguros somente à competência dos estados.

Ou seja, muito embora reconhecessem o caráter misto do contrato, prenderam-se os dissidentes à letra rígida da legislação, recusando-se a analisar a substância econômica do ato, como seria feito mais tarde no caso United Housing Foundation, que será adiante discutido.

A corrente vitoriosa baseou-se no fato de que o montante pago pelo assegurado o foi como um investimento, já que o valor a ser pago no final variaria de acordo com a maior ou menor valorização dos investimentos feitos, gerando mais ou menos recursos que o beneficiário iria receber após o decurso de determinado período de tempo; ou seja, o sucesso do seguro estava diretamente correlacionado ao esforço de um terceiro em gerar renda. Desta feita, o seguro independia das reservas que a companhia seguradora mantinha, mas de uma correlação direta do investimento feita pela seguradora com relação aos segurados. De outro lado, a decisão levou em conta que haveria de se dar conhecimento detalhado do tipo de investimento feito, bem como dos riscos que o segurado estaria correndo pela administração de recursos feita por terceira pessoa. Ou seja, que a substância econômica do contrato, que se diferenciava de uma apólice ortodoxa de seguro, iria alterar drasticamente as expectativas do segurado, independentemente do *nomen juris* que o vínculo obrigacional detinha.

---

26. Os Ministros Harlan, Franfkfurter, Clark e Whittaker.

2.4 Contrato de investimento ou apólice de seguro? (United Benefit Life Ins. Co., 1967)[27]

A SEC deu início a um processo contra a United Benefits Life Insurance Co. (United) devido à inexistência de registro prévio quando da oferta de um contrato que a ré denominava de "apólices de seguro" (*flexible funds*), entendendo a SEC que tais contratos seriam, na verdade, contratos de investimento. Em assim sendo, tais contratos estariam sujeitos à Lei de 1933, a qual exige a aprovação prévia governamental antes que possam ser ofertados ao público. De outro lado, entendia a SEC que, por ser um contrato de investimento coletivo em sua primeira fase, não poderia gozar da isenção de registro prevista na Lei de 1940,[28] que afastava tal necessidade para a colocação de apólices de seguro (Section 8º do Investment Company Act de 1940[29]).

Na acusação da agência governamental, o *flexible fund* seria um mecanismo pelo qual os segurados pagavam uma quantia mensal fixa à United, por determinado número de anos, a qual era por ela investida em um fundo flexível, constituído, em sua maior parte, de ações, de sorte a gerar o ganho de capital, além de dividendos. Ao cabo de determinado tempo, expresso no contrato de seguro, o segurado recebia o prêmio pago acrescido da rentabilidade proporcional aos ganhos auferidos pelas aplicações feitas pelo fundo flexível administrado pela United.

A United, de outro lado, garantia a seus subscritores um pagamento antecipado que variava de 50% do prêmio líquido pago no primeiro ano de vigência até 100% do prêmio líquido, se este fosse cobrado até dez anos do vencimento da apólice. A United, em sua publicidade, apresentava seu contrato como se fosse uma oportunidade de investimento e ganho no mercado de ações.

A SEC entendeu que a obrigação assumida pelas partes agasalharia dois momentos distintos. No primeiro momento, seria um contrato de investimento, na medida em que os participantes entregavam para a gestão da United quantias mensais de capital, as quais eram investidas em renda fixa e variável no fundo

---

27. Securities and Exchange Comission v. United Life Insurance Company, 387 U.S. (1967).
28. Vide Investment Company Act, Isenções, Seção 6, item 4: *"Any company which prior to March 15, 1940, was and now is a wholly-owned subsidiary of a registered face-amount certificate company and operating under the insurance law of any State and subject to supervision and examination by the insurance commission [...] and investing the proceeds from, securities providing for or representing participations or interest in tangible assets [...]."*
29. *"Section 8 – (a) Any investment company organize or otherwise created under the law of the United States may register for the purposes of this title by filing with the Commission a notification of registration in such a form as the Commission shall by rules and regulations prescribe as necessary or appropriate in the public interest or for the protection of investors. An investment company shall be deemed to be registered upon receipt by the Commission of such notification of registration."*

flexível, e administradas pela seguradora. Somente quando da ocorrência do evento assegurado — no caso, o termo final do contrato — é que efetivamente este poderia ser considerado como um seguro.

A disputa, portanto, buscava a decisão judicial para saber se se estava diante de dois contratos distintos, como afirmava a SEC, ou se o negócio jurídico poderia ser caracterizado como uma só obrigação. Nesta última hipótese, a discussão consistiu em saber qual das duas fases conferiria a natureza jurídica ao contrato: a de contrato de investimento ou a de contrato de seguro.

A Corte Distrital decidiu que a garantia de um pagamento mensal fixo de um montante considerável de dinheiro dera ao contrato a característica de um seguro. Porém, a Corte de Apelação rejeitou a proposição da SEC, que dividira o contrato em duas fases distintas, entendendo que este deveria ser considerado em sua inteireza. Entendeu a segunda instância que o precedente condutor seria o julgado SEC v. Variable Annuity Life Insurance Co., em que se decidira que um seguro de renda variável[30] é um contrato de investimento, não se beneficiando da isenção específica dada pela Lei de 1933 com relação aos seguros em geral.

Em sua decisão, a Suprema Corte decidiu que a United, enquanto gestora do *flex fund*, em sua primeira fase, atuara como orientadora de investimento e, portanto, sua atuação se caracterizaria como a de ofertante e gestora de um contrato de investimento, estando, portanto, sujeita ao poder regulatório e de polícia da SEC, já que a companhia seguradora atuava como agente de investimento. Essa primeira fase seria distinta da segunda, quando da maturidade da apólice, situação na qual a companhia atuava efetivamente como uma companhia de seguros.

A decisão também apontou que, na primeira fase, a divulgação do produto acentuava a característica do investimento por seu potencial de rentabilidade devido à administração do investimento feito pela seguradora. De outro lado, vários itens do contrato do fundo flexível o caracterizavam como sendo um contrato de investimento, por serem oferecidos competitivamente com os fundos mútuos de investimento. Como em Valic, o contrato contestado pela SEC nasce de um esforço recente para que o adquirente vença a inflação, bem como se beneficie dos ganhos advindos de um programa profissional de investimento.

Para a Suprema Corte, o processo de acumulação possibilitado pela proposta preencheria as características de um contrato de investimento, competindo com os fundos mútuos de investimento. Em assim sendo, será equitativo que os investidores do fundo flexível possam dispor das mesmas vantagens da abertura

---

30. Os *variable annuity* são: *"A form o contract sold by life insurance companies that guarantees a fixed or variable payment to the annuitant at some future time, usually retirement. [...] In a variable annuity, the payout is based on a guaranteed number of units; units value and payments depend on the value of the underlying investments [...]."* (DOWES, John; GOODMAN, Jordan Elliot. **Dictionary of Finance and Investment Terms.** New York: Barron, 1998, p. 26).

de informações às quais os fundos mútuos de investimento estão obrigados. Finalmente, decidiu a Suprema Corte que, assim como decidira em Valic, os contratos agora examinados, por não se caracterizarem como contratos de seguro, não se encontravam amparados pela isenção prevista pela lei das sociedades de investimento, de 1940. Assim, embora tenha ficado claro para os julgadores que a United, em seu objeto social principal, era uma companhia seguradora — e, quanto a esta atividade, isenta do poder regulatório da SEC, por força Lei de 1940 —, estava sujeita à autorização prévia para a emissão dos contratos flexíveis, por se tratar de um contrato de investimento, afeito à legislação de 1933 e 1934.

2.5 Contrato de investimento ou depósito em instituição de poupança? (Alexander Tcherepnin, 1967)[31]

Este processo resultou de recurso da decisão da instância inferior, apresentado pela SEC contra os réus, que administravam uma associação de captação e investimento denominada City Savings, cujo objetivo era o de angariar fundos junto ao público poupador para emprestá-los a terceiros que visavam à aquisição de propriedades imobiliárias. A cobrança de juros dos financiados comporia o lucro a ser distribuído entre seus associados investidores. Para capitalizar o empreendimento eram oferecidas participações que davam direito de voto, as quais poderiam ser resgatadas no futuro ou cedidas a terceiros. A captação de recursos era feita através de material impresso enviado pelos serviços de correios. Segundo os autores, a publicidade feita pelos réus era enganosa, a qual colocava a City Savings como sendo uma associação financeiramente forte e ofertante de um investimento atraente.

Entretanto, o mesmo material escondia que a associação era controlada por pessoas anteriormente condenadas por fraude postal. Ademais, à Associação fora negado o seguro federal sobre depósitos, tendo em vista sua contabilidade, bem como em virtude de suas políticas financeiras equivocadas; além disso, a associação havia sido forçada a restringir os resgates (por deficiência de caixa) de antigos adquirentes de participações.

Em dado momento, como alguns associados não conseguiram resgatar suas participações, foram ao Judiciário buscar a declaração de nulidade de suas respectivas associações alegando que, por serem valores mobiliários o que lhes fora oferecido, faltara a necessária e prévia autorização da SEC. Os réus alegaram que não se tratava de valores mobiliários, mas de associação de poupança e empréstimo, subordinada à legislação estadual específica, o que a colocaria fora do campo legal da SEC e, portanto, excluída da apreciação dos fatos pelo prisma da legislação

---

31. Alexander Tcherepnin et al. v. Joseph E. Knight et al. 389 US, 19 L Ed 2d 564, 88 S Ct 548.

federal. A Corte de Apelação, com um voto contra, decidiu que não se estava frente a um caso de valor mobiliário, enquanto contrato de investimento, na medida em que os empreendimentos de poupança e investimentos estão isentos de registro junto à agência federal competente. A Suprema Corte, entretanto, entendendo ser o caso relevante, resolveu receber o recurso a ela dirigido.

O presidente da Suprema Corte apresentou a decisão unânime da Corte, reconhecendo que os certificados de associação eram valores mobiliários, principalmente se o caso fosse analisado levando-se em consideração a substância econômica do ato, e não a forma aparente do negócio. Levou em consideração, ainda, a intenção do legislador federal de proteger o investidor, ao definir amplamente o que seja valor mobiliário.[32] Na decisão deste caso, a Suprema Corte aplicou a decisão tomada em W. J. Howey, ao repetir que "o teste para saber se se trata de um contrato de investimento é válido quando o negócio envolve um investimento em dinheiro, em um empreendimento comum, cujos lucros advêm somente do esforço de terceiros."

Ademais, adotou a Corte o único voto dissidente da Corte de Apelação, fazendo inserir, como parte da sentença, o voto divergente do Ministro Cummings, que concluiu que:

> Os investidores na City Savings estavam menos protegidos do que os adquirentes de frações de plantações de laranjas em Howey. Estes [os autores] tinham que confiar completamente nas escolhas feitas pelos administradores da City Savings quanto à seleção das propriedades a serem financiadas mediante garantia hipotecária. [...] Os associados da City Savings estavam muito dispersos, o que demonstraria a pulverização do investimento entre um número muito grande de investidores. Muitos deles provavelmente investiram seus recursos na expectativa de que seu dinheiro estaria mais seguro do que se fosse ele investido em ações. [...] Ademais, a presença dos reconhecidos serviços da SEC deveria ser especialmente benéfica aos futuros poupadores e prestadores.[33]

---

32. *"One of its central purposes is to protect investor through the requirement of full disclosure by issuers of securities, and the definition of security in § 3 (a) (10) necessarily determines the classes of investments and investors which will receive the Act's protections. Finally we are reminded that, in searching for the meaning and scope of the word 'security' in the Act, form should be disregarded for substance and the emphasis should be on economic reality."*

33. *"The investors in City Savings were less able to protect themselves than the purchasers of orange groves in Howey. These plaintiffs had to rely completely on City Savings' management to choose suitable properties on which to make mortgage loans. [...] The members of City savings were widely scattered. Many of them probably invested in City Savings on the ground that their money would be safer than in stocks. They doubtless expected insurance through the Federal Savings and Loan Insurance Corporation or other sources. [...] Through SEC regulation helpful information would be available to these investors."* (371 F2d 374 Tcherepnin v. E Knight Tcherepnin).

2.6 Contrato de investimento ou aquisição de imóvel? (Forman, 1975)[34]

A Co-op City era uma cooperativa instituída na cidade de Nova York, que construiu durante alguns anos um número muito grande de moradias destinadas a pessoas de baixa renda. O projeto foi organizado, financiado e implementado sob as regras emanadas da legislação estadual destinada a combater a crise imobiliária na cidade de Nova York, proporcionando residências confortáveis para moradores de baixo poder aquisitivo. No sentido de estimular os empresários a produzir imóveis de baixo custo, o Estado disponibilizou recursos de longo prazo, com baixa taxa de juros para os financiamentos garantidos pelas respectivas hipotecas, bem como concedeu isenções tributárias pertinentes. A condição para a obtenção de tais benefícios era a submissão à fiscalização estadual das construções. Os empresários tinham que concordar que o empreendimento seria levado a cabo em bases não lucrativas para os adquirentes do imóvel. Para operacionalizar o empreendimento, a United Housing Foundation, entidade sem fins lucrativos, instituída com o objetivo específico de ajudar e incentivar a criação de moradias adequadas, higiênicas e seguras para assalariados e outras pessoas de baixa ou moderada renda, criou a Riverbay Corporation, entidade não lucrativa, para ser a proprietária e administradora dos imóveis.

A United Housing Foundation também constituiu, com sua subsidiária integral, a Community Services Inc., com a finalidade de ser sua agente de contratações e vendas no projeto. A Riverbay, por sua vez, emitia ações que eram adquiridas pelos interessados em um dos imóveis na proporção de 18 ações por cômodo, ao custo de US$ 25,00 por ação, bem como servia de centro primário de liquidez ao se comprometer com a aquisição das ações daqueles que viessem a sair do projeto. Todas as ações estavam vinculadas ao respectivo imóvel e o direito de voto estava limitado a um voto por imóvel, independentemente do número de ações possuído, não podendo uma mesma pessoa possuir mais do que um imóvel.

O único objetivo para a compra das ações era o de permitir ao adquirente participar das deliberações da cooperativa concernentes ao seu imóvel, bem como ocupá-lo, sendo o valor de sua ação semelhante a um depósito recuperável no futuro. Qualquer pessoa que quisesse desistir do imóvel, ou dele fosse forçada a sair, era obrigada a oferecer suas ações à Riverbay pelo preço de aquisição. Na remota possibilidade de não haver caixa junto à Riverbay, o acionista somente poderia vender suas ações a um novo adquirente de imóvel na mesma cooperativa, e pelo mesmo preço de US$ 25,00 por ação, além do valor da hipoteca já pago. O

---

34. United Housing Foundation, Inc. et al. v. Forman et al. 421 U.S. 837.

pretendente adquirente, por sua vez, deveria preencher o requisito de ser pessoa de baixa renda, qualificativo este estabelecido pela cooperativa.

Em maio de 1965, a Riverbay publicou seu boletim de informações visando atrair mais candidatos ao condomínio, anunciando que somente cerca de 12% do investimento total contratado seria capitalizado através da venda de ações, sendo o remanescente custeado por financiamento dado pela New York Private Housing Agency, pelo prazo de 40 anos, a ser pago pelos devedores hipotecários. Durante o período de construção, ocorreram aumentos nos custos além daqueles inicialmente previstos, bem como a Riverbay incorreu em outras despesas não relacionadas no boletim de informações.

Para fazer face ao incremento de custos foi aumentado o montante financiado pela New York Housing Agency, com a consequente majoração do pagamento mensal feito pelos beneficiários para quitação do débito hipotecário. Esses aumentos geraram a propositura da ação, sob a alegação de que as informações fornecidas no boletim enganaram os adquirentes ao dizer que a Community Services Inc. iria suportar os subsequentes aumentos devidos a fatores tais como inflação. Além do mais, disseram os adquirentes das ações que haviam sido enganados pela ausência de informações relevantes e que deveriam ter constado do boletim de informações, situação que teria infringido a lei relativa à oferta de valores mobiliários junto ao público.

A Corte Distrital sentenciou que a denominação de uma participação como "ação", por si só não a torna um valor mobiliário, como tal sujeita às regras das legislações de 1933 e 1934. Concluiu, ademais, que a compra não foi de um valor mobiliário porque não ocorrera uma oferta concreta com a finalidade de se obter lucro, nem este poderia ser esperado da transação, a qual fora feita com características extrínsecas de manutenção de sua natureza não lucrativa.

A Corte de Apelação reformou a decisão sob dois argumentos. De um lado, as pessoas adquiriam ações, conforme o previsto na lei federal, como sendo um valor mobiliário, que, por sua literalidade, a ela estaria sujeito. De outro lado, concluiu que fora firmado um contrato de investimento, na medida em que havia a expectativa de lucro oriunda de três vertentes. A primeira seria a renda produzida pelas partes comerciais do empreendimento (estacionamento, lojas, etc.), que reduziriam as amortizações hipotecárias. A segunda expectativa de lucro adviria das reduções oriundas dos incentivos fiscais concedidos pelo Estado. A terceira possibilidade de lucro adviria da economia de investimento na aquisição de imóvel por preço substancialmente menor do que o corrente no mercado imobiliário.

Dada a relevância do caso, decidiu a Suprema Corte julgá-lo. Em sua decisão entendeu, com votos contrários, que não teriam sido adquiridas ações no sentido previsto na legislação federal. Para ela, o propósito primário das Leis de 1933 e 1934 foi o de eliminar os sérios abusos então cometidos num mercado não regulado por normas federais. Nesse sentido, o objetivo da legislação foi o de regular a venda de valores mobiliários para buscar capitais geradores de lucro, além das bolsas de valores onde tais valores mobiliários são negociados, bem como prevenir a fraude e proteger o interesse dos investidores. Como as negociações com valores mobiliários têm características econômicas, pretendeu o Congresso que as normas dele emanadas fossem aplicadas levando em consideração a realidade econômica subjacente à respectiva transação, e não a denominação utilizada. Tal afirmação, entretanto, não implica afirmar que a denominação seja irrelevante para a decisão. Há ocasiões em que a utilização de denominações tradicionais, como "ação", poderá conduzir, de forma justificada, a que o adquirente pense estar sob a proteção da legislação federal.

Este poderia ser o caso sob exame se a transação contivesse algumas das características significativas do negócio sob análise. O senso comum sugere que as pessoas que queiram adquirir um apartamento para morar, de uma cooperativa subsidiada pelo Estado, para seu uso pessoal, provavelmente não pensarão que, na verdade, estão fazendo um investimento em valores mobiliários somente porque a transação mencionava alguma coisa denominada "ação". Essas ações não tinham nenhuma das características que no mundo negocial se atribui à ação. Apesar da denominação, ao negócio faltava a característica normal de uma ação, qual seja, a capacidade de receber dividendos proporcionais ao lucro. Nem possuíam outras características inerentes às ações — como serem negociáveis, poderem ser dadas em garantia, conferir direito de voto em proporção ao número de ações possuídas, bem como não podiam valorizar-se. Em resumo, a indução à compra foi somente no sentido de adquirir uma residência de baixo custo e subsidiada, e nunca a busca de um investimento ou a obtenção de lucro.

A Corte de Apelação, em sua sentença, concluíra que as ações da Riverbay eram, também, contratos de investimento. Reconheceu a mesma Corte, com base em Howey, a necessidade da existência da expectativa de lucro para caracterizar o contrato de investimento. Reconheceu, também, a impossibilidade da produção de lucro pela venda do imóvel ou das ações. Entretanto, a decisão, que caracterizou a operação como oferta pública de contrato de investimento, baseou-se no fato de que o lucro, ou a expectativa deste, pode decorrer de renda propiciada pelo investimento, bem como advir da valorização do objeto do investimento.

No presente caso, segundo a Corte de Apelação, havia a expectativa de renda em três situações. A primeira seria a renda disponível decorrente da redução da carga tributária, em decorrência do incentivo fiscal concedido pelo ente governamental, reduzindo a incidência do imposto de renda incidente sobre as hipotecas. A segunda decorreria da possibilidade de se obter o arrendamento de um imóvel por valor inferior ao praticado pelo mercado, cuja diferença, face aos preços vigentes, significaria renda disponível. A terceira situação decorreria da renda produzida pela locação dos espaços comerciais (escritórios, lojas, estacionamentos e máquinas de lavar), cujo montante seria aplicável na redução do montante pago na amortização da hipoteca.

A Suprema Corte reformou a decisão da Corte de Apelação, entendendo que não se estava diante de um contrato de investimento. Para ela, deve ser analisada a realidade econômica do negócio, ao invés da denominação "ação" empregada pelas partes. Não seria perceptível, neste caso, a distinção entre as expressões "contrato de investimento" e "ativo normalmente conhecido como valor mobiliário", ambas constantes de lei. Assim, o teste a ser aplicado deve levar em consideração os pontos essenciais estabelecidos em Howey ao definir que teria que haver o investimento comum, baseado em razoável expectativa de lucro, decorrente do esforço empresarial ou de gestão de terceiro.[35] O lucro ocorrerá quando houver uma valorização do investimento inicial (Joiner) ou a participação nos ganhos resultantes da aplicação dos fundos do investidor (Tcherepnin). Nesses casos, os investidores foram atraídos somente pela perspectiva de lucro. Ao contrário, quando o comprador é atraído pela expectativa de uso ou consumo do bem, não estaremos diante de um valor mobiliário. No presente caso não há dúvida de que os investidores foram atraídos só pela possibilidade de adquirir uma residência, e não pela realização de um investimento.

Ademais, em nenhum momento o boletim de subscrição procurava buscar investidores, atraídos pela expectativa de lucros produzidos pelo esforço de terceiros. Ao contrário, o boletim sempre enfatizou a natureza não lucrativa do empreendimento e não mencionou a hipótese de que a renda produzida pela locação dos espaços comerciais pudesse cobrir o valor da dívida hipotecária. Na realidade, todo o conjunto comercial foi construído para servir aos moradores, e não foi pensado como algo produtor de renda. O que distingue uma transação como valor mobiliário é a existência de um investimento, em que uma das partes aplica seu dinheiro, com a expectativa de receber lucros pelo esforço de terceiro, e não quando se compra um bem destinado ao seu consumo ou uso pessoal.

Tal decisão, entretanto, contou com os votos contrários dos Ministros Brennan, Douglas e White no sentido de que foram ofertadas ações, além de serem contratos de investimento. Segundo o voto divergente, as Leis de 1933 e 1934, ao definir o termo "valor mobiliário", incluíram, dentre outras possibilidades, o contrato de investimento. O seu conceito ficou esclarecido desde Howey, ao firmar-se que o

---

35. A definição constante de Howey indicava que o lucro adviria "[...] somente do esforço do administrador ou de terceiro". A necessidade exclusiva do esforço de terceiro é mitigada quando a Corte de Apelação do 9º Circuito, ao julgar o processo SEC v. Glenn W. Turner 474 F 2d. 476, 478, decidiu que "a palavra 'somente' não deve ser lida, na definição de contrato de investimento, de forma tão estrita ou com a limitação literal, mas, ao contrário, deve ser construída de forma realista, de sorte a abranger em sua definição os negócios que envolvam em sua substância, e não em sua forma, valores mobiliários."

teste é saber se há o investimento de dinheiro, em um empreendimento comum, cujos lucros advenham somente do esforço de terceiro.

Para o voto divergente, não havia dúvida que os residentes da Co-op City investiram dinheiro em um empreendimento comum, sendo o único ponto a ser esclarecido o referente a se saber se este foi produtor de lucro advindo exclusivamente do esforço de terceiro. O lucro de mais de US$ 1 milhão por ano, com a alocação das lojas, reverte para o pagamento de despesas de seus condôminos. Mesmo após a dedução dos impostos, temos que o saldo remanescente dificilmente poderá ser chamado de pequeno, mesmo para uma operação de tão larga escala como a Co-op City. Assim, ficaria patente o engano na conclusão da Corte de que as atividades rentáveis seriam de pequena monta.

Para o voto perdedor, a Corte Distrital acertadamente reconheceu que a gestão por terceira pessoa é fundamental num projeto tão grande como o sob exame. Ou seja, os residentes da Co-op City, como acionistas, foram necessariamente levados a acreditar na gestão ou administração da Riverbay na produção de renda na forma de alugueres dos espaços comerciais, já que parte integral do projeto. Como acionistas, os residentes necessariamente confiaram na capacidade da Riverbay, com a finalidade de, a cada mês, reduzir o montante pago pelos prestamistas.

É senso comum que a gestão eficiente é parte essencial e necessária à redução das cobranças exigidas dos cooperados. Mas, mesmo no ponto referente a que os residentes acionistas beneficiaram-se da redução dos pagamentos pelos incentivos fiscais concedidos, temos que a sua outorga significou mais renda disponível nas mãos dos cooperados. Neste caso, os residentes investidores utilizaram-se dos esforços de terceiros para obter os subsídios governamentais. Os investidores de Wall Street, que fazem isso todos os dias, ficariam surpresos que os benefícios assim conseguidos não sejam considerados renda. A Corte, segundo o voto vencido, também concluiu que os benefícios fiscais não são nada mais do que aqueles disponíveis para qualquer comprador de um imóvel residencial. A assertiva é verdadeira, sendo, entretanto, irrelevante para o deslinde da questão determinar, no caso, que o ganho adveio exclusivamente do esforço de terceiro.

O benefício fiscal traz um ganho não só para o proprietário acionista, mas também para qualquer comprador de imóvel incentivado. A diferença é que o benefício do cooperado advém do esforço de terceiro, ao passo que, no do adquirente comum, tal não ocorre. Todas as modalidades de lucro, no presente caso, advêm da renda poupada e não da renda percebida. Não somente o senso comum ensina que as duas modalidades são da mesma natureza, mas também uma análise econômica mais sofisticada irá dizer que não há diferença entre ambas as formas de renda. O investidor não encontrará diferença econômica se o mesmo montante resultar de dedução tributária ou de renda isenta.

Um dos propósitos centrais das Leis de 1933 e 1934 foi proteger o investidor. Assim, segundo o voto vencido, a Corte erra ao distinguir entre tipos de incentivos. A construção jurisprudencial, em termos da realidade econômica, é mais fiel a seus propósitos centrais ao proteger o investidor. Não há dúvida de que um dos incentivos aos residentes/acionistas ao comprar um dos apartamentos da Co-op City foi a perspectiva de renda em uma ou mais formas já discutidas. O boletim de informações, embora não mencionando a renda produzida pelas locações comerciais e de escritórios, enfatizou o preço razoável do imóvel, sublinhando que todo o esforço seria feito para manter os pagamentos mensais baixos.

Os incentivos fiscais foram também mencionados como uma vantagem, muito embora não houvesse qualquer garantia de um tratamento favorável por parte dos fiscos federal e estadual. Não é frívola a distinção feita pela Corte entre valor mobiliário e bem de consumo; porém, a questão não seria relevante à resolução do presente caso. Claro que a compra de ações para adquirir um apartamento envolve um elemento de consumo, bem como, também, envolve um elemento de investimento.

Ademais, ambas as Leis definem o termo "valor mobiliário" incluindo *ação*. Portanto, pelas Leis, fica claro da decisão em Joiner que um título pode ser abrangido legalmente por qualquer dessas definições, se assim se caracterizar por sua denominação ou conteúdo. E isso porque "valor mobiliário" foi definido de maneira abrangente, com o objetivo explícito de incluir "os vários tipos de instrumentos que em nosso mundo comercial se conformam com o conceito comum de valor mobiliário". O termo "ação" é, portanto, incluído porque títulos como "*notes, bonds and stocks*" são bastante padronizados, e seus nomes definem um entendimento pacífico. Mesmo que faltem algumas das características do valor mobiliário "ação", concluíram os dissidentes que essas *ações* constituíam contratos de investimento, estando previstas nas legislações de 1933 e 1934. Em resumo, concluiu-se que os acionistas detinham ações, não só porque assim o eram, mas também porque se caracterizavam como contratos de investimento.

2.7 CONTRATO DE INVESTIMENTO OU PLANO DE PENSÃO? (TEAMSTERS, 1979)[36]

Um fundo de pensões contratou com o Sindicato dos Motoristas de Carga e com algumas empresas de transporte de carga um plano de aposentadoria, formado por contribuições pagas exclusivamente pelas transportadoras. Esse plano, não contributivo, implicava que os pagamentos fossem feitos pelos empregadores, em

---

36. International Brotherhood of Teamsters, Chauffeurs, Warehouses & Helpers of America v. Daniel – 439 U.S. 551 (1979).

montante fixo por empregado e recolhido semanalmente. A contribuição era paga independentemente da aquiescência do beneficiário, não havendo a possibilidade de que o pagamento fosse feito diretamente ao empregado, quer como aumento salarial, quer a qualquer outro título.

Para ser beneficiário da aposentadoria o empregado deveria ter trabalhado continuamente por vinte anos. O fundo era gerido por um conselho fiduciário, paritariamente composto pelos empregadores e pelo Sindicato, que podia decidir sobre o valor das aposentadorias, mas não sobre o valor das contribuições dadas pelas empresas transportadoras.

Quando do momento de sua aposentadoria, John Daniel teve negado seu pedido porque houvera uma interrupção de seu contrato de trabalho, e o contrato exigia a prestação contínua por vinte anos. Ele propôs uma ação dizendo-se enganado pelo Sindicato e pelo conselho fiduciário de gestores, na medida em que ambos haviam, em omitindo fatos materiais, fraudado a venda de valores mobiliários, colocados sob a forma de contrato de investimento.

A decisão de primeira instância foi no sentido de que as aplicações no fundo de pensões correspondiam à definição de contrato de investimento, nos termos das legislações de 1933 e 1934. Em segunda instância, a Corte de Apelação entendeu correta a decisão da instância inferior, ao sentenciar que a lei dos valores mobiliários, de 1933, bem como a lei das bolsas de valores, de 1934, eram aplicáveis aos planos de pensão não contributivos e de investimento compulsório. Nessa ação, quando da apreciação pela Suprema Corte, vários *amici curiae* foram ouvidos, inclusive a própria SEC, que dizia ser de sua competência autorizar previamente a oferta de tais planos de aposentadoria.

O foco da decisão, portanto, é saber se um fundo de pensões, quando for constituído em caráter não contributivo por parte do beneficiário, sendo de adesão compulsória, constitui-se ou não com a oferta de valores mobiliários, enquanto contrato de investimento.

Na decisão unânime da Suprema Corte, prolatada pelo Ministro Powell, concluiu-se pela negativa, reformando-se as decisões de inferior instância, levando em consideração que:

(1) O plano era obrigatório, sem nenhuma contribuição aportada pelo futuro beneficiário, sem possibilidade de que esse benefício se transformasse em outra forma de remuneração durante a vigência do contrato de trabalho.

(2) Não se sustentava, por não corresponder aos fatos, a alegação de Daniel de que, em realidade, o empregador estava diminuindo sua remuneração transferindo-a para o plano de pensão, como se fosse feita pela empresa. Essa contribuição, segundo Daniel, em termos econômicos, era parte integrante de seu salário; ou seja, indiretamente, ele era o contribuinte final e efetivo.

Entendeu, entretanto, a Suprema Corte que em todos os casos previamente julgados o investidor decidia-se por separar um determinado montante de dinheiro, trocando-o por determinado retorno financeiro, oriundo de um contrato de investimento. Num plano de pensão como este, ao contrário, o denominado *investimento* é parte insignificante da remuneração percebida pelo empregado. Assim:

> somente por um alto grau de abstração pode ser dito que o empregado *trocou* parte de seu trabalho por possíveis benefícios futuros. Ele deu o seu trabalho como um todo e, em troca, recebeu um pacote de benefícios substancialmente despidos do conceito de valor mobiliário [...] Olhando pelo prisma da realidade econômica, parece claro que o empregado está vendendo seu trabalho primariamente para viver e não fazendo um investimento.[37]

(3) Também não assistiria razão a Daniel quando alega que o empregador estaria fazendo as contribuições para o fundo de pensão em seu nome. Na verdade, o acordo fiduciário utilizava-se do critério homem/semanas de trabalho como mera facilidade para medir a obrigação total do empregador para com o fundo de pensões, e não como uma fórmula de medir sua obrigação específica com um determinado empregado. Assim é que o empregado que tenha trabalhado por vinte anos receberá a mesma coisa que outro que tenha trabalhado por quarenta anos.

(4) Tomando como paradigma o precedente nascido com Howey, repetiu-se que um contrato de investimento se caracteriza por ser "um investimento em dinheiro, em um empreendimento comum, com lucros advindos somente pelos esforços de terceiros". A Corte de Apelação, assim, entendeu que a expectativa de lucro decorria do sucesso dos administradores do fundo de pensão, na medida em que a lucratividade excedente independia diretamente das contribuições periódicas feitas pelos empregadores. Ou seja, os esforços de terceiros teriam sido dispendidos pelos administradores, sendo as contribuições feitas com o intuito de lucro. Entretanto, entenderam os ministros que:

> a importância da renda produzida pelos ativos, em relação aos outros benefícios, é ainda mais diminuta pelo fato de que um plano de pensão tem inúmeras condições prévias para serem preenchidas; a principal barreira para um empregado conseguir obter sua

---

37. *"Only in the most abstract sense may it be said that an employee 'exchanges' some portion of his labor in return for these possible benefits. He surrenders his labor as a whole, and in return receives a compensation package that is substantially devoid of aspects resembling a security. His decision to accept and retain covered employment may have only an attenuated relationship, if any, to perceived investment possibilities of a future pension. Looking at the economic realities, it seems clear that an employee is selling his labor primarily to obtain a livelihood, not making an investment."* (439 U.S. 551 99 S.Ct. 790. 58 L.Ed.2d 808 International Brotherhood of Teamsters, Chauffeurs, Warehousemen and Helpers of America, Petitioner, v. John Daniel).

pensão não é a saúde financeira do fundo; ao revés, é a sua capacidade de preencher as condições estabelecidas pelo fundo, tal como o tempo de trabalho.

Então, mesmo que fosse verdadeiro descrever os benefícios como uma devolução de *lucro* de um hipotético investimento pelo empregador, este lucro adviria primariamente da capacidade do empregado em preencher os requisitos exigidos, do que do sucesso do fundo de investimento. Quando olhada à luz do pacote total de requisitos que um empregado precisa preencher para se beneficiar do fundo, fica claro que a possibilidade de se estar participando de um plano rentável em função de seus ativos "é por demais especulativa e inconsistente para levar por inteiro a situação para o campo da lei dos valores mobiliários".[38]

(5) Também entendeu a Corte não ser competência da SEC supervisionar e autorizar previamente os fundos de pensão não contributivos, na medida em que a legislação específica, o Employee Retirement Income Security Act – ERISA,[39] trata expressamente, e em detalhes, dos planos de pensão, estabelecendo os padrões de financiamento que o fundo precisa ter, bem como das regras específicas de transparência e das informações que precisam ser disponibilizadas aos beneficiários.

Ademais, quando o Congresso norte-americano editou estudo sobre a previdência privada e os planos de pensão, concluiu que:

> os planos de pensão e planos de divisão de lucros não se submetem, por isentos que são, ao Securities Act de 1933 [...] ressalvado quando o plano seja de contribuição voluntária e que a empresa invista em valores mobiliários de sua própria emissão, em montante maior do que aquele por ela pago a título de contribuição da empresa.

Nesse sentido, concluiu a sentença que:

> a existência dessa abrangente legislação subordinando o uso e a nomenclatura de fundos de pensão de empregados drasticamente afasta os argumentos estendendo o alcance do

---

38. "*The importance of asset earnings in relation to the other benefits received from employment is diminished further by the fact that where a plan has substantial preconditions to vesting, the principal barrier to an individual employee's realization of pension benefits is not the financial health of the fund. Rather, it is his own ability to meet the fund's eligibility requirements. Thus, even if it were proper to describe the benefits as a 'profit' returned on some hypothetical investment by the employee, this profit would depend primarily on the employee's efforts to meet the vesting requirements, rather than the fund's investment success. When viewed in light of the total compensation package an employee must receive in order to be eligible for pension benefits, it becomes clear that the possibility of participating in a plan's asset earnings 'is far too speculative and insubstantial to bring the entire transaction within the Securities Acts.*" (439 U.S. 551. 99 S.Ct. 790 58 L.Ed.2d 808. International Brotherhood of Teamsters, Chauffeurs, Warehousemen and Helpers of America, Petitioner, v. John Daniel).

39. Programa criado por lei federal, de 1974, que regula as operações da maioria dos fundos de pensão privados e seus benefícios. A lei criou o Pension Benefir Guaranty Corporation e estabeleceu regras para a administração dos fundos de pensão.

Securities Act para planos compulsórios, não contributivos. [...] Não somente o alcance do Securities Act utilizado pelas instâncias inferiores como razão de decidir não condiz nem pela letra nem pela história dessas Leis. [...] Assim, decidimos que o Securities Act não se aplica aos planos de pensão não contributivos e compulsórios [...].

2.8 Contrato de investimento ou prestação de garantia? (Marine Bank, 1982)[40]

Sam e Alice Weaver adquiriram um certificado de depósito bancário de emissão do Marine Bank, no valor de US$ 50.000,00, com o prazo de seis anos, e assegurado pelo Federal Deposit Insurance Corporation.[41] Os Weaver, em seguida, deram o certificado de depósito em garantia para um novo empréstimo a ser feito pelo banco à empresa Columbus Packing Company, de propriedade dos Weaver, a qual já devia US$ 33.000,00 por empréstimos anteriores, além de substancial déficit no cheque especial. Pela garantia prestada, os Weaver (sócios minoritários da companhia) entregariam aos garantidores 50% do lucro da empresa e US$ 100,00 por mês, enquanto a garantia fosse prestada, além da possibilidade de uso do curral e dos pastos de propriedade da empresa, ficando com o direito de vetar futuros empréstimos da companhia. O banco utilizou-se do certificado para quitar a totalidade da dívida da Columbus para com ele, além de cancelar seu cheque especial.

Quatro meses depois a empresa quebrou. Os Weaver foram a juízo sob a alegação de que o banco lhes vendera um valor mobiliário, na forma de um contrato de investimento, além de se dizerem enganados pelo banco, que, sabendo da situação calamitosa da companhia, não os alertara. A Corte Distrital julgou a favor do banco, dizendo que se algo de errado ocorrera não teria sido pela compra de um valor mobiliário.

Já a Corte de Apelação, por voto majoritário, reformou a decisão de primeira instância, concluindo que o certificado de depósito e o acordo com a Columbus caracterizariam a emissão de um contrato de investimento.

A Suprema Corte, por sua vez, reformou a decisão da Corte de Apelação, sentenciando que nem o certificado de depósito nem o acordo entre os garantidores e a empresa garantida encontravam-se sob a égide da lei que regula a colocação de valores mobiliários. Para tanto, a decisão unânime levou em consideração que:

---

40. Marine Bank v. Weaver, 455 U.S. 551 (1982).
41. Empresa governamental à qual se associam, voluntariamente, os bancos comerciais. Os depósitos dos clientes desses bancos, bem como os respectivos papéis de emissão, estão assegurados contra o seu não pagamento ou quebra de seus associados até o montante de US$ 100.000,00. Quando do julgamento deste processo, o seguro era de até US$ 40.000,00. Esse mecanismo existe entre nós, constante de um fundo para garantir o pagamento de depósitos em instituição financeira sob intervenção do Banco Central, ou que teve declarada sua liquidação extrajudicial. Sua administração é privada e seus fundos formados pelas contribuições dos bancos.

(1) A definição de valor mobiliário é muito abrangente e foi elaborada para restaurar a confiança do investidor no mercado de capitais. Nesse contexto, o termo "valor mobiliário" abrange muitos tipos de investimento, que, no mundo comercial, preenchem o conceito normal de valor mobiliário, excluindo da definição legal somente dinheiro e títulos com maturidade inferior a nove meses. Isso significa que as provisões antifraude da lei dos valores mobiliários não estão limitadas àqueles valores mobiliários negociados nas bolsas de valores ou mercado de balcão, mas estendem-se aos valores mobiliários atípicos ou àqueles emitidos irregularmente. A Suprema Corte vem repetidamente decidindo que o teste para constatar a presença de um valor mobiliário é a verificação da conotação do título que é dada pelo mercado, o seu plano de oferta aos potenciais tomadores, sua distribuição junto ao mercado, bem como a indução econômica contida no prospecto.

(2) Muito embora a Corte de Apelação tenha entendido que o certificado de depósito pudesse ser um valor mobiliário, na medida em que, para ela, o certificado fosse um equivalente, em seu conteúdo econômico, a um fundo de ações resgatável, como analisado acima em Tcherepnin, concluiu a Suprema Corte pela inaplicabilidade desse precedente.

Naquele caso o beneficiário recebia seus dividendos baseados nos lucros da associação, bem como recebia o direito de voto. Em resumo, em Tcherepnin a participação resgatável era mais semelhante ao conceito de ação e, consequentemente, ao conceito de valor mobiliário. A Corte de Apelação, ademais, concluíra que o certificado de depósito seria semelhante a qualquer obrigação de longo prazo comumente conhecida como valor mobiliário.

Entretanto, para a Suprema Corte, esses certificados de depósito eram emitidos por bancos regulados por autoridade federal específica, que os submetem a um rígido e detalhado conjunto de normas legais. Essas instituições são protegidas por suas reservas, sendo inspecionadas pela autoridade bancária e a ela se reportando regularmente. Assim, prosseguiu a Suprema Corte, há uma importante diferença entre o certificado de depósito adquirido de uma instituição bancária e um valor mobiliário de longo prazo.

(3) A Corte de Apelação também concluiu que o acordo entre os garantidores e a Columbus caracterizar-se-ia como a criação de "um certificado de interesse na participação de um acordo de divisão de todo e qualquer lucro" ou um "contrato de investimento", conforme previsto na legislação de 1933 e 1934.

A Corte sublinhou que o acordo deu uma participação nos lucros da empresa, que seriam resultantes somente do esforço de seus acionistas gestores, conforme a decisão prolatada em Howey. Porém, no precedente, a oferta foi dirigida a um número considerável de possíveis adquirentes e, por isso, houve a caracterização como valor mobiliário. No presente caso, ao contrário, tratava-se de uma oferta privada.

O mesmo ocorreu em Joiner Leasing, situação na qual a oferta atingiu um público maior, e os valores mobiliários podiam ser negociados publicamente. No presente julgado, entretanto, não houve a distribuição de prospectos aos adquirentes ou a qualquer outro investidor potencial, sendo que o único contrato não podia ser negociado publicamente no mercado secundário.

Ademais, a possibilidade de que os beneficiários pudessem controlar operações, contraindo novos endividamentos, descaracterizaria, no entender da Suprema Corte, a hipótese de estarmos diante de um valor mobiliário. Assim, muito embora o contrato tenha dado aos garantidores uma participação nos lucros, não seria este único fator suficiente para transformar o negócio em um contrato de investimento. Ou seja, esse contrato solitário, negociado de forma única, não se caracterizaria como um contrato de investimento ou valor mobiliário previsto pelas leis de 1933 ou 1934.

2.9 Contrato de investimento ou venda de estabelecimento? (Landreth Timber Co., 1985)[42]

Os réus, Ivan K. Landreth e seu filho, possuidores de todas as ações ordinárias[43] de uma serraria localizada no estado de Washington, ofereceram a venda de 100% da empresa, ofertando-a a compradores residentes em vários estados, através de corretores. Era fato conhecido que a máquina de serrar da companhia fora bastante danificada por um incêndio, antes que aparecesse um comprador. Porém, apesar do sinistro, a serraria continuou a ser oferecida à venda, informando-se a seus eventuais compradores que a serra seria reconstruída e modernizada.

Dois interessados, um advogado de Massachusetts e seu cliente aposentado e residente na Flórida, constituíram uma companhia com propósito específico, que incorporou a serraria, após o que se juntaram mais seis sócios pessoas físicas.

Disso resultou que os dois novos sócios ficaram com 85% das ações, e mais outros seis sócios com o remanescente. A aquisição foi condicionada a que Landreth

---

42. Landreth Timber Company v. Landreth, 471 U.S. 681. O interessante neste processo é que se tratava de uma companhia de capital fechado. Entretanto, os compradores entenderam que a venda fora feita com o cometimento de fraude por meio da oferta pública da totalidade de suas ações sem, entretanto, alertar sobre todos os fatos materiais em relação à situação da companhia vendida, bem como sobre o real valor da companhia e as perspectivas para a serraria. A decisão da Suprema Corte foi baseada no ato administrativo 10-b-5 editado pela SEC, que estatuiu que: *"It shall be unlawful for any person, directly or indirectly, by the use of any means or instrumentality of interstate commerce, or f the mails or any facility of any national securities exchange, (a) To employ any device, scheme, or artifice to defraud, (b) To make any untrue statement of a material fact necessary in order to make the statement made, in the light of the circumstances under which they were made, not misleading, or (c) To engage in any act, practice, or course of business which operates or would operate as a fraud or deceit with the purchase or sale of any security."*

43. Em nota constante do julgado, a Suprema Corte afirma que, mesmo que as ações fossem preferenciais, ainda assim estariam cobertas pela legislação federal concernente aos valores mobiliários.

pai permanecesse por algum tempo na qualidade de consultor para ajudar nas operações diárias da companhia. Após a compra, verificou-se que a serra reconstruída não preencheu as expectativas dos novos acionistas. Os custos de reconstrução excederam as estimativas, além de os novos equipamentos se mostrarem incompatíveis com os demais previamente existentes.

Finalmente, os sócios venderam a companhia com prejuízo. Então, buscaram uma indenização no valor de US$ 2,5 milhões, por perdas e danos, alegando que as ações teriam sido amplamente oferecidas e vendidas sem o devido registro prévio junto à SEC. Ademais, alegaram que os réus, de forma intencional ou negligente, não deram ciência de fatos materiais relevantes, como o valor e as perspectivas para a companhia quando colocada à venda. Os réus alegaram que houve a venda de um negócio como um todo e não de um valor mobiliário protegido por legislação específica.

A Corte Distrital deu ganho de causa aos réus, entendendo, por consequência, que a competência jurisdicional seria da Justiça Estadual. A Corte Distrital entendeu que, no caso, a ação não poderia ser considerada um valor mobiliário, nos termos da legislação federal, a menos que os compradores tivessem feito a aquisição com a expectativa de ganhos derivados do esforço de terceiro. Na medida em que o controle administrativo da companhia passou para as mãos dos compradores, significou que a transação caracterizara-se por ser muito mais a alienação de um empreendimento comercial do que um investimento em valores mobiliários. Entendeu, ademais, que a legislação federal não se aplica à venda de 100% de uma companhia de capital fechado (venda privada).

A Corte de Apelação aplicou a doutrina da "venda de um negócio", baseando sua decisão em Forman e em Howey para determinar onde a realidade econômica da transação conduz à aplicação da legislação federal concernente à caracterização de um contrato de investimento. Como havia decisões divergentes entre as Cortes de Apelação quanto à aplicação dos Atos de 1933 e 1934 quando da ocorrência da venda de 100% da empresa, a Suprema Corte aceitou julgar o caso.

Em sua decisão, a Suprema Corte reformou as decisões anteriores, com um voto dissidente, entendendo pela aplicabilidade da legislação federal. Isso porque, como foi observado na decisão proferida em Marine Bank, a abrangência da norma federal é muito grande, incluindo duas hipóteses de significado muito bem estratificados como "contrato de investimento" ou "instrumentos comumente conhecidos como valores mobiliários", bem como de outras situações colocadas em termos mais descritivos.

Por sua própria denominação, a "ação" é um valor mobiliário nos termos da lei. Como ficou decidido em Forman, a maioria dos instrumentos portadores desse tradicional nome encontra-se acobertada por sua definição. Também ficou assente em Forman que o fato de um instrumento portar o nome de "ação" não é suficiente para buscar proteção nas leis dos valores mobiliários.

Concluiu-se que, no caso, necessita-se determinar se os instrumentos possuem as características típicas que se associam às ações. Em Forman, concluiu-se que a ação se caracteriza por ter: (i) direito de receber dividendos proporcionais aos lucros da companhia; (ii) negociabilidade; (iii) possibilidade de ser dada em garantia; (iv) direito de voto na proporção de sua participação no capital social; e (v) capacidade de poder aumentar ou diminuir de valor.

Ao contrário de Forman, neste caso as ações possuíam as características do valor mobiliário, fazendo com que o investidor acreditasse estar protegido pela legislação federal. Reconheceu a Suprema Corte que, na análise dos casos a ela submetidos, não ficaram inteiramente claros os métodos de análise para se determinar se um dado título é um valor mobiliário ou não. Isso porque decidira a Corte casos nos quais se levou em consideração a substância econômica da transação, ao invés da forma dada ao negócio jurídico, para se determinar ou não a presença de um valor mobiliário.

Na decisão de Joiner, fora analisada a aplicabilidade da legislação concernente aos valores mobiliários no arrendamento de terreno próximo ao local de perfuração de um poço de petróleo. Em decidindo que o arrendamento era um contrato de investimento, portanto valor mobiliário, a Suprema Corte apontou que o alcance das Leis de 1933 e 1934 não se detém só nos óbvios lugares comuns. Ao contrário, decidiu que os esquemas não usuais, como o arrendamento, então lá examinado, estavam abrangidos pela competência da SEC, se provado factualmente sua ampla oferta ou negociação, de sorte a ser visto no meio negocial como contrato de investimento, ou um título comumente conhecido como "valor mobiliário".

Em Howey, ficara mais clara a decisão tomada em Joiner, no sentido de que um contrato não usual pode ser considerado valor mobiliário se as circunstâncias de sua negociação assim indicarem. Naquele caso, ofertara-se à venda lotes para implantação de pequenas parcelas de laranjais, acoplados a um contrato para plantar, cuidar, vender o produto e remeter o lucro aos respectivos investidores. No caso, decidiu-se que se ofertou um contrato de investimento, no âmbito da Lei de 1933, porque, em se olhando a realidade econômica, a transação envolvia um investimento em dinheiro num empreendimento comum, cujos lucros derivavam só do esforço de terceiros.

O denominado "teste Howey" determinou os fundamentos para a segunda parte na decisão em Forman. Decidiu-se na primeira parte da sentença que, muito embora os instrumentos emitidos trouxessem a conhecida denominação de "ação", não se estaria diante de um valor mobiliário, na medida em que o título não possuía nenhuma das características usuais desse valor mobiliário.

Passou, em seguida, a Suprema Corte a analisar, em Forman, se o título seria um contrato de investimento. Tendo como precedente Howey, concluiu-se que também não seria um contrato de investimento, porque a realidade econômica do negócio mostrava que os compradores tinham disposto de seu dinheiro não com o propósito de auferir lucro oriundo do esforço de terceiro, mas com o objetivo de adquirir um bem para seu uso pessoal.

No presente caso, os réus afirmavam que Forman, bem como os julgados em que este se baseou, levaria a rejeitar a alegação de que as ações possam ser consideradas como valores mobiliários, dadas suas características. Ao contrário, argumentavam, os precedentes obrigariam a sempre olhar para a substância econômica da transação para determinar onde o "teste Howey" seria positivo. De acordo com os réus, teria ficado claro que os autores não esperavam perceber renda pelo esforço de terceiro, mas comprar uma companhia que poderiam administrar e controlar. Os autores não seriam investidores passivos, do tipo que o Congresso buscara proteger, mas empreendedores ativos que buscavam "usar e consumir" o negócio adquirido, da mesma forma que o fizeram os adquirentes em Forman, que queriam usar os apartamentos comprados, por terem as ações do empreendimento em mãos.

A Suprema Corte não concordou com a defesa dos réus. Primeiro pela diferença de contextos em que os casos foram decididos. Nos casos anteriores, o que se analisava era a substância econômica do negócio, com o fim de se verificar se havia a incidência da lei. Neste caso, entretanto, estar-se-ia diante de um instrumento tradicional, a ação, diretamente contemplada pela norma legal. Não há, neste caso, a necessidade de olhar além das características do título para verificar a aplicabilidade da lei. Como decidido em Joiner, ficou sublinhado que "não fazemos nada com as palavras da lei, simplesmente as aceitamos [...]. Em alguns casos, a prova pode ser feita pelo próprio documento",[44] o qual, no caso, demonstra estarmos diante da representação indicativa de uma ação.

Em Forman, a decisão se absteve da interpretação literal, não caracterizando a ação como valor mobiliário só porque a palavra "ação" simplesmente estaria inscrita em lei. Forman, entretanto, não elimina a capacidade da Corte de decidir que um instrumento é um valor mobiliário quando suas características coincidem com sua denominação. Em segundo lugar, é de se notar que a realidade econômica em Howey foi definida para determinar quando um instrumento é um valor mobiliário, e não se ele se encaixa na definição legal de ação ou se ele se assemelha a tal.

Ademais, a aplicação de Howey às ações, e a todos os demais tipos de valores mobiliários listados, fará com que muitos deles lá constantes sejam supérfluos, dada a abrangência do conceito de contrato de investimento. A Corte também não concordou com a alegação dos acusados de que as legislações de 1933 e 1934 não teriam sido promulgadas para contemplar negociações privadas, envolvendo

---

44. *"In the present case we do nothing to the words of the Act; we merely accept them. [...] In some cases it might be done by proving the document itself [...]"* (Joiner).

transferência de controle para outros empresários e protegendo "investidores passivos"; segundo a Corte, tais leis também abrangeriam as ações negociadas privadamente — tais como as do presente caso, que evolviam a transferência de controle para os próprios empreendedores.

Aduziram os réus que a legislação de 1934 contém uma série de provisões específicas dirigidas às ofertas públicas, às informações sobre as transações de seus administradores e principais acionistas e à recuperação de ganhos, por eles obtidos, com a utilização de informação privilegiada. Ademais, disseram os réus que as leis concernentes aos valores mobiliários retirariam de seu âmbito de competência as transações que não envolvam ofertas públicas.

Muito embora a transferência de 100% das ações de uma companhia signifique a entrega do controle, os adquirentes não tinham a intenção de administrar a serraria. Se tal doutrina fosse aqui aplicada, apareceria a dificuldade de se estabelecer uma linha divisória quando o percentual transferido fosse inferior a 100%. Ou seja, aceita a tese dos réus, este julgado apresentaria a pergunta de se saber quando a venda de menos da totalidade das ações de uma companhia tornaria a transação sujeita às leis federais concernentes ao mundo dos valores mobiliários.

Os réus pediram um julgamento sumário baseado no fato de que a transação não estaria coberta pelas leis de 1933 e 1934, pois, conforme a jurisprudência denominada "venda do negócio", os autores não teriam comprado valores mobiliários, mas um negócio como um todo. Por tal motivo, a Corte Distrital negara competência à Justiça Federal, juntando-se à corrente segundo a qual a aquisição de 100% de uma empresa de capital fechado não adentraria o campo das leis federais referentes aos valores mobiliários. A Corte de Apelação federal referendou a decisão de inferior instância, convalidando a corrente segundo a qual a aquisição de 100% de um empreendimento estaria fora da órbita das leis federais de 1933 e 1934.

Ao analisar a reformada decisão da Corte de Apelação, entendeu a Suprema Corte que aquela, ao dar às ações o tratamento nominalista, estendeu o mesmo tipo de interpretação às *notes*. Muito embora a Suprema Corte não tenha decidido que o alcance das *notes* ou outros instrumentos possa ser detectado por sua denominação e características, ficaram sublinhadas as várias razões por que pensa ela que uma ação possa ser distinguida da maioria ou de todas as outras categorias constantes da listagem legal.

Títulos que têm o nome e as características de uma ação parecem ser o caso mais claro de abrangência do entendimento corrente da definição. Primeiro porque a ação tradicional representa, para muitas pessoas, educadas ou não nas práticas empresariais, o paradigma de um valor mobiliário. Isso significa que as pessoas que transacionam como uma ação têm uma alta expectativa de que suas atividades são reguladas pela legislação dos valores mobiliários. Em segundo lugar, como ficou claro em Forman, a ação é relativamente fácil de se identificar porque se presta a uma definição consistente.

Como transcreve a própria Suprema Corte, afirma o Professor Loss[45] que uma coisa é dizer que, ao adquirir um apartamento, de uma típica cooperativa, o cooperado comprou um lar e não um valor mobiliário; ou que nem toda nota garantidora de compra parcelada é um valor mobiliário; ou que a pessoa que debita a refeição num restaurante, ao assinar o comprovante junto a seu cartão de crédito, não está vendendo um valor mobiliário, muito embora sua assinatura seja uma *evidence of indebtness*.[46] Mas uma ação é tão essencialmente um valor mobiliário que torna desnecessária qualquer análise mais aprofundada.

É de se reconhecer em Joiner que a Corte colocou juntas *notes*, *bonds* e ações como uma categoria constante da listagem legal detentora de padronização suficiente para que pudessem ser reconhecidas por suas denominações. Não obstante, em Forman ficou sumulada a linguagem de Joiner. Como ficou assinalado em outra ocasião,[47] o termo *notes* agora pode ser visto como uma denominação relativamente ampla, abrangendo instrumentos de várias características, conforme seja emitido em um contexto de consumo, como uma nota promissória, ou em outro contexto de investimento.

Neste julgado, a Corte expressamente deixou para outra ocasião a questão de saber se *notes* e *bonds* ou outra categoria de títulos listados na definição possa provar-se a si mesma como valor mobiliário, pois, tal como decidido em Joiner, a ação pode ser vista na categoria dos valores mobiliários que, por sua própria natureza, se colocam inseridos na definição de "valor mobiliário" dentro dos propósitos da legislação.

A Suprema Corte também enfatizou que sempre teve fortes razões para utilizar a doutrina da venda de um empreendimento nas circunstâncias do presente caso. Como admitiu o próprio réu, a aplicação dessa doutrina depende da análise, em cada caso, de ter sido o controle do empreendimento passado ao adquirente. Pode se argumentar que, no presente caso, essa doutrina poderia ser facilmente aplicada, na medida em que a transferência de 100% das ações da empresa normalmente outorga o seu controle.

Entretanto, pensa a Suprema Corte que mesmo essa afirmativa dá margem a algumas perguntas, na medida em que nenhum dos adquirentes tinha a intenção de administrar a serraria por si próprios. Ivan Landreth aparentemente ficou na gestão diária do negócio. Alguns juristas que apoiam a doutrina da venda do negócio acreditam que um adquirente, que tem a capacidade de exercer o controle

---

45. LOSS, Louis; SELIGMAN, Joel. **Fundamentals of Securities Regulation**. Op. cit.
46. Conforme o termo constante da lista caracterizadora de valor mobiliário das legislações de 1933 e 1934.
47. Securities Industry Association v. Board of Governors, FRS, 468 U.S. 137 (1984).

pela gestão, mas prefere não fazê-lo, merece a proteção da legislação, se for ele um simples e passivo investidor, não envolvido na administração diária do negócio.

Como já mencionado, corre-se o risco de que a aplicação da lei ficasse desconhecida e desconhecível para as partes acerca da incidência das Leis de 1933 e 1934 quando uma ação fosse vendida. Tais incertezas quanto à aplicabilidade da lei dificilmente se situariam no melhor interesse das partes envolvidas na transação.

Por outro lado, os réus argumentaram que adotar a posição dos autores aumentaria o trabalho das cortes federais, por converterem a legislação estadual que pune as fraudes em fato afeto à legislação federal. A Corte, entretanto, pensa ser mais danosa a perspectiva de que as partes em uma transação nunca possam saber se estão ou não protegidos pela lei até o momento em que eles se envolvam em grandes pesquisas e litígios sobre um conceito incerto como é o da passagem de controle. E, em resumo, concluiu a Corte que a ação objeto deste caso é um valor mobiliário, segundo a definição legal, e que a doutrina da venda de empreendimento não se aplicaria.

Em seu voto dissidente, que, muito embora solitário, é de extrema relevância, o Ministro Stevens afirmou que o Congresso não pretendeu que as normas concernentes aos valores mobiliários fossem aplicadas às transações privadas referentes à venda de parte substancial de um negócio simplesmente porque a transação tenha surgido sob a forma de venda de ações ao invés de outro tipo de ativo.

Ademais, nota o voto dissidente, analisando pelo lado da história legislativa, que o Congresso, ao aprovar as legislações de 1933 e 1934, estava primariamente preocupado com as transações públicas feitas com valores mobiliários, como foi observado no julgamento de Forman.[48] O Congresso quis proteger o investidor que não tem acesso à informação privilegiada, e que não se encontra na posição de poder se proteger de fraudes somente pela obtenção de garantias contratuais.

Em algum momento, diz o Ministro dissidente, o Congresso precisa dar as bases para se conhecerem os limites do alcance da legislação sobre valores mobiliários. A realidade econômica de uma transação pode determinar se a legislação abrange um título não usual, uma determinada obrigação comercial, etc. A negociação de uma hipoteca fungível, certamente, pode ser abrangida pela legislação, muito embora não seja, literalmente, um valor mobiliário.

---

48. *"The primary purpose of the Act of 1933 and 1934 was to eliminate serious abuses in a largely unregulated securities market. The focus of the Acts on the capital market of the enterprise system: the sale of securities to raise capital for profit-making purposes, the exchanges on which securities are traded, and the need for regulation to prevent fraud and protect the interest of investors. Because securities transactions are economic in character Congress intended the application of these statutes to turn on the economic realities underlying a transaction, and not on the name appended thereto."*

As características da transação como um todo são relevantes para se determinar quando uma transação com *ações* está coberta pela legislação, assim como nos negócios que envolvam *notes* ou contratos de investimento, ou mesmo títulos híbridos. Entendeu o Ministro que o âmago da legislação do Congresso foi a regulação da negociação de ações cotadas, quer nas bolsas de valores, quer nos mercados de balcão. Não foi, entretanto, vontade do Congresso abranger as transações que envolvam a negociação de controle de um negócio cujos valores mobiliários nunca foram oferecidos ou vendidos publicamente.

Neste caso, foi de exclusivo interesse das partes que a negociação ocorresse com ações e não com a venda dos ativos, na medida em que a decisão se prende a aspectos irrelevantes para a legislação federal, tais como aspectos tributários, licenças governamentais, fundo de comércio e existência de contingências sobre bens ou sobre a empresa. Tivesse o Congresso almejado legislar sobre cada fraude na venda de atividade mercantil ou na venda de ativos, não haveria dúvida alguma sobre a aplicabilidade da lei federal e não da estadual.

Resumindo, conclui o Ministro Stevens pela inaplicabilidade da legislação federal, a menos que a transação envolva: (i) a venda de um valor mobiliário que seja transacionado publicamente; ou (ii) a presença de um investidor que não esteja em condições de negociar garantias apropriadas e requeira acesso a informações confidenciais antes de finalizar a negociação.

Neste caso, a transação foi precedida por uma extensiva negociação entre compradores e vendedores. Não houve qualquer menção a que os compradores não teriam recebido todas as informações que julgavam necessárias ou que não teriam recebido as garantias que pensavam válidas antes de concluírem as negociações. Não é imaginável, aduz o Ministro, pensar-se que o Congresso tenha legislado no sentido da aplicabilidade da legislação concernente aos valores mobiliários nos negócios de venda de parte substancial de um bem, simplesmente porque a transação foi estruturada como a venda de ações e não de outro ativo substitutivo.

2.10 Venda de negócio ou venda de ações? (Ruefenacht, 1985)[49]

Tendo em vista demonstrações financeiras e assertivas positivas feitas por várias pessoas, inclusive pelo vendedor Gould — que era presidente da companhia e titular da totalidade de suas ações —, Ruefenacht adquiriu 50% das ações de uma companhia. O negócio foi fechado tendo como condição que Gould continuasse a participar da administração da companhia — o que foi feito —, muito embora coubesse ao acionista comprador o direito de veto sobre todas as decisões. Este,

---

49. Gould v. Ruefenacht, 471 U.S. 701 (1985).

passado algum tempo, e depois de pagar quase a metade do preço contratado, foi a juízo, alegando, para o que aqui interessa, a violação dos artigos 12(2) e 17(a)[50] do Ato de 1933, e do artigo 3(a)(10)[51] do Ato de 1934.

A decisão de primeira instância concluiu que as ações negociadas não seriam valores mobiliários no sentido pretendido pela legislação de 1933, mas que a figura aplicável ao caso seria a da venda de um negócio. Tal decisão foi reformada pela Corte de Apelação e mantida pela Suprema Corte, tendo como paradigma a decisão proferida em Landreth. Para tanto, levou-se em consideração que:

> a) Quando um título tiver a denominação de ação e todas as características típicas associadas à ação, não é necessário ao Juízo olhar além das características do título, em direção à substância econômica da transação, para se determinar quando uma ação será um valor mobiliário, nos termos das Leis de 1933 e 1934. [...] b) Há consistentes razões políticas para a rejeição da doutrina da "venda do negócio", como uma regra de decisão, em casos que envolvam a venda tradicional de ações de uma companhia de capital fechado.[52]

A aplicação da doutrina depende primariamente de saber se o controle da sociedade foi passado ao adquirente, o que pode não ser determinado pela verificação de qual percentual da sociedade foi adquirido. A aquisição de mais de 50% de uma companhia pode ou não afetar o controle operacional, ao passo que, em alguns casos, o controle operacional de fato pode ser obtido com menos de 50% das ações.

Tais aparentes inconsistências resultam da verificação de que o poder de controle pode depender de outras variáveis. Portanto, a aplicabilidade das Leis de 1933 e 1934, na venda de ações, como essa aqui analisada, não gozaria da certeza legal necessária quando tais transações fossem realizadas. A aplicação dessa doutrina

---

50. Respectivamente: *"any person who [...] sells a security [...] by the use of any means [with] oral communication, which includes an untrue statement of a material fact [...] shall be liable to the person purchasing such security from him [...]"*, e *"It shall be unlawful for any person in the offer or sale of any security [...] to employ any device, scheme or artifice to defraud [...]"*.
51. *"The term security means any [...] stock [...]"*.
52. *"(a) Where an instrument bears the label 'stock' and possesses all of the characteristics typically associated with stock, a court is not required to look beyond the character of the instrument to the economic substance of the transaction to determine whether the stock is a 'security' within the meaning of the Acts. The instruments involved here were called 'stock', and possessed all of the characteristics that are usually associated with traditional stock. (b) There are sound policy reasons for rejecting the 'sale of business' doctrine as a rule of decision in cases involving the sale of traditional stock in a closely held corporation. The doctrine's application depends primarily on whether control has passed to the purchaser, which may not be determined simply by ascertaining what percentage of the company's stock has been purchased. Acquisition of more than 50% of a company's stock may or may not effect a transfer of operational control, while in some instances de facto operational control may be obtained by the acquisition of less than 50%. Such seemingly inconsistent results stem from."* (Gould v. Ruefenacht – 471 U.S. 701 (1985)).

também conduziria a distinções arbitrárias entre as transações protegidas pelas Leis de 1933 e 1934 e aquelas por elas não contempladas.

A Suprema Corte, neste caso, aceitou o recurso tendo em vista que a Corte de Apelação encontrava-se dividida quanto à aplicabilidade da doutrina da "venda do negócio".

Em confirmando a razão de decidir da inferior instância, agregou que a aplicação da doutrina da "venda do negócio" poderia conduzir a distinções arbitrárias entre as transações acobertadas e protegidas pelas leis que regulam os valores mobiliários, na medida em que a aplicabilidade dependeria de outros fatores que não o tipo característico do título em questão.

Como resultado, a ação de uma sociedade poderia ser considerada um valor mobiliário para o vendedor e não para o comprador, ou para alguns compradores e não para os outros. Da mesma maneira, se um mesmo comprador viesse a adquirir pequenas quantidades de ações, em inúmeras e distintas transações, seria possível que as legislações de 1933 e 1934 pudessem ser aplicáveis a algumas transações, mas não a outra que teria dado o "controle" da companhia. Tal distinção contraria o sentido para o qual tais leis foram editadas, qual seja, o da proteção dos investidores em valores mobiliários.

Ademais, a dificuldade das partes em determinar, ao tempo da transação, a aplicabilidade destas leis nem serve ao propósito protetor destas nem permite ao adquirente adicionar ao valor do negócio alguma compensação pelo risco acrescido pela falta de proteção quando da realização da transação. Conclui-se, assim, que a ação sob análise é um valor mobiliário protegido pelas Leis de 1933 e 1934, não se aplicando à transação a doutrina da "venda do negócio".

2.11 Contrato de investimento ou garantia de pagamento? (Reves, 1990)[53]

Na busca de recursos para melhorar sua capitalização, a Cooperativa dos Fazendeiros do Arkansas e de Oklahoma (Co-op) vendeu notas promissórias não garantidas, pagáveis a qualquer tempo contra a apresentação pelo credor. As promissórias foram oferecidas aos cooperados, bem como a não cooperados, através de publicidade impressa no boletim da Co-op, que as oferecia como um "Programa de Investimento", pagando um juro variável mensalmente, porém sempre maior do que aquele pago pelas instituições financeiras daqueles estados. Tal publicidade dizia que "a SUA CO-OP possui mais de $11.000.000,00 em ativos para garantir o seu investimento. O investimento não é garantido pelo Governo Federal mas é Garantido... Seguro... e disponível quando dele você necessitar". Malgrado essas

[53]. Reves v. Ernst, 494 U.S. 56 (1990).

afirmações, quando de sua quebra, a Co-op deixou mais de 1.600 pessoas credoras de notas promissórias, em valor excedente a US$ 10.000.000,00.

Uma vez requerida a falência, os credores por notas promissórias processaram a empresa que auditava as contas da cooperativa falida, alegando que deixara intencionalmente de seguir os princípios contábeis geralmente aceitos, especificamente no que tange à avaliação do principal ativo da Co-op, seu complexo de combustíveis. Isso porque os valores desse ativo foram inflados, aumentando o patrimônio líquido da Co-op.

Se os valores corretos estivessem inscritos em seu balanço, os credores provavelmente não teriam comprado as notas promissórias, na medida em que estaria aparente a situação de insolvência. Na decisão de primeira instância os credores foram declarados detentores de créditos no montante de US$ 6.100.000,00, tendo a empresa de auditoria recorrido da decisão sob a alegação de que as notas promissórias não seriam valores mobiliários e, portanto, as cominações antifraude, previstas na Lei de 1934, não seriam aplicáveis, mas somente a lei estadual concernente a tais títulos. A decisão de primeira instância foi reformada a favor da empresa de auditoria, tendo a Suprema Corte decidido, pela maioria, que, *in casu*, estávamos diante de uma oferta pública de valores mobiliários.

A controvérsia prende-se ao fato de que a legislação de 1934, ao definir valor mobiliário, excluiu as notas promissórias de vencimento inferior a nove meses da data de sua emissão.[54] Restaria, no caso, a discussão sobre a aplicabilidade da exclusão das notas promissórias cujo resgate pode se dar a qualquer tempo, por iniciativa unilateral do credor. A não aplicabilidade do prazo de nove meses ou menos faria com que estivéssemos frente a uma oferta e venda de um valor mobiliário, sem a prévia aprovação do órgão governamental competente para tanto, gerando situações de responsabilização civil e penal.

Em sua *ratio decidendi* concluiu a Suprema Corte que o propósito da legislação concernente aos valores mobiliários foi o de eliminar os grandes abusos que ocorriam nos mercados não regulados. Em definindo o escopo do mercado que queria regular, o Congresso o fez utilizando-se de um grande pincel. Reconheceu a capacidade infinita do engenho humano, especialmente na criação de infinitos e variáveis estratagemas por aqueles que buscam utilizar-se do dinheiro alheio com a promessa de lucro. Porém, concluiu o Congresso que a melhor maneira de proteger os investidores seria definir o que fosse valor mobiliário, em termos suficientemente amplos, de forma a abranger os vários tipos de instrumentos que em nosso mundo comercial se adequam ao conceito comum de valor mobiliário.

---

54. Vide Seção 3(a) (10) da Lei de 1934, quando essa diz que: *"[...] but shall not include currency or any note, draft, bill of exchange, or banker's acceptance which has a maturity at the time of issuance of not exceeding nine months."*

Dessa forma, o Congresso não buscou encapsular o escopo da legislação dos valores mobiliários, mas, ao revés, construiu uma definição de valor mobiliário suficientemente abrangente para agasalhar virtualmente qualquer título que possa ser vendido como um investimento. Entretanto, também não quis o Congresso um remédio federal tão amplo quanto o necessário para abarcar todas as fraudes. A resolução de tal problema coube à SEC e, em última instância, ao Judiciário Federal, na busca de decisões que digam, dentro da miríade de transações financeiras que ocorrem em nossa sociedade, quais as que são abrangidas pela legislação.

Na busca dessa separação, a Suprema Corte não se paralisa diante do formalismo legal, mas deve levar em consideração os aspectos econômicos da transação sob exame. O propósito do Congresso foi o de regular os investimentos, em qualquer forma sob que sejam feitos, independentemente do nome que lhes sejam dados. O propósito do exame da realidade econômica não leva, entretanto, à análise caso a caso de todos os instrumentos. Alguns são óbvios dentro da classificação que o Congresso pretendeu regular, na medida em que são investimentos por sua própria natureza.

Em Landreth decidiu-se que um instrumento que seja denominado ação e que, dentre outras coisas, seja negociável, ofereça a possibilidade de incremento em seu valor e dê o direito à percepção de dividendos proporcionais ao lucro do negócio se encontra dentro das características desse instrumento que o Congresso quer abranger pelas leis concernentes aos valores mobiliários. A decisão em Landreth não significa uma falta de preocupação com a realidade econômica; ao contrário, ela assinala o reconhecimento de que a ação será sempre um investimento, dentro de uma perspectiva realista, se e enquanto detiver as características econômicas tradicionalmente associadas às ações.

Mesmo que as poucas exceções a essa generalização possam ser encontradas, a percepção do público vê na ação o paradigma do valor mobiliário, qualquer que seja a maneira que seja ela vendida, devendo ser tratada dentro do âmbito das Leis de 1933 e 1934. Ficou claro em Landreth que a ação era um caso especial, tendo aquele julgado limitado o entendimento da Suprema Corte somente àquele valor mobiliário. Diferentemente da ação, temos que "*note*" pode ser visto como um termo relativamente amplo, abrangendo instrumentos com uma ampla gama de características, dependendo do contexto de sua emissão, se para o consumo como uma nota promissória, ou se numa perspectiva de investimento.

Enquanto a ação, por ser o paradigma de um valor mobiliário, leva o investidor a pensar que está protegido por sua respectiva legislação, isso não ocorre ao se tratar de uma *note*, na medida em que esta é utilizada numa grande variedade de cenários, não sendo todos caracterizados como um investimento. Disso resulta que a colocação legal "*any note*" não deve ser interpretada literalmente — de sorte a significara qualquer *note* —, mas deve ser lida contra a realidade que o Congresso estava querendo apanhar ao aprovar a legislação referente aos valores mobiliários.[55]

A Corte de Apelação considerou, sob várias formas, a análise do conceito de investimento em contraponto ao de ato comercial, o qual distingue as *notes* emitidas dentro de um contesto de investimento daquelas emitidas para efeitos do ato comercial ou de consumo. O enfoque das "semelhanças familiares" adotado pela instância inferior presume que qualquer *note* emitida por prazo superior a nove meses seria um valor mobiliário. Assim, a análise das "semelhanças por famílias" permite ao emitente discordar da presunção de que uma *note* seja um valor mobiliário se puder demonstrar que o título em questão tenha uma forte semelhança com algum outro título que tenha sido judicialmente construído como constante da lista de exceções inscritas em lei.

Em contraste, a Corte Distrital, ao decidir, aplicou o teste nascido de Howey, para determinar em que situação um título é um contrato de investimento, a fim de decidir se uma *note* seria um valor mobiliário. Para ela, uma *note* será um valor mobiliário se (i) for um investimento (ii) em um empreendimento comum, (iii) com uma razoável expectativa de lucro, (iv) para se originar do esforço empresarial ou administrativo de terceiro.

A Suprema Corte rejeitou a aplicação de Howey no caso de *notes*, na medida em que prevê um teste para saber se há ou não um contrato de investimento. Embora as *notes* possam ser um contrato de investimento, não significa que sejam os títulos previstos em lei. Decidir que elas não seriam valores mobiliários a menos que preenchessem os requisitos previstos para um tipo completamente diferente tornaria supérflua a enumeração dos vários tipos constante de lei.

Os dois testes — "semelhanças familiares" e "investimento ou atividade comercial" — são duas maneiras de analisar o mesmo problema. A Suprema Corte decidiu que a "semelhança familiar" provê uma melhor moldura de análise. Este teste inicia-se com a análise da redação legal, porque, na medida em que as Leis de 1933 e 1934 definem como valor mobiliário *any note*, temos que pressupor, inicialmente, que qualquer *note* seja um valor mobiliário. Tal premissa nem sempre será correta na medida em que a vida comercial evidencia a possibilidade de uma série de *notes* que fogem à categoria dos valores mobiliários, sendo correta a listagem feita pela inferior instância ao apontar títulos que não se enquadram como

---

55. *"An approach founded on economic reality rather than on a set per se rules is subject the criticism that whether a particular note is not a 'security' may not be entirely clear at the time it is issued. Such an approach has the corresponding advantage, though, of permitting the SEC and the Courts sufficient flexibility to ensure that those who market investments are not able to escape the coverage of the Securities Acts by creating new instruments that would not be covered by a more determinate definition. One could question whether, at the expense of the goal of clarity, Congress overvalued the goal of avoiding manipulation by the clever and dishonest. If Congress erred, however, it is for that body, and not for this Court, to correct the mistake."* Nota n. 2 da sentença da Suprema Corte.

tal.[56] Na medida em que tal listagem não pode ser considerada perpétua, sendo apta a se expandir, tem-se que alguns critérios necessitam ser desenvolvidos para determinar quando um título deve ser adicionado ao elenco. O exame da lista torna claros os parâmetros que devam existir.

Primeiramente, será de se saber da motivação que teria levado comprador e vendedor ao ato negocial que se quer analisar. Se o propósito do vendedor for levantar recursos para uso do empreendimento, ou financiar um substancial investimento, e o adquirente estiver primariamente interessado no lucro que a *note* possa gerar, este título deverá ser um valor mobiliário. Entretanto, se a *note* é emitida para facilitar a compra e venda de um ativo ou bem de consumo, para corrigir o fluxo de caixa do vendedor, ou com outro propósito comercial ou de consumo, essa *note* será menos apta a ser considerada como um valor mobiliário.

Em segundo lugar, será de se examinar o critério de distribuição do título, para se determinar se é ele um instrumento destinado à negociação especulativa ou de investimento.

Em terceiro lugar, devem-se levar em consideração os adquirentes, na medida em que se considerará um título como valor mobiliário em função da expectativa do público investidor. Ou seja, a Corte considerará determinado título como sendo um valor mobiliário com base na expectativa pública, mesmo que a análise econômica das circunstâncias de uma transação específica possa sugerir que o instrumento não seja um valor mobiliário.

Em conclusão, na determinação de um título denominado *note* como sendo um valor mobiliário, os julgadores devem aplicar o teste da "semelhança familiar". Com a aplicação desse teste ao presente caso, pode-se concluir que as *notes* emitidas são valores mobiliários. A Co-op vendeu os títulos com o objetivo de buscar recursos financeiros para suas operações empresariais, e os compradores fizeram suas aquisições com o objetivo de auferir lucro sob a forma de juros. Na verdade, um dos principais atrativos oferecidos aos adquirentes foi a oferta de pagamento de juros constantemente revistos, de sorte a torná-los sempre um pouco maiores do que aqueles pagos pelas instituições financeiras locais. Por ambos os lados, a transação é naturalmente vista como um investimento em um empreendimento empresarial, e não como uma captação puramente comercial ou uma transação visando o consumo.

O mesmo raciocínio se aplica ao plano de colocação das *notes*, que foram oferecidas por um largo período aos 23.000 membros da Co-op, bem como a terceiros

---

56. *"Types of notes that are not 'securities' include 'the note delivered in consumer financing, the note secured by a mortgage on a home, the short term note secured by a lien on a small business or some of its assets, the note evidencing a 'character' loan to a bank customer, short term notes secured by an assignment of accounts receivable, or a note which simply formalizes an open account debt incurred in the ordinary course of business."* Vide 468 U.S. 137 (1984).

estranhos à cooperativa, resultando que, quando da sua quebra, mais de 1.600 pessoas eram credores dela por tais títulos. É fato que elas não eram negociadas em qualquer mercado secundário. Eram, entretanto, oferecidas e vendidas a um largo segmento público, e isso é tudo o que já foi decidido como sendo o requisito necessário para a caracterização da negociabilidade de um título.

Quanto à percepção usual do público, também converge na decisão que as *notes*, neste caso, são valores mobiliários. A Corte tem, de forma consistente, identificado a essência do valor mobiliário como sendo um investimento. A publicidade para a oferta dos títulos os caracteriza como um investimento, não havendo qualquer indício que levasse uma pessoa comum a pensar de forma diferente. Nessas circunstâncias é razoável a um possível comprador fiar-se na palavra da Co-op.

É de se ver que as *notes* não detinham qualquer garantia, nem sua emissão regulada por qualquer autoridade governamental, fazendo com que escapassem a qualquer regulamentação federal, se a legislação federal concernente aos valores mobiliários não fosse aplicada ao caso.

A decisão da inferior instância entendeu que o vencimento contra apresentação não seria uma característica do valor mobiliário, pressupondo que o vencimento à vista seria inconsistente com o risco comumente associado ao valor mobiliário. Este não é um argumento convincente. A ação ordinária, normalmente transacionada no mercado secundário, é o paradigma de um valor mobiliário, e é imediatamente conversível em numerário — tal como uma obrigação vencível contra a apresentação de seu título representativo. O mesmo se dá nas negociações públicas com obrigações, debêntures e um grande número de instrumentos que estejam diretamente previstos na legislação. O vencimento contra a apresentação não causa a eliminação do risco, assim como a liquidez do mercado secundário não elimina o risco da ação. Assim, as *notes* sob exame encontram-se previstas na legislação concernente aos valores mobiliários.

Finalmente, é de se ver que a isenção aplicável às *notes* com prazo de vencimento inferior a nove meses não é de se aplicar àquelas emitidas com vencimento contra a apresentação. Isso porque seu vencimento, por depender da vontade do credor, pode ocorrer em prazo superior ou inferior àquele previsto na legislação. Dada essa ambiguidade, a exclusão legal deve ser interpretada de acordo com os propósitos do legislador. Nesse sentido, é de se ter em mente que os amplos propósitos do Congresso ao legislar foram que todos os investimentos lá descritos fossem regulados de sorte a prevenir a fraude e o abuso, razão pela qual a Corte interpretou que a exceção dos nove meses não acobertou as *notes* vencíveis contra a apresentação, muito embora o resultado possa ser diferente se a transação, necessariamente, ocorresse dentro desse período.

2.12 Contrato de investimento ou venda de telefone? (Edwards, 2004)[57]

Nesse último julgado, o acusado era o presidente e único acionista de uma empresa que tinha por objeto social a venda de telefones para o público, os quais eram, ato contínuo, objeto de contratos de arrendamento mercantil com a própria empresa vendedora (*sale lease back*), a qual prometia pagar um rendimento anual e fixo de 14% sobre o valor da venda.

Muito embora o material de propaganda apresentado aos potenciais clientes enfatizasse a excelência da oferta, fato é que a companhia, tempos depois, buscou o abrigo da lei de reorganização de seus negócios, com a suspensão do pagamento de suas dívidas. Neste momento, a SEC ajuizou ação contra a companhia arguindo que esta oferecera contratos de investimento de renda fixa sem a devida autorização prévia.

A Corte Distrital concluiu que o contrato de arrendamento mercantil, com concomitante recompra do bem, caracterizava-se como contrato de investimento, estando, como consequência, dentro do campo da legislação federal concernente aos valores mobiliários. A decisão do recurso apresentado à instância superior concluiu pela inexistência da oferta de algo que pudesse ser considerado como valor mobiliário, na medida em que: (i) para haver a oferta de um contrato de investimento, esta deve conter a possibilidade de um incremento do capital ou a participação nos ganhos de um empreendimento, o que exclui o retorno oriundo de renda pré-fixada; e (ii) há a necessidade de que o lucro do investimento decorra só do esforço de terceiro, o que não acontecia no caso, na medida em que a compra seguida do arrendamento do aparelho, que era feita pelo adquirente, descaracterizaria o *dictum* constante em Howey pelo qual o lucro do investimento deva decorrer só do esforço de terceiro.

Subindo à apreciação da Suprema Corte, esta, e por unanimidade, reforma a decisão, entendendo que se estava frente a um contrato de investimento, na medida em que a existência da promessa de pagamento de remuneração fixa não descaracterizaria a existência do valor mobiliário. A base da decisão continua sendo Howey, segundo a qual o contrato de investimento caracteriza-se por ser um "negócio que envolva um investimento de dinheiro, em um empreendimento comum, com lucratividade advinda somente pelo esforço de terceiros".

Tal definição, no entender da Suprema Corte, tem que admitir um grau de flexibilidade capaz de se adaptar aos incontáveis esquemas urdidos por aqueles que buscam o dinheiro dos outros, com a promessa da obtenção de lucros. Neste sentido, quando a Suprema Corte falou em Howey em "lucro do investimento",

---

57. SEC v. Edwards, 540 U.S. 389 (2004).

estava se referindo a renda ou lucratividade em termos amplos, e não somente em lucro oriundo de renda variável. Não há razão para distinguir entre o pagamento de uma renda fixa ou variável, para a validade da aplicação da jurisprudência nascida em Howey.

Em ambos os casos o público investidor é atraído pela oferta de renda. Ademais, as promessas de retorno fixo são mais atrativas aos investidores mais vulneráveis, incluindo as pessoas mais velhas e de menor renda. Caso a leitura fosse feita só sob o aspecto gramatical e conservador, uma oferta inescrupulosa poderia circundar a lei oferecendo uma rentabilidade fixa, fugindo ao poder fiscalizador.

Enfatiza a decisão que a Suprema Corte não lê a lei dos valores mobiliários de forma literal, de sorte a minar os propósitos da própria lei. Assim, deu a Suprema Corte razão à SEC, que sempre entendeu que a existência de uma remuneração fixa não eliminaria a caracterização do contrato de investimento, decidindo-se que a leitura de Howey feita pelo 11º Circuito estava incorreta e inconsistente ao sentenciar que o negócio ofertado estaria fora do conceito de contrato de investimento porque o vendedor do aparelho telefônico seria titular do direito ao pagamento de um rendimento fixo.

2.13 Síntese da jurisprudência norte-americana

Do exame dos doze casos analisados pela Suprema Corte norte-americana, devem ser ressaltados alguns pontos. O primeiro é que, na discussão do conceito de valor mobiliário, três foram as grandes vertentes aceitas para serem julgadas pela Suprema Corte, a saber: (i) contratos de investimento; (ii) descaracterização da ação como valor mobiliário; e (iii) distinção da *note* enquanto título de dívida ou como garantia comercial de pagamento. Um ponto a ser ressaltado é que boa parte dos demandantes vai a juízo na busca da proteção sob o manto da norma penal inserta na lei de 1933, situação que merece estudos em face do dispositivo similar existente em nossa denominada Lei do Colarinho Branco, que criminaliza a oferta pública de valores mobiliários sem a devida e prévia autorização da autoridade governamental competente. Das três hipóteses, constantes dos itens (i), (ii) e (iii) acima, temos que a grande discussão para o nosso Direito deve centrar-se na conceituação do contrato de investimento coletivo, na medida em que a nota comercial foi inserida especificamente na lista dos valores mobiliários, cujas competências normativa e fiscalizadora foram atribuídas à nossa Comissão de Valores Mobiliários.

Resta, entretanto, estabelecer meridianamente os parâmetros distintivos entre a nota promissória enquanto garantia de pagamento ou enquanto título emitido também como título de investimento, ou seja, como valor mobiliário. Por outro lado, a descaracterização do título de participação societária — por exemplo, a ação —, muito embora emitido sob esta denominação por uma companhia, abriu uma interessante e oportuna discussão jurídica entre a prevalência das características reais do negócio em face da denominação formal atribuída ao título.

Ou seja, necessária se faz a análise, no âmbito da construção jurisprudencial norte-americana, das principais características ou testes distintivos do contrato de investimento, da *note* como valor mobiliário, bem como dos critérios caracterizadores de um verdadeiro valor mobiliário em contraste com aquele outro que, muito embora detenha a denominação formal, não preenche as suas características reais, superando a forma jurídica pelo seu real conteúdo econômico.

Na análise da jurisprudência formulada pela Suprema Corte norte-americana, é importante levar em consideração a época histórica do seu desenvolvimento. Diferentemente do ocorrido entre nós, a supervisão estatal lá ocorreu fundamentalmente em função da crise de 1929, tendo como pano de fundo a incapacidade dos reguladores estaduais em prevenirem a *débâcle* ocorrida no mercado acionário. Para que se tenha uma ideia da seriedade da crise que se abateu sobre o mercado acionário, basta compararmos o comportamento do mercado entre 1929 e 1932. Assim, temos[58]:

Efeito da quebra de 1929 no mercado de ações

	1929	1932
Volume de negócios na NYSE	1.125.000.0000	425.000.000
Índice Dow-Jones	381 (setembro)	41 (janeiro)
Novos lançamentos	US$ 8 bilhões	US$ 325 milhões
Desemprego (nacional)	3,2%	24,9%

Em síntese, as leis de 1933 e 1934 nasceram, ambas, diretamente do ventre da crise de 1929. É neste contexto que o presidente Roosevelt, logo após tomar posse em 1933, designa James M. Landis, professor da Escola de Direito de Harvard — por indicação de seu amigo Felix Frankfurter, também professor da mesma Escola de Direito —, como responsável por elaborar o projeto de ambas as legislações, que tiveram por base a situação caótica do mercado acionário e a sua enorme falta de transparência face aos acionistas.

Além da opacidade do mercado, era vigente a ideia de que, no regime capitalista norte-americano, entre o fim do século XIX e o princípio do século XX, as pessoas deviam cuidar de si mesmas e não esperar a proteção estatal, não sendo esta uma preocupação das autoridades governamentais. É significativo, nesse

---

58. Vide MCCRAW, Thomas K. **Prophets of Regulation**. Cambridge: Harvard University; The Bleknap, 1984, p. 169.

sentido, o depoimento do presidente da American Sugar Refining Company, ao depor perante a Comissão Industrial do Congresso, em 1899. Conforme consta da transcrição do Congresso, quando perguntado se acreditava que uma companhia, autorizada a operar pelo Estado e que tivesse seu capital pulverizado junto ao público, não deveria dar aos acionistas o direito ter dados para avaliar a lucratividade e o valor do investimento feito, ele afirmou que:

> Sim, este é o meu pensamento. Deixem os compradores ficarem atentos; isto diz tudo sobre o negócio. Você não pode ficar pajeando as pessoas do momento em que elas nascem até o dia em que elas morrem. Elas devem se afogar e ficar presas; esta é a maneira pela qual as pessoas aprendem e se aprimoram.[59]

Assim as legislações de 1933 e 1934 nascem em função não só da crise de 1929, mas também buscavam dar maior seriedade na relação entre os controladores/gestores das companhias e o mercado investidor, sendo esta a percepção do poder judiciário ao aumentar ainda mais a abrangência do conceito de valor mobiliário, além da enorme e difusa lista produzida por ambas as legislações. Já entre nós, como se verá adiante, a criação do órgão regulador teve por base a vontade do Estado em criar mecanismos tendentes a desenvolver maneiras de capitalizar e financiar a grande empresa nacional.

A lembrança da crise de 1929, bem como de suas consequências, talvez seja uma das razões da construção razoavelmente errática do conceito de "contrato de investimento" pela jurisprudência da Suprema Corte norte-americana. A jurisprudência desenhada pela Suprema Corte apresentou uma evolução, por vezes tortuosa, que, grosso modo, pode ser resumida em três grandes vertentes, todas elas nascidas da conceituação do que seja "contrato de investimento".

Assim, o grande debate instaurado pela SEC, e decidido pela Suprema Corte, girou em torno da delimitação do conceito de "contrato de investimento", sempre levando em consideração a proteção do mercado investidor. Este debate, por adentrar no campo de competência do órgão regulador estatal, resultou em que o ofertante de valores mobiliários passasse a fornecer obrigatoriamente ao investidor um número substancial de informações prévias; ou seja, trouxe-se a transparência ao mercado investidor.

Em resumo, em suas decisões, a Suprema Corte visou dois pontos relativos aos contratos de investimento enquanto categoria geral: (i) é irrelevante para sua caracterização o nome jurídico sob o qual nasça determinada oferta pública de investimento, ou saber se essa oferta decorre de um único contrato ou não, pois o que caracteriza o contrato de investimento é a real substância econômica da oferta

---

59. Vide MCCRAW, Thomas K. **Prophets of Regulation**. Op. cit., p. 166.

entre as partes; e (ii) toda a construção jurisprudencial visa primariamente a proteção do investidor, chegando ao ponto de descartar o exercício do poder de polícia de um organismo governamental, caso outro esteja exercendo a mesma função.

Ou seja, deve-se ter em mente que a abrangência do termo "contrato de investimento" é de tal ordem que agasalha todas as hipóteses previstas na extensa lista das legislações de 1933 e 1934. Ademais, muito embora as legislações de 1933 e 1934 tenham nascido em função da crise de 1929 junto aos mercados primário e secundário de ações de emissão de companhias abertas, a Suprema Corte não encontrou o menor obstáculo em estender a abrangência da lei penal às vendas de ações de empresas fechadas a uns poucos adquirentes em uma transação privada.

É diante de tais fatos concretos que as decisões da Suprema Corte ocorreram, estando, como se viu, sempre ligadas à realidade fática, a qual produziu este caminhar razoavelmente tortuoso.

Assim, no julgamento de (1) **Joiner Leasing** os contratos de arrendamento de lotes de terra estariam presos, no entender dos julgadores, ao interesse econômico nascido da expectativa de valorização caso o poço pioneiro de petróleo se mostrasse produtivo. Ou seja, havia um contrato de investimento, dada a enorme variação entre o valor dos lotes enquanto aquisição pura de terra e o valor dos lotes caso o petróleo fosse encontrado, pois, caso isso viesse a ocorrer, haveria a possibilidade concreta de ocorrer o mesmo nos lotes lindeiros, acarretando, como consequência, o lucro do investimento.

A partir da premissa de que se ofertava um "investimento", a decisão encaminha-se escorando-se nos termos genéricos constantes da legislação de 1933, tais como "contrato de investimento", ou, ainda, na tautologia pela qual o conceito de contrato de investimento estaria presente por força da previsão legal que abrangeria "qualquer interesse ou investimento comumente conhecido como valor mobiliário".

A decisão conclui que a aplicação da lei não pode ser paralisada quando o contrato estiver vestido por um novo ou desconhecido esquema negocial, na medida em que seja ofertado ao público em geral e que esta oferta seja indicativa de atividade mercantil. Assim, o teste judicial caracterizou-se pelo fato de: (i) a colocação dos títulos ter se dado com intuito mercantil; (ii) o plano de distribuição visar atingir o público em geral; e (iii) haver a indução econômica de um investimento constante do prospecto, muito embora os contratos de arrendamento de terra estivessem entre as hipóteses expressamente previstas como isentas de autorização da SEC.

Ou seja, ainda que os contratos de *leasing* para exploração petrolífera não se submetessem à autoridade da agência reguladora, a decisão entendeu que, no caso, não se estava diante de um contrato de arrendamento de terra, mas da oferta pública de contrato de investimento, cuja indução de venda era a expectativa de lucro, proporcionada por um ativo subjacente que seria a eventual descoberta de petróleo.

Já a decisão matricial em (2) **Howey**, muito embora se apoiando no precedente de Joiner Leasing, é muito mais elaborada, ao pesquisar a jurisprudência produzida pelos estados, construindo um paradigma sólido e duradouro para as decisões posteriores. Em Howey, os tribunais inferiores entenderam existir dois contratos distintos, um de compra e venda de terra e outro de prestação de serviço, tendo por paradigma o voto perdedor exarado pelo Ministro Roberts quando do julgamento de Joiner Leasing, entendimento este que descaracterizaria a incidência da Lei de 1933.

Entretanto, o voto vencedor em Howey aceitou que, mesmo que a legislação federal, ou as normas estaduais ou mesmo os anais das discussões parlamentares, não tenha definido o que fosse "contrato de investimento", podiam-se inferir algumas características, quais sejam, aquelas emanadas da construção elaborada pelo Poder Judiciário dos estados. Nessas decisões levou-se em consideração que o bem jurídico básico que a legislação procurava proteger era a poupança popular, preterindo-se a forma em benefício da substância econômica da situação que deve ser analisada caso a caso.

A prevalência da análise econômica do ato praticado, desconsiderando-se a maneira pela qual foi formalizado, representou o rompimento com a interpretação literal da norma, voltando a Suprema Corte a exercer o seu poder construtivo, levando em consideração a intenção do legislador, bem como o alcance social da lei.

Na prevalência da substância econômica do ato, o julgador não parte da premissa de que uma das partes abusou da forma para a prática do ato. Ele simplesmente sopesa o conteúdo econômico que o legislador buscou (a proteção da poupança do público) — muito embora tal intenção não esteja expressa nem nos debates legislativos nem no projeto então encaminhado pelo Poder Executivo. É essa difusa intenção do legislador — a proteção dos recursos do povo — que serve de base para se alcançar o significado de que a soma da expectativa gerada por um contrato de compra e venda imobiliária, acoplado a outro de prestação de serviço, faz com que surja um contrato de investimento.

Seria interessante ver o resultado do julgamento da mesma situação, quando analisada por um juiz aculturado no Direito europeu continental, para o qual a forma exerce um papel prevalente quando da solução das pendências. Para nós, tal exame é relevante na medida em que o Direito dos Valores Mobiliários tende a trabalhar com tipos legais não definidos pela própria lei, tais como o conceito de "manipulação de mercado", situações essas tendentes a forçar a decisão judicial, mais se aproximando do construtivismo judicial, na medida em que a lei não socorre através da tipificação fechada, ou mesmo da simples tipificação. É de se levar em consideração, repita-se, que toda a jurisprudência da Suprema Corte teve como razão de discussão o cometimento ou não de um ilícito penal inscrito nas legislações de 1933 e 1934, base maior das acusações feitas pela SEC contra os eventuais infratores.

É com esse pano de fundo que o voto vencedor em Howey se apropria de outra construção jurisprudencial de âmbito estadual, conforme o decidido em State v. Gopher, pela Justiça do estado de Minnesota, para caracterizar o contrato de investimento como sendo o esquema ou vínculo negocial no qual existe a alocação de capital ou entrega de dinheiro com o objetivo de assegurar a renda ou o lucro de seu emprego.

De tal conclusão, aprimora a Suprema Corte a definição criada pela instância inferior ao dizer que o contrato de investimento é a transação ou situação onde se investe dinheiro em um empreendimento comum, do qual se espera obter lucro pelo esforço exclusivo do tomador dos recursos ou de terceira pessoa que não o investidor.

Esse aprimoramento da definição de contrato de investimento decorre da análise fática do caso, já que entenderam os julgadores que a falta de experiência no trato da laranja, o pequeno tamanho das glebas de terra, acoplado ao contrato de prestação de serviços tiveram o condão de transformar os adquirentes em investidores.

Ou seja, entenderam que os elementos caracterizadores da associação empresarial estavam presentes, uns provendo os capitais e esperando lucros, outros provendo o trabalho, sendo para tanto remunerados. Do julgamento restou a definição clássica de "contrato de investimento", a qual viria a servir de paradigma para as decisões não só da justiça federal, mas também como precedente nos julgados estaduais.

Para a Suprema Corte, ao julgar Howey, resultou que um contrato de investimento caracteriza-se por ser a colocação de dinheiro em um investimento comum a várias pessoas, realizado com a expectativa de auferir lucro, cuja geração depende exclusivamente do esforço de terceiro.

No caso (3) **VALIC**, julgado em 1959, treze anos após a decisão de Howey, a análise do termo "contrato de investimento" pretendia distinguir um contrato de seguro com prêmio fixo e pré-estabelecido de outro cujo pagamento, fato que ocorreria alguns anos após a contratação, estava vinculado à rentabilidade variável, em função das aplicações feitas pela seguradora.

Aqui, novamente, manifesta-se a política do Poder Judiciário de estender a proteção ao investidor que recebe uma proposta dirigida ao público em geral. Neste aspecto, a decisão da Suprema Corte prendeu-se ao fato de que, mesmo havendo uma autoridade estadual encarregada de fiscalizar as companhias de seguro, esta autoridade não estava capacitada para dar ao público o volume necessário de informações, tal como exigido pela agência reguladora dos valores mobiliários. Ou seja, como constante do voto vencedor, "nesse tipo de operação o exame feito pelas autoridades estaduais de seguro para determinar a adequação das reservas e da solvabilidade torna-se menos válido", face à necessidade de informações a serem transmitidas àquele que investe em valores mobiliários.

Como decorrência, seria necessário dar ao investidor conhecimento dos investimentos feitos, dos riscos inerentes a cada um deles, bem como dos riscos que a seguradora estaria incorrendo, já que nessa modalidade a empresa atuava como administradora de recursos de terceiros. É de se ressaltar que os quatro votos divergentes, que davam pela inexistência de um contrato de investimento, adotaram uma linha estritamente legalista, segundo a qual a existência de lei que outorga competência às agências reguladoras de seguros, no âmbito estadual, excluiria a competência federal para tanto, bem como a competência do Poder Judiciário federal.

O segundo ponto da decisão volta-se à definição estabelecida em Howey, tendo o voto vencedor, no presente caso, asseverado que "o investidor estava colocando seus fundos nas mãos de terceiros para serem investidos em títulos de renda variável, na expectativa de que os recursos [seriam] investidos em valores mobiliários, e seu ganho [dependeria] do sucesso do investimento". De fato, as aplicações feitas enquadram-se nos investimentos carreados para os fundos de renda variável ou fixa, como hoje existentes. De outro lado, adotando-se o princípio estabelecido em Howey de que a forma deve ceder passo à substância econômica, temos que o princípio do contrato de seguro é ressarcir o beneficiário na ocorrência de determinado sinistro, e não de entregar o resultado do investimento, mesmo que se tenha estabelecido um teto do valor a ser retornado ao "segurado".

Em 1967, passados nove anos, a Suprema Corte aceita decidir mais um caso relativo à conceituação do contrato de investimento. Agora, o objeto da decisão judicial é saber se os denominados "fundos flexíveis", vendidos pela companhia (4) **United Benefits Life Insurance**, seriam ou não valores mobiliários, na medida em que se caracterizavam por ser um contrato no qual o adquirente pagava periodicamente uma determinada quantia, sendo o resultado investido em ações, advindo a rentabilidade dos ganhos de capital e dividendos auferidos no período.

Quando da ocorrência do fato que fora assegurado, o beneficiário recebia o equivalente aos aportes mensais, bem como o resultado líquido das aplicações, menos a taxa de administração cobrada pela United, disso concluindo a Suprema Corte que existiam dois contratos distintos, executáveis em momentos diferentes, sendo que o primeiro era um contrato de investimento, muito embora a norma legal criadora dos contratos flexíveis pudesse dar a entender que toda a operação se resumisse num único contrato complexo. No primeiro contrato, a seguradora, no entender do voto vencedor, estaria exercendo um papel igual ao das instituições ofertantes e administradoras de um contrato de investimento. Levou-se em consideração, ainda, que a expectativa de lucro constava, inclusive, da publicidade que enfatizava a administração competente dos recursos, bem como do material impresso da seguradora alardeando uma "nova oportunidade de crescimento financeiro".

No mesmo ano de 1967, a Suprema Corte, levando em consideração muito mais a substância do ato do que sua forma, decide em (5) **Tcherepnin** aplicar a conceituação de contrato de investimento construída em Howey, segundo a qual o réu estaria ofertando a possibilidade de um contrato de investimento, escondido sob o manto de uma atividade formalmente tida por financeira. Na verdade, a atividade, muito embora consistente na captação de recursos financeiros do público para emprestá-los a terceiros mediante garantia hipotecária, prometia a seus prestadores a distribuição de lucros resultante do andamento dos negócios. Assim, a rentabilidade do investimento dependia fundamentalmente da habilidade e proficiência dos administradores em realizar empréstimos saudáveis e na obtenção de garantias de fácil liquidez.

Em 1975, oito anos depois, ao julgar o caso (6) **Forman**, a Suprema Corte volta a examinar se a aquisição de imóvel, através de esquema peculiar, que implicava a aquisição de um valor mobiliário formalmente denominado "ação", muito embora emitido por uma cooperativa, estaria dentro do campo de competência da SEC, necessitando, portanto, de sua aprovação prévia à oferta pública. Entendeu a Suprema Corte, ao reformar decisão de inferior instância, que no caso inexistia o intuito e a possibilidade de obtenção de lucro, mesmo se levada em consideração a possibilidade de locação comercial dos espaços comuns.

De outro lado, concluiu a decisão que, na elaboração das legislações de 1933 e 1934, o Congresso pretendeu que as normas fossem aplicadas levando em consideração a realidade econômica, e não a denominação utilizada. No caso, a utilização de denominações tradicionais, como é a hipótese do valor mobiliário "ação", poderá conduzir a que o adquirente pense estar protegido pela legislação concernente aos valores mobiliários. Entretanto, no caso, a aquisição da ação era condição para a futura compra de imóvel subsidiado; não havia a possibilidade de alienar as ações, a não ser para um fundo montado para tal, ou para terceiro adquirente do mesmo imóvel. Havia, ademais, a impossibilidade do exercício do poder de voto ou do recebimento do lucro proporcional ao número de ações possuídas; além disso, tais ações eram insuscetíveis de valoração.

Assim, o nome atribuído ao título — ou seja, a forma — não prevaleceu sobre a substância real do negócio, adentrando a decisão, mais uma vez, na busca da verdade negocial inserida na oferta, afastando, e de maneira cuidadosa, a forma como elemento caracterizador do contrato de investimento. Tal cuidado é fundamental, na medida em que a utilização constante e descuidada da substância sobre a forma poderá conduzir à destruição da estabilidade e da certeza a que se propõe o Direito. De outro lado, a aplicação da norma em sua literalidade e ignorando a realidade subjacente conduz ao descolamento entre a decisão e a vontade do legislador da realidade social, produzindo iguais efeitos deletérios para o Direito e, consequentemente, para a sociedade na qual é ele aplicado.

No caso (7) **Teamster**, em 1979, discutiu-se se as empresas transportadoras, ao contratarem um plano de aposentadoria para seus motoristas, com contribuição feita exclusivamente pelos empregadores, poderiam ser consideradas ou não como ofertantes de um contrato de investimento e, como tal, sujeitas ao controle da SEC. A decisão da Suprema Corte concluiu pela inexistência do contrato de investimento, dado o fato de ser o fundo não contributivo e extensível a todos os seus empregados, sem exceção, além de não poder ser recebido antes da aposentadoria do beneficiário, estando o contrato sujeito a legislação específica, não sujeita, portanto, à legislação de 1933 e 1934. Mais uma vez valeu-se a Suprema Corte do conceito de contrato de investimento, acoplado à existência de órgão governamental fiscalizador e legislação específica para tratar da matéria. Ou seja, mesmo que a substância econômica do ato possa tangenciar o universo dos valores mobiliários, pelo fato de já existir outra autoridade federal competente para o exercício do poder de polícia estatal, isso afastaria, de acordo com o princípio da economicidade, a superposição de outro agente governamental.

Três anos após, em 1982, volta a Suprema Corte a analisar o conceito de contrato de investimento, enquanto valor mobiliário, ao decidir o caso (8) **Marine Bank**. No caso, estava-se diante de um empréstimo bancário garantido por título de emissão do próprio banco, adquirido pelo devedor e a este dado em caução, tendo sido obtido, assim, um novo empréstimo. Quando da execução da dívida inadimplida, surgiu a discussão acerca da natureza da operação: se estávamos diante de valor mobiliário, de uma operação pertencente ao gênero "contrato de investimento", ou diante de simples negócio bancário. Ao decidir este caso, entendeu a Suprema Corte que inexistia contrato de investimento, bem como inexistia apelo à poupança pública, o que retiraria o negócio do campo de competência da SEC. Isso agregou um fator até então não explicitado de forma clara pela Suprema Corte, qual seja: para que existisse tal subordinação teríamos que estar diante de um contrato de investimento ofertado publicamente.

Em 1985, quando do julgamento de (9) **Landreth**, a decisão prendeu-se a discutir se a venda de 100% das ações de uma companhia, por intermédio de um corretor, seria ou não passível de ser caracterizada como um contrato de investimento. Tal discussão teve em consideração o marco estabelecido em Forman — qual seja, a descaracterização das "ações" então emitidas por uma cooperativa.

Em Landreth, entendeu-se que se tratava de ações, na medida em que foram preenchidos os testes anteriormente determinados pela Suprema Corte, a saber: (i) direito aos dividendos proporcionais à participação; (ii) negociabilidade; (iii) suscetibilidade de ser dado em garantia; (iv) direito de voto proporcional à participação; e (v) capacidade, por ser um investimento, de aumentar de valor no tempo. Porém, nesta decisão aparece de maneira bastante incisiva a discussão levantada pelo Ministro Stevens em voto divergente, no qual defendeu a inaplicabilidade das leis de 1933 e 1934 para as transações privadas.

O que aqui é relevante é que a Suprema Corte estende a aplicação da legislação a transações privadas, realizadas no âmbito de empresas de capital fechado, ao afirmar que a lei não pretende proteger somente o investidor passivo (das empresas de capital aberto), mas também as transações privadas que envolvam a transferência de controle para novos empreendedores. Isso pelo fato de o antigo proprietário, por contrato, ter assumido a obrigação de permanecer junto à empresa por um dado período de tempo. Ou seja, muito embora tenha ocorrido a transferência de 100% das ações, os compradores não estariam administrando a companhia.

Ademais, a decisão foi baseada na constatação de que seria muito difícil estabelecer um corte do percentual, abaixo do qual se poderia afirmar quando a gestão, ou o esforço de terceiro, cessaria, desclassificando a venda de um negócio para adentrar no campo da venda de ações,[60] com a consequente aplicação das leis de 1933 e 1934.[61] E isso porque na venda de 100% das ações de uma empresa há a isenção de registro, o que não ocorre com a previsão antifraude das mesmas leis.[62]

---

60. É interessante notar que a dificuldade encontrada pelos julgadores seria a de estabelecer uma linha demarcatória quando a venda se desse em percentual menor do que 100% da empresa. Nesse sentido, a sentença afirma que: *"More important, however, if applied to this case, the sale of business doctrine would also have to be applied to cases in which less than 100% of a company's stock was sold. This inevitably would lead to difficult questions of line-drawing. The Acts' coverage would in every case depend not only on the percentage of stock transferred, but also on such factors as the number of purchasers and what provisions for voting and veto rights were agreed upon the parties."*

61. Neste ponto a legislação brasileira estabeleceu critério mais nítido do que a norte-americana. Para nós a aplicabilidade da legislação concernente aos valores mobiliários surge quando, de um lado, temos um valor mobiliário, conforme inscrito em lei e, de outro lado, esse valor mobiliário é objeto de uma oferta pública, também como definido em lei. Entre nós, sem a ocorrência concomitante dessas duas situações inocorre a competência regulatória da CVM e, em consequência, a aplicação da legislação a ela afetada.

62. A decisão acima é interessante na medida em que, muito embora as legislações de 1933 e 1934 tenham nascido para restaurar a credibilidade do mercado acionário e, em consequência, o relacionamento entre

Nesta decisão, é importante ter em consideração o voto divergente do Minitro Stevens, quando alerta para o fato de que:

> [...] o propósito primário das leis de 1933 e 1934 era eliminar abusos sérios de um mercado de valores mobiliários amplamente regulado.
> O foco das leis está no mercado de capitais para o sistema empresarial: a venda de valores mobiliários para levantar capital com o propósito de obter lucro, as bolsas de valores onde tais valores mobiliários são negociados e a necessidade de prevenir a fraude e proteger o interesse dos investidores.[63]

No mesmo sentido, afirmou o voto divergente que:

> [...] eu creio que o Congresso quis proteger os investidores que não têm acesso à informação privilegiada e que não estão em posição de se protegerem por si sós da fraude e sim pela obtenção das necessárias garantias. A regulação da negociação pública de ações foi o coração do programa legislativo, e mesmo que a venda privada de tais valores mobiliários seja certamente coberta pelas leis, não estou persuadido, entretanto, de que o Congresso tivesse a intenção de cobrir as transações que envolvam a venda de controle de um negócio cujas ações nunca foram oferecidas ou vendidas em um mercado público. Em resumo, as provisões antifraude das leis federais dos valores mobiliários são inaplicáveis, a menos que (i) a venda do valor mobiliário seja negociada em um mercado público ou que (ii) um investidor não esteja em condições de negociar apropriadamente as garantias contratuais e insistir em ter acesso às informações relevantes antes de consumar a transação. [...] Eu não acredito que o Congresso tivesse a intenção de que as leis dos valores mobiliários fossem aplicáveis às transações privadas de uma venda substancial do controle, simplesmente porque a transação foi estruturada como uma venda de ações e não de ativos.[64]

---

as companhias, seus "acionistas passivos" e o mercado, foi por meio de uma legislação posterior, incluída no corpo da Lei de 1933 (Item 10-b-5), e feita para punir as fraudes, que a Suprema Corte estendeu a competência da SEC quando da ocorrência de fraude com ações de companhias de capital fechado. Neste sentido foi o voto da maioria, entendendo que: *"Finally, we cannot agree with respondents that the Acts were intended to cover only 'passive investor,' and not privately negotiated transactions involving the transfer of control to 'entrepreneurs.' The 1934 Act contains several provisions specifically governing tender offers, disclosure of transactions by corporate officers and principal stockholders, and the recovery of short-swing profits gained by such persons [...] Eliminating from the definition of 'security' instruments involved in transactions where control passed to the purchaser would contravene the purpose of these provisions [...] Furthermore, although § 4(2) of the 1933 Act [...] exempts transactions not involving any public offering from the Act's registration provisions, there is no comparable exemption from the antifraud provisions. Thus, the structure and language of the Acts refute respondents' position."*

63. Conforme estabelecido em Forman.
64. Na lei brasileira, tal situação foi eliminada na medida em que o poder de polícia inerente à Comissão de Valores Mobiliários só se aplica quando a venda do valor mobiliário for feita mediante oferta ao público.

O voto vencedor admite que o voto vencido tem certa razão ao dizer que:

> O Ministro Stevens está correto ao afirmar que é claro na história legislativa das leis de 1933 e 1934 que o Congresso estava primariamente preocupado com os valores mobiliários transacionados nos mercados públicos. É também verdade que não há indicação na história legislativa que o Congresso considerasse o tipo de transação envolvido neste caso e em Gould v. Ruefenacht [...] A história é simplesmente silenciosa.[65]

No mesmo ano de 1985, quando do julgamento do caso (10) **Ruefenacth**, tendo como precedente básico Landreth, concluiu-se que, quando o título, além ser denominado "ação", tiver entre suas características as determinadas em Landreth, não será necessário ao julgador olhar a substância econômica do negócio, por terem tais ações já preenchido, em suas características, o conceito de contrato de investimento. Dos julgados da Suprema Corte, a decisão dada em Ruefenacth é a mais fraca do conjunto formador de sua jurisprudência.

Em 1990, a Suprema Corte aceita julgar o caso (11) **Reves**, em que se discutia o conceito de valor mobiliário com relação às notas promissórias (*note*), para efeito de sujeição do negócio à competência da SEC. A controvérsia prendeu-se ao fato de que as legislações de 1933 e 1934 excluíram do campo de competência da SEC as promissórias emitidas com vencimento inferior a nove meses.

No caso, entretanto, as promissórias foram emitidas com vencimento à vista, não tendo termo final estabelecido. Entendeu a Suprema Corte que o Congresso, quando elaborou as hipóteses caracterizadoras do valor mobiliário, o fez da forma mais abrangente possível, visando salvaguardar os investidores.

Entretanto, no caso, seria inaplicável, num primeiro momento, o paradigma do "contrato de investimento", mas sim a denominada "semelhança familiar" na linhagem das *notes*. Diferenciar-se-iam, assim, aquelas que são emitidas como simples garantia de pagamento daquelas que nascem como representação de um contrato de investimento. Ou seja, a motivação do beneficiário e do emitente da nota promissória é elemento fundamental na separação entre o título como garantia e aquele que é feito com o intuito de investimento.

De outro lado, também se estabeleceu como característica diferenciadora o espectro abrangido pela distribuição, na medida em que as notas garantidoras de pagamento tendem a ser emitidas em menor número. Ademais, também se levou em consideração, e como consequência do critério de abrangência, a publicidade feita para a emissão das notas. Desnecessário dizer que o teste da abrangência, ou público atingido, bate de frente com os julgados anteriores que estenderam a

---

65. Vide nota 7 do julgado da Suprema Corte.

legislação dos valores mobiliários às transações privadas. O mesmo se aplica ao teste da publicidade, na medida em que a venda privada de um negócio prescinde de publicidade.

Finalmente, em 2004 a Suprema Corte julgou o caso (12) **Edwards**, no qual se discutia se a oferta de contratos de arrendamento mercantil com recompra ao seu término se caracterizaria como oferta de valor mobiliário, na qualidade de contrato de investimento. A decisão final entendeu que fora feita uma oferta de contrato de investimento, na medida em que se acenava com um incremento da quantia inicialmente colocada, sendo irrelevante se a remuneração obtida seria oriunda de um contrato provedor de renda fixa ou variável.

De outro lado, entendeu a Suprema Corte que a regra estabelecida em Howey, segundo a qual a lucratividade seria percebida pelo investidor pelo exclusivo esforço de terceiro, deveria ser olhada com um certo grau de flexibilidade, "capaz de se adaptar aos incontáveis esquemas urdidos por aqueles que buscam o dinheiro dos outros, com a promessa da obtenção lucros". Quanto à metodologia de interpretação da lei, afirmou a Suprema Corte que ela não lê a norma legal dos valores mobiliários de forma literal, de sorte a minar os propósitos da vontade do Congresso — motivação esta que possibilitou o entendimento de que a lei se aplica aos rendimentos fixos ou variáveis.

Assim, partindo de C. M. Joiner Leasing e de Howey até chegarmos à decisão proferida em Edwards, podemos resumir, naquilo que interessa para a análise do Direito brasileiro, que um contrato de investimento é um valor mobiliário quando contém as seguintes características:

   i. o aporte sempre é feito como uma contribuição fracionária;
   ii. o aporte se destina a um investimento comum;
   iii. sempre há uma expectativa de lucro sobre o investimento comum;
   iv. a forma deve sempre estar coadunada com a realidade econômica do contrato de investimento (caracterização do empreendimento);
   v. o investimento é um contrato de risco;
   vi. o investidor não tem controle sobre o investimento;
   vii. o investidor não possui a capacidade ou vontade para administrar o empreendimento comum;
   viii. a oferta de investimento é pública.

Dessas características, a legislação brasileira, como se discutirá mais adiante, adotou três; a saber, que:

i. haja um contrato de investimento coletivo, sendo este ofertado publicamente;
ii. haja o direito de participação nos resultados do empreendimento comum;
iii. o resultado financeiro do empreendimento advenha do esforço de terceiro.

capítulo 3

ANÁLISE COMPARADA DAS SOLUÇÕES
ADOTADAS POR ALGUNS PAÍSES

A utilização do Direito comparado pode ser levada em consideração na medida em que cada um dos Direitos alienígenas possa ser de alguma utilidade para nossa realidade, levando em consideração não somente o atual estágio do desenvolvimento de nosso mercado de valores mobiliários, mas também as diferenças que nos separam do mundo cultural plasmado pelos anglo-saxões.[1]

Porém, é de se ter em mente que a ainda não terminada onda de fusões e aquisições de instituições financeiras tem levado a que as regras atinentes aos mercados financeiros e de valores mobiliários cada vez mais se assemelhem àquelas praticadas pelos países de economias desenvolvidas, sob a liderança da normatização norte-americana. Esta atual preponderância contrasta com a forte influência que o Direito europeu continental exerceu na formação de nosso Direito até a primeira metade do século XX e que, paulatinamente, vem sendo erodida por regras crescentemente homogeneizadas pela economia cada vez mais globalizada.

Esse ponto se torna relevante de ser observado se levarmos em consideração, de um lado, a atração quase que irresistível que as culturas periféricas sentem pelas culturas centrais; mas, de outro lado, e certamente mais forte do que o mimetismo, há a necessidade de se adequar ao regramento central se quisermos fazer parte dos mercados financeiros relevantes e do núcleo do mercado de valores mobiliários.

Essa necessidade e atração tendem a fazer com que confluam os regramentos das culturas centrais para aquelas periféricas, propiciando resultados nem sempre saudáveis ou eficazes quando a adoção da última palavra da modernidade se produz em países que estão em fases distintas de desenvolvimento, ou em países cujas raízes culturais sejam divergentes. Isso é o que se verificou, no que diz respeito ao Direito dos Valores Mobiliários, quando da adoção de regras do Direito norte-americano pelo Japão, após o término da Segunda Guerra, bem

---

1. O Direito comparado nos mostra que o campo do Direito dos Valores Mobiliários parece confluir para o Direito norte-americano.

como pelos países mais desenvolvidos da Europa continental, a partir das décadas de 1960 e 1970.

Isso fica mais claro quando se examina o mercado de valores mobiliários de renda variável ou a pouca variedade de produtos de renda fixa então existente, bem como o tamanho dos mercados secundários dos principais países do continente europeu. Até a década de 1960, o número das empresas de capital aberto era pequeno em face do tamanho das respectivas economias, e a quase totalidade das empresas abertas detinha um controlador visível e presente. De outro lado, a liquidez do mercado secundário era irrelevante, como também irrelevante era o mercado como forma de capitalização das empresas de então.

Esse panorama vem gradualmente se alterando, fundamentalmente pela pressão da competição empresarial internacional para a captação de novos recursos financeiros, pelo trabalho paralelo da normatização patrocinada pela Comunidade Europeia, bem como pela atração irresistível que o mercado secundário mais líquido exerce sobre os novos lançamentos de papéis. Este último qualificativo conspira para que o mercado secundário menos líquido migre para aquele outro dotado de maior liquidez. Agregue-se a isso uma mudança silenciosa, porém radical, que se pode notar no mercado dos valores mobiliários com o surgimento de enormes fundos que agregam em seu bojo milhares de investidores, tal como vem ocorrendo com o surgimento dos investidores institucionais, bem como com o aparecimento dos fundos de investimento de adesão voluntária.

Tal fato faz com que haja a adaptação das regras legais ao mercado maior, conspirando para que os demais tendam a produzir adaptações no intento de deter o esvaziamento de seu próprio mercado secundário. Assim é que as regras norte-americanas passam a ser adotadas pelas legislações dos países cujas empresas nacionais queiram ter liquidez na Bolsa de Nova York ou contratos de *hedge* na Bolsa de Chicago, obrigando a que os vários países passem a copiar a normatização do centro de maior liquidez.

Por tais motivos é que a análise comparativa do Direito deve ser feita levando-se em conta não só os países centrais, mas também economias equivalentes à nossa, de modo a agrupá-los conforme as suas semelhanças econômicas, na medida em que as rupturas abruptas, ignorando tais diferenças, têm-se mostrado ineficazes, quando não traumáticas.

Assim é que será de se dividir a análise comparativa colocando-se em uma posição isolada o mercado de valores mobiliários dos Estados Unidos, grande o suficiente para, por seu desempenho, determinar o comportamento dos demais centros de negociação no resto do mundo, sendo sua normatização, como consequência, tida como paradigmática pelos demais países.

Em segundo lugar, ocupando uma posição importante, mas não tão relevante como a norte-americana, temos os mercados de valores mobiliários da Inglaterra e do Japão. Em um terceiro grupo encontram-se França, Itália, Alemanha e Espanha, países que, a partir da década de 1960, iniciam as transformações tendentes à criação de um mercado de valores mobiliários relevante, mas menor e menos culturalmente engajado do que os antecedentes.

Finalmente, na qualidade de "adventistas recém-convertidos", temos Brasil, Portugal e Argentina, que ingressaram a menos tempo dentro desse segmento da economia de mercado, podendo-se notar que os seus mercados locais são muito mais um projeto de governo — que busca criar formas alternativas de financiamento do empreendedorismo local — do que a aceitação de tais mecanismos pelo empresariado e investidores locais.

Tendo em vista a relevância da legislação norte-americana, esta já foi apresentada, acima, de forma apartada e mais detalhada do que as demais o serão, na medida em que, no Brasil, deu-se, na alteração legislativa de 2003, mais um passo na aproximação com o regramento norte-americano, ao se adotar o conceito de contrato de investimento coletivo como sendo caracterizador do valor mobiliário. Claro está que outros países, como Canadá, Austrália, Nova Zelândia, dentre vários, poderiam ser analisados. Estes e outros países poderão, entretanto, caber, para aquilo que aqui se pretende, em uma das categorias acima arbitradas.

3.1 A Comunidade Econômica Europeia

Porém, antes de se adentrar a análise do conceito de valor mobiliário nos vários países acima apontados, não se pode ignorar o surgimento da Comunidade Europeia como agregadora da normatização de seus países membros através de suas Diretivas. Tal fato, para aquilo que nos interessa para o presente estudo, levou à introdução do conceito de "instrumentos financeiros", tendo como espécie secundária o conceito de "valor mobiliário", criando um modelo alternativo às legislações norte-americanas de 1933 e 1934, tendo sido essa legislação adotada por parte dos mercados, inclusive pela normatização brasileira.

Assim é que quando analisarmos o histórico da evolução do conceito de "valor mobiliário" ocorrida na Alemanha, na Espanha, na França, na Itália, em Portugal e, dentro de sua adesão parcial, na Inglaterra, não se pode ignorar a Diretiva n. 39, de 21 de abril de 2004, baixada pelo Parlamento Europeu e pelo Conselho da União Europeia. A Diretiva elegeu como categoria principal no ordenamento os instrumentos financeiros, colocando os valores mobiliários como subespécie da primeira categoria.

Os instrumentos financeiros abrangem[2]:

---

2. Vide Anexo I, Seção C, da Diretiva n. 2004/39 da Comunidade Econômica Europeia.

- os valores mobiliários transferíveis;
- os instrumentos do mercado monetário;
- as unidades de investimento coletivo;
- os contratos com opção, termo, futuro ou qualquer outro contrato derivado relativo aos valores mobiliários, moedas, taxas de juros, ou outros instrumentos derivados, índices financeiros ou medidas de variação de valor de dado ativo, que sejam liquidados em bem ou em dinheiro, por vontade de ambas ou de somente uma das partes, negociados em um mercado regulado ou junto ao mercado de balcão;
- os contratos acima que possam ser liquidados com a entrega do bem protegido, desde que o contrato não tenha sido feito com propósito comercial, mas de investimento, liquidados por mecanismo (*clearing house*) ou por ajustes periódicos de margem;
- instrumentos destinados a transferir risco de crédito;
- contratos financeiros liquidáveis por diferença;
- contratos de opção, termo, futuro, *swaps* e outros contratos derivados relacionados a variações climáticas, de frete, inflação, ou outras aferidas por estatística econômica oficial, que sejam ou possam ser liquidados em dinheiro por opção de uma das partes, bem como qualquer outro contrato derivado relativo a ativos, direitos, obrigações, índices ou outras variações, tais como as acima mencionadas, contrato este que tenha a característica de outro contrato derivado financeiro, tendo em vista, dentre outras coisas, que sejam negociados em um mercado regulado ou no mercado de balcão, sejam liquidados por uma *clearing* reconhecida ou sujeita a chamadas de margem regulares.

Como se verá adiante, o Brasil optou por aumentar a abrangência do campo de competência da Comissão de Valores Mobiliários, quando da alteração introduzida pela Lei n. 10.303/2001, adotando, de um lado, o conceito norte-americano do contrato de investimento coletivo, ainda suscetível de construção pela doutrina e pelas decisões administrativas e judiciais; e, de outro lado, trazendo de forma inscrita em lei a sua competência para os contratos derivados e de fórmulas abertas. Com isso, ganha importância o estudo da caracterização do que seja uma oferta pública, a outra vertente do binômio necessário ao surgimento do campo de atuação da CVM.

Assim é que hoje temos dois campos que se aproximam, mas ainda são distintos quanto à construção do que seja o valor mobiliário, a saber: a definição norte-americana e a definição da comunidade europeia. Independentemente da relevância financeira dos mercados de valores mobiliários, vê-se que tendem a se acomodar dentro de estruturas legais iguais ou semelhantes, fator imprescindível para o país que quiser receber poupanças de outros. No campo acadêmico e legislativo, creio que será importante vermos e analisarmos como cada país ou cada bloco econômico está resolvendo o problema nascido da necessidade de proteger os investidores.

3.2 Segundo grupo: Japão e Inglaterra

3.2.1 Japão

O Japão, na condição de perdedor da Segunda Guerra Mundial, teve sua legislação concernente ao mercado de valores mobiliários implantada pela força vencedora.[3] A implantação se deu pela incorporação da quase totalidade das legislações de 1933 e 1934 vigentes nos Estados Unidos. Assim é que a Lei n. 25/1948, ao definir o que seja valor mobiliário, adotou apenas três características distintas da legislação norte-americana. A primeira diferença foi a eleição de uma lista menor quanto ao elenco dos valores mobiliários descritos na Lei de 1933.

A segunda diferença diz respeito ao campo de atuação do ente governamental, que abrangeu também os valores mobiliários emitidos pelo governo nacional, bem como pelos entes locais. Finalmente, a terceira distinção foi a outorga de poderes concedidos ao Gabinete[4] para poder designar outros valores mobiliários dentro do campo de competência da autoridade governamental para tanto criada.[5] Essa autoridade, diferentemente de seu paradigma norte-americano, não é uma *agency*, mas está subordinada ao Ministério das Finanças, tendo competência regulatória no âmbito nacional — no Japão, não há, como nos Estados Unidos, órgãos concorrentes em âmbito estadual. Posteriormente, no uso de seus poderes legais, foi emitida a Ordem do Gabinete n. 321/1965, emendada em 1982, a qual aumenta a lista original criada em 1948.[6]

---

3. *"The Japanese Government accordingly amended the law completely and drew upon the United States Securities Act of 1933 and the Securities Exchange Act of 1934 to create the Securities and Exchange Law of 1948."* LOSS, Louis; YAZAWA, Makoto; BANOFF, Barbara. **Japanese Securities Regulation**. Tokyo: University of Tokyo; Little, Brown, 1983.

4. No sistema constitucional japonês, de base parlamentar, o Gabinete, presidido pelo Primeiro-Ministro, é responsável pelo Poder Executivo.

5. Vide art. 2: *"Definitions – Securities referred to in the present Law shall be as follow: (1) National government bonds, (2) Local government bonds, (3) Bonds issued under special law by juridical person, (4) Secured or unsecured corporate debentures, (5) Certificates of contribution issued by juridical person established under special laws, (6) share certificates or subscription warrants, (7) Trust certificates for a security investment trust or loan trust, (8) Securities or certificates issued by foreign juridical person, which are of the same nature as the securities or certificates of the foregoing Items, (9) Other securities or certificates designated by Cabinet Order."*

6. Vide art. 6 do capítulo 3, dispondo que: *"Securities designated by Cabinet Order in accordance with the provision of Paragraph 1 of Article 27-2 of the Law shall be the share certificates, subscription rights certificates, stock purchase warrants (hereinafter referred to as 'the share certificate, etc.') issued by corporations which are required to file periodic securities reports under the provision of Paragraph 1 of Article 24 of the Law."*

É de se notar que o mercado de valores mobiliários não era novidade quando do advento da Lei de 1948. Em verdade, séculos antes já era tradicional o mercado futuro de arroz, sendo que, já no século XIX, as transações com ações eram intensas o suficiente para merecer a edição da Lei das Transações com Ações, modelada nas regras praticadas pela Bolsa de Valores de Londres, visando corrigir a especulação com ações, embora tenha sido de pouca eficácia a sua edição.

Já no fim do século XIX, o Japão adota uma nova legislação, agora tendo como paradigma as normas da Europa continental, regulando o mercado de ações, bem como o mercado futuro de *commodities*.[7] Até a primeira metade do século XX, os grandes mercados japoneses eram o de ações e o mercado futuro de arroz. É somente após o início do processo de reconstrução do Japão, pós-Segunda Guerra Mundial, e com o reerguimento de sua economia e refazimento do mercado bancário, que o mercado de valores mobiliários passa a ganhar novos agentes de capitalização dos negócios. Mesmo após o início do ressurgimento não se tem que o mercado de valores mobiliários local apresentasse o mesmo grau de criatividade que assolou a América nas décadas de 1930 e 1940.

Desta feita, o espírito mais conservador, bem como o fato de a normatização japonesa ter optado por delegar ao Gabinete, enquanto regime parlamentar que é, a condição de acrescer a lei original de 1948, criando novas hipóteses legais de valores mobiliários, evitou as disputas em torno do conceito e, como consequência, das responsabilidades do emissor ou do Governo.

Assim, partindo de uma lista exaustiva, criou-se a possibilidade de seu crescimento, sem a necessidade de, ao definir o que seria valor mobiliário, criar um grande contencioso, esperando o enriquecimento da lista através de decisões judiciais, como ocorreu nos Estados Unidos. Tal situação, provavelmente, deve-se à extrema parcimônia com que a cultura japonesa entende a necessidade de recorrer ao Poder Judiciário.

O Gabinete foi e é instrumento ágil para criar as novas hipóteses de intervenção e regulação estatal, ao invés de deixar ao judiciário a definição, por exemplo, do que seja "contrato de investimento" ou da verdadeira natureza jurídica da ação. Assim é que o Act n. 25, de 13 de abril de 1948, foi consolidado pelo Act n. 45, de 2013, consolidando-se as legislações anteriores em um só instrumento legal, agora denominado de Financial Instruments and Exchange Act. Como ocorrido com a Diretiva n. 2004/39 (MiFID) na Comunidade Europeia, o Japão coloca como categoria geral os "instrumentos financeiros", da qual os valores mobiliários passam a fazer parte, conjuntamente com a indústria de seguros e os produtos derivados.

Nesse contexto, os investimentos coletivos passam a abranger todos os mecanismos destinados a: (i) coletar capitais, contribuições monetárias ou semelhantes

---

7. LOSS, Louis; YAZAWA, Makoto; BANOFF, Barbara. **Japanese Securities Regulation**. Op. cit., p. 26-29.

de duas ou mais pessoas; (ii) empreender patrocinando em dinheiro um investimento; (iii) distribuir lucro ou propriedade aos investidores de negócio ou empreendimento coletivo. Tais mecanismos são considerados valores mobiliários independentemente da forma legal ou planejada, visível ou secreta ou sob qualquer forma contratual. Desta feita, o objetivo da lei é cobrir os mais variados tipos de investimento, sob qualquer forma associativa.

A listagem das várias espécies de valores mobiliários veio, ao longo do tempo, sendo aumentada, partindo da matriz dos Atos de 1933 e 1934 norte-americanos, em função da inventividade dos investidores, bem como pela ocorrência das várias crises que vêm assolando o mercado financeiro e de valores mobiliários desde a década de 1950. Desta feita, na legislação japonesa os valores mobiliários abrangem os títulos emitidos pelo governo nacional e municipal, *trustes*, hipotecas securitizadas, etc.[8]

---

8. *"The term 'Securities' as used in this Act means the following: (i) national government bonds, (ii) municipal bonds; (iii) debentures issued by a juridical person under special Act (excluding those listed in the following item and item (xi); (iv) specified bonds prescribed in the Act on the Securitization of Assets (Act 105 of 1998); (v) bonds (including those issued by mutual company; the same shall apply hereinafter); (vi) investment securities issued by a juridical person established under a special Act (excluding those listed in the following item, item (viii) and item (ix); (vii) preferred equity investment certificates prescribed in the Act on Preferred equity Investment by Cooperative Structured Financial Institutions (Act n. 44 of 1993, hereinafter referred to as the Act on Preferred Equity Investment); (viii) preferred equity investment certificates and securities indicating preemptive rights for new preferred equity investment prescribed in the Act on the Securitization of Assets; (ix) share certificates and share option certificates; (x) beneficiary securities of investment trusts or foreign investment trusts prescribed in the Act on Investment Corporations (Act 198 of 1951); (xi) investment securities or investment corporation debentures, or foreign investment corporation debentures, or foreign investment securities prescribed in the Act on Investment Trusts an Investment Corporations; (xii) beneficiary securities of loan trusts; (xiii) beneficiary securities of specific purpose trusts prescribed in the Act on Securitization of Assets; (xiv) beneficiary securities of beneficiary securities issuing trusts prescribed in the Trust Act (Act n. 108 of 2006); (xv) promissory notes which have been issued by a juridical person in order to raise funds necessary to operate its business and are specified by a Cabinet Office Ordinance; (xvi) mortgage securities prescribed in the Mortgage Securities Act (Act n. 15 of 1931); (xvii) securities or certificates which have been issued by a foreign person and have the nature of securities or certificates listed in items (i) to (ix) or item (xvii) up to the preceding item (excluding those specified in the following item); (xviii) securities or certificates which been issued by a foreign person, indicate a beneficial interests of a trust in which loan claims held by persons engaging in banking business or person otherwise conducting money loam in the course of trade are entrusted, or indicate any other rights, and are specified by Cabinet Office Ordinance; (xix) securities or certificates which indicates rights pertaining to transactions specified in Article 2(21)(iii) conducted in a Financial Instrument Market, in accordance with such requirements and by using such methods as prescribed by the operator of the Financial Instruments Market, in accordance which such requirements and by using such methods as prescribed by the operator of the Financial Instruments Market, rights pertaining to transactions which are conducted in a Foreign Financial Instrument Market (meaning the Foreign Financial Instruments Market defined in Article 2 (8) (iii)(b); hereinafter the same shall apply in this item) and are similar to the one specified in Article 2 (21) (iii), or rights pertaining to transactions specified in Article 2 (22) (iii) or (iv) conducted in neither a Financial Instrument Market nor a Foreign Financial Instruments Market (those rights are hereinafter referred to as 'Options'; (xx) securities or certificates which have been issued by a person to whom securities or certificates listed in any of the preceding items are deposited and in a state other than the state in which the deposited securities or certificates were issued and which indicate the rights*

Porém, como se pode verificar da nota n. 8, transcrevendo os valores mobiliários em seus vinte itens, vemos que o item 21 é uma norma em aberto, admitindo outras possibilidades ainda não previstas, na medida em que a lei comanda que outros certificados ou valores mobiliários poderão passar a fazer parte da listagem, quando for necessário, tendo em vista a liquidez do mercado ou outros fatores necessários à manutenção do interesse público ou à proteção do investidor.

Considerando que o termo "interesse público" é de difícil avaliação, na medida em que não é, necessariamente, sinônimo de interesse do governo, temos uma enorme latitude de atuação do ente governamental. A mesma abrangência ocorre com o termo "proteção do investidor". Ou seja, no Japão, tal como em outros países, como será visto, trata-se de termos em construção, na medida em que a atividade econômica é muito mais rápida e criativa que os legisladores.

3.2.2 Inglaterra

Na Inglaterra, a tradição liberal do capitalismo se mantém até hoje — sendo o modelo adotado também pelos Estados Unidos, enquanto política econômica, desde o século XVIII. O surgimento do liberalismo na economia inglesa só foi antecedido pelo desenvolvimento do mercado de capitais ocorrido na Holanda e, de forma bem mais amena, na Bélgica, com as conformações político-geográficas então existentes. Assim, a Inglaterra espalhou por vários países sua concepção econômica de capitalismo, ocupando, desde o início do século XIX, o posto de principal praça financeira do mundo, perdendo-o para os Estados Unidos em consequência da Segunda Guerra Mundial.

No que tange ao mundo legal, entretanto, Inglaterra e Estados Unidos representaram, até pouco tempo, mundos distintos. Muito embora as primeiras companhias com ações subscritas pelo público tenham surgido na metade do século XVI,[9] é a partir do fim do século XVII que seus mercados primário e secundário passam a ter uma atividade relevante no lançamento e negociação de ações e de contratos futuros de *commodities* agrícolas. Até então, o grande mercado quase que se restringia às negociações com obrigações lançadas pela Coroa, além das transações à vista de produtos agrícolas.

De outro lado, ao formatar as regras de seu capitalismo, a Inglaterra diferencia-se dos demais países da Europa continental, na medida em que, por ter construído uma monarquia não absolutista, desenvolveu um mercado de valores mobiliários

---

pertaining to the deposited securities or certificates; and (xxi) in addition to what is listed in the preceding items, securities or certificates specified by the Cabinet Order as those for which it is found, when taking into consideration the liquidity thereof and other factors, necessary to secure the public interest or protection of investors". (Financial Instruments and Exchange Act, n. 45, 2013).

9. A primeira sociedade por ações autorizada a operar na Inglaterra foi a Russia Company, em 1553.

mais distante dos controles estatais, dando oportunidade a que os agentes privados construíssem todo um conjunto de regras que se aplicavam a eles próprios.

A autorregulação implicava que os próprios membros da comunidade bursátil legislavam não só para estabelecer regras de negociação no mercado secundário, mas também para baixar normas de admissão, punição e expulsão de seus próprios membros. Esta característica manteve-se até o fim do século XX, com a criação de uma entidade governamental destinada a regrar o mercado. Isso ocorre, num primeiro momento, com a criação do Securities and Investment Board, posteriormente substituído pela Financial Services Authority, a qual passou a emitir diretivas destinas aos mercados financeiros como um todo, neste universo incluindo-se o mercado de valores mobiliários com seus emitentes de valores mobiliários, os intermediadores e os ofertantes.

Diferentemente da normatização federal norte-americana, que nasce no bojo da crise de 1929, temos que, na Inglaterra, conquanto sofrendo os efeitos da crise econômica, o mercado de ações não experimentou um nível de destruição semelhante. Disso resultou que as regras nascidas de lei, no mercado norte-americano, originaram-se da percepção da dificuldade política do mercado em se autorregular, tornando necessário todo um conjunto de leis federais que se somaram às leis estaduais preexistentes.

Ao contrário, na Inglaterra, o mercado de valores mobiliários continuou a ser desenvolvido pelos próprios agentes, que se autorregulavam, sem a criação de qualquer órgão governamental de controle com poderes semelhantes, mesmo que palidamente, aos da Securities and Exchange Comission. Vamos observar que, com o passar do tempo, o grande controle britânico e, como consequência, o maior volume de normatização, ocorre no campo das informações que necessariamente devam constar do prospecto quando da oferta de valor mobiliário junto ao público.

Como decorrência, na mesma intensidade com que se aprimoram as regras cogentes do *disclosure* de informações sobre o valor mobiliário oferecido ao público, aparecem os comandos estatais punitivos das ações ilegais. Assim, enquanto a legislação norte-americana fixava-se na necessidade de obter a autorização governamental prévia à oferta, a preocupação inglesa dava ênfase ao volume mínimo de informação que deveria ser colocado à disposição do candidato a investidor.

A Bolsa de Valores de Londres era a figura central do mercado de valores mobiliários, dentre os atores que se autorregulavam. Como nada poderia ser ofertado ao público se não contasse com a aquiescência desse organismo de liquidez, temos que, por definição, a Bolsa só aprovaria aquilo que entendesse como dentro de seus propósitos. Portanto, e diferentemente do modelo norte-americano, a Bolsa de Valores de Londres foi o agente que permitiu, através de suas regras, a oferta de valores mobiliários junto ao público, e não uma entidade governamental para tanto criada. Foi dentro desse desenho legal do papel a ser desempenhado pela autoridade governamental que se formaram os grandes segmentos da economia inglesa, cabendo à Bolsa regrar o enorme desenvolvimento dos mercados de ações (*equities*), bem como o dos mercados de valores mobiliários de renda fixa (*notes*).

Também será importante levar em consideração que, a partir do século XIX, o mercado de valores mobiliários inglês estava muito mais voltado para os investimentos realizados no exterior do que para os realizados dentro de seu próprio território. A Inglaterra foi uma exportadora de capitais, e foi a grande financiadora do desenvolvimento econômico da ex-colônia, os Estados Unidos. Diferentemente, os Estados Unidos, no mesmo período, além de serem importadores de capitais, utilizavam o mercado de valores mobiliários para capitalizar suas próprias empresas e negócios. Ou seja, no mesmo período em que os Estados Unidos estavam criando suas primeiras regras para a proteção do investidor local, intensifica-se a aplicação de suas poupanças em seu próprio mercado.

Assim, parte do crescimento dos lançamentos primários e da liquidez do mercado secundário ocorre pela exportação de capitais comandada pelos bancos ingleses para financiar, por exemplo, o crescimento do sistema ferroviário norte-americano, estimulando a Bolsa de Valores de Nova York, com reflexos na Bolsa de Londres.

Todos esses fatos contribuíram para que o conceito de valor mobiliário ficasse muito mais jungido aos valores ortodoxos, como ações e debêntures, colocando Nova York, no final do século XIX, como o segundo ou terceiro grande mercado de capitais do mundo. Em um primeiro momento, ameaçando a liderança londrina; e, nos anos 1970, ultrapassando-a.

Em face desse desafio, a Inglaterra inicia a busca por mudanças na lei societária e por novos caminhos para o mercado de valores mobiliários. Em 1980 é entregue o Relatório Harold Wilson, que enfatizava as virtudes da autorregulação. Esse trabalho foi seguido do Relatório elaborado pelo professor Laurence C. B. Gower, que, para desencanto de muitos, propunha a criação de um organismo governamental tendo como paradigma a Securities and Exchange Comission, muito embora ainda sugerisse manter os vários organismos autorreguladores então existentes. Finalmente, o Banco da Inglaterra designou um novo grupo de trabalho, liderado por Sir Martin Jacob, seguido por outro grupo de trabalho, este liderado Marshall Field.

O que tornava aguda a discussão era o medo dos componentes do mercado de valores mobiliários em relação ao surgimento de um organismo governamental que tivesse por símile a SEC, eliminando o papel e o poder de regulação detido pelo setor privado da sociedade. De outro lado, os que propunham mudanças o faziam sob o argumento de que a autorregulação, até então exercida solitariamente pelos componentes do mercado de capitais, não mais representava uma solução, mas, ao contrário, reforçava a ideia de um "clube de cavalheiros" que, pelos escândalos financeiros e pela falta de rápida capacidade de agir e punir, tirara de Londres a primazia de ser o maior centro financeiro do mundo.

É desse confronto de ideias que surge o Financial Services Act, de 1986,[10] que adota solução inovadora ao se recusar a abandonar a autorregulação, mas criando um organismo governamental que centraliza o poder de supervisão sobre todos os componentes do mercado de capitais.

Essa lei agrupou os mercados financeiros, de valores mobiliários e de seguros sob o mesmo manto. Deu a autoridade originária ao Secretário de Estado para o Comércio e Indústria, poderes estes posteriormente transferidos para o Tesouro. Foi constituída uma empresa privada, a Securities and Investment Board Ltd. – SIB, a qual foi a receptadora de tais poderes, cabendo ao órgão governamental cedente, a qualquer tempo, rever seus atos e decisões. Desta feita, o Tesouro teve o poder/dever para fiscalizar, modificar e retirar da SIB os poderes que lhe eram originários, criados pelo Financial Services Act. A SIB, na qualidade de agente delegado, passou a deter o poder de reconhecimento de outros entes autorreguladores, conforme o campo do mercado financeiro que precise ser regulado.

Assim, encontrou-se uma maneira, em minha visão, peculiaríssima à sociedade inglesa, para, sem acabar com a autorregulação nela tão arraigada, e sem cair no modelo de atuação direta, como o desenvolvido pela legislação norte-americana,[11] criar uma alternativa mista de poder originário, com delegação condicional supervisionada a uma entidade puramente privada.

Ao campo de atuação delegada à SIB coube aquela que abrange os denominados pela legislação inglesa como negócios de investimento. Para tanto, a lei[12] considerou sujeitos à sua autoridade, no que tange aos valores mobiliários, os seguintes investimentos:

- ações;
- debêntures, aí abrangidos os instrumentos que criem obrigação creditícia enquanto investimento, ressalvados, portanto, os cheques e outros instrumentos demonstrativos de dívida referente à aquisição de bens e serviços, além dos instrumentos reveladores de saldos em conta corrente;
- certificados de endividamento estatal;
- certificados detentores de direitos de subscrição de investimento;
- unidades de investimento coletivo;

---

10. Vide capítulo 4, parte 1, do Financial Services Act de 1986.
11. Muito embora nas discussões legislativas, quando da edição das Leis de 1933 e 1934, o conceito de autorregulação viesse constantemente à baila, por influência do modelo inglês, temos que, mesmo com o Financial Services Act, não se pode dizer que a autorregulação inglesa esteja próxima do modelo adotado pela legislação de 1933.
12. Vide Schedule 1, parte 1, do Guide to Financial Services Regulations, anexo ao Financial Services Act.

- opções sobre valores mobiliários;
- direitos sobre contratos futuros;
- contratos por diferença construídos de forma a buscar lucro ou evitar perda devida a flutuação de preço ou valor de propriedade de qualquer tipo, bem como aqueles baseados em variações de índices de preço, ou outras medidas de flutuação de valores;
- contratos de seguro, de longo prazo, desde que o pagamento não ocorra somente em caso de morte ou incapacidade devida a acidente ou doença;
- direitos e interesses em qualquer tipo de investimento.

Verifica-se, assim, que também na legislação inglesa o cerne da determinação do valor mobiliário é estarmos diante de um contrato de investimento coletivo.[13] Como a legislação norte-americana de 1933 e 1934, a lista tem início com os dois valores mobiliários típicos: a ação enquanto investimento de renda variável e as debêntures, em suas várias formas, enquanto instrumento representativo da renda fixa. De outro lado, e de forma mais específica, a lei lista os contratos de opções e futuros, além da enorme e variada gama de alternativas que se pode construir com os contratos por diferença. Como válvula de segurança por eventual alternativa de investimento que possa vir a ser criada no futuro, e em um golpe de misericórdia, a lei coloca sob o poder governamental todos os "contratos e interesses em qualquer tipo de investimento", situação que abrange todas as hipóteses anteriormente mencionadas pela legislação.

Em 2000 é publicado o Financial Services and Markets Act, estabelecendo a possibilidade de constituição de uma companhia privada, a Financial Services Authority, que responderia ao Ministro do Tesouro, financiada pelo setor financeiro, que veio a substituir o Securities and Investment Board.

Finalmente, em 2012 é editado o Financial Services Act, que aboliu o sistema tripartite formado por Financial Services Authority, Banco da Inglaterra e Tesouro Real, os quais foram substituídos pela criação de três novas instituições:

a) o Comitê de Política Financeira (FPC), que, em conjunto com o Banco da Inglaterra, é encarregado de manter a estabilidade do sistema financeiro por meio da prática de políticas prudenciais macroeconômicas;

---

13. Vide capítulo 8, "Collective Investment Schemes", Seção 75, do Financial Investment Act, que define investimento coletivo, estatuindo que: *"In this Act 'a collective investment scheme' means, subject to the provision of this section, any arrangements with respect to property of any description, including money, the purpose or effect of which is to enable persons taking part in the arrangements (whether by becoming owners of the property of the property or any part of it or otherwise) to participate in or receive profits or income arising from the acquisition, holding, management or disposal of the property or sums paid out of such profits or income."*

b) a Autoridade de Regulação Prudencial (PRA), cujo escopo é a regulação microprudencial, por empresa. É uma subsidiária do Banco da Inglaterra, que autoriza o funcionamento das empresas que atuam nos mercados bancários, de crédito, seguradoras e companhias de investimento; e
c) a Autoridade de Conduta Financeira (FCA), que trata da proteção do consumidor, aqui entendido em seu espectro mais amplo, abrangendo principalmente os consumidores de produtos do mercado de captação em sentido amplo, sendo responsável pelo regramento e disciplina das sociedades que nele atuam, coibindo e punindo seus abusos. O FCA é o organismo que representa os interesses do Reino Unido perante a Comunidade Europeia, inclusive no processo de regulação do novo mercado de valores mobiliários europeu perante a Autoridade Europeia dos Valores Mobiliários.

O campo de competência da Autoridade de Conduta Financeira é aquele contido desde a edição, no ano 2000, do Financial Services and Market Act, que, na Parte XVII, Capítulo I, item 235, adjudicou, agora à FCA, a competência para delimitar — e, consequentemente, regrar e punir — a parte atinente aos investimentos coletivos (*collective investment schemes*).[14]

Para tanto, são considerados investimentos coletivos qualquer contrato, escrito ou não, que produza ou que seja realizado com a finalidade de produzir efeitos que permitam a uma pessoa nele participar ou dele receber lucro ou renda advinda da aquisição, posse, administração ou disponibilização de propriedade ou quantia paga em decorrência de lucros ou renda. Tal arranjo deve refletir o fato de que o participante não terá controle sobre a gestão diária ou regular do bem produtor da renda ou lucro, independentemente do fato de o participante ser um investidor suscetível de ser consultado ou apto a deliberar sobre determinados assuntos. Além disso, o arranjo ou contrato deve ter uma ou ambas as características: (i) as contribuições dos participantes e o lucro ou renda de onde os pagamentos são feitos devem resultar de um investimento coletivo; e (ii) o patrimônio é administrado como um todo pelo ou em função do operador. Por fim, o Tesouro britânico pode retirar alguns arranjos das regras inerentes aos investimentos coletivos em determinadas condições específicas.

O modelo britânico, menos detalhado do que o dos demais países da Comunidade Europeia, delega competência maior ao Banco da Inglaterra e, de outro lado, trabalha com o conceito amplo dos contratos ou esquemas de investimento

---

14. Para maior detalhamento das competências e responsabilidades das três novas instituições criadas veja-se o Financial Services Act de 2012. Aqui, deixo de transcrever a seção 102 A (2) do Act de 2012, referente ao conceito de instrumentos financeiros. Aos pesquisadores mais intimoratos resta a verificação de que o legislador de um país de *common law* deixaria vexado o seu parceiro do *civil law* por sua parcimônia em criar comandos legais, em face da fúria legislativa do primeiro.

coletivo, neste caso se utilizando da nomenclatura norte-americana, que é por nós adotada.

3.3 Terceiro grupo: Alemanha, França, Itália e Espanha

3.3.1 Alemanha

A Alemanha, muito embora tenha criado em 1585 a Bolsa de Frankfurt, não pode ser caracterizada como um país que venha se utilizando fortemente do mercado de valores mobiliários para a capitalização de seu sistema empresarial. Em verdade, boa parte do financiamento empresarial é dada pelo sistema bancário, o qual, por sua vez, é detentor, direto ou através de procuração, de quantidade substancial de poder de voto nas empresas financiadas.

Talvez a dualidade de tarefas — emprestar recursos financeiros em nome próprio e subscrever ou administrar valores mobiliários detidos por terceiros — tenha contribuído, pela indesejável superposição de funções, para desincentivar o surgimento de um mercado de valores mobiliários pulverizado e, de outro lado, proporcional ao tamanho da economia alemã.[15]

Assim é que a negociação de ações, por exemplo, não se restringe às bolsas de valores, sendo também negociadas dentro e pelos próprios bancos. Os bancos emprestam e negociam valores mobiliários, além de serem colocadores de papéis junto ao público ou aos fundos de investimento que administram. Como se isso não bastasse, os investidores são obrigados a colocar suas ordens de venda ou compra nos bancos, que elegem um corretor para realizar a operação, normalmente um seu empregado.

Desta feita, as instituições bancárias são as figuras predominantes no mercado de valores mobiliários, acarretando que o mesmo esteja concentrado nas mãos das instituições do mercado financeiro. Essa situação é causa de problemas relativos a conflito de interesses, quer quanto à conveniência do lançamento ou não do valor mobiliário, quer quanto à ausência de sigilo no banco — que é, ao mesmo tempo, acionista, membro do conselho de administração, financiador da empresa, negociador de suas ações, bem como consultor de investimento para com terceiros.

---

15. *"The analysis of market capitalization and the structure of household portfolios leads to a picture that is consistent with what one would expect to find in a bank-oriented financial system. The corporate bond market is close to nonexistent, equity market capitalization is low, and only a small fraction of physical investment is financed by securitized funds [...]. The conclusion, thus, is that German equity market is indeed underdeveloped in terms of volume."* (THEISSEN, Erik. Organized Equity Market in Germany. In: KRAHNEN, Jan Pieter; SCHMIDT, Reinhard H. (Ed.). **The German Financial System**. Oxford: Oxford University, 2004, p. 139-163, p. 142).

Desta feita, a evolução do mercado de valores mobiliários alemão é tardia, sendo sua grande contribuição ligada ao desenvolvimento das leis das sociedades por ações e das cambiais, estas sim objeto de profundos estudos jurídicos, os quais sempre exerceram profunda influência e reverência em partes da América Latina e no atual mundo ibérico. Disso resulta que, na terra de Weber, bem como em outras plagas mais próximas, até o início da década de 1990, a maior parte do regramento do mercado estivesse contemplado na lei das sociedades por ações e nas normas atinentes aos títulos de crédito. Assim é que, na Alemanha, somente em 1990 é editada a lei que estabelece regras, fora do corpo da lei societária, para o prospecto de oferta pública de valores mobiliários.

É dentro de tal cronologia tardia que em 1990 é promulgada a Primeira Lei para Promoção do Mercado Financeiro, seguida da Segunda Lei para Promoção do Mercado Financeiro, em 1994. Também em 1994, é editada a Lei de Negociações com Valores Mobiliários. Em 1995, é criado o Escritório Federal de Supervisão dos Valores Mobiliários, em Frankfurt. Finalmente, em 2002, é criada a Autoridade Federal de Supervisão Financeira, que, seguindo o modelo inglês de então, unificou sob a sua guarda a supervisão bancária, a de seguros e a de valores mobiliários. Finalmente, em 22 de junho de 2011, o Securities Trade Act foi atualizado. Entretanto remanesceram as mesmas hipóteses qualificativas do valor mobiliário constantes da Lei de 1995.

Antes da definição contida no § 2º da Lei de 1995, bem como da ocorrência, em 2002, do processo de unificação dos vários mercados, que os subordinou a uma única autoridade governamental, a então Comissão Federal de Negociação com Valores Mobiliários publicou, em 15 de abril de 1996, nota explicativa do significado do termo "valor mobiliário", em face da Lei de 1990, concernente aos prospectos para a venda de valores mobiliários.

Foi a Lei de Negociação com Valores Mobiliários de 1995 que definiu o que sejam valores mobiliários transferíveis,[16] fazendo-o de modo específico no que diz respeito aos valores mobiliários tradicionais — tais como ações, certificados representativos, títulos de dívida. De outro lado, abriu campo à interpretação ao estatuir que também são valores mobiliários outros "comparáveis às ações ou certificados de renda fixa".

Em 1º de maio de 2002 deu-se a criação da Autoridade Federal de Supervisão Financeira (Bundesanstalt für Finanzdienstleistungsaufsicht, conhecida pela sigla BaFin), competente para normatizar todo o mercado financeiro alemão, a qual

---

16. "§ 2 – Definitions – The term 'transferable securities' in this Act means, 1. shares, certificates representing shares, debt securities, participating warrants, option warrants, 2. other securities comparable to shares or debt securities, even if no certificate have been issued for them, if they can be traded on a market which is regulated and supervised by authorities recognized by public bodies, operates regularly and is accessible directly or indirectly to the public."

nasce pela fusão de três organismos que até então supervisionavam os bancos, as negociações com valores mobiliários e o mercado de seguros.

Na sistemática alemã, são valores mobiliários: as ações, seus certificados ou investimentos equivalentes, cotas de fundos de investimento, produtos derivados, futuros, opções, contratos financeiros por diferença, instrumentos financeiros constantes da Seção 2 da lei de negociação com valores mobiliários, etc.[17] Malgrado

---

17. *"Securities within the meaning of this Act, whether or not represented by a certificate, are all categories of transferable securities with the exception of instruments of payment which are by their nature negotiable on the financial market, in particular: (1) shares in companies; (2) other investments or equivalent to shares; and, (3) debt securities; (a) in particular profit-participation certificates and bearer bonds and order bonds as well as certificates representing debt securities; (b) other securities giving the right to acquire or sell securities specified in n.s 1 and 2 or giving rise to cash settlement determined by reference to securities, currencies, interest rates or other yields, commodities, indices or measures. Units in investment funds (Investmentvermögen) issue by a asset management company (Kapitalanlagegesellschaft) or foreign company (Investmentgesellschaft) are also deemed to be securities. (1a) Money market instruments within the meaning of this Act are categories of receivable which do not came under the provision of subsection (1) and are usually traded on the money market with exception of instruments of payment. (2) Derivatives within the meaning of this act are: 1. firm contracts or option contracts in the form of acquisitions, swaps or in other forms which are to be settled at a future date and whose values are derived directly or indirectly from the price or value measure of an underlying instrument (futures and forward transactions) relating to the following underlying instruments: (a) securities or money market instruments; (b) foreign exchange or units of account; (c) interest rates or other yields; (d) indices of the underlying instruments specified in (a), (b) or (c), other financial indices or financial measures; or (e) derivatives; 2. futures and forwards transactions relating to commodities, freight rates, emission allowances, climatic or other physical variable or other assets, indices or measures as underlying instrument provided: (a) they are cash-settled or grant the party to a contract the right to demand cash settlement without this right being contingent on default or another termination event; (b) they concluded on an organized or a multilateral trading facility; or (c) in accordance with Article 38 (1) of Commission Regulation (EC) n. 1287/2006 of 10 August 2006 implementing Directive 2004/39/EC of the European Parliament and Council as regards record-keeping obligations for investment firms, transaction reporting, market transparency, admission of financial instruments to trading, and defined terms for the purpose of that Directive (OJ EU n. L241 p. 1), they have the characteristics of other derivatives and nor for commercial purposes and if the conditions set out in Article 38 (4) of this Regulation are not satisfied; And if they are not spot contracts within the meaning of Article 38 (2) of Regulation (EC) n. 128/2006; 3. Financial contracts for differences; 4. firm contracts or options contracts in the form of acquisitions, swaps or in other forms which are to be settled at future date and are intended for the transfer of credit risk (credit derivatives); 5. Futures and forwards transactions relating to the underlying instruments set out in Article 39 of Regulation (EC) n. 1287/2006 if they satisfy the conditions of n. 2. (2a) (repealed) (2b) Financial instruments within the meaning of this Act are securities within the meaning of subsection (1) money market instruments within the meaning of subsection (1a), derivatives within the meaning of subsection (2) and securities subscriptions rights; (2c) Commodities within the meaning of this Act are economic of gods or a fungible nature that are capable of being delivered; this includes metals, ores and alloys, agricultural products and energy such as electricity; (3) Investment services within the meaning of this Act are: 1. The purchase or sale of financial instruments in one's own name for the account of others (principal broking services; 2. The continuous offer to buy or sell financial instruments on an organized market or in a multilateral trading facility at prices defined by the offerors themselves, the or a multilateral trading facility on a frequent, organized and systematic bases or providing a system accessible to third parties in order to engage in dealings with them, or the purchase or sale of financial instruments for own account as a service for third parties (proprietary trading); (4) the brokering of transactions involving the purchase and sale of financial instruments (investment broking); (5) the underwriting of financial instruments at one's risk for placement in the market or the assumption of equivalent guarantees (under writing business); (6) the placing of financial instruments without a firm*

as inúmeras hipóteses criadas por pela lei, conforme se verifica na nota n. 17, ela ainda prevê a possibilidade de ser tida como caracterizadora de valores mobiliários a compra e venda ou negociação de *financial instruments*, hipótese largamente utilizada pela regulação do conceito de valor mobiliário, como já mostrado acima, pela legislação baixada pelo parlamento da Comunidade Europeia.

Se verificarmos a grande alteração ocorrida na legislação alemã, veremos que esta decorreu da caminhada europeia em direção a uma maior unificação legislativa, em decorrência das diretivas da Comunidade Europeia. Isso implicou a ampliação da conceituação do que seja valor mobiliário, em função de alguns fatos comuns. Como ao fim e ao cabo os valores mobiliários são representativos de contratos de investimento, cuja expectativa de remuneração ocorre necessariamente de uma quantia pré-definida (renda fixa) ou dependente da realização de lucro (renda variável), coube inicialmente à autoridade competente percorrer o caminho que os Estados Unidos trilharam para estabelecer os marcos caracterizadores do valor mobiliário, porém levando em consideração fatos semelhantes aos verificados com a crise de 1929, mas agora com o agravamento ocasionado pela magnitude e concentração dos mercados derivados em grandes conglomerados financeiros.

Assim é que o primeiro motivo para as alterações na legislação se situa na preocupação com eventuais crises futuras no mercado de valores mobiliários com a adoção, pelo sistema financeiro, de tipos novos de contratos não previstos na legislação então existente. Em decorrência de tal fato, também a legislação alemã passou a seguir o modelo norte-americano, ao adotar uma listagem de hipóteses fechadas, nominando a tipologia dos valores mobiliários, bem como, similarmente à legislação norte-americana de 1933 e 1934, ao adotar tipos abertos, tais como: "outros investimentos equivalentes às ações", "valores mobiliários de dívida", "outros valores mobiliários que outorguem o direito de aquisição ou venda de outros valores mobiliários" ou "serviços de investimento no contexto desta Lei", etc. Tais fatos geradores mais abertos deram aos órgãos reguladores uma maior latitude de poder para regrar futuras "invenções" do mercado de valores mobiliários.

commitment basis (placing business); (7) the administration of individuals or several portfolios invested in financial instruments for other on a discretionary basis (portfolio management); (8) the operation of a multilateral system which, in the system and in accordance with pre-determined provisions, brings together multiple third-party buying and selling interests in financial instruments in a way that results in a contract for the acquisition of the same financial instruments (operation of a multilateral trading facility; (9) the provision of personal recommendation relate to transactions in certain financial instruments to clients or their representatives insofar as the recommendation is based in on an evaluation of the investor's personal circumstances or is presented as being suitable for the investor and is not provided exclusively via distribution channels of for the general public investment advice." (Securities Trading Act (Wertpapierhandelsgesetz – WpHG). Section 2. Definitions. As published in the announcement of 09 September 1998 (Federal Law Gazette I, p. 2708). Last amended by Article 3 of the Act of 22 June 2011 (Federal Law Gazette I, p. 1126). Disponível em: <http://www.bafin.de/SharedDocs/Aufsichtsrecht/EN/Gesetz/wphg_101119_en.html>. Acesso em 07 nov. 2014).

Também a norma legal alemã coloca como marco distintivo do valor mobiliário suscetível do controle governamental a sua negociabilidade em mercado, regular ou não, que seja direta ou indiretamente de acesso público. Assim, além da indicação do valor mobiliário, a lei qualifica como condição necessária que este seja negociável em algum mercado, o que, possivelmente, implica o estabelecimento de regras definidoras do que seja mercado, bem como a extensão do termo "acessibilidade direta ou indireta" ao mesmo.

3.3.2 França

Na França, a denominação *valeur mobilière* é encontrável em lei desde 1946[18] como equivalente a *titre négociable*. Entretanto, tal denominação raramente aparecia, surgindo sempre vinculada aos papéis emitidos pelas sociedades por ações; ou seja, a legislação não se preocupava em definir o termo, pois se subtendia que se referia às emissões feitas pelas sociedades por ações. Além disso, também não havia discussão acerca da distinção entre as duas denominações devido à pouca importância do mercado de valores mobiliários como elemento de capitalização dos empreendimentos da época.

Já o Código das Sociedades, editado em 1966, contemplou um Capítulo V, intitulado "Valores mobiliários emitidos pelas sociedades por ações", referindo-se somente aos valores mobiliários por ela emitidos. A lei de 3 de fevereiro de 1983 (Lei Delors), por sua vez, cuidou da emissão de certificados de investimento, nascidos por desdobramento da ação, separando o direito de voto do direito ao dividendo. Ao mesmo tempo, a Lei Delors cria e denomina como valores mobiliários os títulos de participação e os valores mobiliários compostos.[19]

Após a criação da Sicovam (Société Interprofessionnelle pour la Compensation des Valeurs Mobilières), em 1983 surge uma primeira definição de valor mobiliário — que não contava com a força de um ditame legal —, cujo elemento definidor prendia-se ao local das negociações efetivo ou potencial. Assim é que, para a Sicovam, o termo "valor mobiliário" significava o conjunto de títulos da mesma natureza, cotados em bolsa ou suscetíveis de sê-lo, originados de um mesmo emitente, que conferem direitos idênticos a seus detentores. Assim, a característica era dada pelo local onde ocorria sua negociação ou onde esta poderia ocorrer, aproximando-se da doutrina que caracterizava os valores mobiliários como títulos de massa.

---

18. Vide a Lei n. 46-2914, que dizia que: *"L'acte di loi di 6 août 1941 portant restriction du droit d'emission des valeurs mobilières pandant la durée des hostlités cesse de recevoir application à compter de la promulgation de la presesnte loi."*
19. São valores mobiliários compostos aqueles que permitem a seus titulares a passagem da condição de detentores de direitos de renda fixa à condição de acionistas.

Também eram tidos como tal os direitos destacados de um valor mobiliário antecedente, como os direitos de subscrição.[20] Somente com a Lei de 23 de dezembro de 1988 é que essa conceituação surge no mundo legal; ao normatizar os OPCVM (*organismes de placement collectif en valeurs mobilières*), a Lei define, em seu artigo 1º, como sendo valores mobiliários:

> os títulos emitidos por pessoas morais públicas ou privadas, transmissíveis por lançamento em conta ou pela tradição, que conferem direitos idênticos nas respectivas categorias e dão acesso direta ou indiretamente a uma participação da pessoa moral emitente ou a um direito de crédito sobre seu patrimônio.[21]

Em agosto de 1989 é criada a Commission des Operations de Bourse – COB, organismo governamental independente, nos moldes da SEC norte-americana, com a finalidade e poderes para regulamentar as operações com valores mobiliários, a oferta, a colocação e a negociação destes, os intermediadores e a interligação com organismos congêneres de outros países. Para ela, como se encontra inscrito em seu *Lexique*, valor mobiliário, de acordo com o artigo L211-2 do Código Monetário e Financeiro, são:

> os títulos emitidos por pessoas morais, públicas ou privadas, transmissíveis por lançamento em conta ou pela tradição, que conferem direitos idênticos por categoria e dão acesso, direta ou indiretamente, a uma participação no capital da pessoa moral emitente ou a um direito de crédito sobre seu patrimônio.[22]

A partir de 1º de agosto de 2002, a COB foi incorporada pela Autorité des Marchés Financiers – AMF, a qual, adotando o modelo já seguido pela Inglaterra, passou a juntar em um mesmo organismo governamental a competência normativa sobre os mercados financeiro, de prestação de serviços de investimentos, de produtos com apelo à poupança coletiva, o mercado das atividades pós-mercado, aí englobado os valores mobiliários e seus agentes ofertantes, poupadores e entidades de intermediação.

---

20. Vide Circular n. 8, art. 3º, alínea 1, de 1983, da Sicovam.
21. *"les valeurs mobilières apparaissaient comme les titres émis par des personnes morales publiques ou privées, transmissibles par inscription en compte ou tradition, qui confèrent des droits identiques par catégorie, et donnent accès, directement ou indirectement, à une quotité de capital de la personne morale émettrice, ou à un droit de créances général sur son patrimoine."* (La Société Action: SA. Disponível em: <http://www.studility.com/societe-action>. Acesso em 07 nov. 2014).
22. *"Constituent des valeurs mobilières, les titres émis par des personnes morales, publiques ou privées, transmissibles par inscription en compte ou tradition, qui confèrent des droits identiques par catégorie et donnent accès, directement ou indirectement, à une quotité du capital de la personne morale émettrice ou à un droit de créance général sur son patrimoine."* (Code Monétaire et Financier, artigo L211-2).

Finalmente, com a edição do Code Monetaire et Financier, com a modificação feita em pela Ordenance n. 2009-15, o artigo L211-1, ao tratar das definições, comandou que:

I – Os instrumentos financeiros são os títulos financeiros e os contratos financeiros;
II – Os títulos financeiros são:
1 – os títulos de capital [ações] emitidos pelas sociedades anônimas;
2 – os títulos de renda fixa, com a exclusão dos efeitos comerciais e dos *bons de caisse*;[23]
3 – as frações ou ações emitidas para colocação pública.
III – Os contratos financeiros, também denominados "instrumentos financeiros a termo" que figurem em uma lista constante de decreto.[24]

Desta feita, para a legislação francesa, os valores mobiliários são títulos negociáveis, transmissíveis segundo os procedimentos estabelecidos pelo Código Monetário e Financeiro ou por decreto e que agreguem novos tipos de instrumentos financeiros ou de contratos financeiros. Ou seja, como nas demais legislações vinculadas às diretivas da Comunidade Europeia, as duas grandes categorias são os títulos financeiros e os contratos financeiros, sendo os valores mobiliários subespécies desses.

Muito embora a legislação fale em "títulos", a legislação francesa normatizou sua desmaterialização, o que significa que a maioria esmagadora dos direitos objeto de oferta ou negociação pública não se materializa em títulos, mas são lançamentos de crédito e débito feitos por instituição depositária de tais direitos. São títulos ou direitos fungíveis desde que se refiram a uma mesma emissão e da mesma espécie. Tais valores mobiliários são cotados em bolsa, ou são suscetíveis de sê-lo. Existe a perspectiva de lucro, já que seus titulares são sócios ou credores do empreendimento.

3.3.3 Itália

A Itália, ao adotar a Diretiva n. 2004/39 da Comunidade Europeia — a Markets in Financial Instruments Directive —, alterou seu Testo Unico della Finanza, elegendo como categoria matriz os instrumentos financeiros, tendo como

---

23. *Bons de caisse* são títulos de poupança emitidos por estabelecimento bancário, pelo prazo máximo de cinco anos, os quais pagam um rendimento fixo predefinido.
24. *"I. – Les instruments financiers sont les titres financiers et les contrats financiers. II. – Les titres financiers sont: 1. Les titres de capital émis par les sociétés par actions; 2. Les titres de créance, à l'exclusion des effets de commerce et des bons de caisse; 3. Les parts ou actions d'organismes de placement collectif. III. – Les contrats financiers, également dénommés 'instruments financiers à terme,' sont les contrats à terme qui figurent sur une liste fixée par décret."* (Code Monétaire et Financier. Ordenance n. 2009-15, artigo L211-1)

subcategoria os valores mobiliários. Assim, para o Direito italiano, são instrumentos financeiros:

- os valores mobiliários;
- os instrumentos do mercado monetário;
- cotas de investimento coletivo ou de poupança;
- os contratos de opção, contratos financeiros a termo (desde que padronizados), os *swaps*, contratos futuros de taxa de juros e outros contratos derivados conexos a valores mobiliários, taxa de juros ou rendimento, ou a qualquer outro instrumento derivado, índices financeiros ou com pagamento em dinheiro e por diferença;
- os contratos de opção, contratos a termo estandardizados, *swaps*, acordos de troca futura de taxas de juros e outros contratos derivados semelhantes com mercadorias liquidados por diferença em dinheiro pela vontade de qualquer das partes contratantes, ressalvados os casos de inadimplemento da obrigação ou outro evento qualquer que determine a resolução do contrato;
- os contratos de opção, futuro, *swaps* e outros contratos derivados que tenham contrato subjacente de mercadoria, sendo esta negociada em mercado regulamentado e/ou em um sistema multilateral de negociação;
- todos os contratos distintos dos indicados no item acima que não tenham objetivo comercial e que tenham as características de instrumento financeiro derivado, levando-se em consideração, dentre outras coisas, que sejam objeto de compensação em instituição reconhecida e estejam sujeitos a chamadas periódicas de margem;
- instrumentos derivados destinados à transferência de risco de crédito;
- contratos financeiros liquidados por diferença;
- contratos de opção, contratos financeiros a termo padronizados, *swaps*, contratos a termo com taxa de juros e outros contratos derivados conexos e referentes a variáveis climáticas, tarifas de transporte, taxas de emissão, taxas de inflação e outras variáveis medidas por estatísticas econômicas oficiais, com pagamento por diferença, em dinheiro ou que possa ser feito pela deliberação de uma das partes, com a exclusão das hipóteses de inadimplemento ou de outra situação que resulte na extinção do contrato.

Na subcategoria dos valores mobiliários se encontram:

- as ações das companhias e outros títulos equivalentes às ações das companhias, as associações e os certificados de depósito de ações;
- as obrigações e outros títulos equivalentes de crédito, aí compreendidos os certificados de depósito referente a tais títulos;

- qualquer outro título normalmente negociado, de sorte a permitir a aquisição ou venda do valor mobiliário acima discriminado;
- qualquer outro título que seja suscetível de regulação referente aos valores mobiliários supraindicados com taxa de juros, rendimento, mercadoria, índice ou medida.

Já os instrumentos do mercado monetário abrangem os "instrumentos usualmente negociados no mercado monetário, por exemplo, os bônus do Tesouro, certificados de depósito ou cartas de crédito".[25]

3.3.4 Espanha

Na Espanha, o desenvolvimento do mercado de valores mobiliários apresentou uma evolução extremamente dinâmica a partir da década de 1980. Tal desenvolvimento acompanhou e foi causado pelo enorme impulso econômico trazido pelo ingresso do país, em 1986, no seio da Comunidade Europeia, criando grandes estruturas empresariais junto aos mercados financeiro e industrial. Nesse sentido, a legislação espanhola adotou leis que abrangeram um dos maiores conjuntos de situações tipificadas como *valores negociables* — senão o maior, se levarmos em conta o número de produtos distintos regulados por um único organismo governamental, qual seja, a Comissão Nacional do Mercado de Valores. Essa abrangência se coloca quer no plano das definições, quer no da produção de um elenco detalhista dos tipos de valores agasalhados pelas leis, quer, finalmente, por incluir tipos abertos de operações financeiras.

O conjunto legislativo que trata da abrangência do conceito de valor mobiliário tem como marco inicial da mudança, no que concerne ao campo legal, a promulgação da Lei n. 24/1988. Posteriormente, o conceito de valor mobiliário passa a ser acrescido por situações constantes de uma listagem detalhada baixada pelo Decreto Real n. 291/1992. Finalmente, o campo de atuação do órgão governamental regulador é aumentado mais uma vez com a introdução de importantes inclusões feitas pela Lei n. 37/1998.

Já em 1978, dez anos antes da promulgação da primeira legislação que se deteve a definir e a dar o campo de abrangência do conceito de valor mobiliário, foi

---

25. "*'strumenti del mercato monetario': categorie di strumenti normalmente negoziati nel mercato monetario, ad esempio i buoni del tesoro, i certificati di deposito e le carte commerciali, ad esclusione degli strumenti di pagamento.*" (Direttiva 2004/39/CE del Parlamento europeo e del Consiglio, del 21 aprile 2004, relativa ai mercati degli strumenti finanziari, che modifica le direttive 85/611/CEE e 93/6/CEE del Consiglio e la direttiva 2000/12/CE del Parlamento europeo e del Consiglio e che abroga la direttiva 93/22/CEE del Consiglio (Gazzetta ufficiale n. L 145, 30 abr. 2004, p. 1-44). Disponível em: <http://www.consob.it/main/documenti/Regolamentazione/direttive_ue/1dir_2004_39_ce_2.htm>. Acesso em 07 nov. 2014).

designada a Comissão para Estudos do Mercado de Valores, que apontou, dentre as inúmeras dificuldades a serem enfrentadas, a caracterização do que fosse valor mobiliário, bem como a denominação de tais valores. Tais estudos e discussões vieram a desembocar na Lei n. 24/1988, marco inicial regulador do mercado de valores na Espanha após sua aderência à Comunidade Europeia.

Para aquilo que nos interessa, a Lei n. 2/1998, no que respeita ao campo de competência do órgão regulador — a Comisión Nacional del Mercado de Valores (CNMV) —, passava a atuar todas as vezes que ocorressem emissões e consequente oferta pública de "valores negociáveis" — denominação escolhida pelo legislador espanhol, ao revés da utilizada por outros países, como França ou Portugal, qual seja, "valor mobiliário". Tal adoção sofreu críticas na medida em que alguns autores entendiam que os valores negociáveis nada mais seriam do que uma subespécie dos valores mobiliários.[26] Outros, ao revés, entendiam que a denominação "valores negociáveis" continha um adicional, que seria a liquidez indicada pelo qualificativo "negociável", situação esta não encontrável na denominação "valor mobiliário"; ou seja, enquanto o valor mobiliário seria eventualmente negociável em determinado mercado secundário, o valor negociável sempre poderia sê-lo.[27]

Ademais, na discussão do significado dos termos "valores negociáveis" e "valores mobiliários", é de se lembrar que a Lei n. 50/1980, que diz respeito aos contratos de seguros, já havia contemplado o conceito de valor mobiliário. A lei securitária, buscando distingui-lo dos "efeitos comerciais", disse que o valor mobiliário diferenciava-se do efeito comercial por nascer necessariamente de uma emissão de massa, enquanto o último ocorreria sempre a partir da emissão individualizada; ou seja, as características de um efeito comercial não necessariamente seriam repetidas em outros efeitos de comércio.

Isso significa que a lei de 1980 adotou e contemplou como característica do valor mobiliário a emissão em massa para distingui-lo dos contratos de seguro (este denominado de "efeito comercial"), ao passo que a lei de 1988 trouxe para o mundo legal uma caracterização muito mais abrangente do valor negociável, sem, contudo, revogar a denominação anterior. Assim, dentro do mundo legal, passaram a coexistir os efeitos de comércio, os valores mobiliários e os valores negociáveis. Entretanto, dada a abrangência atribuída aos vários tipos de investimentos caracterizados legalmente como valores negociáveis, é muito provável que o princípio dado pela lei de 1980 venha a perder, no futuro próximo, qualquer significado que ainda eventualmente detenha.

---

26. Vide BLANCO, José Enrique Cachón. **Derecho del mercado de valores**. Madri: Dykinson, 1992; CALERO, F. Sanchez. **Régimen jurídico de las emissiones y ofertas publicas de venta (OPVs) de valores**. Madri: Centro de Documentación Bancaria y Bursátil, 1995.
27. Vide ESPINOSA, Alonso. **Mercado primario de valores negociables**. Barcelona: Bosch, 1994, p. 170-174.

Todas as duas discussões acima apontadas — a saber, quanto à divergência entre a denominação "valor negociável" ou "valor mobiliário" e quanto à existência desta última denominação para diferenciar os contratos de seguro, que seriam os efeitos comerciais do Direito francês — me parecem pecar por um preciosismo exacerbado, tão ao nosso gosto.

Seria mais eficiente e econômico — como, aliás, foi confirmado em 1992 pelo Decreto Real n. 291, como adiante se verá — produzir uma listagem fática criada por lei, explicitando os valores que indubitavelmente já pertencem, por tradição consolidada a esse universo, quer os denominemos de "mobiliários" ou "negociáveis", tal como as ações, as debêntures ou os papéis comerciais, além de outros novos valores inseridos por diploma competente.

Desde o inscrito na exposição de motivos da Lei n. 24/1988, demonstrou o legislador a enorme dificuldade para definir em lei o que fossem "valores negociáveis".[28] Assim, e independentemente da denominação adotada, a regra constante da Lei n. 24/1988 estabeleceu dois requisitos básicos para que os valores emitidos adentrem a esfera de competência normativa da CNMV, a saber: (i) quanto ao local de sua negociação, teria que ocorrer junto a um mercado secundário oficial ou não; e (ii) quanto à característica do valor, teria que gozar de homogeneidade quanto aos valores emitidos, de tal sorte que se possa entender que uma dada emissão preencha os critérios de unicidade.

Sobre o que seria "homogeneidade" ou quais seus paradigmas caracterizadores, a lei ficou silente. Preferiu a norma legal outorgar competência a norma regulamentar que viesse a ser editada posteriormente. Tal dificuldade foi somente postergada. A lei de 1988 alcançou as emissões feitas por pessoas ou entidades públicas ou privadas desde que agrupadas em emissões. Abandona-se o conceito das "emissões em série" como sendo um dos caracterizadores dos valores negociáveis, substituindo-o pelo grupamento de todos aqueles emitidos pelo mesmo emissor, com as mesmas características, de sorte a produzir uma emissão homogênea.

O conceito de emissão de valores homogêneos requer que haja identidade entre os valores negociáveis, ou seja, deve ocorrer uma situação que mostre que todos os direitos e obrigações são inerentes a todos os valores da mesma emissão, a seus subscritores e aos emitentes, além de ser idêntica a época da deliberação e, quase sempre, da oferta ao público desses mesmos valores.

O que seja "negociável" nos deu conta a exposição de motivos da Lei de 1988, ao dizer que:

---

28. Neste sentido, a própria Exposição de Motivos da Lei n. 24/1988 não se encabula em afirmar, em seu item 2, que *"La ley reposa sobre el concepto de 'valores' o, para mayor precisión, de 'valores negociables', concepto difícil de definir de forma escueta en el articulado de un texto legal, pero no por ello carente de realidad."*

com tal expressão se quis fazer referência a algo mais amplo que a mera transmissibilidade, própria, praticamente, de todos os direitos, e que deverá definir-se em termos de um mercado que, ainda que seja de proporções reduzidas, se caracteriza pelo predomínio dos termos econômicos em que se produzam a transmissão sobre as características pessoais dos contratantes.

Muito embora o conceito de "homogeneidade" não seja de tão difícil caracterização, entendeu o legislador de adjudicar ao órgão controlador do mercado a sua delimitação quanto ao entendimento do que seja uma emissão integrante da mesma oferta.[29]

Desta feita, e do ponto de vista legislativo, conforme aponta Alberto Javier Tapia Hermida,[30] a norma legal espanhola de 1988 adotou uma noção ampla e omnicompreensiva, abrangendo qualquer ativo financeiro tendente à captação de poupança popular, a ela apelando com um projeto de substância econômica e de realização futura. Abandona a relação dupla, até então existente entre o mercado de valores e o mercado dos "títulos valores". Essa unificação ocorre com o surgimento, nesse diploma legal, dos valores escriturais ou, segundo a denominação nativa, "*anotaciones en cuenta*", acarretando a consequente perda de importância da existência da cártula, até então paradigma tão arraigado no Direito europeu continental concernente aos valores mobiliários.

Em resumo, a Lei n. 24/1988 não definiu o que sejam valores negociáveis, mas deu duas de suas características. A primeira, de caráter geográfico, firmando o local em que as transações deveriam ocorrer, qual seja, em um mercado secundário público ou privado. A segunda característica refere-se ao conteúdo da emissão, já que deveria necessariamente ser decorrente de uma emissão dotada de homogeneidade. O que seria homogeneidade, talvez pela dificuldade encontrada pelo legislador, foi deixado aos cuidados do Poder Executivo, pois se determinou que tal conceito deveria ser elaborado por regulamento posterior, quer a emissão fosse efetuada por pessoa de direito público, quer por pessoa de direito privado.

Pelo colocado na então lei vigente, temos que a característica fundamental do valor negociável era a sua capacidade de ser negociado em um mercado secundário, significando isso que o objetivo primordial foi proteger o acesso à poupança privada. Ou seja, será valor negociável se for decorrente de uma emissão homogênea ou de massa — para ficarmos com a denominação de Vivante. Por ser de massa, o valor negociável terá que ser, necessariamente, negociado em um mercado secundário organizado, seja público, seja privado.

---

29. Vide art. 2 da Lei do Mercado de Valores.
30. HERMIDA, Alberto Javier Tapia. **Derecho del mercado de valores**. Barcelona: Bosch, 2000, p. 47.

Aqui nascia a autoridade regulatória e sancionadora da CNMV, provendo os instrumentos hábeis para a defesa do investidor. Em resumo, caracterizava-se como mercado secundário aquele que propiciaria a negociação de valores dotados de homogeneidade (condição geral), que sejam suscetíveis de negociação em local de acesso público, no qual vendedores e compradores de valores negociáveis se encontrem, propiciando a livre formação transparente e pública dos preços praticados ao longo do tempo. O mercado secundário poderia ser formado por instituições oficiais ou privadas. O mercado oficial de valores é formado pelas Bolsas de Valores, pelo Mercado de Dívida Pública, pelo Mercado Futuro e de Opções e por qualquer outro de origem governamental autorizado para tanto pela CNMV. Já os mercados ou sistemas organizados de negociação, que não os acima mencionados, e de caráter não oficial, são aqueles autorizados pelo órgão regulador especificamente para a prática das negociações especificadas pela CNMV.

Em 1998, é promulgada a Lei n. 37, que aumenta o entendimento do que seja valor negociável; para tanto, a nova norma legal inclui, além de qualquer outro contrato que seja negociado no mercado secundário:

- os contratos financeiros a prazo, os contratos financeiros de opção e os contratos de permuta financeira, sempre que seu objeto sejam valores negociáveis, índices, divisas, taxas de juros, ou qualquer outro tipo subjacente de natureza financeira, independentemente da forma como se liquidem, ainda que não sejam objeto de transação em um mercado secundário, oficial ou não;
- os contratos ou operações sobre instrumentos não contemplados na hipótese acima, sempre que sejam suscetíveis de serem negociados em um mercado, oficial ou não, ainda que o valor subjacente seja ativo não financeiro, como, por exemplo, as mercadorias, as matérias-primas e qualquer outro bem fungível.

A primeira hipótese caracteriza-se pela oferta de contratos financeiros conforme mencionado nos itens acima, que abrangem os contratos de opção e os de *swaps* de valores negociáveis. Entretanto, o novo comando legal anula a regra matriz oriunda da Lei n. 24/1988, segundo a qual os mesmos contratos deveriam ser necessariamente transacionados em um mercado secundário oficial ou não. A razão da criação da exceção prende-se ao fato de que determinados contratos financeiros são emitidos em poucas unidades ou mesmo em caráter único. Ou seja, tais contratos não necessariamente serão valores negociáveis dotados de homogeneidade, muito embora transacionados em um mercado secundário oficial ou não. Aqui, novamente, verifica-se a enorme dificuldade de buscar uma definição, que, como o próprio nome indica, é a busca da restrição quanto ao campo de abrangência da norma em concreto.

Como se verifica, a dificuldade oriunda da Lei n. 24/1988 e da Lei n. 37/1998, que outorgou à CNMV a obrigação de estabelecer os contornos e limites da definição do que fosse valor negociável, foi sentida ao longo do tempo como difícil ou pouco abrangente e, portanto, incapaz de agasalhar todo o espectro que os legisladores esperavam alcançar. Com isso, e através da promulgação do Decreto Real n. 291/1992 concluiu-se que a melhor solução seria adotar uma legislação mista que, ao mesmo tempo em que evitasse definir o que fosse valor negociável, abrangesse os tradicionais tipos de valores, além dos novos mercados de produtos financeiros, derivativos, mercados futuros de bens fungíveis e outros que venham a aparecer no futuro.

Ou seja, também a legislação espanhola sentiu-se na contingência de encaminhar-se para uma listagem extremamente abrangente, tendo em vista a experiência de dez anos de vivência de dificuldades para encontrar uma regra definidora capaz de abranger todo o espectro que julgou necessário. A legislação, portanto, adotou o conceito de que quer os valores negociáveis, quer os valores já de muito conhecidos e praticados pelo mercado, quer, finalmente, os instrumentos financeiros por ela arrolados de forma ampla, compõem a lista que dá o campo de competência da Comissão Nacional do Mercado de Valores.

De outro lado, quanto aos valores que tradicionalmente compõem uma listagem quase que universal — tais como as ações, as debêntures e seus respectivos certificados, os papéis comerciais, bem como seus mercados de opções e a termo, acerca dos quais nunca se teve a menor dificuldade para os entender como valores negociáveis ou valores mobiliários —, houve por bem o Decreto Real n. 29/1992, para espancar qualquer dúvida, estabelecer uma listagem, e não mais permanecer somente na busca de uma definição perfeita do que sejam os valores negociáveis sujeitos à CNMV. Partiu-se para uma solução menos elegante, mas mais eficiente de se trabalhar com as duas possibilidades; uma listagem abrangente e uma definição de escopo amplo.

Já na Exposição de Motivos é enfatizado que:

O Decreto Real começa definindo o conceito de "valor negociável", peça cardinal da Lei do Mercado de Valores, a qual, por razões de técnica legislativa, se absteve de delimitar com precisão. Para fazê-lo, a presente norma utiliza-se da técnica de enumeração, positiva e negativa, que se completa com a cláusula de fechamento que qualifica como valor negociável "todo direito de conteúdo patrimonial, qualquer que seja a denominação que se lhe dê, o qual, por sua configuração jurídica própria e regime de transmissão, seja suscetível de negociação generalizada e impessoal, em um mercado de índole financeira".[31]

---

31. O dispositivo citado na exposição de motivos refere-se ao parágrafo segundo da lei.

Ao elaborar a listagem, a lei espanhola se coloca próxima da legislação norte-americana ao utilizar frequentemente termos ampliativos do conceito, tais como, "assim como quaisquer valores", "obrigações e valores semelhantes, que direta ou indiretamente possam dar direito a uma subscrição ou aquisição", "ou qualquer instrumento análogo", etc., conforme pode ser verificado na nota n. 31.

No que tange à definição, o Decreto Real n. 291/1992 coloca de forma mais precisa o que seja valor negociável, conforme estabelece o seu parágrafo segundo.[32] Adicionalmente, o mesmo documento legal produz uma substancial listagem dizendo quais itens seriam considerados, para seu efeito, como valores negociáveis e quais aqueles que, muito embora pudessem ter tais características, encontravam-se excluídos do âmbito de competência do órgão regulador.

Assim, de forma específica, são valores negociáveis:

- as ações das sociedades anônimas e as cotas participativas das Caixas de Poupança e da Confederação Espanhola de Caixas de Poupança, assim como quaisquer valores, tais como os direitos de subscrição, *warrants* e outros semelhantes que, direta ou indiretamente, possam dar direito à sua subscrição ou aquisição;
- as obrigações e valores semelhantes, representativas de parte de um empréstimo, emitidas por pessoas ou entidades públicas ou privadas, que tenham rendimento implícito ou explícito, que deem, direta ou indiretamente, direito à sua aquisição, assim como os derivativos que deem direito sobre um ou mais vencimentos sobre o principal ou seus juros;
- as letras de câmbio, promissórias, certificados de depósito ou qualquer instrumento análogo, salvo se emitidos unitariamente e, ademais, derivem de operação comercial antecedente que não implique a captação pública de fundos reembolsáveis;
- as cédulas, bônus e participações hipotecárias;
- as participações em fundos de investimento de qualquer natureza;
- qualquer outro direito de conteúdo patrimonial, qualquer que seja a denominação que, por sua configuração jurídica própria e regime de transmissão, seja suscetível de negociação generalizada e impessoal em um mercado de índole financeira.

Em particular, estão incluídos no presente as participações e os direitos negociáveis que se refiram a valores creditícios.

---

32. Vide nota de rodapé anterior.

Não se consideram valores negociáveis:

- as participações em sociedades por cotas de responsabilidade limitada;
- as cotas de sócios nas sociedades em nome coletivo ou em comandita simples;
- os aportes de capital em sociedades cooperativas de qualquer espécie;
- as cotas que integram o capital das sociedades de garantia recíproca;
- as ações das sociedades diretoras das bolsas de valores.

Finalmente, diante da necessidade de adequar a legislação espanhola aos princípios diretivos baixados pela Comunidade Econômica Europeia, a Lei n. 24, de 28 de julho de 1988, teve seu texto consolidado em 30 de novembro de 2013. Em sua exposição de motivos, manteve-se a denominação "valores negociáveis", porém abandonando "a relação biunívoca dominante até hoje entre o mercado de valores e títulos valores", já que o artigo 2º da Consolidação adota a denominação de *instrumentos financeiros*.

É importante ressaltar que a Consolidação dividiu o mercado secundário em três tipos distintos: o das bolsas de valores, o mercado de balcão e um mercado específico da dívida pública. A manutenção em separado deste último deveu-se à existência de um Mercado de Dívida Pública não subordinado nem objeto de negociação nas bolsas de valores, reservando-se às bolsas de valores a negociação de ações e de "valores assemelháveis".

Desta feita, os valores negociáveis passam a ser uma das categorias abrangidas pelos instrumentos financeiros.[33] Os instrumentos financeiros foram divididos em seis categorias distintas, a saber: (i) os valores negociáveis, (ii) os contratos de opção, (iii) de futuros e (iv) de permutas, (v) os instrumentos financeiros derivados e (vi) os contratos financeiros por diferença.

Na categoria dos valores negociáveis foram incluídos:

- as ações e valores negociáveis equivalentes às ações emitidas por pessoas jurídicas públicas ou privadas, bem como qualquer valor negociável, assim como qualquer valor negociável que dê direito à aquisição de ações ou a títulos a elas equivalentes por conversão ou por exercício de direito;
- as cotas de participação das caixas de poupança;
- os bônus, obrigações e valores análogos representativos de parte de um empréstimo, inclusive os que possam ser convertidos; os bônus e participações hipotecárias e os bônus, obrigações e outros valores análogos, representativos de empréstimo;

---

33. *"Quedan comprendidos de la presente Ley los siguientes instrumentos financieros"* (artigo 2º da Consolidação de 2013).

- as participações e ações de instituições de investimento coletivo;
- os instrumentos financeiros do mercado monetário, "entendendo-se por tais as categorias de instrumentos que se negociam habitualmente no mercado monetário, tais como as letras do Tesouro [porém em mercado secundário não bursátil], certificados de depósito, instrumentos de pagamento não singulares, como os instrumentos de operações comerciais que não impliquem captação de fundos reembolsáveis";
- as participações preferenciais e os *warrants*, bem como "os demais valores negociáveis derivados e que confiram o direito de comprar ou vender qualquer outro valor negociável, ou que deem direito à liquidação em dinheiro, referenciado em outro valor negociável, divisa, juro ou rendimento, matérias-primas, risco de crédito ou outro qualquer índice ou medida de variação de valor";
- os demais valores negociáveis que assim sejam considerados por disposições legais ou regulamentares.

Na categoria dos instrumentos financeiros não à vista foram incluídos: os contratos de opção, futuros, trocas, acordos de juros a prazo e "outros contratos com instrumentos financeiros derivados", índices financeiros ou outros que possam liquidar-se em bens ou dinheiro. Também nesta categoria são enquadrados os contratos não à vista com matérias-primas liquidáveis em dinheiro ou que assim possam ser feitos a pedido de uma das partes. Mesmo que as liquidações se deem necessariamente em espécie, tais contratos são considerados instrumentos financeiros se a negociação ocorrer em um mercado regulado ou por meio de um sistema multilateral de negociação ou se forem liquidados por meio de câmara de compensação autorizada ou caso haja ajustes de margem regulares, como garantia da operação.

Também são tidos como instrumentos financeiros os contratos destinados à transferência de risco, além dos contratos de opção, termo ou permuta relacionados a atividades climáticas, gastos de transporte, inflação ou "outras estatísticas econômicas oficiais" que devam liquidar-se em dinheiro ou que possam ser liquidados em dinheiro a pedido de uma das partes:

> assim como qualquer outro contrato de instrumento financeiro derivado de ativos, direitos, obrigações, índices ou medidas não mencionadas anteriormente de forma específica [...] que apresentem as características de outros instrumentos financeiros, tendo em conta, entre outras coisas, se são negociados em um mercado regulado ou sistema multilateral de negociação, liquidam-se por meio de câmara de compensação autorizada ou se são objeto de ajuste de margens de garantia.

Certamente, os *valores negociables* podem não preencher todas as características dos instrumentos financeiros, ou mesmo os valores negociáveis não necessariamente necessitam preencher todos os requisitos atribuídos aos instrumentos financeiros. Para tanto, a lei outorga competência administrativa para que este órgão (CNMV) faça as necessárias adaptações.

Em síntese, a legislação espanhola percorreu três estágios consecutivos quanto à abrangência crescente do âmbito de competência do órgão regulador. Em um primeiro estágio, dá como característica do valor negociável o *locus* de sua negociação, bem como a homogeneidade dos valores de uma mesma emissão lá negociados. Em um segundo estágio, agrega os ativos financeiros que tenham como subjacente um valor negociável, aqui já nominados vários deles. Finalmente, com o Decreto Real amplia-se a definição, passando-se a designar especificamente uma série robusta de valores negociáveis, de sorte a não deixar dúvida quanto à intenção de abrangência do legislador, além de serem mencionados vários tipos abertos, com o intuito de abranger outras possibilidades futuras, sem que haja a necessidade de alteração legislativa. Ou seja, está o órgão regulador espanhol mais do que aparelhado para colocar sob sua supervisão uma gama enorme de valores mobiliários ou *valores negociables* que venham a aparecer em um futuro longínquo.

3.4 Quarto grupo: Portugal, Argentina e Brasil

3.4.1 Portugal

Em Portugal, como em outros países europeus de origem latina, ocorreu um desenvolvimento tardio do mundo capitalista, tendo este desenvolvimento sofrido por um longo período de tempo a forte interferência do Estado, enquanto diretor do mundo empresarial privado. De outro lado, como ocorre em inúmeros países, poucos eram os projetos econômicos que demandavam recursos de porte a exigir a presença de um mercado de valores mobiliários desenvolvido.[34] Tais fatos levam a que a preocupação com o desenvolvimento de um mercado de valores mobiliários, como instrumento de financiamento privado do mundo empresarial, tem início

---

34. "Podemos fixar três períodos distintos quanto à utilização e o sentido da expressão valor mobiliário na legislação portuguesa: um primeiro período em que a expressão não é utilizada (até a reforma do sistema financeiro de 1959/62); um segundo período em que o conceito é utilizado progressivamente e com um sentido restrito (até a entrada em vigor do CdMVM [Código do Mercado de Valores Mobiliários]); e um terceiro que se inicia com esse diploma legal, caracterizado pela atribuição de uma importância fundamental ao conceito e pela diversificação das realidades jurídicas que nessa noção podem ser incluídas". Vide FERREIRA, Amadeu José. **Valores mobiliários escriturais**: um novo modo de representação e circulação de direitos. Coimbra: Almedina, 1997, p. 25.

na década de 1990 com a edição dos Decretos-Lei n. 142-A e n. 142-B, ambos de 10 de abril de 1991. Como parte integrante dos decretos-lei, foi aprovado o Código do Mercado de Valores Mobiliários. Por este ato legislativo foi criado o Conselho Nacional do Mercado de Valores Mobiliários, órgão consultivo do Ministro das Finanças e cuja função seria a de pronunciar-se sobre as políticas governamentais relativas ao mercado de valores mobiliários, seus diplomas legais, a criação de bolsas de valores, agentes de intermediação, dentre outros assuntos. Ao mesmo tempo, criava-se a Comissão do Mercado de Valores Mobiliários, pessoa de direito público encarregada de autorizar, fiscalizar e punir os atos praticados junto ao mercado de valores mobiliários. Assim, a legislação portuguesa, para estabelecer o campo de sua atuação, optou por conceituar o que fosse valor mobiliário, bem como definir os atores que atuam dentro do mesmo campo.

Para tanto, o Código, em seu artigo 3º, I, "a", estabeleceu que são valores mobiliários as ações, as obrigações, os títulos de participação e outros valores que sejam negociados em um mercado organizado.[35] Mais adiante, o mesmo regulamento equiparou aos valores mobiliários os "direitos de conteúdo econômico destacáveis desses valores mobiliários".[36] Assim, a definição de valor mobiliário abrangeu a nominação de tipos específicos — como as ações, as obrigações e os títulos —, bem como adotou a tipificação aberta, ao dizer que também seriam assim entendidos "outros valores" que fossem emitidos em "conjunto homogêneo", que conferissem "aos seus titulares direitos idênticos" e que fossem suscetíveis de negociação em um mercado secundário. Essa prática de estabelecer um rol específico de valores mobiliários ou de situações que lhes caracterizariam recebeu críticas da doutrina, mais apegada às definições já consolidadas pelos doutrinadores e pela jurisprudência.[37]

Como entre nós, também a doutrina portuguesa tem um grande apego à teoria alemã e, principalmente, à doutrina italiana dos títulos de crédito, em sua corrente vivanteana, buscando sempre adequar o conteúdo dos valores mobiliários ao

---

35. "Para os efeitos deste diploma consideram-se: a) Valores mobiliários, as ações, obrigações, títulos de participação e quaisquer outros valores, seja qual for a sua natureza ou forma de representação, ainda que meramente escritural, emitidas por quaisquer pessoas ou entidades, públicas ou privadas, em conjuntos homogêneos que confiram a seus titulares direitos idênticos, e legalmente susceptíveis de negociação num mercado organizado".

36. Artigo 3º, 2: "Equiparam-se aos valores mobiliários referidas na alínea (a) do número anterior os direitos de conteúdo econômico destacáveis desses valores ou sobre eles constituídos, desde que susceptíveis de negociação autônoma no mercado secundários".

37. Disse o Mestre da Faculdade de Direito de Lisboa, na aula dada no 1º Curso Sobre Direito do Mercado de Valores Mobiliários: "O CódMVM insere no art. 3º — com técnica repugnante à índole do Direito português — uma longa série de definições". Na nota 8, afirma que: "Ainda por cima 'para os efeitos deste diploma', o que é outro empréstimo anglo-americano inadmissível entre nós. Fica-se sem saber se a noção de valor mobiliário, por exemplo, é aplicável fora do domínio do CódCMVM". (ASCENSÃO, José de Oliveira. **Direito dos Valores Mobiliários**. Lisboa: Lex, 1997, p. 33).

figurino estreito de um título emitido fundamentalmente para representar uma obrigação de pagar, obrigação esta representada pela cártula com características emanadas da própria lei, para que seja considerada líquida e certa e, portanto, válida enquanto título executório.[38] Assim é que, para alguns doutrinadores, permanece vívida a assertiva de que as ações são títulos de crédito declarativos, sendo que em paralelo existiriam os títulos de crédito constitutivos, tais como os cheques.[39]

Muito embora a definição legal de valor mobiliário tenha se afastado dessa dificultosa adequação, a doutrina vem buscando ligar os valores mobiliários aos títulos de crédito. Nesse sentido, boa parte da doutrina portuguesa não participa do dualismo adotado pelos mundos legais e doutrinários francês (*effets de commerce* e *valeurs mobiliéres*) e inglês (*negotiable instruments* e *securities*), buscando a unificação através dos títulos de crédito.

Em novembro de 1999, é promulgado o Decreto-Lei n. 486, que refaz e substitui o antigo Código dos Valores Mobiliários, velho de quase dez anos, passando a definir valor mobiliário, em seu artigo 1º, da seguinte forma:

1 – São valores mobiliários, além de outros que a lei como tal qualifique: a) As acções; b) As obrigações; c) Os títulos de participação; d) As unidades de participação em instituições de investimento colectivo; e) Os direitos à subscrição, à aquisição ou à alienação de valores mobiliários referidos nas alíneas anteriores, que tenham sido emitidos de modo autónomo; f) Os direitos destacados dos valores mobiliários referidos nas alíneas anteriores a) a d), desde que o destaque abranja toda a emissão ou série ou esteja previsto no acto de emissão.
2 – Por regulamento da Comissão do Mercado de Valores Mobiliários [...], ou, tratando-se de valores mobiliários de natureza monetária, por aviso do Banco de Portugal, podem ser reconhecidos como valores mobiliários outros documentos representativos de situações jurídicas homogéneas que visem, directa ou indirectamente, o financiamento de

---

38. "A doutrina que, entre nós, abordou a questão, apenas tem considerado como valores mobiliários aqueles a que se refere o art. 3º/1/a. Está, pois, ausente a preocupação de construir um conceito geral de valor mobiliário, usado na lei mas não definido por ela. Essa perspectiva de abordagem é compreensível devido ao carácter ainda inicial da reflexão, dominada pela tentativa de estabelecer uma relação com os títulos de crédito e, assim, fazer ponte com uma das matérias mais tratadas e dogmaticamente mais desenvolvidas nos últimos cem anos". "A existência ou não de uma forma de representação determina, em aspectos essenciais, o regime jurídico a que estão os valores mobiliários em causa [...]. Esta orientação da lei leva-nos a colocar uma nova hipótese de trabalho: ou a forma de representação não é um elemento essencial ao conceito de valor mobiliário ou, então, há situações em que se dá uma ultrapassagem da forma de representação, isto é, em que ela não desempenha qualquer função ou, melhor, as funções que tradicionalmente lhe estão ligadas". Vide FERREIRA, Amadeu José. **Direito dos Valores Mobiliários**. Lisboa: Associação Acadêmica da Faculdade de Direito Lisboa, 1997, p. 131; p. 138.

39. Vide CASTRO, Carlos Osório de. **Valores mobiliários**: conceito e espécies. Porto: Universidade Católica Portuguesa, 1998, p. 28.

entidades públicas ou privadas e que sejam emitidos para distribuição junto do público, em circunstâncias que assegurem os interesses dos potenciais adquirentes.

A partir de 1999, a legislação codificada foi alterada várias vezes, a última pelo Decreto-Lei n. 63-A, de 10 de maio de 2013, que, já tendo sofrido a influência da normatização editada pela Comunidade Econômica Europeia, estabeleceu que o Código passava a regular:

- os valores mobiliários e as ofertas públicas lá elencadas;
- os instrumentos do mercado monetário, ressalvados os instrumentos de pagamento;
- os instrumentos derivados para a transferência do risco de crédito;
- os contratos diferenciais;
- as opções, os futuros, os *swaps*, os contratos a prazo e quaisquer outros contratos derivados relativos a:
    - valores mobiliários, divisas, taxas de juro ou de rentabilidades ou relativos a outros instrumentos derivados, índices financeiros ou indicadores financeiros, com liquidação física ou financeira;
    - mercadorias, variáveis climáticas, tarifas de frete, licenças de emissão, taxas de inflação ou quaisquer outras estatísticas econômicas oficiais, com liquidação financeira, ainda que por opção de uma das partes;
    - mercadorias, com liquidação física, desde que sejam transacionados em mercado regulamentado ou em sistema de negociação multilateral ou, não se destinando a finalidade comercial, tenham características análogas às de outros instrumentos financeiros derivados;[40]
- quaisquer outros contratos derivados que tenham características análogas às de outros instrumentos financeiros derivados;[41] e
- as formas organizadas de negociação de instrumentos financeiros acima referidos, a liquidação e a compensação de operações, desde que respeitadas as atividades de intermediação financeira.

O conceito de valor mobiliário constante da legislação passa a compor um campo mais vasto, o dos instrumentos financeiros, abrangendo os contratos de seguro ligados a fundos de investimento e aos contratos de adesão individual de fundos de pensão abertos. De outro lado, quero crer que o que seja valor mobiliário continue abrangido pela redação original do artigo 1º do Decreto-Lei n. 486, de 1999, quais sejam: os direitos de subscrição, de aquisição ou de alienação das

---

40. Vide artigo 38 do Regulamento da Comunidade Europeia de n. 1.287/2006, de 10 de agosto de 2006.
41. Vide artigo 39 do mesmo regulamento.

ações, das obrigações e dos títulos de participação, situação não expressamente prevista anteriormente. O que não transparece na redação original é a necessária característica de investimento como pedra angular para a conceituação do valor mobiliário. Isso porque, ao referir-se genérica e globalmente às obrigações como sendo valores mobiliários, teria sido quebrada a necessária distinção que deve haver entre os títulos emitidos como garantia de pagamento e aqueles emitidos enquanto investimento.

3.4.2 Argentina

O modelo da Argentina também adotou o conceito misto de valores mobiliários, entendendo-se por tal a adoção da nominação específica de alguns tipos — tais como as ações e as cotas de participação em fundos de investimento. A classificação das várias espécies de valores mobiliários, sob os quais a Comisión Nacional de Valores – CNV tem jurisdição, encontra-se inscrita no artigo 2º da Lei n. 26.831, de 27 de dezembro de 2012, sob o título de "Definições".

Como regra geral, são valores mobiliários todos os *títulos valores* representados pela emissão de uma cártula ou incorporados em registros em conta do investidor. Como nas demais legislações, a competência do organismo regular só se estende àqueles *títulos valores* que sejam objeto de oferta pública e suscetíveis de negociação em mercado secundário. Como nos demais países, a função da CNV é a proteção da poupança detida pelos investidores.

De outro lado, a Lei n. 26.831/2012 também coloca em seu corpo, similarmente à legislação de 1933 e 1934 nos Estados Unidos, conceitos abertos, tais como contratos de investimento ou direito de créditos homogêneos. Porém, à maneira brasileira, a legislação argentina coloca sob a competência da Comisión Nacional de Valores os contratos futuros, de opções e os contratos derivados em geral, que, como se verá mais adiante, não atingiram a especificidade da Lei brasileira n. 10.303/2001, que abrangeu em dois itens abertos não só a caracterização dos derivativos, mas inclusive configurações que venham a ser criadas no futuro. Tais produtos derivados adentram o campo de competência da Comisión Nacional de Valores desde que sejam negociados nos mercados de bolsa ou de balcão.

Entretanto, diferentemente de outras legislações, a norma argentina elenca, enquanto valor mobiliário, os cheques com pagamento diferido no tempo, as faturas de crédito e os certificados de depósito, os quais, para nós, não se classificam como valores mobiliários, mas sim como instrumentos de pagamento e não de investimento.

Claro está que a listagem do que seja valores mobiliários, além de contemplar as hipóteses tradicionais constantes das legislações de vários países, também leva em consideração peculiaridades locais. Assim, pode-se imaginar que em determinadas situações o cheque possa se transformar em investimento, deixando de compor a categoria dos instrumentos de pagamento; se for o caso, terá ocorrido processo semelhante ao acontecido entre nós com a transformação da nota promissória de título formal de garantia de pagamento em instrumento de investimento, agora sob a denominação de *commercial paper*.

Assim, de acordo com a Lei n. 26.831/2012, são valores mobiliários especificamente nominados as ações, as cotas de fundos de investimento, os contratos de futuros e de opções, não havendo menção aos contratos de opção, *warrants* e letras de câmbio suscetíveis de negociação no mercado secundário.

Ainda, há conceitos abertos quando a legislação menciona "os valores de créditos representativos de direitos creditórios", "os títulos de dívida ou certificados de participação em fideicomisso financeiro", "outros veículos de investimento coletivo", "qualquer valor ou contrato de investimento ou direitos de créditos homogêneos, fungíveis e emitidos ou agrupados em série e negociados de forma igual e com efeitos similares aos títulos valores", aqueles outros que, "por sua configuração ou modo de transmissão, sejam suscetíveis de negociação generalizada e impessoal nos mercados financeiros". O artigo 2º arremata sua dicção abrindo o campo de competência da CNV para abranger "todos os títulos suscetíveis de negociação no mercado secundário".

Assim, seu campo de competência é amplo, contemplando a possibilidade de que, via interpretação do que sejam, por exemplo, tipos abertos como "valores de crédito ou representativos de direitos creditórios", desde que negociáveis no mercado secundário, estes possam fazer parte do seu campo de competência sem a necessidade de alteração legislativa. Tal procedimento, como se constata na análise dos mercados anteriormente discutidos, se tornou regra na definição do campo de competência dos vários organismos nacionais reguladores do mercado de valores mobiliários.

capítulo 4

O DESENVOLVIMENTO DO MERCADO
DE VALORES MOBILIÁRIOS NO BRASIL

A ideia da necessidade de desenvolvermos um forte mercado de ações volta e meia povoava a cabeça de nossos legisladores e formadores de opinião. Desde muito tempo sentia-se a necessidade de termos um fluxo de financiamento ao setor empresarial, fluxo este que deveria ser compatível com a capacidade dos tomadores de gerarem renda para satisfazer as expectativas dos potenciais investidores. Mais naquela época do que hoje, o único organismo capaz de satisfazer a oferta de crédito de longo prazo era o Banco do Brasil e, posteriormente o então Banco Nacional de Desenvolvimento Econômico.

Com a tomada do poder, em 1964, pelo governo militar — e com a ida do professor Octávio Gouveia de Bulhões para o Ministério da Fazenda e do economista Roberto Campos para o recém-criado Ministério do Planejamento —, tem início o esforço para a criação de um mercado acionário com porte suficiente para financiar o crescimento da grande indústria nacional. Bem antes da criação da Comissão de Valores Mobiliários – CVM, ao tempo em que o mercado ainda encontrava-se subordinado à Diretoria do Mercado de Capitais do Banco Central, hoje transformada em Diretoria de Normas, entendeu o governo federal de estimular o crescimento do mercado acionário como forma de financiar a grande empresa nacional.

À época, foram feitos estímulos fundamentalmente por meio de dois incentivos, um fiscal e outro financeiro — o primeiro através do imposto de renda dirigido aos empresários e aos investidores e o segundo por meio do financiamento aos adquirentes de ações lançadas por companhias abertas, através de juros inferiores aos praticados pelo mercado, bem como pela cobrança de valores inferiores à efetiva perda de valor da moeda, corroída então pelas altas taxas de inflação.

É neste cenário que surge a Lei n. 4.357/1964, sendo esta a primeira, seguida por uma grande coleção de leis, a criar estímulos fiscais destinados a aumentar o interesse dos investidores na subscrição de ações lançadas pelas companhias, com o objetivo final de financiar o grande empresariado nacional com recursos de longo prazo.

4.1 A CONSTRUÇÃO DOS CRITÉRIOS CARACTERIZADORES DO CONCEITO DE VALOR MOBILIÁRIO

Decorre da análise até aqui feita que o nascimento da Comissão de Valores Mobiliários deveu-se à necessidade sentida pelo governo federal de que a eventual atenção que o Banco Central estava dando ao mercado de valores mobiliários não seria suficiente, quer quanto aos cuidados na emissão, quer quanto às transações ocorridas junto ao mercado secundário, quer, finalmente, quanto à sua eficácia em desempenhar o papel de órgão governamental encarregado de fiscalizar e incentivar o crescimento desse mercado.

O que fica patente em termos universais é que os princípios da proteção e da especialização fiscalizatória quase sempre se originam como reação aos desastres de mercado que causam prejuízos ao público investidor em valores mobiliários. Assim é que, usualmente, o surgimento do regulador ou o acréscimo de severidade da lei restritiva ocorrem após um desastre de mercado.

A nossa CVM pode ser considerada uma das raras exceções, na medida em que nasce da importância que lhe atribuiu o professor Mario Henrique Simonsen, então Ministro da Fazenda. Também, diferentemente do nascimento de outros órgãos reguladores de mercado, nasce a CVM com a incumbência legal de buscar incentivar o crescimento do mercado de valores mobiliários para que pudesse servir como instrumento de financiamento à grande empresa nacional, criando-se uma alternativa à solidão em que se encontrava o Banco Nacional de Desenvolvimento Econômico e Social, enquanto único organismo bancário até então existente vocacionado para o financiamento de longo prazo do setor industrial e comercial.

Para tanto, na concepção do nascimento da futura autarquia substituidora parcial do Banco Central, teve o legislador que levar em conta, necessariamente, o conceito de "valor mobiliário", ou quais valores mobiliários seriam adjudicados à competência da futura autarquia. Da proposta inicial e de acomodação em face das resistências impostas pelo Banco Central à criação do novo ente, resultou que à CVM fossem atribuídos os vários instrumentos de conteúdo e características próprias, já bem sedimentados nos campos teórico e jurisprudencial, em relação a cuja inclusão não haveria discussão.

Assim, optou-se para que as ações, debêntures, partes beneficiárias, enfim, todos os valores tradicionais emitidos por sociedades por ações, fossem contemplados pela lista contida na lei criadora da Comissão de Valores Mobiliários, atribuindo-se ao Conselho Monetário Nacional competência para expandir a lista, desde que se tratasse de valor emitido por sociedade anônima.

A imaginação humana, as peculiaridades temporais dos órgãos governamentais e a cambiante realidade econômica são mais ágeis e anárquicas do que o ordenamento legislativo cristalizado. Tais circunstâncias não dão chance à pretensão constante dos juristas de buscar criar a lei perene — que seria elaborada de forma perfeita e abrangente —, como demonstram as tentativas frustradas de outros países.

Assim é que, dez anos após a criação da Comissão de Valores Mobiliários, começa ela a ganhar relevância no cenário governamental, bem como junto aos atores do mercado de valores mobiliários, em função da realidade econômica que se alterava rapidamente. De outro lado, o Banco Central optou por enfatizar fortemente o seu papel de autoridade monetária, transformando, inclusive, a sua Diretoria de Mercado de Capitais em Diretoria de Normas. Como consequência, à Comissão de Valores Mobiliários são atribuídas novas competências relativas a outros valores mobiliários. Essa foi a motivação pela qual, entre nós, a listagem inicial, constante do artigo 2º, III,[1] da Lei n. 6.385/1976, foi paulatinamente sendo ampliada de sorte a que o papel outorgado à Comissão, inicialmente restrito, fosse aumentado através de resoluções emanadas do Conselho Monetário Nacional, muito embora sempre se referindo a valores mobiliários emitidos por sociedade por ações.

Finalmente, com a edição da Medida Provisória n. 1.637/1998, adota-se a técnica legislativa de não só nominar os valores mobiliários submetidos ao poder de polícia da autarquia, mas colocar no texto legal uma definição bastante abrangente, nominando os "contratos de investimento coletivo" como valores mobiliários sujeitos à competência normativa da CVM. Tal mudança ocorreu como reação a quebras ruidosas causadoras de prejuízo em grande escala e com um número grande de investidores de baixa capacidade de investimento.[2] De fato, a mudança de paradigma legislativo passa a criar uma definição, não mais se restringindo a apontar tipos específicos, como até então vinha ocorrendo. A partir de então, nossa legislação passou a contar, para o enquadramento como valor mobiliário, não só com a listagem exaustiva até então existente, mas com uma definição que teve o condão de abarcar os tipos até então existentes.

4.2 O FIM DOS VALORES MOBILIÁRIOS AO PORTADOR E ENDOSSÁVEIS À ORDEM

Concomitantemente ao aumento das espécies de valores mobiliários submetidas ao campo de competência da Comissão de Valores Mobiliários, surge, entre nós e em outros países, a partir da década de 1980, e como consequência do

---

1. "São valores mobiliários sujeitos ao regime desta lei: [...] III- outros títulos criados ou emitidos pelas sociedades anônimas, a critério do Conselho Monetário Nacional."
2. Tal reação é clássica. No Brasil, a matriz da mudança teve como pano de fundo a quebra da empresa Gallus Agropecuária S.A., emitente de certificados de investimento ligados ao mercado do denominado "boi de engorda".

desenvolvimento tecnológico, a rápida e crescente utilização da informática no mundo dos valores mobiliários, fazendo com que tais bens pudessem efetivamente se comportar como investimentos de massa.

Desta feita, após a subscrição de valores mobiliários, refletida no respectivo boletim de subscrição ou instrumento equivalente, o agente emissor poderá eleger instituição financeira autorizada a custodiar valores mobiliários escriturais. O mesmo ocorre com o processo de alienação ou aquisição de novos valores mobiliários do mesmo emitente; ou seja, a instituição financeira depositária irá debitar o vendedor e creditar o comprador, com a emissão de simples aviso enviado a ambos, comunicando a transação, sem a emissão ou o cancelamento de qualquer certificado ou cártula.

Tais procedimentos propiciaram um grau muito mais elevado de liquidez no mercado secundário, visto que as transações diárias passaram a ocorrer em maior velocidade e em volume crescente, tendo como limite só a vontade dos comitentes e a capacidade de processamento dos agentes depositários. A informatização retirou de vez o argumento de que a existência dos títulos ao portador seria necessária ao desenvolvimento do mercado secundário, já que as operações com ações nominativas necessitavam que comprador e vendedor comparecessem à sede da companhia para assinar o livro de transferência de ações.

Ou seja, sem a existência de títulos ao portador, perdia-se muito da agilidade na negociação em mercado, acarretando enorme trabalho aos emitentes, na medida em que, além do que se expôs acima, havia a necessidade de dar baixa do vendedor e de inscrever o comprador no respectivo livro societário, após a transação ter ocorrido. Tal situação causava menos incômodo se a transação acionária ou com debêntures se desse no âmbito de uma companhia de capital fechado. Porém, nas sociedades com seus títulos dotados de liquidez na bolsa de valores, a situação tornava-se por vezes crítica, vez que, nas transações ocorridas com títulos nominativos, cujas transferências se dessem por sucessivos endossos, isso fazia com que a companhia estivesse sempre atrasada com relação à listagem de seus reais acionistas. Adicionem-se aos percalços do endosso as situações em que o adquirente de uma ação ou debênture no mercado secundário precisa saber ou confiar na autenticidade da cadeia de endossos para lhe garantir a propriedade do valor mobiliário.

Tal situação incentivava fortemente a emissão de títulos ao portador, fato que também acarretava que a companhia não tivesse uma listagem de seus atuais eleitores quando da realização das assembleias gerais. Todo esse conjunto de títulos ao portador ou endossados fazia com que, às vésperas das assembleias, as companhias tivessem um enorme trabalho para atualizar o nome dos verdadeiros proprietários dos títulos nominativos alienados por endossos à ordem ou nominais, bem como para receber as cautelas representativas das ações ao portador, legitimando seu portador a comparecer por elas e, se ordinárias, a votar nas assembleias gerais. No caso do resgate de debêntures ao portador ou endossadas, quando do pagamento dos dividendos, surgiam discussões quanto ao verdadeiro proprietário, na medida em aquele que as portasse ou que portasse os cupons anexos ao certificado da ação seria o credor dos juros ou do resgate ou do recebimento do dividendo.

A Lei n. 6.404/1976 ainda manteve a possibilidade de emissão de valores mobiliários sob a forma nominativa ou ao portador por manifestação de vontade do acionista, muito embora o movimento pela transparência nas negociações e nas prestações de conta já se fizesse presente e crescentemente forte. Tal situação muda dramaticamente com a conversão de medida provisória na Lei n. 8.021/1990, pela qual ficou proibida a emissão de valores mobiliários que não sob a forma nominativa, estabelecendo-se um prazo para o retorno ao mundo da nominatividade de todos os valores mobiliários até então ao portador ou endossados em branco ou à ordem.

O mesmo diploma legal também aboliu a prática da emissão de cheques e de outros títulos acima de um valor estabelecido na própria lei, sob a forma ao portador, bem como vedou a possibilidade do endosso em branco. Fundamentalmente, a impossibilidade de emissão de valores mobiliários que não sob a forma nominativa deveu-se à impossibilidade concreta de a Comissão de Valores Mobiliários exercer o seu poder/dever previsto em lei de proteger o investidor e dar transparência às operações realizadas no mercado primário ou secundário. Com o anonimato, ficava extremamente difícil, senão impossível, o controle da utilização da informação privilegiada, das regras da oferta pública ao minoritário em caso de aquisição de controle, a fiscalização da ação em conflito de interesse, etc.

Também era gritante a constatação, já muito antiga, da existência concreta de esquemas de sonegação fiscal no que tange, principalmente, ao imposto de renda, quanto à tributação dos ganhos de capital, bem como no que dizia respeito à tributação da transmissão patrimonial em vida ou por sucessão *causa mortis*.

Como visto acima, a razão aparente invocada contra os títulos nominativos para justificar o custo operacional da companhia era a geração de entraves que reduziam as transações no mercado secundário. Entretanto, quando da edição da lei mandatória quanto à nominatividade, tal argumento já perdera sua validade, na medida em que as companhias de maior movimentação junto ao mercado secundário não mais emitiam cautelas, mas certificados de depósito de ações, debêntures e outros valores mobiliários então existentes, feitos pelas empresas emitentes junto aos bancos ou bolsas custodiantes, conforme previsão expressa da lei societária de 1976. Já para as empresas de capital fechado, a nominatividade nunca representou problema algum, dado o pequeno numero de sócios que, pela própria natureza da sociedade, eram conhecidos entre si.

Da conjunção dos fatores acima apontados — a saber, a proibição da existência dos valores mobiliários ao portador, o crescimento do mercado de valores mobiliários transacionados no mercado secundário e a aplicação da informática ao mundo dos valores mobiliários de massa — nascem os valores mobiliários escriturais, surgindo um novo mercado que reescreve o até então denominado "mercado dos títulos de massa". Assim, ao invés de negociar as cautelas, o mercado secundário passou a negociar os valores mobiliários constantes dos "certificados" de valores mobiliários depositados com as instituições aptas à prestação de tal serviço, cabendo ao custodiante, quando da liquidação da operação, fazer o competente registro eletrônico pelo qual dá baixa das ações vendidas e as inscreve. As emissões passam a ser feitas sem a entrega do certificado, tornando sem qualquer efeito prático a discussão da natureza jurídica do valor mobiliário em função da existência ou não da cártula. A mudança trazida pela nominatividade obrigatória materializa os acionistas, que se escondiam na portabilidade dos títulos, e desmaterializa as cártulas, por absoluta desnecessidade.

Em resumo, o mundo dos valores mobiliários no Brasil passa a ter um papel de grande relevância no mundo econômico e jurídico, quer pela variedade dos tipos que são colocados pela legislação à disposição dos empreendedores, quer pelo incremento expressivo dos montantes que passaram a levantar junto ao mercado poupador, quer, enfim, pelo surgimento de investidores institucionais, nacionais e estrangeiros, de enorme porte, que passaram a exigir um elevado grau de governança corporativa na alocação de seus investimentos. Assim, quando a legislação brasileira coloca em seus textos a expressão "títulos ou valores mobiliários", considerando os dois termos como sinônimos, nada mais está fazendo do que trazer para o texto a perplexidade do legislador de 1965, na medida em que o título, se emitido, seria mera forma possível de expressão da existência de um valor mobiliário.

Os títulos, em verdade, hoje em dia, não mais existem, na medida em que os valores mobiliários ofertados publicamente o são sob a forma escritural — forma esta que se estendeu à emissão de todos os valores mobiliários de massa. Finalmente, e por definição legal, também deixou de ter sentido discutir se os valores mobiliários são títulos representativos de investimentos ou títulos de participação associativa. E isso porque a lei categorizou como valores mobiliários aqueles constantes de uma listagem legal, os quais são contratos de investimento, sendo contratos de adesão e indicativos de uma forma associativa, quer na obtenção de remuneração fixa, quer de renda variável. Ou seja, cristalizou-se a ideia de que os valores mobiliários são contratos de associação em um empreendimento comum que, por serem contratos de investimento, buscam necessariamente a obtenção de lucro.

4.3 A ANTIGA DIVISÃO DOS CAMPOS DE COMPETÊNCIA

A expressão "valor mobiliário" é razoavelmente nova no Direito brasileiro, muito embora os mercados de ações e debêntures sejam bem mais antigos. Até 1965, a grande discussão entre os juristas pátrios focava-se em indagar se as ações seriam títulos de crédito ou se seriam títulos representativos de participação social. A corrente majoritária apoiava-se em Tullio Ascarelli, legítimo representante de Vivante junto à Faculdade de Direito do Largo de São Francisco. Os opositores, em menor número, apoiavam-se em Giuseppe Ferri, que apresentava a prevalência da lei societária sobre a lei regente dos títulos de crédito e, com isso, arguia que as ações não seriam títulos de crédito, mas títulos representativos de participação social. Quanto às debêntures ou aos títulos da dívida emitidos pelos governos, inexistia qualquer discordância sobre serem títulos de crédito.

As empresas emitentes de ações ou debêntures eram poucas e as bolsas de valores então negociavam muito mais títulos de emissão governamental e contratos de câmbio do que ações e, menos ainda, operações de compra e venda de debêntures. A inexistência de qualquer órgão regulador da emissão desses papéis prescindia, por seu turno, de maior conclusão quanto à correta categorização jurídica da ação. Assim, tal disputa permaneceu muito mais no campo intelectual e doutrinário, não acarretando qualquer consequência prática digna de algum relevo ou consequência para os atores do mercado acionário nacional.

Para que o termo "valor mobiliário" aparecesse dentro de nosso sistema legal, e daí para delimitar o seu conteúdo, foi necessário que percorrêssemos um longo caminho, que permanece até hoje cheio de incógnitas e à espera de um trabalho mais aprofundado, quer por parte dos estudiosos, quer por parte dos legisladores e julgadores. Entre nós, o termo "valor mobiliário" aparece pela primeira vez em 1965, sem muito alarde, quase sempre acoplado ao termo "título", lá usado como sinônimo de valor mobiliário. Isso ocorre com a edição da Lei n. 4.728/1965. Entretanto, na dúvida quanto à natureza jurídica do valor mobiliário, o prudente ou inseguro legislador não especifica se a menção ao termo "título" refere-se a título de crédito ou a título de participação societária.

Como fato antecedente, e como pano de fundo, temos que ter em mente o fato relevante de que em 1964 é promulgada a Lei n. 4.595, também denominada Lei Bancária, que introduz reformas radicais junto ao mercado financeiro. Com a sua promulgação, dentre outras profundas mudanças, retiram-se do Banco do Brasil os papéis de regulador e fiscalizador do mercado financeiro e de autoridade cambial, criando-se, para a consecução de tais tarefas, o Conselho Monetário Nacional, enquanto órgão elaborador de políticas econômicas. O mesmo diploma legal cria o Banco Central, ao qual se atribuiu a tarefa atuar como órgão executor das deliberações do Conselho Monetário, bem como a competência para ser a autarquia fiscalizadora e aplicadora de punições pelas transgressões das normas inerentes ao mercado financeiro.

Claro está que, à época — ou seja, 1964 —, já havia um mercado de valores mobiliários razoavelmente ativo, com a existência atuante das bolsas de valores, então criadas por lei, e com os corretores de títulos e de câmbio, que eram pessoas físicas nomeadas pelo Poder Executivo, exercendo suas atividades em caráter vitalício. Assim, os emitentes de ações, os comitentes e os corretores praticavam transações eminentemente privadas, apoiadas tão somente no Código Civil e no Código Comercial, sem qualquer preocupação quanto ao papel do Estado enquanto ordenador de direitos e deveres visando à proteção das partes.

Quanto às transações com ações, o mercado secundário vivia uma fase de prolongada apatia com espasmos raros, nos quais as eventuais negociações crescentes levavam a quedas acentuadas. Assim é que, no século XIX, tivemos uma séria crise no mercado de ações, então denominada "Crise do Encilhamento", a qual jogou por terra os esforços de Ruy Barbosa para criar um mecanismo apto a financiar o desenvolvimento sustentado do nascente setor produtivo nacional. No início da década de 1960, nova crise se abate sobre o mercado secundário das bolsas, sendo apontada a inflação como um dos fatores geradores das mudanças legislativas de 1964 e 1965.

Porém, se o mercado de ações representava uma preocupação para as autoridades governamentais, não é menos verdade que o mercado financeiro, extremamente pulverizado em pequenos estabelecimentos de crédito, representava um desafio muito mais concreto. Assim é que, em 1964, nasce a Lei n. 4.595. É de se ter em mente que a única preocupação desta lei foi com o mercado financeiro, não merecendo o mercado de valores mobiliários mais do que uma única menção em seus 65 artigos. Este comando legal referiu-se à competência atribuída pela nova lei ao nascente Conselho Monetário Nacional para "disciplinar as atividades das Bolsas de Valores e dos corretores de fundos públicos" (art. 4º, XXI). A referência feita era meramente casual, revelando o legislador a pouca importância do mercado de valores mobiliários face ao tamanho e problemas do mercado financeiro.

Além do mais, a Lei Bancária não deu qualquer poder ao Conselho Monetário Nacional para regular os negócios entre os emitentes de valores mobiliários e os comitentes, ou mesmo quanto aos eventuais instrumentos suscetíveis de serem transacionados, não merecendo qualquer menção quanto aos tipos de transação ou às regras de segurança dos comitentes e dos corretores, permanecendo silente, ainda, quanto às responsabilidades dos administradores das bolsas de valores nas operações ocorridas em seus respectivos recintos. Na realidade, a menção que a Lei Bancária faz às bolsas de valores diz respeito à necessidade de se atribuir a um organismo estatal a competência fiscalizadora dessas atividades. E isso se deve principalmente ao fato de que as bolsas de valores deixaram de ser reguladas pelos respectivos governos estaduais, passando a sua regulação a ser de competência do governo federal.

É quase um ano após, através da Lei n. 4.728/1965, ou Lei do Mercado de Capitais, que o mundo jurídico toma conhecimento de uma legislação muito mais detalhada em face do mercado acionário, em cujo bojo aparece pela primeira vez o termo "valor mobiliário", lá utilizado como sinônimo de título (de crédito?). É somente com o advento dessa lei que passa a ser definida a competência do Banco Central, ao qual foram atribuídos os poderes para disciplinar e desenvolver o mercado de valores mobiliários, seguindo a política traçada pelo Conselho Monetário Nacional.

Porém, a meu ver, a lei de 1965 consagrou dois erros que nos interessam na análise do conceito de valor mobiliário. O primeiro equívoco foi tratar como equivalentes os termos "título" e "valor mobiliário". Isso porque o primeiro é a representação gráfica de garantia de direitos e obrigações inerentes a determinado negócio jurídico. O título demonstra de forma escrita a existência do vínculo obrigacional, através do qual as partes assumem direitos e obrigações. Alguns direitos e obrigações nascem segundo a forma estrita prevista em lei para que sejam válidos. Outros direitos e obrigações nascem dos estatutos e deliberações de assembleia. Ambos remetem à condição de acionista — detentor de direitos e deveres —, conforme previsto no contrato ou documento associativo para saber quais regras regem o vínculo obrigacional assumido pelas partes.

Assim é que, para os títulos de formalismo estrito, e para sua existência legal, há de existir a cártula ou título que materializa os direitos e obrigações assumidos, bem como os requisitos e características para a materialização desses direitos. Tais títulos usualmente representam direitos creditórios, os quais têm existência autônoma em relação ao negócio originário.

Já o valor mobiliário, se emitido, será sempre a representação de um investimento ofertado indistintamente ao público ou não. Na primeira hipótese, visando à defesa da poupança das pessoas, o valor mobiliário tem seu nascimento, existência e morte regulados e supervisionados pela Comissão de Valores Mobiliários. Já no mundo das ofertas privadas, a relação obrigacional está muito mais vinculada à vontade das partes, manifestada contratualmente, dentro dos limites estabelecidos pela lei.

Assim, o título de crédito é a representação escritural de um haver financeiro futuro, cujos direitos e deveres nascem da cártula. Já o valor mobiliário nasce sempre de um investimento, para cuja existência falece a necessidade de emissão de qualquer título ou cártula e cujas regras de investimento reportam-se a outro documento previamente dado a público pelo emitente dos valores mobiliários, tais como estatutos sociais, escrituras de emissão, etc. O título é a representação gráfica de uma obrigação de pagamento; já o valor mobiliário é sempre representativo de um investimento.

É nesse sentido que uma cambial será sempre emitida como garantia de pagamento de vencimento futuro, e não poderá ser considerada como um valor mobiliário. Entretanto, se a mesma nota for denominada de "nota comercial", colocada à venda como representação de um investimento e ofertada publicamente, verificaremos que estamos diante de um valor mobiliário. Ou seja, o título, sempre e necessariamente emitido, será a garantia de pagamento. Já o valor mobiliário, sem a emissão necessária de qualquer título, será a representação do investimento. No caso específico da cambial e da nota comercial, ambos podem ter a mesma representação visual, porém são instrumentos jurídicos distintos; esta distinção nasce da diferença de origem quanto à intenção do emitente e do credor e termina com a inexistência do título ou da cártula, espinha dorsal da caracterização da cambial. Assim, às notas comerciais não se aplicam as regras rígidas aplicáveis aos títulos de crédito, muito menos as hipóteses de nulidades previstas em sua legislação específica.

O segundo conceito errôneo constante da Lei n. 4.728/1965, este mais grave e revelador de ausência de técnica legislativa, foi o de atribuir direitos e deveres sem definir a causa que lhes daria nascimento. Assim, conquanto a lei fosse pródiga na utilização da expressão "títulos ou valores mobiliários", nunca se ocupou em sua conceituação.[3] Logo, em seu primeiro artigo a lei outorga competência ao Conselho Monetário Nacional para disciplinar o denominado mercado de capitais, bem como o mercado financeiro, cabendo ao também recém-criado Banco Central a competência para fiscalizá-los.[4]

---

3. A Lei n. 4.728/1965, somente no artigo 2º, por exemplo, se utiliza cinco vezes da expressão "títulos ou valores mobiliários" como sinônimos. No inciso VI do mesmo artigo 2º, emprega a expressão "corretora de títulos mobiliários e câmbio". Talvez a expressão "valores mobiliários" tenha adentrado ao nosso mundo do Direito, sem grandes traumas, dada sua importância relativamente menor em face do mercado financeiro. Tal situação vem sendo modificada a partir da criação da Comissão de Valores Mobiliários.

4. Entendeu a Lei n. 4.728/1965, em seu artigo 1º, que os mercados se dividem em mercado financeiro e mercado de capitais. O primeiro abrangeria as instituições financeiras, conceitualmente definidas no artigo 17 da Lei n. 4.595/1964, com os defeitos e imprecisões com que nasceu. O segundo compreenderia o hoje mercado de valores mobiliários. Tal distinção conceitual infeliz e errônea, talvez fruto de tradução apressada e descuidada do inglês, e que até hoje traz confusão interpretativa, ignora que o mercado de capitais deveria ser entendido como o *locus* no qual os detentores de poupança e os seus tomadores se encontram realizando as operações típicas do ato de investir. Assim, em realidade, ao mercado de capitais comparecem as instituições financeiras disputando a poupança disponível, tomando-a com a entrega de certificados de depósitos bancários, por exemplo. A esse mesmo mercado comparecem as entidades de distribuição do mercado de valores mobiliários para colocar as emissões ou para negociar os valores mobiliários junto ao mercado secundário. Ou seja, mercado de capitais é espécie no qual os mercados financeiros e de valores mobiliários são gêneros distintos. Em linguagem que atenda ao senso comum, e sem ser tautológico, o mercado de capitais é aquele no qual os mercados financeiro e de valores mobiliários competem na busca dos capitais disponíveis. O primeiro atua através da intermediação financeira; ou seja,

Assumindo temporariamente, e somente para efeitos didáticos, que "mercado de capitais" e "mercado de valores mobiliários" possam ser entendidos como sinônimos, temos que a denominada Lei do Mercado de Capitais comanda três vertentes distintas. A primeira estabelece as obrigações legais atribuídas ao Conselho Monetário e ao Banco Central para "facilitar o acesso do público a informações", "proteger os investidores", "evitar modalidades de fraude",[5] etc. A segunda regula o acesso à poupança do público, na medida em que se deu competência ao Banco Central para "registrar as emissões" a serem distribuídas no mercado (colocação primária), bem como para registrar as operações negociadas nas bolsas de valores (mercado secundário).[6] A terceira vertente normativa foi aquela que atribuiu ao Banco Central o poder/dever para examinar e decidir se uma determinada emissão de valores mobiliários poderia ou não ser ofertada ao público eventualmente tomador.

Disso decorre o comando que cria a necessidade da aprovação prévia do Banco Central, a qual passou a ser indispensável, na medida em que "nenhuma emissão de títulos ou valores mobiliários poderá ser lançada, ou oferecida publicamente, ou ter iniciada a sua distribuição no mercado, sem estar registrada no Banco Central",[7] podendo a autarquia suspender a colocação feita de forma irregular, ilegal ou fraudulenta. Ou seja, na medida em que o lançamento de qualquer "título ou valor mobiliário" devesse antes passar pelo exame e aprovação do Banco Central, pode-se concluir que o conhecimento do que fosse valor mobiliário deveria ser considerado como relevante, já que este seria o objeto de seu exame, bem como a eventual punição deveria levar em conta se estávamos ou não na presença de um "título ou valor mobiliário".

A inexistência de qualquer vestígio de definição não trouxe maior transtorno, quer pela falta de previsão de punição específica na denominada Lei do Mercado de Capitais, quer pela insipiência do mercado, demonstrada pelo pequeno volume de valores mobiliários ofertados, quer pelo número reduzido das sociedades que colocavam valores mobiliários junto ao público.

De outro lado, deve-se levar em consideração que as novidades introduzidas pela criação do Conselho Monetário Nacional e do Banco Central, bem como por estarmos absorvendo a cultura e a normatização alienígena referente aos valores

> toma recursos financeiros e os empresta em nome próprio. O segundo atua no campo da desintermediação; ou seja, somente aproximando emitente e tomador ou comprador e vendedor de valor mobiliário, mas operando como corretor entre partes e exercendo a prestação de um serviço cuja remuneração é uma corretagem, mas nunca tomando recursos em nome próprio para repassá-los a terceiros, como fazem tipicamente as instituições financeiras.

5. Vide artigo 2º da Lei n. 4.728/1965.
6. Vide artigo 3º, V e VI, da Lei n. 4.728/1965.
7. Vide artigo 21 da Lei n. 4.728/1965.

mobiliários sem que com ela tivéssemos convivido anteriormente, fez com que o papel do Banco Central, no controle dos valores mobiliários ofertados ao público, se restringisse às ações e às debêntures, permanecendo *in albis* o efetivo exercício do poder de polícia quanto aos demais valores mobiliários eventualmente colocados junto ao publico investidor, como ocorreu com a colocação pública de cotas de investimento emitidas e ofertadas publicamente para financiar empreendimentos imobiliários (*time sharing*).

Assim, pelo desconhecimento ou pela irrelevância do mercado, em face dos demais problemas que assolavam ao mercado financeiro, somado ao tempo e à energia consumidos na montagem do Conselho Monetário Nacional, órgão normatizador, e do Banco Central, autarquia fiscalizadora e policiadora do mercado de valores mobiliários, tivemos que durante onze anos nenhuma autoridade governamental, ao que se saiba, perdeu muitas noites de sono, preocupada em saber o que seriam os valores mobiliários, a que os comandos legais se referiam, nem houve, muito menos, por parte da autarquia e do mercado, a preocupação em exercer ou temer o poder/dever de polícia atribuído por lei ao Banco Central.

A partir de 1969, este mercado começa a apresentar crescimento bastante acentuado, vindo a desabar, mais uma vez, no início da década de 1970, com grandes perdas, principalmente para os pequenos investidores pessoas físicas. Nessa época toma corpo a sensação de que mudanças profundas deveriam acontecer para que, principalmente no diz respeito às ações, pudesse o mercado servir como elemento auxiliar no processo de capitalização das empresas. Este vem a ser um dos fatores que motivariam a alteração da legislação das sociedades por ações, bem como, e principalmente, o nascimento da Comissão de Valores Mobiliários em 1976.[8]

4.4 A criação da Comissão de Valores Mobiliários

É com esse objetivo que, em 1975, o Presidente da República, por influência do professor Mário Henrique Simonsen, então Ministro da Fazenda, decide em boa hora retirar do então Projeto do Código Civil, que já há muito embarnava junto ao Congresso Nacional, o capítulo referente à proposta de alteração da lei das sociedades por ações, transformando-o em um projeto distinto e autônomo, bem como, por intermédio de outro projeto, criar uma nova autarquia para se preocupar com o mundo dos valores mobiliários emitidos pelas companhias, ambos os trabalhos

---

8. Com a Lei n. 6.385/1976 foi criada a autarquia federal, administrativamente vinculada ao Ministério da Fazenda, denominada Comissão de Valores Mobiliários – CVM, cuja competência, responsabilidades e autoridade serão mais adiante discutidas.

entregues aos cuidados do professor Alfredo Lamy Filho e do doutor José Luiz de Bulhões Pedreira.

A lei criadora da Comissão de Valores Mobiliários não poderia impunemente repetir o expediente seguido pela Lei n. 4.728/1965 de utilizar-se da expressão "valor mobiliário" sem conceituá-la, sob pena de a Comissão não ter definido seu campo de atuação.

Entretanto, o legislador não desconhecia a dificuldade que outros países vinham encontrando para dar uma abrangência adequada ao termo. A definição do campo de competência da Comissão de Valores Mobiliários era tarefa fundamental, já que, como visto acima, pela falta desta na Lei n. 4.728/1965, entendia-se que todos os valores mobiliários se sujeitavam ao campo de competência do Banco Central, obviamente remanescendo o problema de se saber o que fosse valor mobiliário. Da constatação desse fato restaria ao legislador de então ou revogar todos os dispositivos que atribuíam competência ao Banco Central sobre os valores mobiliários, ou separar alguns muito bem definidos ou defíniveis para que deles se encarregasse a nova autarquia, remanescendo os demais dentro da órbita nebulosa do campo de competência do Banco Central.

A opção recaiu sobre essa segunda hipótese, já que, tal como sofrera oposição do Banco do Brasil quanto a sua criação, o Banco Central se opunha ao surgimento da Comissão de Valores Mobiliários. Foi esse o motivo pelo qual o legislador optou por elaborar uma lista de valores mobiliários emitidos por sociedades por ações como sendo o campo de competência da Comissão de Valores Mobiliários, permanecendo o Banco Central com a competência sobre o indefinido campo remanescente dos valores mobiliários, competência esta exercitada no âmbito da então Diretoria de Mercado de Capitais, hoje transformada em Diretoria de Normas.

Tal divisão de competências é naturalmente clara quando analisamos dois pontos importantes. O primeiro é que, de forma indefinida, a Lei do Mercado de Capitais outorga competência ao Banco Central para autorizar, fiscalizar e punir as transgressões, tudo referente ao mundo dos valores mobiliários. Ou seja, qualquer valor mobiliário que viesse a ser assim entendido, no futuro, estaria adstrito ao campo de competência normativa do Banco Central. Em segundo lugar temos que, quando do surgimento da Comissão de Valores Mobiliários, sua lei criadora definiu em seu artigo 2º o campo de competência da autarquia, comandando que "são valores mobiliários sujeitos ao regime desta lei" e aí especificando quais são aqueles subordinados ao seu regramento. Isto significa que outros valores mobiliários poderiam existir fora de seu campo normativo e fiscalizador. O campo de competência do Banco Central ficou definido como sendo, de um lado, aquele expressamente previsto na própria Lei n. 6.385/1976, qual seja, sobre os títulos da dívida pública e sobre as cambiais emitidas pelas instituições financeiras, exceto as debêntures. E, de outro lado, os valores mobiliários não contidos na tipologia especificada pela lei criadora da Comissão de Valores Mobiliários.

Ou seja, até a edição da Lei n. 10.303/2001, a competência quanto ao exercício do poder de polícia da Comissão de Valores Mobiliários limitava-se aos valores mobiliários emitidos por sociedades por ações e ofertados ao público, desde que constantes da lista nascida de lei ou de decisão do Conselho Monetário Nacional, se emitidos por sociedade anônima, excetuados os títulos públicos e os títulos cambiais emitidos por instituições financeiras.

Ao conjunto de competência da CVM foram incluídos mais tarde outros valores mobiliários — até mesmo um que não é emitido por sociedade por ações, aquele representativo do mercado futuro de índice; neste caso, o Conselho Monetário Nacional entendeu que, pelo fato de terem como substrato uma "cesta ideal" de ações, tais contratos deveriam restar dentro da órbita regulatória da Comissão de Valores Mobiliários. Ou seja, os valores mobiliários cuja competência foi atribuída à CVM sempre foram, até 2001, tipificados por seu *nomen iuris*, remanescendo todos os demais não definidos ou não nominados dentro do âmbito de competência do Banco Central, como demonstrou em passado não muito recente seu poder regulatório, fiscalizador e punitivo em relação aos mercados futuros, que não o de índice, o qual não se encontrava especificado no campo literal de sua competência, mas sim dentro do campo indefinido a ele atribuído pela Lei do Mercado de Capitais. Tal divisão assim permaneceu até o advento da Lei n. 10.303/2001.

Em resumo, da separação de competências resultou, inicialmente, que os valores mobiliários emitidos pelas sociedades por ações, constantes da listagem inicial do artigo 2º da Lei n. 6.385/1976 e ofertados ao público eram fiscalizados pela Comissão de Valores Mobiliários, bem como a ela estavam adjudicadas, por lei, as políticas de estímulo para o desenvolvimento do mercado de valores mobiliários. Já ao Banco Central continuava afeita a normatização e fiscalização dos valores mobiliários que, não sendo emitidos pelas sociedades por ações, nem por lei específica tivessem competência atribuída à CVM, fossem ofertados ao mercado.[9] Em virtude das duas dificuldades acima apontadas, a conceitual e a resultante da divisão de competências, o prudente legislador, na Lei n. 6.385/1976, não definiu

---

9. Tenha-se em mente que cabia ao Conselho Monetário Nacional levar para o campo de competência da CVM outros valores mobiliários, não previstos na listagem do artigo 2º, desde que esse acréscimo de competência se referisse a valor mobiliário emitido por sociedade anônima. Em sua redação original, estatuía o inciso III do artigo 2º que: "São valores mobiliários sujeitos ao regime desta lei [...] III – outros títulos criados ou emitidos pelas sociedades anônimas, a critério do Conselho Monetário Nacional". Ou seja, mesmo que o valor mobiliário fosse de emissão de uma sociedade anônima, desde que não constante da listagem do artigo 2º, poderia o Conselho Monetário Nacional, a seu exclusivo critério, outorgar competência quer à Comissão de Valores Mobiliários, quer ao Banco Central.

o que fosse valor mobiliário, mas optou por nomeá-los através da adição de listas taxativas posteriormente aumentadas.

A partir do início da década de 1990, uma série de novos valores mobiliários passa a poder ser oferecida ao público através de normatização específica, e que veio a acrescer a competência da Comissão de Valores Mobiliários, porém, nunca os definindo, mas sim os nomeando a cada novo instrumento legal editado.

Assim, e em resumo, pela Lei n. 6.385/1976 foi inicialmente atribuído como campo de competência da CVM:

i. valores mobiliários expressamente mencionados pela lei criadora da Comissão — quais sejam, ações, partes beneficiárias e debêntures —, bem como o subproduto de tais valores mobiliários, que são os cupons de tais títulos, os bônus de subscrição e os certificados de depósito de valores mobiliários;
ii. valores mobiliários emitidos por sociedades por ações, não constantes do elenco previsto na Lei n. 6.385/1976, cuja competência seja atribuída à CVM por deliberação do Conselho Monetário Nacional; e
iii. valores mobiliários não emitidos por sociedades por ações, cuja competência seja atribuída à Comissão por determinação de lei.

A necessidade de saber o que seja valor mobiliário, além daqueles expressamente mencionados em lei, tornou-se mais premente na medida em que, a partir de 1986, a Lei n. 7.492, também conhecida como Lei do Colarinho Branco, passou a considerar como tipo penal o ato de "emitir, oferecer ou negociar, de qualquer modo, títulos ou valores mobiliários: I – sem registro prévio perante a autoridade competente", bem como "IV – sem autorização prévia da autoridade competente, quando legalmente exigida".[10] A transgressão implica a aplicação da pena de reclusão de 2 a 8 anos, além da imposição de multa.

De outro lado, estabeleceu a Lei n. 4.728/1965 que "As sociedades que infringirem o disposto neste artigo [conceito de colocação pública de valores mobiliários] ficarão sujeitas à cessação imediata de suas atividades de colocação de títulos ou valôres mobiliários no mercado, mediante intimação do Banco Central, que requisitará, se necessário, a intervenção da autoridade policial" (§ 3º do art. 16). A lei passou também a punir financeiramente as sociedades distribuidoras de valores mobiliários que ofertassem esses valores sem a autorização prévia do Banco Central, estabelecendo que "As emprêsas que, a partir da publicação desta Lei, colocarem papéis no mercado de capitais em desobediência ao disposto neste Capítulo, não terão acesso aos bancos oficiais [...]" (§ 1º do art. 17).

10. Vide art. 7º da Lei n. 7.492/1976.

Dois pontos são de interesse para a presente análise. O primeiro é que passaram a existir cominações penais sem que seja definido o respectivo tipo criminal. Quando a lei pune com a pena de prisão os atos de emitir, negociar ou ofertar, sem a competente autorização prévia, algo que possa ser valor mobiliário, temos que seria de todo imprescindível a existência prévia de uma norma definidora ou tipificadora de tal conceito. Assim, a Lei n. 7.492/1986 passa a fazer companhia à indefinição iniciada pela Lei do Mercado de Capitais, aumentada pela listagem da Lei n. 6.385/1976 e de normas subsequentes, e tornada ainda mais difícil com a introdução de fatos geradores de difícil conceituação no mundo jurídico pátrio, tais como contrato de investimento coletivo ou contratos derivados.

É muito mais grave do que a indefinição constante da Lei n. 4.728/1965, na medida em que tal situação venha a ocorrer no âmbito do Direito Penal. A falta de definição do que seja valor mobiliário poderia tornar a aplicação do preceito inoperante pela ausência da necessária tipificação. Assumindo que os valores mobiliários aos quais seria aplicável a Lei do Colarinho Branco sejam aqueles por lei definidos como de competência da Comissão de Valores Mobiliários, temos que ocorre a segunda incongruência.

Esse segundo ponto refere-se ao fato de que a lei penal remete a competência da interlocução processual ao Banco Central, sendo de todo inconsistente a abertura de processo administrativo por esta autoridade monetária, com a eventual aplicação de punição quanto à prática do ilícito relativo a valores mobiliários, pois a competência legal fiscalizatória, punitiva e autorizativa quanto a este objeto seria da Comissão de Valores Mobiliários.

Quase todas essas dificuldades são superadas com o advento de duas medidas fundamentais. Em primeiro lugar, o Banco Central passa a ser somente autoridade monetária, deixando o campo dos valores mobiliários como de competência da CVM. A segunda medida ocorre, à mesma época, quando, com o advento da Lei n. 10.303/2001, a CVM passa a ter competência sobre valores mobiliários não nominados, surgindo os tipos abertos, tais como o contrato de investimento coletivo ou "outros contratos derivativos independentemente dos ativos subjacentes" (inciso VIII do artigo 2º da Lei n. 6.385/1976).

De toda essa evolução ou ampliação do campo de competência da CVM resultou que, como se verá mais adiante, da definição legal cinco são os pontos caracterizadores do valor mobiliário, a saber:

i. há, necessariamente, a condição de que a oferta não seja privada, mas pública (veremos as características desta última mais adiante);
ii. o investimento coletivo deve concretizar-se através da emissão de um título ou pela adesão a um contrato de investimento coletivo;

iii. tal contrato coletivo ou título deve gerar direitos participativos, de parceria ou de remuneração no negócio ou empreendimento coletivo; ou
iv. a remuneração constante do título ou do contrato coletivo poderá ser resultante inclusive da prestação de serviços;
v. os rendimentos devem advir do esforço do empreendedor ou de terceiros.

Como mencionado anteriormente, a tipologia da lei brasileira refere-se de maneira muito próxima aos elementos caracterizadores do valor mobiliário apontados na decisão do processo Securities and Exchange Commission v. W. J. Howey and Howey in the Hill Service Inc., anteriormente comentado. Lá, os contratos foram considerados como valores mobiliários na medida em que se caracterizavam:

i. por serem objeto de uma oferta pública;
ii. com as características de um contratos de investimento;
iii. feito em dinheiro;
iv. investido em um empreendimento comum;
v. realizado com a expectativa de lucro; e
vi. gerado pelo esforço de terceiro.

Da comparação das duas tipologias, vemos que os elementos comuns a ambas são:

i. a oferta pública de valor mobiliário;
ii. a existência de um contrato de investimento;
iii. caracterizado por ser um empreendimento coletivo ou comum;
iv. cujo objeto é a expectativa de rendimento ou lucro;
v. lucro ou rendimento estes produzidos por terceiro ou pelo empreendedor.

Certamente, alguns poucos aditivos ou exclusões foram objeto da atenção do legislador brasileiro. A lei brasileira — ao contrário do que ocorreu nos Estados Unidos, em que, fundamentalmente, a Suprema Corte analisava casos concretos, gerados desde a década de 1930 — foi feita como comando abstrato, pensando-se em hipóteses que deverão abranger futuras formas de investimento. Ademais, devemos ter em mente que, em alguns julgados posteriores, emanados da mesma Suprema Corte norte-americana, a definição judicial inicial foi sendo modificada e ampliada para alargar o seu entendimento — vide, por exemplo, a não necessidade de o investimento ser feito só em dinheiro, mas em bem nele avaliável. Na definição brasileira, de outro lado, mantivemos o cacoete de mencionar o velho "título".

Na verdade, o título, que era essencial para a portabilidade do valor mobiliário, deixa de ter significado legal a partir do momento em que as emissões passaram a ser necessariamente sob a forma nominativa; ou seja, o título é mera materialização do valor mobiliário e não palavra sinônima de "valor mobiliário". A condição de investidor decorre da assinatura quando da subscrição de um valor mobiliário emitido ou não. De outro lado, e de acordo com a legislação hoje existente, os direitos e obrigações do emitente não decorrem da existência de algum título. Os direitos e obrigações do emissor nascem quando da oferta do valor mobiliário, e os do investidor quando da subscrição — todos esses direitos e deveres devem encontrar-se inscritos no prospecto da emissão, no estatuto aprovado quando da criação do instrumento de investimento ou das deliberações assembleares dos investidores.

De concreto, entretanto, temos que os pontos de convergência entre a síntese da decisão em Howey e a lei nacional podem servir de guia ou ponto de referência ao aplicador da lei nacional, respeitando-se, por óbvio, os conteúdos específicos da nossa legislação.

O que caracteriza o contrato de investimento é a necessária expectativa de ganho por parte daquele que investe. A "expectativa" não significa a "existência de ganho certo", mas a possibilidade de sua ocorrência. Este é um conceito intuitivo e não definido pelas legislações norte-americanas de 1933 e 1934.

Mesmo a definição adotada em Howey pela Suprema Corte não foi original, na medida em que se aproveitou do conceito estabelecido pela Corte do estado de Minnesota,[11] segundo o qual um contrato de investimento se caracteriza por ser "a colocação de capital ou de dinheiro com a intenção de assegurar a renda ou lucro de seu emprego". Tal definição passou a ser utilizada pelas cortes estaduais, sendo, em seguida, incorporada pela Suprema Corte em 1946.

A tal definição, a Suprema Corte foi agregando outros qualificativos nascidos de seu poder construtivo, e levando em consideração, como razão de decidir, não só a forma do ato praticado pelo ofertante do investimento, como também, e principalmente, a substância econômica do ato, bem como a proteção do investidor, colocando o ofertante na esfera de fiscalização da SEC, obrigando-o a fornecer aos potenciais investidores um volume obrigatório de informações que, de outra maneira, não seria necessariamente fornecido.

Isso significou que a legislação nacional, ao adotar o conceito contido no Direito norte-americano, abriu de maneira extraordinária o campo de atuação de nossa Comissão de Valores Mobiliários. Assim, a lei brasileira, além de buscar

---

11. State v. Gopher Tire & Rubber Co., 146. Minn. 52, 56, 177 N.W. 937, 938.

qualificar o que seja contrato de investimento coletivo,[12] ampliou sua base de competência ao determinar: (i) que o emitente poderá ou não ser sociedade por ações, ou mesmo poderá não ser uma sociedade como tal; (ii) a obrigatoriedade de contar com auditor independente registrado junto à Comissão; (iii) a competência da CVM para estabelecer cláusulas e condições a serem adotadas pelos emitentes, junto aos mercados de bolsa ou balcão organizado, bem como para negar autorização a tais colocações; e, finalmente, (iv) a competência da Comissão de Valores Mobiliários para estabelecer as condições de distribuição, mediação, compensação e liquidação das operações, além de atribuir tais tarefas somente para as sociedades ou agentes autônomos junto a ela registrados.

Com base no contido na Medida Provisória n. 1.637/1998, a Comissão de Valores Mobiliários baixa a Instrução n. 270/1998, a qual, quase repetindo os termos da então medida provisória, estabelece que "Considera-se título ou contrato de investimento coletivo aquele gerador de direito de participação, de parceria ou de remuneração, inclusive resultante de prestação de serviços, cujos rendimentos advêm do esforço do empreendedor ou de terceiros".

Porém, utilizando-se da competência estabelecida no artigo 1º, § 3º, daquela lei e, provavelmente, buscando resolver só o problema surgido com a venda de valores mobiliários de participação emitidos tendo como ativo *boi gordo*, ela se autoimpôs um limite ao estabelecer no artigo 1º da Instrução n. 270/1998 que "Somente poderão emitir títulos ou contratos de investimento coletivo para distribuição pública as sociedades constituídas sob a forma de sociedade anônima". Porém, como o comando de lei diz que a CVM poderá exigir a forma acionária, temos que, em se alterando o conteúdo da limitação imposta por ela mesma, outras formas de conglomeração de investimento poderão ser adotadas.

Posteriormente, a edição da Instrução n. 296/1998, dentre outros regramentos, estabeleceu um maior alcance do poder regulatório da CVM, ao estatuir, em seu artigo 4º, que "Podem ser ativo objeto dos contratos de investimento coletivo quaisquer produtos ou subprodutos destinados a fins comerciais". Com tal adendo, que é mais facilmente inteligível se for desconsiderada a palavra "ativo", a Comissão de Valores Mobiliários trouxe para si a fiscalização e o controle dos produtos subjacentes e representados pelos valores mobiliários existentes no mercado, fundamentalmente os mercados à vista e futuro de *commodities*.

Assim, são suscetíveis de normatização e fiscalização por parte da CVM os bens ou ativos que lastreiam os valores mobiliários derivados ou garantidos por

---

12. Art. 2º, IX, da Lei n. 6.385/1976, incluído pela Lei n. 10.303/2001: "Quando ofertado publicamente, quaisquer outros títulos ou contratos de investimento coletivo, que gerem direito de participação, de parceria ou remuneração, inclusive resultante de prestação de serviços, cujos rendimentos advêm do esforço do empreendedor ou de terceiros."

tais "produtos ou subprodutos destinados a fins comerciais". Porém, essa Instrução inova em face da anterior ao determinar que o prospecto, que necessariamente deve acompanhar a oferta do certificado ao público, deve ser elaborado de forma a passar ao ofertado os dados básicos sobre a companhia emissora e sobre a emissão, bem como as expectativas dos emitentes que justificam a probabilidade de êxito do empreendimento comum.

Também é exigido da companhia emitente que, quer o prospecto, quer todo o material publicitário, devem ser aprovados previamente pela CVM. Dado o grau de inovação e a dificuldade de aferição da solidez do negócio ofertado publicamente, a Comissão de Valores Mobiliários estabelece regras de garantias para o investidor até então não exigidas quando da emissão de outros valores mobiliários.

Posteriormente, com a Instrução n. 350/2001, veio o terceiro lote de regras, o qual se preocupa com a solidez do negócio a ser financiado pela emissão dos contratos de investimento. Neste sentido, a Instrução obriga a que ocorra a prestação de garantia real de bens livres e desembaraçados, por parte da emitente, e equivalentes a no mínimo a 50% do valor principal dos valores mobiliários "em circulação, em tesouraria e a emitir pendentes de registro", quando a emissão ultrapassar determinados parâmetros lá previstos.

Tais garantias não são exigíveis se os certificados forem colocados unicamente junto a investidores qualificados, situação na qual cada certificado não poderá ter valor de colocação inferior a R$ 150.000,00. Porém, quando o valor atualizado dos certificados emitidos ultrapassar a quantia de R$ 10.000.000,00 além de ter que prestar garantia, a empresa terá que se registrar como uma companhia aberta, bem como cumprir todas as exigências a ela inerentes.

Ou seja, as companhias emitentes de certificados têm que prestar garantia real a seus investidores, além do que, em ultrapassando determinado limite, passam a se submeter a todo o processo de transparência e prestação de informações ao público que caracteriza as companhias abertas.

Ainda dentro do tratamento diferenciado, coloca a CVM este investimento dentro da categoria de aplicação de alto risco,[13] ao exigir que o investidor declare expressamente ter tomado conhecimento dos termos constantes do prospecto, além de estabelecer regras quanto à aplicação dos recursos arrecadados com a venda dos contratos de investimento.

---

13. Além da declaração usual que todos os ofertantes de valores mobiliários têm que fazer, dizendo que a CVM não garante a veracidade das informações prestadas pela empresa emissora, devem as companhias emitentes de certificados de investimento declarar expressamente e em destaque que "a rentabilidade final deste investimento está sujeita às flutuações de preço [...]", bem como que "este investimento não representa parceria rural", retirando a garantia que detêm os ativos utilizados na atividade agropecuária.

Finalmente, e com o intuito de prover maior garantia aos investidores, cria a Instrução a necessidade de entregar ao eventual investidor uma cartilha, feita em linguagem simples e clara, resumindo as informações constantes do prospecto, na qual se detalhem os riscos a que o investidor está exposto, repetindo, novamente, e em destaque, as três declarações acima apontadas. Ou seja, a Instrução n. 350/2001 trata fundamentalmente do estabelecimento de garantias — reais ou outras — por parte do emitente, visando proteger, na medida do possível, o investidor contra eventual insucesso.

Resta, finalmente, discutir o alcance do aumento da competência da Comissão de Valores Mobiliários trazido pela Lei n. 10.198/2001, em face do conceito de contrato de investimento coletivo. Assim, analisaremos os seguintes aspectos:

i. Títulos ou contratos de investimento coletivo.
ii. Direitos participativos ou de parceria.
iii. Prestação de serviços.
iv. Rendimento advindo do esforço do empreendedor ou de terceiro.
v. Direitos participativos.

4.4.1 Títulos ou contratos de investimento coletivo

Os títulos ou contratos de investimento coletivo[14] surgem ao ofertar-se o mesmo contrato de investimento a um conjunto de parceiros para aderirem à oferta pública, caracterizando-os como partícipes de um empreendimento comum, conforme a definição constante em Howey. A ideia inicial é que o investidor seja um elemento total ou parcialmente passivo na relação contratual, na medida em que entregue ao gestor dinheiro, ou bem nele avaliável, para que seja gerido por terceiro.

Diferentemente do paradigma norte-americano, que ampliou o conceito de contrato de investimento via posteriores decisões da Suprema Corte, a lei brasileira ampliou o alcance da norma, ao estabelecer que o investimento coletivo surge

---

14. Na vertente norte-americana, o contrato de investimento, para os fins da Lei de 1933 e tendo por fundamento os julgados da Suprema Corte, *"means a contract, transaction or scheme whereby a person invest his money in a common enterprise and is led to expect profit solely from the efforts of the promoter or a third party, it being immaterial whether the shares in the enterprise are evidence by formal certificates or by nominal interest in the physical assets employed in the enterprise. [...] It embodies a flexible rather than a static principle, one that is capable of adaptation to meet the countless and variable schemes devised by those who seek the use of the money of others on the promise of profit. [...] They are offering an opportunity to contribute money and to share in the profits of a large citrus fruit enterprise managed and partly owned by respondents. [...] The investment contracts in this instance take a form of a land sale contacts, warranty deeds and service contracts which respondents offer to prospective investors."* (LOSS, Louis; SELIGMAN, Joel. **Fundamentals of Securities Regulation**. Op. cit., p. 184-185).

quando a expectativa de remuneração do investidor decorra exclusivamente "do esforço do empreendedor ou de terceiro", excluindo a participação, mesmo menor, do próprio investidor.

Porém, para o que nos interessa, temos que, se de um lado a lei brasileira evitou discutir a gradação da eventual participação do investidor, deixou, de outro lado, o flanco aberto para a discussão do julgador nacional, caso haja alguma participação ou interferência administrativa do investidor na gestão do empreendimento.

Caso se analise somente a literalidade do texto legal, pode-se entender que o fato gerador ocorre só quando há a atividade exclusiva do "empreendedor ou terceiro", ficando a dúvida quanto às situações nas quais ocorrem orientações de investimento, emanadas de investidores reunidos informalmente ou em assembleias, das quais decorram suas determinações de comportamento ao empreendedor.

Muito embora, na maioria das vezes, as situações não sejam tão meridianamente claras, temos que levar em consideração, de um lado, o investidor e, de outro, o gestor, sendo o valor mobiliário ou o contrato de investimento o elo jurídico que os liga.

Normalmente, o empreendimento comum ou coletivo se manifesta pela existência de uma pessoa jurídica ou de um condomínio de interesses, como no caso do fundo de investimento sem tal personalização, sendo que ambos emitem ou entregam os valores mobiliários na proporção dos investimentos recebidos.

Porém, a inexistência de pessoa jurídica não descaracteriza o valor mobiliário, indiferentemente de que tenha sido emitido ou de que tenham suas obrigações nascido de uma pessoa jurídica, de uma associação de interesses não personalizada ou de uma pessoa física — como no caso dos *crowdfundings*, por exemplo. O que é relevante é a existência do interesse comum no sucesso do empreendimento. Assim, o fundamento da comunhão é a existência de interesse econômico interligado juridicamente.

Porém, a expressão "empreendimento comum" na construção jurisprudencial norte-americana não significou que ambos exerçam as mesmas funções ou o mesmo grau de controle sobre o investimento. Lá, e originariamente, se entendia que o valor mobiliário seria caracterizável se o lucro adviesse do esforço exclusivo de terceiro que não o próprio investidor.[15]

---

15. SEC v. W. J. Howey: *"[...] solely from the efforts of the promoter or a third party, it being immaterial whether the shares in the enterprise are evidenced by formal certificates or by nominal interest in the physical assets employed by the enterprise."* Porém, a hipótese do esforço de terceiro, como caracterizadora do esforço do valor mobiliário, não aparece repentinamente no julgamento da Suprema Corte, que data de 1946. Ao contrário, a decisão foi precedida de julgamento de cortes estaduais, que já mencionavam essa característica individualizadora do investimento. Tal direcionamento fica bastante claro em Lewis v. Creaseway

Posteriormente, entretanto, verificou-se que a existência do empreendimento em cuja transação o investidor passa a ter uma parcela de influência na tentativa de obtenção do lucro também se caracterizou como valor mobiliário. Tal ingerência pode ocorrer nos negócios de licenciamento (*franchise*), nos quais o lucro depende da excelência do produto licenciado, bem como da assistência técnica que o licenciador dê.

Não será valor mobiliário se o resultado se originar do trabalho do licenciado e se seu esforço for considerado imprescindível para que o empreendimento prospere. A participação direta fica mais visível no caso dos investimentos a termo, nos quais o investidor diretamente decide o momento propício para a eventual realização do lucro, levando em consideração as futuras flutuações de mercado. Em ambas as hipóteses o esforço não foi exclusivamente de terceiro para que o lucro surgisse. Tal situação, entretanto, não é descaracterizadora da presença de um valor mobiliário.

Se a participação do investidor não descaracteriza a existência de um valor mobiliário, a inexistência do terceiro que irá procurar produzir o lucro pelo investimento feito poderá fazer com que inexista a competência da CVM para regrar a relação contratual, muito embora tenha ocorrido um investimento. Assim, uma pessoa pode investir em diamantes, obras de arte, etc., na expectativa da valorização do mercado. Em tais situações, não há que se falar na existência de valor mobiliário, muito embora seja o investimento feito em um bem móvel. Um valor mobiliário passaria a existir se o pintor oferecesse à venda cotas de participação no resultado da alienação de seu futuro quadro, ou se o vendedor de diamantes oferecesse à subscrição parte ideal de um diamante que irá ser lapidado, ou parte de um lote de diamantes, na busca de lucro futuro.

O investimento não pode ser considerado isoladamente como elemento caracterizador, mas, usualmente, deve ser confrontado com as outras características, inclusive com a existência de terceiro gestor do investimento. Mesmo se considerarmos os mercados não à vista, quer o de títulos, quer o de mercadorias, tais como contratos futuros, opções, índices, etc., veremos que existe o empreendimento comum.

Nos mercados não à vista o lucro eventual do investimento dependerá do sucesso do papel ou da mercadoria em época futura. Tal acontecimento irá depender do comportamento do mercado à vista, à época do vencimento do contrato, o qual, por sua vez, será reflexo do sucesso ou não da empresa ou da mercadoria transacionada.

Corp., 198 Ky. 409, p. 413-414, 248 SW 1.046, 1.48 (1923): *"[...] the investor will earn his profit through the effort of others [...]."* Mesmo a própria SEC, em 1939, no caso SEC v. Universal Service, 10º. F. 2d., 232, 237 (7th. Cic. 1939), propôs em juízo que se considerasse como valor mobiliário *"the investment of money with expectation of profit through the efforts of other persons"*.

Mesmo os mercados mais etéreos, como os de índices de ações, estão relacionados com cotações futuras, as quais estarão dependendo do comportamento do mercado à vista à época do vencimento, o qual, por sua vez, deverá refletir a situação da empresa, ou outros fatores, como investimentos alternativos, bem como os fatos políticos relevantes que possam influir na expectativa da variação do preço futuro.

Porém, se ignorarmos momentaneamente os intermediários, veremos que, em todas as hipóteses, nas pontas inicial e final do negócio há sempre o empreendimento comum que visa à obtenção de lucro. Estes são alguns pontos que, no futuro, poderão merecer a atenção do órgão regulador do mercado de valores mobiliários, ou dos julgadores administrativos ou judiciais.

4.4.2 Direitos participativos ou de parceria

Na geração de direitos participativos ou de parceria, a compra de um bem a título de investimento se caracteriza pela expectativa de lucro, distinguindo-se, tal situação, da simples compra para consumo. A mais-valia obtida por esforço próprio e destinada ao seu consumo não caracteriza um valor mobiliário. Este, não importa se emitido ou não, é resultante da expectativa de obtenção de lucro por parte do investidor, que se materializa através do juro, do dividendo, ou de qualquer outra situação que caracterize a expectativa de um acréscimo real ao montante inicialmente aplicado. Se o investimento for de risco, não tem sentido falar em lucro, já que este é incerto.

Desta forma, não será a ausência de dividendo que descaracterizará a ação como valor mobiliário, nem o juro de qualquer título de crédito ofertado ao público irá restringir sua qualidade de valor mobiliário. Porém, a expectativa de lucro, como elemento isolado, não pode ser levada em consideração como condição caracterizadora ou não do valor mobiliário. A previsão de lucro tem que existir, mas, como se verá, sozinha não é característica suficiente.

A expectativa terá que se manifestar pela esperança de receber dinheiro ou bem que em dinheiro seja valorável, como novas ações por capitalização de lucros, ações por conversão de debêntures, resgate de *commercial paper*, entrega de produtos, etc. Se a expectativa de lucro é elemento essencial à caracterização do valor mobiliário, teremos, necessariamente, que explorar o sentido da palavra "lucro".

O lucro deve ser o excesso recebido, ou que se tenha direito ou a expectativa de receber, além do capital inicialmente aplicado. O lucro, então, para sua caracterização, pode ou não ser recebido pelo investidor; mas, se não o for, deverá haver alguma demonstração da expectativa de incremento do valor patrimonial do contrato de investimento adquirido pelo investidor.

Porém, se o lucro do investimento se materializar pela fruição de algum bem ou direito, não haverá, de forma necessária, a materialização do lucro, nem a emissão de um novo valor mobiliário que a represente, mas haverá a mais-valia oriunda do investimento feito. Assim, o lucro pode manifestar-se pela percepção de dinheiro, bens de consumo, outros valores mobiliários que representem o acréscimo patrimonial eventualmente havido, havendo, ainda, o lucro que se manifesta não monetariamente, mas pelo uso ou fruição oriundo de direito previamente contratado e resultante de investimento de risco feito.

Nesse contexto, lucro deve ser entendido como benefício econômico oriundo de um contrato de investimento de risco, sendo irrelevante ele ser ou não distribuído, fixo ou variável.

Assim, não é relevante para a caracterização de um valor mobiliário o nome com o qual este venha ao mundo. O que realmente importa é a substância do negócio jurídico e seu fundamento econômico, ambos demonstrando um investimento. Neste sentido, a compra de um imóvel dificilmente será caracterizada como a aquisição de um valor mobiliário.

Entretanto, se a aquisição do imóvel for acompanhada, obrigatoriamente, da assinatura de um contrato pelo qual o administrador se responsabiliza pela locação do imóvel, dando garantia mínima de retorno, enfatizando o lucro do empreendimento como um bom investimento, a característica do negócio começa a mudar sua substância. Pela mesma razão, não é porque o empreendedor afirme que está oferecendo ações que, automaticamente, o papel será considerado como valor mobiliário, na medida em que o bem ofertado não preencha as características jurídicas e econômicas caracterizadoras da ação.

Qualquer que seja a denominação que se dê, somente será considerado valor mobiliário se preenchidas as condições intrínsecas deste.[16] Tão importante como determinar o que se vende será sabermos qual a modalidade da oferta que se oferece à venda, já que se podem oferecer ao público unidades fracionárias de um imóvel, ou ações de uma empresa, na qual o imóvel tenha sido capitalizado.

Seria somente a forma suficiente para circunscrever todo o aparato estatal de proteção ao investidor? Creio que não. Aqui, ter-se-á que utilizar um outro elemento, qual seja, quem está produzindo a mais-valia. Se duas pessoas compram um imóvel para especular, mas um deles confia na valorização natural do mercado, não há que se falar em valor mobiliário. Entretanto, se o outro adquirente confia no

---

16. Moore v. Stella (52 Cal-2d. 766): *"the purpose of [...] the various definitions of 'security' is to subject to regulations all schemes for investment, regardless of the forms and procedures employed which are designed to lead investors into enterprises where the earnings and profits of business or speculative ventures must came through the management, control, and operations of others and which regardless of form, have the characteristic of operations by corporations, trust or similar business structures."*

trabalho de terceiro para que a mais-valia se produza, então um dos dois elementos caracterizadores do valor mobiliário surge.

Pelos elementos analisados, já se pode concluir que determinado título de crédito, em certa circunstância, será um valor mobiliário; em outra, não. Assim, a nota promissória dada em garantia pela compra de um bem não será valor mobiliário, mas título de garantia de pagamento. Porém, se o mesmo título for emitido como forma de capitalização de um investimento comum — como no caso das notas comerciais —, adentraremos ao campo dos valores mobiliários. Na primeira hipótese, a nota promissória, enquanto título de crédito, nasce sob forma jurídica rígida, que se caracteriza pela literalidade e autonomia. Ou seja, a sua existência concreta é essencial. Já os valores mobiliários, se emitidos, reportam-se aos estatutos ou ao prospecto de emissão, sendo desnecessária a sua existência física para que o valor mobiliário exista como tal. O fator distintivo se caracteriza pela natureza da condição de participação enquanto investidor ou garantidor no empreendimento ou na transação geradora da dívida. Há que se levar em consideração não só a caracterização do instrumental oferecido, mas também o alcance de sua distribuição, bem como o apelo que se faz ao investidor.

O fundamental é que a agressividade empresarial, aliada à imaginação pragmática e não formalística, fez com que os órgãos de controle dos Estados ampliassem a fiscalização aos títulos ofertados ao público como forma de capitalização de empreendimentos. Quer pelo leque de investimentos oferecidos, quer pelo tamanho do mercado, quer, finalmente, pela pouca severidade das leis societárias, criaram-se os organismos estatais de controle de atos e a obrigatoriedade de divulgação de informações.

Nesse ponto, o modelo norte-americano, mais intervencionista, que se cristalizaria com a criação da Securities and Exchange Commission, distancia-se ou distingue-se do sistema europeu, inclusive do inglês. Mais tarde, outros países, que tinham como único sistema de controle o equivalente aos atos arquivados no Registro de Comércio e publicados, obrigatoriamente insuficientes, passam a adotar o sistema norte-americano, com a criação de órgãos e regras específicas de controle das informações fornecidas ao público investidor.

Como fundamento para o surgimento deste ramo do Direito dos negócios está a proteção do investidor quando o valor mobiliário for publicamente ofertado. Quando a colocação for privada, a rígida proteção estatal inexiste, sendo os direitos e obrigações, face ao valor mobiliário, suscetíveis de solução numa relação eminentemente privatística.

Mas a proteção do investidor, muito embora um fim em si mesma, não é elemento caracterizador, na medida em que a proposta fundamental de todo e qualquer sistema jurídico é prover garantias. Será necessário, para que se caracterize o valor mobiliário, que este preencha os indicadores anteriormente apontados; estes terão que ser confrontados com a intenção inequívoca de investimento contida no ato, bem como com o propósito da intervenção do Estado no campo dos valores mobiliários. Da união desses dois módulos é que se poderá desenhar o que seja contrato de investimento, para os efeitos aqui discutidos.

Da análise do até aqui exposto, e considerando-se o limite da aplicação do termo em face da realidade brasileira, deve-se adotar interpretação mais abrangente na conceituação, de forma a adequar a previsão agora não exaustiva da lei à realidade cambiante da economia e dos negócios empresariais, de sorte que o Estado possa exercer o seu poder de polícia na proteção da poupança privada em face dos investimentos coletivos ofertados. Isso porque o conceito deve ser apto a apontar situações futuras, hoje não suscetíveis de previsão lógica; mas, ao mesmo tempo, com o mecanismo das isenções, possa a legislação desburocratizar determinadas ofertas ou lançamentos ao público, especificamente para não impossibilitar, pelo custo e pela complexidade, os mecanismos de capitalização dos pequenos e médios empreendimentos.

Muito embora o sistema da itemização tenha se mostrado mais simples, também deve ser dito que só foi de auxílio relevante para os valores que já tenham conteúdo e perfil próprios por definição de outros setores da legislação. A opção pelo esquema da listagem oferecia o inconveniente da sua reformulação legislativa periódica ou, o que é pior, da colocação de situações vagas — e, portanto, ambíguas —, na tentativa de abranger situações não previsíveis quando da elaboração da listagem legislativa.

Ademais, creio que a listagem é ainda inconveniente ao tentar prever futuros tipos de investimento. Ao enumerar os valores mobiliários em uma lista fixa, não se pode vislumbrar ou distinguir as situações fáticas que existirão quando os papéis forem efetivamente emitidos. Isso porque um mesmo título poderá ser investimento ou garantia de pagamento, como ocorre com a emissão da nota promissória, a qual não será necessariamente valor mobiliário. Já a emissão de um *commercial paper* — aproveitando-me da denominação utilizada tanto pela Comissão de Valores Mobiliários como pelo mercado — será um valor mobiliário.

Ou seja, a pura nominação, desligada do contexto de atuação, poderia levar a situações paradoxais. Tais dificuldades, porém, diziam mais respeito à sistematização do conceito de valor mobiliário no Brasil — que, até então, dava-se só sob a forma de listagem — do que à adoção do modelo norte-americano. A diferença é que, como lá os tribunais vieram moldando, desde a década de 1930, o conceito de valor mobiliário, uma respeitável jurisprudência e uma aceitação do conceito já vêm se consolidando.

Seria bastante danoso ao sistema norte-americano querer, depois de passados mais de meio século de sedimentação conceitual, mudar do sistema da listagem exaustiva para o da definição pura. Isto significaria o abandono ou reexame de toda a jurisprudência da Suprema Corte norte-americana formada ao longo do tempo, a qual, diferentemente da realidade brasileira, tem uma influência extremada no país como um todo. Esta foi a razão pela qual o projeto do "Federal Securities Code",[17] optou por manter a listagem constante das legislações de 1933 e 1934, ao invés de se aventurar por desenhar uma definição do que seja valor mobiliário.[18, 19]

4.4.3 Prestação de serviços

A definição brasileira inovou ao determinar, como característica do contrato de investimento, que a remuneração constante do título ou contrato coletivo pode resultar, inclusive, da prestação de serviço. A adição da prestação de serviços, não constante na sentença de Howey, talvez demonstre a preocupação do legislador com a possibilidade remota de que alguém pudesse pretextar, em tais prestações, a inexistência do contrato de investimento. Em realidade, tal possibilidade me parece remota ou mesmo impossível, partindo inclusive da realidade factual de Howey, na medida em que seu segundo contrato, fundamental para a decisão, era o da prestação de serviços de plantar, cuidar e vender a produção de laranjas.

---

17. Dada a complexidade da legislação norte-americana concernente aos valores mobiliários, a American Bar Association, por intermédio de seu Committee on Federal Regulation of Securities, com o apoio da Securities and Exchange Commission e do American Law Institute, formalizou a criação de um grupo de trabalho para alterar e consolidar, a nível de lei, a esparsa legislação concernente ao Direito dos Valores Mobiliários. Esse grupo foi liderado e teve como relator o Professor Louis Loss, tendo o seu projeto, o Federal Securities Code, sido enviado ao Congresso, onde ainda lá se encontra. Nesse meio tempo, vários dos dispositivos do projeto de Código, muito embora ainda não aprovado pelo Congresso norte-americano, já foram adotados pelas legislações estaduais (Blue Sky Laws), bem como por julgados emanados do Poder Judiciário.
18. Section 297 [Security], (a) [General] *"Security means a bond, debenture, note, evidence of indebtedness, share in a company (whether or not transferable or denominated stock), preorganization certificate or subscription, certificate of interest or participation in a profit-sharing agreement, investment contract, collateral trust certificate, equipment trust certificate, noting trust certificate, certificate of deposit for a security, fractional undivided interest in oil, gas, or other mineral rights, or, in general, an interest or instrument commonly considered to be a "security", or a certificate of interest or participation in, temporary or interim certificate for, receipt for, guaranty of, or warrant or right to subscribe to or purchase or sell, any of the foregoing".* (b) [Exclusions] *"'security' does not include (1) currency, (2) a check (whether or not certificated), draft, bill of exchange, or bank letter of credit, (3) a note or other evidence of indebtedness issue in a mercantile transaction, (4) an interest in a deposit account with a bank (including a certificate of deposit that ranks a parity with such as an interest) or with a saving and loan association, (5) an insurance policy issued by an insurance company, or (6) an annuity contract issued by an insurance company (except a contract whose benefits vary to reflect the investment experience of a separate account)".*
19. *"[...] be changed as little as possible, both there is now a considerable body of jurisprudence and it was substantially followed in the Uniform Securities Act, so that there is now a degree of uniformity at both state and federal levels."* Federal Securities Code, Tentative Draft, n. 1, p. 53-54, bem como Federal Securities Code, Reporters Revision of Tentative Drafts, n. 1 a n. 3, p. 34-35.

Sem a prestação de tais serviços, teríamos um mero contrato de compra e venda de terra rural.

4.4.4 Rendimento advindo do esforço do empreendedor ou de terceiro

Outro ponto característico do valor mobiliário está em que o rendimento advenha do esforço do empreendedor ou de terceiro. Como já foi anteriormente mencionado, o pressuposto é que o investidor não controle o empreendimento no qual seus recursos foram investidos. Assim, o debenturista não tem poder de gestão, e o preenchimento de sua expectativa financeira depende diretamente do sucesso do tomador dos recursos.

É esta a situação que gera o aparecimento do papel regulador do Estado, dada a inexistência, em maior ou menor grau, do poder de decisão do investidor sobre seu investimento. Se o investidor é protegido pela legislação, é porque ele, isoladamente, não se encontra em condições de obter sozinho todas as informações necessárias para analisar e decidir quanto ao risco do investimento a ser eventualmente assumido.

Após a entrega dos recursos, a título de investimento de risco, o tomador é quem passa fundamentalmente a comandar a ação. Em assim sendo, é característica do valor mobiliário, em diferentes graus de intensidade, a ausência de controle do investidor sobre o empreendimento.

O acionista pode, se houver quórum, remover o administrador, mas o ato de aplicação dos recursos recebidos como investimento é competência da administração enquanto ato de gestão, e não das assembleias. Assim sendo, o investidor não tem controle direto sobre o empreendimento no qual tenha feito seu investimento, mas, através de mecanismos legais, pode ter controle indireto e, quase sempre, *a posteriori*, quanto à prática do ato de gestão dos recursos investidos.

Porém, qualquer que seja a hipótese, fica claro que o objetivo principal do investidor é a expectativa de obtenção de lucro através do esforço de terceiro, qual seja, do administrador. Se visível a passividade do investidor, esta, entretanto, não será sempre ocorrente; a variação crescente da interferência fará com que se confundam na mesma pessoa os atos de investir e o de gestão.

Caso haja a fusão entre as figuras do gestor e do investidor, a lei não irá protegê-lo, já que a coincidência do ato de investir e administrar o investimento faz com que os elementos de fornecimento de informações, dever de diligência, etc. desapareçam. Neste caso, além de ser necessário verificar se estamos em face de um investimento coletivo, nenhum investidor poderá alegar que foi prejudicado por si próprio, enquanto administrador de seus próprios investimentos. Diferentemente da passividade do investimento de risco, no investimento comercial o ato de investir na compra de determinada coisa, bem como o seu uso, encontram-se sujeitos a uma relação unitária do administrador envolvendo recursos próprios do empreendimento de risco.

Usualmente, quando se assina um contrato de investimento, o administrador é quem detém o conhecimento especializado que, pela gestão dos recursos do investidor, irá produzir o lucro almejado por ambos. A falta de conhecimento ou de especialização gera a possibilidade de investimento sem que o investidor tenha conhecimento do mercado onde seus recursos estão sendo investidos.

No que tange ao investidor, desde que legalmente possível, tanto faz que os recursos sejam aplicados em um ou em outro tipo de investimento, desde que haja a expectativa de obtenção do retorno esperado. É esta falta de conhecimento, ou falta de vontade de conhecer, que coloca o investidor na situação mais frágil do contrato de investimento, e o administrador do investimento na posição mais forte, enquanto ator fiduciário do investidor. A legislação existe fundamentalmente para proteger o investidor em função, inclusive, da falta de *expertise* quanto ao ramo de atividade no qual investiu seus recursos.

4.4.5 Direitos participativos

É irrelevante que o contrato de investimento se materialize através de uma das três possibilidades; a saber: (i) contrato de investimento coletivo, (ii) título gerador de direitos participativos, ou (iii) título gerador da remuneração do empreendimento comum. Uma vez ocorrida a aplicação no investimento, este gera direitos e obrigações para ambas as partes, os quais podem ou não se corporificar em algum tipo de documento representativo da relação jurídica existente.

Diferentemente dos títulos de crédito, os direitos e deveres oriundos da relação jurídica decorrente dos valores mobiliários não se materializam, necessária e automaticamente, em um título ou de um título. Pelo contrário, a relação oriunda do investimento de risco não necessita nem mesmo que o título seja emitido para que o direito se manifeste. Ainda, também as alterações dos direitos não dependem, necessariamente, da autonomia da relação jurídica, pois podem ser suscetíveis de alteração pela manifestação majoritária expressa em assembleia se o valor mobiliário for caracterizado como uma emissão pública, gerando direitos equivalentes sobre um mesmo patrimônio.

4.5 Alcance, limitações e exclusões

Em conclusão, e para efeito do mercado de capitais, "valor mobiliário" é o investimento oferecido ao público, sobre o qual o investidor não tem controle direto, cuja aplicação é feita em dinheiro, bens ou serviço, na expectativa de lucro, não sendo necessária a emissão do título para a materialização da relação obrigacional.

O investimento é feito sempre em caráter associativo, resultando de uma oferta pública, cujas regras criadoras de direitos e deveres estão inscritas nos estatutos das sociedades ou dos fundos de investimento, nas escrituras de emissão dos valores mobiliários, bem como nos contratos sociais e nas regras que regulam a oferta de valores mobiliários não à vista, tendo como parâmetro os dispositivos legais. Tais investimentos têm sua remuneração (i) ou calculada em função do lucro obtido, como no caso do dividendo, (ii) ou realizada com uma quantia fixa, que independe ou prescinde da produção do lucro para que a obrigação se materialize, como no caso do juro. Ademais, normalmente, os valores mobiliários que pagam uma quantia variável em função do lucro só permitem que se saia do investimento pela sua alienação a outro investidor, ressalvadas as hipóteses não usuais da amortização, resgate, reembolso ou liquidação da sociedade ou da associação de investimento. Já os valores mobiliários de renda pré-determinada, como regra, têm data de vencimento, época na qual o tomador do recurso paga ao investidor o principal, além do juro que já foi ou é pago quando do resgate do título. A essa característica dos valores mobiliários de renda fixa soma-se a possibilidade de sua negociação no mercado secundário antes do seu vencimento ou resgate. Ademais, o investimento associativo de renda variável, normalmente, não goza de garantia colateral; porém, em contrapartida, é dotado de sistema coletivo de deliberação, conforme regras estabelecidas no contrato que acompanha a oferta do valor mobiliário ao público, principalmente no que diz respeito à produção do lucro e à sua distribuição.

Finalmente, há que se discutir os investimentos que se materializam em valores mobiliários puramente especulativos, que são aqueles feitos na expectativa de futura ocorrência de variações de preço de mercadoria, moeda, taxa de juros ou de outros tipos de investimento — isto é, contratos derivados em geral —, cuja expectativa de lucro é derivada de um segundo bem ou de outro valor mobiliário. Estes se materializam nos mercados futuros ou a termo de ações, de *commodities*, etc., e são usados também com o objetivo de diminuir o risco de futura e brusca variação de preço pela consequente menor oscilação do respectivo mercado em função da proteção ou *hedge* que tais tipos de transação propiciam.

Claro está que a tentativa de divisão feita acima não exclui a possibilidade de surgimento de modalidades de emissão de valores mobiliários que contrariem a sistemática geral. Assim, por exemplo, as debêntures são valores mobiliários usualmente remunerados com uma quantia fixa; porém, nada impede que uma debênture dê ao investidor o pagamento de quantia que tenha por base de cálculo o lucro da sociedade ou de dado segmento empresarial da companhia. Assim, analisaremos primeiramente os valores mobiliários previstos em lei, cuja competência normativa pertença à Comissão de Valores Mobiliários — aqui denominados "ortodoxos" —, para, em seguida, discutir aqueles que surgiram em nosso mercado a partir da interpretação dos conceitos abertos trazidos pela Lei n. 10.303/2001. Dentro dos valores mobiliários ortodoxos, iniciaremos com a análise da ação, seguida pela das debêntures.

capítulo 5

AÇÕES

5.1 A AÇÃO ENQUANTO PARADIGMA DOS VALORES MOBILIÁRIOS

5.1.1 A evolução da companhia e da ação

A ação pode, sem sombra de dúvida, ser considerada como a quinta essência do valor mobiliário. É sobre ela que mais se discute e mais se escreve. Considerando a variação de seu preço, os jornais dedicam páginas inteiras para mostrar as perspectivas futuras de suas cotações. As televisões, quando comentam as ocorrências diárias dos vários mercados de valores mobiliários, têm como palco os pregões viva voz ou eletrônicos da bolsa de valores. Em resumo, o valor mobiliário "ação" é o rei da cena, muito embora não seja, nem de longe, aquele que movimenta o maior volume de lançamentos nos mercados primários ou de transações nos mercados secundários. Esse cetro pertence aos mercados futuros de produtos agrícolas e às transações de produtos financeiros. Já no mercado de ofertas de emissões primárias, as debêntures também, vez por outra, superam a ação como rainha da cena. Porém, dos valores mobiliários, a ação é um dos mais complexos. Ela é muito mais do que a representação de uma dívida. Significa o vínculo associativo de prazo indefinido em torno de um investimento, cujo sucesso está visceralmente vinculado às variações de lucros e prejuízos ocorrentes ao longo dos exercícios da companhia emitente. A maneira de sair da sociedade se dá ou por deliberação dos próprios sócios ou, se houver mercado, pela alienação da participação a terceiro interessado.

Historicamente, a ação representa o vínculo associativo entre os investidores sócios do empreendimento, que aportaram uma parcela do patrimônio comum, cuja soma resulta na universalidade dos bens, das obrigações e dos direitos e deveres dessa comunhão de interesses. Uma das virtudes desse mecanismo associativo é a possível perenidade do empreendimento, na medida em que permite, ao longo do tempo, a entrada e saída do investimento por meio da negociação de sua participação ou fração dela junto a um mercado de liquidez, mantendo íntegra a pessoa jurídica. Mas essa estruturação, para chegar até o modelo hoje contemplado pelas legislações de inúmeros países, vem sofrendo, ao longo dos séculos, um constante aperfeiçoamento até chegarmos à estrutura das companhias como hoje as conhecemos. Ou seja, desde a origem das companhias até seu atual estágio surgiram e morreram ao longo dos séculos várias modalidades do vínculo associativo. Dentre elas, as sociedades por ações têm se revelado como o modelo mais propício à junção de um grande ou enorme grupo de pessoas físicas e jurídicas localizadas em um ou em vários países, dentro da mesma ficção legal, permitindo que a entrada e saída de investidores não altere seu propósito de transcender no tempo as várias sucessões de seus sócios.

Quer por sua idade contada em séculos, quer por ser a sociedade anônima fruto de experimentalismos financeiros realizados em vários países, decorre que a origem das companhias será sempre suscetível de dúvidas e disputas entre os historiadores do Direito. A tarefa ficará menos difícil se admitirmos que o processo de evolução foi lento, sempre ligado às necessidades e ao tamanho das economias em suas respectivas épocas e localidades. Cada passo representou o acréscimo de uma das características que apresentam as companhias nos dias de hoje. Por esse motivo, os juristas/historiadores não chegaram, ainda, a um acordo sobre a origem das sociedades por ações; mas podemos enxergar em cada fase uma das características que se manteve no tempo ou a evolução do próprio modelo, resultando no modelo hoje existente e que, certamente, ainda não cessou de se alterar.

É dentro dessa perspectiva que Willian Blackstone, jurista do século XVIII, vê nos romanos a formulação mais próxima das companhias existentes nos setecentos.[1] Posteriormente, já no século IX d.C., a associação normalmente se prendia a um único investimento de comércio marítimo de longo curso, tendo dois tipos distintos de sócios. De um lado, o sócio capitalista, que permanecia em terra, e, de outro, o sócio que embarcava para vender as mercadorias europeias, usualmente no norte da África, trazendo de volta outras mercadorias, locais e das Índias, para serem vendidas na Europa. Já no século XII surge na Itália a *companhia*, que eram

---

1. Referindo-se aos romanos, John Micklewait e AdrianWooldrige asseveram que: "Willian Blackstone, o grande jurista do século XVIII, afirma que a honra por haver inventado as companhias 'cabe inteiramente aos romanos'. Sem dúvida eles criaram os conceitos fundamentais da legislação sobre empresas, especialmente a idéia de que uma associação de pessoas pode ter identidade coletiva diversa da de seus componentes humanos. Ligavam as companhias à *família*, a unidade básica da sociedade. Os sócios — *socii* — deixavam a maior parte das decisões gerenciais a um *magister*, que por sua vez cuidava dos negócios, administrava os agentes de campo e mantinha a *tabulae accepti et expensi*. As firmas tinham também alguma forma de responsabilidade limitada. Por outro lado, as *societas* eram ainda relativamente débeis, 'simples grupos individuais' como diz um historiador. A maior parte dos contratos era para a coleta de impostos e de curta duração. E a maior parte da riqueza ainda concentrada na agricultura e nas propriedades territoriais privadas." Vide MICKLEWAIT, John; WOOLDRIGE, Adrian. **A companhia**: breve história de uma idéia revolucionária. Rio de Janeiro: Objetiva, 2003, p. 31.

empreendimentos familiares de responsabilidade ilimitada, fazendo com que a confiança entre seus membros assumisse caráter essencial.[2] Outros, entretanto, veem a origem das companhias nas *commendas* da Idade Média, um tipo de contrato pelo qual o investimento era dividido em quotas, sendo o contrato associativo restrito a um único empreendimento comum.

Mas, para que a estrutura societária sofresse uma aproximação com o modelo atual das companhias, faltava o reconhecimento legal da criação de uma entidade separada da de seus sócios. Tal processo teve um lento desenvolvimento, retirando seus princípios do Direito romano e do Direito canônico, inicialmente para resolver os problemas patrimoniais da Igreja e das cidades. Isso porque, no que diz respeito à Igreja, era ela objeto de grandes doações, fundamentalmente originadas pelos nobres e burgueses ricos que buscavam minorar seus pecadilhos cometidos em vida e receosos que estavam do julgamento divino *post mortem*. Buscavam, assim, apagar suas faltas terrenas, na tentativa de se garantir contra os inconvenientes do fogo eterno. Já as cidades tinham necessidade de titularem os bens coletivos a elas pertencentes, o que também ocorria com as universidades — então fundamentalmente instituições de ensino dirigidas por ordens religiosas, mas dotadas de patrimônio próprio. Dessas dificuldades surgem as corporações, dotando tais patrimônios como propriedade de um ente ficto, de cujo modelo as atividades mercantis se apossam.[3]

2. "Em cidades italianas como Amalfi e Veneza, aparecem firmas marítimas a partir do século IX. A versão mais antiga, cujo modelo era a *mucarada* mulçumana, era criada em geral para financiar e gerir uma única viagem, que podia durar meses. Esse arranjo era particularmente atraente para o capitalista, que permanecia em seu país, e lhe permitia diversificar riscos, investindo em diversas expedições e, ao mesmo tempo, evitar os transtornos de embarcar pessoalmente. Gradualmente, tais parcerias se tornaram mais complexas, financiando múltiplas viagens, acrescentando sócios estrangeiros e adotando novas estruturas de propriedade. Os mercadores venezianos formaram consórcio para arrendar navios do Estado. Cada viagem era financiada mediante a emissão de 24 títulos entre os sócios. No século XII aparece em Florença e outras cidades do interior uma forma de organização ligeiramente diferente: a *compagnia*. Estas começaram em forma de firmas familiares, que operavam segundo o princípio da responsabilidade coletiva: todos os sócios eram conjuntamente responsáveis até o valor de suas posses materiais. Como a punição pela falência podia ser o encarceramento e até a servidão, era vital que todos os membros da mesma organização confiassem absolutamente uns nos outros." Vide MICKLEWAIT, John; WOOLDRIGE, Adrian. **A companhia**. Op. cit., p. 34-35.

3. "Com base no Direito Romano e no Direito Canônico os juristas, no início da Idade Média, começaram a reconhecer lentamente a existência de 'pessoas corporativas': associações flexíveis de pessoas que queriam ser tratadas como entidades coletivas. Entre tais 'pessoas corporativas' estavam cidades, universidades e comunidades religiosas, assim como associações de comerciantes e de ofícios [...]. A corporação da cidade de Londres, que datava do século XII, ainda é proprietária de um quarto das terras da cidade, assim como de três escolas particulares, quatro mercados e do parque de Hampstead [...]. O caráter imortal dessas preocupava a Coroa. Evitavam os impostos feudais com o simples expediente de jamais morrer, jamais atigir a maioridade e jamais contrair patrimônio. Em 1279, Eduardo I promulgou o Estatuto Mortmain, que objetivava limitar a quantidade de terra transferida a entidades corporativas, especialmente a Igreja [...]. Nada disso impediu o crescimento das entidades corporativas. Durante grande parte da Idade Média, as associações denominadas guildas eram a forma mais importante de organização comercial. A

Finalmente, nesta evolução surgem, nos séculos XVI e XVII, as companhias que passaram a atuar mediante autorização real[4] — as "companhias licenciadas" —, que cumpriam uma dupla função: possibilitando o exercício da atividade comercial e atuando como a longa mão do poder real. Fundamentalmente, eram tais empreendimentos financiados por recursos privados — isso no que diz respeito às companhias de origem holandesa ou anglo-saxão. Já os empreendimentos ibéricos foram todos obras do Estado.[5] Nessa época, na Inglaterra, já temos a *joint stock*,

---

palavra (que deriva do verbo saxônico *guildan*, pagar) designava uma entidade que tipicamente gozava de monopólio comercial dentro das muralhas de uma cidade em troca de doações substanciais em dinheiro ao soberano. Seus membros estabeleciam os padrões de qualidade, treinavam os associados, nomeavam os notários e os corretores, administravam as obras de caridade, construíam magníficos edifícios que duram até hoje e impunham punições". (MICKLEWAIT, John; WOOLDRIGE, Adrian. **A companhia**. Op. cit., p. 40-41; p. 45-46).

4. "As sociedades anônimas [...], aquelas que atuavam no comércio exterior e aquelas que eram as mais importantes na economia inglesa do começo da era moderna, gozavam de uma importante vantagem sobre a maioria das demais: possuíam um alvará de constituição. Esses alvarás derivavam da constituição das guildas e das corporações civis inglesas da Idade Média, o que as tornava, como um *corpus*, uma entidade separada e jurídica que podia ser autor e réu, no próprio nome corporativo, sem obrigar ou envolver legalmente, em termos financeiros ou de outra natureza, a situação individual ou o patrimônio de seus membros. Para uma sociedade por ações isso significava, em particular, responsabilidade limitada: ou seja, a responsabilidade de cada acionista individual restringia-se ao montante que havia concordado em pagar ao comprar as ações, em geral com dinheiro emprestado." Vide MUNRO, John. O século de Tawney: 1540-1640: as raízes do moderno empreendedorismo capitalista. In: **A origem das corporações**. Rio de Janeiro: Elsevier, 2010, p. 153.

5. "Nos séculos XVI e XVII surgiram algumas das mais extraordinárias organizações comerciais jamais vistas: as 'companhias licenciadas' mediante cartas reais (*chartered*) com nomes que evocam praticamente todas as partes do mundo conhecido (Índias Orientais, Moscóvia, Baia de Hudson, África, Levante, Virginia, Massachusetts) e até mesmo lugares demasiadamente obscuros, que não tinham nome ('Companhia dos Lugares Distantes') [...]. As companhias licenciadas representavam um esforço de governos e comerciantes para apoderar-se das riquezas dos novos mundos abertos por Colombo, Vasco da Gama e Magalhães. [As licenças] davam direito exclusivo de comércio com esta ou aquela parte do mundo. Dessa forma pertenciam ao mesmo tempo ao setor público e ao privado. Por vezes o monarca ficava com uma parte da firma para si próprio, como fez Colbert (1619-1683) em nome do rei da França, ao estabelecer a Companhia das Índias Orientais de seu país em 1664. Em geral, porém, os governos do norte da Europa, liderados pelos da Inglaterra e da Holanda, preferiam operar por meio de companhias independentes [...]. A outra idéia que anteriormente havia surgido de maneira esporádica, era a da responsabilidade limitada. A colonização envolvia tantos riscos que a única forma de levantar grandes somas era proteger os investidores. A primeira empresa licenciada que emitiu ações foi a Companhia Moscóvia, que finalmente recebeu a carta real em 1555. Duas décadas antes, em 1535, um grupo de comerciantes londrinos havia despachado uma frota na tentativa, previsivelmente desastrosa, de encontrar uma passagem ao norte para as Índias Orientais. Um dos navios chegou até Arcangel, atraindo a atenção do Czar Ivã IV, desejoso de incrementar o comércio com a Inglaterra. Segundo a licença recebida pela Moscóvia, que acabou sendo entregue a um consórcio do qual participava o famoso navegador Sebastian Cabot (1483-1557), a companhia passou a ser titular de monopólio temporário das rotas comerciais àquele porto russo (e foi também estimulada a continuar a busca de uma passagem setentrional para o leste). A Companhia Moscóvia acabou declinando e em 1630 voltou a ser uma firma regulamentada (com cada comerciante trabalhando por sua própria conta). Gerou, no entanto, uma grande quantidade de imitadores que buscavam outros monopólios". Vide MICKLEWAIT, John; WOOLDRIGE, Adrian. **A companhia**. Op. cit., p. 46-47.

que significava que o capital (*stock*) era dividido entre todos os acionistas de forma solidária.[6]

Porém, não resta dúvida de que a ação, enquanto valor representativo da participação em um empreendimento sem prazo determinado de existência, com distribuição periódica de lucros e participantes gestores e sócios rendeiros, tem seu nascimento quando da instituição, em 1602, da Companhia das Índias Orientais, criada pelos vários territórios formadores das Terras Baixas, hoje Holanda. Daquela época em diante, o modelo holandês transforma-se em paradigma para as demais companhias licenciadas, fundamentalmente criadas no norte da Europa. Com a constituição da Vereenigde Oost-Indische Compagnie (VOC, ou Companhia Holandesa das Índias Orientais), a existência da companhia passa a ser de 21 anos, não mais sendo ajustado o empreendimento a cada viagem, limitando-se a responsabilidade dos sócios ao montante investido. Pouco tempo depois, em 1611, com a criação da bolsa de valores, cuja finalidade seria transacionar as ações da VOC, o grande modelo estava criado.[7]

Na Inglaterra, a possibilidade de criação de uma companhia independentemente da outorga da permissão real passa a ser objeto de lei em 1844, a qual foi aprovada por proposta de William Gladson. A partir de tal lei, a criação de uma companhia se considerava feita com o simples registro da sociedade perante a

6. "Era um empreendimento mercantil coletivo com capital comum, investido na companhia [...]. Cada acionista tinha o direito de votar para eleger os diretores da sociedade, com base no número de ações de cada investidor. Os acionistas recebiam uma quota dos lucros, na forma de dividendos declarado por ação. Tão importante era o fato de poder vender suas ações a outros investidores e, assim, auferir também substanciais ganhos de capital. A venda de ações ou a morte dos acionistas de maneira alguma afetava a existência e as operações da companhia, como era o caso de uma sociedade convencional (*partnership*). Uma *partnership* só existia enquanto todos os sócios continuassem a ser donos da firma. Assim, a retirada ou morte de um sócio obrigava a dissolução legal da firma, que só poderia continuar a funcionar com um novo contrato social. Já uma sociedade anônima continuava a existir, como a mesma sociedade comercial, até quando os acionistas aprovassem pelo voto a liquidação das atividades da companhia e distribuição do capital investido [patrimônio líquido existente] entre os acionistas." (MUNRO, John. O século de Tawney. Op. cit., p. 150-151).
7. "Os comerciantes com as Índias Orientais criaram uma estrutura com dois níveis. Nas assembléias gerais, todos os acionistas com direito a voto, muitos dos quais eram figuras da corte ou do parlamento. A gerência cotidiana era conferida à Junta de Diretores com 24 homens, eleita pela assembléia geral. O governador e seu alterno, auxiliados por um grande número de contadores, escreventes e caixas, trabalhavam por meio de sete comissões especializadas em contadoria, compras, correspondência, transporte marítimo, finanças, armazenamento e comércio privado. A Junta de Diretores também supervisionava a rede de 'feitores' residentes no exterior, que geriam os entrepostos locais, ou feitorias. [...] A Companhia fazia questão de escolher para essas funções os filhos de seus maiores acionistas. Estimulava a lealdade pagando salários generosos e referindo-se à firma como 'a família'. Inculcava a diligência influindo para que fossem diariamente à Igreja e reprimindo com severidade a bebida, os jogos de azar e as extravagâncias. O escritório central verificava o desempenho dos feitores comparando-os com a média estatística e solicitava a amigos e parentes avaliações confidenciais de sua capacidade. Também exigia dos feitores garantias financeiras contra perdas que resultassem de prevaricação". (MICKLEWAIT, John; WOOLDRIGE, Adrian. **A companhia**. Op. cit., p. 48-49; p. 52-53).

Junta do Comércio. Preocupada com a concorrência francesa quanto à limitação da responsabilidade, já que cerca de vinte empresas inglesas constituíram-se como sociedades em comandita por ações, a Inglaterra edita, em 1855, a Lei da Responsabilidade Limitada. Em resposta, a França edita, em 1863, legislação prevendo responsabilidade limitada aos acionistas.[8]

5.1.2 O que é ação?

O significado do termo "ação" se perde na neblina do tempo. Na Europa continental, a palavra "ação" deriva de uma única raiz ("*actio*"), mas sua etimologia permanece obscura. Waldemar Ferreira expressa dúvidas quanto à origem do termo, ligando-a à alegada movimentação ocorrida quando da subscrição do capital da Companhia das Índias Orientais e consequente negociação das mesmas na Bolsa de Amsterdã.[9] Já Nicola Gasperoni nos diz que o termo "*azione*" foi usado pela primeira vez na Holanda no início do século XVII em relação aos condomínios navais de então, o "*carati*".[10] De qualquer forma, a palavra "ação", em suas variáveis europeias de raiz romana, advém da *actio* latina. Por certo, naquela época inexistiam as companhias e os acionistas, sendo que o exemplo sempre lembrado das sociedades romanas coletoras de impostos ainda não detinha as características de uma sociedade por ações dos séculos XVI e XVII. Esta asserção, entretanto, não é unânime entre os autores. O mesmo tipo de perplexidade etimológica não ocorre quanto à origem da palavra "companhia", proveniente do latim vulgar, e

---

8. "Em maio de 1863, a França preocupada com seus homens de negócio, para que competissem em condições de igualdade, adotou a lei que permitia o estabelecimento de companhias por ações com responsabilidade limitada absoluta, desde que o capital em apreço não excedesse 20 milhões de francos. Quatro anos depois esse teto foi abolido, com uma permissão geral de formação de *sociétés anonymes*. Em 1870, a Alemanha também facilitou grandemente a fundação de companhias por ações". (MICKLEWAIT, John; WOOLDRIGE, Adrian. **A companhia**. Op. cit., p. 88-89).

9. Diz Waldemar Ferreira: "Causa sempre estranheza que a parcela do capital da sociedade anônima se lhe designe pela expressão que a universalizou. Manifestação de causa, de força, a ação é ato, obra, feito, exercício ou energia de qualquer potência ou causa ativa. Dizem-nos os dicionários. Não é mesmo possível que tenha advindo a expressão do imenso movimento que provocou a subscrição do capital da Companhia das Índias Orientais e da negociação de suas porções na Bolsa de Amsterdão. Dá o livro estranho de José da Veiga, já referido, a assim entender; mas de qualquer maneira que tenha sido, a expressão se consagrou com o significado que se lhe atribui e se impregnou no documento ou título em que ela se materializou". Vide FERREIRA, Waldemar. **Tratado de Direito Comercial**. São Paulo: Saraiva, 1961, v. 4, p. 222, item 722.

10. "*L'indagine storica ha dimostrato che la parola 'azione', che si trova già menzionata in antichi documenti del secolo XV, fu usata per la prima volta in Olanda agli albore del secolo XVII nel significato di frazione del capitale sociale, delle grandi compagnie sorte per la conquista e lo sfrutamento delle colonie d'oltre mare. Poichè molto probabilmente tali compagnie trassero la loro origine dal condominio navale, può avanzarsi l'ipotese che le azioni storicamente derivino dai carati, cioè dalle quote della comunione navale. Oggi la parola "azione" può venire usata in diversi significati a cui correspondono tre distinti concetti.*" (GASPERONI, Nicola. **Le azioni di società**. Padova: Cedam, 1942, p. 5-6).

que significa "aqueles que comem de um só pão ou do mesmo pão".[11] Lamy Filho e Bulhões Pedreira encontram a origem da palavra "ação" significando a capacidade do sócio de agir na busca de seus interesses financeiros; ou seja, a ação seria o instrumento necessário à condição do sócio para agir como tal, buscando seus interesses perante a sociedade.[12] É possível que a palavra "ação" tenha se originado da capacidade que então só a cártula dava — qual seja, de agir, de atuar nos destinos da companhia. Restará, entretanto, aprofundar provavelmente junto aos ordenamentos holandeses do século XVI.

No idioma inglês, ocorreu uma bifurcação. Enquanto no Direito da Inglaterra a expressão tradicional era "*share of stock*", sendo atualmente preferida pelos ingleses a palavra "*stock*", nos Estados Unidos é mais comum a utilização da palavra "*share*". Quanto ao caso inglês, também não se encontra um caminho insuscetível de dúvida quanto a sua origem, sendo muitos os significados adquiridos ao longo dos séculos.[13] Já nos Estados Unidos, tudo indica que a origem da palavra "*share*" venha do inglês antigo "s*hear*", significando "cortar em pedaços ou fatiar",[14] mas usado como termo peculiar dos Estados Unidos desde o século XIX. Porém, independentemente da origem ou da denominação que tenha hoje, a ação foi um dos instrumentos associativos resultantes da criação das companhias que mais tem contribuído para o desenvolvimento de economias associativas com finalidade lucrativa.

11. A associação assim estabelecida "assumia o nome do clã original — por exemplo, Bardi, Peruzzi — embora em nenhum momento fosse composto só de membros de uma família [...]. As sociedades podiam ainda ser mais diversificadas, como ocorreu com a Companhia Bardi de 1310, composta de 56 cotas, todas elas transferíveis e sobreviventes a seus donos. O capital da companhia podia ser aumentado com depósitos de terceiros, remunerados por taxas de juros fixas, como as debêntures modernas". (MUNRO, John. Empreendedores e empreendedorismo na Europa medieval. In: **A origem das corporações**. Rio de Janeiro: Elsevier, 2010, p. 108.

12. "A todos os participantes outorgava-se um comprovante de sua participação, transferível livremente, que assegurava aos respectivos titulares direito de ação contra a Companhia para haver sua parte no patrimônio comum e nos lucros: daí o nome de ação ("*Aktie*" em holandês) atribuído ao título de participação." (LAMY FILHO, Alfred; PEDREIRA, José Luis Bulhões. **A Lei das S.A.**: pareceres. 2. ed., Rio de Janeiro: Renovar, 1996, v. 1, p. 33).

13. O Online Etymology Dictionary nos dá conta que o termo "*stock*" é entendido como: *"supply for future use"*, (1428), *"sum of money"* (1463), *"[...] but the ultimate sense connection is uncertain. Perhaps it comes from the 'trunk' from which gains are an outgrowth, or obs. a sense of 'money box' (c. 1400). Meaning 'subscribed capital of a corporation' is from 1612. Stock-broker is from 1706; stock exchange is from 1773. [...] supply for future use (early 15 century), [...] but the ultimate sense connection is uncertain. Perhaps the notion is of the 'trunck' from which gains are an outgrowth."* (ONLINE ETYMOLOGY DICTIONARY. Disponível em: <http://www.etymonline.com>. Acesso em 07 nov. 2014). Dessa etimologia resultaram uma série de variáveis, inclusive a designação das *joint stock-companies*.

14. De acordo com o Online Etymology Dictionary, "*shear*" significa *"usually [...] scissors of large size; any various other cutting implements or machines having two blades that resemble or suggest those of scissors; the act or process of shearing or being sheared."* (ONLINE ETYMOLOGY DICTIONARY. Disponível em: <http://www.etymonline.com>. Acesso em 07 nov. 2014).

Dada a falta de uma noção minimamente crível quanto à etimologia da palavra "ação", verifica-se que, ao longo do tempo, ela passa a ter, em seu uso cotidiano e legal, três significados distintos, a saber: (i) uma fração do capital social da companhia, (ii) o conjunto de direitos e obrigações nascidos do estatuto social, ou (iii) a cártula emitida pela própria sociedade, segundo nos dá conta a colocação de Vivante, cuja colaboração passou a ser repetida inúmeras vezes.[15] Claro está, como adverte o próprio Vivante, que em termos estritamente jurídicos a ação é a fração mínima do capital social da companhia, na medida em que o conjunto de direitos e obrigações nasce da condição de subscritor de determinada porção do capital social. Desta feita, a somatória de todas as ações existentes em uma dada companhia significará o seu capital social existente. É desta condição de subscrição ou aquisição de determinada parcela do capital social que o agora denominado acionista adquire a legitimidade para o exercício dos direitos contidos nos comandos legais, nos estatutos sociais e aqueles nascidos das deliberações assembleares das companhias, cada qual em seu campo específico de competência.[16]

A soma de todas as frações (ações) representa o capital social da companhia, bem como a base para a partilha do lucro na ocorrência de uma das hipóteses de sua distribuição. Disso decorre que *acionista* é o detentor de direitos e deveres em face da parcela do capital por ele adquirida. Assim, as frações acionárias representam os recursos, em dinheiro ou em bens nele valorados, aportados pelos sócios ao patrimônio social da companhia e investidos em ações ordinárias e/ou preferenciais de sua emissão.

Entretanto, usualmente as legislações societárias e o mercado de valores mobiliários empregam em seus textos as três acepções da palavra "ação". Ora como sendo algo físico,[17] ou título; ora enquanto direitos outorgados independentemente

---

15. *"La parola azione si usa in più sensi, e la legge si vale dell'uno o dell'altro secondo le esigenze del suo concetto. Ora indica con quella parola ciascuna delle frazioni in cui è diviso il capitale sociale (art. 89 n. 4, 165); ora il conplesso dei diritti e degli oblighi che derivano ai soci dal contratto sociale (art. 164); ora il titolo con cui i soci i soci fanno valere i loro diritti e li transmetteno ad altri (art. 123, 152, 153)."* (VIVANTE, Cesare. **Trattato di Diritto Commerciale**. Op. cit., v. 2, p. 193).

16. Antonio Brunetti nos dá conta de que: *"La acción representa el derecho de su titular sobre el patrimonio de la sociedad y, por conseguinte, la participación en su vida corporativa"* (BRUNETTI, Antonio. **Tratado del derecho de las sociedades**. Buenos Aires: Uteha, 1960, v. 2, p. 93). No mesmo sentido, Miranda Valverde: "O capital das sociedades anônimas divide-se em partes, de igual valor. Cada uma dessas partes, consideradas como unidades, recebe o nome de ação. Além desse significado, a palavra ação é, modernamente, usada para designar a qualidade de sócio, o complexo resultante dos direitos e obrigações, e, finalmente, o certificado ou documento, que prova aquela qualidade [...], não perdem, entretanto, o principal característico jurídico (n. 95), o de conferir a seu titular um *status,* o estado de sócio, do qual derivam direitos e obrigações. Direitos e obrigações que se perdem ou se adquirem, perdendo-se ou adquirindo-se a qualidade de membro ou acionista." (VALVERDE, Trajano de Miranda. **Sociedade por ações**: comentários ao Decreto-Lei n. 2.627, de 26 de setembro de 1940. Rio de Janeiro: Forense, 1959, v. 1, p. 125, item 71).

17. Vide art. 13 da Lei das Sociedades, quando, por exemplo, diz que "é vedada a emissão de ações por preço

de materialização em títulos;[18] ora como porção ou fração subscrita do capital social.[19]

A utilização variada da palavra "ação" nos foi legada pelas legislações da Europa continental, tendo sido por nós adotada, no mínimo, desde a edição do Código Comercial de 1850, que, em seu artigo 297, estabelecia que "O capital das companhias divide-se em *acções*, e estas podem ser subdivididas em fracções". Entretanto, a primeira norma a tratar das companhias foi o Decreto n. 575, de 10 de janeiro de 1849, antecedendo o nosso Código Comercial por pouca diferença de tempo, não mencionando a representatividade do capital pelas ações integralizadas nem a transferibilidade destas ou da responsabilidade do subscritor limitada às ações subscritas. Tais "detalhes" foram objeto do Código Comercial, que logo se seguiu, entrando em vigor em 1º de janeiro de 1851.

5.1.3 Ação enquanto forma racional de organização do macrossistema produtivo

Partindo da premissa, no contexto da presente discussão, de que a ação seja o conjunto de direitos e deveres que alguém assume pela adesão associativa, temos que a companhia é a forma mais racional dos tipos societários destinados a agasalhar um grande grupo de parceiros que se associam dentro de uma casca ficta — a personalidade jurídica —, na busca de objetivos empresariais comuns. A peculiaridade da grande estrutura societária, por ter um número elevado de parceiros que não sejam sequer conhecidos uns dos outros, requer mecanismos extremamente ágeis quanto à mobilidade para entrar e sair da casca ficcional, bem como de regras claras de governabilidade e distribuição de lucros do empreendimento comum.

Como se vê, esta estrutura associativa, no atual estágio da história societária, está longe do conceito etimológico da palavra "companhia", citado por vários autores como sendo "aqueles que comem do mesmo pão". Normalmente, entre nós a escolha entre uma sociedade anônima ou uma sociedade por quotas de responsabilidade limitada se prendia, muitas vezes, mais à possibilidade do anonimato peculiar às companhias do que à característica destas de agasalhar melhor um grande número de sócios, ao contrário das sociedades limitadas, que foram pensadas para deter um número reduzido de associados. Com o fim do anonimato e, portanto, com a perda dos estímulos à redução ilícita da carga tributária,

inferior ao seu valor nominal", ou as várias passagens da Lei do Mercado de Capitais quando parece aplicar como sinônimos a expressão "títulos ou valôres mobiliários".

18. Vide art. 15, por exemplo, que determina que "as ações, conforme a natureza dos direitos ou vantagens que confiram a seus titulares, são ordinárias, preferenciais ou de fruição".
19. Vide art. 11 da mesma Lei, por exemplo, o qual diz que "o estatuto fixará o número das ações em que se divide o capital social e estabelecerá se as ações terão, ou não, valor nominal".

bem como pelo efetivo aumento do número de acionistas que vem ocorrendo nas últimas décadas, hoje a companhia assume seu papel inicial, o de agasalhar os grandes empreendimentos negociais. É dentro dessa premissa que se inserem a fungibilidade das ações, a criação da ação escritural, o incremento e a sofisticação no relacionamento empresa/acionista, o melhor fluxo de informações, a criminalização de várias práticas nocivas à credibilidade deste mecanismo societário, etc.

Assim, se ainda hoje fosse corrente a prática de emissão do título ou da cautela, poder-se-ia dizer que o título ou cautela seriam materializações da ação. Porém, na medida em que a condição de acionista se limita a uma listagem de computador que a instituição financeira entrega à companhia contratante, é a listagem ou o livro de acionistas que indicam os sócios da companhia. Essa sistemática faz com que, atualmente, o acionista seja detentor de uma espécie de "conta corrente" junto à instituição financeira depositária, na qual se debitam as vendas e se creditam as compras de ações feitas pelo proprietário da conta. Porém, nem a listagem nem o livro de registro nem, muito menos, os comunicados recebidos da instituição financeira pelos acionistas significam ou representam ações; ao contrário, são meros registros que comprovam a condição de acionista. É por isso que, tradicionalmente, o termo "ação" é entendido em seus três significados, desde Vivante até o entendimento não unânime acima explicitado. O registro da ação escritural permitiu a abolição das ações ao portador, sem tirar rapidez nas transações junto ao mercado secundário. Pelo contrário, ao dar maior celeridade às transações, deu maior racionalidade aos macroempreendimentos criados pela "casca jurídica" dotada de personalidade criada por lei.

No aspecto formal, nossa lei societária não define o que seja a ação, a não ser ao comandar em seu artigo 1º que "A companhia ou sociedade anônima terá o capital dividido em ações". Ou seja, legalmente a ação é uma fração do capital social da companhia, outorgando ao seu proprietário a condição de sócio, gerando um conjunto de direitos e obrigações que assumem concomitantemente a empresa e o acionista. Tais direitos e obrigações nascem da lei, de normas administrativas governamentais, do estatuto social e das deliberações assembleares. O mesmo ocorre com a quota-parte representativa de dada participação em uma sociedade por quotas de responsabilidade limitada. Ela é imaterial, dela tomamos conhecimento pelo contrato social, sendo este o documento gerador de direitos e obrigações. Aqui também inexiste a emissão de algo representativo de sua materialização que não o contrato social. Da mesma sorte, as ações são ativos imateriais cuja propriedade se materializa ou se corporifica no livro de registro de acionistas.

Porém, mais importante será tratarmos das regras básicas que formam o conjunto de direitos e obrigações inerentes aos sócios, que se corporificam na sociedade anônima, a qual é um sistema produtivo organizado, dirigido à produção de bens tendentes a gerar lucro para seus sócios, empregos e atividade econômica ao seu redor. As colocações abaixo, que poderão influenciar as regras referentes ao Direito dos Valores Mobiliários, são feitas de forma sucinta, na medida em que há vários bons compêndios e estudos que analisam ordenadamente, e em detalhe, os respectivos artigos da lei das companhias.

Mas nunca será demais repetir que o estudo dos reflexos das companhias na vida de uma sociedade transcende em muito o campo solitário do jurista, adentrando outras ciências sociais como a economia, a sociologia, a história, etc. Todas essas ciências devem compor o grupo de trabalho que proporá a legislação, bem como acompanhará e medirá a sua funcionalidade ou não, quando ela já estiver servindo de norma de conduta da sociedade. Isso porque, conforme visto acima, a normatização das companhias deve representar o estágio atual de nossa economia e desenvolvimento. Portanto, nunca será demais buscarmos toda a nossa capacidade de engenho e arte para associarmos capitais em torno do objetivo de buscar produzir bens e serviços de forma legal e lucrativa. Ou seja, a utilização dos valores mobiliários, enquanto instrumentos fundamentalmente capitalistas, na busca da racionalização última para conglomerar, no caso das ações, recursos financeiros permanentes, resulta em uma forma específica de organização do sistema produtivo.

Uma vez discutido o conceito de "ação", enquanto valor mobiliário, esta pode se materializar através da emissão de um certificado, ou pode ser mera representação escritural junto a uma instituição financeira contratada pela companhia, o que se verá abaixo.

5.2 Ações escriturais, certificado de ação e custódia

A previsão legal permitindo a existência das ações escriturais, da custódia de ações por terceira pessoa que não a própria sociedade, bem como a permissão para que essa terceira pessoa possa emitir certificados de ações trouxe também o mecanismo necessário e suficiente para possibilitar, ao longo do tempo, a extinção dos valores mobiliários ao portador, como anteriormente mencionado.

Se verificarmos a legislação de 1940, constataremos que, quanto à circulação, ela contemplava só duas formas, as ações nominativas e as ações ao portador, sendo todo o relacionamento com seus acionistas realizados pela própria companhia. Somente em 1965 é que a Lei n. 4.728/1965 — Lei do Mercado de Capitais prevê que "As ações de sociedades anônimas, além das formas nominativas e ao portador, poderão ser endossáveis" (art. 32). Aquilo que já era centenariamente utilizado pelos títulos de crédito passa a ser uma das formas de transferibilidade do título representativo das ações. O endosso, se feito a beneficiário determinado, transformava ou mantinha o título sob a forma nominativa; ao contrário, se o endosso fosse em branco, mantinha-se ou alterava-se para a forma ao portador. Cria também a Lei do Mercado de Capitais a figura do mandatário, necessariamente instituição financeira, sociedade corretora ou bolsa de valores, para a prática de atos societários relativos à transferência de ações endossáveis e "a constituição de direitos sôbre as mesmas" (art. 39, § 1º), substituindo-se à companhia — a qual, até então, era a emitente dos títulos ou cautelas. A substituição do agente contratado ficou limitada às tarefas financeiras, não abrangendo os poderes políticos, como o voto.[20] A Lei n. 6.404/1976 manteve as três formas, restringindo, entretanto, o direito de voto, na medida em que comandou que "Somente os titulares de ações nominativas endossáveis e escriturais poderão exercer o direito de voto" (art. 112).

Nota-se dessa evolução que as condições para a extinção das ações ao portador estavam sendo criadas desde 1965. Entretanto, argumentava-se, em favor do anonimato, que sua ausência dificultaria muito a liquidez e segurança das transações no mercado bursátil, já que a transferência das ações negociadas dependia, para sua existência legal, da transcrição da operação nos livros sociais apropriados. Ou seja, as transferências das ações mais negociadas que atravancavam os departamentos de acionistas das sociedades emitentes passariam a congestionar a instituição financeira contratada para efetuar a escrituração das transações ocorridas. Por outro lado, também não se pode esquecer que a extinção das ações ao portador viria a acarretar o término da possibilidade de se continuar com as evasões tributárias em relação ao imposto de transmissão ou sobre o ganho de capital, bem como que haveria a possibilidade de se revelarem as verdadeiras composições acionárias da companhia, ou de pecados cometidos contra a higidez do mercado em relação ao uso de informação privilegiada, por exemplo.

Tal brecha é fechada pela promulgação da Lei n. 8.021/1990, que extingue da ordem jurídica nacional todos os valores mobiliários ao portador, bem como aqueles que até então poderiam ser "endossáveis em branco". A extinção do direito não causou maior transtorno, tendo em vista que já existia o mecanismo das ações escriturais, criado em 1965. Esta prática se viabilizou na medida em que o desenvolvimento e o barateamento dos custos de transações informatizadas conspiraram para que a extinção dos títulos ao portador ocorresse sem maiores traumas ou resistências, no bojo da legislação que também extinguiu o cheque ao

---

20. "Para evitar que as instituições financeiras depositárias possam influir sobre a orientação das companhias, exercendo, sem mandato expresso, o direito de voto correspondente às ações de que são depositários, o artigo 42 limita seus poderes de representação ao exercício de direitos patrimoniais. O conhecimento, pela companhia, da identificação dos acionistas, é assegurado através do dever da instituição financeira de fornecer listas dos depositantes de ações nominativas ou endossáveis." Vide "Exposição Justificativa das Principais Inovações do Projeto" encaminhada ao Poder Legislativo junto ao Projeto de Lei das Sociedades Anônimas.

portador. As ações escriturais, a prestação do serviço de custódia e a contratação do agente emissor já se encontravam reguladas pela CVM, cerca de dois anos antes da edição da Lei n. 8.021/1990, pela Instrução n. 89/1988, sofrendo pequenas alterações trazidas pelas Instruções n. 212/1994 e 261/1997.

5.2.1 Ações escriturais

Essas ações não são representadas por certificados, mas sim por registros contábeis representativos de uma "conta corrente" de dado acionista, na qual as aquisições feitas são lançadas a seu crédito e suas alienações a seu débito. Tais movimentações contábeis são feitas pela instituição financeira contratada para a prestação de tais serviços pela companhia, com a devida comunicação por escrito ao comprador creditado e ao vendedor debitado. Para tanto, é necessário que os títulos representativos das ações ou o livro de registro de acionistas e de transferência de ações estejam depositados junto à instituição prestadora dos serviços de escrituração das ações. Dessa feita, a custodiante anota no livro de registro de acionistas e/ou no de transferência de ações as movimentações ocorridas entre as compras e vendas e outras operações ocorridas com as ações, tais como desdobramentos ou aglutinações, sendo que a propriedade das ações se presume das inscrições feitas pela instituição financeira no livro apropriado. O acionista deve receber da instituição depositária periodicamente o extrato revelador de sua posição naquele momento, bem como as operações de compra e venda ocorridas no período.

A ideia da existência de uma instituição financeira terceirizada, contratada para praticar os atos societários referentes às ações da companhia contratante dos serviços, foi trazida do mercado de valores mobiliários norte-americano, onde existem os "agentes de transferência", cuja função resume-se à emissão e cancelamento de certificados, atuando enquanto intermediário entre a companhia e o agente.[21]

---

21. *"Companies that have publicly traded securities typically use transfer agents to keep track of the individuals and entities that own their stock and bonds. Most transfer agents are banks or trust companies, but sometimes a company acts as its transfer agent. Transfer agents perform three main functions. 1. Issue and cancel certificates to reflect changes in ownership. For exemple, when a company declares a stock dividend or stock split, the transfer agent issues new shares. Transfer agent keep records of who owns a company's stock and bonds and how those stoks and bonds are held — whether by the owner in certificate form, by the company in book-entry, or by investor's brokerage firm in stree name. They also keep records of how many shares or bonds each investor owns. 2. Act as an intermediary for the company. A transfer agent may also serve as the company's paying agent to pay out interest, cash and stock dividends, or other distributions to stock — and bondholders. In addition, transfer agents act as proxy (sending out proxy materials), exchange agents (exchanging a company's stock or bonds in a merger), tender agent (tendering shares in a tender offer), tender agent (tendering shares in a tender offer), andmaillin agent (mailing the company's quarterly, annual and other reports). 3. Handle lost, destroyed, or stolen certificates. Transfer agents help shareholders and bondholders whem a stock or bond certificate has been lost, destroyed, or stolen."* Vide SECURITIES AND

Como consequência natural da existência da ação escritural, surge a custódia ou guarda dos valores mobiliários entregues à gestão de empresa financeira autorizada para tanto pela Comissão de Valores Mobiliários. Por óbvio, tais serviços representam custos para sua execução, os quais ficarão a cargo da companhia ou do acionista, conforme determine o estatuto social, estabelecendo a CVM um teto para a cobrança feita pela instituição financeira.

5.2.2 Certificado de ações

5.2.2.1 *Competência para emissão*

Uma vez contratado o agente emissor, somente ele poderá praticar os atos de registro das ações e inclusões e transferências de acionistas e emitir o certificado de ações, se for o caso. A contratação do agente emissor deve ser publicizada pela companhia, sendo o certificado necessariamente emitido sob a forma nominativa, tendo uma ordem numérica estabelecida pelo agente emissor. Ele representa um determinado número de ações, razão pela qual a Lei das Companhias faculta que do certificado conste a numeração das ações que ele representa.

5.2.2.2 *Suspensão da transferência de ações*

A lei permite que, por período não superior a 15 dias, e por não mais do que 90 dias no ano, possa ser suspenso o procedimento para a transferência de ações. Tal impedimento normalmente é feito nos períodos antecedentes à realização de assembleias gerais das companhias, visando a companhia dar tempo a que a instituição financeira possa editar uma listagem de seus acionistas, para efeito de se aferir a legitimidade do comparecimento dos acionistas ou de seus procuradores.

5.2.2.3 *Perda do certificado*

Muito embora a perda ou extravio do certificado mereça da legislação o artigo 38 e seus dois parágrafos, a menção se deve muito mais a um "cochilo" do legislador. Isso porque, com a extinção dos valores mobiliários ao portador ou endossáveis em branco, não há que se falar em "anulação e substituição de certificado ao portador".[22] Isso porque a prova de eventual perda ou extravio do certificado remete

---

EXCHANGE COMISSION. **Transfer Agent**. Disponível em: <http://www.sec.gov/answers/transferagent.htm> Acesso em 07 nov. 2014.

22. Vide parágrafos 1º e 2º do artigo 38 da Lei n. 6.404/1976: "Somente será admitida a anulação e substituição de certificado ao portador ou endossado em branco à vista da prova, produzida pelo titular, da destruição ou inutilização do certificado a ser substituído" e "Até que o certificado seja recuperado ou substituído, as

ao que está registrado nos livros societários. Lá está inscrito quem é o acionista. Em verdade, a emissão do certificado perdeu sua utilidade enquanto documento necessário para que o acionista comprove seu status de sócio. Mais adiante, a Lei das Companhias, em seu artigo 43, § 3º, comanda que "Os certificados de depósito de ações serão nominativos, podendo ser mantidos sob o sistema escritural", conforme redação dada pela Lei n. 9.457/1997.

5.2.3 Custódia

Custódia é a prestação dos serviços de guarda de títulos representativos da qualidade de acionista ou do livro de registro de acionistas, bem como do exercício dos direitos patrimoniais inerentes, tais como recebimento de dividendos, bonificações, desdobramento, grupamento e subscrição de ações — neste último caso mediante solicitação expressa do acionista. A custódia pode ser fungível ou não. A fungibilidade das custódias é mais usual, significando que, pelo fato de as ações serem todas do mesmo valor, com os mesmos direitos e deveres se da mesma classe e espécie, o acionista não tem o direito de receber os mesmos valores mobiliários depositados, mas poderá receber outros da mesma espécie e classe. Contrariamente, nas custódias que se caracterizam pela infungibilidade, o acionista receberá o mesmo certificado por ele depositado, como o mesmo número de série. Fungível ou não, o custodiante detém somente a propriedade fiduciária das ações depositadas, circunstância pela qual ele só pode operar as transações acima mencionadas.

O custodiado poderá retirar suas ações, sendo que, se tiver as cautelas representativas de suas ações, receberá tais certificados; se escritural, lhe será entregue um comunicado enviado pelo custodiante informando sua posição eventualmente remanescente.

É de se notar que, no caso das ações escriturais, quando há a sua retirada, ocorrerá uma quase impossibilidade de negociação da ação, na medida em que todas elas ficam depositadas em uma única custodiante e a transferência de titularidade só ocorre junto à própria custodiante e nunca perante a empresa emissora.

O exercício da atividade de custodiante depende de aprovação prévia da CVM, podendo tais atividades serem exercidas por bancos comerciais ou de investimento, sociedades corretoras ou distribuidoras de valores mobiliários e as centrais de liquidação e custódia. Estas últimas são empresas de propósito específico, constituídas só com essas finalidades, sendo responsáveis pela compensação, liquidação

transferências poderão ser averbadas sob condição, cabendo à companhia exigir do titular, para satisfazer dividendos e demais direitos, garantia idônea de sua eventual restituição."

física e financeira das operações, além da prestação dos mesmos serviços nas operações com contratos derivados e em caso de locação de ações.

5.3 O CAPITAL SOCIAL

A ação é a menor fração representativa da participação social. O capital social é representado pela somatória das ações que foram emitidas e estão em circulação e pelas que estejam subscritas (ainda que não totalmente integralizadas por seus acionistas). A Lei das Companhias estabelece que todas as ações terão o mesmo valor de emissão (art. 11, § 2º), podendo a companhia emitir ações com e sem valor nominal. A companhia emitente de ações sem valor nominal poderá criar estatutariamente uma ou mais classes de ações preferenciais com valor nominal (art. 11, § 1º). Se lançadas novas ações com valor nominal, e se tal lançamento ocorrer por valor superior ao nominal, o excesso será contabilizado como ágio da colocação, sendo nulo qualquer lançamento por valor inferior ao nominal. Já as ações sem valor nominal têm apenas o valor de lançamento, sendo que a partir desse momento valerá o valor de mercado, valor este que irá guiar e condicionar o preço dos futuros aumentos de capital.

Em qualquer das duas hipóteses, com ou sem valor nominal, o valor da capitalização representa o patrimônio incorporado à companhia no momento de sua criação ou do aumento do capital social. No momento seguinte à subscrição, dependendo de seus gestores, o valor patrimonial da companhia poderá ser maior ou menor do que o valor entrado à conta do capital social. Se a companhia foi bem administrada, o patrimônio social será maior e, consequentemente, o valor da ação junto ao mercado poderá ser maior, muito embora o seu valor nominal permaneça o mesmo. Ou seja, no momento seguinte à capitalização, sendo o capital aplicado na persecução de seu objeto social, ocorrerá um descolamento entre o valor nominal do capital e o valor patrimonial da companhia. A partir desse instante, o capital social deixará de ser um metro válido para que o mercado possa avaliar a saúde ou a fraqueza de uma dada companhia. Passam a ser relevantes as informações trimestrais apresentadas ao órgão regulador do mercado de valores mobiliários, bem como o balanço anual auditado e as apresentações feitas pelas empresas ao mercado investidor e aos analistas, informações estas propensas a refletir melhor o valor patrimonial da companhia.[23]

---

23. "Em complemento ao que ficou dito, vale ressaltar que a instituição de ações sem valor nominal, uma das mais significativas inovações da lei, se conjuga com novo critério estabelecido para a subscrição de ações baseado na fixação de um preço de emissão sem relação com o valor nominal. Com efeito, as sociedades que tenham seu capital composto exclusivamente de ações com valor nominal podem se ver inibidas de aumentá-lo, quando, em virtude da eventual baixa da cotação das ações em bolsa, um novo lançamento não seja viável, já que se veda a emissão por preço inferior ao valor nominal (art. 13)." Vide TEIXEIRA,

Portanto, não tem sentido o apego ao capital social como elemento garantidor de credores terceiros da companhia. Um exame, mesmo que perfunctório sob o prisma básico da contabilidade, mostrará que os credores da sociedade são ou não garantidos pela mutabilidade do patrimônio social e não pela fixidez do capital social. Se o patrimônio social sofrer abalos, haverá a necessidade de novos ingressos de recursos na companhia, com um correspondente incremento no capital social. Ou seja, o que sempre garantirá os credores da sociedade é o patrimônio líquido. Porém, o capital social: (i) tem o condão de determinar a participação detida pelos acionistas; (ii) serve como base de cálculo para a distribuição ou capitalização do lucro social; (iii) além de ser o elemento fundamental para a realização das operações de resgate, amortização ou reembolso.

Entretanto, parte da doutrina brasileira, já há bastante tempo, quase que coloca o capital como dogma, enquanto proteção dos credores — como o fez, dentre outros comercialistas clássicos, J. X. Carvalho de Mendonça.[24] Em posição oposta, alguns juristas do Velho Continente partem para uma desconsideração do capital como elemento relevante enquanto categoria fundamental na defesa dos credores. Paulo de Tarso Domingues[25] cita a inexistência de qualquer referência ao capital social ou às ações com valor nominal na legislação societária californiana ou no Model Business Corporation Act. No entanto, Paulo de Tarso[26] nos dá conta de que alguns autores denominam o capital social como "antiquado e superado",[27] "pelo menos como é atualmente constituído, é um mecanismo

---

Egberto Lacerda; GUERREIRO, José Alexandre Tavares. **Das sociedades anônimas no Direito brasileiro**. Rio de Janeiro: José Bushatsky, 1979, v. 1, p. 158.

24. "A lei não se referiu à redução do capital, como fez em relação ao aumento, o que tem levado a se dizer que não é possível essa redução, sobretudo por implicar, em regra, em diminuição da garantia de credores." (CARVALHO DE MENDONÇA, José Xavier. **Tratado de Direito Comercial brasileiro**. Op. cit., v. 3, p. 402, item 1.039).

25. DOMINGUES, Paulo de Tarso. **Do capital social**: noção, princípios e funções. 2. ed., Coimbra: Universidade de Coimbra; Studia Iuridica, 2004, p. 15-16.

26. Entretanto, a posição de Paulo de Tarso Domingues é no sentido de que "o capital social é elemento não apenas essencial mas essencialíssimo, uma vez que, como sublinha ULIBARRI [Adrian Celaya. **Capital y sociedade cooperativa**. Madri: Tecnos, 1992], desempenha um papel insubstituível. Por um lado, porque é função dele que se determine o poder dentro da sociedade; por outro, porque o capital social é imprescindível para a própria existência da mesma sociedade, uma vez que os sócios o são unicamente em função de sua entrada de capital, sendo igualmente em função desta que se fixam, em princípio, os seus direitos sociais. Pelo que, conforme sublinham alguns autores, pode-se dizer que o capital social é, nas sociedades de capitais, *não apenas funcional mas fundacional*; é a própria razão de ser destas sociedades, que sem ele, não existiriam". (DOMINGUES, Paulo de Tarso. **Do capital social**. Op. cit., p. 27).

27. No original: *"veillote et depassé"*. GUYON, Yves. La mise em harmonie du droit français dês sociétés avec la directive dês communautés européennes sur capital social. **JCP – La Semaine Juridique**, 1982, I, 3.067, n. 1, apud DOMINGUES, Paulo de Tarso. **Do capital social**. Op. cit., p. 16.

antigo e atrasado"[28] ou como uma "instituição inadequada, ineficaz, em suma, desnecessária".[29]

Do contraste das posições mostradas podemos concluir que a conta *capital* não é necessariamente relevante, do ponto de vista do credor ou do futuro investidor, quando a companhia estiver em operação — nesta situação, o mercado olhará muito mais para o patrimônio líquido social. Já do ponto de vista do acionista, o capital é relevante na medida em que determina sua posição política dentro da sociedade, isto é, no que diz respeito ao seu poder de voto. Devemos, também, levar em consideração que, com o surgimento e a popularização das ações sem valor nominal, diminuiu a relevância do capital, na medida em que o poder deixa de ser exercido e o dividendo deixa de ser pago em função do valor nominal da ação, mas sim da quantidade de ações possuída pelo acionista.

Desta feita, a intangibilidade do capital existe somente em função da sua não distribuição aos sócios, ressalvadas as previsões legais de nossa legislação. O que remanesce como garantia efetiva dos credores é a reserva legal (artigo 193), na medida em que permanece íntegra, somente podendo ser utilizada para compensar prejuízos ou aumentar o capital social (art. 193, § 2º). Mas mesmo essa garantia é limitada, pois a obrigação legal manda que 5% do lucro líquido do exercício seja aplicado na constituição da reserva legal, até o limite de 20% do capital social. A partir deste montante, o que efetivamente garantirá os credores é, fundamentalmente, o patrimônio líquido da companhia.

5.3.1 Valor de emissão

A legislação de 1940 previa somente a possibilidade de emissão de ações com valor nominal, agregando outro comando pelo qual a sociedade não poderia emitir ações abaixo do valor nominal. De um lado, tal regra fazia sentido na medida em que o legislador nacional adotou o princípio de que todas as ações de uma companhia teriam necessariamente um valor de face, bem como que todas seriam emitidas com o mesmo valor.[30] O preceito da lei de 1940 resolveu um problema ao não admitir ações com valores de face distintos, com isso, talvez, criando mais uma

---

28. No original: *"almeno come è attualmente construito, è um mecanismo vechio e arretrato"*. SIMONETO, Ernesto. Azzeramento del capitale ed espulsione del sócio. **Anatomia di um delito**, RS, 1987, p. 757, apud DOMINGUES, Paulo de Tarso. **Do capital social**. Op. cit., p. 16.

29. No original: *"institution inadaptée, inefficace, bref inutili"*. DANA-DÉMARET, Sabine. **Le capital social**. Paris: Litec, 1989, p. 358, apud DOMINGUES, Paulo de Tarso. **Do capital social**. Op. cit., p. 16. No entanto, o autor português não concorda com essas críticas.

30. "As partes em que se divide o capital da companhia chamam-se ações. Sobre os diferentes significados da palavra [...]. A lei, consoante a boa tradição do nosso direito, não admite que as ações tenham valor desigual. Todas elas hão de exprimir a mesma soma de dinheiro nacional. É o seu valor nominal." (VALVERDE, Trajano de Miranda. **Sociedade por ações**. Op. cit., v. 1, p. 75, item 28).

barreira indireta às ações com votos diferenciados, o qual era comum em algumas legislações societárias europeias. Assim, todas as ações tinham o mesmo valor de face, correspondendo um voto a cada uma (seja ordinária ou preferencial com voto), voto este não divisível mesmo quando houvesse mais de um proprietário da mesma ação.

Mas, de outro lado, tal comando sempre fora um empecilho para atender à necessidade de novas capitalizações nas situações em que a companhia, por não estar bem financeiramente, tinha grande dificuldade para colocar novas ações por preço igual ou superior ao seu valor nominal, dificuldade esta que ocorre com as ações com valor nominal sempre que seu valor patrimonial ou de mercado esteja abaixo do valor nominal. Ou seja, a companhia não poderia se viabilizar com novas capitalizações, restando-lhe só o caminho da renda fixa, normalmente com maior onerosidade.

Desta feita, somando-se a dificuldade de colocação de novas ações em momentos difíceis da sociedade à falta de uma razão para a manutenção do valor fixo para as ações de uma dada companhia, houve por bem a legislação de 1976 trazer para o nosso ordenamento societário a possibilidade de emissão de ações sem valor nominal, muito embora ainda se aferrasse ao entendimento de que o valor nominal seria "fundamental à preservação da realidade do capital social".[31]

A irrelevância do valor nominal torna-se mais evidente quando se verifica a impraticabilidade de reembolso por outro valor que não o patrimonial. Não seria financeiramente razoável imaginar-se a devolução da cota patrimonial de um acionista retirante que não pelo valor da companhia naquele dado momento. Nesta situação, o capital social da companhia não significa nada mais do que um registro histórico de algo ocorrido no passado. Porém, uma vez tendo ou não valor nominal, a assembleia geral pode cindir uma ação em várias outras, na medida em que o valor de uma única ação esteja, por seu valor alto, dificultando as negociações no mercado secundário. *A contrario sensu*, caso os registros sociais estejam sendo atravancados pelo grande volume de transações no mercado secundário, poderá ocorrer a conglomeração de várias ações de pequeno valor em uma única

---

31. "O artigo 11 admite ações sem valor nominal, que oferecem maior flexibilidade nos aumentos do capital social, e cuja existência contribuirá para a importância injustificada atribuída ao valor nominal das ações pelos participantes de nosso mercado de capitais em prejuízo de seu funcionamento normal. A inovação é recomendada tendo em vista a definição mais estrita dos deveres e responsabilidades do acionista controlador e dos administradores." Vide "Exposição Justificativa das Principais Inovações do Projeto", anexa à Mensagem n. 204 do Poder Executivo ao Poder Legislativo, encaminhando a proposta do Projeto de Lei das Companhias, capítulo 3, seção 1. Entretanto, na mesma Exposição é admitida a emissão de ações com valor nominal na medida em que: "O artigo 13 mantém a norma da lei em vigor que veda a emissão de ações por preço inferior ao valor nominal, fundamental à preservação da realidade do capital social" (seção II). Restaria saber qual o princípio fundamentalmente relevante: se a "importância injustificada atribuída ao valor nominal das ações" ou a vedação de ação "por preço inferior ao valor nominal, fundamental à preservação da realidade do capital social"?

ação de valor maior, desde que todos os acionistas permaneçam íntegros em sua participação acionária — ou seja, sem restar valor fracionário.

O valor nominal só ganha alguma relevância quando a companhia realiza a distribuição de dividendos tendo como base de cálculo um dado percentual de lucro aplicado sobre o valor nominal da ação. Tal possibilidade, a meu ver, não dá maior importância ao valor nominal, na medida em que esta é uma de três maneiras de que a companhia poderá se utilizar. Tal maneira de cálculo não altera o montante distribuído nem a quantia recebida pelos acionistas. Ou seja, se não houvesse tal possibilidade, as relações entre acionistas e a companhia continuariam, bem ou mal, da mesma forma.

5.3.2 Espécies

As ações poderão ser emitidas sob três espécies distintas: as ordinárias, as preferenciais e as de gozo e fruição. Para as companhias que emitem e colocam suas ações junto ao mercado de valores mobiliários, só as duas primeiras são relevantes, e serão discutidas em capítulo próprio. Como sabido, as ações ordinárias são detentoras de voto pleno, correspondendo a cada ação o direito de um voto. Já as ações preferenciais podem ser emitidas com voto pleno, voto parcial ou sem voto. Entre nós, como se verá mais abaixo, a quase totalidade das ações preferencias é emitida sem o direito de voto, sendo atualmente limitada sua emissão a quantia equivalente a 50% do capital social. Para as companhias constituídas anteriormente à Lei n. 10.303/2001, ficou garantido o direito a que mantivessem, se à época já existente, 2/3 do capital social com ações preferenciais sem direito a voto.

5.3.3 Classes

As ações, conforme o modelo do Decreto-Lei n. 2.627/1940, foram divididas em três categorias em função de suas espécies, a saber: as ordinárias, as preferenciais e as de fruição. As ações ordinárias e preferenciais são tratadas de forma separada em capítulos próprios, razão pela qual se convida o leitor para lá se dirigir. Já as ações de gozo ou fruição são de rara ou nenhuma aplicação às companhias que negociem seus valores mobiliários junto ao mercado, razão pela qual não serão abordadas, por fugir ao objetivo do presente trabalho. Desta feita, restará analisar a ação preferencial de classe especial, valor mobiliário este detido pelo ente público junto a empresas que passaram pelo processo de privatização.

5.3.3.1 Ação preferencial de classe especial ou golden share

Em 1990 foi editada a Lei n. 8.031, que criou a ação de classe especial, também conhecida com *golden share*. As ações de classe especial têm por característica estarem vinculadas ao processo de privatização de companhias detidas pelo Estado, em relação às quais interessa ao governante manter o poder de veto em determinadas situações constantes de norma legal e, por vezes, repetidas no edital de venda das ações, bem com no respectivo estatuto social da sociedade anônima a ser privatizada. O poder de veto estatal a determinados atos tomados pelos acionistas privados é exercido de forma independente do número de ações de classe especial por ele detidas. Usualmente, o poder de veto é exercido pela detenção de uma única ação preferencial.

Não estou convicto de que se possa classificar a ação de classe especial como uma espécie distinta, ou como variável do poder de deliberação dos sócios. Isso porque a classe especial atribuída à ação preferencial tem como característica que o Estado seja sócio da companhia privatizada, não participando das assembleias da companhia enquanto acionista que disputa ou contribui com seu voto para a tomada de decisões. Porém, ele exerce seu voto solitário ao vetar a decisão assemblear tomada até mesmo pela totalidade dos votos, menos o seu. Ou seja, é ela uma ação que só tem influência quando vota negativamente à deliberação. É por esse motivo que usualmente esse poder é exercível quando a deliberação social venha a colocar em risco o interesse nacional do Estado, ou quando, mesmo sem a ocorrência de risco ao interesse nacional, haja outro tipo de restrição constante da lei de privatização e do estatuto social da companhia.

O que seja o interesse nacional e quais os seus limites foi e é assunto objeto de grande debate dentro da Comunidade Europeia,[32] porém sem maior reflexo no Direito pátrio, na medida em que tal discussão só fez sentido na Comunidade Europeia ao se estabelecer o limite da atuação da regra comunal em face de suas próprias regras emanadas enquanto países soberanos e com interesses não necessariamente coincidentes.

Essas ações especiais são variáveis do exercício do voto, que, historicamente, como já discutido acima, variaram desde um voto por cabeça, passando pelo voto limitado independentemente do número de ações possuídas pelo acionista, bem como pela prática de mais de um voto para determinada classe de ação, pelo

---

32. Para aprofundamento nas discussões sobre o assunto consultar PELA, Juliana Krueger. **As** *golden shares* **no Direito brasileiro**. São Paulo: Quartier Latin, 2012, principalmente capítulos 1 e 2, p. 15-81; ALBUQUERQUE, Pedro de; PEREIRA, Maria de Lurdes. **As** *golden shares* **do Estado português em empresas privatizadas**: limites à sua admissibilidade e exercício. Coimbra: Coimbra, 2006; RODRIGUES, Nuno Cunha. *Golden shares*: as empresas participadas e os privilégios do Estado enquanto acionista minoritário. Coimbra: Coimbra, 2004, principalmente o capítulo 5, p. 255-431.

modelo "um voto por ação", e, agora, se juntando às várias modalidades à volta do poder de veto do soberano representado pelo Estado. Mesmo essa ação de classe especial se aproxima muito do modelo das concessões para exploração monopolista dadas pelo monarca, o qual mantinha o poder de veto e de cassação da concessão. Claro está que, na atualidade, o poder de veto encontra-se inscrito em normas cogentes e sujeito à apreciação do Poder Judiciário, de modo que a desobediência ao veto estatal resultaria na anulação da deliberação tomada. Quanto à revogação do ato de privatização, este poderia ser feito não mais por mecanismos absolutistas, mas pela desapropriação das ações, com o pagamento do justo preço, em obediência à Constituição Federal.

Historicamente, as *golden shares* remontam ao processo de privatizações por que passou a Inglaterra, fundamentalmente durante o Governo Thatcher, sendo o modelo posteriormente copiado por vários países da Comunidade Europeia e de lá trazido para países da América Latina, inclusive o Brasil. Sua origem econômica sempre foi a exaustão dos cofres públicos e a demanda monetária para fazer face às necessidades de caixa das companhias estatais e mesmo do tesouro nacional. Também resultou de problemas trazidos pela incapacidade gerencial do Estado, agravada inclusive pelo aparelhamento político das companhias controladas e geridas pelo Estado em áreas que dependem da inovação para poderem competir e independer de subsídios crescentes dados pelos contribuintes. Porém, de outro lado, tais privatizações trazem consigo delicados problemas a serem resolvidos nos casos de companhias estatais ligadas às áreas de segurança nacional, quer por produzirem armamentos, quer por ser o Estado detentor da produção de determinado bem ou serviço feito ou prestado em regime de monopólio.

No Brasil, as ações de classe especial foram instituídas pela Lei n. 8.031/1990. O propósito mencionado para a criação do comando legal foi a admissão explícita de que a desestatização devia-se a algumas constatações negativas feitas pelo governante, entendendo este que a entrega de empresas estatais à iniciativa privada devia-se a que: (i) atividades econômicas estariam sendo "indevidamente explorada[s] pelo setor público"; (ii) o ato de privatização iria contribuir para a redução da dívida do Estado; (iii) iria permitir a retomada dos investimentos nas empresas privatizadas, (iv) bem como "contribuir para o fortalecimento do mercado de capitais, através do acréscimo da oferta de valores mobiliários e da democratização da propriedade do capital das empresas que integrarem o Programa",[33] além de (v)

---

33. Tal premissa não se materializou. Na verdade, os setores privados nacionais não dispunham de capitais suficientes para fazer face às ofertas nos leilões de privatização, razão pela qual foi necessária a entrada do Banco Nacional de Desenvolvimento Econômico e Social – BNDES como órgão financiador e mesmo investidor, além da entrada de fundos de pensão patrocinados por empresas estatais e de economia mista,

"permitir que a administração pública concentre seus esforços nas atividades em que a presença do Estado seja fundamental para a consecução das prioridades nacionais".[34] Esses objetivos foram quase que literalmente repetidos pela Lei n. 9.491/1997, ressalvado o adendo colocado no inciso IV do artigo 1º, com a locução "inclusive através da concessão de crédito".

A primeira lei, em seu artigo 8º, permitia que a União detivesse "ações de classe especial do capital social [...] que lhe confiram poder de veto em determinadas matérias, as quais deverão ser caracterizadas nos estatutos sociais das empresas [...]". A lei, portanto, não comandava se tais ações deveriam ser ordinárias ou preferenciais, deixando à União a sua determinação. Tal comando não conflitava com a Lei das Companhias, na medida em que se tratava de lei especial, alterando o comando geral da Lei das Companhias. Foi só com a edição da Lei n. 10.303/2001 que ficou estabelecido que "Nas companhias objeto de desestatização poderá ser criada ação preferencial de classe especial [...]".

De outro lado, a Lei n. 8.031/1990 também não estabelecia a quantidade de ações de classe especial que podiam ser emitidas, fato que veio a ser determinado pela Lei n. 9.491/1997, também constante do artigo 8º, quando escreve que a União necessariamente deterá "ação de classe especial do capital social da empresa ou instituição financeira objeto da desestatização". É de se anotar que a falta do número de ações ou a falta de comando que dissesse se elas seriam emitidas enquanto ações ordinárias ou preferenciais não causou o menor transtorno no processo de privatização das companhias detidas pela União.

É de se anotar alguns comentários sobre as *golden shares* quanto à colocação de que só com a edição do artigo 17, em seu parágrafo 7º, da Lei n. 6.404/1976 consolidada foi atribuída aos municípios e estados a capacidade de se aproveitarem dos mecanismos constantes da Lei das Companhias no processo de privatização de suas próprias companhias. Creio que esse ponto deva merecer algumas considerações, na medida em que a privatização nada mais é do que a atividade pela qual o poder estatal, por meio da União, dos Estados ou dos Municípios, coloca à venda determinado bem constante como ativo seu. Precisaria qualquer um desses entes públicos de autorização de lei federal para alienar uma de suas empresas, desde que a Constituição Federal não dispusesse que tal atividade tem que necessariamente ser exercida pelo Poder Público competente? Creio que não.

O que o parágrafo 7º do artigo 17 da Lei das Companhias fez foi transportar para o seu âmbito a possibilidade da emissão de "ação preferencial de classe

que participaram dos certames na qualidade de investidores. De outro lado, é de se notar que o mercado de valores mobiliários não teve fôlego para prover recursos minimamente suficientes para absorver as ações ofertadas pela União.

34. Vide art. 2º da Lei n. 8.031/1990.

especial, de propriedade exclusiva do ente desestatizante, à qual o estatuto social poderá conferir os poderes que especificar, inclusive o poder de veto às deliberações [sociais] nas matérias que especificar". Isso, de certa maneira, criou uma exceção à proibição do voto plural contido no parágrafo 2º do artigo 110 da Lei das Companhias, na medida em que a manifestação do ente estatal, prevista pelo parágrafo 7º do artigo 17, tem o condão de deitar por terra a deliberação sobre matéria objeto de restrição no estatuto social da companhia privatizada. Ou seja, a exceção faz com que, na apuração de votos, a ação especial valha mais do que a soma de todas as demais.

Alguns pontos, entretanto, ainda poderão merecer comentários dos estudiosos. Um deles diz respeito à existência ou não de prazo para a manutenção do privilégio do poder de veto pelo Estado. Se não houver prazo previsto nem na lei autorizativa do leilão para a alienação das ações nem no estatuto social da companhia, poder-se-á entender que existe uma diferença entre um direito perpétuo e outro criado por prazo indeterminado, convalidando a primeira situação? Se ambas as situações fossem idênticas, poderiam ser considerados tais direitos rescindíveis a qualquer tempo? Essa questão merece algum cuidado quando da resposta, na medida em que a racionalidade da privatização pode variar de acordo com a empresa privatizada. Assim, no caso de uma companhia diretamente ligada ao conceito de segurança nacional — como, por exemplo, uma empresa produtora de material bélico — poder-se-ia limitar no tempo o direito ao exercício do voto solitário de veto? Creio que não, na medida em que segurança nacional é objeto de constante preocupação dos governantes. Uma empresa que atua em setor monopolista — como o de águas e esgotos — poderia prescindir ou não do poder de veto? Creio que sim, na medida em que a atuação empresarial em mercados monopolistas propicia que a formação de preço seja distorcida. Já empresas que atuam em mercados competitivos deveriam poder prescindir do poder de veto, na medida em que este pode gerar para ela um peso maior em mercados que competem. Ou seja, a meu ver, nesta última situação o Estado poderia estabelecer um prazo ou nenhum, dependendo do grau de afastamento ou proximidade do objeto da companhia a ser privatizada do âmbito de atuação dos empreendimentos ligados à segurança nacional ou a monopólios.

5.3.4 Capital fixo e capital autorizado

A legislação de 1940 previa somente o capital fixo das companhias, permitindo o seu incremento só após a integralização do capital subscrito anteriormente. Segundo nos dá conta Modesto Carvalhosa, Miranda Valverde só admitiu o capital fixo em seu projeto, entendendo que o mundo empresarial da época não se encontrava preparado para receber o avanço que representava o capital autorizado.[35] Para o Decreto-Lei n. 2.627/1940, a companhia só se constituía com a integralização mínima de 10% do capital instituído pelos fundadores; ou seja, desde o primeiro momento era necessário saber o capital que a sociedade teria, bem como esta só se instituiria com a subscrição total do capital social. Assim sendo, todos os demais aumentos do capital social dependeriam da realização de assembleias gerais extraordinárias que aprovassem tal ato.

Por ser a companhia historicamente constituída com sendo de capital fixo, modalidade que existe desde os primórdios da criação das primeiras companhias, aqui não se dará maior tratamento a essa modalidade de capital na medida em que, para o presente trabalho, o foco é a ação enquanto valor mobiliário, independentemente da modalidade de formação de seu capital social. O capital autorizado, entretanto, merece algum comentário ligeiro por conta da sua relativa novidade. De outro lado, deve merecer uma anotação por sua capacidade de agilizar o processo de entrada de novos capitais junto à companhia emitente. No mais, também é digno de nota por trazer para o nosso ordenamento um instrumento tipicamente norte-americano, cujos efeitos poderão ser sentidos caso o nosso mercado se encaminhe para um grau maior de pulverização, nas hipóteses de aumento de capital por valor muito diferente ao do mercado secundário.

Tal rigidez foi abolida com a edição da Lei n. 4.728/1965, que, na realidade, instituiu um terceiro nível do capital social: o capital autorizado. As duas modalidades previstas na Lei de 1940 foram preservadas, quais sejam, o capital subscrito e o capital integralizado. Essa nova possibilidade implicava que os aumentos de capital, até o montante autorizado, se dessem por atos da administração da companhia, com mero comunicado à Junta do Comércio do incremento do capital subscrito. Tal possibilidade, entretanto, foi estendida apenas às companhias que emitissem somente ações nominativas ou endossáveis. Dúvida ficou com relação às ações endossáveis, na medida em que poderiam ser transmitidas por endosso em branco ou em preto, ou seja, à ordem de pessoa específica.

Ademais, permitiu a Lei de 1965 que o capital autorizado fosse aumentado sem que o anterior estivesse totalmente subscrito, bem como que a subscrição se desse em percentual menor do que os dez por cento estabelecidos pelo Decreto-Lei de 1940, de acordo com o percentual que viesse a ser estabelecido pelo Conselho Monetário Nacional. A quantia recebida dos acionistas pela subscrição das ações já ficava no caixa da companhia, não mais necessitando ficar depositada junto ao Banco do Brasil até o registro da respectiva assembleia geral junto ao Registro do

---

35. Escreveu Miranda Valverde que "A lei, contrariamente às sugestões e emendas oferecidas ao anteprojeto, não consagrou o sistema de capital autorizado. Seria, se o fizesse, um rompimento inútil com a tradição, e, pior ainda, lançar no nosso meio, pouco preparado para compreender certas instituições, um processo que facilita a organização de companhias, sem objetivo sério ou com base segura". Vide VALVERDE, Trajano de Miranda. **Comentários à Lei das Sociedades Anônimas**. 4. ed., Rio de Janeiro: Forense, 1959, v. 3, p. 505.

Comércio. Continuava, entretanto, a restrição à emissão por valor inferior ao nominal, ressalvada a hipótese de que as ações fossem cotadas em bolsa de valores. Permitia, por fim, que a sociedade adquirisse suas próprias ações, mantendo-as em tesouraria para futura recolocação. Enfim, criou-se uma séria de facilidades na relação capital/acionistas, as quais alteraram profundamente esse capítulo da legislação de 1940.

Tais facilidades — quais sejam, a de aumentar o capital social sem a realização de assembleia geral, a ida para o caixa da empresa dos recursos resultantes da capitalização e a inexistência de pagamento mínimo de 10% pelas ações subscritas, emissão de ações por valor interior ao nominal, etc. — foram insuficientes para animar os controladores. Todas essas vantagens perdiam de longe para as conveniências tributárias de que gozava o anonimato diante do imposto de transmissão e do imposto de renda que grava as pessoas físicas e jurídicas.[36] Mas a possibilidade criada pela Lei do Mercado de Capitais significou uma enorme alteração na concepção do Direito Societário brasileiro, na medida em que se passou a privilegiar o poder do conselho de administração ao se permitir que os aumentos, dentro do capital autorizado, pudessem ser feitos pelo conselho de administração, se assim permitir o estatuto social. Até então, os aumentos do capital social eram de competência exclusiva da assembleia geral de acionistas.

Essa adoção do sistema societário do Direito norte-americano, feita em detrimento de nossa até então preferência pela influência europeia continental, foi bem notada por José Alexandre Tavares Guerreiro:

> Entra em cena, nesse particular, um dos mais marcantes traços da disciplina legal da *corporation* norte-americana, a saber, precisamente, a ênfase dos poderes administrativos, corporificados no *board*, sobre a tradicional "*soberania*" das deliberações dos acionistas, reunidos em assembléia geral, que caracterizou, em larga medida, o Direito continental europeu e que tanto inspirou nossa legislação societária, pelo menos até o advento das chamadas sociedades anônimas de capital autorizado, com a Lei 4.728, de 1965. De um lado, cabe reconhecer que a administração social será presumivelmente mais ágil que a assembléia geral, no tocante a essa matéria específica, percebendo, com mais aguda sensibilidade, as conveniências financeiras na determinação do preço de emissão. De outro lado, deve-se notar que a determinação do preço de emissão representa um dado fundamental na relação jurídico-societária, interferindo diretamente no complexo de direitos e obrigações entre acionistas e a sociedade, inclusive porque dessa determinação resultará, a final, o próprio valor do capital da companhia.[37]

---

36. Vide artigos 45 a 48 da Lei n. 4.728/1965.
37. Vide GUERREIRO, José Alexandre Tavares. **Regime jurídico do capital autorizado**. São Paulo: Saraiva, 1984, p. 22.

O deslocamento do centro de poder da assembleia geral para o conselho de administração, nas chamadas de capital dentro do limite autorizado, tende a produzir uma disputa mais racional com os investidores institucionais, que, por serem guardiães mais sofisticados, têm condições e o dever de detalhar melhor a formação de preço das ações. De qualquer sorte, haveria grande dificuldade para o conselho de administração encontrar justificativa válida para a venda de ações por valor inferior ao praticado junto ao mercado secundário, ressalvada a hipótese de venda privada aos próprios acionistas exercentes do direito de preferência, em detrimento do patrimônio da companhia e da diluição dos não exercentes. Essa colocação não seria verdadeira caso dada ação seja ilíquida no mercado secundário, quer quanto ao número de ações negociado, quer quanto à constância de negociações em um dado período de tempo. De qualquer sorte, tem o acionista o direito de impugnar a colocação feita, na medida em que esta desobedeça aos padrões de valor existentes de modo a que o acionista prejudicado se sinta diluído de forma injustificada.

Na legislação societária vigente, a companhia pode se constituir prevendo em seu estatuto social que ela terá capital fixo ou capital autorizado. Na primeira hipótese, quer o capital inicial, quer os posteriores aumentos, quer os aportes de recursos à conta do capital social, todos dependem da aprovação dos acionistas reunidos em assembleia geral. Já para as companhias de capital autorizado, manteve-se a norma da Lei do Mercado de Capitais pela inexigibilidade das assembleias gerais, sendo a deliberação tomada pela assembleia geral ou pelo conselho de administração, conforme disponha o estatuto social, sendo o conselho de administração obrigatório para as companhias abertas de capital autorizado.[38] A designação estatutária de um dos colegiados exclui a competência do outro; ou seja, inadmite a Lei das Companhias a existência conjunta da assembleia de acionistas e do conselho de administração como igualmente competentes para tratar do capital autorizado. Uma vez estabelecido o colegiado competente, este pode deliberar sobre o capital autorizado quer quanto ao valor, quer quanto à quantidade de ações cuja emissão se autoriza.

Nas companhias com ações colocadas junto ao público, o estatuto social deverá prever a existência ou não do direito de preferência aos acionistas nos aumentos de capital. Também há necessidade de previsão estatutária para a subscrição de valores mobiliários que deem direto de transformação destes em ações, cujas colocações sejam feitas junto ao público, bem como a espécie e classe possíveis de emissão no capital autorizado da companhia. O preceito legal, entretanto, só menciona as debêntures e os bônus de subscrição, imaginando que o mercado investidor não seja capaz de criar novos valores mobiliários que possam vir a alterar

---

38. Vide art. 138, § 2º e 3º, da Lei n. 6.404/1976.

a estrutura acionária da companhia, esquecendo-se da largueza do conceito de "valor mobiliário" estabelecido pela própria Lei n. 10.303/2001. Nesses casos, mais uma vez, caberá à capacidade construtiva de interpretação do nosso Poder Judiciário, ou, conforme o caso, do juízo arbitral, se previsto pelo estatuto social da companhia.

5.3.5 Modificação do capital social

O capital social pode ser aumentado ou diminuído. Entre nós, a primeira legislação a tratar da matéria foi a Lei n. 3.150, de 1882, que previa a possibilidade de seu aumento nos casos de "acréscimo de obras e ampliação de serviços e operações sociais",[39] sendo que o Decreto n. 164, de 1890, que reformou a Lei n. 3.150/1882, praticamente repetiu a literalidade desta última. A primeira grande alteração ocorre com a edição do Decreto n. 603, de 20 de outubro de 1891, o qual trata pela primeira vez da redução do capital social, além de ampliar em muito as regras referentes ao seu aumento. Quanto à redução, o Decreto n. 603/1891 trouxe a regra cujo princípio é até hoje vigente, qual seja: a necessidade de concordância dos credores para a diminuição do capital.[40] Já no que se refere ao aumento do capital, o comando de 1891, além de acompanhar a redação original de 1882, estabeleceu outros princípios da justificativa pelos administradores quanto à necessidade de seu aumento, após a fala necessária dos "fiscaes" para que a proposta pudesse ser submetida à apreciação da assembleia geral, a qual necessitava, para sua aprovação, do quórum especial de dois terços do capital social.

O assunto é novamente tratado em 1940, pelo Decreto-Lei n. 2.627, que traz inovações com relação à legislação de 1822, acréscimos estes mantidos pela Lei n. 6.404/1976. Assim é que a norma editada em 1940 inova e detalha bem mais[41] ao legislar sobre: (i) o aumento do capital, que só poderá ser aumentado após a integralização do anterior; (ii) as regras distintas entre os aumentos de capital, se

---

39. Vide artigo 6º da Lei n. 3.150, de 4 de novembro de 1882.
40. "Se a sociedade quizer reduzir o capital com o qual se constituiu, tal deliberação não valerá contra credores, que se mostrarem prejudicados com a reducção e desde que a elle se oponham. § 1º – Os accionistas, no caso de oposição de credores, ficam obrigados pelo valor da entrada das acções inscriptas em seu nome. § 2º – Os ditos credores poderão promover judicialmente as entradas de capital estipulada nos estatutos ou na escriptura do contrato social, no computo necessário para o seu pagamento; por via de ação sumária, sendo a appellação, porém, em ambos os effeitos. § 3º – A sociedade poderá, comtudo, elidir a acção dos credores, satisfazendo-lhes os seus créditos com os juros da mora, quando vencidos, ou mediante o respectivo desconto, quando a vencer. § 4º – Si com a reducção do capital a sociedade tornar-se insolvável, os credores poderão requerer a liquidação forçada. § 5º – Havendo dívida da emissão de obrigações ao portador (debêntures), o capital da sociedade mutuaria não poderá ser reduzido sem assentimento dos respectivos credores".
41. Vide artigos 108 a 115 do Decreto-Lei n. 2.627, de 26 de setembro de 1940.

realizados em dinheiro ou em bens; (iii) a diferenciação entre a subscrição pública e a privada; (iv) o direito de preferência sobre as ações de espécie idêntica às possuídas pelo acionista; e (v) a possibilidade de alienação do direito de subscrição.

Quanto à redução do capital social, a legislação de 1940 contemplou três hipóteses: (i) pela redução patrimonial; (ii) pela restituição de parte do valor da ação aos acionistas; ou (iii) pela redução do seu valor nominal, quando ainda não integralizadas. Porém, em todas as situações a redução só se tornaria efetiva trinta dias após a publicação da ata da assembleia geral que produziu tal deliberação, lapso dentro do qual os credores poderiam, mediante notificação judicial, se opor à redução do capital social. Essa notificação poderia ser elidida pela comprovação da quitação do credor irresignado.

A vigente Lei das Companhias trata do aumento do capital nos artigos 166 a 172 e de sua redução nos artigos 173 e 174. No aumento, os maiores problemas surgem na precificação da nova emissão, bem como na sua real necessidade, pois o aumento desnecessário ou a precificação incorreta podem esconder a tentativa de diluição injustificada dos acionistas que se opõem ao aumento do capital social. Já na redução, as eventuais disputas surgem geralmente com os terceiros credores da companhia. Em ambas as situações, só será discutida a problemática em relação às sociedades anônimas que tenham suas ações negociadas ou ofertadas publicamente.

5.3.6 O aumento do capital social

Como sabido, o aumento do capital pode ocorrer nas sociedades que tenham adotado o regime do capital fixo ou do capital autorizado. Enquanto reflexo nas contas sociais, prevê a lei que do aumento do capital social poderá resultar a emissão de novas ações, modificação do valor nominal das ações existentes ou, se forem emitidas sem valor nominal, ocorrerá alteração no montante do capital total, sendo o valor unitário da ação resultante da divisão do capital pelo número de ações emitidas.

Genericamente, estabelece a Lei das Companhias que o capital social, quer quando da constituição da empresa, quer quando de seu aumento, pode se dar com a entrega de "dinheiro ou em qualquer espécie de bens suscetíveis de avaliação em dinheiro ", conforme seu artigo 7º. Uma vez que a capitalização se dê com a entrega de bens avaliáveis em dinheiro, deve seu valor ser confirmado pela produção de laudo elaborado por três peritos ou por empresa especializada. Esse laudo é submetido ao julgamento dos acionistas votantes em assembleia, de cuja decisão não participa com seu voto aquele que capitaliza os bens avaliados, podendo o subscritor aceitar ou não o valor dado pelos avaliadores. Caso os demais acionistas aceitem os bens ofertados à capitalização, manda a lei que estes não podem ser aceitos por valor superior àquele pedido pelo acionista que faz a capitalização. Aquele que capitaliza em bens responde, conjuntamente com os avaliadores, por culpa ou dolo quanto ao prejuízo causado à companhia, podendo, inclusive, responder penalmente, se for o caso. Se a capitalização se der com a entrega de títulos de crédito, aquele que capitaliza responde pela solvabilidade dos mesmos.[42]

O capital social somente pode ser aumentado por nova subscrição depois que os acionistas tiverem integralizado três quartos do mesmo. Claro que antes disso o capital poderá sofrer incrementos em face da capitalização de lucros, do excedente das reservas instituídas por lei ou daquelas outras constituídas pela vontade dos acionistas.[43] O aumento do capital social deve ser autorizado pelo voto dos acionistas reunidos em assembleia, podendo estes delegar ao conselho de administração, como no caso da existência do capital autorizado, a fixação do preço, o qual deverá levar em consideração determinados parâmetros de valoração da emissão abaixo discutidos.[44]

O capital social também pode ser aumentado pela conversão de título de dívida emitido pela sociedade, como no caso das debêntures e bônus de subscrição conversíveis em ações pela vontade do credor, sem passar por nova deliberação assemblear, na medida em que os acionistas, quando da deliberação autorizativa de sua emissão, já se obrigaram à conversão da dívida em participação social. Neste caso, a conversão será automática, uma vez manifestada a vontade do então credor, sendo razoável imaginar-se que a companhia tenha adotado o regime do capital autorizado, tendo ações de tesouraria disponíveis para fazer face à obrigação anteriormente assumida. O mesmo tipo de aumento poderá ocorrer quando do pagamento de bônus contratados pelos acionistas com seus administradores ou empregados.

Entretanto, alguns pontos do aumento do capital social das companhias de capital aberto são controversos e de difícil solução, tais como os critérios para avaliação da precificação de uma emissão quando, por exemplo, da ocorrência ou não de diluição injustificada dos acionistas existentes, do direito de preferência, ou quando da colocação privada em companhia de capital aberto, etc.

5.3.7 Preço de emissão

O preço de emissão quando da constituição da companhia não apresenta problema maior, mesmo que a capitalização inicial seja feita total ou parcialmente

---

42. Vide artigos 8º a 10º da Lei n. 6.404/1976.
43. Vide artigo 193 a 200 da Lei n. 6.404/1976.
44. Vide artigo 170 da Lei n. 6.404/1976.

em bens. Isso porque todos os acionistas estão valorando pela primeira vez a ação a ser emitida, podendo ou não aceitar o valor atribuído pelo proponente, valor este aferível por empresa especializada ou por três peritos e que, finalmente, será aceito ou não pelos demais constituintes da companhia. A dificuldade também inexiste quando os lançamentos secundários ocorram através de oferta pública, situação na qual o preço é formado pela oferta e demanda.

Tal facilidade, entretanto, não ocorre quando se busca encontrar o preço de emissão nos aumentos de capital de companhias com ações negociadas no mercado secundário, ou quando há uma emissão conjunta de ações ordinárias e preferenciais cuja oferta seja restrita aos acionistas já existentes (oferta privada). Estes lançamentos podem levar à diluição injustificada de uns acionistas em benefício de outros não exercentes do direito de preferência, desde que todos sejam sócios preexistentes ao aumento do capital. A criação da regra do artigo 170 da Lei das Companhias é uma das raras contribuições que o Direito Societário brasileiro fez. E isso porque, na economia fornecedora de nosso paradigma legal, os lançamentos são feitos, normalmente, por oferta pública, dada a robustez daquele mercado secundário. Nos casos de aumento de capital da companhia aberta, já possui ela suas ações cotadas em bolsa; nesta situação, não tem o menor sentido a companhia efetuar o novo aumento por valor diferente daquele cotado. Se o lançamento se der por valor maior do que o do mercado secundário, não haverá subscritores; se ocorrer por valor menor, ocorrerá a diluição injustificada dos acionistas então existentes.

Nos países onde eventualmente tal preocupação existe, devido à falta de um mercado secundário de grande liquidez, como entre nós, ela surge na medida em que possa significar a transferência de valor da companhia de alguns acionistas para outros, por meio de inúmeras situações criadas pelos acionistas votantes e o conluio dos administradores da companhia,[45] situação esta característica do cometimento de ilícito civil e penal. Também deve ser mencionada a possibilidade

---

45. *"The wrongs done by stock watering are primarily injuries to the corporation done by promoters and those in control by depriving it of the needed capital and the opportunity to market its securities to its own advantage, thus hurting its business prospect and financial responsibility. They also injure existing and future shareholders by diluting the proportionate interest in the corporation of those who pay full value for their shares. They injure present and futures creditors when the corporation is deprived of the assets or capital required by law to be contributed by all shareholders as a substitute for individual liability for corporate debts. Stock watering which involves fictitious capitalization is deceptive both to the management of the corporation in declaring dividends and those who deal with it or purchase its securities, because it is invariably accompanied with misleading corporate accounts and financial statements, particularly by the overstatement of the value of assets received for the shares to cover up a capital deficit resulting from overvaluation and underpayment of purported capital contributions. The wrong done by stock watering are most likely to be perpetrated by the manipulations of promoters and directors at the outset in the flotation of a new enterprise and the fraudulent obtaining of shares of stock and other securities without consideration."* Vide BALLANTINE, Henry W. **Law of Corporation**. Chicago: Callaghan, 1946, p. 794.

de ocorrência de diluição injustificada não dos acionistas, mas da própria companhia, quando esta aumenta seu capital mediante colocação para ser subscrita pelos acionistas já existentes, por preço inferior às metodologias apontadas pelo artigo 170, prejudicando a companhia e seus credores, sendo uma forma indireta de amortização sem a audiência dos credores.

Assim é que nos aumentos de capital podem surgir problemas de difícil solução, não só em relação à diluição injustificada, mas em relação às novas emissões de ações ordinárias, na medida em que tal movimento poderá causar um desbalanceamento na estrutura de poder dentro da companhia. Já com a emissão de ações preferenciais poderá ocorrer uma modificação na expectativa de recebimento de dividendos pelos antigos acionistas preferencialistas. As regras para evitar a diluição injustificada nascem da obrigação de dar aos acionistas o direito de preferência para subscrever ações nos aumentos de capital, de sorte a que se mantenha proporcionalmente a mesma posição antes possuída.

Duas são as possibilidades das companhias de capital aberto no que se refere ao direito de preferência. Uma delas é fazer prever no estatuto social a eliminação do direito de preferência desde que as ofertas da nova emissão sejam dirigidas ao público em geral, valendo, então, a regra de mercado na formação de preço. Entretanto, caso o estatuto social seja silente quanto à exclusão da preempção, o direito de preferência, constante do artigo 171 da Lei das Companhias, permanece válido e exigível nos aumentos de capital que a companhia fizer. Nesta hipótese, o problema surgiria em sua plenitude se o legislador não contasse com a metodologia dada pelo artigo 170 da Lei das Companhias, deixando aos controladores o direito de estabelecer o preço de emissão nos aumentos de capital.

Na tentativa de dar efetividade ao direito de preferência, a lei criou indicadores para se encontrar o preço de emissão. Para tanto, elenca três parâmetros cuja finalidade é tentar evitar que a maioria votante estabeleça condições de diluição injustificada, por intermédio do preço na subscrição, que venham a prejudicar ou a impossibilitar o exercício de tal direito pelos acionistas minoritários, votantes ou não. Os três parâmetros legais indicam eventual caminho para se encontrar o justo preço, mas o pano de fundo para todos os aumentos de capital será sempre a comprovação de sua necessidade, inclusive pela obrigatoriedade de apresentação aos acionistas do plano de investimento dos futuros recursos.

Ou seja, a diluição injustificada também poderá ocorrer pela chamada desnecessária de um aumento de capital, pela maneira como este se dará, pelo prazo de capitalização, pela integralização do capital subscrito em bens desnecessários à companhia, etc. Na prática, a verificação da diluição injustificada será sempre decorrente da análise factual, sendo extremamente difícil a sua caracterização somente através da letra fria da lei. Neste contexto é que surge o papel fundamental dos julgados como balizadores dos comandos genéricos inscritos em nossa Lei das Companhias.[46]

Diz o artigo 170 da Lei do Anonimato que os aumentos de capital devem ocorrer sem que haja diluição injustificada dos acionistas já existentes. A razão de ser do comando legal é que, se houver a emissão por preço abaixo do real, os acionistas antigos estariam entregando parte de seu patrimônio aos novos sócios, já que estes últimos estariam recebendo determinado valor da companhia pelo qual não pagaram. Mesmo que todos os acionistas em uma colocação privada exerçam seus respectivos direitos de preferência, mas caso o valor pago pela ação seja inferior ao real, a companhia mostrará ao mercado um falso valor do capital social e, consequentemente, um patrimônio social enganoso para com os credores da companhia.

A mesma diluição poderá ocorrer se a emissão se der por valor acima do real, de sorte a impedir a subscrição de alguns acionistas, como forma de concentração de controle. Ou seja, todas as vezes que a emissão se der por preço não justo poderá haver a diluição injustificada, sendo irrelevante a existência do direito de preferência, na medida em que não pode ser exercido de forma justa. O desafio está em se estabelecer e comprovar o justo preço da ação ou a real necessidade do aumento para que sejam afastadas as hipóteses de diluição injustificada dos acionistas.

Muito embora a ideia contida no preceito seja de fácil entendimento, não é de fácil operacionalização. Na tentativa de encontrar uma solução, o parágrafo primeiro do artigo 170 estabelece três parâmetros facilitadores. Diz ele que o justo preço — ou seja, aquele que não causará a diluição injustificada — será o que levar em consideração: "(i) a perspectiva de rentabilidade da companhia; (ii) o valor do patrimônio líquido da ação; (iii) a cotação de suas ações em Bolsa de Valores ou no mercado de balcão organizado, admitido ágio ou deságio em função das condições do mercado". A Lei das Companhias, ao eleger três parâmetros valorativos, permite que possam ser aplicados "alternativa ou conjuntamente", dando liberdade para que a companhia encontre aquele que mais se aproxima de seu valor presente e futuro.

---

46. "Não há lei que possa, em uma economia de mercado, impor um preço certo para a emissão de ações, considerando as peculiaridades de cada momento da circulação do capital, ainda mais em se tratando de operações de bolsa, subordinadas a múltiplas variáveis, como é de comum sabença. O que a lei comanda é que se tenha presente tais critérios como balisas e que não haja diluição injustificada dos antigos acionistas. Para aferir tudo isso depende da prova dos autos, dos laudos técnicos, das informações dos agentes especializados trazidos pelas partes, provocadas pelo Juiz, do exame das cotações, do estudo da empresa, da sua rentabilidade, da realidade dos seus débitos e créditos, do nível de seu endividamento de curto, médio e longo prazos. De igual modo, do valor de emissão e do percentual do deságio, sabido que a prática do mercado admite em larga escala o aumento de capital para a integralização de créditos". Do voto do Ministro Waldemar Zveiter no Agravo Regimental no Agravo de Instrumento n. 148.507/DF.

Mas a lei não explicita a possibilidade de a aplicação de uma ou outra metodologia resultar em preços diversos entre ações de espécies distintas, muito menos quando a empresa emita para colocação pública ações de classes diferentes em função das respectivas remunerações. A Comissão de Valores Mobiliários buscou diminuir o problema com a edição de pareceres de orientação emitidos já há algum tempo.[47]

O ponto de partida deve ser sempre o preceito legal, que, conforme exposto acima, é o parágrafo primeiro do artigo 170. O que a lei não menciona, nem mesmo em sua Exposição de Motivos, é a existência de um método preferencial ou a obrigatoriedade de aplicação de uma das três modalidades de avaliação,[48] já que *alternância* significa "um ou outro", e *conjuntamente*, "mais de um método de avaliação".

Portanto, o parágrafo primeiro deixou aberta a escolha da metodologia que melhor reflita o natural jogo de oferta e demanda que deverá se adaptar às situações reais do mercado no momento da colocação. Qualquer que seja a opção tomada pela companhia, deverá a sociedade "esclarecer qual o critério adotado, nos termos do § 1º deste artigo, justificando pormenorizadamente os aspectos econômicos que determinaram a sua escolha", conforme consta do parágrafo sétimo do artigo 170.

De outro lado, com a edição do Parecer de Orientação n. 5/1979 pela CVM, podem surgir divergências quanto à disposição de seu item 1º, segundo a qual, "em matéria de fixação de preço de emissão de ações em aumento de capital por subscrição, quando emitidas ações de diversas espécies, classes e/ou formas, a regra geral é a do estabelecimento de um único preço para todas as ações". Estaria a autarquia se referindo ao parágrafo segundo do artigo 11 da Lei n. 6.404/1976, pelo qual "o valor nominal será o mesmo para todas as ações da companhia"?

---

47. Vide Pareceres de Orientação n. 1 e n. 5, respectivamente de 27 de setembro de 1978 e de 3 de dezembro de 1979, da Comissão de Valores Mobiliários, ambos escritos por Pedro Henrique Teixeira, então Superintendente Jurídico da Autarquia.

48. Não creio seja adequada a conclusão do Parecer de Orientação CVM n. 1 quando este afirma que: "[...] 4. Em relação à consideração dos três parâmetros enunciados pelo comentado dispositivo legal [§ 1º do art. 170]. Porém, deve-se entender que, *embora de observância cumulativa* [grifo meu], haverá a prevalência de um ou outro daqueles três parâmetros sobre os demais, quando da fixação do preço de uma nova emissão daquela ação, conforme o estágio de desenvolvimento do mercado de ações, bem como do tipo de comportamento de uma determinada ação em tal mercado (índice de negociabilidade)". No mesmo sentido, me parece descabida a afirmação no Parecer de Orientação n. 5, no sentido de que: "9. As considerações acima são reforçadas pela conclusão a que chegou o Parecer de Orientação [Parecer de Orientação CVM n. 1] de que o objetivo do § 1º do art. 170 da Lei 6.404 foi o de exigir a observância dos três parâmetros enunciados por aquele dispositivo *sempre que possível* [grifo da Autarquia], fato que levou a outra conclusão: a lei, ao se referir à hipótese de 'diluição injustificada' da participação dos antigos acionistas, admitiu, *a contrario sensu* a possibilidade de ocorrência de 'diluição justificada' [...]". Ora, a lei não fala em "sempre que possível", mas sim na utilização das três metodologias de forma "alternativa ou conjuntamente".

Fica a impressão que não, na medida em que em seu item 2º o mesmo Parecer de Orientação n. 5/1979 afirma que:

> Excepcionalmente, porém, afigurar-se-á como admissível, na hipótese, a diversidade de preços de emissão em um mesmo aumento de capital. Tal exceção, no entanto, [...] deverá se restringir aos casos em que os diversos tipos de ações a serem emitidas: 1. apresentem cotações no mercado significativamente díspares; e 2. possuam, todos, significativos índices de negociabilidade.

Restaria saber o que a autarquia quis dizer com cotações de mercado "significativamente díspares" ou com "significativos índices de negociabilidade". Isoladamente, o termo "significativamente" muito pouco indica, na medida em que só tem utilidade se acoplado a um paradigma, tal como as transações diárias de uma bolsa de valores, ou as ações mais transacionadas, etc.

Ou seja, ou a lei proibiu ou ela não estabeleceu excepcionalidade alguma, nem erigiu preferências quanto aos índices de negociabilidade, dentre os três previstos pelo parágrafo 1º do artigo 170. Aliás, se atentarmos para a nossa realidade no mercado secundário de ações, verificaremos que usualmente as companhias não podem apresentar um bom índice de liquidez que possa servir de parâmetro confiável. Ademais, será de levarmos em consideração que as companhias aumentam seus capitais com a emissão concomitante de ações ordinárias e preferenciais, inclusive por conta do limite de emissão destas últimas em face das ações ordinárias determinado por lei. Nesta situação, além de as ações tradicionalmente terem preços diferentes, a liquidez é usualmente menor no caso das ações ordinárias, ressalvadas aquelas participantes do Novo Mercado.

Tenho para mim que a Comissão buscou uma adequação à falha do legislador quando este ignorou a realidade do mercado secundário, no qual as companhias usualmente oferecem ações ordinárias e preferenciais em emissões concomitantes. Tanto as diferenças econômicas como os direitos atribuídos às emissões geram necessariamente preços diferentes para as ordinárias e para as preferenciais. Talvez fosse mais eficiente fazer com que as companhias de capital aberto sempre colocassem seus aumentos de capital por meio de subscrições públicas, na medida em que a precificação dada pelo mercado seria um aferidor mais preciso do que a apreciação do justo preço feita no curso de um processo administrativo ou judicial.

Dos três parâmetros da lei, acima apontados, somente o valor do patrimônio líquido da companhia não apresenta, à primeira vista, maiores dificuldades. Mas mesmo o valor do *patrimônio líquido* pode não representar um índice confiável ao investidor na medida em que, além de mostrar a capacidade de investimento da companhia ou de pagamento de dividendos, ele só garante os credores em caso de dificuldade da companhia, eventualmente garantindo o acionista e seu investimento depois de saciados todos os demais credores da companhia. Ou seja, o patrimônio líquido das companhias saudáveis não é normalmente distribuído, mas é revertido aos acionistas dentro das regras de distribuição de dividendos. Já as companhias em dificuldade usam a reserva para satisfazer credores, o que fazem só para evitar mal maior, nunca alocando-a aos acionistas, mas para reduzir endividamento. É verdade que o valor do patrimônio líquido mostra a disponibilidade de recursos da companhia em dado momento no tempo, mas não é uma real garantia da rentabilidade do investimento. Em última análise, o patrimônio líquido não significa solitária e diretamente uma medida para se encontrar o valor da ação a ser ofertada, mas somente uma perspectiva futura quando vier a ser distribuído aos acionistas (rentabilidade do investimento). Porém, dos três métodos apontados pela lei, o patrimônio líquido da companhia é aquele que mais se aproxima de uma valoração da companhia e, consequentemente, do preço da ação.

A *perspectiva de rentabilidade* é uma razoável incógnita, na medida em que se busca prever o futuro comportamento econômico do setor ou mesmo do país. Deve-se entender o desempenho econômico não por um único exercício social, mas por um determinado número de anos que possam justificar o pagamento a maior por determinada ação. Certamente o analista que busca saber da perspectiva de rentabilidade levará em consideração outros fatores também aleatórios, como a sucessão na gestão ou no comando votante, aspectos sazonais, o interesse governamental por determinado setor; enfim, uma série de variáveis que torna o cálculo da rentabilidade futura de difícil previsão.

A *cotação das ações em bolsa ou no mercado de balcão organizado* pode apresentar algumas dificuldades sérias. Uma delas é a liquidez do papel como elemento capaz de significar uma razoável formação de preço nascida da livre oferta e demanda da ação. Quanto a este ponto, há de se levar em conta as variáveis de volume e frequência das negociações, que serão indicadores da transparência na formação de preço nos mercados de bolsa de valores ou de balcão organizado. Em outras palavras, a liquidez deve ser levada em consideração não só quanto aos volumes negociados, mas também quanto à constância das negociações no tempo. Também será de se levar em consideração a ocorrência ou não de variações bruscas de preço ou de volume para se encontrar o valor de mercado. As alterações repentinas de volume e/ou preço podem ser indícios de manipulação de mercado, fator que distorceria a cotação no mercado secundário, tendo-se presente que, quanto menor o volume, maior é a possibilidade de manipulação de preço com a aplicação de um pequeno capital.

Assim, caberá ao intérprete escolher o critério econômico que atribua o valor da ação no aumento de capital mais perto o possível da realidade que a companhia está vivendo. Isto significa que o valor de emissão não deverá ser necessariamente uma média entre os três parâmetros colocados no artigo 170,[49] com a nova redação dada pela Lei n. 9.457/1997, mas sim levando em conta a realidade econômica do momento.

A alteração do artigo 170 foi importante porque a redação original discriminava as três bases referenciais do aumento (a cotação de mercado, o valor do patrimônio líquido e a perspectiva de rentabilidade), de sorte a induzir o aplicador a utilizar as três metodologias com a mesma ponderação. Com a alteração introduzida pela Lei n. 9.457/1997, foi incluída a expressão "alternativa ou conjuntamente". A mudança significou para a CVM a necessidade de refazimento dos Pareceres de Orientação n. 1 e 5, de sorte a adequá-los à mudança legal.

Tal necessidade pode ser constatada da decisão do Colegiado da CVM no Processo n. RJ2006/0180, cujo relator foi o Diretor Pedro O. Marcílio de Sousa, abaixo transcrito nas passagens de interesse do presente capítulo:

> 01. Trata-se de recurso interposto por DÖHLER S.A. ("Companhia"), em face da decisão proferida pela Superintendência de Relações com Empresas ("SEP").
> [...]
> 03. Com relação ao preço de emissão de ações, a SEP, em que pese ter considerado que não dever entrar na análise do mérito do preço de emissão de ações, entendeu que, em linha com o disposto nos Pareceres de Orientação 01/78 e 05/79, não foi observado o disposto nos §§ 1º e 7º do art. 170 da Lei 6.404/76, ressaltando ainda:
> i. a ausência de razoabilidade na utilização da cotação das ações preferenciais da Companhia, para fixar o preço das ações a serem emitidas no aumento do capital deliberado na Assembléia Geral Extraordinária ("AGE") realizada em 08.07.05 e parcialmente homologado na AGE de 22.09.05, tendo em vista a baixa liquidez das ações emitidas;
> ii. que a controladoria da Döhler sugeriu, no "Estudo para Aumento de Capital", de 15.06.05, um deságio em função de maus resultados até ali obtidos e projeções negativas para os próximos meses;
> iii. que nos termos do estudo acima referido, o valor do patrimônio líquido da ação não seria um critério plausível de aplicação no caso concreto; e
> iv. que ao contrário da conclusão alcançada no estudo feito pela Companhia, a alternativa seria, ao invés da utilização da cotação das ações preferenciais, a utilização do critério perspectiva de rentabilidade da companhia, isolada ou conjuntamente com os demais, o que não ocorreu.

---

49. A redação original do art. 170, cujo parágrafo 1º era um pouco diferente, comandava que: "O preço de emissão deve ser fixado tendo em vista a cotação das ações no mercado, o valor de patrimônio líquido e as perspectivas de rentabilidade da companhia, sem diluição injustificada da participação dos antigos acionistas, ainda que tenham direito de preferência para subscrevê-las."

[...]

07. Às fls. 392/411 foi apresentado recurso ao Colegiado desta Autarquia em face do entendimento da SEP e da GEA-3, relacionado ao preço de emissão de ações em aumento de capital. Destaca a Companhia os seguintes pontos em suas razões recursais:

i. que embora a CVM tenha se manifestado no sentido de não dever entrar no mérito da escolha do preço de emissão das ações, assim o fez, manifestando-se sobre o melhor critério para a escolha do valor de emissão de ação em aumento de capital;

ii. que não há uniformidade de entendimento na doutrina, sendo que a própria Lei 6.404/76 propicia à companhia optar dentre diversos critérios, sejam eles aplicados de forma isolada ou combinados;

iii. que não parece procedente o entendimento de que a cotação em bolsa não seria um critério adequado, em razão da Döhler possuir poucas negociações na Bolsa de Valores, tendo em vista que apenas um número reduzido de empresas possui situação de liquidez adequada à utilização da cotação para a fixação do preço das ações para um aumento de capital, mas ainda assim, conforme indica a prática, adotam tal critério;

iv. que caso tais companhias tivessem que adotar o valor da perspectiva de rentabilidade futura, a maior parte dos lançamentos de ações teriam que ser cancelados, por desconformes, sendo que tal critério apresenta inúmeros problemas, especialmente para um setor altamente instável, como é atualmente o setor têxtil, onde boa parte das previsões não se realizam e há uma sensação presente de perda de mercado como um todo;

v. que ao fixar preço de uma ação com base em expectativa de rentabilidade da companhia conforme recomenda a SEP, a possibilidade de induzir involuntariamente o investidor a erro é enorme e os administradores de uma companhia aberta não se sentem confortáveis em adotá-la, face às responsabilizações possíveis inerentes ao fato;

vi. que poder-se-ia dizer que os administradores ou controladores estariam diluindo a participação acionária dos minoritários, impedindo seu acesso aos aumentos de capital, caso o preço fosse proibitivo e visivelmente acima do valor de mercado, o que não foi o caso, mesmo porque o valor do aumento — R$ 3.000.000,00 — impede falar em diluição de participação dos minoritários;

vii. que o preço de emissão das ações foi fixado nos exatos termos do permissivo legal (art. 170, §1º), pela utilização alternativa de um dos critérios, qual seja a cotação das ações da companhia na Bolsa de Valores, critério este que tem sido utilizado ao longo dos anos pela companhia, sem jamais ter havido qualquer contestação por parte de qualquer de seus acionistas, inclusive do Fundo Bradesco, que agora se insurge contra um aumento de capital de valor menor;

viii. que a lei, ao determinar os critérios de fixação do preço de emissão, a serem utilizados "alternativa ou conjuntamente", expressamente facultou à companhia a utilização de um único dos critérios legalmente previstos, que, neste caso, foi o previsto no inciso III, razão pela qual tem-se discricionariedade do órgão de administração para, em sua proposta de aumento de capital social, eleger o critério para a fixação do preço de emissão, o qual, escolhido dentre os que a lei elenca e aprovado em assembléia geral, não pode ser objeto de discussão por algum acionista discordante;

ix. que além de a lei prever que a cotação das ações em Bolsa de Valores é critério passível de utilização isolada para fixação do preço de emissão, a CVM o reconhece como principal parâmetro, em se tratando de companhias abertas, conforme dispõe o Parecer de Orientação CVM 5/79;

x. que a CVM, no recente OFÍCIO/CVM/SEP/GEA-1/N.166/05, citando o Parecer de Orientação CVM 1/78, entendeu não ser atribuição sua entrar no mérito do preço de emissão de ações, posto que assim agindo estaria interferindo no mercado, bem como que a definição do valor cabe à administração, que para tanto deverá usar sempre o bom juízo;

xi. que a justificativa para eleição do critério da cotação em Bolsa de Valores, além de ter sido exaustivamente exposta e discutida na AGE que aprovou o aumento de capital, encontra-se expressa no estudo já constante nos autos, no qual demonstra-se que a situação econômica e financeira da companhia vem se deteriorando ano após ano, tendo o EBITDA, no período compreendido entre janeiro e maio de 2005, se apresentado negativo;

xii. que tampouco se demonstrou plausível o critério a ser utilizado no caso concreto, do valor do patrimônio líquido da ação, nos termos do inciso II do §1º do art. 170 da Lei n. 6.404/76, pois este se mantém historicamente incompatível com seu valor de mercado e reflete performance realizada em exercícios anteriores;

xiii. que quanto à questão da distinção entre as ações preferenciais e ordinárias, não possui qualquer argumento que possa causar diferença de preço entre uma e outra e que, nos termos do Parecer de Orientação 5/79, a regra geral é a do estabelecimento de um único preço para todas as ações, podendo-se admitir, excepcionalmente, a diversidade de preços de emissão em um mesmo aumento de capital, que deverá se restringir aos casos em que os diversos tipos de ações a serem emitidas: a) apresentem cotações no mercado significativamente díspares; e b) possuam, todas, significativos índices de negociabilidade; e

xiv. que não há de questionar a adequação do critério eleito pelo Conselho de Administração, no exercício do seu poder discricionário, para a fixação do preço de emissão das ações, haja vista ter sido atendido ao disposto na legislação pertinente, bem como a comprovação, pelo desenrolar dos fatos, de ser mesmo reflexo do real valor das ações. [...]

09. [...] a SRE manteve seu entendimento no sentido do indeferimento do recurso interposto [...]

10. Com relação à escolha de um dos critérios elencados pelo §1º do art. 170 da Lei 6.404/76, transcreveu o Memo o seguinte trecho do Parecer de Orientação 01/78:

"Em relação à consideração dos três parâmetros enunciados pelo comentado dispositivo legal, porém, deve-se entender que, embora de observância cumulativa, haverá a prevalência de um outro daqueles três parâmetros sobre os demais, quando da fixação do preço de uma nova emissão daquela ação, conforme o estágio de desenvolvimento do mercado de ações, bem como o tipo de comportamento de uma determinada ação em tal mercado (índice de negociabilidade).

Com efeito, num mercado de valores mobiliários desenvolvido e eficiente, ou seja, naquele presidido por um amplo e eficaz sistema de informações "Companhia-público investidor", e no qual determinada ação possua um alto índice de negociabilidade, o parâmetro "cotação da ação" realmente assumirá uma prevalência praticamente total sobre os demais parâmetros. Isto porque, neste caso, todas as informações sobre a companhia emitente, bem como sobre a ação por ele emitida, são de pleno conhecimento do público investidor, e se refletem na cotação da ação no mercado, valor este realmente representativo do "valor econômico da ação" de que fala a exposição de motivos da Lei. Por outro lado, já na medida em que o mercado para determinado título apresenta baixo índice de negociabilidade, deixa o parâmetro "cotação" de apresentar grande significado, aflorando os dois demais parâmetros (Valor Patrimonial e Perspectivas de Rentabilidade) como merecedores de maior consideração na fixação do preço de emissão."
[...]
Voto

12. A questão a ser decidida neste processo consiste em saber se o critério utilizado para a fixação do preço das ações que foram emitidas no aumento de capital da Companhia, deliberado na AGE realizada em 08.07.05, foi escolhido de acordo com o disposto no art. 170 da Lei 6.404/76.

13. Para os recorrentes, o critério utilizado — cotação das ações em bolsa de valores — foi o mais adequado, haja vista as peculiaridades da Companhia (patrimônio líquido muito elevado em comparação com os demais critérios utilizados e impossibilidade de se obter uma perspectiva de rentabilidade positiva), a existência de sobras e de que as negociações posteriores foram em preços inferiores aos da subscrição.

14. A SEP, ao contrário, sustenta que o critério escolhido não foi o mais razoável, tendo em vista a baixa liquidez das ações emitidas pela Companhia, além do fato da controladoria da Companhia ter sugerido um deságio em função de maus resultados até ali obtidos e projeções negativas para os próximos meses. A área técnica considerou que a alternativa apropriada seria a utilização do critério perspectiva de rentabilidade da Companhia (art. 170, § 1º, inciso III da Lei 6.404/76), isolada ou conjuntamente com os demais, o que não ocorreu.

15. Na análise deste processo, deve-se notar que as disposições constantes no art. 170 da Lei 6.404/76, com a redação que lhe foi dada pela Lei 9.457/97, estabelecem, na hipótese de que trata, três condições que devem ser obedecidas para a operação de aumento de capital. São elas: (i) o preço de emissão deve ser fixado sem diluição injustificada da participação dos antigos acionistas; (ii) devem ser utilizados, de forma conjunta ou isolada, um dos três critérios possíveis: (a) perspectiva de rentabilidade da companhia, (b) valor do patrimônio líquido da ação, (c) cotação de suas ações em Bolsa de Valores ou no mercado de balcão organizado, admitido ágio ou deságio em função das condições do mercado; e (iii) a proposta de aumento do capital deve esclarecer qual o critério adotado, justificando pormenorizadamente os aspectos econômicos que determinaram a escolha (§ 7º).

16. Não há, nos autos, comprovação de qualquer dessas três condições tenham deixado de ter sido observadas pela Companhia quando da deliberação de aumentar o capital.

No que se refere à primeira condição, não foi trazido aos autos qualquer elemento com a finalidade de comprovar que o aumento proposto teria o poder de provocar uma *injustificada* diluição na participação acionária dos acionistas. Ao contrário, observa-se a existência de uma justificativa, fornecida pela administração da Companhia, para o aumento proposto (fls. 114/127) e que, nesse aspecto, não foi eficazmente contraditada pelo Fundo ou pela área técnica.

17. Já quanto ao critério adotado para a fixação do preço de emissão, não vejo nos autos elementos para considerá-lo fora dos limites de razoabilidade que poderia justificar uma atuação da CVM. A Companhia fundamenta a fixação do preço de emissão no "Estudo para Aumento de Capital Social", elaborado em 15.06.05, que traz as seguintes recomendações:

i. desaconselha a fixação de valor com base na perspectiva de rentabilidade da Companhia, considerando o prejuízo à época, a geração de caixa negativo em 31.05.05, bem como a projeção de resultados que se apresentou negativa para todo o ano de 2005, sem possibilidade de fixação de qualquer prognóstico para o ano de 2006; e

ii. desaconselha, também, a adoção do valor patrimonial, tendo em vista que, historicamente, este sempre de manteve "descolado" do seu valor de mercado e reflete performance realizada em exercício anteriores, sendo que o lançamento ao valor patrimonial, na ordem de R$ 560,00 por lote de mil, seria muito além do preço de mercado e não seria atrativo para uma subscrição.

18. Assim sendo, a adoção do critério cotação em bolsa de valores para a emissão das ações, em que pese sua pouca liquidez, parece ter sido o possível, considerando a realidade que se apresentava à época dos fatos e tendo em vista a inviabilidade e a inadequação dos critérios relacionados ao patrimônio líquido e valor econômico, conforme foi trazido ao conhecimento dos acionistas no estudo de fls. 114/128. Não parece, também, que a fixação do preço unitário para a emissão tenha sido injusto, devendo ser levado em conta a inexistência de constatação de qualquer das hipóteses, mencionadas no Parecer de Orientação 05/79, para a fixação de preço de emissão para cada tipo de ação.

19. Ainda no que diz respeito aos Pareceres de Orientação 01/78 e 05/79, cabe dizer que sua função é de orientação para a interpretação dos dispositivos legais a que fazem alusão, pelo que devem com os mesmos se coadunar, inclusive no que se refere às modificações inseridas pelo legislador em momento posterior a sua edição, como se observa no presente caso. Digo isso em razão de ter havido modificação na redação do parágrafo 1º do art. 170 da Lei 6.404/76 posteriormente à edição dos pareceres em questão, tendo havido a inclusão da expressão "alternativa ou conjuntamente", que não existia anteriormente. A análise da prevalência de um critério para a fixação do preço de emissão sobre outro deixa, neste caso, de ter caráter absoluto, desde que observado o disposto no parágrafo 7º do art. 170.

20. Para contestar o argumento da Companhia quanto à impossibilidade de utilização do patrimônio líquido, seria necessário demonstrar que os argumentos utilizados na justificativa não seriam verdadeiros ou suficientes para sua exclusão como critério de fixação do preço.

21. Por fim, no tocante à terceira condição, de que a proposta de aumento do capital deva esclarecer qual o critério adotado, com a justificação dos aspectos econômicos que determinaram a escolha, o "Estudo para Aumento do Capital Social", elaborado em 15.06.05, em momento anterior à realização da AGE que deliberou pelo aumento do capital social, apresentou justificativa, no que se refere aos aspectos econômicos e fundamentos para a adoção do critério da cotação em bolsa de valores, pelo que qualquer decisão sobre a violação ao § 7º fosse tomada, a área técnica deveria apontar erros, omissões ou contradições neste estudo, o que não fez.

22. Pelas razões acima, portanto, não vejo elementos nos autos para reconhecer eventual descumprimento dos §§1º e 7º da Lei 6.404/76, pelo que dou provimento do recurso interposto, na forma das considerações constantes no presente voto.

23. Ressalvo a possibilidade da SEP, dentro de suas atribuições, entender, se for o caso, pela necessidade de instauração de processo administrativo sancionador, a fim de averiguar a existência de violação aos arts. 155 e 156 ou mesmo, caso apresentado elementos fáticos suficientes, por descumprimento do art. 170, §§ 1º e 7º, todos da Lei 6.404/76.

Na defesa do valor encontrado, a companhia coloca um argumento merecedor de análise. É quando ela menciona o fato de não caber à CVM entrar na fixação do preço, como sublinhado, aliás, no Parecer de Orientação n. 1/1978 da mesma autarquia, o qual se encerra com o entendimento de que:

> [...] não será intenção da CVM pretender entrar no mérito do preço de emissão de ações, interferindo, deste modo, no mercado. O que a CVM exigirá, no entanto, é que o preço de emissão das novas ações seja sempre justificado, de maneira clara e precisa, por ocasião da assembléia geral que deliberar sobre a autorização do aumento de capital. Se atribuída à fixação de tal preço ao conselho de administração da companhia, a justificativa do preço deverá constar, igualmente clara e precisa, do parecer que vier a ser expedido pelo Conselho.

Essa colocação reflete a regra universal dos organismos estatais de controle do mercado de valores mobiliários de não entrar no mérito nem do preço do bem ofertado nem da sua qualidade. Porém, é tênue a linha que separa o veto ao método para se encontrar o valor da oferta e a indicação de outro método que apontará preço diferente, como foi a situação pretendida pela área técnica da autarquia. Há que se procurar um ajuste fino entre o mandamento de proteção ao acionista de mercado, tido como dogma de fé de tais organismos governamentais, e a limitação de apontar metodologia que, direta ou indiretamente, implique apontar o preço justo de emissão, caso se esteja substituindo ao mercado.

Disso decorre que compete à companhia ofertante adotar um dos métodos ou todos eles, desde que detalhadas as virtudes do critério escolhido, e comprovada a eventual incapacidade dos outros, ou do outro, em encontrar o valor de mercado.

Deve-se sublinhar que, dos três parâmetros, normalmente o valor de bolsa ou do mercado de balcão poderá ser o mais adequado, tendo-se sempre em mente que pode ser falho nos casos de baixa liquidez do papel ou em momento de *stress* de mercado, como nos momentos de crise econômica. Essa dificuldade é mostrada pelo Ministro Waldemar Zveiter,[50] quando assinala que:

> Não há lei que possa, em uma economia de mercado, impor um certo preço certo para a emissão de ações, considerando as peculiaridades de cada momento da circulação do capital, ainda mais em se tratando de operação de bolsa, subordinada a múltiplas variáveis, como é de comum sabença. O que a lei comanda é que se tenha presente tais critérios como balizas e que não haja diluição injustificada dos antigos acionistas.
> Para aferir tudo isso depende-se da prova dos autos, dos laudos técnicos, das informações dos agentes especializados trazidos pelas partes, provocadas pelo Juiz, do exame das cotações, do estudo da empresa, da sua rentabilidade, da realidade de seus débitos e créditos, do nível de seu endividamento de curto, médio e longo prazos. De igual modo, do valor de emissão e do percentual de deságio, sabido que a prática do mercado admite em larga escala o aumento de capital para a integralização de créditos.

Uma vez obedecidos tais parâmetros, se mesmo assim o acionista não exercer seu direito de preferência, seja pela sua inação ou pela alienação deste direito, a diluição de sua participação será legítima, sendo também chamada pela CVM de "diluição justificada". Essa diluição ocorre legalmente na medida em que, de um lado, foram atendidos os requisitos de tratamento equitativo entre os interesses da companhia e dos acionistas, ou os interesses entre os distintos grupos de acionistas. Porém, a lei leva igualmente em consideração os interesses da própria companhia, que são, em suma: contar com meios suficientes para crescer e prosperar. É dentro desse equilíbrio que residem a diluição injustificada e a diluição justificada.

A Comissão de Valores Mobiliários, na busca de esclarecer ao mercado, editou os dois pareceres de orientação já mencionados. O de n. 1/1978 se mostrou insuficiente, sendo necessária a edição de outro um ano depois, que viria a mostrar, de forma nítida, a contradição entre dois princípios quanto à proteção do mercado. Entretanto, a CVM não deverá, ela própria, estabelecer um dado valor que seja por ela considerado como justo e insuscetível de ocorrência de diluição injustificada.

Como já apontado acima, as grandes dificuldades em se estabelecer se a diluição foi justificada ou não ocorrem nos aumentos de capital com a colocação da nova emissão somente entre os acionistas já existentes. Nestas situações, qualquer que seja a metodologia aplicada para se encontrar o justo preço, a parte que se julgar prejudicada terá que encontrar motivos para buscar sobrestar e, ao final,

---

50. Vide Superior Tribunal de Justiça, Agravo Regimental no Agravo de Instrumento n. 148.507/DF.

anular o aumento de capital. Várias são as motivações bem como vários são os mecanismos utilizados pelas companhias e por seus controladores ou minoritários para melhorar suas respectivas situações patrimoniais, como se verá abaixo.

5.3.8 Ações ordinárias e preferenciais ofertadas pelo mesmo preço

No processo RJ2010/17202, julgado pelo Colegiado da CVM, discutiu-se o pedido de interrupção da assembleia geral extraordinária do Banco Bradesco S.A.[51] feito por vários acionistas preferencialistas e ordinaristas não pertencentes ao grupo de controle (cerca de 33% da emissão de ações ordinárias), tendo em vista que a instituição financeira fixou preço igual para a colocação de emissão privada de suas ações ordinárias e preferenciais, sendo as ordinárias detidas fundamentalmente pelos controladores do banco (cerca de 66,5% das ações ordinárias). O preço de emissão deliberado pela assembleia de acionistas resultou da média praticada no mercado secundário entre as ações ordinárias e preferenciais. O valor da ação ordinária e da preferencial foi calculado tendo por base o preço das respectivas ações nos últimos 60 pregões.

Um aspecto a ser levado em conta no julgado sob análise é que a CVM considerou a existência de três preços distintos a serem levados em consideração: os preços de mercado praticados com relação às ações preferenciais e os praticados com relação às ordinárias não pertencentes ao grupo de controle, em face dos preços das ordinárias pertencentes aos controladores e fora de negociação no mercado bursátil. Diante da tripartição dos grupos de ações, a autarquia concluiu pelo prejuízo indevido causado aos acionistas minoritários detentores de ações ordinárias em poder do mercado, vez que os acionistas existentes estariam entregando aos novos subscritores parcela do patrimônio pela colocação das ações por preço inferior ao preço praticado pelo mercado. Aqui ocorreria necessariamente a diluição injustificada do patrimônio social, tendo como consequência a alienação gratuita de patrimônio da companhia pela diferença entre o preço de mercado e o de subscrição. O prejuízo seria sempre da empresa, bem como dos acionistas que não subscrevessem o aumento do capital. É interessante notar que, ao decidir o caso, a CVM adotou, para a fixação do preço que caracterizaria a diluição, um diferencial entre as ações votantes que estão no mercado e aquelas outras do controle e, portanto, sem preço visível.

Em sua decisão, concluiu o Colegiado da Autarquia que não seria o caso de interrupção do prazo para a realização da assembleia uma vez que ela já chegara à conclusão da ilegitimidade da metodologia para a fixação do preço, tendo o banco emitente sido comunicado da decisão exarada nos seguintes termos:

---

51. Processo RJ2010/17202, julgado na seção extraordinária de 16 dez. 2010.

Alega o Requerente que a deliberação viola dispositivos legais e regulamentares, uma vez que foi fixado um único preço para a subscrição das ações ordinárias detidas pelos acionistas controladores, das ações ordinárias em circulação e das ações preferenciais, muito embora as ações preferenciais sejam negociadas a preços significativamente superiores aos das ações ordinárias em circulação, e apesar das ações que compõem o bloco de controle possuírem valor distinto das demais ações ordinárias da Companhia. Argumenta nesse sentido que a fixação de um preço único de subscrição, abaixo da cotação média das ações ordinárias, resulta em um deságio para as ações preferenciais muito superior ao deságio para as ações ordinárias. Disso decorreria o desvirtuamento da admissão legal de ágio e deságio em função das condições do mercado, a diluição injustificada dos acionistas, contrariando o disposto no § 1º do art. 170 da Lei 6.404/76, e favorecimento dos acionistas titulares das ações preferenciais em detrimento dos acionistas titulares das ações ordinárias em circulação, configurando, assim, modalidade de abuso de poder de controle.

[...]

Quanto à fixação de um preço de subscrição único tanto para as ações ordinárias como para as ações preferenciais, a SEP considerou que essa proposta representaria um tratamento não equitativo entre os acionistas, sem nenhuma circunstância excepcional que o justifique, visto que o deságio é significativamente superior para os acionistas titulares das ações preferenciais do que para os acionistas titulares das ações ordinárias. Ressalta, a propósito, que, embora à luz do Parecer de Orientação n. 05/79 a fixação de preço único seja a regra e a de preços diferenciados excepcional, no presente caso, a Companhia deveria ter proposto preços diferentes de subscrição para cada espécie de ação, de modo a não favorecer um grupo de acionistas em detrimento do outro.[52]

Outro ponto importante a ser considerado refere-se às companhias que tenham ações ordinárias e preferenciais com valor nominal, na medida em que a lei societária estabelece que "o valor nominal será o mesmo para todas as ações da companhia".[53] Ora, é fato sabido que as ações de espécies distintas de uma mesma companhia poderão ter cotações diferenciadas em função dos direitos e/ou das remunerações distintas que ofereçam. Assim, um dos direitos outorgados às ações preferenciais é o pagamento de dividendos distintos e/ou preferenciais em detrimento dos acionistas ordinários, ou, em determinadas companhias, o direito de voto pode fazer com que o preço das ordinárias seja maior do que o das preferenciais. Desta feita, seria inviável pensar na possibilidade de uma companhia lançar sempre ações ordinárias e preferenciais pelo mesmo valor, restando a emissão das duas espécies distintas com ágios diferenciados.

---

52. Disponível em: <http://www.cvm.gov.br/port/descol/resp.asp?File=2010-049ED16122010.htm>. Acesso em 07 nov. 2014.
53. Artigo 11, §2º, da Lei n. 6.404/1976.

5.3.9 Qual o limite da aplicabilidade do artigo 170 da Lei n. 6.404/1976?

Por vezes pode parecer que existam artigos conflitantes ou limitadores não explícitos em texto legal. Como se verá abaixo, isso aparece ao serem confrontados o artigo 170, § 1º, com o artigo 238 da Lei das Sociedades Anônimas.[54] O comando deste último artigo é de interesse em países como o Brasil, nos quais, frequentemente, as companhias de economia mista têm grande relevo econômico e, não raro, possuem valores mobiliários colocados junto ao público.

O dispositivo mencionado, se de um lado atribui a responsabilidade de seus administradores conforme o contido na lei societária, de outro lado dita que as companhias de economia mista poderão orientar suas atividades "de modo a atender ao interesse público que justificou sua criação".

Na decisão do processo em que foram partes Ary Dalmiro Nardim e outros, sendo recorrido o Banco do Brasil S.A.,[55] foi apontada essa divergência entre os dois artigos da Lei n. 6.404/1976, muito embora não tenha sido útil para a decisão do Superior Tribunal de Justiça, em virtude da aplicação do contido na Súmula n. 7 do STJ.[56]

A disputa disse respeito à ocorrência ou não de diluição injustificada dos acionistas minoritários, em face do aumento de capital da instituição financeira. Com o aumento de capital praticado, os acionistas de mercado tiveram sua posição reduzida de 46,30% do capital social para 6,10%, sendo que o aumento teve sua subscrição integralizada necessariamente em dinheiro, mas tendo o Governo Federal integralizado em títulos públicos de sua emissão, resgatáveis no prazo de quinze anos. O aumento de capital fora determinado pelas autoridades monetárias a fim de atender a necessidade de capitalização mínima contida em Basileia II. Em seu voto, o Ministro Relator Castro Filho, muito embora não conhecendo do recurso (Súmula 7), entrou no mérito da disputa, na medida em que acompanhou a decisão do Tribunal de Justiça do Rio Grande do Sul, transcrevendo tal decisão, no sentido de que:

> Tenho que a diluição das ações foi justificada para o momento por que passava a instituição financeira e a forma adotada não fora ilícita [...] A doutrina tem entendido que o artigo 170, § 1º, da Lei 6.404/76, estatui normas que protegem os antigos acionistas de eventual diluição não justificada de seu patrimônio, buscando evitar o enriquecimento indevido dos subscritores das novas ações. [...] Em razão disso, deve-se saber que o

---

54. "A pessoa jurídica que controla a companhia de economia mista tem os deveres e responsabilidades do acionista controlador (artigos 116 e 117), mas poderá orientar as atividades da companhia de modo a atender ao interesse público que justificou a sua criação."
55. Recurso Especial n. 633.748-RS (2004/001.4649-1), STJ.
56. "A pretensão de simples reexame de prova não enseja recurso especial."

que justifica a diluição patrimonial [...] a *única razão que pode justificar a diluição é o interesse da companhia* [grifo do original]. Portanto, se os negócios sociais exigem quantidade adicional de capital próprio, que somente pode ser obtido pela via do aumento do capital social, justifica-se a subordinação dos interesses individuais dos acionistas ao interesse da companhia.

Com efeito, o apelado refere que em 1996, quando da subscrição das ações, a empresa estava precisando urgentemente de capital para o fechamento de seu caixa, sob pena de verdadeira quebra. Assim, em Assembleia Geral Extraordinária, o acionista controlador (União Federal) ofertou o maior aporte, possibilitando aos demais fazerem o mesmo lanço. Nos autos, os apelantes não se insurgem contra a tese da necessidade emergencial da capitalização do apelado.

Os apelantes entendem, ainda, que a subscrição feita pelo Tesouro Nacional e integralizada à vista e no mesmo dia convertida em bens representados por títulos públicos, ofende aos diplomas legais mencionados. Contudo, o próprio apelante afirma que a integralização ocorreu à vista. Portanto descabe a alegação de inexistência de avaliação ou não oferecimento das mesmas condições aos acionistas minoritários.

É preciso salientar que o aumento de capital do Banco do Brasil, de que cuida a presente demanda, foi aprovado pela assembleia geral extraordinária realizada em 29.03.1996, tendo sido posteriormente homologada por assembleia geral extraordinária realizada em 17.6.1996.

[...]

Ora, como retro transcrito, concluiu o tribunal que não ficou demonstrado que o aumento do capital social do Banco causou reais prejuízos aos sócios minoritários. Mais, ainda que isso tenha ocorrido, considerou que o procedimento adotado era essencial à sobrevivência do Banco do Brasil. Ademais, diz que foi regularmente garantido o direito de preferência na aquisição de novas ações. Extrai-se, de outro lado, que houve a realização de assembleia para a alteração do valor das ações, bem como se reconhece a necessidade da subscrição para evitar a "quebra" do Banco, esbarrando no óbice do enunciado 7 da Súmula desta Corte. [...] Por todo o exposto não conheço do recurso.

O voto trouxe à luz o fato de que o aumento se deu pela capitalização pela União Federal em espécie, em montante que serviu para a aquisição imediata de títulos do Tesouro Nacional, resgatáveis em quinze anos. Em seu voto-vista, o Ministro Ari Pargendler também não conheceu do recurso tendo em vista a Súmula n. 7 do STJ. Não obstante, adentrou em considerações que interessam à construção de eventuais paradigmas caracterizadores da diluição injustificada. No caso, teria, de fato, ocorrido ato simulado, na medida em que a assembleia de acionista estabelecera que o aumento de capital fosse realizado em dinheiro, mas este fora utilizado imediatamente para a aquisição de títulos do Tesouro Nacional — nesta hipótese, os demais acionistas deveriam avaliar, em termos de valor presente, uma obrigação com prazo de vencimento após quinze anos da emissão.

Assim, se de um lado o patrimônio do banco aumentou, a sua liquidez permaneceu a mesma. Ou seja, nesta situação, além da desobediência de algumas regras da capitalização em bens e de seu real valor, seria tal situação caracterizadora de ato simulado causador de diluição injustificada dos acionistas de mercado?

No julgamento perante o Tribunal de Justiça do Rio Grande do Sul,[57] o Relator Desembargador Carlos Alberto Benck disse que:

> Os autores postulam indenização dos prejuízos causados pela subscrição de novas ações, que diluíram o capital da sociedade anônima, sem que se desse, aos acionistas minoritários, a mesma oportunidade. Foi assim: em 29 de março de 1996, a assembleia geral de acionistas autorizou o aumento de capital de 6 para 14 bilhões de reais, mediante a emissão de novas ações, comercializadas ao público e para pagamento à vista, com preferência para os acionistas, em obediência ao disposto no art. 170, da Lei 6.404/76. No entanto, antes da realização da assembleia geral de 29 de março, mais precisamente em 20 de março de 1996, editara-se Medida Provisória para autorizar o poder executivo a subscrever o aumento de capital do Banco do Brasil S/A mediante a emissão de notas do Tesouro Nacional, com prazo máximo de 15 anos.
> Em outras palavras, a intenção do Poder Executivo através do Tesouro Nacional e do próprio Banco do Brasil S/A, por extensão, sempre foi a de subscrever o aumento de capital mediante a emissão de títulos, conforme previsão feita antes da realização da assembleia geral da sociedade anônima. Esta reunião de acionistas, no entanto, em flagrante simulação comandada pela maioria acionária — em cujo contexto insere-se, por óbvio, a União Federal — autorizou a integralização em moeda corrente nacional. Logo depois, no entanto, autorizado pela medida provisória editada antes da assembleia, transformou essa subscrição em títulos.
> Claro está que não se deu a oportunidade aos acionistas minoritários para também subscreverem ações adquirindo os títulos da dívida pública, sabidamente de valor muito menor na negociação atual, porque reembolsáveis no prazo de 15 anos. Corolário desta situação é que houve injustificada redução da participação acionária dos minoritários, conforme demonstra a petição inicial, pois não tiveram a mesma oportunidade de subscrição das ações que tiveram os acionistas representantes da maioria.
> Reconheço, portanto, que houve prejuízo aos acionistas minoritários, o que deverá ser apurado em liquidação de sentença por arbitramento, considerando apenas o fato de ter havido a subscrição em títulos do Tesouro Nacional.

Na decisão dos embargos infringes, o Tribunal de Justiça decidiu que não teria ocorrido a diluição injustificada, mas sim uma:

> diluição das ações justificada pelo momento pelo qual passava o Banco do Brasil. Fórmula lícita, pois na sociedade de economia mista prepondera o interesse social acima do

---

57. RS/2004/0014649-1.

interesse individual dos acionistas. Atuação do acionista controlador — União Federal — de acordo com o artigo 238 da Lei das Sociedades Anônimas. Caso em que a União Federal tinha que tomar a atitude que tomou, aumentando o capital do Banco do Brasil para evitar a sua "quebra".

Em seu voto, o Ministro Ari Pargendler transcreve parte do diálogo ocorrido durante o julgamento no Tribunal de Justiça, o qual discute se a emissão por preço inferior ao de mercado causaria uma diluição injustificada, na medida em que tais acionistas poderiam adquirir o mesmo ou maior volume de ações junto ao mercado secundário, nos seguintes termos:

> O Des. Clarindo Favretto: [...] Mas foi propiciado [aos acionistas minoritários], de acordo com a própria Lei das Sociedades Anônimas, todo o ensejo à subscrição. Se não quiseram fazê-lo — e fizeram bem, porque a ação estava muito em baixa — vem a pergunta: o que deveria fazer o acionista controlador? Manter a instituição ou deixá-la à deriva até quebrar, até sua liquidação?
> O Des. João Pedro Freire: V. Exa. permite um aparte? V. Exa. diz que não vê onde, mas ações colocadas a R$ 13,51 por lote, enquanto que no mercado custavam R$ 8,00, não é diferença?
> O Des. João Pedro Freire: Então os acionistas minoritários deveriam pagar R$ 13,51, em dinheiro, à vista? R$ 5,00 a mais do que no mercado?
> O Des. Clarindo Favretto: Mas o mercado estava muito em baixa. As ações no mercado oscilam para cima e para baixo

Na parte final de seu voto, o Ministro Ari Pargendler conclui que o ponto de partida para se analisar a ocorrência da diluição injustificada está na efetiva comprovação do dano por parte dos acionistas prejudicados. Esta conclusão, quando casada com a possibilidade de aquisição das ações junto ao mercado secundário, e sem os limites impostos quando do exercício do direito de preferência, levariam à conclusão da inexistência de prejuízo efetivo. Ou, como vota o Ministro:

> Quer dizer, para o tribunal *a quo* — desde a perspectiva do voto que prevaleceu —, a cotação das ações do Banco do Brasil no mercado não correspondia ao respectivo valor real. Quando o § 1º do art. 170 da Lei 6.404, de 1976, elege como um dos critérios de fixação de preço de emissão das ações 'as perspectivas de rentabilidade da companhia', está se referindo ao valor econômico das ações — que não pode ser desprezado pela assembleia geral da sociedade anônima. [...] Portanto, o reconhecimento de que o art. 170, § 1º, da Lei 6.404/76, fora contrariado dependia da prova de que o preço da emissão das ações fora arbitrado em descompasso com o respectivo valor econômico — o que deixou de ser feito. [...] Voto, por isso, no sentido de não conhecer do recurso.

5.4 Direito de preferência

O direito de preferência é o contraponto das regras tendentes a evitar a diluição injustificada, como acima analisado. A razão de ser da preferência outorgada aos acionistas já existentes, em caso de aumento de capital, é a criação de mecanismo que possibilite a manutenção da estrutura de poder interno à companhia se assim o desejar seu acionista. Esse mecanismo do direito de preferência é comumente utilizado, tanto nas companhias de capital fechado como nas sociedades por quotas, também para evitar a entrada de parceiro indesejável, dando o direito de primeira recusa aos sócios existentes em relação à participação do sócio retirante.[58] Como subproduto, a legislação brasileira prevê a extensão do direito de preferência sobre as sobras não subscritas pelos acionistas de dada companhia.

O direito de preferência nitidamente visa salvaguardar os interesses dos acionistas, enquanto os interesses da companhia se voltam quase sempre para as colocações públicas das emissões em aumentos de capital. Isso porque, numa análise de curto prazo, o interesse do acionista normalmente estará concentrado na subscrição que ocorra com o menor grau de competição na formação do preço da nova emissão. Ao contrário, o interesse da companhia é que a ação seja colocada com a melhor formação de preço, o que significa ser ofertada onde haja o maior número de eventuais compradores, ou seja, em leilão público.

Também as colocações públicas podem trazer resultados benéficos para a companhia, na medida em que a existência do direito de preferência poderá impedir uma disputa de alteração na estrutura de poder da companhia. Mas, independentemente de tais possibilidades, a colocação das ações mediante oferta pública evita a discussão quanto à formação do preço de emissão; ou seja, evita as disputas quanto à existência ou não de diluição injustificada.[59]

De forma explícita, o direito de preferência surge com a edição do Decreto-Lei n. 2.627/1940, que assim dispôs em seu artigo 78: "nem os estatutos nem a assembleia geral poderão privar qualquer acionista: [...] d) do direito de preferência para a subscrição de ações, no caso de aumento de capital". Este comando legal, que fazia parte da realidade societária da economia empresarial brasileira em fins da década de 1930 e início da de 1940, criou o mecanismo para assegurar a

---

58. Portanto, nas companhias de capital aberto, o mecanismo visa preservar o equilíbrio de poder; já nas companhias de capital fechado e nas sociedades limitadas, visa preservar a *affectio societatis*.

59. Como já enfatizado anteriormente, aqui só se tratará do direito de preferência referente às companhias de capital aberto, muito embora nossa legislação societária permita a utilização do mecanismo indistintamente para as sociedades de capital aberto ou fechado

permanência do controle nas empresas familiares ou de controle interfamiliar.[60] À época, com um mercado de ações pobremente desenvolvido, a redação do artigo 78 tornava compulsória a existência do direito de preferência, o que não causava a menor contrariedade, na medida em que as companhias eram familiares, servindo a preferência para assegurar continuidade do pequeno grupo no controle do empreendimento. Claro está que a legislação das companhias anterior ao Decreto-Lei n. 2.627/1940, ao silenciar sobre a existência ou não do direito de preferência, não impedia que as partes assumissem a obrigação de concedê-lo enquanto preceito privado constante do estatuto social. O que a norma de 1940 fez foi tornar o direito de preferência um comando de direito não suscetível de ser ignorado.

Com a edição da Lei do Mercado de Capitais, em 1965, quebrou-se a existência obrigatória do direito de preferência, na medida em que o artigo 46 passou para a competência do estatuto social a capacidade para decidir que a sociedade poderia emitir e colocar "[...] ações, com ou sem preferência para os acionistas da sociedade, e as condições do exercício do direito de preferência, quando houver". A mesma legislação manteve, entretanto, o direito de preferência obrigatório caso as ações fossem colocadas "por valor inferior ao de sua cotação em Bôlsa, se as ações da sociedade forem negociáveis nas Bôlsas de Valôres", ou, no caso das companhias fechadas, se as ações fossem emitidas por valor inferior ao seu patrimônio líquido. Assim, o mesmo artigo 46 tratava do problema da diluição injustificada, bem como da condicionante para o surgimento do direito de preferência.

Finalmente, a Lei n. 6.404/1976 — aqui já considerada a alteração feita pela Lei n. 10.303, de 2001 — deu competência para o estatuto social das companhias de capital aberto para a exclusão do direito de preferência na aquisição de novas ações, assim como para reduzir o prazo de trinta dias para o exercício da preferência em valores mobiliários conversíveis em ações. Ambas as hipóteses pressupõem que a subscrição, a venda ou a permuta seja sempre objeto de oferta pública ou transacionada em mercado secundário de bolsa de valores ou de balcão organizado.

Porém, se a companhia aberta optar por manter o direito de preferência vigente em seu estatuto social, deverá observar um grande número de possibilidades

---

60. "Os quadros acionários, nunca muito extensos, e frequentemente formados com dificuldade pela necessidade de sete subscritores iniciais, se conservavam substancialmente os mesmos por largos períodos, não contando as mudanças decorrentes de circunstâncias familiares, o que justifica a caracterização das companhias brasileiras iniciais como sociedades de pessoas. Nessa peculiaridade da situação brasileira está a explicação do desuso inicial e continuado da ação escritural (Decreto n. 434, art. 21) e da predileção nacional pela ação ao portador, que, permitindo o controle, ensejava também o anonimato fiscal, especialmente quanto aos encargos sucessórios para um quadro acionário familiar." (LOPES, Mauro Brandão. Direito de preferência do acionista e a evolução da sociedade anônima no Brasil. **Revista de Direito Mercantil**. São Paulo: Revista dos Tribunais, n. 19, p. 29-46, 1975, p. 32).

dependendo das espécies e classes das ações já existentes em face das espécies e classes eventualmente emitidas. São cinco as modalidades previstas pela Lei das Companhias para o exercício do direito de preferência; a saber:

1. De todas as modalidades previstas em lei para o exercício do direito de preferência, a mais simples acontece quando a companhia *aumenta o capital social com a emissão de todas ou daquelas espécies e/ou classes até então emitidas*. Nesta hipótese, cada acionista tem assegurada sua preferência para a subscrição, de forma proporcional às ações anteriormente possuídas, dentro da classe ou espécie possuída. Caso haja sobras, no caso das companhias com ações colocadas junto ao público, a assembleia ou o conselho de administração, conforme a previsão estatutária, deverá decidir se a parcela não subscrita será alienada em bolsa de valores ou se serão atendidos os acionistas que requereram o direito de subscrição das sobras. Nesta segunda situação, as sobras serão rateadas entre os acionistas requerentes, na proporção das ações possuídas.
2. Pode ocorrer que os acionistas decidam promover um aumento do capital social, emitindo *ações de todas as classes e/ou espécies existentes, mas em proporções distintas das até então emitidas*. Nesta hipótese, o direito de preferência existe para a subscrição proporcional de ações da mesma espécie ou classe já detidas pelo acionista. Caso o direito de preferência outorgado a determinados subscritores ocasione uma redução em sua participação, poderão tais acionistas subscrever ações de classe ou espécie distinta da possuída, de forma a manter intacta sua participação proporcional no novo capital social. A hipótese pressupõe que, ao final da subscrição, todos os acionistas mantenham a mesma proporção no capital social total da sociedade, muito embora com participação em ações de espécie ou classe distintas daquela detida antes do aumento do capital. Essa equação poderá alterar a estrutura de poder ou remuneração entre os acionistas, dependendo da espécie e/ou classe constante da nova emissão, razão pela qual a companhia, ao decidir o aumento de capital, irá construir a proposta de aumento do capital de sorte a adequá-lo às necessidades sociais, mas também minimizando o potencial de eventual confronto com aquele que se julgue prejudicado em termos de remuneração ou participação na estrutura de poder da companhia.
3. Poderá o capital social ser aumentado com a *emissão de ações de classe ou espécie distinta daquela até então existente*. Neste caso, estabelece o artigo 171, parágrafo 1º, letra "c", que todos os acionistas terão direito de preferência na proporção do capital possuído, independentemente da espécie ou classe emitida. Ou seja, o direito de preferência se manifesta em função

da participação absoluta no capital social, sem levar em consideração a espécie ou classe possuída pelos acionistas antes do aumento.
4. No *aumento mediante a capitalização de crédito ou de bens*, os demais acionistas terão sempre o direito de preferência na subscrição do aumento do capital social, situação na qual os recursos aportados poderão ser entregues em pagamento aos bens ou créditos capitalizados. Poderá também servir o aporte de dinheiro como elemento de capitalização. O que é relevante é que em ambas as situações o mecanismo tende a manter a mesma estrutura de divisão do capital entre os acionistas, se estes exercerem o direito de preferência.
5. O direito de preferência também surge quando da *colocação de valores mobiliários que poderão ser convertidos em ação*, pela vontade do subscritor. Esta situação surge quando a empresa decide emitir, por exemplo, debêntures, bônus de subscrição e partes beneficiárias, todos conversíveis em ações quando do vencimento do valor mobiliário. O corpo acionário só é suscetível de manifestação quanto ao exercício do direito de preferência quando da emissão do valor mobiliário conversível. Em outras palavras, inexiste direito de preferência no momento da conversão, ou mesmo após a colocação dos valores mobiliários conversíveis em futura data. A dúvida que pode surgir é se a lista prevista no parágrafo 3º compõe uma listagem fechada ou não. A mim me parece que o intento do legislador foi o de prever mecanismos pelos quais os acionistas pudessem manter suas posições relativas em face do capital social, além de manter seus percentuais em face da espécie ou classe até então detidas. Desta feita, se no futuro surgir outro valor mobiliário conversível em ação, este deverá gozar dos mesmos direitos que aqueles elencados no parágrafo 3º, sob pena de fazer prevalecer a forma rígida sobre a essência econômica do dispositivo que o legislador quis prever.

Como todo direito, é o de preferência exercível em dado prazo, sendo que a Lei das Companhias prevê que a decadência ocorrerá após o decurso do lapso de tempo determinado pala assembleia ou pelo estatuto — prazo este que não poderá ser inferior a trinta dias. Como prevê o parágrafo 4º do art. 171, o prazo é de decadência e, portanto, não se interrompe, sendo contado até o seu final — quando então decai, ou seja, deixa de existir o direito de preferência.

O direito de preferência é suscetível de cessão a qualquer título, não havendo direito de preferência dos demais acionistas sobre a cessão livremente estabelecida por seu titular. Entretanto, quer no exercício do direito de preferência, quer na sua cessão gratuita ou onerosa, há que se cumprir os comandos previstos na Instrução n. 400/2003 da Comissão de Valores Mobiliários, que manteve obrigatório o registro prévio junto à autarquia.

O mesmo procedimento de comunicação prévia à CVM é exigido, pelo artigo 3º, quando ocorrer a venda em bolsa de valores de sobras cujos direitos de preferência não tenham sido exercidos pelo acionista controlador, sobras estas que não excedam a 5% da emissão nem a 5% das ações da mesma espécie ou classe em circulação no mercado. Se a emissão for para colocação pública, mas a companhia tenha previsto em seu estatuto o direito de preferência, deverá a deliberação que autorize o aumento de capital dizer sobre eventual rateio das sobras ou de pedido de reserva de sobra. A finalidade é dar ao mercado uma ideia aproximada do que eventualmente poderá ser objeto de oferta pública junto à bolsa de valores.

5.4.1 Exclusão do direito de preferência

A não exclusão do direito de preferência é a regra constante do artigo 109, sendo a exceção criada pelo artigo 172 da Lei das Companhias. Neste sentido, as companhias abertas podem conter dispositivo estatutário prevendo que os aumentos de capital poderão não contar com o direito de preferência, caso a emissão obedeça aos dois requisitos previstos em lei para que se caracterize a excepcionalidade à proibição genérica constante do artigo 109. Também se enquadra nas exceções ao direito de preferência a possibilidade de outorga de ações a seus administradores, empregados e pessoas naturais que prestem serviços à companhia ou a empresa sob seu controle, conforme o previsto no artigo 168, parágrafo 3º, da Lei das Anônimas.

No que diz respeito ao artigo 172, a dispensa do direito de preferência apresenta três condicionantes. A primeira é que a emissão seja feita em uma colocação irrestrita quanto ao acesso de todos os interessados. Essas ofertas deverão ocorrer ou pela venda da emissão em bolsa de valores ou por mecanismo de subscrição pública, como normalmente ocorre com os lançamentos secundários feitos entre nós através de procedimentos que implicam na publicização de prospecto, prazo para o recebimento das ofertas de compra (*book building*), etc., o que será objeto de análise mais à frente.

O segundo requisito é que, previamente à colocação pública, a companhia, através de comando constante de seu estatuto social, preveja tal possibilidade, de sorte a que o mercado saiba da exclusão do direito de preferência. Também pode existir a inaplicabilidade do direito de preferência quando a companhia de capital aberto, com previsão estatutária prévia, contemple sua inexistência para permitir a aquisição de controle de terceira empresa por meio da troca de ações, troca esta feita em oferta pública. Nesta hipótese, os acionistas da companhia ofertante, bem como terceiro qualquer, poderão interferir no preço da ação objeto da troca, possivelmente elevando a correlação de permuta de uma companhia, ou mesmo o valor das ações de ambas as companhias.

Finalmente, é de se ter em mente que tal excepcionalidade prevista no artigo 172 só se aplica às sociedades de capital aberto, sendo a única exceção a possibilidade aplicável às empresas beneficiárias de incentivos fiscais, cujas regras serão aquelas constantes da lei específica que regule aquele determinado incentivo.

A exclusão do direito de preferência, com base no artigo 168, parágrafo 3º, apresenta uma faceta curiosa quanto aos limites de sua aplicabilidade, se é que algum existe. Esta foi mais uma das figuras do Direito norte-americano introduzida entre nós, lembrando os raríssimos exemplos, se é que existem, de *pre-emption rights* nas companhias com ações negociadas no mercado secundário. Entre nós, o texto legal estabelece como condicionantes para a concessão da opção: (i) que esta seja objeto de aprovação pela assembleia de acionistas, (ii) que a companhia tenha seu capital sob a forma de capital autorizado e (iii) que tais participações necessariamente sejam emitidas contra ações de tesouraria.

Aqui surge mais uma resultante da "pororoca legal" da junção da lei de 1940, de base fundamentalmente europeia, com preceitos do Direito Societário norte-americano adotados pela lei de 1976. Isso porque a aprovação da concessão das opções para os administradores, para os empregados da companhia, bem como para pessoas naturais prestadoras de serviços à empresa ou a suas controladas não conta com a aprovação dos preferencialistas sem voto, os quais têm prejudicada a distribuição de dividendos. De outro lado, lança à análise da CVM a tarefa que possivelmente não lhe caberia, qual seja, a de analisar a higidez do plano e de seus méritos, exame este já feito por aqueles a quem cabe a tarefa de aprovar o plano: a assembleia de acionistas.

Tal situação foi objeto de decisão da Comissão de Valores Mobiliários em resposta à consulta formulada pela HRTP Participações em Petróleo S.A. A indagação à CVM foi relativa à possibilidade da criação de plano de incentivo para cerca de 200 colaboradores, dando ações ou entregando dinheiro a seus colaboradores, a título de remuneração. Informou a consulente que, antes da realização da oferta pública inicial, os acionistas aprovaram plano de opções para 80 colaboradores. Para tanto, a companhia pretendia utilizar-se de ações de tesouraria e/ou de nova emissão. Ou seja, discutia-se a interação do artigo 168, parágrafo 3º, com o artigo 172 da Lei Societária.

Em seu voto, o relator, Diretor Eli Loria, incialmente esclarece que se tratava de situação diversa da apresentada como precedente pela HRTP (Processo CVM n. RJ2009/3983), na medida em que lá o Colegiado da CVM decidira que haveria necessidade de aprovação pela assembleia de acionistas, conforme o § 3º do artigo 168 da Lei das Companhias,[61] uma vez que lá se tratara de doação

---

61. "Art. 168 – O estatuto pode conter autorização paro o aumento do capital social independentemente de reforma estatutária. [...] § 3º – O estatuto pode prever que a companhia, dentro do limite de capital

sem encargo, sendo que todos os colaboradores haviam sido igualmente aquinhoados, sem carência para a venda das ações, sendo a diluição dos acionistas, nos dizeres do relator, ínfima. Em sua manifestação pela existência do direito de preferência dos acionistas, o relator transcreve o item 40 da manifestação da SEP, no sentido de que:

> Uma simples e pura "doação de ações" não deveria ser permitida. É necessário vincular tal "concessão de ações" a determinadas condições que procurem garantir o alinhamento entre os interesses dos colaboradores e a geração de valor à companhia e aos seus acionistas.

Em sua razão de decidir pela negativa da concessão do benefício, diz o relator que:

> [...] De fato, inúmeros modelos de remuneração baseada em ações podem ser adotados pelas companhias. Como exemplo, têm-se os planos de opções de ações, gratificação equivalente à valorização das ações no mercado ou ao que exceder determinado preço-alvo, concessão de ações vinculada a metas e a concessão de ações que devem ficar indisponíveis por um prazo determinado. Têm-se, ainda, casos em que a companhia adianta o numerário para que o empregado adquira obrigatoriamente ações de sua emissão, sujeitando-se à carência ou podendo negociá-las imediatamente.
> Quanto aos requisitos que tais planos deverão atender, verifico que a SEP aponta alguns que envolvem os deveres dos administradores, como elaborar um plano que represente remuneração e não liberalidade, envolver um número de ações que não dilua excessivamente os acionistas, comprometer os beneficiários do plano com os resultados da companhia, informar adequadamente, bem como outros que trazem obrigações para a companhia, como aprovar o plano em assembleia geral e solicitar autorização prévia da CVM em cada caso, nos termos do art. 23 da Instrução CVM n. 10/80.
> De pronto, estou de acordo com aquelas características de um plano de opção de compra de ações não abusivo, que, lendo ao revés, foram descritos na Instrução CVM n. 323/00, ou seja: (1) não deixar o momento do exercício da opção e sua venda a exclusivo critério do participante do plano; (2) ter comprometimento com a obtenção de resultados; e, (3) não prejudicar a companhia ou seus acionistas minoritários.
> Assim, consoante o posicionamento da SEP, o plano de remuneração em ações deverá representar uma forma de remuneração e não uma liberalidade, bem como comprometer seus beneficiários com a obtenção de resultados.
> [...] No que se refere à possibilidade de exclusão do direito de preferência em eventual aumento de capital decorrente da implantação do plano, [...] entendo que as exceções

---

autorizado, e de acordo com plano aprovado pela assembléia-geral, outorgue opção de compra de ações a seus administradores ou empregados, ou a pessoas naturais que prestem serviços à companhia ou a sociedade sob seu controle."

ao direito de preferência estão especificadas na lei societária em seus arts. 171 e 172 conforme remissão do art. 109, IV.

Dessa forma, não haverá direito de preferência no caso da outorga e exercício de opção de compra de ações (art. 171, § 3º), podendo o direito de preferência ser excluído na emissão de ações e debêntures conversíveis em ações ou bônus de subscrição, cuja colocação seja feita com venda em bolsa de valores ou subscrição pública (art. 172, I), na permuta por ações, em oferta pública de aquisição de controle (art. 172, II) ou ainda em casos de subscrição de ações nos termos de lei especial sobre incentivos fiscais (art. 172, parágrafo único).

Este posicionamento leva, necessariamente, à utilização de ações em tesouraria, mediante negociação privada, caso o plano envolva a transferência de ações.

A presente consulta, como apontado pela HRTP, não está vinculada a plano de opção de compra de ações e, portanto, a sua implantação está sujeita a prévia autorização da CVM.

Sua Presidente, Maria Helena dos Santos F. de Santana,[62] votou no sentido de que:

> [...] 12. Quanto ao segundo item da consulta recebida, referente à possibilidade de exclusão do direito de preferência dos demais acionistas da Companhia para a emissão de ações a serem atribuídas aos beneficiários dos Planos, concordo com o posicionamento adotado pela Superintendência de Relações com Empresas – SEP e pelo Diretor Relator Eli Loria em suas manifestações.
> 13. Isso porque, como já referido, apesar de ser possível dizer que os Planos de Incentivo representam planos de remuneração, que possuem objetivos semelhantes aos de um plano de opções, bem como que a CVM já admitiu a possibilidade de sua implementação (Processo Administrativo CVM n. RJ2009/3983), a subscrição de ações para atender a tais planos não está prevista nas hipóteses de exclusão do direito de preferência da Lei n. 6.404/76.
> 14. Lembro que o inciso IV do art. 109 da Lei n. 6.404/76 prevê que o direito de "preferência para a subscrição de ações, partes beneficiárias conversíveis em ações, debêntures conversíveis em ações e bônus de subscrição, observado o disposto nos artigos 171 e 172", é direito essencial do acionista, de que não pode ser privado pelo estatuto social ou pela assembleia geral.
> 15. Já os arts. 171 e 172 da Lei n. 6.404/76, por sua vez, são bastante restritos ao estabelecer as hipóteses de exclusão de direito de preferência dos acionistas em aumento de capital. Segundo tais artigos, o direito de preferência pode ser excluído para a emissão de ações, debêntures conversíveis em ações, ou bônus de subscrição para a venda em bolsa de valores, subscrição pública ou permuta por ações em oferta pública de aquisição de controle. Ademais, o direito de preferência pode ser afastado na conversão em ações de

---

62. Processo CVM n. RJ2011/4494 – Reg. Col. 7798/2011. Consulta feita pela HRTP Participações em Petróleo S/A sobre seu plano de incentivos por meio da concessão de ações restrita, de relatoria do Diretor Eli Loria.

debêntures e partes beneficiárias conversíveis, bônus de subscrição, ou na outorga e no exercício de opção de compra de ações.

16. Estas são disposições restritivas de direito que entendo que não devem ser estendidas a situações que a lei não previu expressamente, ou seja, não podem ser objeto de interpretação analógica.

17. Entendo, assim, que, salvo nas hipóteses previstas acima, o direito de preferência dos acionistas da Companhia não pode ser excluído. Em outras palavras, por mais que os Planos de Incentivo tenham sido aprovados pela assembleia geral da Companhia, os arts. 109, inciso IV, 171 e 172 da Lei n. 6.404/76 impedem que a HRTP emita ações para os beneficiários (sejam eles membros da administração, empregados ou apenas colaboradores) no âmbito dos Planos de Incentivo sem conceder o direito de preferência aos atuais acionistas para subscrição do aumento de capital em decorrência da emissão das ações.

Em resumo, obedecida a literalidade da lei, as ações objeto da outorga pela assembleia de acionistas devem necessariamente prover da disponibilidade de ações em tesouraria, não sendo admissível que venham de aumento de capital nascido de deliberação assemblear específica. O que merece exame mais acurado é a competência da CVM para entrar no mérito da outorga da opção, seguindo a mesma literalidade da análise do parágrafo 3º constante do voto da Presidente Maria Helena e do voto interpretativo do Diretor Eli Loria.

5.5 Redução do capital social

Até a edição do Decreto-Lei n. 2.627, de 1940, a legislação não tratou da redução do capital social das companhias. Por esse motivo discutia-se a sua possibilidade, concluindo a maioria dos autores como J. X. Carvalho de Mendonça, que "não proibindo supõe-se que a lei autorizou a redução do capital social ressalvando, bem entendido, os direitos dos credores".[63] Na falta de legislação específica, propunha Carvalho de Mendonça que, no caso de perda de capital, devia-se diminuir proporcionalmente o valor da ação, já que à época todas as emissões deveriam ser com ações dotadas de valor nominal, restando o problema não resolvido da possibilidade do surgimento de valores fracionários por tal diminuição, o que prejudicaria alguns pela simples aplicação da aritmética.

O Decreto-Lei de 1940 previa duas modalidades de redução de capital; de um lado, aquelas nascidas da vontade dos acionistas e subscritores e, de outro, aquelas nascidas de comando legal então instituído. A primeira hipótese (artigo 77) abrangia as ofertas de subscrição que não encontravam tomadores ou aquelas

---

63. Vide CARVALHO DE MENDONÇA, José Xavier. **Tratado de Direito Comercial brasileiro**. Op. cit., v. 3, p. 402, item 1.039.

que, em tendo o tomador subscrito as ações, não as integralizava totalmente. Nestas situações, se a companhia não encontrasse tomadores no prazo de até um ano, deveria diminuir o capital de forma correspondente, caso não resolvesse cobrar e receber dos remissos, pelos meios processuais apropriados, a quantia faltante. Se isso não ocorresse, deveria ser convocada a assembleia de acionistas para reduzir o montante do capital faltante, restituindo-se ao remisso as quantias por ele já pagas ou entregando-lhe tantas ações quantas tenham sido capitalizadas. A segunda hipótese (artigo 107), qual seja, a diminuição do capital social por previsão legal, ocorria necessariamente em caso de recesso, cujas oito situações previstas no artigo 105 foram parcialmente transplantadas para compor as dez situações previstas no artigo 136 da vigente Lei das Companhias.

Foi a norma de 1940 que criou o prazo de trinta dias para que a companhia anunciasse sua vontade de reduzir o capital que viesse a "importar em diminuição do patrimônio social" (artigo 114). Para tanto, deveria ser publicada a respectiva ata da assembleia geral, dando início ao prazo dentro do qual os credores poderiam se opor a tal redução como medida de proteção creditícia. Na falta de oposição dos credores, ou tendo sido pagos os oponentes, o capital era considerado diminuído para todos os efeitos.

Por sua vez, a lei de 1967 previu duas hipóteses para a redução do capital social: ou ela ocorre porque assim determina a Lei das Companhias ou pode o capital ser reduzido pela deliberação dos acionistas reunidos em assembleia geral.

5.5.1 As reduções facultativas do capital social

Poderá haver redução do capital social em cinco hipóteses.

1. Nos termos do art. 173, se houver perda, o capital poderá ser reduzido até o montante dos prejuízos acumulados. Esta é uma deliberação dos sócios reunidos em assembleia geral, ouvido o conselho fiscal, se em funcionamento. O comando legal, ao não tornar obrigatória a redução do capital, independentemente do montante da perda, torna a sua função, enquanto proteção dos credores, muito mais reduzida, na medida em que estes passam a prestar atenção na situação do patrimônio líquido da companhia, bem como nos montantes das reservas legal e facultativa, para avaliação da segurança de seus créditos. Isso porque o capital social poderá sofrer diminuições que o levem a ser igual a zero ou mesmo negativo. Este leilão será comunicado por meio da publicação de edital por três dias, sendo feita a primeira publicação com antecedência mínima de três dias da data da oferta em bolsa das ações não pagas. Do resultado apurado, poderão ser entregues ao remisso as ações a que tenha direito em face dos recursos já

integralizados, assumindo o novo subscritor o lugar do remisso pelas ações por ele arrematadas. Ressalve-se, entretanto que tal venda em bolsa de valores é feita por conta e ordem do subscritor inadimplente. Isso significa que, caso tal venda não se concretize total ou parcialmente, no que tange às ações não vendidas, volta a companhia a ter o direito de acionar o faltoso ou vender a acionista interessado, dentro das regras referentes ao direito de preferência constante da Lei das Companhias e do estatuto social. Este retorno ao direito de agir em juízo ocorre não só quando inexista oferta de compra no pregão da bolsa de valores, mas também quando o preço do leilão especial não atinja o preço suficiente para pagar o débito do subscritor faltoso. A Lei das Companhias faculta à sociedade a colocação para venda das ações subscritas e não integralizadas do inadimplente mesmo que isso venha a ocorrer após o início da cobrança judicial. Se mesmo assim não for encontrado subscritor substituto para o inadimplente, ou caso o devedor não possa ser executado para saldar sua obrigação, deverá a companhia reduzir o capital social pelo montante não entrado no caixa da sociedade. De qualquer sorte, a redução do capital social deverá ser feita depois de absorvido o montante da reserva legal, já que instituída por lei para fazer frente a tais azares empresariais. Esta é uma redução contábil que, em termos práticos, não cria nenhuma outra garantia aos credores, na medida em que a deliberação dos sócios apenas mudou determinadas contas do balanço de posição. A garantia de terceiros credores passa a se fortificar se, ato contínuo, a assembleia geral decidir realizar novo aumento de capital.
2. O artigo 173 prevê, ainda, a possibilidade de redução do capital se este se mostrar excessivo para o atingimento dos objetivos da companhia. Esta é também uma possibilidade que depende da aprovação dos sócios reunidos em assembleia geral, hipótese na qual o montante do capital julgado excedente é reduzido, com a consequente volta do montante aos acionistas, na proporção de suas respectivas participações, independentemente da espécie ou classe das ações possuídas. Financeiramente, tal redução fará sentido se os dividendos forem distribuídos em relação ao valor nominal das ações, e se tal redução se der por meio de resgate de ações, desde que tal seja feito com a utilização de lucros ou reservas (artigo 44).
3. A assembleia pode reduzir o capital caso tenha ocorrido a saída de acionistas, com o reembolso de suas ações, a ser pago com recursos da conta capital. Nesta situação (artigo 45, parágrafo 6º), a companhia tem o prazo legal de 120 dias para substituir o acionista retirante, de sorte a que surja um novo sócio que reponha a conta capital ao estado anterior. Caso a substituição não ocorra, o capital social é considerado automaticamente reduzido, cabendo a convocação da assembleia de acionistas, no prazo de cinco dias

da redução, para dela tomar conhecimento. Claro está que todo o procedimento e suas consequências deverão ser objeto de publicação de fato relevante para as companhias de capital aberto. Caso as ações reembolsadas sejam sem valor nominal, o acionista entrante deverá pagar, no mínimo, o valor do capital reembolsado ao acionista retirante. Neste caso, se o valor pago for maior, a diferença não irá implicar a mudança do número de ações, sob pena de alteração da composição de forças dentro da companhia.

4. O capital social também poder ser diminuído no caso de cisão da companhia, seguido da redução do capital (artigo 229). No processo de cisão, a versão patrimonial da companhia cindida pode significar a transferência total ou parcial da companhia cindida, significando que, na mesma proporção, o capital da primeira sociedade será transferido para o da segunda. A companhia originária pode ser cindida em uma ou mais empresas, valendo a mesma regra de transferência patrimonial e capital proporcional, sucedendo a cindida em todos os direitos e obrigações de forma proporcional ao capital cindido. Isso implica, obviamente, que, se a cindida for extinta, a sucessão das responsabilidades é total. Entretanto, nas cisões parciais o montante do capital social passado da companhia cindida para a cindenda poderá ser reduzido por deliberação assemblear.

5. O capital social também poderá ser reduzido em caso de resgate de ações, quando remanescer em circulação menos de 5% "do total das ações emitidas pela companhia" (artigo 4º, parágrafo 5º, da Lei das Companhias). Tal possibilidade deixa de existir caso a companhia, em realizando o resgate das ações, as coloque como valores mobiliários em tesouraria, com isso evitando todo o problema de convocar assembleia geral de acionistas, bem como a eventual oposição de terceiros credores. Caso contrário, o capital social será considerado como reduzido, devendo a administração da companhia, no prazo de cinco dias, convocar a assembleia geral extraordinária para operacionalizar a redução do capital social, tendo por objeto a produção de uma ata da assembleia que será registrada perante a junta comercial onde esteja localizada a sede da companhia, bem como providenciar a respectiva publicação — tudo para efeito de conhecimento de terceiros.

Nessas cinco hipóteses, a redução do capital social é optativa, podendo ser feita, se os acionistas assim o entenderem, mesmo que o patrimônio social esteja abaixo do capital. Ou seja, nas reduções feitas exclusivamente pela vontade dos acionistas não existe momento para que ocorra (artigo 173). Mas uma vez, tendo sido deliberada a redução, deverão os acionistas atentar para o problema do eventual surgimento de ações fracionárias, no caso das ações com valor nominal. Nas ações com valor de face, nenhum desses valores mobiliários pode ter valor inferior ao nominal; ora, a redução do capital, dependendo de como seja calculada, poderá resultar em ações com valor fracionário, ou seja, ações que tenham valor de face inferior ao nominal — o que não é permitido.

Outro problema debatido pela doutrina nacional, passível de surgir com as ações com valor nominal, e ainda sem solução, ocorre porque, com a redução, alguns acionistas poderão ser excluídos da companhia. Isso pode ocorrer se da redução do capital social resultar o cancelamento de um número ou percentual de ações, em face das posições possuídas antes da redução, de sorte a superar o número de ações possuídas por determinado acionista. Seria esta uma modalidade de exclusão de sócio não prevista em lei? Ou, se ilegítimo tal procedimento, terá a companhia a obrigação de reduzir o capital em dado montante de sorte a não excluir nenhum sócio? Tal discussão caberá nos casos de redução facultativa do capital social. Mas restará a indagação nas hipóteses de redução compulsória por comando legal.

5.5.2 A redução facultativa e o prejuízo do minoritário

Vez por outra, conforme o entendimento da CVM, pode a redução do capital social, por provocação do acionista minoritário, ser utilizada para manter o controle do voto nas assembleias, visto que a companhia, em não distribuindo dividendo aos preferencialistas pelo período previsto no estatuto, obedecido o máximo legal, outorgue-lhes o voto. Esta foi a situação analisada no Processo CVM n. RJ 2003/12767. No caso, a Companhia de Força e Luz Cataguazes-Leopoldina reduziu o capital social eliminando, em consequência, seu prejuízo. Concomitantemente, reduziu a base de cálculo dos dividendos atribuíveis às ações preferenciais em cerca de 21%, como consequência da redução do capital social, mantendo íntegra a reserva de capital. Mas, assim, continuou pagando o dividendo devido aos preferencialistas com a reserva de capital, além de ter feito a redução do capital social sem a presença do conselho fiscal junto à assembleia de acionistas. Com tal ato, evitou que transcorresse o prazo de dois anos sem o pagamento do dividendo mínimo, que, se ultrapassado, atribuiria voto aos preferencialistas. Em seu voto, a relatora, Norma Jonsen Parente, concluiu, junto com o Colegiado, que:

> [...] 3. Sem dúvida, a proposta de redução de capital, realizada com absorção de prejuízos acumulados, tem amparo no art. 173 da Lei 6.404/76 [...].
> 4. A possibilidade de reduzir o capital faz parte do desenrolar das atividades empresariais. De fato, eventualmente, a companhia pode realmente precisar reduzir o capital.
> 5. Todavia, a redução de capital ora efetuada, da ordem de 21%, afeta profundamente o dividendo das ações preferenciais, uma vez que o dividendo de tais ações representa um percentual do capital social.

6. Diante disso, impõe-se:
a. assegurar o direito de recesso aos acionistas prejudicados, nos termos do art. 136, II, da Lei de S/A [...].
b. a realização de assembléia especial da classe prejudicada [...].
7. Note-se que a companhia há dois anos não pagava dividendos aos acionistas preferenciais e estava na iminência de completar o 3º ano. Em vista disso, os preferencialistas adquiririam direito de voto, nos termos do art. 111, parágrafo 1º, da Lei de S/A [...].
8. O objetivo de tal artigo supõe a necessidade de a administração ser transferida àquele que aplicou o seu capital, que vem sendo gerido indevidamente, dada a não adequada condução do negócio pelo controlador.
9. O acionista preferencial tem características passivas, não vota, mas se tem direito patrimonial, de participar nos lucros, e este desaparece ou é reduzido, há de poder votar, de modo a fiscalizar e controlar sua aplicação de capital, sob pena de torná-lo refém do controlador.
10. Ora, com o artifício adotado: redução do dividendo devido e pagamento do remanescente com a reserva de capital (que deveria ter sido também usada para abater prejuízo), esvai-se o direito dos minoritários.
11. Ao que tudo indica, a referida operação destinou-se de fato, a impedir a aplicação do direito em questão (art. 111, parágrafo 1º), visto que a companhia usou todas as reservas para absorver prejuízos, mas manteve a reserva de capital intacta, justamente para pagar dividendos, agora reduzidos em 21%, preservando o plano da companhia de impedir o voto da preferencial [artigos 189 e 200, I, da Lei das Companhias].
[...]
13. Sem dúvida, o objetivo do art. 111, parágrafo primeiro, é burlado com tal medida, inclusive, sem que se observem as salvaguardas legais de proteção aos acionistas preferencias sem direito de voto
14. Ademais, o Conselho Fiscal, não convocado, não participou da reunião da administração que decidiu a questão, em desobediência ao art. 163, inciso III e parágrafo 3º da LSA [...]
15. A ausência do Conselho Fiscal vicia a proposta do Conselho de Administração, inclusive o parecer do próprio Conselho Fiscal sobre a questão, já que o mesmo não presenciou a decisão da administração.
16. A presença do Conselho Fiscal no debate é fundamental para que se inteire melhor do assunto e, com maiores elementos, possa decidir. Também relevante é a sua presença até mesmo, ainda que sem voto, para que possa discutir as questões apresentadas com o Conselho de Administração.
"Ao comparecer, deverá o conselheiro fiscal não apenas acompanhar as discussões, mas também dar assistência aos administradores presentes, com relação às matérias da pauta. Para tanto, terá voz, não somente quando solicitado, mas também quando julgar que deve manifestar-se [...]"[64]

---

64. CARVALHOSA, Modesto. **Comentários à Lei de Sociedades Anônimas**. São Paulo: Saraiva, 1997, "omissão", v. 3, p. 398. Nota original do julgado.

17. Também os debenturistas devem ser ouvidos previamente, mediante a realização de assembléia especial, conforme o previsto no art. 57, parágrafo 2º [...].

18. A medida favorece os portadores de ações ordinárias, a partir do exercício de 2005, já que a cumulatividade dos dividendos das preferencias extingue-se em 2004. Os acionistas ordinários beneficiam-se por conseguinte, com a redução de 21% do montante dos dividendos das preferenciais, já que são pagos depois das preferenciais.

19. Trata-se, portanto, de bem montada operação para elidir o direito dos minoritários.

20. Diante disso, há indícios de que a operação representa abuso de poder de controle e deve ser investigada, nos termos do art. 117, parágrafo primeiro, letra c, da Lei de S/A [...].

5.5.3 As reduções compulsórias do capital social

Poderá haver redução compulsória do capital social em três hipóteses.

1. Quando determinado acionista decide se retirar da companhia, esta poderá adquirir a participação do sócio retirante reembolsando-o de seu investimento, situação na qual a empresa deverá, dentro do prazo de 120 dias, encontrar um novo tomador para as ações reembolsadas. Caso não encontre tomador, não existindo lucros suspensos, retidos ou reservas obrigatórias ou facultativas (artigo 45, parágrafo 6º), a companhia deverá reduzir o capital social pelo montante pago ao acionista retirante.

2. Nos casos de subscrição de ações, pode ocorrer que o subscritor não honre, no todo ou em parte, o pagamento do montante por ele tomado (artigo 107, parágrafo 4º, da Lei das Companhias). Em não ocorrendo a integralização, do todo ou de parte, oferece a Lei das Companhias opções de como deve se comportar a companhia em relação ao capital subscrito e não integralizado. Assim, poderá a empresa acionar o subscritor remisso para que ele cumpra com a obrigação assumida quando da assinatura da lista de subscrição nos termos da escritura de emissão. Caso o acionista tenha integralizado parte da subscrição feita, poderá a companhia entregar-lhe tantas quantas sejam as ações a que faça jus em face dos recursos já aportados. Com isso, as ações integralizadas poderão ser subscritas pelos acionistas interessados em exercer o direito de preferência. Caso não haja interessados, poderá a companhia vender em bolsa onde esteja localizada a sede da companhia. Tal venda deverá ser feita em leilão especial, alienando-se as ações subscritas e não integralizadas. O chamamento ao leilão deverá ser feito por publicação de edital por três dias. Como resultado do leilão, as ações subscritas e integralizadas são entregues ao acionista até então remisso, assumindo o débito remanescente o novo subscritor. Ressalve-se, entretanto, que tal venda em bolsa de valores é feita por conta e

ordem do subscritor inadimplente. Isso significa que, caso tal venda não se concretize, total ou parcialmente, à companhia resta exercer o seu direito de acionar o faltoso ou de vender as ações não integralizadas a acionista interessado, dentro das regras referentes ao direito de preferência constantes da Lei das Companhias e do estatuto social. Este direito de agir em juízo ocorre não só quando inexista oferta de compra no pregão da bolsa de valores, mas também quando o preço do leilão especial não atinja o preço obtido e, portanto, seja insuficiente para pagar o débito do subscritor faltoso. A Lei das Companhias faculta à sociedade a colocação para venda das ações subscritas e não integralizadas do inadimplente mesmo que a venda venha a ocorrer após o início da cobrança judicial. Se mesmo assim não for encontrado subscritor substituto para o inadimplente ou o devedor não possa ser executado para saldar sua obrigação, deverá a companhia reduzir o capital social pelo montante não entrado no caixa da sociedade.

3. Finalmente, a terceira hipótese de redução compulsória do capital social é aquela prevista no artigo 4º, parágrafo 6º, da Lei das Companhias. Este dispositivo legal visa manter a liquidez das empresas de capital aberto, evitando que a compra em pequenos lotes pelo acionista controlador "seque" a liquidez, pela redução das ações em poder de acionistas de mercado. Essa escassez tem o condão de eliminar qualquer formação razoável do denominado "preço de mercado", o que propiciaria várias distorções em instrumentos essenciais do mercado acionário, tais como a recompra ou venda de ações de tesouraria, colocação de novas emissões, preço para o exercício do direito de recesso, etc. Com a finalidade de evitarem tais distorções, uma vez atingido o percentual mínimo de ações em poder do mercado, de acordo com norma expedida pela Comissão de Valores Mobiliários, a companhia deverá realizar uma oferta pública para aquisição das demais ações em poder dos acionistas minoritários. Tal oferta deverá ser realizada pelo "preço justo, ao menos igual ao valor de avaliação da companhia" (artigo 4º, parágrafo 4º, da Lei n. 6.404/1976). Esse valor justo é encontrado, por definição legal, pela adoção, "de forma isolada ou combinada", do patrimônio líquido contábil, do patrimônio líquido avaliado a preço de mercado, do fluxo de caixa descontado, por comparação de múltiplos de receita passada, presente e futura, pela cotação das ações no mercado ou por outro método aceito pela CVM. Além disso, a possibilidade de aceitação de outro método por parte da Autarquia é um sinal veemente da dificuldade de se encontrar o preço da ação em substituição àquelas que têm seu preço formado pela grande quantidade de ações em poder do público e com uma expressiva movimentação de compra e venda nos pregões da bolsa de valores.

5.5.4 A redução do capital e seu efeito patrimonial

Uma vez ocorrida a redução do capital social, esta pode produzir efeitos no patrimônio da companhia, os quais serão vistos abaixo.

Em um primeiro grupo, temos as reduções de capital com efeito nominal, contábil ou também chamadas de declaratórias. Nestes casos, a perda patrimonial já ocorreu devido a prejuízos reais ocasionados por uma diminuição patrimonial. Como já mencionado anteriormente, esse descolamento entre o capital e o patrimônio revela que o capital somente é elemento garantidor de credores no momento de sua entrada no caixa da companhia. Daquele momento em diante é o patrimônio que irá garantir os credores. Neste caso, a redução do capital não produz qualquer efeito patrimonial, mas será uma mera adequação quantitativa do capital à realidade patrimonial da companhia. Será uma adequação contábil que declara aos terceiros a correção em função da realidade patrimonial preexistente.

Em um segundo grupo encontram-se as hipóteses de redução de capital que efetivamente causam efeitos além do contábil ou declaratório. Estas são as situações vistas nos itens anteriores, nos quais foram analisadas as reduções de capital facultativas e as compulsórias. É nestas situações que as legislações dos países da Europa continental, desde o século XIX, determinam que o capital é a âncora garantidora dos credores da companhia, em razão da qual se exige a publicação da sua diminuição, abrindo prazo para que credores que se sintam prejudicados possam se opor ao ato, ressalvadas as hipóteses das reduções necessárias por comando legal. A lógica indica que a assembleia deveria, antes de tudo, transformar as ações em valores mobiliários sem valor nominal, caso tal redução não esteja sendo feita de caso pensado para excluir sócio indesejado, já que o montante da redução facultativa e, consequentemente, da baixa no número de ações, depende de decisão assemblear.

Resta discutir a época em que as reduções voluntárias do capital podem ocorrer: se somente após o fechamento do balanço anual, ou se, ao contrário, a companhia poderá levantar um balanço especial para oferecer à deliberação dos acionistas. Parece-me que é perfeitamente possível a redução do capital social com base em balanço levantado em balancete especial, tendo em vista que a redução do capital é facultativa, ou seja, sua ocorrência depende somente da vontade dos acionistas reunidos em assembleia, não havendo previsão legal em contrário. Entretanto, é de se ter em consideração que há opinião acadêmica divergente de abalizados juristas,[65] bem como decisão da Comissão de Valores

---

65. "Diante do exposto, portanto, nada mais claro do que se concluir que a perda para companhias abertas, para fins de redução do seu capital, somente pode ser apurada nas demonstrações financeiras anuais. Observe-se, apenas, que a Comissão de Valores Mobiliários parece ter vedado somente a utilização de

Mobiliários no sentido da obrigatoriedade de que a redução seja feita com base no balanço anual.[66]

5.5.5 A aprovação do conselho fiscal na redução de capital

Nos termos do art. 115 do Decreto-Lei n. 2.627/1940, tinha-se que "A proposta de redução do capital, quando de iniciativa da diretoria, não poderá ser submetida à deliberação da assembleia geral sem o parecer do Conselho Fiscal". Assim, não seria necessário obter parecer favorável do conselho fiscal apenas nos casos em que a proposta fosse de iniciativa dos acionistas, os quais deliberariam sobre a redução do capital em assembleia. Tal exclusividade quanto à dispensa do parecer do conselho fiscal fez todo o sentido, pois, se a proposta nasce e é votada no âmbito do colegiado dos donos da companhia, desnecessário se faz a audiência de conselheiros fiscais nomeados pelos mesmos acionistas. Claro que a norma de 1940 não proibia — nem seria o caso de fazê-lo — que, mesmo tendo nascido a proposta no âmbito assemblear dos acionistas, decidissem estes ouvir seus conselheiros.

Entretanto, Philomeno J. da Costa e Carlos Fulgêncio da Cunha Peixoto, divergiam quanto à deliberação tomada em assembleia, sem que a proposta constasse da ordem do dia previamente publicada.[67] Cunha Peixoto foi ainda mais longe em sua interpretação do artigo 115 do Decreto-Lei n. 2.627/1940, no sentido de que

---

prejuízos acumulados que não aqueles constantes das demonstrações financeira anuais, mas não a realização da redução do capital social em qualquer época do ano, desde que observado o limite dos prejuízos acumulados constantes de tais demonstrações financeiras. A diferença é sutil, mas relevante, especialmente em face das ponderações de Alfredo Lamy e Bulhões Pedreira [abaixo transcritas]". Vide GARCIA, Alexandre Hildebrand. **A redução do capital social (em companhias abertas e fechadas)**. 194 f. Dissertação (Mestrado em Direito) – Faculdade de Direito da Universidade de São Paulo, São Paulo, 2009. "Ora, se o balanço intermediário é definitivo, no entender dos autores, para apurar lucros, e pagar dividendos, mesmo se, ou quando, ocorrerem prejuízos no balanço anual, parece evidente, correlatamente e com maior razão, será definitivo para verificar a existência de prejuízos. [...] Ademais, no caso de verificação de prejuízos, e redução de capital, se a sociedade sempre tivesse que esperar o fim do exercício para deliberar, importaria em condenar à falência um sem número de empresas que promovem, ao longo do exercício, o seu saneamento financeiro, na maioria dos casos reduzindo o seu capital na medida dos prejuízos apurados, e a seguir aumentando-o para salvar a empresa com os mesmos sócios." (LAMY FILHO, Alfred; PEDREIRA, José Luis Bulhões. **A Lei das S.A.** Op. cit., v. 2, p. 479).

66. Processos CVM n. RJ 2004/4558, n. 2004/4569 e n. 2004/4569.

67. Entendia Carlos Fulgêncio da Cunha Peixoto que: "837 – A redução do capital é ato de suma gravidade, afetando os direitos da sociedade, dos sócios e terceiros. Daí haver a lei, semelhança de sua orientação com relação ao aumento, exigido o prévio pronunciamento do conselho fiscal para que a diretoria possa submeter à deliberação da assembleia geral proposta de redução de capital. *A contrario sensu* poder-se-ia concluir ser desnecessário o parecer do conselho fiscal, quando a proposta é de fonte diferente, ponto de vista acolhido por Philomeno J. da Costa: 'Se esta — a proposta de redução do capital — surgir no decurso do conhecimento de outra matéria, dispensar-se-á proposta (por escrito) do conselho fiscal. Isto pode acontecer; suponha-se que na ordem do dia figurava o alargamento dos objetivos sociais, empregando-se parte ociosa do capital; é a matéria repelida e resolve-se logo promover a devolução dessa porção do capital, dispensando-se a proposta da diretoria e o respectivo parecer do órgão social de fiscalização para

a proposta de diminuição do capital social sempre deveria emanar da diretoria, atribuindo a esta a condição única de saber dos estados dos negócios e, por consequência, da conveniência ou não da redução.[68]

Levada às últimas consequências, significava a posição de Cunha Peixoto que o capital social não poderia ser diminuído se a diretoria se recusasse a fazê-lo, aproximando-se precocemente do modelo societário de Delaware. No caso, creio que o Mestre estaria longe da realidade brasileira, onde todo o poder final está no corpo de acionistas votantes, conforme dispõem o Decreto-Lei n. 2.627/1940 e a Lei n. 6.404/1976. Claro está que, por causa do poder dos acionistas votantes, poderão eles afastar *ad nutum* a diretoria ou o conselho de administração, elegendo em seguida outro mais amigável. Tal, entretanto, seria mero ritual burocrático sem qualquer efeito prático perante a Lei das Companhias de então.

A Lei n. 6.404/1976 adotou o mesmo espírito da norma legal de 1940, adequando-a à introdução do conselho de administração, enquanto organismo necessário nas companhias de capital aberto. Ao conselho foram atribuídas funções específicas determinadas pela própria lei, diferenciando-as daquelas outras atribuíveis pelo estatuto social à diretoria. A digressão acima se faz necessária já que Modesto Carvalhosa adota a posição manifestada por Cunha Peixoto, sendo seu entendimento que os administradores não podem "fugir ao dever de opinar justificadamente".[69]

A Comissão de Valores Mobiliários, ao julgar recurso apresentado pelo Banco do Estado de Sergipe – Banese,[70] entendeu, pelo voto de seu presidente e relator, Marcelo Fernandez Trindade, que a dispensa do parecer do conselho fiscal só ocorre quando a proposta nasça dentro do corpo de acionistas, conforme determina

---

a validade de semelhante deliberação." (PEIXOTO, Carlos Fulgêncio da Cunha. **Sociedade por ações**. São Paulo: Saraiva, 1973, v. 3, p. 263).

68. "874. A proposta de redução de capital há de emanar sempre da diretoria, pois se provocada por sócio terá de ser encampada pela administração da sociedade, única em condições de saber se a operação interessa à empresa. Destarte, estamos com Ruy Carneiro Guimarães quando, sobre entender haver o dispositivo encarado a hipótese mais comum, leciona: '[...] mas, se a iniciativa da proposta emanar dos acionistas, é natural que a diretoria a encaminhe, encampando-a ou não, ao conselho fiscal, sem o parecer do qual não poderá ser submetida à deliberação da assembleia geral.'" (PEIXOTO, Carlos Fulgêncio da Cunha. **Sociedade por ações**. Op. cit., v. 3, p. 263-264).

69. "O fato de a iniciativa partir dos acionistas (art. 123) não retira a responsabilidade dos administradores, pois estes sempre respondem pela opinião que deve apresentar a assembleia geral sobre a matéria. Não podem com efeito os administradores fugir ao dever de opinar, justificadamente, a favor ou contra a iniciativa dos acionistas (art. 123) [competência para convocação da assembleia geral de acionistas]. E ao fazê-lo, impõe obviamente o parecer do conselho fiscal, se em funcionamento, sendo inadmissível, como, ainda, adverte Cunha Peixoto, que a lei exija pronunciamento do Conselho, apenas se a partir de proposta dos administradores, dispensando-o, se a iniciativa for de acionista." Vide CARVALHOSA, Modesto. **Comentários à Lei de Sociedades Anônimas**. São Paulo: Saraiva, 2011, v. 3, p. 693.

70. Vide Processos CVM n. RJ 2006/0594 e n. 2005/0147, que, dentre outros assuntos, decidiram sobre a redução do capital social do banco sem ouvir o conselho fiscal.

o comando legal inserido no artigo 173, parágrafo 1º, da Lei n. 6.404/1976. Neste sentido, entendeu o Colegiado que:

> Trata-se de recurso do Banco do Estado de Sergipe S.A. [...] contra entendimento manifestado pela Superintendência de Relações com Empresas – SEP [...] concluindo ter havido violação de dispositivos legais e regulamentares por força dos eventos a seguir mencionados: [...] redução de capital para absorção de prejuízos acumulados, seguida de distribuição de JCP [juros sobre capital próprio] e dividendos, operação que não teria atendido ao interesse social, mas tido por finalidade a distribuição de dividendos ao acionista controlador, dado que os prejuízos acumulados poderiam ter sido abatidos contra o resultado do exercício; [...]
> VOTO
> [...]
> Necessidade de parecer prévio do Conselho Fiscal.
> 30. Por fim, quanto à necessidade de prévio parecer do Conselho Fiscal para a redução de capital, sustenta o Banese que tal parecer só é obrigatório quando a proposta de redução de capital emana da administração da companhia.
> 31. De fato, o art. 163 da Lei das S.A., norma geral da competência do Conselho Fiscal, deixa claro, no inciso III, que a ele compete "opinar sobre as propostas dos órgãos da administração, a serem submetidas à assembléia-geral, relativas a modificação do capital social". Essa referência à proposta dos administradores é confirmada com mais ênfase na norma específica do art. 173, § 1º, que trata da redução de capital, e diz: "A proposta de redução do capital social, quando de iniciativa dos administradores, não poderá ser submetida à deliberação da assembléia-geral sem o parecer do conselho fiscal, se em funcionamento".
> 32. A SEP e a PFE entenderam que essa manifestação prévia do Conselho Fiscal seria um princípio geral, e portanto que deveria ser aplicado mesmo quando não houvesse proposta dos administradores. Trata-se, *data venia*, de afirmação contra norma expressa de lei, como visto.
> 33. Não é de surpreender que a lei tenha dispensado a manifestação do Conselho Fiscal quando não houver proposta da administração para a redução do capital. A lei, é bom lembrar, se aplica também às companhias fechadas. Caso a assembléia de acionistas constate a necessidade ou o cabimento da redução de capital, pode deliberá-la imediatamente, sem necessidade de suspensão dos trabalhos para a oitiva do Conselho. Afinal, quem estará decidindo assim deliberar serão os próprios destinatários do parecer do Conselho Fiscal, isto é, os acionistas.
> 34. Nas companhias não há norma específica quanto ao tema, embora talvez, *de lege ferenda*, se pudesse considerar a prévia manifestação como recomendável em qualquer caso, para evitar que acionistas minoritários fossem surpreendidos com a proposta e não dispusessem de meios para examiná-la adequadamente. Mas a lei não distingue as situações de companhias fechadas e abertas no particular, talvez porque a relevância do parecer para estas últimas tenha lhe escapado, talvez porque tenha, ainda outra vez, como tantas vezes fez, privilegiado a celeridade nas relações mercantis.

35. No caso concreto, contudo, ao contrário do que se afirma nos autos, e como se vê claramente da ata de reunião do conselho de administração [...], a proposta de redução de capital, através da aprovação de um edital de convocação de assembléia a ela destinada, partiu do Conselho de Administração. A reunião começa pela declaração do Presidente, que "esclareceu aos demais conselheiros sobre as propostas para a alteração do Estatuto Social", e a partir daí descreve os benefícios da operação. Apenas quanto à destinação dos dividendos se faz referência ao acionistas controlador, e não para afirmar que se trata de proposta sua, mas sim para dizer que a proposta "está em consonância com a recomendação do acionista controlador".

36. Prova de que não se tratou de proposta do acionista controlador é a de que, ao final da ata da reunião do Conselho, consta o teor do edital de convocação aprovado, *que não contém qualquer menção a qualquer proposta do controlador* [...]. Tampouco o edital de convocação fez qualquer referência a qualquer proposta do acionista controlador. Essa referência somente surge na ata Ata da Assembléia, e certamente foi fruto da reclamação dos votos vencidos de conselheiros de administração e acionistas presentes a ambas as reuniões.

37. Assim, embora não concorde com o entendimento manifestado pela SEP, voto pela manifestação do entendimento de que a deliberação tomada na assembléia que deliberou a redução do capital dependia de prévio parecer do Conselho Fiscal, que não houve.
[...]

39. Voto, ainda, por manifestar o entendimento de que, no caso concreto, tratava-se de proposta da administração para a redução do capital social, a qual dependia, a teor dos arts. 163, III, e 173, § 1º, de parecer do Conselho Fiscal.

Assim, e em resumo, a proposta para a diminuição do capital social será sempre objeto de deliberação final da assembleia de acionistas, seja qual for a origem da proposta Nesse sentido, a diminuição do capital poderá nascer de proposição apresentada pela administração da companhia ou diretamente pelos acionistas. A Lei das Companhias, ao comandar que pode ser oriunda "de iniciativa dos administradores", aduz que a proposta possa nascer de manifestação da diretoria ou do conselho fiscal. Entretanto, existe um grau de subordinação entre esses corpos que compõem a administração da companhia. Isso porque ao conselho de administração foi atribuída competência para "fixar a orientação geral dos negócios da companhia", bem como "eleger e destituir os diretores da companhia e fixar-lhes as atribuições, observado o que a respeito dispuser o estatuto" (artigo 142, incisos I e II). Dessa subordinação legal decorre que a diretoria terá que apresentar sua proposta de redução de capital ao conselho de administração e este aos acionistas reunidos em assembleia geral para, finalmente, deliberarem.

5.6 Ações não integralizadas

A subscrição do capital social de dada companhia, em oferta pública, significa a manifestação do subscritor de se associar a esse empreendimento comum aceitando as regras da oferta constante do prospecto de lançamento público de ações. No ato de subscrição como manifestação de sua adesão, o sócio entrante assina a lista de subscrição, efetuando o pagamento de um mínimo de 10% do total subscrito. Nesta hipótese, os pagamentos do saldo devido à companhia deverão ser efetuados de acordo com o prospecto de lançamento ou com a deliberação da sociedade em assembleia nos casos de aumento de capital por subscrição particular. Nas ofertas públicas, usualmente, as ações subscritas são integralizadas no mesmo ato.

Não raro, nos lançamentos de sucesso ocorrem pedidos de subscrição que excedem o montante ofertado, situação na qual as ações serão alocadas entre os acionistas proporcionalmente aos volumes demandados. Tais ofertas públicas são sempre precedidas de uma prospecção de mercado feita pelas instituições lançadoras, que são os bancos de investimento, sociedades corretoras de valores e outras instituições componentes do sistema de distribuição de valores mobiliários.

Nos lançamentos de sucesso, não raro se reserva um segundo lote para atender a demanda excedente à oferta. Mas se mesmo assim a oferta for inferior à demanda, o montante subscrito será aquele que couber a determinado acionista de forma proporcional entre o montante ofertado e o demandado, sendo integralizado no ato o montante subscrito. Há que se distinguir dois momentos independentes nas ofertas públicas. O primeiro é mera manifestação de intenção de subscrição, que deverá ocorrer no período de tempo estabelecido pelos agentes do sistema de colocação de valores mobiliários, sendo válida, durante esse período, a reserva feita. A segunda fase só se materializa posteriormente com o ato formal de subscrição, transformando o subscritor em acionista, fazendo nascer os direitos e deveres da qualidade de sócio da companhia.

A integralização do capital subscrito pode ser feita em dinheiro, bens corpóreos ou créditos. Nos lançamentos de ações ao público, a integralização se dá, na maioria das vezes, em dinheiro. Situação mais rara, mas também possível, é aquela em que a integralização se dá em créditos que os antigos acionistas possuíam junto à companhia. Nada impede, entretanto, que a subscrição seja feita em créditos detidos pelo subscritor contra terceira pessoa que não a própria companhia. Nestes casos, se o crédito capitalizado não for honrado, o subscritor, por sua vez, se torna inadimplente, respondendo pela realização do pagamento ou com a sua exclusão do quadro social, como se verá mais adiante. Caso a integralização seja feita em bens, ocorre normalmente a subscrição e integralização no mesmo ato societário.

Claro está que, nas companhias que tenham ações ofertadas ao público, é extremamente raro integralizar em bens ou em créditos o capital subscrito, o que é muito mais usual nas sociedades anônimas de capital fechado. Isso porque os processos de subscrição com bens ou créditos têm que necessariamente passar pela avaliação assemblear dos demais acionistas, tornando o mecanismo complicado e demorado, além de ser necessário verificar se o bem é ou não de interesse da companhia. Finalmente, como é a companhia que determina como se dará a integralização das ações ofertadas, os pagamentos das ações tomadas têm se dado, em nosso mercado de valores mobiliários, só à vista e em dinheiro.[71]

Como nas colocações públicas usualmente as integralizações ocorrem à vista, não haveria que se falar das soluções legais nos casos de inadimplência, quando o capital subscrito é integralizado parceladamente. Entretanto, como lembrança, vale mencionar que, caso ocorra a subscrição com integralização parcelada e o subscritor falhe em seus compromissos, a Lei das Companhias prevê mecanismos tendentes a solucionar o não pagamento (artigos 106 a 108). Uma vez ocorrida a inadimplência, a companhia poderá (i) mandar vender as ações em bolsa, (ii) iniciar o processo de execução contra o acionista ou (iii) declarar a caducidade das entradas, seguindo o procedimento determinado pela Lei das Companhias.

Nas companhias de capital aberto, uma vez integralizado o montante mínimo de 30%, poderá o acionista alienar sua participação, situação na qual continua a responder pela falta de pagamento solidariamente ao adquirente, pelo saldo remanescente, pelo prazo de dois anos da data da alienação.

5.7 Negociação com suas próprias ações

A legislação societária brasileira ostenta, enquanto regra geral, uma longa tradição quanto à proibição de a companhia negociar com suas próprias ações. Tal proibição não é regra geral no Direito comparado. Na legislação brasileira, verifica-se que, desde o Decreto n. 434/1891 até os subsequentes projetos de lei, proíbe-se à companhia negociar com suas próprias ações, com as ressalvas das três hipóteses tradicionalmente presentes na legislação, conforme nos dá conta o levantamento feito por Philomeno José da Costa.[72] Uma quarta possibilidade,

---

[71]. Entretanto, a própria lei societária prevê, em seu art. 80, a hipótese de integralização parcelada nos casos de ofertas públicas, ao comandar que "A constituição da companhia depende do cumprimento dos seguintes requisitos: [...] II- realização, como entrada, de 10%, no mínimo, do preço de emissão das ações subscritas em dinheiro; III- depósito, no Banco do Brasil S/A, ou em outro estabelecimento bancário autorizado pela Comissão de Valores Mobiliários."

[72]. "Temos anteriormente à consolidação republicana de nossa legislação praticamente monárquica; é o Decr. n. 434, de 4 de julho de 1891, em cujos artigos 39 e 40 se anunciava que: 'É proibido às sociedades anônimas aceitarem em penhor as próprias ações.' 'É proibido às sociedades anônimas comprar e vender as próprias ações.' 'Nesta proibição não se compreende a amortização das ações, uma vez que seja realizada com fundos disponíveis e sem ofensa ao capital.' 'A amortização não pode ser feita senão por deliberação da assembléia geral, estando presente um número de sócios que represente pelo menos dois terços do capital.'

de criação muito mais recente, permite à sociedade comprar suas próprias ações para guardá-las em tesouraria, bem como recolocá-las, nos termos da legislação societária e da normatização expedida pela Comissão de Valores Mobiliários, conforme discutido abaixo.

A primeira ressalva presente nas legislações antecedentes à Lei n. 6.404/1976 era a amortização. Com a edição do Decreto n. 21.536/1932, regulando as ações preferenciais, estabeleceu-se como benefício a possibilidade de que o estatuto social pudesse "autorizar o resgate ou amortização de ações preferenciais" (art. 5º). Com a edição do Decreto n. 2.627/1940, à amortização foram acrescentadas mais duas hipóteses em que as companhias poderiam negociar com suas próprias ações, a saber, o resgate e o reembolso, conforme abaixo discutidas.

As companhias de capital aberto, de seu lado, contam com a normatização suplementar baixada pela Comissão de Valores Mobiliários,[73] nos termos do artigo 30, § 2º, da Lei n. 6.404/1976. Desta feita, tais companhias só poderão adquirir suas próprias ações, para cancelamento ou manutenção em tesouraria, se a operação: (i) não resultar em diminuição do capital social; (ii) não se utilizar de recursos superiores ao saldo de lucros ou reservas disponíveis constante em seu último balanço; (iii) não criar direta ou indiretamente condições artificiais de demanda ou oferta e de preço; (iv) não caracterizar a prática em atuações não equitativas, que resultem em redução que tenha por objeto ações não integralizadas ou pertencentes ao acionista controlador; ou (v) se a operação não ocorrer no curso de oferta pública da mesma companhia com a mesma finalidade.

Se a oferta pública for feita para recompra e manutenção em tesouraria das ações, estabelece o regramento da CVM que o montante da recompra não poderá ser maior do que 10% das ações em circulação no mercado, visando manter a liquidez daquela classe junto ao mercado secundário. Nesta situação, estabelece a autarquia que compõem as ações em circulação no mercado aquelas não pertencentes ao controle da companhia, o qual é definido pela própria CVM.

'É redação quase que igual do que estabeleceram os § 2º do art. 19 e do art. 20 do Decreto n. 8821, de 30 de dezembro de 1882, regulando os arts. 27 n. IV e 31, respectivamente, da Lei n. 3150, de 4 de novembro anterior'; Tal proibição, com redações semelhantes, constou do Anteprojeto de Inglês de Souza de 1912 (art. 107, § 8º, do Anteprojeto Gudesteu Pires de 1934, em seu artigo 69, do Substitutivo Waldemar Ferreira ao Projeto Clodomiro Cardoso, de 1936, em seu artigo 87, do Substitutivo Waldemar Ferreira ao Projeto Gudesteu Pires, em seu artigo 135, ao Anteprojeto Miranda Valverde em seu artigo 15." A mesma ideia foi mantida pelo Decreto n. 2.627/1940 e pela Lei n. 6.404/1976. Entre as duas Leis das Companhias, tivemos o "Anteprojeto Sylvio Marcondes" (Código das Obrigações), que dispôs em seu artigo 154 que "A sociedade anônima não pode negociar com as ações de seu próprio capital, mas, na proibição, não se compreendem as operações de resgate, amortização e reembolso, venda ou compra, previstas em lei." Vide COSTA, Philomeno J. da. **Operações da anônima com ações de seu capital**. 278 f. Dissertação (Concurso à Cátedra de Direito Comercial) – Faculdade de Direito da Universidade de São Paulo, São Paulo, 1965, p. 29-40.

73. Vide Instrução n. 10/1980, Instrução n. 100/1989, Instrução n. 111/1997 e Instrução n. 390/2003.

Como visto acima, a aquisição de suas próprias ações só pode ser feita com saldo de lucros ou reservas disponíveis, ou, na linguagem da Lei das Companhias, reservas de lucros ou de capital. Assim, a aquisição não poderá ser feita com: (i) a reserva legal, na medida em que tem ela destinação específica de proteção do credor; (ii) lucros a realizar, na medida em que representam evento futuro; (iii) reserva de reavaliação, na medida que significa mera atualização de valor de dado ativo; (iv) reserva de correção monetária, pela razão apontada em (iii); e (v) com a reserva especial de dividendo obrigatório não distribuído, já que significa obrigação assumida para implementação futura. Se a aquisição suplantar o saldo de lucros e reservas disponíveis, terá a companhia o prazo três meses para alienar as ações excedentes, prazo este contado do balanço que constatar o excedente. Se o cancelamento não ocorrer no prazo estabelecido, estabelece a CVM que o excesso deverá ser cancelado.

Um dos problemas com que se detêve a doutrina foi o do valor pelo qual as ações seriam adquiridas, quer para manutenção em tesouraria, quer para serem anuladas pelo resgate. Como as companhias sob análise são aquelas de capital aberto, a norma da CVM manda que a aquisição seja feita pelo valor de bolsa ou de balcão. Tenha-se em mente que o registro para a negociação em bolsa permite também a operação em balcão organizado, não sendo o inverso permitido. Isso significa que, no caso de aquisição de suas próprias ações, se a companhia tiver autorização para transacionar suas ações no mercado de balcão organizado, somente lá é que poderão ser realizadas as operações de recompra. A exceção a esta regra surge na hipótese da aquisição em que o resgate tenha preço e prazo prefixado para ocorrer, situação na qual o preço de compra não poderá ser superior ao valor fixado entre as partes.

A operação de aquisição de suas próprias ações terá que ser, necessariamente, publicada imediatamente nos jornais onde a companhia faz suas publicações, bem como ser objeto de comunicado, também de imediato, à Comissão de Valores Mobiliários e à bolsa de valores onde suas ações sejam negociadas.

5.8 AÇÕES DE TESOURARIA

A ação de tesouraria foi mais um dos elementos do Direito Societário norte-americano incorporado pela nossa Lei do Mercado de Capitais, pela qual a companhia pode adquirir de seus sócios as ações por ela emitidas, contabilizando-as como ações de tesouraria. Poderá, outrossim, recolocar tais ações novamente junto ao mercado mediante procedimento estabelecido pela Comissão de Valores Mobiliários.

As ações de tesouraria são hoje consideradas um facilitador da vida das companhias, na medida em que permitem aproveitar as vantagens das variações do preço da ação, bem como colocar ações de volta no mercado secundário sem a necessidade de alteração estatutária ou de realização de assembleia geral da sociedade.

Entretanto, tal mecanismo teve opositores de peso no passado, tal como Henry W. Ballantine. Para o autor, em seu clássico "Law of Corporation", a ação de tesouraria seria uma obra de arte da magia legal.[74] A recompra da ação e a sua manutenção em tesouraria sem direito algum, nem proprietário, seria mera ficção jurídica criada para solucionar a impossibilidade de a empresa adquirir suas próprias ações, então considerada uma forma disfarçada de distribuição de caixa ou patrimônio, em prejuízo dos credores.

Mas mesmo tendo em consideração as advertências severas do professor Ballantine, temos que convir que a possibilidade da compra de ações para mantê-las em tesouraria, ou para vendê-las quando o momento for apropriado, é importante para a companhia, na medida em que ela aproveite as variações de mercado, facilite os programas de "*stock options*" a seus dirigentes e empregados, evite a alienação de ações para terceiro indesejado pelos acionistas, etc.[75] Algumas das vantagens da existência de ações em tesouraria dizem respeito a sociedades de capital fechado. Mas boa parte delas pode significar vantagens operacionais para

---

74. *"So-called 'treasury stock' may be defined as shares which have been issued as fully paid and have thereafter been acquired by the corporation by purchase or donation, but not retired or cancelled or restored to the status of unissued shares. Treasury shares are indeed a masterpiece of legal magic, the creation of something from nothing. They are no longer outstanding shares in the hands of a holder. They are not outstanding because the obligor has become the owner of the obligation. [...] The only difference between reacquired shares held 'in the treasury' and those which have been retired is that the first may be resold by the corporation for what they will bring on the market, while the retired shares have disappeared and it becomes a question of original issue at par. [...] Their existence as issued shares is a pure fiction, a figure of speech to explain certain rules and privileges as to their reissue. [...] When the holder of a share surrenders his rights to the corporation it is obvious that the contract is in reality terminated The truth is that 'treasury stocks' is merely authorized stock which may be reissued as fully paid without some of the restrictions upon a original issue of shares as to consideration and to preemptive rights, if any."* Vide BALLANTINE, Henry W. **Law of Corporation**. Op. cit., p. 614-616.

75. O professor William Cary nos dá uma extensa lista das vantagens de as companhias se utilizarem do regime das ações de tesouraria, na medida em que *"[...] Among the most significant are: supporting the market for the stock; increasing the asset value or earning per share of remaining stocks; enabling the corporation to satisfy stock options; or make acquisitions, without heavily diluting earnings per share; fulfilling a buy-sell agreement on the death of a shareholder; eliminating fractional share; preventing stock from being transferred to an unwelcome outsider; eliminating a dissident shareholder; reducing the proportion of stock held by the public, so as to shore up the position of those in control; sopping up excess corporate cash and driving up the market price of the stock, so as to make a takeover less attractive; drying up the market for publicly held stock, so as to put pressure on minority shareholder to sell their shares; complying with provisions for appraisal rights; reducing or eliminating an issue of preferred stock that carries an unfavorable dividend rate; changing the capital structure by increasing the debt-equity ratio."* (CARY, William L.; EISENBERG, Melvin A. **Corporations and Other Business Organizations Corporations**: Case and Materials. Mineloa: Foundation, 1980. Série "University Casebook", p. 1.423).

as empresas de capital aberto, desde que obedecidos os princípios regulatórios emanados da CVM, conforme apontado abaixo.[76]

Entre nós, a legislação societária de 1940 vetava que as companhias negociassem com suas próprias ações (artigo 15), excluídas as operações de "resgate, reembolso, amortização ou compra, previstas em lei" (parágrafo único do artigo 15). Porém, o resgate significava o cancelamento das ações pela sua retirada definitiva de circulação, com a respectiva redução do capital (artigos 19 e 114). Isso implicava que a entrada de novos capitais só se daria mediante a aprovação de novo aumento de capital, uma vez percorrido todo o caminho legal estipulado pela lei.

Com o advento da Lei do Mercado de Capitais (artigo 47), e em paralelo à criação da possibilidade de a sociedade ter o capital autorizado, foi também prevista a possibilidade de a companhia adquirir suas próprias ações e mantê-las em tesouraria. À época, tal facilidade operacional ficou restrita às companhias de capital autorizado, sendo a aquisição das ações possível somente com a utilização de lucros acumulados, capital excedente ou por doação do próprio acionista para a companhia. As ações guardadas na tesouraria da companhia, diferentemente do que determinava o Decreto-Lei de 1940, não seriam aniquiladas, mas permaneceriam dormentes, não detendo os direitos de voto e de percepção de qualquer rendimento ou vantagem de qualquer espécie, enquanto permanecessem em tal estado. É esse estado letárgico que foi objeto da crítica do professor Ballantine. Mas hoje se tem por acertada a inovação legislativa, já que a crítica então feita se referia à forma, não levando em consideração a desburocratização das companhias, diante dos benefícios que trouxe.

A Lei n. 6.404/1976 manteve a estrutura básica que proíbe à companhia negociar com suas próprias ações, tal como constante da legislação de 1940. De outro lado, também foram mantidas as três exceções permissivas de tal aquisição — o resgate, a amortização e o reembolso. A essas três hipóteses agregou-se, na Lei das Companhias, a figura das ações de tesouraria, constante da Lei do Mercado de Capitais.[77] O mesmo dispositivo legal retirou a exclusividade de utilização do

---

76. Maurice Zilber aponta algumas das vantagens operacionais que a possibilidade de recompra de suas próprias ações permite. Sublinha ele as seguintes: *"1. To have stock available for future acquisitions without dilution of the present capital. 2. To have stock available for stock option or stock bonus plan without dilution of the present capital. 3. To permit a large shareholder to eliminate its holdings in the corporation. 4. To eliminate a portfolio investment without tax consequences to the corporation* [no Direito norte-americano]. *5. To obtain a broader public ownership of the distributed stock which will provide a sound market base where the distributing corporation is a controlling or substantial shareholder. 6. To settle a stockholder's derivative action or to pacify dissident shareholders. 7. To eliminate small shareholdings. 8. To facilitate the purchase of the corporation. 9. To recapitalize the corporation. 10. To obtain a more effective capital structure."* (ZILBER, Maurice. Corporate Tender Offers for Their Own Stock: Legal and Financial Considerations. **University of Cincinnati Law Review**. Cincinnati, v. 33, n. 315, p. 315-380, verão 1964).

77. Art. 30 da Lei das Sociedades Anônimas estabelece que: "A companhia não poderá negociar com suas próprias ações. § 1º – Nessa proibição não se compreendem: [...] b) a aquisição, para permanência em

mecanismo das ações de tesouraria às companhias de capital autorizado outorgada pela Lei do Mercado de Capitais, estendendo tal possibilidade a todas as sociedades anônimas.

5.8.1 A regulamentação da CVM

Há que se distinguir a compra de suas próprias ações para colocação em tesouraria quando realizadas nas companhias de capital fechado e nas de capital aberto, sendo aqui abordada somente a hipótese que ocorre nestas últimas, que são reguladas pela Comissão de Valores Mobiliários, com regramento mais severo e detalhado, como se verá na discussão da Instrução Consolidada CVM n. 10/1980.

À mesma data da edição da Instrução n. 10/1980, a CVM dá a conhecer a Nota Explicativa n. 16/1980, na qual explicita os princípios básicos norteadores da Instrução sob exame. Duas seriam as preocupações manifestadas pela Comissão, destacadas em sua explicação ao mercado. A primeira refere-se à "necessidade de se preservar sua intangibilidade, garantindo-se os interesses dos credores e dos próprios acionistas". A segunda preocupação, emanada da mesma Nota, refere-se a que, "No caso das companhias abertas, esta restrição [presente na Instrução] tem ainda a justificá-la a proteção dos investidores contra a possibilidade de manipulação nos preços das ações". Foi nesse sentido que nasceu "A imposição, no art. 12, do limite do preço ao valor de mercado para as ações a serem adquiridas [o que] posiciona a órgão regulador dentro da margem de sua competência e evidencia, por outro lado, a proibição de se utilizar a mecânica para efeitos de manipulação de preços".

Por tal motivo é que "A aquisição por companhia aberta de ações de sua própria emissão constitui um fato relevante, sujeito às exigências de ampla divulgação". Essas operações não necessitam da autorização prévia da CVM, dentro do percentual máximo de 5% (hoje aumentado para 10%), na medida em que "as decisões de compra das próprias ações dispensariam a aprovação prévia da CVM, com o que se assegura às companhias maior mobilidade decisória". Finalmente, a Nota esclarece que há a necessidade "de o estatuto social atribuir ao conselho de administração poderes para autorizar as operações, [tendo] por finalidade dar conhecimento imediato da permissão legal, advertindo previamente aos investidores e acionistas que a companhia, se houver interesse, poderá utilizar a mecânica". Mais adiante, em obediência à Lei das Companhias, ressalta que "este dispositivo não impede que a assembléia geral dentro de sua competência originária dimensione o nível de liberdade dos administradores, especificando, por ocasião da reforma

---

tesouraria ou cancelamento, desde que até o valor do saldo de lucros ou reservas, exceto a legal, e sem diminuição do capital social, ou por doação."

estatutária, condições ou objetivos" para a aquisição de suas próprias ações, para manutenção em tesouraria ou para o seu cancelamento.

Ou seja, duas foram as razões principais para a edição da Instrução CVM n. 10/1980, a saber: (i) a proteção do capital social e (ii) a proteção do investidor contra processo de manipulação de preço.[78] Como medida tendente a evitar a eventual manipulação, estabeleceu o artigo 9º da Instrução que tais operações de recompra só podem ser realizadas em bolsa de valores ou junto ao mercado de balcão organizado, ressalvadas as excepcionalidades permitidas pelo artigo 23 da Instrução.

Quanto à primeira hipótese da Instrução n. 10/1980, ou seja, a proteção do capital social, esta seria desnecessária, nesse aspecto, na medida em que a proibição constante de seu artigo 2º é repetição da mesma ideia contida na Lei das Companhias. O que ressurge como verdadeiro objetivo da Instrução é regular e evitar a utilização do mecanismo das ações de tesouraria na formação artificial de preço das ações junto ao mercado secundário — ou seja, manipulação de preço. É nesse sentido que a operação exige: (i) a autorização prévia da Comissão, com a consequente publicação de fato relevante, (ii) a aprovação prévia dada pelos acionistas aos administradores da companhia ou (iii) preexistência de autorização constante do estatuto social.

O que a Instrução não previu, e muito menos a lei que outorgou poderes legislativos à CVM, foi a utilização das ações de tesouraria como moeda de pagamento na aquisição de outras companhias ou a sua utilização como pagamento pelo desempenho de seus administradores ou empregados. Em tais casos, as operações são sempre privadas, ou seja, não passam nem pelo mercado de bolsa nem pelo balcão organizado. E é tão verdade que a Instrução foi feita para as transações ocorrentes junto ao mercado secundário que a norma administrativa proíbe, em seu artigo 9º, as operações privadas, as quais estariam inviabilizadas não fosse a redação do artigo 23, abaixo comentado. Desta feita, está a transparecer que a Instrução n. 10/1980 envelheceu no tempo, pedindo que a CVM, através de outro ato, se imponha nova autorregulação.

Talvez aí se encontre a razão de ser do artigo 23 da Instrução, quando este abre uma enorme janela às "operações da companhia com as próprias ações que não se ajustarem às demais normas desta Instrução". Note-se que a norma da autarquia fala em "casos especiais e plenamente circunstanciados", e não em casos excepcionais. E caso especial é aquele que foge à espécie regulada pela norma, e não algo extraordinário ou fora do comum. Desta feita, como se verá abaixo, a autarquia

---

78. "E é razoável que se trate esses casos como exceções, pelos motivos bem expostos no voto do Diretor Relator [Eli Loria], sintetizados na Nota Explicativa n. 16/80 — as restrições para a realização de operações com as próprias ações destinam-se, por um lado, a preservar a intangibilidade do capital social, de modo a proteger os interesses dos credores e dos acionistas e, por outro, impedir a manipulação dos preços das ações". Voto do Diretor Otávio Iazbeck, Processo CVM n. RJ 2009/9389.

tem sido chamada a decidir, fundamentalmente, casos especiais agasalhados sob o manto do referido artigo 23, quais sejam: (i) compras ou vendas realizadas fora do mercado secundário; (ii) aquelas outras praticadas no mercado secundário não organizado, por preço diferente do praticado no mercado de bolsa; e (iii) aquisições futuras de ações no mercado secundário não organizado. Nestas três situações, as operações foram feitas enquanto transações privadas, levando à análise por parte da autarquia. Resumidamente, pode-se afirmar que a preocupação real seria evitar os processos de manipulação de preço com as ações de tesouraria.

Como regra geral, a compra de ações para manutenção em tesouraria pode ser feita com reservas de lucros ou de capital. Entretanto, a CVM, em explicitando melhor, exclui expressamente a compra de ações com as reservas: (i) legal; (ii) de lucros a realizar; (iii) de reavaliação; (iv) de correção monetária do capital realizado; e (v) especial de dividendos obrigatórios não distribuídos,[79] conforme constante da Lei das Companhias. O comando da CVM se justifica na medida em que a reserva legal (art. 193) tem por finalidade exclusiva a manutenção da integridade do capital social. A reserva de lucros a realizar, como o próprio nome indica, refere-se aos lucros futuros e ainda não realizados; as reservas descritas em (iii) e (iv) referem-se a mera atualização de valor que fora corroído pela inflação. Ou seja, nas hipóteses (ii), (iii) e (iv) não há aumento patrimonial real e, na primeira hipótese, há proibição expressa de lei.

Se em qualquer hipótese ocorrer a aquisição de ações para tesouraria em valor superior ao lucro e às reservas disponíveis, terá a companhia o prazo de três meses ou para alienar a quantia excedente, conforme demonstração do balanço aprovado pela companhia, ou para a colocação de ações de tesouraria necessária ao refazimento do patrimônio social. Tal comando resolve o problema do excesso da compra, mas não o do pagamento da aquisição se esta se der junto ao mercado de bolsa. Isso porque a liquidação da compra tem que se dar em prazo muito inferior aos três meses, sob pena de a companhia adquirente ser declarada inadimplente caso não consiga um empréstimo financeiro para saldar a dívida e não contrariar o comando da CVM. De outro lado, poderá remanescer o problema caso, pela queda do preço das ações em mercado, a recolocação das ações de tesouraria não for suficiente para refazer o montante inicial saído do caixa da companhia quando da recompra feita. Desta feita, será muito difícil exigir que o comprador cubra a diferença de preço por erro praticado pela companhia. Claro está que o comprador poderá acionar a companhia por perdas e danos. Mas não seria bom para a segurança das transações que o ônus do erro da companhia, praticado por seus administradores, recaísse sobre o comprador, principalmente dada a pouca presteza na obtenção de sentença judicial passada em julgado.

---

79. Vide art. 7º da Instrução Consolidada CVM n. 10/1980.

A ação de tesouraria representa, de um lado, uma metodologia tendente a criar um segundo centro de liquidez interno. Ou seja, dá à companhia a capacidade de colocar novas ações quando o mercado secundário estiver propício, bem como recomprar ações no mercado secundário quando os administradores da companhia tiverem uma leitura do valor da ação de modo diferente da leitura do mercado. Claro está que essas operações têm que ser feitas com total transparência e sem qualquer laivo de utilização de informação não disponível junto ao mercado. Para tanto, as atas de deliberação de compra ou de venda do conselho de administração ou as atas de deliberações em assembleia devem ser imediatamente comunicadas à CVM e à bolsa de valores onde as ações são negociadas, por ser obrigatória a publicação de fato relevante ao público.

A própria CVM, ciente do perigo de manipulação do mercado, proíbe a compra ou venda de ações de tesouraria quando a operação "criar por ação ou omissão, direta ou indiretamente, condições artificiais de demanda, oferta ou preço das ações ou envolver práticas não eqüitativas".[80] Para tanto, estabelece que o preço de aquisição não poderá ser maior do que aquele praticado pelo mercado junto à bolsa de valores ou mercado de balcão organizado. Entretanto, se o montante de ações de tesouraria a ser alienado vier a se constituir como elemento de alteração substancial do preço de mercado, determina a CVM que haverá a necessidade de obter aprovação prévia da operação.

Essa situação pode ocorrer se a venda do lote de ações em tesouraria a ser alienado for desproporcional ao montante de ações negociadas diariamente, situação na qual a oferta superará a demanda, deprimindo o preço do papel. Assim, o que seja a venda capaz de alterar substancialmente o preço de mercado se revelará sempre em uma correlação entre a quantidade que se queira alienar e o volume diário das transações ocorridas com tais ações, ou mesmo a situação do mercado como um todo, se deprimido por crises ou se comprador por movimentos de euforia. Claro está que a expectativa primeira é aquela em que tanto os administradores como os acionistas não querem ver o preço da ação despencar junto ao mercado secundário por causa do excesso de oferta ou por tentativa de colocação em situação de *stress* de mercado por fator alheio à companhia alienante.

Isso também ocorre com a compra de ações pela companhia junto ao mercado secundário, para que sejam entesouradas. A aquisição terá que ser feita pelo preço de mercado, tomando-se o cuidado de regrar a quantidade de compra para que o excesso de demanda não venha a ocasionar o aumento do preço destas ações junto ao mercado secundário. Não teria o menor sentido a empresa, em situações normais de oferta e demanda, adquirir ações de sua própria emissão por preço maior do que aquele praticado pela bolsa de valores ou mercado de balcão organizado,

---

80. Vide art. 2º, "c", da Instrução Consolidada CVM n. 10/1980.

ressalvada a hipótese de que, segundo avaliação dos administradores ou dos acionistas, se chegue à conclusão de que o mercado está subavaliando as ações.

Se o volume de compra ou venda for grande, e se a compra ou venda for de interesse da companhia, a bolsa de valores onde a operação vai ser oferecida deverá anunciar previamente o leilão especial, dando tempo para o mercado se ajustar em termos de preço em face da quantidade. Como regra geral, tais operações não podem ocorrer fora das bolsas de valores ou do mercado de balcão organizado; assim, a operação parte da premissa de que o interesse financeiro da sociedade está atendido. Deste modo, as transações de compra ou de venda de ações para ou de tesouraria só fazem sentido quando façam parte de uma estratégia para aproveitar situações peculiares de mercado que possam trazer uma vantagem financeira para a companhia. Esse comportamento faz parte do dever de lealdade dos administradores ou dos acionistas votantes para com a companhia.

Outras hipóteses de proibição são prescritas pela CVM. Assim, é proibida a aquisição de maneira direta ou indireta das próprias ações para manutenção em tesouraria se a operação: "a) importar diminuição do capital social; b) requerer a utilização de recursos superiores ao saldo de lucros ou reservas disponíveis, constantes do último balanço; [...] d) tiver por objeto ações não integralizadas ou pertencentes ao acionista controlador, ou e) estiver em curso oferta pública de aquisição de suas ações" (art. 2º da Instrução CVM n. 10/1980). Entretanto, como visto acima, a própria Instrução n. 10/1980, em seu artigo 23, dá poderes à Comissão de Valores Mobiliários para superar as restrições estabelecidas, respeitando os limites constantes de seu artigo 2º.[81]

Mas este limite é autoimposto pela própria autarquia, na medida em que poderá, com a edição de outra instrução, modificar a restrição que ela criou para si mesma. Tal situação decorre da constatação de que o seu poder de regular, no caso de aquisição pela companhia de suas próprias ações, decorre de artigo de lei que lhe atribuiu poderes regulamentares em aberto. Assim é que o artigo 30, § 2º, da Lei 6.404/1976 comanda que "A aquisição das próprias ações pela companhia aberta obedecerá, sob pena de nulidade, às normas expedidas pela Comissão de Valores Mobiliários, que poderá subordiná-la à prévia autorização em cada caso". Desta feita, o poder regulamentar da CVM só será limitado por outro comando legal eventualmente existente no corpo da Lei das Companhias. Isso significa que o mercado de valores mobiliários deve se nortear pelas decisões emanadas de

---

81. A proibição contempla as hipóteses nas quais a aquisição das ações para manutenção em tesouraria signifique: (i) diminuir o capital social; (ii) utilizar recursos superiores ao saldo de lucros ou reservas disponíveis, constantes do último balanço; (iii) criar, por ação ou omissão, direta ou indiretamente, condições artificiais de demanda, oferta ou preço das ações ou envolver práticas não equitativas; (iv) adquirir ações não integralizadas ou pertencentes ao acionista controlador, ou (v) efetuar a operação quando esteja em curso uma operação de oferta pública para aquisição de ações da própria companhia.

consultas ou processos administrativos junto à autarquia, para saber como esta interpreta sua substancial margem de discricionariedade no que tange aos "casos especiais", desde que a decisão seja "plenamente" circunstanciada.

Em síntese, a regulação pela CVM, em sua Instrução n. 10/1980, foi elaborada fundamentalmente com vistas a fazer com que as operações das companhias com suas próprias ações fossem realizadas de forma equitativa em face dos demais acionistas, bem como do mercado de valores mobiliários em geral. Entretanto, a CVM se impôs dois constrangimentos importantes, criando uma válvula de escape em aberto. Os impedimentos não absolutos dizem respeito a que as aquisições ou alienações de ações de tesouraria sejam sempre feitas junto ao mercado secundário, de sorte a que a formação de preço se dê sempre em função da livre manifestação da oferta e demanda das ações.

O segundo impedimento, e como decorrência do primeiro, é que as compras ou vendas sejam sempre feitas pelo preço de mercado. Entretanto, como já visto, a mesma Instrução ressalva que a própria autarquia poderá permitir a operação de compra ou venda de suas próprias ações, dentro da excepcionalidade prevista na própria Instrução.

Ou seja, a autarquia se impôs a construção de uma jurisprudência coerente e bem explicitada no exame dos pedidos que lhe sejam apresentados, quer para autorizar, quer para negar. Do exame de suas decisões se verifica que os casos mais frequentes se referem a: (i) pedidos para realização de operações privadas; (ii) operações a serem realizadas por preço superior ou inferior ao praticado em mercado; e (iii) aspectos contábeis na demonstração da disponibilidade financeira para tanto.

5.8.2 Ações de tesouraria como moeda de aquisição de participação acionária[82]

A jurisprudência paradigmática nasce com a decisão emanada do Colegiado ao analisar o pedido feito por Unibanco S.A. e Unibanco Holding para que lhes fosse autorizado o "procedimento diferenciado para alienação de ações preferenciais mantidas em tesouraria de ambas companhias, em condições diversas

---

82. Um grande número de dispensas da proibição de utilização das ações de tesouraria para concluir transações privadas, sem a necessária observância do preço de mercado, com base na excepcionalidade prevista no art. 23 da Instrução CVM n. 10/1980, pode levar à conclusão de que ou a excepcionalidade virou regra, ou há a necessidade de reformulação da mesma. O Diretor da CVM Eli Loria, ao relatar o Processo CVM n. RJ2009/9389, apresenta uma lista substancial de situações nas quais a excepcionalidade foi concedida em transações nas quais as ações foram dadas, em transações privadas, como moeda de pagamento. Cita Eli Loria, por exemplo, os Processos CVM n. RJ2008/12392, n. RJ2008/12855, n. RJ2008/4169, n. RJ2007/14993, n. RJ2009/9588, além daqueles discutidos no presente trabalho.

das permitidas pela mesma Instrução".[83] A operação destinava-se a propiciar "a aquisição, pelo Unibanco, do controle acionário da BNL do Brasil S.A. (o "BNL Brasil"), instituição financeira controlada por BNL International Investments e Banca Nazionale del Lavoro (o "Grupo BNL"). Tal aquisição será viabilizada mediante permuta das ações de propriedade do Grupo BNL por *units*[84] de emissão do Unibanco", visando a aquisição de controle do BNL do Brasil S.A. Tal operação, entretanto, seria contrária ao disposto no artigo 9º da Instrução CVM n. 10/1980, que veda expressamente as "operações privadas",[85] ou seja, realizadas fora do pregão de bolsa de valores ou do mercado de balcão organizado, muito embora haja a possibilidade de aplicação do poder da CVM de excepcionar a hipótese apresentada pelo Grupo Unibanco, vez que não contraria as proibições constantes do artigo 2º da Instrução.

O voto da Diretora relatora, Norma J. Parente, concluía pela não aplicabilidade da medida de excepcionalização do artigo 23 da Instrução CVM n. 10/1980, na medida em que:

> No presente caso, embora, sob o aspecto puramente econômico a operação se revele aparentemente favorável aos interesses dos acionistas do Unibanco em razão basicamente do preço que está sendo atribuído às suas ações, bastante superior ao valor patrimonial e de mercado, conforme consta do pedido, não se pode deixar de analisar a pretensão frente a outros institutos societários que, com isso, serão deixados de lado. A lei não pode, a meu ver, ser aplicada ao caso concreto de forma isolada, devendo suas diversas regras ser interpretadas teleológica e sistematicamente como um conjunto harmônico de tal forma que a adoção de uma não torne as proteções outorgadas pela outra inócuas. É preciso, pois, conciliar as regras que permitem procedimentos distintos para atingir a mesma finalidade de forma a não suprimir direitos dos minoritários.
>
> Não se pode admitir que, em virtude da adoção de uma opção legal, se elimine direitos outorgados por outro instituto postergado em função de conveniência da empresa, bem como não se pode admitir que a discricionariedade que a sociedade tem para escolher um caminho ou outro sirva para contornar ou mesmo desviar direitos dos minoritários. [...]

---

83. Processo CVM n. RJ 2004/3666, ata da reunião do Colegiado n. 22, de 23-24 jun. 2004.
84. "As *units* são certificados de depósito de ações escriturais emitidas pelo Unibanco, em forma escritural, nos termos do artigo 43 da Lei n. 6404/76. Os certificados representam, cada um, a titularidade de uma ação preferencial classe 'B' de emissão da Holding e uma ação preferencial de emissão do Unibanco. As *units* estão sujeitas ao disposto nos artigos 7º a 11 e 6º a 11 dos Estatutos Sociais do Unibanco e da Holding, respectivamente." Conforme consta da informação técnica oriunda da SEP, em 11 jun. 1980, constante do mesmo processo administrativo.
85. "A aquisição de ações, para cancelamento ou permanência em tesouraria, e a respectiva alienação serão efetuadas em bolsa, salvo se a companhia só tiver registro para negociar em mercado de balcão, vedadas as operações privadas."

A proposta apresentada pode ser a menos complexa, mas certamente não se mostra a mais democrática. Na verdade, equivale a autorizar uma distribuição privada destinada exclusivamente a um único comprador, totalmente estranho ao quadro social, suprimindo-se o direito de preferência, um dos direitos essenciais do acionista, consagrado no artigo 109, inciso IV, da Lei n. 6.404/76.

A lei societária é bastante rigorosa no sentido de preservar a participação dos atuais acionistas no capital social, evitando, assim, a diluição de sua participação, tanto que em apenas situações especiais admite a exclusão do direito de preferência, como ocorre, por exemplo, na venda de valores mobiliários em bolsa de valores ou subscrição pública e no caso de permuta em oferta pública de aquisição de controle, hipóteses previstas no artigo 172. Cabe lembrar que, até mesmo no caso de aumento mediante capitalização de créditos ou subscrição em bens, nos termos do parágrafo 2º do artigo 171, o acionista tem assegurado o direito de preferência.

A operação em questão, portanto, se autorizada, importa em retirar do acionista o direito de preferência e, conseqüentemente, ter alterada sua posição acionária sem que lhe seja dada a possibilidade de se manifestar. Ou seja, o minoritário seria transformado em mero espectador e condenado a ficar calado. [...]

Ademais, o fato de a lei permitir a dispensa do direito de preferência na hipótese de colocação pública, conjugado com a possibilidade de a CVM dispensar o registro em determinada Instrução, como previsto na Instrução CVM n. 400/2003, art. 4º, não pode levar à conclusão que se está eliminando o direito de preferência em tais hipóteses. Na verdade, nestes casos há que se outorgar privada e previamente o direito de preferência. Se assim não fosse, estar-se-ia indiretamente eliminando um direito intangível dos acionistas.

Por isso, caso deferido o pedido, como a operação é em tudo similar a uma emissão de ações, em que pese as razoáveis condições do preço de emissão, impõe-se a aplicação do inciso IV do artigo 109 da Lei n. 6.404/76.

[...]

Diante disso, [...] voto no sentido de indeferir o pedido, uma vez que a autorização excepcional à negociação com as próprias ações em operações privadas importará em sacrificar o direito de preferência, ou, caso se admita a negociação privada, seja outorgado direito de preferência aos acionistas, nas mesmas condições previstas no artigo 171, parágrafo 2º, da Lei n. 6.404/76.

Ou seja, a razão do voto contrário à pretensão do Grupo Unibanco, dado pela Diretora relatora, prendeu-se, fundamentalmente, em seu entender, ao pretenso ferimento a um direito maior e relativo ao direito de preferência dos acionistas já existentes em ambas as sociedades formadoras do Grupo Unibanco. Tal entendimento, entretanto, não mereceu acolhida do Diretor Luiz Antônio de Sampaio Campos, cujo voto discordante foi acompanhado pelo voto do Diretor Presidente, Marcelo F. Trindade, os quais entenderam de outorgar o procedimento diferenciado. Isto porque:

[...] se o Unibanco fosse uma companhia fechada não teria qualquer impedimento para que se realizasse a alienação privada das ações mantidas em tesouraria. Resta saber se por ser companhia aberta haveria alguma questão que impedisse.

[...] se a CVM entender que não há inconveniente para autorizar a alienação privada poderá fazê-lo, sem qualquer constrangimento ou receio de estar cometendo qualquer ilegalidade e mais que isso deverá autorizar [...].

[...] a operação está sendo feita no interesse social; não há razão para que se duvide de que a operação está sendo feita considerando, na relação de troca, as ações da companhia a um preço que lhe seja conveniente e por isso para a universalidade dos acionistas, considerados como titulares de bens de segundo grau, conforme a visão de Ascarelli, não há nenhum indício de favorecimento. Finalmente, não há nada que possa representar a criação de condições artificiais de mercado ou afete o seu funcionamento regular e eficiente.

[...] Para tanto, faz-se necessário [...] que não haja violação de preceitos legais ou regulamentares, bem como que esta CVM entenda que o pedido é justificado e não contém inconvenientes que lhe justifiquem o indeferimento.

[...] Não há a meu ver — e nem o d. voto vencido afirma que haja, ao contrário reconhece a inexistência [...] de fraude, simulação ou outro ato sancionado pelo sistema jurídico. Ao contrário, há a utilização de uma alternativa juridicamente permitida e válida e que atende aos interesses dos acionistas como um todo. Adicionalmente, além do ato ser praticado pela administração, releva notar que, na hipótese, o controlador sofrerá os mesmos efeitos dos demais acionistas da companhia, estando rigorosamente na mesma situação destes.

A Ilustre Relatora houve por bem considerar que a permuta de ações pretendida, com ações em tesouraria, acabaria por violar o direito de preferência dos atuais acionistas do Unibanco, infringindo, assim, o disposto no artigo 109, IV, da Lei n. 6.404/76 e por esta razão nega o pedido. *Data venia*, divirjo profundamente.

O fato é que há diversas operações e atos societários previstos em lei que podem representar a diluição percentual (e não necessariamente patrimonial, bem entendido, pois esta última é uma função do preço de emissão) da participação dos acionistas e que não estão protegidas pelo direito de preferência.

Inicie-se pela própria emissão de ações para distribuição pública. De fato, o artigo 172 da Lei 6.404/76 — tanto na sua redação original, como na modificada pela Lei 10.303/01 — traz hipóteses expressas em que, nos casos das companhias de capital autorizado, poderá haver a emissão de novas ações, debêntures conversíveis em ações ou bônus de subscrição, sem o direito de preferência dos antigos acionistas.

[...] Aliás, advirta-se que, no caso sob exame, a negociação seria secundária, dado que as ações já foram emitidas. Não há, segundo penso, hipótese de direito de preferência por força de lei e menos ainda por força do artigo 171 da Lei n. 6.404/76, para negociação secundária, mas apenas para negociação primária, ressalvada a exceção que será tratada abaixo.

Dentre as razões para não existir, do ponto de vista legal, direito de preferência para negociação secundária com ações ou valores mobiliários conversíveis em ações avulta o fato de que, quando de sua emissão — ou seja da negociação primária — as ações passaram pelo "processo" de observância do direito de preferência ou de sua exclusão nas hipóteses previstas em lei. Isto é, quando da emissão das ações, já foi observado ou não pela companhia o direito de preferência dos seus acionistas, dependendo da característica da emissão (vide arts. 171 e 172).

De fato, não entendo que "a operação é em tudo similar a uma emissão de ações", como afirmado pela Ilustre Diretora Relatora, uma vez que tanto a aquisição quanto a alienação das ações de emissão da companhia por ela própria se dá no mercado secundário, sem a emissão de novas ações, mercado este que somente existe direito de preferência por convenção das partes, sob pena de se desrespeitar princípio basilar das sociedades anônimas, a livre circulação das ações (art. 36). Basta, aliás, que se tenha em conta que se houvesse previsão de direito de preferência sobre estas ações elas não poderiam ser negociadas em bolsa de valores, a teor da restrição constante do art. 118 da Lei n. 6.404/76. O fato é que a companhia está alienando um ativo seu. A lei não prevê, em regra, que a alienação de ativos da companhia esteja sujeita ao exercício de direito de preferência dos acionistas da companhia titular dos ativos. A única hipótese onde se prevê um tal direito de preferência é na hipótese de admissão de acionistas na subsidiária integral, conforme se verifica do art. 253 da Lei n. 6.404/76. Tal artigo é desnorteadoramente específico e não se aplica em absoluto à hipótese sob exame.

O que se verifica, do ponto de vista sistemático e global da Lei n. 6.404/76, é que há diversas operações que envolvem o ingresso de novos acionistas onde não há direito de preferência e que as regras a respeito deste tal direito são específicas e precisas.

[...] Isto posto, resta claro que não há direito de preferência na alienação de ações mantidas em tesouraria, ainda que tal transação se dê de forma privada, uma vez que (i) o direito de preferência de que tratam os artigos 171 e 109 da Lei n. 6.404/76, referem-se à subscrição de valores mobiliários, o que não ocorre no presente caso; (ii) quando da emissão das ações ora em tesouraria já foi observado pela companhia a existência ou não do direito de preferência dos seus acionistas, sendo que caso não tenha sido conferido tal direito este fato decorreu da lei; (iii) a transação se dará no mercado secundário, sem emissão de novas ações.

Vale ressaltar que caso o Unibanco procedesse à alienação das ações de sua emissão constantes em tesouraria no mercado não haveria direito de preferência dos seus atuais acionistas, uma vez que se trata de uma operação no mercado secundário, não havendo emissão de novas ações, sendo certo que esta Autarquia somente está examinando a matéria uma vez que o que se pretende realizar é a alienação por operação privada.

[...] Diante do acima exposto, voto no sentido de deferir o pedido, pelos argumentos acima apresentados.

O voto de desempate foi proferido pelo presidente da CVM, entendendo necessário um maior nível de divulgação visando à proteção dos acionistas já existentes. Neste sentido, afirmou que:

Acompanho o voto do Diretor Luiz Antonio de Sampaio Campos, observando, contudo, que me parece necessária a divulgação do laudo de avaliação que fundamentou a apuração do valor conferido às ações do Unibanco na operação de permuta.

Com efeito, a autorização para alienação privada de ações em tesouraria ora examinada tem por finalidade a permuta por ações de emissão de sociedade do Grupo BNL, de que resultará a aquisição do controle de tal sociedade.

Tal aquisição poderia ser realizada por diversos modos, como uma compra e venda pura e simples, em que o preço fosse pago em dinheiro, um aumento de capital em bens, ou uma incorporação, ou mesmo fusão. Contudo, a administração da Companhia entendeu mais razoável utilizar as ações existentes em tesouraria para realizar a aquisição, o que de nenhum modo me parece ilegal ou lesivo à minoria.

Nada obstante, considerando que na hipótese de utilizarem-se os outros mecanismos de aquisição citados a Companhia deveria divulgar aos acionistas os critérios de avaliação utilizada para o estabelecimento do preço de aquisição (art. 256 da Lei 6.404/76), do preço de emissão (art. 170, § 3º) ou da relação de troca (art. 224), conforme o caso, parece-me recomendável determinar que seja também aqui divulgado o laudo de avaliação, a fim de que a utilização do mecanismo pretendido pela Companhia, com autorização da CVM, não redunde em redução do nível de informação que seria assegurado aos acionistas nas outras hipóteses.

Deste precedente resulta que a permuta de ações de tesouraria exige a ampla divulgação ao mercado a fim de não ferir o eventual direito de preferência dos acionistas, podendo a permuta de tais ações ser feita em operação privada e não necessariamente ocorrer em bolsa ou balcão organizado, uma vez obtida a exceção prevista no artigo 23 da Instrução CVM n. 10/1980. Ou seja, o direito de preferência só se manifesta quando da emissão de novas ações e não quando da compra de ações junto a mercado secundário. A mesma possibilidade existirá com a compra privada, para tanto sendo necessário buscar autorização da CVM para o procedimento diferenciado previsto no artigo 23.

A operação analisada no julgado abaixo foi mais complexa, na medida em que implicou a realização de aquisição indireta, por meio de uma operação de *swap* feita por instituição financeira com a concomitante obrigação da companhia de recomprar as ações do banco. No caso, a somatória do preço da ação no mercado, agregada à comissão da instituição financeira, resultaria em valor superior ao praticado em bolsa quando do *swap*. Ou seja, a instituição financeira, em uma operação de *swap*, compra as ações no mercado secundário ao preço praticado no momento da aquisição, e posteriormente as revende à companhia acrescida de sua comissão. O problema poderia surgir se, quando da compra pela companhia, o preço de mercado, somado à comissão bancária, resulte em um preço maior do que o praticado em bolsa. Na decisão abaixo,[86] a Comissão mostra suas preocupações e aponta os cuidados que a operação deve observar, anotando que:

> 1.1. Braskem S.A. ("Braskem" ou "Companhia") solicitou autorização para realizar negociação privada de ações de sua própria emissão, nos termos do art. 30 da Lei n. 6.404/76 e do art. 23 da Instrução CVM n. 10/80 (fls. 03/05) adotando um procedimento diferenciado, conforme exposto a seguir.
> 1.2. A Companhia pretende implementar um programa de recompra de ações para permanência em tesouraria. Por razões de conveniência e oportunidade contábeis relativas à gestão de caixa, a Braskem tem a intenção de realizar a recompra de ações mediante a celebração de contrato de *swap* ("Contrato de *Swap*") com uma instituição financeira ("Banco").
> 1.3. [...]o Contrato de *Swap* estabelecerá (*i*) a obrigação do Banco de comprar as ações em mercado; e (*ii*) a obrigação da Braskem de comprar as ações adquiridas pelo Banco.
> 1.4. O requerimento esclarece que a Companhia e o Banco conferirão às ações a serem adquiridas o mesmo tratamento que seria conferido caso as ações fossem recompradas diretamente pela Braskem. Segundo o pleito apresentado pela Braskem, o Contrato de *Swap* conterá necessariamente as seguintes condições:
> (i) a Braskem emitirá ordens de compra de ações em quantidade e valor que não excedam o seu saldo de lucros ou reservas utilizáveis para recompra de ações (cf. art. 2º, b, Instrução CVM n. 10/80); se, no entanto, na data de vencimento das obrigações contidas no Contrato de Swap, o valor das ações exceder o saldo de lucros ou reservas utilizáveis para recompra de ações, o Banco poderá realizar a venda direta das ações excedentes, nos moldes do art. 14 da Instrução CVM n. 10/80;
> (ii) a quantidade de ações detidas pela Braskem somada àquelas que o Banco adquirir nos termos do Contrato de Swap não excederá o limite de 10% (dez por cento) das ações em circulação (cf. art. 3º da Instrução CVM n. 10/80);
> (iii) as aquisições a serem realizadas pelo Banco sempre ocorrerão no mercado, a preços de mercado (cf. art. 12 da Instrução CVM n. 10/80);
> (iv) o Banco não adquirirá ações que não estejam totalmente integralizadas ou que sejam de titularidade do acionista controlador (art. 2º, d, da Instrução CVM n. 10/80); e
> (v) o Banco não adquirirá ações caso esteja em curso oferta pública de ações de emissão da Braskem (art. 2º, e, da Instrução CVM n. 10/80).
> 1.5. O Contrato de *Swap* conterá ainda as seguintes obrigações da instituição financeira contratada: (i) não exercerá o direito de voto inerente às ações a serem adquiridas; (ii) renunciará ao direito de recebimento de dividendos, caso sejam declarados dividendos durante o período em que o Banco seja o titular das ações; e (iii) renunciará ao valor a que faria jus em eventual redução de capital durante o referido período.
> 1.6. A Braskem compromete-se a garantir ampla publicidade do programa de recompra proposto, divulgando ao mercado que a recompra poderá ser realizada diretamente

---

[86]. Vide Processo Administrativo n. RJ2010/14060, Diretor Relator Luciano Dias.

pela Companhia ou mediante a participação de instituição financeira contratada. Além disso, a Braskem se compromete a divulgar nos ITR e no Formulário de Referência nota explicativa, nos moldes da minuta acostada ao pedido (fls. 08/09).

1.7. A Companhia esclarece que pagará ao Banco pela compra das ações o valor médio pago pelo Banco nas compras realizadas em mercado, acrescido o valor da remuneração constante do Contrato de *Swap*. Assim, considerando que o preço pago pela Braskem será rigorosamente a média do preço pago pelo Banco nas aquisições em mercado, segundo a Braskem, o Banco não se beneficiará a partir das vendas das ações para a Companhia. O interesse do Banco estaria unicamente atrelado à remuneração proveniente do Contrato de *Swap*.

1.8. No vencimento do Contrato de *Swap*, que deverá coincidir com o término do programa de recompra de ações da Companhia, a Braskem adquirirá todas as ações que ainda não tenham sido recompradas nos moldes dispostos acima.

A CVM pediu que a Braskem esclarecesse: "(i) da quantidade de ações a serem adquiridas no âmbito do programa de recompra; (ii) do conceito e eventuais diferenças entre o 'Preço Final da Ação' no vencimento do Contrato de Swap e o 'Preço de Alienação para a Braskem' ao término do programa; (iii) a que taxas a Braskem estaria disposta a celebrar o referido documento." A CVM solicitou da Braskem, ainda, informações quanto aos seguintes cenários: "(i) valorização da ação entre o momento da compra realizada pelo Banco e o momento da alienação privada para a Braskem; (ii) desvalorização da ação entre o momento de compra realizada pelo Banco e o momento da alienação privada para a Braskem; (iii) hipótese em que a Companhia tem que arcar com o '*Fee* de Não Utilização'; e (iv) hipótese em que ocorra a 'Chamada de Margem', nos moldes do disposto na minuta de Contrato de *Swap*." Em resposta, a Companhia informou que: (i) seriam adquiridas até nove milhões de ações, só de preferenciais classe A; (ii) o preço de alienação para a Braskem ao término do programa seria o preço de mercado; (iii) a Companhia juntou simulações quanto ao pagamento do "*fee* de não utilização", bem como das "chamadas de margem". Em seu voto, o relator esclarece e conclui que:

> 1. A Braskem pede autorização para realizar negociações privadas com ações de sua própria emissão em decorrência da adoção de um plano de recompra de ações a ser implementado por meio de um contrato de Swap.
> 2. Embora a CVM já tenha se deparado com operações privadas de recompra decorrentes de contratos derivativos, esta é a primeira vez que se analisa um programa de recompra de ações para permanência em tesouraria, a ser realizado por meio de um contrato derivativo, antes que tal programa seja implementado. Por isso, acredito que seja útil abordar as razões pelas quais, de um lado, as operações de recompra são importantes para companhias, de outro, porque elas geram certas preocupações para o mercado.

3. Uma companhia pode desejar comprar ações de sua própria emissão por diversas razões, as mais comuns são: (i) alterar a estrutura de capital (por exemplo, para maximizar dividendos); (ii) aumentar a disponibilidade de ações em tesouraria (por exemplo, para implementar planos de opção de compra de ações ou cumprir obrigações contratuais); ou ainda (iii) para sinalizar ao mercado que as ações de emissão da companhia estão subvalorizadas.

4. A recompra de ações, no entanto, traz algumas preocupações para o mercado em geral e, particularmente, para o regulador. Operações de recompra podem, por exemplo, (i) ser utilizadas para manipular o mercado ou o preço das ações; (ii) tratar de forma injusta ou não equitativa os acionistas da companhia; (iii) gerar situações em que certos agentes têm informação privilegiada e agem com base nessas informações para vantagem própria; ou (iv) colocar em risco a integridade do capital social e, por isso, a proteção dos credores.

5. Por conta dessas preocupações, é comum que o legislador estabeleça certos limites e condições para realização das operações de recompra. No nosso ordenamento, esses limites e restrições constam do art. 30 da Lei n. 6.404/76 e da Instrução CVM n. 10/80.

6. No entanto, é possível que a companhia pleiteie junto à CVM autorização para realizar operações com as próprias ações por meio de procedimento especial não ordinariamente previsto na Instrução CVM n. 10/80, conforme prerrogativa prevista no art. 23 desta mesma Instrução. Quando isso acontece, acredito que dois tipos de análise são necessários para determinar a conveniência de se autorizar ou não tal procedimento especial.

7. Primeiro, deve-se verificar o cumprimento do art. 2º da Instrução CVM n. 10/80, que mesmo em casos especiais não está dispensado. No caso em tela, a SEP já fez uma análise minuciosa e concluiu que a operação, tal como descrita, cumpre todos os requisitos do art. 2º da Instrução CVM n. 10/80, exceto pelo item "c" (criar por ação ou omissão, direta ou indiretamente, condições artificiais de demanda, oferta ou preço das ações ou envolver práticas não equitativas).

8. Todavia, de acordo com a análise da SEP e as declarações da Companhia, caso a CVM não autorize a compra privada das ações adquiridas pelo Banco à Braskem, a venda de tais ações no mercado secundário poderia alterar significativamente a cotação em bolsa das ações emitidas pela Braskem. Este argumento é apenas parcialmente válido, uma vez que a aquisição das ações pelo Banco, no mercado, não é necessariamente neutra para a formação de preços. Se o Banco tivesse que "devolver" as ações ao mercado, apenas estaria revertendo o efeito anteriormente causado pela sua compra.

9. O que parece mais relevante é avaliar se a presença do Banco no meio da operação de aquisição de ações pela Braskem altera artificialmente as condições vigentes no mercado, ao menos, de modo diferente do que a recompra pela própria Companhia alteraria. E, ao que parece, isso não acontece, uma vez que as condições em que o Banco comprará as ações são virtualmente as mesmas em que a própria companhia estaria autorizada a comprar.

10. Assim, entendo que todos os requisitos do art. 2º da Instrução CVM n. 10/80 estão atendidos.

11. [...] entendo que cabe nos certificar de que o procedimento diferenciado que se pleiteia não potencializa nenhum dos problemas típicos de operações de recompra indicados no parágrafo 4 acima. Ou seja, é necessário analisar se referido procedimento pode dar ensejo a (i) manipulação de mercado ou de preço das ações; (ii) tratamento injusto ou não equitativo dos acionistas.
[...]
13. Em relação ao item (iii), acredito que o fato de o procedimento especial para o qual se pleiteia aprovação poder gerar situações em que certos agentes têm informação privilegiada não deve ser levado em conta na análise. Na vida de uma companhia há muitas operações que implicam a posse de informações privilegiadas por certos agentes. A maneira correta de impedir que essas pessoas ajam com base em tais informações para vantagem própria não é proibir que essas operações ocorram, mas sim, proibir que os detentores de informações privilegiadas negociem até que a informação se torne pública. Assim, ainda que o procedimento especial possa gerar informações sigilosas e que potencialmente alguém possa se beneficiar de tais informações, a situação já estará tratada pelas regras gerais de *insider*.
14. Em relação ao item (iv), que trata da preservação do capital social, acredito que as salvaguardas previstas no art. 30 da Lei n. 6.404/76 e no art. 2º, alíneas "a" (importar diminuição do capital social), "b" (requerer a utilização de recursos superiores ao saldo de lucros ou reservas disponíveis, constantes do último balanço) e a primeira parte da alínea "d" (tiver por objeto ações não integralizadas) da Instrução CVM n. 10/80, já sejam suficientes para assegurar a integridade do capital social e não se pede qualquer dispensa do cumprimento desses comandos no caso em análise.
15. A especificidade do caso em tela reside no fato de que a recompra das ações pela Companhia ocorrerá de forma indireta. A Braskem celebrará um Contrato de *Swap* essencialmente na forma da minuta [...], por força do qual o Banco comprará as ações objeto do programa de recompra em bolsa a preços de mercado.
16. A legislação e regulamentação brasileiras não tratam, de maneira genérica, da utilização de instrumentos financeiros na implementação de planos de recompra de ações, mas também não a vedam. No entanto, a Instrução CVM n. 390/03 autoriza as companhias abertas a negociarem, dentro dos limites e condições nela estabelecidos, opções de venda e de compra cujos ativos subjacentes sejam ações de sua emissão, para fins de cancelamento, permanência em tesouraria ou alienação. Ou seja, embora não haja uma autorização genérica para que qualquer instrumento financeiro seja usado na negociação, as companhias já podem utilizar opções (que são instrumentos financeiros ou, utilizando um termo mais comum no mercado, derivativos) para negociar com as próprias ações. Por isso, entendo que a CVM não deve impedir operações com instrumentos financeiros para implementação de planos de recompra de ações próprias, exceto quando elas podem ser usadas para (i) manipular o mercado ou o preço das ações; ou (ii) tratar de forma injusta ou não equitativa os acionistas.
17. A primeira preocupação, qual seja, a de possível manipulação de mercado, pode ser minimizada com transparência. A Braskem já se comprometeu a fazer ampla divulgação do plano de recompra de ações, assim que aprovado, e dos termos do Contrato de *Swap*,

no anúncio de fato relevante que divulgar a operação ao mercado. Embora a assimetria informacional não seja um pré-requisito dos ilícitos de manipulação de mercado, é muito mais improvável que ela ocorra quando todos os agentes estão corretamente informados sobre os termos da operação.

18. O tratamento justo dos acionistas está garantido pelo fato de que (i) o Banco adquirirá as ações em mercado, dando a todos os acionistas oportunidade igual de vender suas ações; e (ii) a Braskem pagará por essas ações o mesmo valor pago pelo Banco, acrescido de emolumentos. É possível que a Braskem venha a desembolsar quantia superior ao valor pago pelo Banco pelas ações mais emolumentos incorridos, uma vez que, nos termos do Contrato de *Swap* o Banco será remunerado por 108% do CDI. Mas, esse não é um tratamento especial conferido a um único acionista. Esse possível sobrevalor é a remuneração do Banco pelo adiantamento de recursos que ocorreu no processo de compra de ações por ordem da Braskem. Por isso, no caso em análise, acredito que todos os acionistas estão sendo tratados de maneira uniforme.

19. Diante do exposto [...] voto [...] no sentido de autorizar a negociação privada com ações próprias proposta pela Braskem.

Assim, entendeu a CVM que a comissão remuneratória percebida pela instituição financeira é válida, mesmo fazendo com que a companhia pague ao final um preço pelas ações maior do que o de mercado (valor da aquisição mais a taxa remuneratória de 108% do CDI até o exercício da opção pela Braskem). Mas, de outro lado, também entendeu que não seria válida a aquisição privada de ações por preço superior ao de mercado, em virtude de contrato de opção anteriormente firmado entre as partes.

Em outra situação,[87] discutiu-se se poderia uma companhia de capital aberto adquirir suas próprias ações, para mantê-las em tesouraria ou cancelá-las, a preço superior ao de mercado, tendo em vista que a obrigação de aquisição se daria em data posterior à da contratação do preço. Nesta situação, a empresa realizou consulta à CVM alegando que se tratava de pedido para aquisição de suas próprias ações de forma privada para cancelamento das mesmas ou manutenção em tesouraria. O pedido decorria do fato de que fora firmado pelas empresas Suzano e Votorantim com determinados acionistas da Ripasa um contrato de opção de venda, exercível pelos acionistas da Ripasa quando determinado bloco de ações fosse liberado no futuro. Ocorreu que, quando da época da opção contratada, o preço praticado em bolsa era inferior ao valor do preço a ser pago na data do exercício da opção, o que iria contra dois preceitos da Instrução n. 10/1980. De um lado, seria uma operação privada (art. 9º) e, de outro, por preço superior ao praticado

---

87. Processo RJ-2008/2748, Suzano Papel e Celulose S.A. e Votorantim Celulose e Papel S.A.

no mercado secundário (art. 12º). Em sua singela e sucinta decisão, entendeu o Colegiado da CVM que:

> Resumidamente, a autorização requerida visa a concluir processo de reestruturação societária empreendido em 2005, quando foram celebrados contratos de opções de compra e venda de ações para contratar a transferência futura de ações detidas por acionistas vendedores de suas participações de controle na Ripasa S/A Celulose e Papel [...], ações essas que à época encontravam-se indisponíveis. Por essa razão, o preço de exercício das opções corresponde ao preço pago pelo controle da companhia, corrigido até a data do exercício.
> O Colegiado ponderou o fato de a Instrução 10/80 vedar expressamente a negociação privada a preço superior ao de mercado (art. 12) e de que essa vedação, que assegura tratamento equitativo entre os acionistas da companhia, raramente é excepcionada. No entendimento do Colegiado, o fato de a companhia ter celebrado um contrato que a obriga a adquirir as ações a preço superior ao de mercado não afasta a aplicação de uma norma que já se encontrava em vigor quando o contrato foi celebrado. Por essa razão, após debater o assunto, o Colegiado, por unanimidade, deliberou negar o pedido de autorização de negociação privada de ações formulado por Suzano Papel e Celulose S.A. em conjunto com Votorantim Celulose e Papel S.A.

Enquanto nos julgados anteriores a CVM levou em consideração os aspectos econômicos da transação, no processo sob análise a decisão se prendeu a um formalismo fechado, que não permitiu vislumbrar o eventual raciocínio condutor da decisão. Quando afirma que o tipo de pedido a ela submetido "raramente é excepcionado", seria útil dizer *quando* seria de se conceder o benefício do artigo 23 da Instrução sob análise. Caso contrário, não faz jus a autarquia aos amplíssimos poderes a ela conferidos pela lei societária, além de deixar a decisão carente de fundamentação.

De outro lado, seria de merecer alguma consideração em face do fato de que é sabido que o preço de controle negociado em bloco tem preço de mercado superior ao valor de ações que não representem o poder de mando da companhia. O fato de a negociação conter um contrato de opção, quando já vigente a Instrução, não tira da decisão unânime o poder/dever do decisor para enfrentar o fato de que o preço no mercado secundário não é o de controle, mas o de transações esparsas. O fato de a norma administrativa preexistir ao contrato privado não retira a importância econômica distintiva entre uma alienação de controle e uma compra e venda no mercado secundário, muito menos a constatação de que nas operações diferidas o preço quase sempre varia. Tampouco se abordou o fato de que a operação, por seu vulto e obrigação legal, foi amplamente divulgada, inclusive com a publicação de fato relevante, o que deu plena ciência ao mercado de seus termos, fato que impediria eventual manipulação do preço da ação.

Tal orientação foi posteriormente contrariada pelo Colegiado da CVM,[88] quando a empresa JBS S.A. pediu autorização para alienar ações de tesouraria para que vendesse, em operação privada, suas ações à National Beef Packing Company, LCC, como pagamento parcial pela aquisição das ações desta última. A discussão aqui não se deu em função do preço de mercado das ações da JBS, tendo em vista que esta questão foi superada com a entrega de um número maior de ações — embora, em termos econômicos, isso signifique a mesma problemática discutida no processo acima analisado (Suzano e Votorantim).

Aqui, esse precedente foi levantado pela área técnica da autarquia, mas o entendimento do Colegiado foi no sentido de permitir a operação, citando outra decisão pela concessão do direito de negociar com suas próprias ações, conforme relatado abaixo. Disso é de se sublinhar uma das não frequentes decisões que levam em consideração a jurisprudência da própria CVM, inclusive nestas situações nas quais a norma legal aberta é conferida à autarquia, esperando-se, em contrapartida, a construção de uma jurisprudência consistente e orientadora do mercado. No caso, a CVM decidiu pela legitimidade da operação, entendendo que:

1. A Lei 6.404/76 disciplina a negociação, pelas sociedades anônimas, de ações de sua própria emissão, visando, dentre outros objetivos, preservar o tratamento eqüitativo entre a companhia (e por extensão seus acionistas) e a sua contraparte.
2. No entanto, a Lei não pressupõe que a consecução deste objetivo passe, necessariamente, pela realização das operações em bolsas de valores. Esta exigência decorre de regulamentação da CVM, que acredita ser este um modo apropriado de revestir tais operações de maior visibilidade e mais eficiente formação de preços.
3. Sendo uma determinação da CVM, é possível que a própria CVM venha a dispensá-la — o que, aliás, se reconhece expressamente no próprio normativo que prevê a negociação em bolsa de valores — desde que não se comprometa o tratamento eqüitativo que a Lei das S.A. quis resguardar.
4. E este parece ser o caso da operação para a qual a JBS vem requerer autorização. Apesar de cursada fora de bolsa de valores, as ameaças de privilégios que a norma quis prevenir já foram atenuadas, não sendo necessário impedir a operação.
5. Quanto à formação do preço na negociação privada das ações, vale destacar que o valor total da operação já foi predeterminado e submetido à apreciação da Assembléia Geral. Neste aspecto, portanto, o fato de a operação ser efetuada fora de bolsa de valores não agrega nenhum risco adicional que já não existisse se o pagamento fosse feito em dinheiro.
6. Resta definir apenas a quantidade de ações que serão necessárias para perfazer o montante acima mencionado e para isso será utilizado como referência o preço da ação, ponderado pelo volume de negociação, nos 20 pregões da Bovespa que antecederem o fechamento da operação.

---

88. Processo Administrativo n. RJ-2008/4169, JBS S.A., Relator Diretor Ségio Weguelin.

7. Logo, em razão do uso de um parâmetro de mercado para fixação do preço das ações, os benefícios que adviriam da realização da operação em ambiente de bolsa de valores serão, em grande parte, estendidos à negociação privada pretendida.

8. O único risco que ainda subsistiria seria a interferência da JBS ou de suas contrapartes no mercado, de modo a influenciar o preço de sua operação. Teoricamente, haveria uma vantagem potencial em distorcer as cotações de mercado para que o pagamento demandasse uma quantidade de ações maior ou menor àquela livremente determinada pelo mercado.

9. Esta possibilidade, no entanto, já se apresenta reduzida pela apuração do preço ao longo de um período de 20 pregões, de modo que apenas intervenções intensas dos contratantes poderiam causar variações significativas do preço apurado para fins da alienação privada.

10. Isto, se vier a ocorrer, configurará um ato ilícito, previsto na Instrução CVM n. 8/79, cuja prática não se pode antecipar nem se deve presumir. Certamente, se necessário, a CVM poderá atuar de maneira repressiva sobre tal conduta.

11. Por isso, não vejo razão para obstar a concretização do negócio, que como a JBS alega — e a princípio de forma bastante convincente — atende seu interesse social.

12. Neste sentido, o pagamento pela aquisição da National Beef em ações de emissão da JBS mantidas em tesouraria: (i) transmitiria ao mercado a convicção dos alienantes da National Beef na valorização das ações de emissão da JBS e (ii) permitiria a aquisição de um ativo relevante sem diluição dos atuais acionistas.

13. Por fim, embora os precedentes do Colegiado não sejam uniformes quanto a autorizações para negociações, pelas companhias abertas, de ações de sua própria emissão, já houve casos similares em que o Colegiado adotou solução similar à que se propõe, em especial no Processo CVM 2004/3666, apreciado em 24.06.04.

14. Portanto, com fundamento no art. 30, § 2º, da Lei 6.404/76 e no art. 23 da Instrução CVM n. 10/80, voto por autorizar a negociação das ações de emissão da JBS, pela própria companhia, fora de bolsa de valores.

15. Esta autorização abrange apenas a quantidade de ações necessárias para efetuar o pagamento aos ex-controladores da National Beef e ficará sujeita à conclusão da operação nos termos e condições acima descritos.

Para dar peso ao trabalho fiscalizatório da Comissão de Valores Mobiliários, a Lei n. 6.404/1976 ordena que a desobediência à normatização dela emanada acarretará a nulidade dos atos de aquisição das ações próprias para estocá-las em tesouraria, conforme previsão constante na lei societária, segundo a já citada previsão do art. 30, § 2º, da Lei as Companhias.[89] De qualquer forma, o prazo para

---

[89] Vide Processo Administrativo CVM n. RJ-2007/11413, julgado em 15 abr. 2008. Neste caso há a aquisição indireta de ações de sua controlada, na medida em que a companhia adquire debêntures conversíveis de emissão da controlada para transformá-las em ações de tesouraria (situação não expressamente contemplada na Instrução n. 10). Como consequência, no momento do depósito em tesouraria ocorrerá o desmanche da participação recíproca, conforme acima apontado. Em sua decisão, conclui a Autarquia que a

que as ações saiam de sua hibernação, naquelas operações feitas para desmanchar participações cruzadas, é de no máximo seis meses, findo o qual as ações já deverão estar canceladas ou recolocadas novamente junto ao mercado.

A pergunta que surge da leitura do parágrafo 2º do artigo 30 diz respeito à capacidade jurídica da CVM para declarar a nulidade de ato jurídico,[90] mesmo que sua atuação resulte de previsão da lei societária. Assim, cabe questionar quem será o sujeito legalmente apto a declarar de plano a nulidade de ato jurídico? Seria uma autarquia federal? Claro está que nulidade sumariamente declarada vai contra o princípio da ampla defesa inerente a qualquer pessoa física ou jurídica. Seria mais razoável que a lei fosse mais contida, de sorte a que a autarquia fosse a juízo buscar a anulação do ato.

5.8.3 Limite máximo de ações em tesouraria

Para as companhias abertas, o montante de ações em tesouraria não pode exceder a 10% de cada classe emitida. O motivo da limitação se deve ao fato de que as ações em tesouraria retiram a liquidez do mercado secundário, o que torna mais fácil o processo de manipulação de preço, na medida em que a diminuição do número de ações em circulação entre os acionistas piora a formação do preço de mercado de dado valor mobiliário. Este, entretanto, não é um comando fechado, na medida em que o artigo 23 da Instrução CVM n. 10/1980 prevê as excepcionalidades acima discutidas. Tal permissão dada pelo Colegiado da Autarquia, certamente importante para não travar operações legítimas, torna importante seguir os limites traçados por sua jurisprudência. Assim, limites como os 10% máximos para manutenção de ações em tesouraria são discutíveis pelo Colegiado e suscetíveis de receber o benefício da excepcionalidade do artigo 23 da Instrução CVM n. 10/1980, muito embora com os votos contrários dos Diretores Otavio Yazbek e Eli Loria, que entenderam ser inconveniente o ajuste das regras da Instrução a situações peculiares das companhias, como se verá abaixo.

---

operação não pode ser feita, muito embora "sensibilizado pelos argumentos apresentados pela Companhia acerca dos benefícios da operação para todas as partes envolvidas". Aduziu o relator em seu voto vitorioso que "devo reconhecer também que a proibição que hoje discutimos me parece um tanto quanto obsoleta. Todavia, não vejo como autorizar a operação pretendida, já que a lei em vigor a proíbe expressamente." Ou seja, pelo fato de a aquisição se dar em desobediência à integridade do capital social, na medida em que há participação recíproca, a parcela do capital de ambas as empresas representa uma única unidade de riqueza e não a soma de ambas as frações das contas de capital das duas companhias.

90. O art. 166 do Código Civil comanda que "É nulo o negócio jurídico quando: I- celebrado por pessoa absolutamente incapaz; II- for ilícito, impossível ou indeterminável o seu objeto; III- o motivo determinante, comum a ambas as partes, for ilícito; IV- não revestir a forma prescrita em lei; V- for preterida alguma solenidade que a lei considere como essencial para sua validade; VI- tiver por objeto fraudar lei imperativa; VII- a lei taxativamente declarar nulo, ou proibir-lhe a prática, sem cominar sanção."

Nos termos do relatório do voto dissidente do Diretor Otavio Yazbeck:

1. Trata-se de pleito da Companhia Siderúrgica Nacional ("CSN"), que, por meio de sua subsidiária CSN Madeira Ltda., celebrou em 2003 um *total return equity swap*[91] em que assumiu as posições devedora em *London Inter-Bank Offer Rate – Libor* e credora na variação da cotação de certificados de depósito lastreados em ações de sua emissão. Como amplamente divulgado, no caso em tela, após um longo período com resultados favoráveis decorrentes de tal operação, a CSN acabou amargando resultados negativos no segundo semestre de 2008.
2. A CSN pretende encerrar antecipadamente o contrato mas, por outro lado, teme que tal fato acabe por ensejar oscilações indesejáveis na cotação de suas ações, que decorreriam do subseqüente desfazimento da posição acionária detida pela instituição contraparte. Por este motivo, ela se propõe a adquirir tais ações, em operação fora de mercado.
3. Tal pretensão, porém, encontra empecilho em dois dispositivos da Instrução CVM n. 10, de 14 de fevereiro de 1980, a saber: no art. 3º, que impõe teto de 10% (dez por cento) do total em circulação para as ações mantidas em tesouraria (hoje a CSN detém em tesouraria 7,8% das ações em circulação, dadas em garantia em processo de execução fiscal); e no art. 9º, que proíbe a companhia de adquirir suas próprias ações fora de bolsa de valores. Neste sentido, a CSN solicita autorização para efetuar a aquisição pretendida: (i) ainda que seja ultrapassado o limite de 10% de ações em tesouraria; e (ii) fora de bolsa de valores, ainda que a preços definidos em mercado.

Já nos termos do voto do relator Marcos Barbosa Pinto, favorável à CSN — acompanhado pelos Diretores Maria Helena dos Santos Fernandes de Santana e Eliseu Martins:

5. A primeira restrição é imposta pelo art. 3º da instrução, que estabelece um teto de 10% do total em circulação para as ações mantidas em tesouraria. Atualmente, a CSN detém em tesouraria 7,8% das ações em circulação; com a aquisição pretendida, atingiria 16,95%.
[...]
7. A segunda restrição consta do art. 9º da instrução, que proíbe a companhia de adquirir suas próprias ações fora de bolsa de valores. De acordo com a CSN, o volume expressivo da operação não se coaduna com o ambiente de bolsa.
8. Por esses dois motivos, a CSN solicitou à CVM autorização para adquirir as ações vinculadas ao contrato de *swap*: (i) ainda que seja ultrapassado o limite de 10% de ações

---

91. *"Total return: annual return on a investment including appreciation and dividends or interest. For bonds held to maturity, total return is yield to maturity. For stock, future appreciation is projected using the current price/earnings ratio. In option trading, total return means dividends plus capital gains plus premium income."* Vide DOWES, John; GOODMAN, Jordan Elliot. **Dictionary of Finance and Investment Terms**. Op. cit.

em tesouraria; e (ii) fora de bolsa de valores, porém observando os preços vigentes no mercado.

[...]

12. Em linha com nossos precedentes, não vejo óbice para que a operação seja realizada fora de bolsa de valores. Na medida em que a operação é realizada entre partes independentes e o preço é fixado de acordo com a cotação que prevalece no mercado, não consigo identificar qualquer perda para a companhia ou para sua contraparte na operação.

13. A SEP teme que a operação seria irregular pois sustentaria o preço das ações da companhia no mercado. Contudo, uma compra das ações em bolsa teria exatamente o mesmo efeito, pois aumentaria substancialmente a demanda pelos papéis.

14. Ao contrário do que a SEP parece pressupor, o efeito sobre a cotação das ações não decorre da natureza privada da operação, mas do fato de a companhia estar absorvendo a oferta adicional de papéis gerada pelo desmonte do *total return equity swap*, o que ocorreria mesmo se a aquisição fosse realizada em bolsa de valores.

15. Além disso, não se pode esquecer que o art. 2º, "c" da Instrução n. 10 busca evitar que a companhia crie condições artificiais de demanda mediante operações realizadas dentro do mercado de valores mobiliários. Ele não alcança, a meu ver, operações privadas.

16. É certo que o volume da operação é bastante significativo e que a CSN também está solicitando autorização para ultrapassar o limite de 10% previsto na Instrução CVM n. 10/80. Não obstante, entendo que manter o limite de 10% neste caso seria ineficiente para a companhia e ineficaz do ponto de vista regulatório.

17. A CSN tem em tesouraria 7,8% das ações em circulação. Logo, mesmo que seu pedido fosse indeferido, ela ainda poderia comprar 2,2% até atingir o limite de 10% previsto na Instrução CVM n. 10/80.

18. Em seguida, poderia cancelar as ações adquiridas, abrindo espaço para novas aquisições. Repetindo esse procedimento sucessivas vezes, a CSN conseguiria completar a aquisição pretendida sem ultrapassar os limites previstos na Instrução CVM n. 10/80.

19. A CSN só precisaria realizar esse procedimento em etapas por conta do bloqueio judicial que incide sobre algumas das ações atualmente mantidas em tesouraria. Se não fosse por esse fato, a CSN poderia cancelar todas as ações em tesouraria e depois adquirir, de uma única vez, as ações que pretende.

20. Não vejo por que impor à CSN o custo de realizar essas aquisições e cancelamentos sucessivos. Uma medida muito mais racional é permitir que a companhia adquira as ações de uma só vez, conferindo-lhe um prazo para se desfazer do excedente.

21. Por esse motivo, proponho autorizar a CSN a adquirir fora de bolsa de valores até 29.684.400 ações de sua contraparte no *total return equity swap* cuja celebração foi divulgada por meio do fato relevante de 11 de julho de 2008.

22. Contudo, proponho condicionar a autorização ao comprimento das seguintes regras: (i) o preço de compra deve ser igual à média ponderada da cotação em mercado nos últimos 30 pregões, conforme a CSN informou à CVM; (ii) a operação deve ser divulgada ao mercado tão logo concretizada; (iii) após a operação, as ações que excederem o limite de 10% [...] devem ser canceladas no prazo de três meses.

Não obstante, o supracitado voto divergente do Diretor Otavio Yazbek — acompanhado pelo Diretor Eli Loria — aduziu que:

> 4. Quanto ao segundo ponto [negociação fora de bolsa de valores], não tenho maiores objeções ao que foi exposto no voto do Diretor Relator. No primeiro ponto [a ultrapassagem do limite de 10% das ações em tesouraria], porém, enxergo o caso sob ótica distinta.
> 5. Isso porque entendo que a CSN ingressou na operação de *total return swap* visando a produção de determinados efeitos sobre o comportamento do preço das ações de sua emissão. Como se sabe, tais efeitos se corporificam seja a partir de uma "sinalização" que a companhia dá para os demais participantes do mercado, demonstrando confiança, seja a partir da própria aquisição de ações que a contraparte deve fazer para proteger-se da exposição assumida.
> 6. Ao meu ver, a contratação da operação decorreu de uma decisão negocial, ou seja, de opção da própria companhia, em razão de uma determinada estratégia. Dessa decisão decorrem alguns subprodutos, como a possibilidade de perdas em caso de determinados movimentos de mercado ou a ocorrência de oscilações no preço das ações, seja quando da sua aquisição pela contraparte do *swap*, conforme acima referido, seja quando do encerramento da operação e do conseqüente desfazimento daquela operação acionária.
> 7. Compreendo a preocupação da CSN com o comportamento dos preços dos títulos de sua emissão. Mas não creio que seja legítimo, ante uma decisão daquela ordem, que tem determinados efeitos claramente delimitados desde o início, afastar a regra vigente, permitindo a aquisição pretendida além do que seria, a rigor, possível. Creio que, de fato, haveria efeitos no que tange ao mercado, mas esses efeitos (i) não se poderiam caracterizar como de verdadeira distorção e, a meu ver, (ii) seriam progressivamente absorvidos, dada a excepcionalidade da venda.
> 8. Mais do que isso, destaco que mesmo a decisão de encerramento antecipado do contrato é decisão de negócio — motivada, talvez, pela necessidade de se evitarem outras perdas, mas, ainda assim, eminentemente negocial.
> 9. Em suma, discordo do voto do Diretor Relator por não crer que seja oportuno, a fim de evitar aquele efeito, "ajustar nossas regras à situação peculiar da companhia". As peculiaridades de que se reveste a situação da empresa, realço, decorrem de decisão presumivelmente informada, e, ademais, não me parecem colocar em risco a integridade do mercado. Não creio ser adequado, neste sentido, excepcionar a aplicação da norma vigente.

5.8.4 A responsabilização pelo dano

O ato danoso poderá ser causado quer por ação, quer por omissão de quem ou daqueles que aprovaram a compra ou a venda em condições diferentes das vigentes no mercado, causando prejuízo indevido à companhia, aos acionistas ou ao mercado como um todo. Os autores suscetíveis de punição pela CVM serão, portanto, aqueles que deram causa ao evento danoso, ou aqueles que dele tendo conhecimento e poderes para impedi-lo não o fizeram; ou seja, os administradores ou os acionistas que não só discordaram, mas também que, na medida de suas forças, não buscaram impedir o ato danoso. Claro está que, por medida de precaução, os discordantes deverão de alguma forma materializar sua oposição com o intuito de resguardar sua posição futura quanto à responsabilização coletiva daqueles que tomaram parte na decisão.

Com o objetivo de informar ao mercado as razões da aquisição das ações, a CVM determina que deva ser dada a conhecimento a deliberação do conselho de administração ou da assembleia de acionistas que autorizou a recompra, especificando: (i) o objetivo da companhia com a compra; (ii) a quantidade de ações que pretende adquirir, sendo que o prazo máximo para tanto não poderá ultrapassar 365 dias; (iii) a quantidade de ações em circulação; e (iv) a instituição financeira intermediadora da operação.[92] Além disso, a negociação deverá ser realizada em bolsa ou no mercado de balcão organizado, conforme seja o local tradicional de negociação das ações da companhia. Com tal, evitam-se negociações escondidas que venham a alterar a formação de preço e, ao mesmo tempo, deem aos acionistas de mercado a informação necessária sobre as compras realizadas.

Também a recompra de ações para manutenção em tesouraria tende a resolver as situações em que haja participação recíproca entre companhias. Nessas situações, se uma das empresas adquirir ações da outra, mantendo-as em tesouraria, desmancha-se a participação recíproca, na medida em que as ações adquiridas e colocadas em tesouraria são esterilizadas, não mais gerando qualquer direito econômico ou político, só retornando à vida quando adquiridas por terceiro, mantendo desfeito o cruzamento anteriormente existente e proibido pela Lei das Companhias (art. 244, § 1º). Esse mecanismo tem como consequência o condão de afastar a "responsabilidade civil solidária dos administradores da sociedade, equiparando-se, para efeitos penais, à compra ilegal das próprias ações" (art. 244, § 6º).

As companhias de capital aberto poderão negociar com opções de venda ou de compra referenciada em suas próprias ações, o que poderá ocorrer em duas hipóteses: (i) caso o estatuto social outorgue tal competência ao conselho de administração ou, (ii) caso não haja a previsão, a negociação só ocorrerá com autorização dos acionistas reunidos em assembleia. Em qualquer das duas hipóteses haverá a necessidade de publicação de fato relevante, detalhando a quantidade, classe e espécie, se a opção é de compra ou de venda, a data do vencimento e o preço de exercício. Uma vez autorizada a operação, deverá ocorrer no prazo máximo de seis meses, podendo a companhia realizar outras operações com o intuito de proteção das posições ou de revertê-las, não podendo o vencimento se dar em

---

92. Vide art. 8º da Instrução Consolidada n. 10/1980 da CVM.

prazo superior a 365 dias corridos. De qualquer forma, não poderão exceder a 10% de cada classe ou espécie da ação em circulação no mercado, sendo o marco inicial a data da autorização do conselho de administração ou da assembleia geral, conforme o caso. A liquidação da operação poderá ser financeira ou física. Nesta última hipótese, a companhia deverá necessariamente ter lucros ou reservas disponíveis em montante suficiente para fazer face à operação, conforme demonstração constante do último balanço da sociedade.

5.8.5 A disponibilidade financeira para aquisição de suas próprias ações

Aqui, por se tratar de transposição da Lei das Companhias para o bojo da Instrução n. 10/1980, falece competência para que a CVM considere os comandos constantes de seu artigo 2º como "casos especiais", não havendo porque mencioná-los no artigo 23 da Instrução. Desta feita, não poderá ocorrer, de forma direta ou indireta, a aquisição de ações de terceiro qualquer, para serem colocadas em tesouraria, se tal aquisição: (i) vier a significar redução do capital social; (ii) implicar gasto superior ao saldo de lucros ou reservas disponíveis demonstradas no último balanço; (iii) tiver por objeto ações não integralizadas de acionista controlador; (iv) for concomitante a oferta pública de aquisição de ações; ou (v) criar, de qualquer forma, condição artificial de demanda, oferta ou preço das ações ou que signifique a prática de ações ou omissões de forma não equitativa junto ao mercado.

5.9 STOCK OPTION[93]

A opção dada pela companhia a um universo restrito e qualificado de pessoas para a compra de suas ações foi outro mecanismo importado do Direito norte-americano, o qual possibilita que administradores, empregados ou terceiros vinculados à empresa, ao receberem as opções, passem a se sentir como parte do grupo de proprietários diretamente interessados no projeto comum. É interessante notar que a utilização da *stock option* poderá ocasionar a volta do controle definido, presente no modelo original da sociedade por ações. No princípio, as companhias surgiam com controlador ou grupo de controle determinado, mas, ao longo da evolução do modelo societário, observamos que, nas economias centrais de origem anglo-saxã, ocorre uma forte tendência à pulverização acionária.

---

93. Aqui se utiliza a denominação inglesa "*stock option*" na busca de se distingui-la dos contratos de opção objetos de oferta ao público, e não abrangidos seus beneficiários pela listagem constante do art. 168, § 3º, da Lei das Sociedades Anônimas. De outro lado, devemos nos lembrar que as instituições financeiras devem seguir, no que tange à política de remuneração de seus administradores, os comando emanados da Resolução n. 3.921, de 25 de novembro de 2010, do Conselho Monetário Nacional.

Tal movimento, criador das companhias sem controle definido, acentuou sobremaneira o papel dos administradores, na medida em que, no novo modelo, o conselho de administração passou a ser responsável pela defesa dos acionistas. Por outro lado, os acionistas passaram a depender do desempenho da diretoria e do conselho administração para a obtenção de bons resultados para seus investimentos. Nesse sentido, a lei passou a criar deveres fiduciários para os dois colegiados como tentativa de evitar as decisões tomadas em conflito de interesse, visando sempre o benefício dos sócios. Assim, o bônus significou, de um lado, um prêmio pelo bom desempenho da companhia e, de outro, um modelo de fidelização dos beneficiados para a sociedade e, consequentemente, para os acionistas.

Porém, com a crescente introdução das outorgas das opões incentivadas a seus administradores e, por vezes, a seus empregados, temos que, com o passar dos anos, e com a continuidade da busca da fidelidade e esforço desses para com a companhia, tem início a formação de um novo bloco relevante, principalmente nas grandes companhias com extrema pulverização acionária. Tal comportamento advém da constatação de que se, de um lado, as companhias, a partir de determinado tamanho, só podem crescer com o aporte financeiro de terceiros estranhos ao núcleo de controle, de outro lado, a inexistência de controlador ou grupo de controle responsável pelos destinos da companhia tende a gerar, em consequência das opções ofertadas, um novo núcleo duro de acionistas ou custosos mecanismos de acompanhamento de gestão, não necessariamente eficientes.

Tal constatação poderá vir a ser mais séria entre nós, que sabidamente somos, enquanto acionistas de mercado, absenteístas quanto ao comparecimento aos atos societários. Talvez a correção esteja no dever fiduciário de bem gerir, atribuído aos investidores institucionais brasileiros ou do exterior. De qualquer sorte, tudo indica que a busca pela pulverização da propriedade entre os acionistas, somada ao mecanismo da opção de aquisição incentivada de ações, ofertado aos administradores e/ou aos empregados, poderá gerar um novo e forte mecanismo de concentração da propriedade e da gestão nas mãos de um mesmo grupo, o que poderá ocasionar o retorno ao modelo da concentração de poderes, contrário ao que hoje os adeptos da "democracia acionária" buscam construir. Não será demais lembrar que os planos de outorga das opções são geralmente estabelecidos pelo conselho de administração, cujos membros vêm, de forma crescente, atribuindo a si mesmos o benefício, apresentando para a deliberação assemblear apenas o número bruto das outorgas, sendo sua distribuição feita por deliberação interna dos administradores da companhia.

A opção ofertada aos administradores, empregados ou pessoas indiretamente ligadas aos interesses da companhia é uma forma alternativa ao mecanismo de distribuição de lucros, ao bônus em dinheiro pago anualmente ou ao bônus de subscrição de ações, sendo que em tal oferta inexiste o direito de preferência dos demais acionistas por disposição legal.[94] Deve-se frisar que a escolha de um ou outro mecanismo não é indiferente na obtenção do melhor resultado para a companhia.

O bônus de subscrição destina-se a oferta irrestrita junto ao público, significando a emissão de um valor mobiliário adquirido a título oneroso e negociável a qualquer tempo e que garante a subscrição futura de ação a determinado preço. Já a *stock option* destina-se a um público estabelecido pelo estatuto social ou pela lei das companhias dos países que permitem tal operação. Por outro lado, algumas legislações ainda contemplam o pagamento de bônus em dinheiro, em função do resultado do exercício. Neste caso, inexiste a emissão de qualquer valor mobiliário, mas saída de caixa. Esta última hipótese se aproxima da participação dos empregados no lucro das empresas — velha aspiração constante de nosso texto constitucional —, bônus este pago em dinheiro, que, porém, não é dependente de performance individual, mas resulta do lucro da companhia.

O que vale ressaltar é só o aspecto financeiro para com a empresa em relação à construção do vínculo mais permanente entre o beneficiário e a companhia. Na busca da conjugação desses dois qualificativos, a oferta de opção de ações às pessoas mencionadas na lei das companhias é a mais apta a produzir tais resultados.

No caso brasileiro, se forem ofertadas opções, serão limitadas ao montante de ações disponíveis dentro do capital autorizado da sociedade anônima, aí já incluídas as ações de tesouraria. Ou seja, a existência do mecanismo do capital autorizado é condição necessária à negociação da companhia com suas próprias ações, inclusive para a oferta de opções. Enquanto técnica de gestão, a opção troca um desembolso de caixa anual, com o pagamento de salário, pela participação nos resultados, com a distribuição de dividendos ao longo dos anos. Nada impede que a companhia proponha aos beneficiários um composto dos vários incentivos de retenção de colaboradores, já que estão todos vinculados à produção de resultado ou criação de valor para a companhia.

Alguns são os problemas que surgem com este mecanismo. Podem ser apontados, dentre eles: (i) a determinação do preço de venda e de compra das opções ofertadas ou adquiridas; (ii) a utilização de informação privilegiada, seja no momento de seu exercício, seja na ocasião da eventual recompra das ações pela companhia; (iii) o prazo para venda das ações, etc.

Fundamentalmente, três são os tipos de oferta de contratos de opção: (i) opção sobre ações já emitidas, com ações de tesouraria; (ii) opção para subscrição de novas ações em aumento de capital; e (iii) as *phantom stocks* ou *stock appreciation*

---

94. Art. 171, 3º, da Lei das SAs.

rights,[95] que são muito mais uma forma de bonificação cuja base de cálculo é a valorização das ações junto ao mercado secundário num dado período de tempo — neste caso, são distribuídas quantidades hipotéticas de ações, recebendo o beneficiário a valorização em dinheiro, mas não o valor mobiliário.

Três outros aspectos concernentes às *stock options* têm provocado enormes discussões jurídicas com significativas repercussões econômicas. Estes aspectos, entretanto, não serão abordados nesta obra, visto que transcendem em muito o seu objetivo. Trata-se da discussão sobre se tanto o ganho auferido com a venda das ações, após o exercício das opções, quanto a compra incentivada da opção seriam caracterizáveis como *pro labore*, como renda do trabalho ou como lucro oriundo de investimento. No campo da tributação da renda, a distinção implica cargas impositivas distintas, tendo reflexos, financeiros ou não, no pagamento das contribuições sociais. A mesma discussão ocorre no âmbito trabalhista, onde a divergência surge na qualificação do ganho como investimento ou como salário, com todas suas implicações nos cálculos de férias, 13º salário, indenizações, etc. devidos se o pagamento for considerado inerente à relação de emprego.

5.9.1 Por que dar a opção de compra?

Carlos Moradillos Larios[96] aponta cinco motivos para se buscar a criação de valor para os acionistas por meio das *stock options*, a saber: (i) seria um instrumento eficiente e incentivador para que os administradores e empregados buscassem a criação de valor da companhia, na medida em que eles são beneficiários diretos dos resultados; (ii) seria uma maneira de fidelizar os beneficiários, na medida em que seria estabelecido um prazo adequado a incentivar a sua permanência na companhia; (iii) serviria como atrativo adicional à remuneração fixa, de sorte a atrair os melhores funcionários para a empresa ofertante; (iv) seria um incentivo para que a companhia evitasse fazer grandes desembolsos remuneratórios fixos, além de poder gozar de tratamento tributário mais benéfico; e (v) tendo em consideração que normalmente as informações sociais ao mercado

---

95. *"Executive stock plan [is a] executive incentive concept whereby an executive receives a bonus based on the market appreciation of the company's stock over a fixed period of time. The hypothetical (hence phantom) amount of shares involved in the case of a particular executive is proportionate to his or her salary level. The plan works on the same principle as a* call option *(a right to purchase a fixed amount of stock at a set price by a particular date). Unlike the call option, however the executive pays nothing for the option and therefore has nothing to lose."* Vide DOWES, John; GOODMAN, Jordan Elliot. **Dictionary of Finance and Investment Terms**. Op. cit., p. 446-447.

96. LARIOS, Carlos Moradillos. La naturaleza juridica de las *stock options* desde la perspectiva laboral y de la seguridad social. **Revista del Ministerio de Trabajo y Asuntos Sociales**. Madri: Ministerio de Trabajo y Asuntos Sociales, n. 29, p. 133-153, 2001.

não são necessariamente simétricas, o valor da opção oferecida sinalizaria ao mercado a expectativa dos administradores e da companhia quanto ao valor futuro da ação.

Tecnicamente, são várias as hipóteses para conceder a opção de compra a administradores e empregados das companhias, não se limitando somente às ações da companhia na qual o beneficiário trabalhe. Assim, podem ser ofertadas opções da companhia matriz àqueles que trabalham nas coligadas ou controladas, ou destas para aqueles que trabalham na controladora ou coligada, ou mesmo para aqueles que trabalham em controladas distintas. Ou seja, uma vez atendida a ideia central segundo a qual o benefício visa estimular o esforço de criação de valor para o grupo de companhias como um todo, bem como a fidelização dos administradores e empregados, os objetivos da opção de venda foram atendidos, vez que estão sendo atendidos os princípios da livre contratação entre partes capazes.

5.9.2 O prazo para o exercício

Este mecanismo consiste na oferta privada de opções de venda, dirigida a um público específico, formado por pessoas ligadas direta ou indiretamente a determinados interesses econômicos e de fidelização para com a companhia ofertante, de acordo com a previsão estatutária e nos termos da aprovação dos acionistas reunidos em assembleia geral. Por ser uma oferta privada, não está restrita às normas exigidas pelas bolsas de valores, dentro de seu poder de autorregulação, tais como o prazo de vencimento para o exercício da opção, dentre as regras de padronização por elas normalmente estabelecidas. Isso significa que a companhia ofertante estabelece as regras, que serão ou não aceitas pelos destinatários, observando-se, entretanto, os regramentos emanados da CVM em face dos limites de manutenção das ações em tesouraria, cláusulas excludentes ou não do direito de preferência, preço de mercado, etc.

No que tange ao prazo para o exercício da opção, não seria razoável imaginar-se que esta seja ofertada sem que haja um termo final para sua aquisição, ou sem que haja prazo para seu exercício, não obstante isso seja legalmente possível se for contratado entre as partes. Dois cuidados devem ser tomados quanto a tal liberdade contratual. O primeiro será tornar muito claras as regras sobre o momento do exercício, a fim de se evitar a utilização de informação privilegiada ou qualquer desvio de função por parte do exercente, na medida em que ele está direta ou indiretamente ligado à companhia ofertante. O mais comum e razoável é que a companhia estabeleça um prazo tanto para a aquisição da opção como para o seu exercício — ambos vinculados à disponibilidade de informações ao mercado, visando à formação equitativa do preço da ação. O segundo ponto importante, e válido para todas as ofertas, é o cuidado para que não haja cláusulas potestativas entre as partes contratantes, que, se provadas, terão o condão de anular o negócio entre a ofertante e o ofertado. Tais situações podem ocorrer com o estabelecimento de regras por demais restritivas quanto a transmissibilidade das ações já exercidas, ou quanto aos resultados a serem atingidos ao longo do tempo, etc.

O prazo de aquisição da opção ou de seu exercício normalmente se dá com o estabelecimento de um lapso de tempo entre dois intervalos em cada uma das fases do contrato, conforme estabelecido na oferta. Uma vez adquirido o direito à opção, passa a decorrer a contagem de prazo para seu exercício, prazo esse suspensivo de direitos que flui até a aquisição da ação. Este último lapso de tempo pode ser contratado de duas maneiras. A primeira, mais comum, dá ao adquirente o direito de exercer a opção até determinada data. A segunda estabelece restrições ao exercício antes de determinada data. Pode a companhia ofertante estabelecer regras para que, uma vez exercida a opção, o agora acionista só possa dispor das ações dentro de uma alienação parcelada no tempo, com o intuito de se evitar, pelo excesso de oferta junto ao mercado, a depreciação do valor mobiliário.

Os detentores das opções adquirem um direito que pode ou não ser exercido e, em não o fazendo, perdem o prêmio com as expectativas financeiras a ele oferecidas. Porém, uma vez exercido, deixando de ser opcionante e passando à condição de acionista, a ele se agregam todos os direitos e deveres, inclusive o de pagar o preço da aquisição, nas condições e termos constantes da oferta por ele aceita. Isso significa que, se a aquisição for feita com pagamento parcelado, aplicar-se-ão, caso deixe de honrar o adimplemento obrigacional, as regras do acionista subscritor remisso previstas na legislação das companhias.

Existe, entretanto, a possibilidade de que, antes do exercício, o adquirente tenha seu vínculo de trabalho rescindido, ou seja, de que seja afastado da companhia, ou, se terceiro, de que a ela já não mais preste serviços. Nestas situações, a perda do direito ao exercício da opção dependerá fundamentalmente das disposições pelas quais a companhia se obrigou e que foram aceitas pelo beneficiário. Se empregado, a opção será exercível se foi despedido sem justa causa. Se o detentor da opção era conselheiro ou diretor da companhia e não mais o for quando do exercício, a permanência ou não do direito dependerá da situação fática ocasionadora da demissão ou do abandono do cargo.

5.9.3 A *stock option* pode ser considerada remuneração?

Sobre este aspecto será importante dividir nitidamente as duas fases. A primeira consiste na aquisição do contrato de opção, a qual se dá pelo pagamento por um direito que poderá ou não ser exercido. Na segunda, mesmo que a compra possa se dar por valor que beneficie o adquirente, este não a exerce — isso porque, pela própria lógica contratual, uma vez não exercido o direito desaparece do mundo jurídico, ou, na linguagem de mercado, "vira pó". Porém, o mesmo raciocínio não é aplicável quando a opção é exercida por preço inferior ao praticado no mercado secundário, situação na qual a autoridade tributária pode entender que houve a percepção de ganho de capital, o qual poderá ser considerado como rendimento tributável, no momento da venda do valor mobiliário, ou como salário indireto. Na primeira situação, o ganho seria tributável quando da venda da ação; já na segunda, poder-se-ia entender que o tributo será devido na declaração do exercício seguinte ao do exercício do plano de aquisição incentivado das ações.

Ressalte-se, também, que o termo "valor de mercado" tem que ser utilizado com o devido cuidado. Para tanto, deve-se levar em consideração o número e o volume de transações diárias daquela ação formadora do preço, em face, inclusive, da liquidez que apresente. É fato conhecido no mercado de ações que a pouca liquidez é elemento capaz de desclassificar a avaliação do preço de mercado para o cálculo de eventual ganho ou prejuízo ocorrido quando da venda da ação resultante do exercício de uma opção ofertada restritamente, dada a facilidade com que se poderia manipular o mercado secundário daquela dada ação.

5.9.4 Criação e oferta dos contratos de opção

A Lei das Companhias brasileira prevê, dentro da grande abertura contida no parágrafo 3º do artigo 168, a possibilidade de criação — pressupondo a existência de ações de tesouraria — da oferta de opções de venda de ações aos administradores, empregados da companhia, pessoas naturais que prestem serviços à companhia ou a sociedades controladas pela ofertante.

A criação da oferta futura para subscrição de ações tem que passar por dois estágios distintos previstos em nossa legislação. O primeiro é a criação da possibilidade da oferta, dentro dos parâmetros estabelecidos pelos acionistas votantes. O segundo estágio é a aprovação de cada oferta em concreto, com o detalhamento, pela assembleia geral de acionistas, de quantas opções serão ofertadas, a quem serão ofertadas, quais os prazos de exercício, valores da oferta, etc. Usualmente, a deliberação dos sócios será baseada em uma proposta produzida pelo conselho de administração, com a respectiva justificativa. Os acionistas devem obter do conselho de administração e da diretoria da companhia todas as informações que julguem necessárias à sua deliberação, inclusive com a contratação de opinião externa, que mostre a correlação do custo no qual a sociedade incorrerá em face da expectativa de criação de valor esperado. Devem os acionistas, inclusive os não votantes, examinar se aqueles que receberam os benefícios atingiram os resultados esperados para a companhia.

O contrato de opção, nos moldes estabelecidos por nossa legislação societária, se caracteriza por ser uma oferta dirigida a terceiros qualificados pela assembleia geral (*intuitu personae*), que se dá no limite do estatuto social e das disponibilidades existentes com as ações constantes do capital autorizado, ao qual se somam as ações de tesouraria eventualmente existentes.

Embora o contrato de opção seja ofertado a universo certo e determinado, podem, durante a sua vigência, ocorrer situações que tendam a transferir o direito a terceiro não detentor dos predicados para sua aquisição quando da oferta inicial. Tal situação ocorrerá, por exemplo, em caso de falecimento do adquirente da opção ou, se permitido pelo estatuto social ou em deliberação de assembleia, no caso da alienação desse direito a um terceiro que, à época da subscrição, não preencha tais qualificações. A solução para tais situações dependerá fundamentalmente das cláusulas ou das obrigações contratadas quando da oferta e aceitação. Ou seja, a oferta é quase sempre acompanhada de condicionantes, tais como a permanência no emprego, o atingimento de determinados resultados ou a não prestação de serviços a empresas concorrentes, etc. Assim sendo, a condição para o exercício da opção ou para a validade da oferta antes do seu exercício é o cumprimento do acordo de vontades livremente estabelecido. Todas essas condicionantes existem até o momento do exercício da opção. A partir deste momento, passa o antigo detentor da opção à nova condição de acionista pleno, detentor de um novo conjunto de direitos e deveres inerentes ao acionista.

A controvérsia pode permanecer nos casos em que a oferta do contrato de opção se dê, por exemplo, àqueles funcionários ou administradores aposentados a fim de que não venham a prestar serviços a concorrentes, na medida em que são detentores de conhecimento de situações ou processos administrativos que devam ser mantidos fora do alcance de terceiros. Novamente, assumem papel vital as cláusulas constantes do contrato entre ofertante e aceitante, tomando-se a devida cautela para não se cair em situações caracterizadoras do direito potestativo, válido tal cuidado para ambas as partes contratantes.

A opção de venda criada pelas regras estatutárias usualmente prevê um prazo para sua aquisição, bem como outro para o seu exercício. Porém, muito embora estranho ao mundo empresarial, nada impede que a oferta possa ser exercida por prazo indeterminado. O cuidado a ser observado quando do exercício é o da transparência nas relações da companhia para com o mercado, principalmente quanto ao fluxo de informações necessárias a que se evite a utilização de informação privilegiada por parte do beneficiário.

5.9.5 A quem ofertar

No caso brasileiro, a oferta de opção de compra de ações usualmente se dá quando a empresa atinge determinado tamanho, ou mais frequentemente quando o patriarca criador da companhia entende que, na busca de solução para seus problemas sucessórios, é necessário buscar junto ao mercado gestores profissionais que venham a assumir as diretorias da sociedade, elevando os fundadores ou seus herdeiros para o conselho de administração.

Nas companhias de capital bem pulverizado, ou naquelas que queiram mostrar ao mercado seu compromisso com a boa gestão, as assembleias conduzem ao conselho de administração conselheiros independentes, prática esta valorizada pelo mercado e que permite à companhia participar do Novo Mercado. Isso porque tais pessoas não devem ser nem acionistas nem pertencentes direta ou indiretamente ao grupo de controle. A expectativa com relação a tais conselheiros é a de que, por não serem acionistas ou não pertencerem ao eventual grupo de controle, tenham um comportamento e uma diligência somente em prol da companhia, contentando-se com sua paga por tal desempenho. Porém, como já visto acima, pela Lei das Companhias inexiste qualquer limitação a que os membros do conselho de administração, parcialmente ou em sua totalidade, sejam acionistas da companhia.

A lei brasileira estabelece uma lista limitativa daqueles que eventualmente possam ser sujeitos da oferta restrita. Assim, a oferta do contrato de opções nasce de ato unilateral da companhia dirigido a público certo e restrito e não gera direitos e obrigações até o momento em que ocorra a sua aceitação. De um lado, o ofertado é absolutamente livre para aceitar ou não o preço e as condições para sua aquisição. De outro lado, a oferta depende exclusivamente da vontade da companhia ofertante, a qual tem liberdade para estabelecer suas regras e condições, bem como quem são os funcionários e/ou administradores ou terceiros que com ela se relacionem aos quais ela busca dar incentivos. Certamente, e na medida em que a companhia busca com tal ação aprimorar o relacionamento entre ela e determinada faixa de pessoas, tudo conspira para que o processo seja absolutamente transparente, inclusive para efeito de avaliação dos acionistas da companhia, bem como para o mercado em geral.

5.9.6 A *stock option* é uma operação privada

A opção de venda de ações a pessoas determinadas com as quais a companhia tenha interesse em criar um vínculo preferencial é necessariamente uma operação privada. De outro lado, o mecanismo das ações de tesouraria é destinado a realizar determinadas operações junto a mercado secundário. A nossa legislação contempla as duas possibilidades. Talvez querendo economizar tempo, as companhias têm usualmente ofertado opções de ações a um público alvo, destinando as ações de tesouraria ao exercício da opção no momento contratado. Tal mecanismo pode apresentar incompatibilidades desnecessárias quando do pedido de autorização junto à CVM, como se verifica na didática decisão do caso apresentado pela São Paulo Alpargatas S.A.[97]

> Trata-se de solicitação de *autorização especial* para realização de operações privadas com ações mantidas em tesouraria [...] no âmbito de um "Plano de Opção de Compra de Ações" (o "Plano"), a ser oferecido a administradores e funcionários da Companhia como "um plano de incentivo de longo prazo", com o objetivo de "promover o melhor alinhamento possível de interesses entre os acionistas e os administradores".
> Tal pedido se faz necessário em razão da proibição de negociações privadas com as próprias ações pela companhia, estabelecida pelo art. 9º da Instrução CVM 10/80, e se baseia na possibilidade prevista no art. 23 da mesma Instrução, de autorização de tais negociações pela CVM.

Em seu voto vencedor, o então Diretor Marcelo F. Trindade decidiu que:

> O art. 23 da Instrução CVM 10/80, respaldado no § 2º do art. 30 da Lei 6.404/76, atribui à CVM poder para conceder a autorização de realização de operações com as próprias ações, e privadas, solicitada pela requerente. Segundo o referido art. 23, tal autorização pode ser dada "em casos especiais e plenamente circunstanciados".
> A circunstância a que se refere a norma citada seria, no caso, o Plano de Opção de Compra de Ações que a SPASA pretende implantar, o qual se fundamenta, por sua vez, no objetivo declarado pela Companhia, isto é, "promover o melhor alinhamento possível de interesses entre os acionistas e os administradores".
> [...]
> Verifica-se, então, que os requisitos legais para a adoção de um plano de opção de compra de ações são (i) a previsão estatutária de capital autorizado, (ii) o respeito aos limites desse mesmo capital autorizado; (iii) a aprovação em assembléia geral; e (iv) ter o plano como destinatários os "administradores ou empregados, ou pessoas naturais que prestem serviços à companhia ou à sociedade sob seu controle".
> A diferença entre essa hipótese legal e aquela objeto do requerimento está em que, como acontece freqüentemente, as ações a serem utilizadas serão preferencialmente as já existentes em tesouraria da companhia, sem necessidade, a princípio, de emissão de ações em aumento de capital. Daí a necessidade de enquadramento do Plano aos ditames da Instrução CVM 10/80.
> No exame delegado à CVM pela lei e pelo art. 23 da citada Instrução, cumpre a esta autarquia verificar, segundo me parece: (a) se os requisitos do § 3º do art. 168 estão

---

97. Processo CVM n. RJ2001/8489.

atendidos; e (b) se há excesso dos limites quantitativos impostos pela Instrução, quanto à possibilidade de negociação com as próprias ações. Isso, sem prejuízo de se adotar providências se vislumbrada a violação de dispositivos legais ou regulamentares.

No caso concreto, como se viu, a SEP manifestou entendimento de que a autorização não deve ser concedida por algumas razões.

[...]

Incidência da Instrução CVM 323/00

Em primeiro lugar, segundo a SEP, teria faltado a "caracterização plena do efetivo comprometimento dos administradores beneficiários do plano com a obtenção de resultados da companhia" (fls. 85), o que, segundo a análise da área técnica, revelaria que os termos do Plano "não são suficientes...para satisfazer as exigências do inciso XII do art. 1º da Instrução CVM n. 323 de forma a não caracterizar a operação como modalidade de exercício abusivo do poder de controle de companhia aberta" (fls. 84).

O comprometimento dos beneficiários com o resultado da companhia, que é da essência dos *stock options plans*, e está mesmo na sua gênese, decorre exatamente do fato dos beneficiários receberem ações de emissão da companhia, cujo preço de aquisição é fixado com base em cotações de bolsa em período muito anterior ao momento do exercício da opção — no caso concreto, a primeira tranche de ações (20% do Plano) pode ser adquirida apenas a partir do 24º mês de vigência do Plano.

Portanto, aos beneficiários a opção será tanto mais vantajosa quanto maior a diferença entre o preço de seu exercício e o de mercado das ações, no momento do mesmo exercício. Dessa correlação necessária é que se extrai a presunção de comprometimento dos beneficiários com o desempenho e o aumento do valor da companhia, o qual também se supõe venha a estar refletido na cotação das ações no momento do exercício da opção, e mesmo depois dele.

Logo, o que se deve evitar é a criação de planos de opções que assegurem a seus beneficiários a obtenção de uma remuneração pura e simples e a certeza do recebimento das ações como forma de remuneração fixa, independentemente do desempenho da companhia, não obstante a possibilidade de se utilizar ações de emissão da companhia como forma de pagamento de bônus aos administradores.

Dizendo-o de outro modo: para que se possa afirmar, como quer a Instrução CVM 323/00, que falta o comprometimento do beneficiário do Plano, é preciso que neste se encontre alguma disposição que elida o risco dos beneficiários, através da manipulação ou fixação favorecida do preço do exercício das opções ou do preço de negociação das ações, depois do exercício das opções.

Como exemplo da primeira forma de elisão do risco, poder-se-ia imaginar uma cláusula do plano de opções que determine a apuração do preço de exercício como o preço de mercado no momento do exercício, descontado de um certo percentual; como exemplo da segunda espécie de fraude imagine-se a disposição segundo a qual a companhia se obrigasse a adquirir as ações por um determinado preço após o exercício da opção, qualquer que fosse a cotação de mercado.

Nada disto ocorre no caso concreto, a meu juízo, pois:

i. o momento do exercício da opção não fica a exclusivo critério dos beneficiários, sendo estabelecidas previamente as datas de exercício, e as quantidades a serem adquiridas em tais datas, com antecedência de dois anos para o exercício da primeira tranche da opção [...] — o que indica que o risco inerente aos planos de opção está preservado;
ii. o preço de exercício das opções de compra pelos beneficiários é estabelecido com base nas médias, ponderadas por volumes, das cotações das ações da companhia nos 60 (sessenta) pregões anteriores à data de aprovação de cada programa anual, de sorte que o preço será apurado antes da concessão da opção, e permanecerá imutável (salvo por correção monetária) até os momentos de exercício das opções de compra pelos beneficiários — do que decorre que o benefício não é previamente garantido, mas, ao contrário, somente surgirá com a valorização posterior das ações; e
iii. a companhia não está obrigada a recomprar as ações, tendo apenas o direito de preferência no caso de alienação pelos beneficiários — o que colabora para preservar o interesse do beneficiário na existência de um mercado ativo e de cotações justas.
Assim, parece-me insustentável a primeira objeção da SEP, pois enxergo claramente nas disposições do Plano a preservação do risco e do comprometimento dos beneficiários com o desempenho da companhia, representado pela cotação de suas ações.
Direito de preferência
Além disto, como se viu, pareceu à SEP (fls. 85) que a cláusula que concede à companhia direito de preferência para a recompra das ações objeto do Plano, em igualdade de condições com terceiros, (i) "neutraliza o possível benefício para os acionistas da companhia na medida em que não aumenta a liquidez das ações", além de (ii) tratar-se "de operação com parte relacionada com alto grau de potencial conflito de interesse" e (iii) configurar "uma 'forma' de acordo de acionistas, além de dar a alguns acionistas (os administradores) direitos não estendidos a todo o corpo acionário da companhia (prática não eqüitativa)".
Quanto ao primeiro argumento, assim como àquele referido pela GEA-3, segundo o qual tratar-se-ia de uma "prática anti-difusão" (fls. 83), quer me parecer que nenhum plano de opção de compra de ações por administradores tem por requisito de validade a garantia do aumento da liquidez das ações da companhia. Tampouco esse aumento de liquidez é uma das finalidades de quaisquer planos dessa espécie, que visam, como se sabe, à remuneração dos beneficiários de maneira vinculada aos resultados da companhia refletidos na valorização das ações de sua emissão.
Na verdade, um plano de opção de compra de ações pode ter apenas indireta e lateralmente efeitos sobre a liquidez das ações — pelo incremento do número de ações em circulação —, mas certamente se trata de assunto irrelevante, se comparado à finalidade do plano.
O segundo argumento, relativo à existência de uma operação entre partes relacionadas, tem sua improcedência confirmada, a meu sentir, pela própria Lei 6.404/76, pois tais operações são consideradas válidas pela lei, desde que realizadas em condições eqüitativas e de mercado (arts. 156 e 117, 'f').
Isto quer dizer, portanto, que se o referido direito de preferência vier a ser exercitado — o que poderá ocorrer, na forma do Plano, "no caso de alienação direta ou indireta dessas

ações a terceiros, pelo mesmo preço e condições de pagamento oferecidos pelo terceiro interessado ao Beneficiário" (fls. 09) —, os acionistas controladores e administradores estarão submetidos a todos os deveres de lealdade e de atuação no interesse da companhia previstos em lei.

Sendo assim, a aquisição de ações por exercício de direito de preferência dar-se-á necessariamente em condições de mercado, e no interesse da companhia, sob pena de os controladores e administradores, como em qualquer outro negócio entre eles e a companhia, cometerem ato de violação dos deveres de lealdade, e de abuso de poder.

É nesse contexto que perde relevância a alegação da SEP no sentido de que o exercício do direito de preferência caracterizaria "operação com parte relacionada com alto grau de potencial conflito de interesse" (fls. 85), pois tais operações, a teor do que dispõem os arts. 156 e 117, "f", da Lei 6.404/76, podem realizar-se, desde que em condições razoáveis ou eqüitativas, idênticas às que prevalecem no mercado ou em que a companhia contrataria com terceiros.

Resta analisar o terceiro argumento atinente à cláusula de preferência, no sentido de que tal cláusula constituiria "uma forma de acordo de acionistas, além de dar a alguns acionistas (os administradores) direitos não estendidos a todo o corpo acionário da companhia (prática não eqüitativa)".

Quanto a tratar-se, no caso, de acordo de acionistas — o que é bastante duvidoso, dado que o titular da preferência é a companhia emissora das ações —, considero desnecessário enfrentar a questão sobre ser esta a natureza jurídica da cláusula em exame, pois ainda que de acordo se tratasse seria perfeitamente lícito e típico, na forma do art. 118 da Lei 6.404/76, que refere expressamente ao direito de preferência.

Quanto à não extensão dos mesmos "direitos" a todo o "corpo acionário" da companhia, o equívoco me parece ainda mais agudo, pois, a uma, não se trata de direito, e sim de restrição ao direito do acionista de livremente negociar suas ações, concedendo direito de preferência a terceiro, e, a duas, não há regra legal (nem regulamentar) que imponha a extensão de direitos assegurados em acordo de acionistas a todo "corpo acionário".

A bem da verdade, se a presunção da SEP prevalecesse, os acordos de acionistas levariam necessariamente a alterações estatutárias, pois a forma de estender tais "direitos" (*rectius*, obrigações) a todos os acionistas é a de incluí-los em disposição estatutária — o que no caso levaria à paradoxal situação de um estatuto ilegal, pois, como é de corrente sabença, o art. 36 da Lei das S.A. somente permite restrições estatutárias à circulação de ações em companhias fechadas.

Cessão do direito de preferência

A GEA-3 opõe-se também à cláusula do Plano que permite a cessão, pela companhia, do direito de preferência antes referido, na hipótese de estar esgotado o limite de aquisição de próprias ações pela requerente.

Em primeiro lugar, é de anotar-se que a própria GEA-3 chama a atenção para o fato de que tal cessão não foi objeto de expresso pedido de aprovação pela CVM. E, a meu juízo, tal negócio realmente prescinde da aprovação desta autarquia, pois não se trata de negociação com as próprias ações, mas sim de direito de preferência sobre elas, não consubstanciado em valor mobiliário conversível em ações. Entendo, por isto, que não se trata de hipótese submetida às disposições da Instrução 10/80.

Contudo, mesmo que assim não fosse, o argumento da GEA-3, de que a cessão "estaria colocando o grupo controlador em posição de manipular participações", peca, ao meu ver, pelo mesmo vício do argumento relativo ao próprio exercício do direito de preferência, além de confundir a cessão pela companhia com negócios do controlador.

A cessão em referência, insista-se, como qualquer negócio deliberado pelos acionistas ou administradores, deve sê-lo com atenção aos deveres legais, e o controle de sua retidão se faz *a posteriori* — sem prejuízo dos impedimentos de voto e deliberação previstos em lei.

Tag along

Por fim, quanto à observação da GEA-3 de que "o item 20 do plano... propõe a criação de um direito de 'tag along' exclusivo para os beneficiários das opções o que, uma vez mais, os coloca em posição diferente dos demais acionistas" (fls. 84), reitero os argumentos que expendi acima, ao tratar do direito de preferência, dado que, aqui como lá, não se trata de negociação com as próprias ações — mas sim de concessão de benefício pelo controlador aos administradores —, e se está enxergando um inexistente direito de todos os acionistas à celebração de acordos de acionistas em idênticas condições daqueles celebrados pelos acionistas controladores, ou pelos administradores, o que não se coaduna nem com a lei nem com a estrutura mesma das companhias.

Conclusão

Por todas as razões expostas, voto no sentido de conceder-se as autorizações requeridas pela São Paulo Alpargatas S/A, nos termos das minutas por ela apresentadas, sem prejuízo, como é óbvio, (i) da cabível divulgação dos fatos relevantes ligados aos planos de opção que vierem a ser iniciados, (ii) das cabíveis notas explicativas às demonstrações financeiras, relativas ao mesmo tema, e (iii) da eventual apuração, nos momentos próprios, de quaisquer irregularidades que venham a ser verificadas na realização dos negócios privados decorrentes do plano.

5.9.7 A recompra de ações adquiridas por *stock option*

Usualmente, a companhia, ao ofertar a venda das opções ao universo determinado de seus colaboradores, o faz outorgando gratuitamente os direitos inerentes às opções ou, se julgar conveniente, por um preço convidativo. Já o preço de exercício é fixado com um desconto sobre aquele praticado pelo mercado. De tal mecanismo resulta que o benefício aparecerá, quando do exercício, se o preço de mercado for maior do que o pagamento pela aquisição da ação, proporcionando o ganho ainda não realizado. De outro lado, a *stock option* só se justifica se for baseada no desempenho positivo no exercício anterior, de acordo com as condicionantes de desempenho futuro estabelecido quando da oferta.

As discussões junto à CVM quanto à utilização do mecanismo da *stock option* com ações de tesouraria confrontam a Instrução CVM n. 10/1980 (consolidada) com as regras mais elásticas, constantes da Lei das Companhias, sobre os limites da emissão de ações na sistemática do capital autorizado. Esta divergência poderá ocorrer na outorga da opção, no exercício da opção ou, finalmente, quando a companhia emitente se propõe a recomprar as ações objeto da opção incentivada, sendo o preço de exercício diferente daquele praticado pelo mercado, contrariando o disposto no artigo 12 da referida Instrução. Esta situação pode ocorrer na medida em que a *stock option* é uma operação privada destinada a público determinado, ao passo que as regras que regem a negociação com ações de tesouraria foram costuradas para agasalhar operações com oferta pública de compra ou de venda de ações da própria companhia.[98]

A dificuldade surge fundamentalmente porque as companhias têm utilizado o mecanismo das ações de tesouraria para incentivar ou fidelizar determinados colaboradores. Dentro do leque de vantagens oferecidas está a aquisição das ações pela própria companhia, predeterminando-se o preço do exercício de venda, ou mesmo, se for o caso, de recompra. Quando do momento do exercício da recompra, a companhia verifica que o valor junto ao mercado secundário está inferior àquele pactuado quando da oferta da *stock option*, gerando a necessidade de pedir à autarquia a possibilidade de ser considerada como um "caso especial", nos termos do artigo 23 mesma da Instrução n. 10/1980. Isso porque, qualquer que seja o preço no momento do exercício da recompra pactuada, estaremos diante de uma transação privada, não passando sua negociação por qualquer das modalidades de leilão junto ao mercado secundário. Essa característica de transação privada contraria expressamente normas da Instrução em questão, dependendo, para sua realização, de autorização prévia da CVM, a qual, se concedida, o será com base na excepcionalidade prevista no artigo 23 da Instrução.

Essa foi a situação da Santista Têxtil, que, na busca de reter seus melhores colaboradores estratégicos, pretendeu implantar um plano de opção de venda de ações de tesouraria — portanto, em operação privada —, aos escolhidos pela companhia, bem como ter o direito de preferência para recomprar tais ações. O plano de opção foi aprovado pelo conselho de administração e pela assembleia de acionistas, tendo sido incluída nas deliberações a compra de ações a mercado para que permanecessem em tesouraria. Chegado o momento do exercício da opção, a empresa pediu à CVM autorização para tanto, na medida em que a situação, nos termos do artigo 23 da Instrução CVM n. 10/1980, seria um "caso especial", haja visto que a venda e a eventual recompra ocorreriam fora do mercado secundário, e a recompra por preço diferente do lá praticado. Nesse sentido, decidiu a CVM que:

---

98. A Instrução CVM n. 10/1980 "dispõe sobre a aquisição por companhia aberta de ações de sua própria emissão, para cancelamento ou permanência em tesouraria, e respectiva alienação". Em seu art. 12, dispõe que "O preço de aquisição das ações não poderá ser superior ao valor de mercado".

[...] 12. No caso, o preço de exercício é fixado no início de cada ciclo tomando por base a cotação média das ações verificada nos últimos 60 dias anteriores, é estabelecida a carência de 2 anos para o início do exercício das opções e estipulado o limite anual de 20%.
13. Quanto ao exercício do direito de preferência pela companhia, as regras estabelecem, por sua vez, que a companhia terá o direito de adquirir do beneficiário do plano as ações pelo mesmo preço e condições oferecidos por terceiros e, em caso de venda em bolsa de valores, pela cotação de fechamento no pregão imediatamente anterior à data do exercício do direito de preferência.
14. Como se vê, o plano de opções de compra não deixa a exclusivo critério do participante o momento para o exercício da opção e [a] venda pressupõe a efetiva obtenção de resultados, não violando, em princípio, nenhum preceito legal ou regulamentar.

Com base em tais fatos, a Diretora relatora Norma Jonssen Parente liderou o voto vencedor no sentido de que:

[...] 17. Ante o exposto, VOTO no sentido de conceder a autorização para que a companhia venda em operação privada ações de sua própria emissão mantidas em tesouraria aos beneficiários do plano, bem como recompre essas ações em caso de exercício do direito de preferência, devendo, ainda, ser atendidas as exigências da SEP [...], dentre as quais cabe destacar a necessidade de divulgação do plano em notas explicativas às demonstrações financeiras (DP e ITR) e no formulário eletrônico IAN com o objetivo de oferecer aos investidores a maior transparência possível, bem como as que eventualmente vierem a ser feitas relativas ao plano propriamente dito.[99]

5.9.8 Recompra por falta de liquidez

Situação distinta da anterior foi a apresentada pela Brazilian Finance Real State S.A.,[100] que requereu e obteve o registro de companhia de capital aberto junto à CVM, ocasião em que lançou concomitantemente um plano de opção de venda de ações de tesouraria a determinadas pessoas relevantes para a companhia. Entretanto, devido a circunstâncias de mercado, nunca realizou qualquer oferta pública de ações. As ações da companhia, muito embora registrada junto à BM&FBovespa, não tinham qualquer liquidez junto ao mercado secundário, já que não estavam sendo negociadas no pregão da instituição. Tal plano, lançado dois anos antes da análise do caso pela CVM, estava na iminência de atingir o prazo limite para o exercício da compra das opções, sob pena da extinção desse direito. Ademais, a companhia pretendia recomprar as ações que seus administradores ou acionistas controladores quisessem vender, para manutenção em tesouraria.

---

99. Processo CVM n. RJ2002/2935.
100. Processo CVM n. RJ2011/3656.

Tal recompra é motivada para evitar a dispersão de suas ações, enquanto não for realizada a oferta pública, bem como oferecer liquidez para as ações detidas por seus administradores. Para tanto, o preço de aquisição aplicaria a mesma metodologia usada para o cálculo do valor da ação quando da apresentação de suas duas propostas frustradas de oferta pública ao mercado.

Em sua decisão, entendeu o Colegiado da Autarquia autorizar a aquisição das ações, restrita àquelas constantes do plano de venda anteriormente contratado, levando em consideração o voto do Diretor relator Otavio Iazbeck, no sentido de que:

1. O elemento determinante para a concessão da autorização recai, em última análise, na caracterização do caso concreto acima descrito como "especial e plenamente circunstanciado" [...].
2. A análise da jurisprudência administrativa da CVM é um bom exercício preliminar nesse sentido. Ela tem reconhecido como casos especiais e circunstanciados, por exemplo, hipóteses em que a companhia necessita adquirir suas próprias ações para a implementação de planos de opções de compra [...] e, de um modo geral, casos em que a aquisição decorre de situações muito específicas, que se apresentam no dia-a-dia das empresas e que seriam capazes de justificar o afastamento do regime protetivo geral, criado pela regulação. [...].
3. No caso em tela, a Companhia aprovou Plano de Opção de Compra de Ações no âmbito de um projeto mais amplo, que envolvia também a posterior oferta pública de distribuição de ações. Com o incremento à negociabilidade que daí adviria, os beneficiários do Plano poderiam alienar suas ações em mercado, como sói acontecer em planos dessa natureza. Ocorre, porém, que, por mais de uma vez, a Companhia abriu mão de distribuir publicamente ações de sua emissão, inicialmente em 2007 e depois em 2009, em razão da situação do mercado naquelas ocasiões.
4. Desta opção decorre que os administradores beneficiários daquele Plano aprovado no âmbito de realização das ofertas acabaram por ficar sem liquidez para suas ações. E é fundamentalmente com base neste motivo que a Companhia vem à CVM postular a autorização para adquirir as ações de titularidade daqueles administradores.
5. Ao lado desse pretexto, e naquilo que, para mim, parece ser uma finalidade secundária, a Companhia esclarece, ainda, que tem a intenção de evitar a dispersão de sua base acionária enquanto não for realizada uma oferta pública de ações.
6. Considero esta uma finalidade secundária porque, para mim, nela não se encontra aquele caráter de excepcionalidade que deveria justificar a autorização a que faz referência o art. 23. Aparentemente, a Companhia já assumiu como aceitável a dispersão gerada pela distribuição de suas ações aos beneficiários do Plano, que são seus administradores ou administradores de suas controladas. Mais do que isso, se as ações não são negociadas em mercado, a dispersão que pode daí decorrer, em um segundo momento, é também relativamente limitada. Parece-me, assim, que tal argumento apenas veio a fim de que se possa incluir, no rol das ações passíveis de aquisição, também aquelas

que, como se esclareceu no relatório, um de seus administradores pretende adquirir de um dos atuais acionistas.

7. [...] Parece-me que [...] encontramos um caso especial e plenamente circunstanciado, tal qual exigido pelo *caput* do art. 23 da Instrução CVM n. 10/80 — a Companhia entregou ações aos seus administradores na expectativa de que estes, como ocorre em planos de tal ordem, pudessem alienar aquelas ações em mercado. Por motivos outros, contudo, a distribuição pública de ações acabou não ocorrendo e os títulos não apenas não ganharam liquidez, como se pode afirmar que eles, em verdade, nem mesmo se tornaram plenamente negociáveis. Entendo razoável, no caso específico que se descreveu nos autos, que a própria Companhia ofereça a possibilidade de recompra daquelas ações, desde que observados os demais requisitos legais e regulamentares para tal.

8. [...] Com efeito, a outorga da autorização pleiteada se impõe quando se considera que (i) a Companhia, a despeito de registrada como emissora na categoria A, não possui valores mobiliários de sua emissão negociados em mercados regulamentados; (ii) todos os acionistas e administradores concordam com a negociação privada ora postulada; (iii) o disposto no art. 2º da Instrução CVM n. 10/80 seria observado; e (iv) inexistem indícios de que a recompra de ações comprometeria a situação patrimonial da empresa. [...]

10. Por fim, entendo que a permissão para recompra de ações dos administradores, no presente caso, não deve se estender a outras ações, que não se tenham adquirido em razão do Plano. Destaco este ponto porque apenas no caso do Plano consigo vislumbrar aquele caráter especial e as circunstâncias específicas necessárias, exigidos pelo art. 23, para a outorga da autorização. Assim, no caso da aquisição de ações que um administrador tenha adquirido de um dos atuais acionistas [...], a autorização postulada não deve ser concedida. Esta negativa decorre não apenas do não reconhecimento da necessidade de se evitar maior dispersão como argumento de suporte ao pleito apresentado, mas também porque, concedida a autorização, se poderia estar permitindo, em última instância, por meio indireto, uma válvula de escape para a realização, pela Companhia, de aquisições não expressamente autorizadas.

Nesta decisão, teria sido importante analisar a competência da CVM para decidir o caso, tendo em vista que a companhia, embora registrada como empresa de capital aberto, não o era de fato, na medida em que não possuía valores mobiliários colocados junto ao público. Ou seja, não havia acionista de mercado a ser defendido pelos princípios emanados da Instrução n. 10/1980, muito menos havia mercado secundário objeto de informação ou proteção. Pela inexistência do público alvo de proteção da Comissão, objeto fundamental que justifica sua existência, teria sido melhor ter decidido que faltaria conteúdo para que se decidisse se as ações poderiam ser adquiridas e colocadas em tesouraria. A operação era, de fato, uma operação privada em uma companhia de fato de capital fechado. Possuía a companhia a primeira condição para ofertar suas ações ao público, mas não tinha a condição necessária, que seria o registro de emissão. No final, o resultado para a companhia foi o mesmo, perdendo-se a oportunidade para se discutir se e por que seria de se aplicar a Instrução n. 10/1980 para uma sociedade que se encontrava no limbo, já que era, de fato, uma companhia de "capital fechado".

5.10 Restrições à aquisição de suas próprias ações

A Instrução CVM n. 10/1980 e a Lei das SAs estabelecem restrições quanto aos recursos que podem ser utilizados pela companhia para a aquisição de suas próprias ações para manutenção em tesouraria.[101] Dos cinco impedimentos, dois têm como objetivo manter a higidez do patrimônio líquido da companhia em face do capital social. Tratam, ademais, da indisponibilidade de determinadas reservas, as quais somente podem ser utilizadas para os fins específicos para que foram criadas. É neste contexto que o artigo 2º da Instrução n. 10/1980 estabelece vedação à utilização de reservas obrigatórias ou que ocasionem diminuição do capital social.

Entretanto, deve ser visto que o art. 23 da Instrução permite que a CVM autorize, "previamente, operações da companhia com as próprias ações que não se ajustarem às demais normas desta Instrução". Porém, quando da autorização para a futura execução do programa de recompra de ações para manutenção em tesouraria, as reservas disponíveis já deverão constar do balanço encerrado ao final do exercício social, ou seria suficiente que tais disponibilidades constassem do balanço semestral da companhia? Seria de se perguntar se o atendimento à regra da disponibilidade de reservas para a aquisição das ações se considera como existente somente ao final do exercício social ou se seria permitida a elaboração de um balancete demonstrando a existência das reservas. Nesse sentido, concluiu em seu voto o relator, Diretor Marcos Barbosa Pinto, ao analisar a situação da Redecard S.A.,[102] que:

> [...] 4. Em ofício datado de 9 de maio de 2008, a Superintendência de Relações com Empresas ("SEP") alertou que: i. de acordo com as demonstrações financeiras de 31 de dezembro de 2007, a companhia não possui reserva de lucros além da reserva legal; [...] iii. a desobediência aos comandos da Instrução CVM n. 10/80 importa nulidade do ato e configura infração grave, para os efeitos do art. 11 da Lei n. 6.385, de 7 de dezembro de 1976.

---

101. "Art. 2º – A aquisição, de modo direto ou indireto, de ações de emissão da companhia, para permanência em tesouraria ou cancelamento, é vedada quando: a) importar diminuição do capital social; b) requerer a utilização de recursos superiores ao saldo de lucros ou reservas disponíveis, constantes do último balanço; c) criar por ação ou omissão, direta ou indiretamente, condições artificiais de demanda, oferta ou preço das ações ou envolver práticas não eqüitativas; d) tiver por objeto ações não integralizadas ou pertencentes ao acionista controlador; e) estiver em curso oferta pública de aquisição de suas ações."

102. Processo RJ2008/4587.

5. Em recurso apresentado em 16 de maio de 2008, a companhia argumentou que: [...] iii. a companhia não adquiriu qualquer ação de sua própria emissão e não adquirirá enquanto não forem constituídas as devidas reservas de lucro; e iv. a autorização de compra de ações [dada pela assembléia de acionistas] é válida até o dia 4 de maio de 2009, "tempo suficiente para que a Companhia componha reserva de lucros e possa implementar a recompra aprovada".

6. Em nova manifestação, datada de 29 de maio de 2008, a SEP manteve seu entendimento e concluiu que: i "o plano de recompra de ações da Redecard S.A., aprovado na RCA de 05/05/2008, está em desacordo com o disposto no art. 2º da Instrução CVM n. 10/80, uma vez que não existia lastro à época para a aprovação da operação em questão"; e ii. "o impedimento de realizar a recompra, neste momento, é uma informação bastante relevante, uma vez que pode influenciar a decisão dos seus investidores, sendo cabível a publicação de fato relevante sobre o assunto".

[...]

Razões de voto

[...] 3. Lendo este dispositivo [artigos 30, § 1º, b, e artigo 2º da Lei das Companhias e da Instrução CVM n. 10/1980] com cuidado, percebemos que eles vedam a *aquisição* de ações de emissão da companhia, não a *autorização* para a aquisição, nem a *divulgação* de intenção de realizar futura aquisição. E, de acordo com as informações prestadas pela companhia, não houve até hoje nenhuma aquisição de ações de sua emissão.

4. Além disso, o prazo para a aquisição das ações se encerra apenas no dia 4 de maio de 2009. Há tempo suficiente, portanto, para que a companhia acumule saldo de lucros ou constitua reservas para efetuar as compras previstas no plano de opções.

5. Não acho, ademais, que a eventual impossibilidade de realizar as compras constitua informação relevante a ser divulgada ao mercado, pois ela decorreria da lei e de normas de conhecimento público. A meu ver, não faz nenhum sentido exigir que a companhia publique fato relevante para esclarecer uma vedação legal ou regulamentar.

6 Na realidade, ainda que a consideremos relevante, a informação em questão já está disponível para o mercado, pois a ata da reunião do conselho de administração, que foi devidamente publicada, diz expressamente que as aquisições deverão observar as "disposições do art. 30 da Lei n. 6.404/76 e da Instrução CVM n. 10, de 14.02.1980".

7. Além disso, o saldo de lucros ou reservas pode ser verificado pelos investidores através das demonstrações financeiras divulgadas ao mercado pela companhia.

8. Dessa forma, acolho o recurso da companhia por entender que: i. não houve, até esta data, qualquer infração ao art. 30, §1º, b, da Lei n. 6.404/76 ou à Instrução CVM n. 10/80; e ii. não há, até esta data, nenhum fato relevante pendente de divulgação ao mercado.

O Diretor Eli Loria, em voto divergente, concluiu no sentido de que:

[...] entendo que tanto a deliberação tomada pelos Conselhos de Administração quanto a divulgação para anunciá-las ao mercado [...] estão em desacordo com a regulação vigente, visto que os requisitos para implementação de tal ato não estavam concretizados naquele momento, entendendo correto o posicionamento de não aceitar-se o lucro em formação para efeito do cálculo das reservas disponíveis para recompra de ações pela companhia, em virtude das razões que passarei a discorrer mais adiante, enfatizando o princípio da intangibilidade do capital e a possibilidade de manipulação do mercado em casos da espécie.

[...] O Conselho de Administração da Redecard autorizou a Diretoria da Companhia para que adquirisse, segundo o seu juízo de oportunidade e quantidade [...] ações ordinárias de sua própria emissão, a fim de colocá-las em tesouraria para posterior contemplação do plano de opção de compra de ações aprovado pela Assembléia Geral Extraordinária de 21/12/07. Essa autorização foi concedida em 05/05/08 (fls. 03/04), ocasião em que o saldo da conta de reservas da Companhia não era suficiente para atender os requisitos impostos pelo artigo 30, § 1º, alínea "b", da Lei n. 6.404/76.

[...] O argumento da companhia de que a autorização de compra de ações é válida até 04/05/09, o que seria "tempo suficiente para que a Companhia componha reserva de lucros e possa implementar a recompra aprovada", bem como não ter a companhia adquirido nenhuma ação de sua própria emissão até o momento, a mim não sensibiliza. O eminente Diretor-Relator votou [no sentido de que a legislação] estabelece requisitos apenas para a *aquisição* de ações de emissão da própria Companhia, e não para a sua *autorização* ou *divulgação*.

Dessa forma, no seu entender, a aprovação dada pelo Conselho de Administração estaria de acordo com a legislação vigente, assim como o fato relevante que a notificou ao mercado, já que haveria, ao longo de 2009 (até 04/05/09), tempo suficiente para a Companhia acumular o saldo faltante na conta de reservas, legitimando, assim, a compra das ações pretendidas.

Com a devida vênia ao entendimento do ilustre Relator, sou obrigado a discordar de tal interpretação. Creio que fundamentar a decisão simplesmente nos dispositivos legais que tratam de ações em tesouraria é um equívoco, pois o que está em questão é o conceito da obrigatoriedade de divulgação de "Fato Relevante", consoante art. 157, § 4º, da Lei n. 6.404/76, bem como o impacto da desinformação no mercado de valores mobiliários.

[...]

Dos balanços intermediários

Segundo consta no art. 192 da Lei Societária, as contas de reservas apenas podem receber depósitos ao término do exercício fiscal, quando o lucro líquido final apurado pela Companhia no período é efetivamente encerrado e a sua destinação devidamente deliberada pelos acionistas em AGO (art. 133).

[...] O primeiro aspecto a se destacar é que o balanço intermediário — ou seja, aquele que não é elaborado com a finalidade de encerramento do exercício social, e tão pouco para fins de deliberação quanto ao destino do lucro líquido apurado (art. 132) — *não encerra a conta resultado*. Em outras palavras, o lucro verificado nesse demonstrativo financeiro é apenas indicativo de quanto que a empresa lucrou desde o início do exercício até determinado momento no ano, e pode, justamente por isso, sofrer significativas alterações até o final do exercício social.

Por essa razão, os valores apurados no balanço intermediário são apenas uma fotografia da situação financeira da empresa em um certo período no tempo, não podendo ser utilizado, portanto, como embasamento de um ato que, por lei, requer certeza, qual seja: a negociação de papéis da própria empresa com o saldo da conta de reservas já devidamente constituído.

Ocorre que esse saldo na conta de reservas somente será feito com a deliberação desta matéria em AGO, conforme previsto pela legislação societária, a partir do valor final do lucro líquido (verificável apenas no balanço de encerramento do exercício) e, em outra oportunidade, já me manifestei sobre essa questão, argumentando basicamente que:

"12. [...] o período de um ano é impositivo, ao fim do qual se efetua o "corte" na vida financeira e operacional da sociedade, a fim de se extrair os resultados que servirão para aferir, dentre outros dados integrantes das demonstrações financeiras, a demonstração de lucros ou prejuízos acumulados (art. 186 da LSA). Os elementos que compõem a citada demonstração (incisos I a III do art. 186) só podem ser levantados em definitivo ao fim do exercício. 13. Cumpre destacar, ainda, o específico tratamento contábil que deve ser dispensado ao uso de resultado intermediário. [...] o resultado intermediário apurado não passa, diretamente, a integrar o montante de lucros ou prejuízos acumulados, sendo destacado em conta específica que terá efeito retificador ao fim do exercício, quando se aferirá o efetivo montante que constará dessa demonstração financeira. 14. O Parecer de Orientação CVM n. 12/87, ainda que elaborado no contexto do tratamento de correção monetária de resultados intermediários, é conceitualmente inequívoco nesse sentido: *considerações sobre o resultado intermediário*. O resultado intermediário, como sua própria expressão o define, não é o relativo ao exercício social e, conseqüentemente, não pode ter uma destinação definitiva no balanço intermediário, a não ser quanto a dividendo, se atendidas as exigências legais e estatutárias. Assim, não se constitui a Reserva Legal ou se dá qualquer outra destinação a ele, a não ser de forma provisória. Qualquer utilização dessa natureza do saldo do resultado intermediário deve ser estornada se um resultado adverso no período complementar invalidar tal destinação. No caso de pagamento de dividendos por conta de resultado intermediário, não se deve contabilizá-lo diretamente à conta de Lucros Acumulados, mas sim em conta retificadora especial [...] 15. Só se pode concluir que uma utilização definitiva de resultado ainda em formação contra o capital social é contrária à sistemática contábil da LSA, posto que não há solução para o caso da não confirmação deste resultado ao fim do exercício [...].

O segundo aspecto relevante é que *o balanço intermediário possui uma função fundamentalmente informativa* [...].

Diante do exposto, entendo que o único balanço que pode ser utilizado para fins do art. 30, § 1º, alínea "b", da lei societária, é o de encerramento do exercício por ser este o único apto a indicar o valor definitivo do lucro e, portanto, de prestar o dado essencial para a deliberação dos acionistas no sentido de constituir as reservas necessárias para a negociação com ações próprias, conforme previsto pelo art. 196 da mesma lei.

[...] Ainda que demonstrativos financeiros trimestrais indiquem a existência de lucros suficientes para a composição de reservas futuras (art. 192 da Lei das S.A.), capazes de sustentar a compra das ações sem infração ao *caput* do art. 30 da lei societária, não se

pode deixar de perceber que duas hipóteses podem perfeitamente acorrer: i. o lucro esperado para o final do exercício social não se realizar, em virtude de uma reversão inesperada no mercado ou mesmo da ocorrência de um caso de força maior, reduzindo ou zerando o lucro (e impossibilitando, assim, a constituição de reservas); ou ii. ainda que o lucro se efetive, a AGO a ser realizada nos quatro primeiros meses do exercício social seguinte (em 2009) deliberar por dar uma destinação diversa (ex. distribuição de dividendos) àquela necessária para a aquisição de ações (depósito em conta de reservas).
[...]
Do impacto no mercado
[...] um elemento que se mostra verdadeiro em qualquer situação envolvendo a negociação de ações próprias, seja quando feita a partir da contas de reserva (permitido em lei) ou de ativos diversos (não permitido), é que ela, por elevar a demanda por papéis de emissão da companhia, tende a fazer com que o preço destes suba.
Dessa forma, no momento em que a companhia delibera a compra de ações por ela própria emitidas, mesmo que dentro dos requisitos previstos pelo § 1º do art. 30 da Lei n. 6.404/76, inevitavelmente provocará uma oscilação no preço dos seus papéis durante todo o período no qual a companhia estará adquirindo ações de sua emissão.
Assim, a utilização do mecanismo de recompra de suas próprias ações pelas companhias abertas é utilizado, via de regra, quando, na percepção da Administração, a cotação da ação encontra-se abaixo do valor por ela considerado como justo, tratando-se, portanto, de informação relevante que, aliada à possibilidade de efetivamente ingressar no mercado uma nova força compradora, tende a funcionar como redutora de queda de cotação.
[...] Esse efeito é tão evidente e certo, que o item XV do parágrafo único do art. 2º da Instrução CVM n. 358/02, dá como exemplo de "Fato Relevante" a ser divulgado ao mercado a "aquisição de ações da companhia para permanência em tesouraria ou cancelamento, e alienação de ações assim adquiridas". Ou seja, como fato capaz de, por si só, influir, de modo ponderável, na cotação dos valores mobiliários da companhia e na decisão dos investidores.
Prevalecendo o entendimento de que é possível aprovar a aquisição sem que os requisitos do art. 30, § 1º, alínea "b", da lei societária estejam perfeitamente concretizados, chegar-se-ia ao absurdo de tornar legítima uma oscilação no preço das ações da Companhia que poderia não ter acontecido, dado que, na realidade, a razão para essa oscilação seria a mera possibilidade de compra quando da concretização dos requisitos legais uma vez que as reservas não estavam constituídas.
Não estou afirmando, com isso, que as movimentações e oscilações nos preços das ações, provocados por eventos diversos, não possam ocorrer. Pelo contrário, são por meio delas que o mercado se movimenta e dá liquidez aos ativos. Porém, existem oscilações legítimas, que tornam as perdas e ganhos dos investidores legais, e as não legítimas, provocadas por acontecimentos alheios às ideais condições de mercado.
Entendo que a mera possibilidade de aquisição de compra de ações próprias — falo em possibilidade porque as condições da efetiva aquisição podem muito bem não ocorrer, conforme apontado acima — provocam uma oscilação desse segundo tipo. Isso porque, conforme me parece, as únicas hipóteses em que o legislador quis permitir oscilações e

flutuações decorrentes de uma movimentação provocada pela própria empresa seriam aquelas em que efetivamente a referida empresa, reunidas as condições previstas em lei, realizará uma compra de suas ações e não diante de uma mera possibilidade, a ser confirmada ou não no futuro dependendo (i) do resultado efetivo apurado no último balanço do exercício social e (ii) da destinação dada ao lucro em AGO.

[...] Caso se permitisse que as companhias pudessem autorizar a compra de suas ações sem ter cumprido com os requisitos legais para tanto seria exatamente isso o que ocorreria, já que, ao informar tal autorização ao mercado, conseguiriam os administradores provocar a valorização pretendida das ações da empresa por meio da oscilação que naturalmente se dá no preço das ações em situações como essa, sem precisar, contudo, sob a alegação de não ter obtido os rendimentos necessários para a constituição de reservas, efetuar a aquisição anunciada no futuro.

Por essas razões, entendo ser essencial que, primeiramente, todos os requisitos exigidos em lei para a negociação com ações próprias estejam presentes, para apenas então o Conselho de Administração deliberar sobre a concessão ou não de autorização para a compra. Caso contrário, estaríamos permitindo que alguns dos efeitos que se pretendeu extinguir com a promulgação do art. 30, *caput*, pudessem ser concretizados por vias tortas, conforme o presente caso possibilita ilustrar.

[...]

Da divulgação da informação ao mercado

Deve ser lembrado, ainda, que objetivando um mercado eficiente e confiável é fundamental que a informação seja fidedigna e que a sua divulgação seja feita ampla e tempestivamente, de modo claro e preciso, em linguagem acessível ao público investidor, nos termos da Instrução CVM n. 358/02.

Como visto, o inciso XV do parágrafo único do art. 2º da Instrução CVM n. 358/02 impõe a obrigação de divulgação de fato relevante acerca das aquisições de ações de emissão da própria companhia e essa imposição decorre do pressuposto de que a negociação com ações próprias, por ser um fato que por essência provoca movimentação no mercado, precisa ser rapidamente informado aos investidores para que todos estejam em condições de igualdade na análise de investimentos.

Conforme explicado anteriormente, entendo que o Conselho de Administração apenas pode deliberar a autorização para aquisição de ações da própria companhia se as condições da lei societária já estiverem presentes, de forma a evitar, assim, causar oscilações no preço das ações de forma injustificada.

No presente caso, as companhias autorizaram a compra das ações de sua emissão, sem, contudo, ter as condições determinadas pela lei societária. Nesse sentido, a informação divulgada acabou transmitindo um acontecimento, até aquele momento, impossível, induzindo o investidor a erro, acabando por confundir o mercado.

A divulgação de uma decisão dessas sem que as condições estejam preenchidas é, em verdade, um "Fato Irrelevante" que, divulgado como se fosse verdadeiro, somente serve para afetar a decisão do investidor e o mercado como um todo, constituindo-se em ruído, em desinformação, e, portanto, deveria, em tese, ser expurgado. Nos casos concretos, entretanto, pelas razões expostas, entendo que os mesmos devam ser complementados.

[...]
Conclusão
Diante do exposto, não acolho os recursos das Companhias por entender que: 1. a autorização de compra de ações de sua própria emissão apenas pode ser deliberada pela RCA de companhia aberta se estiverem presentes os requisitos do art. 30, § 1º, alínea "b", da Lei n. 6.404/76, de forma a evitar oscilações injustificadas nos preços dos seus papéis, somente sendo possível utilizar-se de reservas já constituídas e jamais o lucro em formação; 2. nos dois casos, há necessidade de divulgação de fato relevante, em aditamento a anterior divulgação, para que o mercado seja devidamente informado sobre a impossibilidade das companhias adquirirem, no momento, ações de sua própria emissão.

Em voto discordante do acima transcrito, o Diretor Eliseu Martins entendeu regular o programa de recompra de ações próprias, já aprovado pelo Conselho de Administração da Companhia, pelos seguintes motivos:

[...] No caso específico da utilização de saldo da conta de lucro de resultado em andamento para servir como lastro à aquisição de ações próprias, tenho a comentar:
1. Em primeiro lugar, considero que é legítima, dentro das condições à frente, a utilização do lucro de exercício em andamento para servir de lastro a essas operações, já que isso é possível para pagamento de dividendos e também de gratificação aos administradores; não há por que, na minha opinião, ser cerceado o uso para a aquisição de ações próprias.
2. Considero também que a Lei das Sociedades por Ações não veda essa aquisição; a expressão contida na letra "b" do par. 1º do art. 30 "desde que até o valor do saldo de lucros ou reservas, exceto a legal, e sem diminuição do capital social" não cita "lucros acumulados" e sim apenas "lucros", num sentido mais amplo, que pode ser aplicado aos lucros de um exercício social em andamento. É excluída apenas a reserva legal que tem como objetivo exatamente um lastro adicional, mas exclusivamente para assegurar a integridade do capital social. Logo, parece-me ser legalmente viável a utilização do lucro de exercício em andamento para esse fim.
3. Além disso, há outro fato: no caso da utilização dos valores do resultado em formação para pagamento de dividendos ou de gratificação a administradores, se o resultado complementar do período for negativo o suficiente para tornar esses pagamentos "excessivos", em apenas algumas situações tais valores são passíveis de cobrança para serem repostos ao caixa da companhia; e, nesse caso, há que haver restituição, porque lastro algum fica na sociedade. Pode, mesmo, ficar a situação de um saldo final do resultado do exercício negativo com "dividendos" distribuídos por conta do que se esperava fosse lucro. E isso provoca a situação de um patrimônio líquido inferior ao capital social, o que denota ter havido distribuição desse capital, e não de lucro. Mas, no caso da aquisição de ações próprias, estas servem como lastro para serem revendidas no caso de qualquer situação dessa natureza. Ou seja, as próprias ações em tesouraria são potencialmente capazes de recompor a situação de um patrimônio líquido inferior ao capital social. Isso por si só não justifica a aquisição por conta de resultado de exercício em andamento,

mas não deixa de ser um ponto adicional a ser considerado quando se analisa o mérito dessa decisão.

4. Por outro lado, não se pode permitir que todo o saldo do lucro de um exercício em andamento possa servir de lastro para a aquisição de ações próprias. Considero determinadas prudentes condicionantes como vitais para que isso possa ser feito:

a. É necessário que sejam segregados os valores que, caso fosse final de exercício social, teriam que ficar apartados para cobertura de reservas necessariamente constituíveis e dividendos obrigatoriamente exigíveis, como: reserva legal; reservas estatutárias, conforme as disposições relativas à sua constituição e utilização previstas no Estatuto Social; reserva de lucros a realizar; dividendos fixos ou mínimos, inclusive cumulativos; dividendo mínimo obrigatório.

b. É necessário que eventuais outras retenções necessárias sejam consideradas para que o valor a ser utilizado para pagamento dos dividendos e das ações a recomprar esteja totalmente lastreado em lucros realizados (financeiramente disponíveis ou muito proximamente disponíveis).

c. Também é necessário que se considerem o passado da companhia quanto ao comportamento típico do resultado na fase restante do exercício social e uma projeção para o resultado do exercício social em andamento a fim de que seja evidenciada toda a prudência que se espera da administração de uma companhia aberta nessa situação. Se não divulgada essa projeção, deve o Conselho de Administração declarar ter recebido todos esses dados e declarar-se confortável quanto à utilização dos valores pretendidos para a aquisição das ações próprias.

d. Não é admissível, em hipótese alguma, qualquer utilização do resultado do exercício em andamento por conta de valores projetados de resultado.

Assim, consideradas essas prudentes ações e projeções, considero como passível de aceitação a utilização de parte do resultado de um exercício em andamento para aquisição de ações de emissão da própria companhia. Recomendo que sejam realizados estudos a fim de alterar a Instrução CVM 10/80 para prever essas prudentes ações e projeções expressamente na norma.

No que se refere especificamente ao caso em análise, alguns fatos devem ser destacados. Em primeiro lugar, observa-se que a SEP considerou, para atestar o descumprimento do limite imposto no art. 2º, "b", da Instrução CVM 10/80, o número total de ações da Recorrente englobado no programa aprovado pelo Conselho de Administração na reunião de 07.01.2008 *vis-à-vis* a situação refletida no balanço aprovado de 31.12.2006. A Recorrente informou, contudo, que o volume total de ações adquiridas foi inferior ao limite de lucros e reservas disponíveis, quer se considere a situação da companhia em 31.12.2006, data do último balanço aprovado, ou em 30.09.2007, data do balanço intermediário.

A Lei das Sociedades por Ações e a Instrução CVM 10/80 vedam a aquisição de ações próprias em descumprimento aos limites impostos e não a autorização para aquisição futura, que poderá ou não ocorrer. Não faz sentido determinar, de antemão, que o limite de lucros e reservas disponíveis foi ultrapassado em conseqüência da mera aprovação do programa. O preço das ações pode oscilar e a situação patrimonial da companhia pode não ser a mesma na época de aquisição de ações.

A meu ver, portanto, a verificação sobre o eventual descumprimento dos limites para a aquisição das ações deve ser realizada no momento da efetiva aquisição de ações (ou de cada uma das aquisições das ações, caso haja mais de uma). No caso concreto, o descumprimento não ocorreu, independentemente de levarmos em conta o último balanço aprovado ou o balanço intermediário.

Entendo, ainda, que a alegação de que a deliberação dos conselheiros sobre a possível aquisição de ações próprias poderia afetar de forma inadequada o mercado não procede. Os investidores tinham acesso a todas as informações necessárias para respaldar corretamente suas decisões de investimento.

A ata da Reunião do Conselho de Administração que aprovou o programa concede uma autorização para a companhia adquirir até 3.354.370 ações ordinárias próprias no prazo de 365 dias. Isto é, há uma autorização para a aquisição de um número máximo de ações dentro do prazo estipulado. Fica claro que a efetiva aquisição de ações pode ou não ocorrer.

Além disso, a ata deixa claro que a aquisição de ações "dar-se-á a débito do saldo disponível das contas de Reserva de Capital e reservas de Lucros da Companhia, observado o disposto nos arts. 3º e 5º da Instrução CVM n. 10/80". O investidor não pode alegar o desconhecimento da norma aplicável, que é indicada expressamente na ata e prevê os limites para aquisição das ações próprias.

Por fim, as outras informações relevantes — preço das ações e balanços da companhia — eram também acessíveis ao investidor.

Diante do exposto acima, voto no sentido de considerar regular o programa de recompra de ações próprias da Recorrente aprovado na Reunião de Conselho de Administração de 07.01.2008.

5.11 REEMBOLSO

O reembolso é a operação pela qual o sócio dissidente de determinadas situações previstas em lei e ocorridas na companhia, pela deliberação da maioria, pode retirar-se da sociedade, recebendo o valor presente de seu investimento. Este é um mecanismo comum nas legislações societárias que não contam com um mercado secundário dotado de certa liquidez. Seu objetivo é evitar que o acionista minoritário ou o preferencialista sem voto vejam transformadas, de forma negativa, as razões que os levaram a se associar naquele determinado empreendimento comum.

Este é um mecanismo delicado, na medida em que, se de um lado protege o minoritário contra o arbítrio da maioria, de outro lado pode ter o condão de levar, pela saída de recursos financeiros da companhia, ao raquitismo da empresa. Por este motivo, a lei, ao dar o direito de sair da sociedade, elenca as situações em que isto poderá ocorrer; sempre lembrando que a mesma Lei das Companhias dá à companhia o direito de voltar atrás, dentro de um dado prazo, evitando um prejuízo indesejado.

Entre nós, a figura do reembolso surge com a edição do Decreto-Lei n. 2.627/1940, segundo o qual a companhia paga ao acionista dissidente o valor de suas ações pelo seu valor nominal.[103] No caso, poderia ocorrer a redução do capital social se a companhia não encontrasse tomador para as ações reembolsadas. As razões para o nascimento do direito de reembolso, por ato da maioria, constavam dos artigos 107 e 105,[104] situações estas que foram seguidas pela atual lei, complementadas por outras situações que serão abaixo analisadas. À época, várias foram as divergências surgidas entre os juristas quanto a quem caberia o direito de recesso e, como consequência, o reembolso. Só aos que participaram da decisão estando presentes e votando contra? Não teriam direito ao reembolso aqueles acionistas faltosos da assembleia? E aqueles que se abstiveram, não votando nem contra nem a favor? O que a norma legal queria dizer com a expressão "último balanço": o balanço ordinário ou um especial que retratasse o momento do reembolso? O reembolso seria pelo valor contábil ou aquele outro eventualmente constante do estatuto social? Esta discussão, de interesse histórico, é bem contada por Carlos Fulgêncio da Cunha Batista, sendo que alguns pontos ainda podem ser relevantes para a legislação vigente.[105]

A atual Lei das Companhias tratou do reembolso em seu artigo 45, buscando corrigir muitas das discussões acima apontadas, principalmente com a edição da Lei n. 9.457/1997, a saber:

1. O estatuto social da companhia poderá estabelecer se a apuração do valor da ação, para efeito do reembolso, será feita pelo valor do patrimônio líquido ou pelo valor econômico, devendo o dissidente manifestar-se no prazo trinta dias contados da assembleia que der causa ao reembolso. A metodologia mais comum é que a saída do acionista dissidente se dê pelo valor patrimonial constante do último balanço aprovado pela assembleia geral. Entretanto, pode a companhia optar por fazer constar em seu estatuto que o direito de reembolso será calculado pelo valor econômico da

---

103. "Artigo 17 – O reembolso é a operação pela qual, nos casos previstos em lei (art. 107), a sociedade paga o valor de suas respectivas ações aos acionistas dissidentes da deliberação da assembleia geral. Parágrafo Único – Se a sociedade não conseguir colocar as ações reembolsadas, o capital será reduzido proporcionalmente ao montante do valor nominal respectivo."
104. "Art. 107 – A aprovação das matérias previstas nas letras 'a' [a criação de ações preferenciais ou alteração nas preferências ou vantagens conferidas a uma ou mais classes delas ou criação de nova classe de ações preferenciais mais favorecidas]; 'd' [mudança de objeto essencial da sociedade]; 'e' [incorporação de sociedade em outra ou sua fusão]; 'g' [cessação do estado de liquidação, mediante reposição da sociedade em sua vida normal] dá ao acionista dissidente o direito de retirar-se da sociedade mediante o reembolso do valor de suas ações, se o reclamar à diretoria dentro de 30 dias, contados da publicação da ata da assembleia geral."
105. PEIXOTO, Carlos Fulgêncio da Cunha. **Sociedade por ações**. São Paulo: Saraiva, 1972, v. 1, p. 189-195.

companhia, apurável quando do exercício do direito de saída. A norma não explicita o que seja "valor econômico", mas manda que este seja apurado de acordo com o estabelecido nos parágrafos 2º e 3º do artigo 45. Entretanto, os dois comandos mencionados só dão conta da metodologia para escolha dos avaliadores, sendo silentes sobre o que seja a avaliação econômica. Ou seja, a metodologia para apuração do valor econômico deverá ser estabelecida pelos acionistas no estatuto social. Tecnicamente, o valor econômico poderá ser apurado pelo preço de reposição, pelo fluxo de caixa descontado, pela ponderação entre a lucratividade passada, presente e futura, pelo preço em bolsa de valores, etc. Neste último caso, também será de se levar em consideração a liquidez e a pulverização das ações da companhia no mercado secundário da bolsa de valores. A escolha prévia do método de apuração do valor econômico também dependerá muito do tipo de atividade da companhia: se industrial, comercial ou prestação de serviços. Os parágrafos 2º e 3º estabelecem a mecânica para o cálculo do valor econômico da ação, metodologia esta que deverá constar do estatuto social. Este procedimento será realizado por três peritos ou empresa especializada, remetendo o regramento da avaliação ao artigo 8º — entretanto, o parágrafo 1º deste artigo estabelece que, dentre outros requisitos, o laudo deverá indicar "os critérios de avaliação e dos elementos de comparação adotados". Os peritos ou empresa de avaliação deverão compor uma lista sêxtupla, indicada pelo conselho de administração, cabendo a escolha aos acionistas reunidos em assembleia, na qual todos votam — sejam detentores ou não de voto —, conforme o previsto no parágrafo 4º do artigo 45 da Lei das Companhias. Porém, a escolha do critério econômico de avaliação não pode ser feita de sorte a prejudicar o acionista dissidente, sob pena de ser considerada como falta grave[106] pela CVM,[107] tendo em vista que tal situ-

---

106. Nos casos de infração grave, a CVM, assim entendidas as situações por ela consideradas como tal, poderá aplicar as penalidades de: "III – suspensão do exercício do cargo de administrador ou conselheiro fiscal de companhia aberta, de entidade do sistema de distribuição ou de outras entidades que dependam de autorização ou registro na Comissão de Valores Mobiliários; IV – inabilitação temporária, até o máximo de vinte anos para o exercício dos cargos referidos no inciso anterior; V – suspensão da autorização ou registro para o exercício das atividades de que trata esta Lei; VI – cassação da autorização ou registro, para o exercício das atividades de que trata esta Lei; VII – proibição temporária, até o máximo de vinte anos, de praticar determinadas atividades ou operações, para os integrantes do sistema de distribuição ou de outras entidades que dependam de autorização ou registro na Comissão de Valores Mobiliários; VIII – Proibição temporária, até o máximo de dez anos, de atuar, direta ou indiretamente, em uma ou mais modalidades de operação no mercado de valores mobiliários". Vide art. 11, incisos de III a VIII e § 3º do mesmo artigo, da Lei n. 6.385/1976.

107. "Art. 1º – São modalidades de exercício abusivo do poder de controle da companhia aberta, sem prejuízo de outras previsões legais ou regulamentares, ou de outra conduta assim entendidas pela CVM: [...] IX – a promoção de alteração do estatuto da companhia, para a inclusão do valor econômico como critério de

ação é extremamente séria e danosa para a companhia, seus controladores e administradores em face da repercussão negativa junto ao mercado de valores mobiliários e ao mercado financeiro como um todo.

2. O acionista tem direito a um balanço atualizado. Caso a metodologia de avaliação adotada pela companhia seja a do patrimônio líquido, este deverá apresentar a realidade patrimonial do modo mais acurado possível, o que significa uma fotografia atualizada da empresa. Nesse sentido, o parágrafo 2º do artigo 45 manda que o cálculo do valor patrimonial deva ser apurado em balanço especial ou poderá ter como metro o balanço regular da companhia, desde que este último não seja mais velho do que sessenta dias do pedido de reembolso. Tal preceito, muito salutar, evita que a companhia ou o acionista reembolsável se aproveite indevidamente da eventual alteração do patrimônio líquido da sociedade. Se a apuração do valor do recesso depender de levantamento de balanço especial, a companhia deverá pagar ao retirante imediatamente 80% do valor contábil constante do balanço ordinário, sendo que o saldo de 20%, se houver, deverá ser quitado em até 120 dias da deliberação da assembleia geral motivadora da saída. Ou seja, o balanço especial deverá estar concluído neste prazo para que se pague, dentro dos mesmos 120 dias, eventual diferença positiva a favor do retirante. O que poderá gerar disputa entre a companhia e o dissidente será a hipótese de o balanço regular apresentar resultado superior ao levantamento especial. Nesta situação, tenho para mim que o mesmo princípio que norteou a defesa do acionista retirante deverá agora prevalecer na defesa dos interesses dos acionistas remanescentes e da própria companhia. Caso contrário, estaria a interpretação em contrário criando uma situação de enriquecimento sem causa.

3. No caso das companhias de capital aberto, compete ao conselho de administração elaborar uma lista sêxtupla (ou tríplice) para que a assembleia geral dos acionistas escolha o nome dos três peritos ou da empresa especializada que deverá elaborar o laudo para se encontrar o valor econômico ou

---

determinação do valor de reembolso das ações dos acionistas dissidentes de deliberação da assembleia geral, e a adoção, nos doze meses posteriores à dita alteração estatutária, de decisão assemblear que enseje o direito de retirada, sendo o valor do reembolso menor a que teriam direito os acionistas dissidentes se considerado o critério anterior [...]. Art. 2 – Considera-se infração grave, para os efeitos do artigo 11, § 3º, da Lei 6.385, de 7 de dezembro de 1976, a prática das condutas referidas no art. 1º desta Instrução. § 1º – Estão sujeitos às penalidades previstas em lei, por violação do disposto nesta Instrução, o acionista controlador, os administradores da companhia, os integrantes de seus órgãos técnicos ou consultivos, bem como quaisquer outras pessoas naturais ou jurídicas que tenham concorrido para a prática das condutas a que se refere o *caput* deste artigo. § 2º – As condutas referidas no caput deste artigo, praticadas pelos administradores da companhia, não excluem a responsabilidade do acionista controlador". Vide Instrução CVM n. 323, de 19 jan. 2000.

patrimonial da ação. Como podem ser objeto de reembolso detentores de ações votantes ou não, estabeleceu o parágrafo 4º que todos os acionistas têm direito a voto, independentemente de sua classe ou espécie.

4. Uma vez reembolsados os acionistas retirantes, se a companhia tiver seu capital social enquanto capital autorizado poderão as ações permanecer em tesouraria pelo prazo de 120 dias. Passado este prazo e não tendo a companhia encontrado tomador para elas, serão canceladas. Tal situação, entretanto, será possível se o pagamento do reembolso for feito com lucros ou reservas da companhia, desde que para isso não seja utilizada a reserva legal. Caso inexistam reservas disponíveis, o capital social deverá ser reduzido.

5. No caso de reembolso a que sobrevenha falência, duas são as situações. Caso a falência seja declarada sendo o ex-acionista — que já se retirou da companhia — ainda credor pelo saldo do recesso, seu crédito será inscrito como quirografário, em lista separada daqueles que permaneceram como acionistas; ou seja, neste caso o ex-acionista é credor destituído de garantia, tal como aqueles que permaneceram no quadro de acionistas. Por outro lado, pode acontecer que o acionista retirante já tenha recebido seu crédito antes de a falência ser decretada. Nesta hipótese, caso os retirantes não tiverem sido substituídos, não sendo a massa suficiente para o pagamento dos créditos, deverá o síndico propor ação revocatória visando à restituição dos montantes já pagos aos retirantes, sem exceção, seguida da respectiva redução do capital social.

6. A presunção é que as sociedades de capital aberto tenham liquidez junto ao mercado secundário, situação que as aproximaria do modelo norte-americano, no qual a única saída do investidor é pela venda de suas ações para terceiro interessado, quer em oferta pública ou privada. Tais regras, embora parcialmente, foram adotadas pelo artigo 137, II, "a" e "b",[108] da nossa

---

108. "Art. 136. É necessária a aprovação de acionistas que representem metade, no mínimo, das ações com direito a voto, se maior *quorum* não for exigido pelo estatuto da companhia cujas ações não estejam admitidas à negociação em bolsa ou no mercado de balcão, para deliberação sobre: (Redação dada pela Lei n. 9.457, de 1997) [...] IV - fusão da companhia, ou sua incorporação em outra; (Redação dada pela Lei n. 9.457, de 1997) V - participação em grupo de sociedades (art. 265); (Redação dada pela Lei n. 9.457, de 1997)."
"Art. 137 - A aprovação das matérias previstas nos incisos I a VI e IX do art. 136 dá ao acionista dissidente o direito de retirar-se da companhia, mediante reembolso do valor das suas ações (art. 45), observadas as seguintes normas: (Redação dada pela Lei n. 10.303, de 2001) [...] II – nos casos dos incisos IV e V do art. 136, não terá direito de retirada o titular de ação de espécie ou classe que tenha liquidez e dispersão no mercado, considerando-se haver: (Redação dada pela Lei n. 10.303, de 2001) a) liquidez, quando a espécie ou classe de ação, ou certificado que a represente, integre índice geral representativo de carteira de valores mobiliários admitido à negociação no mercado de valores mobiliários, no Brasil ou no exterior, definido pela Comissão de Valores Mobiliários; e (Redação dada pela Lei n. 10.303, de 2001) b) dispersão, quando o acionista controlador, a sociedade controladora ou outras sociedades sob seu controle detiverem menos da metade da espécie ou classe de ação; (Redação dada pela Lei n. 10.303, de 2001)."

Lei das Companhias, por alteração introduzida pela Lei n. 10.303/2001. Assim é que não é aplicável o direito de retirada ao detentor de ações que possuam liquidez e dispersão junto ao mercado secundário. Para tanto, entende-se por líquida, como já mencionado, a ação que componha o "índice representativo" de uma carteira ideal, formada pelas ações mais negociadas — no nosso caso, nos pregões da BM&FBovespa. Já a dispersão se caracteriza quando o controlador detenha menos da metade da espécie ou classe da ação suscetível de reembolso. No que diz respeito às ações com cotação no mercado no exterior, o critério de liquidez e dispersão é definido pela CVM.

7. O reembolso tem o condão de desestabilizar a situação econômica e, principalmente no curto prazo, o caixa da companhia. O intuito da norma legal se, de um lado, não é o de deixar o acionista minoritário ao arbítrio do controlador da companhia, de outro lado, também não é o de provocar a destruição da empresa. É neste sentido que a Lei das Companhias estabelece o direito de arrependimento da decisão tomada pelos acionistas reunidos em assembleia, de sorte a permitir que a decisão anterior seja anulada pela reunião dos acionistas especialmente convocada com tal finalidade. Assim, se os acionistas descontentes têm o prazo de trinta dias após a publicação da ata motivadora do recesso, de outro lado, os acionistas remanescentes têm o prazo de dez dias subsequentes ao término do prazo para o exercício do direito de saída para reconsiderar a decisão tomada na reunião assemblear anterior, tornando-a sem efeito e, com isso, cancelando o direito de recesso e, consequentemente, o reembolso. Do lado do sócio retirante, seu prazo é decadencial, perecendo o direito sem possibilidade de ser interrompido por qualquer motivo ou situação.

8. O reembolso é um direito exercível por escolha unilateral do dissidente que busca, pelo recebimento do valor de sua participação, retirar-se da sociedade, desde que ocorra uma das hipóteses prevista na Lei das Sociedades Anônimas e já anteriormente discutidas com maior minudência. Como já visto, o pagamento ao sócio retirante poderá ocorrer com a utilização dos lucros da companhia, das reservas facultativas ou dos recursos adentrados na companhia pela recolocação das ações junto aos sócios ou terceiros, em oferta privada ou pública. Entretanto, caso inexistam tais recursos o pagamento ao sócio retirante deverá ser feito contra a conta capital, o que implicará a sua redução.

9. Dependendo de prévia disposição estatutária da companhia, pode ser atribuída a vantagem de prioridade no reembolso das ações preferenciais, como, aliás, já constava do artigo 10, "b", do Decreto-Lei n. 2.627/1940.

5.12 Amortização

A amortização é a operação pela qual a companhia antecipa o pagamento parcial do valor da ação, sem que disso decorra a redução do capital social. A amortização sucessiva, ao fim e ao cabo, deverá implicar o resgate da ação, uma vez que o acionista é reembolsado em todo o valor da ação, como se verá abaixo.

Esse instituto detém larga tradição em nosso Direito Societário, sendo objeto de regulação desde o século XIX. Já em 1882, a Lei n. 3.150, ao mesmo tempo em que proibia à companhia comprar e vender suas próprias ações, abria exceção à amortização, se a operação se desse com fundos disponíveis.[109] Em 1890, o Decreto n. 164, em seu artigo 31, repetiu literalmente a redação de 1882, sendo a mesma redação adotada pelo artigo 40 do Decreto n. 434, de 1891, acrescentada, entretanto, a existência de quórum maior para sua deliberação.[110] Em 1932, o Decreto n. 21.536, que passou a admitir e regular a existência das ações preferenciais, previu, em seu artigo 5º, a possibilidade de aplicação da amortização também para as ações preferenciais, atribuindo ao estatuto social a capacidade de regulação de sua mecânica. O Decreto-Lei n. 2.627/1940 criou a possibilidade da amortização total ou parcial, "e compreende, na primeira hipótese, todas ou algumas delas, ou uma só categoria ou classe de ações" (§ 1º do art. 18), sendo que, no caso da amortização integral de um certo número delas, a operação deveria ser realizada por sorteio (§ 2º do art. 18). Waldemar Ferreira já apontava à época a dificuldade de entendimento do texto, lecionando que:

> [...] reside nos textos certa confusão. Insta desfazê-la. A amortização integral opera-se pelo reembolso, por inteiro, do valor nominal dos títulos: a) em bloco quando abarca todas as ações em que o capital societário se divide ou compreende todas da mesma categoria ou classe; b) em lotes, quando atinge certo número de ações da mesma categoria ou classe. Neste caso, porém, somente por sorteio.[111]

Se de um lado a operação de amortização parcial seria feita por sorteio para se evitar que determinado acionista ou grupo de acionistas fosse beneficiado, de outro ela era feita pelo valor nominal da ação. Tal situação poderia ser vantajosa ao acionista amortizado caso o valor patrimonial fosse menor do que o nominal,

---

[109] "Art. 31: É prohibido ás sociedades anonymas comprar e vender suas próprias ações. Nesta prohibição não se comprhende a amortização das ações, uma vez que seja com fundos disponíveis."

[110] "A amortização não póde ser feita sinão por deliberação da assembléa geral, estando presente um numero de socios, que represente, pelo menos, dous terços do capital. (Lei n. 3150 de 4 de novembro de 1882, art. 31; Decr. n. 8821 de 30 de dezembro do mesmo anno, art. 20; Decr. n. 164 de 17 de janeiro de 1890, art. 31)."

[111] FERREIRA, Waldemar. **Compêndio de sociedades mercantis**: v. 2: sociedades anônimas. Rio de Janeiro: Freitas Bastos, 1942, p. 189.

mas, se a situação fosse oposta, ou seja, o valor patrimonial fosse maior do que o valor nominal, o acionista estaria deixando parcela de valor nominal da ação amortizada para os demais acionistas.

Em 1940, o Decreto-Lei n. 2.627 tratou mais detalhadamente da amortização em seu artigo 18,[112] criando a possibilidade da existência das ações de gozo ou fruição para serem trocadas pelas ações totalmente amortizadas. Isso significou, para o acionista cujas ações tivessem sido amortizadas, a possibilidade de recebimento do valor de face das ações, embora ainda mantendo intacta a maioria de seus direitos de acionista. Isto porque o mesmo artigo 18, que previu a possibilidade da amortização, remetia à obrigatória observância do comando constante do artigo 78.[113]

A remissão criou a possibilidade de situações curiosas, visto que a amortização total criava uma figura distinta da do resgate, mantendo alguém que já recebeu todo o investimento que fora feito, mas detinha os direitos inalienáveis dos acionistas, constantes do artigo 78. Na medida em que a criação das ações de gozo ou fruição dependia da deliberação da maioria do capital votante, abrangendo toda uma "categoria ou classe de ações", independentemente de sorteio, poderia essa mesma maioria ser beneficiária do recebimento do seu investimento, mas continuando a gozar de todos os direitos de lei. De outro lado, criou-se confusão interpretativa, porque, se o parágrafo 3º do artigo 18 estabeleceu que a criação das ações de gozo ou fruição dependia da vontade da assembleia de acionistas, de outro lado disse que, se criadas, estas gozariam de todos os direitos legais previstos no artigo 78. Assim, uma vez criadas, não poderiam ser privadas dos dividendos, de participar do acervo na liquidação, de fiscalizar a gestão dos negócios, do direito de preferência ou de retirar-se da sociedade? Se a resposta da jurisprudência ou

---

112. "A amortização das ações é a operação pela qual a sociedade, dos fundos disponíveis e sem diminuição do capital, distribui por todos ou alguns acionistas, a título de antecipação, somas de dinheiro que poderiam tocar às ações em caso de liquidação. § 1º – A amortização das ações pode ser integral ou parcial e compreende, na primeira hipótese, todas ou algumas delas, ou uma só categoria ou classe de ações. § 2º – A amortização parcial deverá abranger, igualmente, todas as ações; a amortização integral de um certo número delas somente poderá efetuar-se mediante sorteio. § 3º – As ações totalmente amortizadas poderão ser substituídas por ações de gozo ou fruição, devendo os estatutos ou a assembleia geral extraordinária, que resolver a amortização, estabelecer os direitos que a elas serão reconhecidos, observado o disposto no artigo 78."

113. "Nem os estatutos sociais, nem a assembleia geral poderão privar qualquer acionista: a) do direito de participar dos lucros sociais, observada a regra da igualdade de tratamento para todos os acionistas da mesma classe ou categoria; b) do direito de participar, nas mesmas condições da letra 'a', do acervo social no caso de liquidação da sociedade; c) dos direitos de fiscalizar, pela forma estabelecida nesta lei, a gestão dos negócios sociais; d) do direito de preferência para a subscrição de ações, no caso de aumento de capital; e) do direito de retirar-se da sociedade, nos casos previstos no artigo 107. Parágrafo único – Os meios, processos ou ações, que a lei dá ao acionista para assegurar os seus direitos, não podem ser elididos pelos estatutos."

da doutrina fosse "sim", haveria de se admitir que o Decreto-Lei de 1940 criara uma espécie de ação muito mais privilegiada do que qualquer outra, dada a combinação da vontade da maioria com o comando cogente do artigo 78.

Em 1965, com a Lei do Mercado de Capitais, dentre os vários assuntos por ela tratados, vedou-se, em seu artigo 45, parágrafo 6º, às companhias com capital autorizado a possibilidade de emissão de ações de gozo ou fruição, bem como a emissão de partes beneficiárias. Finalmente, a Lei n. 6.404/1976 rearranjou de forma muito mais racional o instituto da amortização. Posteriormente, a Lei das Companhias sofreu alteração quanto à amortização pelo acréscimo do parágrafo 6º ao artigo 44.

De acordo com a vigente normatização da amortização, ela poderá abranger total ou parcialmente todas as classes ou só uma delas. Entretanto, se feita sem abranger a totalidade das ações de uma mesma classe, a escolha das ações deverá ser feita por sorteio, tendo sido esta determinação estatuída com a finalidade de evitar o favorecimento de determinados acionistas em detrimento de outros. O preceito parte da premissa de que sempre o reembolso seria de interesse do acionista. Como o artigo 44 estatui que a vontade e o regramento para o estabelecimento da amortização só dependem do estatuto ou da assembleia geral extraordinária, a decisão de sua instituição decorre da manifestação de vontade da maioria. Ou seja, a amortização é uma disposição unilateral de vontade da maioria dos acionistas. E esta manifestação majoritária irá determinar "as condições e o modo de proceder a operação", bem como irá "autorizar a aplicação de lucros ou reservas".

Tal situação poderia ser extremamente desfavorável, por exemplo, a acionistas detentores de ações preferenciais com direito a uma regra favorecida para a percepção dos dividendos, a qual fora, quando da oferta pública, de interesse da companhia. Posteriormente, tendo a situação da taxa de juros de mercado melhorado, caso não houvesse o parágrafo 6º os preferencialistas ficariam nas mãos dos acionistas votantes, podendo perder uma vantagem a que teriam direito pelo risco que aceitaram correr no passado. Neste sentido, o parágrafo 6º colocou os acionistas objeto da amortização no centro da decisão, na medida em que:

> Salvo disposição em contrário do estatuto social, o resgate de ações de uma ou mais classes só será efetuado se, em assembléia especial convocada para deliberar essa matéria específica, for aprovado por acionistas que representem, no mínimo, a metade das ações da(s) classe(s) atingida(s).

Como a aceitação do reembolso tem que ser tomada por no mínimo 50% dos valores mobiliários atingidos pela medida, o quórum de deliberação passou a ser bastante significativo, na medida em que para sua contagem não entram os ausentes.

O comando do parágrafo 6º dá a possibilidade de que o estatuto social da companhia possa prever situação distinta daquela lá estabelecida, inclusive voltando ao sistema injusto do Decreto-Lei de 1940. Entretanto, tenho para mim que tal procedimento só poderá ser estabelecido no estatuto social no momento da constituição da companhia, ou antes da criação da figura da amortização, garantido o mesmo estatuto social o direito de sua não aceitação para os acionistas já existentes. Ou seja, uma vez criada a regra da amortização, ela só será aplicável às novas ações. E isso pelo simples e bom motivo de que os ofertados devem ter noção muito clara e precisa das regras da companhia da qual estão prestes a se tornarem sócios. De outro lado, aplicar a mudança aos acionistas já existentes seria uma maneira tosca de anular a vontade do legislador.

A amortização pode ser total ou parcial, como já previa a legislação anterior. Entretanto, se for total, à assembleia caberá determinar se haverá ou não a emissão das ações de gozo ou fruição, sendo competência da assembleia de acionistas a outorga dos eventuais direitos atribuídos às ações. Retirou-se, de outro lado, a dificuldade interpretativa criada pelo Decreto-Lei n. 2.627/1940, na medida em que se afastou do texto da normatização vigente a regra constante do artigo 78 daquela norma legal, que mantinha os direitos essenciais do acionista. No mesmo sentido, corrigiu a lei vigente o texto anterior ao retirar uma vantagem indevidamente atribuída à amortização, na medida em que seu parágrafo 5º do artigo 44 estabeleceu que "[...] ocorrendo liquidação da companhia, as ações amortizadas só concorrerão ao acervo líquido depois de assegurado às ações não amortizadas valor igual ao da amortização, corrigido monetariamente".

Enfim, no caso das companhias de capital aberto, a amortização é uma figura estranha, não sendo convincente a colocação de alguns doutrinadores que veem a razão de ser de sua criação na necessidade de atender os casos de concessão por prazo determinado de serviços públicos, como afirmou Trajano de Miranda Valverde.[114] Tenho para mim que esta foi uma maneira não tão sutil para o acionista poder retirar seu capital investido, podendo continuar gozando de todos os benefícios e vantagens em sua condição de acionista.

---

114. "115 – A amortização das ações, com a entrega ao acionista de ações de gozo ou fruição, é uma operação aconselhada nas companhias que exploram direitos temporários, com a exclusividade do privilégio, como a exclusividade da exploração de uma patente de invenção. [...] Na Europa, é o processo geralmente seguido pelas companhias que exploram concessões de serviços públicos. [...] Entre nós, o dec. número 1.764, de 13 de outubro de 1869, que autorizou o governo a contratar a construção de diversos portos [...]." Vide VALVERDE, Trajano de Miranda. **Sociedade por ações**. Op. cit., v. 1, p. 170-171.

5.13 Resgate[115]

O resgate é a operação pela qual a companhia readquire suas próprias ações, com a finalidade de retirá-las definitivamente de circulação, com ou sem redução do capital. Ela é irmã da operação de amortização integral, tal como previsto no artigo 44, § 3º, da Lei das Companhias, uma vez que a amortização integral equivale a retirar as ações do mercado para que sejam anuladas, conforme se viu acima. Entre nós, a grande preocupação legislativa sempre se referiu à compra pela companhia de suas próprias ações, conforme se verifica com a proibição existente desde a edição da Lei n. 3.150/1882,[116] embora com a ressalva quanto à aquisição dos direitos inerentes a suas próprias ações por meio da amortização, desde que houvesse "fundos disponíveis". Somente em 1932 é que a legislação passa a prever o resgate ou amortização como uma das vantagens atribuíveis às ações preferenciais, através de Decreto n. 21.536, que passou a regular a emissão de ações preferenciais.[117]

Com a edição do Decreto-Lei n. 2.627/1940, o legislador adotou três figuras distintas, a saber: o resgate, o reembolso e a amortização, tríade esta mantida pela Lei Societária de 1976. Entretanto, ainda mais importante, a Lei de 1940 dispôs como uma das vantagens das ações preferenciais a "prioridade no reembolso do capital, com prêmio ou sem ele" (art. 10, "b"). Tal "preferência", pela Lei de 1976, foi estendida ao resgate,[118] entendendo-se que a maioria votante da companhia, em assembleia geral, poderia estabelecer a qualquer tempo o resgate, nessa reunião em que os preferencialistas poderiam escutar e falar, mas sem o poder para deliberar. A razão para tanto seria o interesse da companhia, que decidiria o melhor momento econômico ou de política interna para votar o resgate. Certamente, o momento de maior interesse da companhia é aquele no qual a cotação de mercado se encontra em seu valor mais baixo. Com isso, os acionistas preferencialistas

---

115. Muito embora os institutos do resgate, amortização e reembolso possam ser utilizados com outros valores mobiliários, no presente capítulo a discussão será feita somente naquilo que se refira às ações, seguindo-se o constante das legislações societárias passadas e presente.

116. "É prohibido ás sociedades anonymas comprar e vender as suas próprias ações. Nesta prohibição não se comprehende a amortização das ações, uma vez que seja feita com fundos disponíveis." (art. 30 da Lei n. 3.150, de 4 nov. 1882, que foi transladado ao Decreto n. 434, de 4 jul. 1891, em seu artigo 40).

117. "Os estatutos das sociedades anônimas que se constituírem com parte do representado por ações preferenciais, declararão as vantagens e preferências atribuídas a cada uma das classes dessas ações e as restrições a que ficarem sujeitas. Poderão também autorizar o resgate ou amortização de ações preferenciais e a conversão de ações de uma classe em ações de outra ou em ações comuns e vice-versa, fixando as respectivas condições." (Art. 5º do Decreto n. 21.536, de 16 jun. 1932).

118. "O estatuto da companhia com ações preferenciais declarará as vantagens ou preferências atribuídas a cada classe dessas ações e as restrições a que ficarão sujeitas, e poderá prever o resgate ou a amortização, a conversão de ações de uma classe em ações de outra e em ações ordinárias, e destas em preferenciais, fixando as respectivas condições." (Art. 19 da Lei n. 6.404/1976).

seriam forçados, se sorteados ou se o resgate fosse total, a entregar seu patrimônio pelo preço fixado unilateralmente.

Condição menos unilateral estabeleceu a Lei de 1976 ao dar o direito de recesso aos preferencialistas que tivessem alteradas as condições do resgate, em desconformidade com o estabelecido quando da oferta pública dessas ações (artigo 136, II). Mas o exercício do direito de recesso resumia-se àquela situação em que as regras do resgate foram estabelecidas quando da oferta pública, e posteriormente alteradas unilateralmente pela assembleia geral dos acionistas votantes. Entretanto, restava em aberto, ainda, a possibilidade da prática do ato discricionário de votar e ordenar o resgate mandatório das ações preferenciais ou ordinárias pela assembleia geral, caso, quando do lançamento das ações, nada tivesse sido previamente pactuado.

Assim, desde o Decreto-Lei n. 2.627/1940, a operação de resgate poderia ocorrer sob uma de duas maneiras. Ou ela é pré-estabelecida, quando da oferta das ações ao público, ou ela ocorre por deliberação unilateral dos acionistas. Na primeira situação, quando do lançamento das ações, já se define a época e o valor do resgate, de sorte a que os eventuais subscritores já saberão, antecipadamente, a conveniência ou não de adquirir tais valores mobiliários, restando apenas a *alea* do sorteio. Já na segunda hipótese, e até a edição da Lei n. 10.303/2001, a decisão caberia unicamente aos acionistas votantes e detentores da vontade majoritária da companhia. Nesta última situação, se o resgate objetivasse as ações preferenciais, entre nós normalmente sem voto, os sorteados ou a totalidade poderiam ser desapossados de sua participação contra sua vontade.

Em termos evolutivos, o resgate, conforme o regramento do Decreto-Lei n. 2.627/1940, ficou muito mais detalhado, espancando-se uma série de dúvidas até então existentes, não obstante continuasse não equitativa a previsão de poder deliberante aos resgatados. Na busca de criar um mecanismo em que o resgate não fosse um instrumento dirigido a determinado acionista ou grupo de acionistas, estabeleceu a lei que o resgate parcial deveria ocorrer necessariamente por meio de sorteio. Ademais, estabeleceu a Lei de 1940 a necessidade de autorização estatutária ou assemblear para realização da operação de resgate.[119]

Mas, mesmo com as modificações à legislação sobre as ações preferenciais de 1932, o resgate, pelo Decreto-Lei n. 2.627/1940, ainda continuou sendo um instrumento de força contra aqueles que não queriam ver suas ações resgatadas, mesmo que por sorteio. Se dado acionista fosse sorteado, não poderia opor-se à entrega de

---

119. "O resgate consiste no pagamento do valor das ações para retirá-las definitivamente de circulação. Parágrafo único – O resgate somente pode ser efetuado por meio de fundos disponíveis e mediante sorteio, devendo ser autorizado pelos estatutos ou pela Assembleia Geral, em reunião extraordinária, que fixará as condições, o modo de proceder-se à operação e, se mantido o mesmo capital, o número de ações em que se dividirá e o valor nominal respectivo". (Art. 16 do Decreto-Lei n. 2.627, de 26 set. 1940).

suas ações, nem quanto à importância estabelecida para pagamento pelo resgate, se no mínimo esse fosse feito pelo valor nominal da ação ou do preço praticado no mercado secundário.[120] Desta feita, o resgate era considerado um instrumento unilateral, utilizado à conveniência da companhia ou de seus controladores votantes, normalmente para se tentar eliminar as ações preferenciais, quando essas estivessem atrapalhando o interesse dos detentores de ações ordinárias. Caso as ações resgatadas o fossem em sua totalidade, não haveria que se falar em sorteio.

O resgate ocorreria quando do lançamento das preferenciais com dividendos generosos, para suprir necessidades de caixa da companhia. Uma vez sanado o problema financeiro, podiam os ordinaristas, em assembleia, aprovar o resgate. Porém, por qual preço? O mercado secundário, balizador do preço de mercado, era quase que inexistente e já tínhamos uma considerável inflação, o que era relevante, na medida em que o preço do resgate seria ou o valor nominal ou aquele constante do último balanço.[121] O único mecanismo existente seria o cuidado do investidor em não comprar ações de dada empresa sem que fossem contratadas previamente as condições pelas quais se daria o eventual resgate de ações.

O Decreto-Lei n. 2.627/1940 continuou prescrevendo a integridade do capital social como elemento fundamental para a proteção dos credores, na medida em que mandava que o resgate, além de ser feito por sorteio, deveria ocorrer somente com fundos disponíveis, por deliberação assemblear ou disposição estatutária prévia ao resgate. Assim, o capital social se manteve como uma figura eminentemente jurídica, ignorando a constatação econômica de que a garantia dos credores não está no capital social, mas no patrimônio líquido da sociedade. Tal afirmação não significa uma redução da importância do capital social; significa, sim, ver que no mundo dos negócios os terceiros que analisam a capacidade de uma dada companhia tomar dívida o fazem levado em consideração a solvabilidade da companhia,

---

120. "Realmente, consiste o resgate no pagamento do valor das ações para retirá-las definitivamente da circulação. Daí não confundir esta operação com a compra e venda, na qual a ação continua na carteira da sociedade como títulos de conta própria. Falta, ainda, aqui, no momento da transação, o acordo de vontade, essencial na compra e venda. De fato, sorteada determinada ação, seu titular não pode recusar a importância estabelecida para o resgate. Não tem ele o direito de escolha: continuar como sócio ou receber o valor de sua ação. O resgate de ações é sua compra compulsória para retirá-la de circulação". Vide PEIXOTO, Carlos Fulgêncio da Cunha. **Sociedade por ações**. Op. cit., v. 1, p. 179.

121. Em comentando o artigo 16 do Decreto-Lei n. 2.627/1940, Miranda Valverde ensina que: "Em regra o preço do resgate é o preço corrente das ações no mercado ou na Bolsa ou, se as ações não são cotadas, o seu valor nominal. Nada impede, entretanto, que os estatutos prefixem o preço do resgate. Como objetivo de evitar qualquer ato de fraude, ou prejudicial aos acionistas, dispõe a lei que o resgate de ações só se pode fazer por meio de sorteio. Não diz a lei como fazer o sorteio. É um ponto que os estatutos ou a assembleia geral extraordinária deverão estabelecer, mas de modo a não deixar dúvidas sobre a honestidade do sorteio. Do contrário, fácil seria ao grupo de acionistas, que domina a sociedade, eliminar os demais, apoderando-se, do patrimônio social." (VALVERDE, Trajano de Miranda. **Sociedade por ações**. Op. cit., v. 1, p. 162-163).

a qual é sempre reflexo direto da situação patrimonial e não fundamentalmente do capital social, como garantidor dos empréstimos tomados.

Como já colocado anteriormente, o capital é mera conta de passagem para outras contas de investimento ou custeio, tornando-se, então, mero registro histórico da companhia, quando da sua capitalização. Entretanto, caso o patrimônio líquido seja inferior ao capital social existente, pode-se considerar que a sociedade perdeu substância ou patrimônio, demonstrando um grau inferior de solvabilidade. Nesses casos, o capital social, enquanto elemento estático, serviu de metro para a avaliação do patrimônio líquido social, demonstrando o risco ao mercado, enfatizando a perda da capacidade de pagamento, no andamento dos negócios da companhia.[122] Ou seja, isso significa que o capital social não é a medida demonstradora da solvabilidade social e, portanto, elemento em si mesmo garantidor de direitos creditórios, como parecem dar a entender as várias legislações societárias editadas desde o século XIX.[123]

A Lei de 1967 manteve o mesmo espírito do Decreto-Lei n. 2.627/1940, apenas acrescentando a aplicação da correção monetária[124] quando do pagamento das ações resgatadas, dada a significativa taxa de inflação então existente. Manteve, também, o mesmo espírito redacional,[125] que já causara discórdia entre os juristas Waldemar Ferreira, Miranda Valverde e Philomeno José da Costa, no sentido de

---

122. "*La garanzia dei terzi è constituta, in definitiva, dai bene della società, ossia dal patrimnio sociale; il valore reale dell'azione, a sua volta, si collega al patrimonio netto socialle. Il capitale è tuttavia un indice del patrimonio netto socialle. [...] Il diritto tende perciò, da un lato, a tutelare i creditoi di fronte all'ipotesi di una diminuzione del patrimonio, in conseguenza alla reduzione del capitale sociale; dall'altro, a far sì che il patrimonio netto della società non sia inferiore al capitale, e vuole perciò, nella'interesse dei terzi — creditore o compratori delle azioni — che esso venga arbitrriamente diminuito [...] Infatti una diminuzione del patrimonio sociale con riduzione del capitale può pregiudicare i creditore attuali della società; una diminuzione del patrimonio sociale [...] senza riduzione del capitale, pregiudica sia gli attuali creditore della società, sia quelli che saranno, sia i futuri compratori di azioni.*" (ASCARELLI, Tullio. **Saggi giuridici**. Milão: Giuffrè, 1949, p. 328).

123. "Não se deve confundir *capital* e *patrimônio* da sociedade. O *capital é fixo*, enquanto a assembleia geral, por ato expresso, não delibera seu aumento ou sua redução. O *patrimônio* é essencial e constantemente variável. No início da vida da sociedade, há concorrência entre *capital e patrimônio*; essa situação cessa, porém, imediatamente, pois o segundo sofre as variações decorrentes do valor e do volume dos bens, que o constituem. O capital representa uma linha ideal delimitando o valor primitivo dos bens trazidos para a formação da sociedade; o patrimônio ou ativo social pode permanecer dentro desse círculo, porém pode extravasar, com o acréscimo de seu volume ou de seu valor, enquanto circunferência imutável." (PIRES, Gudesteu. **Manual das sociedades anônimas**. Rio de Janeiro: Freitas Bastos, 1942, p. 105).

124. Revogada tal possibilidade pela Lei n. 9.249/1995, a partir de 1º de janeiro de 1996.

125. O Decreto-Lei n. 2.627/1940 previa que "o resgate somente pode ser efetuado por meio de *fundos disponíveis* [...] e, *se mantido o mesmo capital*, o número de ações em que se dividirá e o valor nominal respectivo", art. 16, parágrafo único. Já a Lei n. 6.404/1976 estabeleceu que "O estatuto ou a assembleia geral extraordinária pode autorizar a aplicação de *lucros ou reservas* no resgate [...] § 1º O resgate consiste no pagamento do valor das ações [...] com redução ou não do capital social, *mantido o mesmo capital*, será atribuído, quando for o caso, novo valor nominal às ações remanescentes." (Art. 44, grifei). Desta feita, se o resgate é feito com "fundos disponíveis", pela Lei de 1940, ou com "lucros ou reservas", pela lei vigente, e se a regra

que, se o resgate só poderia ser feito com lucros ou reservas, não haveria que se falar na possibilidade de redução do capital pelo resgate. Para Miranda Valverde, "por fundos disponíveis devemos entender, em face da lei, as reservas livres ou estatutárias, ou especialmente previstas, para a operação de resgate, pelos estatutos".[126] Assim é que Philomeno J. da Costa, além de concordar com Miranda Valverde, procura refutar os argumentos de Waldemar Ferreira:

> No raciocínio do mestre [Waldemar Ferreira] há uma parte exata. Se o resgate se opera com fundos disponíveis, utilizam-se bens que permanecem no patrimônio social em relação a outros acima do valor nominal do capital; nunca se poderão transformar em dinheiro aqueles que desçam aquém do capital, pagando-se as ações resgatadas com esse produto. Isto quer significar que sempre restam bens, cujos valores de registro contábil equivalem ao montante do capital social. O resgate se realiza com aqueles bens que se situam acima do capital e que não tinham destinação diversa [...]. O capital de fato não diminui; baixam os fundos disponíveis.[127]

Já na Lei de 1967, o resgate pode ser efetuado utilizando-se "lucros ou reservas". Quais reservas? As reservas estatutárias facultativas disponíveis criadas não por obrigação legal, mas por vontade dos acionistas ou por lucros acumulados. Caso as ações sejam resgatadas com lucros ou reservas disponíveis, deve a operação ser autorizada pela assembleia geral ou a autorização constar do estatuto social da companhia. Se o resgate não acarretar a redução do capital social, e as ações emitidas o sejam com valor nominal, deverá ser atualizado o valor de cada ação, tendo em consideração que o capital social passou a ser dividido por um número menor de ações.

O resgate, dependendo da deliberação assemblear ou das disposições estatutárias, pode abranger a totalidade das ações de uma dada classe ou somente parte da emissão. Nesta última hipótese, estabelece a lei societária que o resgate deverá ocorrer através de sorteio, de maneira a não privilegiar ou prejudicar determinadas pessoas. Possibilita a lei que outras formas possam constar do estatuto desde que a modalidade dê tratamento equitativo entre os acionistas daquela classe, bem como conste previamente do estatuto social.

Para as companhias de capital fechado, o artigo 136 estabeleceu a necessidade de aprovação por mais de 50% das ações votantes para que possa ocorrer "alteração nas [...] vantagens e condições de resgate [...] de uma ou mais classes de ações

---

é a intangibilidade do capital social, não deveriam ambas legislações falar "e se mantido o mesmo capital", já que a condicionante de haver lucros ou reservas implicará a manutenção do capital social.

126. VALVERDE, Trajano de Miranda. **Sociedade por ações**. Op. cit., v. 1, p. 163.
127. COSTA, Philomeno J. da. **Operações da anônima com ações de seu capital**. Op. cit., p. 94.

preferenciais, salvo se já previstos ou autorizados pelo estatuto".[128] A exigência de quórum qualificado para a aprovação do resgate em quase nada melhorou a situação dos acionistas preferencialistas, na medida em que a alteração de 1997 na lei societária deixou nas mãos dos detentores de voto a sorte dos preferencialistas.

A situação só ficou equitativa com a correção feita pela Lei n. 10.303/2001, quando foi estabelecido que "salvo disposição em contrário do estatuto social, o resgate de ações de uma ou mais classes só será efetuado se, em assembleia especial convocada para deliberar essa matéria específica, for aprovada por acionistas que representem, no mínimo, a metade das ações da(s) classe(s) atingidas(s)" (art. 44, § 6º). Ou seja, com tal dispositivo, a aceitação passou para a deliberação majoritária dos acionistas da classe afetada pela proposta do resgate, colocando em pé de igualdade os acionistas detentores de ações ordinárias ou preferenciais, dando a esses últimos o direito de decidir sobre a aceitação ou não da proposta de resgate. A edição do dispositivo — ao dar poder de voto só aos acionistas objeto da recompra, para que decidam, em assembleia especialmente convocada para tal fim, se aceitam ou não a recompra — tornou sem efeito o preceito da Lei de 1997, que criara o quórum qualificado para decidir o resgate.

Corrigiu-se, assim, uma enorme área de arbítrio dos acionistas votantes sobre os acionistas não votantes, ressalvando-se a hipótese da preexistência de dispositivo estatutário. Ademais, resolveu-se o enorme problema da determinação do valor da ação a ser resgatada.[129] Como já visto acima, a valoração era feita em termos

---

128. Redação dada pela Lei n. 9.457/1997.
129. O justo valor aplicado para as operações de resgate sempre foi objeto de discórdia entre os juristas nacionais, conforme nos dá conta Fábio Konder Comparato, ao relatar que: "Os poucos autores brasileiros que discutiram a questão não têm opiniões coincidentes acerca dos critérios norteadores do cálculo do preço. O Prof. Philomeno J. da Costa, por exemplo, em sua tese de concurso sustenta que, estando o preço de resgate já fixado no estatuto, o subscritor (por que não, da mesma forma, o adquirente?) de ações ficaria submetido a essa regra prévia, nada podendo reclamar. Se não, seria preciso fixar uma quantia que não excluísse o direito do acionista de participar dos lucros acumulados. Modesto Carvalhosa entende que 'de qualquer forma não pode o estatuto prever critério que situe o valor da ação abaixo daquele que é fixado para a emissão de ações em aumento de capital (art. 170).'" Por outro lado, assinala que no cálculo do preço de resgate não pode levar em conta o critério legal para fixação do valor do reembolso, uma vez que, nesta hipótese, é o próprio acionista que decide retirar-se da companhia. Prossegue Fábio Comparato, agora adicionando novas possibilidades distintas das acima apontadas. Neste sentido, agrega que: "Parece-me que a questão não comporta uma solução única, mas deve ser resolvida de acordo com as diferentes funções que pode assumir a operação de resgate, na economia de uma sociedade anônima. Se, como lembrei, o resgate foi pactuado entre a sociedade e o acionista como forma de captarem recursos de investimento a prazo fixo, sob a aparência de um capital de risco, não há fundamento algum para se afastar o critério, ou o preço, fixado no estatuto, ou determinado em assembleia. Se, em outra hipótese, fixado no estatuto, no interesse geral da sociedade, como contrapartida ao encargo financeiro representado pelos privilégios concedidos às ações preferenciais, é inadmissível privar o acionista de seu direito essencial à participação nos lucros de funcionamento da companhia, bem como do acervo social líquido, tal como espelhado nas demonstrações contábeis (art. 109, I e II). Mas, se ao revés, determinado resgate configura autêntica exclusão de acionista em benefício próprio do controlador, nenhum desses critérios

do patrimônio líquido da companhia ou do valor pelo qual as ações eram transacionadas no mercado secundário. Independentemente dos defeitos que cada um pode apresentar, a solução dada pelo parágrafo 6º do artigo 44 remete as partes interessadas — a empresa resgatante e os acionistas resgatados — à discussão quanto ao valor da ação aceito por, no mínimo, 50% "da(s) classe(s) atingida(s)". A solução assemblear só inexistirá se houver previsão estatutária estabelecendo procedimento próprio. Claro está que se as regras da assembleia especial forem criadas após a emissão das ações suscetíveis de resgate, a companhia cairá nas regras do recesso, pela alteração nas condições básicas que presidiram a vontade de se associar. A alteração decorre da passagem da deliberação assemblear especial, com quórum qualificado, para outras regras criadas pelos acionistas votantes.

A ressalva feita pelo parágrafo 6º cria duas possibilidades. Se não houver previsão estatutária, há a necessidade de se convocar uma assembleia especial com o voto daqueles suscetíveis de terem suas ações resgatadas. Entretanto, tal assembleia inexistirá caso o estatuto social tenha cláusula expressa, dando aos acionistas e à companhia a capacidade de "[...] prever o resgate [...] fixando as respectivas condições" (art. 19 da Lei n. 6.404/1976).

5.14 BÔNUS DE SUBSCRIÇÃO

O bônus de subscrição é um valor mobiliário cuja finalidade econômica é servir como instrumento de incentivo à capitalização das companhias. Enquanto instrumento, o bônus de subscrição é ofertado onerosamente pela companhia emitente, por preço unitário pré-estabelecido, dando ao adquirente ou possuidor o direito de subscrever, em data determinada, um segundo valor mobiliário, objeto último da oferta inicial. Ao adquirir o bônus de subscrição, o adquirente passa a deter, no prazo e condições da oferta, o direito de subscrever, pelo preço previamente contratado, o valor mobiliário subjacente. Caso não o faça, ocorrerá o perecimento do direito unilateral de compra, perdendo o subscritor o valor inicial pago com a aquisição do bônus de subscrição.

Nota-se que este valor mobiliário em muito se assemelha ao contrato de opção. Em regra, pode-se dizer que o contrato de opção tradicional é lançado pela detentora do valor mobiliário, e não pela sua emitente. Ademais, pode a opção ser lançada sem que o ofertante tenha os valores mobiliários objeto da futura opção

---

é aceitável, pois deparamos aí com um ato danoso *in fraudem legi*, que exige adequada reparação. Nesta última hipótese, como é óbvio, o preço de resgate não pode deixar de corresponder ao valor real das ações, como título de participação no patrimônio empresarial. Os valores contábeis constituem, em tal caso, tão-só um piso para o cálculo do preço." (COMPARATO, Fábio Konder. **Direito Empresarial**: estudos e pareceres. São Paulo: Saraiva, 1990, p. 127-128).

de compra. Os contratos de opção ofertados e aceitos por seus detentores não têm efeito de caixa junto à companhia, mas só entre os ganhadores ou perdedores.

Já o bônus de subscrição é lançado pela própria pessoa jurídica emitente que quer utilizar o mecanismo para se capitalizar com a emissão do valor mobiliário. Na hipótese do bônus de subscrição, paga-se uma quantia para eventual exercício de direito futuro. Ademais, quando do lançamento primário, sua subscrição significa a entrada direta de recursos financeiros no caixa da companhia ofertante. Também se diferencia da opção na medida em que a relação contratual final se estabelece sempre e diretamente entre o detentor do bônus de subscrição e a empresa emitente. Nos contratos de opção, pode-se reverter a posição original, antes do vencimento, adquirindo-se no mercado secundário outro contrato com posição inversa, fazendo com que, no vencimento, ambas se anulem. Já no caso do bônus de subscrição, a possibilidade de não adquirir o valor mobiliário subjacente se dá pelo não exercício do direito, deixando-o perecer, ou negociando-o dentro das regras e prazos previstos na sua escritura de emissão.

O bônus de subscrição é o negócio jurídico inicial, que dá ao seu proprietário o direito unilateral de praticar ou não um segundo negócio jurídico, qual seja, subscrever, nas condições da oferta inicial feita pela companhia, um segundo valor mobiliário. Disso resulta que o bônus é um negócio jurídico autônomo, e não a conversão do primeiro negócio em direito de subscrição.[130] No primeiro contrato, o adquirente está adstrito às regras colocadas pela companhia ofertante, exaurindo-se este negócio ao término do prazo. Já o segundo contrato tem início com a aquisição dos valores mobiliários subjacentes, cuja subscrição confere ao adquirente um novo e distinto conjunto de direitos e obrigações. Por outro lado, como acima apontado, o não exercício significa o perecimento do direito a exercer o segundo pacto obrigacional.

Muito embora colocados por alguns doutrinadores nacionais dentro da mesma categoria, é de se ver que os bônus de subscrição são figuras distintas das *stock options*. Para discutir as diferenças entre as duas figuras, será mais conveniente ficarmos com a nomenclatura inglesa, tendo-se em conta que as denominações brasileiras ainda pecam por causar confusão quando se analisam os fatores distintivos entre elas.

Assim é que o bônus de subscrição, ou "*stock purchase warrant*", não se confunde com a opção de compra de ações, ou "*stock option plan*", ofertada pela empresa a seus administradores, funcionários ou fornecedores. O *stock purchase warrant* destina-se fundamentalmente à busca de recursos financeiros para a

---

[130] *"A convertible obligation may be defined for the purpose of this study as a corporate obligation to pay money which includes a stipulation granting to the holder at this election the privilege of requiring the debtor corporation to deliver stocks in place of payment of the debt."* (BERLE JUNIOR, A. A. Convertible Bonds and Stock Purchase Warrants. **Yale Law Journal**. Yale, v. 36, n. 5, p. 649-666, mar. 1927, p. 649).

companhia — quer em um primeiro momento com a compra do bônus de subscrição, quer quando da subscrição do valor mobiliário subjacente ao primeiro. Já o *stock option plan* destina-se a ser ofertado a um público determinado, qual seja aquele composto pelos funcionários, administradores e fornecedores da companhia emitente. Ou seja, destina-se a criar a fidelização dos destinatários para com a companhia, de sorte a que todos trabalhem pelo sucesso do empreendimento. Também as cláusulas da oferta de um *stock option plan* estão vinculadas não só ao desempenho, mas também ao tempo e às parcelas em que as ações podem ser alienadas. Tais restrições são negocialmente impensáveis quando da oferta de *stock purchase warrants*, na medida em que seus adquirentes não se restringem só ao público interno da companhia, sendo uma oferta dirigida a público indistinto.

Como se verifica, a unificação das duas figuras não poderá ocorrer nem quando do exercício do segundo contrato. Isso porque nos contratos de *stock purchase warrant*, uma vez subscrito o valor mobiliário subjacente tem o subscritor a liberdade de negociá-lo na mesma extensão que detêm aqueles que se encontram pulverizados junto ao mercado secundário. Nos *stocks option plans*, há cláusulas de saída do investimento, as quais constam na deliberação da sociedade, no sentido de assegurar a permanência do beneficiário junto aos interesses da companhia, do preço usualmente menor do que o praticado pelo mercado secundário, além de se evitar que os beneficiários possam alienar suas ações em grandes lotes, o que causaria a diminuição do preço do valor mobiliário pela sua oferta abundante em curto espaço de tempo.

5.14.1 O bônus de subscrição no Direito brasileiro

A primeira inclusão do instituto em nosso Direito ocorre com a edição da Lei do Mercado de Capitais, a qual estabeleceu, em seu artigo 44, que "As sociedades anônimas poderão emitir debêntures ou obrigações, assegurando aos respectivos titulares o direito de convertê-las em ações do capital da sociedade emissora". Mais tarde, quando da edição da Lei n. 6.385/1976, ficou mais bem explicitado que, dentre a lista de valores mobiliários do artigo 2º, passamos a ter não só as "ações, partes beneficiárias e debêntures, os cupões desses títulos", mas também os bônus de subscrição, sem maiores considerações do legislador, conforme se lê na exposição de motivos enviada ao Congresso Nacional.[131] Tal especificação teve o condão de terminar com a antiga e infindável discussão acadêmica sobre

---

131. "8. O mercado de valores mobiliários compreende os títulos emitidos pelas companhias ou sociedades anônimas: as ações, partes beneficiárias e debêntures; os cupões desses títulos; os bônus de subscrição; os certificados de depósito de valores mobiliários; e, outros, a critério do Conselho Monetário Nacional."

a natureza dos bônus de subscrição como títulos de crédito ou como títulos de legitimação, colocando-os na categoria legal diferenciada dos valores mobiliários.

Porém, a Lei n. 6.385/1976 misturava no mesmo inciso I de seu artigo 2º valores mobiliários — como as ações, as debêntures e os bônus de subscrição — com outra categoria de natureza diversa — como era o caso dos cupões.[132] Estes últimos não são propriamente valores mobiliários, mas pedaços destacáveis de valores mobiliários, então emitidos ao portador, para efeito do recebimento dos dividendos ou juros devidos ao acionista ou debenturista, conforme o caso. Poderão assim ser considerados se o seu detentor fizer deles uma oferta pública e seus adquirentes o considerassem como um contrato de investimento. Porém, tal possibilidade dificilmente se materializaria hoje, na medida em que os cupões estão umbilicalmente ligados aos valores mobiliários ao portador, hoje não mais existentes.

Posteriormente, com a edição da Lei n. 10.303/2001, a redação se aperfeiçoa, na medida em que o inciso I do artigo 2º da Lei do Mercado de Capitais passa a prever só os três tipos distintos de valores mobiliários — a saber, as ações, as debêntures e os bônus de subscrição. Com tal separação, torna-se mais claro que estamos em face de três valores mobiliários distintos, resultantes de três contratos autônomos.

Usualmente, os bônus de subscrição são adquiridos pelo investidor na expectativa de que, no momento da subscrição do ativo subjacente, seu valor de mercado esteja mais elevado, já que a aquisição do bônus teve seu preço fixado na emissão. Ou seja, a razão econômica de sua subscrição é a expectativa de ganho, pois, do contrário, o investidor provavelmente não subscreverá o valor mobiliário subjacente, abrindo mão de tal direito. Se a expectativa, em termos econômicos, é necessariamente de ganho, estaremos em face de um contrato de investimento. Nada obsta, entretanto, que a companhia ofertante do bônus de subscrição fixe, no lançamento, um preço máximo de exercício, com a finalidade de reduzir o risco do investidor, e, ao mesmo tempo, garanta um preço mínimo, no exercício da aquisição da ação, de sorte a proteger a companhia de uma diluição indesejada, bem como visando à defesa dos acionistas então existentes. Desta feita, a companhia ofertante poderá emitir o bônus de subscrição com o preço do exercício em aberto ou limitado a determinado patamar, devendo a companhia emitente e os eventuais subscritores avaliarem os respectivos riscos inerentes à operação, os quais serão discutidos mais abaixo.

Como, para o presente trabalho, só interessam as emissões ofertadas ao público poupador, o bônus de subscrição também deve ser considerado um contrato de investimento coletivo. E tal ocorre pelo simples motivo de que o legislador, ao redigir as novas situações geradoras da existência de um valor mobiliário, abandonou

---

132. "São valores mobiliários sujeitos ao regime desta Lei: I – as ações, partes beneficiárias e debêntures, os cupões desses títulos e os bônus de subscrição."

a técnica legislativa de nominar os vários tipos, passando a adotar a definição abrangente como caracterizadora, conforme analisado anteriormente. Desta feita, o bônus de subscrição é encontrado em nosso Direito dos Valores Mobiliários de maneira nominada no inciso I, e de forma abrangente no inciso IX, ambos do artigo 2º da Lei n. 6.385/1976. Por ambas as situações, o bônus de subscrição, enquanto tipo distinto, tem um campo de aplicação não só quanto aos valores mobiliários emitidos por sociedades por ações, mas a todos os mecanismos coletivos de aglutinação coletiva de poupança.

Assim, temos duas normas legais que se coadunam na medida em que se entenda que as regras contidas na Lei das Companhias são destinadas aos dois valores mobiliários principais emitidos pelas sociedades anônimas — quais sejam, as ações e as debêntures —, sendo restrita a esses dois valores mobiliários a possibilidade dos bônus de subscrição. De outro lado, devemos levar em consideração o alargamento não só do número de valores mobiliários previstos em sucessivas legislações, mas também a enorme mudança que a adoção do conceito de contrato de investimento trouxe para a definição do que seja "valor mobiliário". De tais acréscimos constatamos que, se em 1976 — quando os bônus de subscrição foram trazidos da Lei n. 4.728/1965 para a vigente legislação brasileira — os valores mobiliários eram somente aqueles emitidos por sociedades por ações, hoje passaram a coexistir com outros investimentos coletivos que prescindem da forma das anônimas para captarem recursos junto ao público investidor. Em resumo, os bônus de subscrição, por serem contratos de investimento coletivo, podem ser objeto de oferta tendo outros ativos subjacentes além das ações e das debêntures, tais como direitos de subscrição futura de quotas de fundos regulados pela CVM.

5.14.2 Exercício unilateral de direito

O nascimento do bônus de subscrição tem sempre como causa uma oferta inicial feita por uma companhia ou outra modalidade de investimento coletivo. Essa oferta pode ser restrita aos acionistas já existentes ou pode ser objeto de uma oferta pública. De qualquer sorte, é a companhia que estabelece unilateralmente as condições pelas quais está alienando os bônus de subscrição, competindo aos já acionistas ou ao público, conforme a hipótese da oferta, aceitar ou não as condições da ofertante. Disso decorre que as ofertas, em termos práticos, devem levar em consideração o público ofertado e as condições financeiras pelas quais eventualmente eles se sentirão inclinados a subscreverem os valores mobiliários. A premissa básica da oferta é que a ofertante necessite aumentar seu caixa, quer pela entrada de recursos pela venda dos bônus de subscrição, quer pela expectativa de subscrição futura dos valores mobiliários subjacentes.

De qualquer sorte, o primeiro movimento é sempre feito pela companhia emitente. Já a subscrição dos bônus depende do interesse do universo ofertado. Como consequência, o exercício do direito de subscrição das ações, constante do primeiro contrato, é ato solitário do detentor do bônus de subscrição, pois seu exercício depende exclusivamente da vontade do detentor do bônus, inexistindo hipótese de subscrição contra a vontade do detentor do bônus de subscrição. Se o detentor do bônus decide subscrever as ações a que têm direito, deve fazê-lo nos termos e condições da oferta, já que esta se materializou enquanto contrato — mais especificamente um contrato de adesão. Pelo mesmo motivo, o ofertante não pode unilateralmente alterar as condições de subscrição das ações. Surgindo dúvida quanto à interpretação de determinada cláusula da oferta, as partes devem aguardar a solução judicial ou arbitral; nesta situação, a detentora do bônus não pode ser obrigada a efetuar o pagamento. A esse respeito, decidiu o Superior Tribunal de Justiça, pelo voto do Ministro Cesar Asfor Rocha,[133] que:

> Como visto, o Banco de Investimento Credit Suisse First Boston S/A e outros, titulares de bônus de subscrição emitidos pela Brahma e ratificados pela Companhia de Bebidas das Américas – AMBEV, ora recorrente, ajuizaram demanda contra esta, visando a declaração do direito de exercerem a subscrição de ações da Ambev, bem como a condenação da ré "a emitir as ações decorrentes do exercício do direito correspondente aos Bônus de subscrição de titularidade dos Autores, pelo menor preço, por ação, fixado em subscrição pública ou privada, eventualmente praticado em aumento de capital realizado pela AMBEV no período de fevereiro de 1996 a abril de 2003, acrescidos dos dividendos com todos os consectários legais".
> A ré-recorrente, por sua vez, apresentou reconvenção e, alegando ser inequívoca a manifestação de vontade dos autores-reconvindos no sentido de exercer os direitos conferidos pelos bônus de subscrição, pugnou pela condenação destes ao pagamento "do preço correto para o exercício de tais direitos [...] tudo nos moldes previamente contratados nos bônus de subscrição, divulgados pela AmBev em Fato Relevante e aprovados pela CVM."
> [...]
> Verifica-se que o direito da recorrente foi afastado em tese, visto inexistir o direito subjetivo de a Ambev ou de qualquer sociedade compelir os titulares de bônus de subscrição a exercer o direito decorrente de tal titularidade, o que, por óbvio, consiste em uma faculdade apenas dos proprietários do aludido título negociável. Assim, a pretensão de direito material deduzida na reconvenção não foi apreciada, inexistindo qualquer julgamento de mérito.
> O teor do art. 75, parágrafo único, da Lei n. 6.404/76 dispõe: "A companhia poderá emitir, dentro do limite de aumento do capital autorizado no estatuto (artigo 168), títulos negociáveis denominados 'bônus de subscrição'. Parágrafo único: Os bônus de subscrição conferirão aos seus titulares, nas condições constantes do certificado, direito de

---

133. Vide Recurso Especial n. 717.327-SP (2005/0005419-7).

subscrever ações do capital social, que será exercido mediante apresentação do título à companhia e pagamento do preço de emissão das ações."

Da leitura de tal dispositivo, evidencia-se a titularidade apenas dos proprietários dos bônus de subscrição em subscrever ações do capital social da companhia, mediante o pagamento do valor de emissão das ações. O mencionado artigo não outorga à companhia o direito de exigir a subscrição das ações no valor que julga devido.

Assim, o fato de os proprietários dos bônus de subscrição ajuizarem demanda a fim de exercer tal direito, ou seja, visando a condenação da empresa em emitir as ações por determinado valor, não gera à sociedade o direito de compelir tais proprietários a pagar o montante que esta considera devido. Se a importância pela qual os proprietários pretendem subscrever as ações não for a devida, é o caso de improcedência do pedido da ação principal, sem ensejar, contudo, qualquer direito à companhia de obrigar, via ação reconvencional, os titulares dos bônus de subscrição a exercer os direitos decorrentes de tais títulos, frise-se, por preço diverso do pleiteado na ação principal por eles proposta. Daí a ausência da chamada "pertinência subjetiva" à via reconvencional por parte da Ambev.

Isso porque o exercício decorrente da titularidade dos bônus de subscrição não pode sujeitar o respectivo titular a pagar, contrariamente à sua vontade, o valor pretendido pela sociedade emitente. A manifestação de vontade pela qual o titular de direito busca exercitá-lo sob determinadas condições, no caso, não pode ensejar a obrigação de esse titular exercer tal direito sob condições diversas. Assim, reitero, se o montante pelo qual o proprietário dos bônus de subscrição pretende subscrever as ações de uma sociedade não for o correto, impõe-se a improcedência do pedido, e não a sua condenação a pagar o valor pretendido pela recorrente na reconvenção.

[...]

O eg. Tribunal de Justiça de São Paulo, portanto, agiu com o costumeiro acerto ao consignar: "O indeferimento inicial da reconvenção foi bem e adequadamente proclamado. O exercício do direito à emissão de ações inerentes aos bônus de subscrição de propriedade das agravadas, não gera, na contrapartida, o direito subjetivo à agravante de exigir o preço, integral e correto em seu prisma, dessas ações, alvo da reconvenção. Nem o artigo 75 e seu parágrafo único, da Lei das Sociedades Anônimas, nem o certificado do bônus de subscrição, outorgam à companhia o poder de compelir a proprietária a exercer esse direito que lhe é exclusivo. A bilateralidade da relação obrigacional está atestada na compra e venda do bônus de subscrição, conforme artigo 77 da lei. Adquiridos estes, somente ao seu titular compete a faculdade de subscrever ações do capital social, porém não o dever, razão pela qual não se pode ser jungido a tanto.

Nessa perspectiva, o texto do parágrafo único do artigo 75, da Lei 6404/76: [...]. Assim, a norma legal estatui uma faculdade, uma opção, ao titular do bônus de subscrição, que, livremente, poderá exercê-la no seu interesse e no preço que entenda devido, podendo optar, caso lhe seja conveniente, em desistir da subscrição. O fato de manifestar sua vontade ao exercício do direito, não pode ser convolada em um dever. E seria absurdo pretender que alguém cumprisse um direito. Se é direito, seu titular o exercita ou não, mas não pode ser compelido a fazê-lo.

Decorre, em síntese, que a agravante não tem o poder, contrário à vontade dos agravados, de obrigá-los a subscrever as ações, tão-somente porque estes pretendem fazê-lo em condições de preço diversas daquelas, por elas, objetivadas. O exercício do direito de subscrição não prende o titular desse direito a concretizá-lo, caso resulte em seu prejuízo. Nesse tópico não há bilateralidade pretendida e, por conseqüência, o direito da agravante em exigir esse comportamento das agravadas. O titular do bônus só subscreverá as ações se anuir ao preço estipulado pela sociedade ou, então, se obtiver em juízo a condenação desta última a emitir as ações pelo valor que entender ser o correto. A discordância quanto ao preço não gera qualquer obrigação ao proprietário do bônus de subscrição. Em virtude disso à sociedade falece o direito de exigir que subscreva as ações. Falta-lhe, à evidência, legitimidade ao acesso à via reconvencional, por não ser a titular do direito ou do poder de compelir à subscrição de ações pelo valor que julga acertado."

[...]

Diante do exposto, não conheço do recurso especial.

5.14.3 O preço de exercício

Como já mencionado acima, o preço de exercício é contratado entre a empresa emitente do valor mobiliário e o subscritor do bônus como apto para, mediante o pagamento da quantia estabelecida, subscrever, dentro da espécie ou classe contratada, tantas ações quantos sejam os direitos conferidos. Para tanto, é de fundamental importância a observância das regras da oferta, principalmente se o preço puder sofrer variação no tempo. Essa situação foi objeto de discussão tanto pela CVM como pelo STJ, o que se verá abaixo. No caso, discute-se a interpretação da cláusula de ajuste do preço da ação, quando da subscrição, constante da oferta pública dos bônus de subscrição. A importância das decisões se prende ao fato de que a oferta do bônus de subscrição foi feita por um valor que sofreria duas variações. A primeira, atrelada a eventuais aumentos de capital antes da conversão do bônus em ação, cujo lançamento seja feito por preço inferior ao da conversão. A segunda variável consiste na diminuição do valor de subscrição dos dividendos distribuídos durante o período entre o momento da subscrição do bônus até a subscrição das ações.

Por ser a cláusula do contrato de bônus de subscrição peça-chave para a decisão, transcrevemo-la abaixo, a fim de constatar que a ofertante, quando da emissão, se obrigou a que:

Caso sejam efetuados aumentos de capital por subscrição pública ou privada até o término do prazo para o exercício do direito à subscrição, aumentos esses nos quais o preço de subscrição venha a ser inferior ao valor ajustado para o exercício de subscrição com base nos bônus calculados, no período de subscrição dessas ações será ajustado para igualar o preço de subscrição e todas as correções e ajustes subseqüentes partirão desse novo patamar.[134]

Abaixo, transcreve-se o voto vencedor, da relatora Norma Jonssen Parente:

1. Trata-se de consulta formulada pela Companhia de Bebidas das Américas – AmBev com base em parecer de Barbosa, Müsnich & Aragão a respeito da fixação do preço de exercício de bônus de subscrição em face do plano de opção de compra de ações, tendo em vista os seguintes fatos e as seguintes razões:

a) em 14.02.96, a então Companhia e Cervejaria Brahma decidiu emitir 404.930.519 bônus de subscrição, vendidos a R$ 50,00 ao lote de mil, que dariam direito à subscrição de ações no período de 1º a 31 de abril de 2003 ao preço de R$ 1.000,00 também por lote de mil, atualizados de acordo com a variação do IGP-M calculado pela Fundação Getúlio Vargas aplicado anualmente e acrescidos de juros de 12% ao ano. Foi estabelecido, ainda, que os dividendos pagos em dinheiro a partir de 1997 reduziriam o preço de subscrição;

b) foi incluído, também, cláusula anti-diluição estabelecendo que o preço de eventuais aumentos de capital, por subscrição privada ou pública a preços inferiores ao valor ajustado, que viessem a ocorrer, passariam a ser o novo patamar a ser corrigido e ajustado;[135]

c) na assembléia geral realizada em 14.09.2000, a AmBev, que incorporou as ações da Brahma, aprovou a substituição dos bônus de subscrição mantendo os mesmos direitos e condições de exercício, bem como aprovou o plano de opção de compra de ações;

d) a empresa não considera incluídos na determinação do preço de subscrição dos bônus os aumentos de capital decorrentes de emissão de ações por força do plano de opção de compra, uma vez que a subscrição pode corresponder a valores muito inferiores ao preço de mercado e também inferiores ao preço (teórico) de exercício dos bônus;

e) seria descabido, por representar uma diluição injustificada dos demais acionistas, permitir que os titulares de bônus sejam beneficiados subscrevendo ações a preços indevidamente favorecidos;

f) a extensão do ajuste do preço dos aumentos de capital, quando for menor, visa dar aos investidores titulares dos bônus e aos investidores titulares das ações tratamento eqüitativo, em estrita observância do parágrafo 1º do artigo 170 da Lei n. 6.404/76;

---

134. Apelação Cível n. 0124025-18.2005.8.26.0000 (TJSP).

135. "Dos diversos aumentos por subscrição *privada* efetuados no capital da AmBev entre fevereiro de 1996 e abril de 2003, dois se fizeram a preço *inferior* ao preço estabelecido para o bônus: (i) em 10 de outubro de 1996 a companhia aumentou seu capital de R$ 707.283.203,47 para R$ 877.283.660,14, usando recursos provenientes do exercício, por diversos titulares, de outros Bônus de Subscrição emitidos em 1993 e, (ii) em 20 de junho de 1997 novamente elevou o seu capital de R$ 927.000.000,00 para R$ 927.776.359,16, através de recursos aportados por funcionários e administradores aos quais havia outorgado em 1990 um Plano de Opção de Compra de Ações". Retirado do julgado da 18ª Câmara Civil, Embargos Infringentes n. 004/2008, Tribunal de Justiça do Rio de Janeiro.

g) outra coisa bem distinta é fazer com que, em detrimento dos demais acionistas, o titular do bônus se beneficie da emissão de ações decorrentes do plano de opção de compra, cujo preço de emissão é fixado com base no preço de mercado, que tem destinatários específicos determinados por lei e que visa a incentivar e remunerar;

h) ao aumentar o capital por conta do exercício de opção dentro do plano, a empresa não está fazendo nova emissão de ações a preço de mercado, mas simplesmente recebendo recursos de uma promessa de emissão de ações a preço predeterminado;

i) é irrelevante na determinação do preço de exercício dos bônus de subscrição o preço de emissão de novas ações em função dos aumentos de capital decorrentes do plano de opção de compra de ações da AmBev.

[...]

6. Por discordar [...], a AmBev solicitou que o assunto fosse submetido ao Colegiado, tendo em vista o seguinte:

a) ao referir-se a "aumentos de capital por subscrição privada ou pública", o conselho de administração da companhia não incluiu aquelas subscrições privadas realizadas no âmbito do plano de opção de compra de ações;

b) a emissão de ações no âmbito do plano de opções de compra tem natureza especial pelo fato de que a subscrição se dá a preços favorecidos, ou seja, favorece o empregado ou administrador com direito à subscrição a um preço que, no curso do tempo, vai se tornar privilegiado, uma vez que o mesmo irá contribuir com o seu trabalho para o sucesso da companhia e na valorização das ações no mercado em benefício de todos os acionistas;

[...]

d) a supressão do direito de preferência é um indicativo de que o aumento de capital decorrente das opções de compra de ações tem natureza especial;

e) no caso da emissão pública, a supressão do direito de preferência é irrelevante tendo em vista que o preço deve ser fixado considerando o preço de mercado das ações e o acionista tem acesso ao mercado de bolsa para adquirir novas ações;

f) mesmo que a opção de compra seja exercida a um valor muitíssimo superior ao valor original, a diluição sofrida pelos acionistas será perfeitamente justificada, uma vez que é precisamente este o objetivo da lei;

[...]

n) no caso de subscrição de ações em função do plano de opção não há que se falar em diluição injustificada, tendo em vista que ainda que haja diluição, a mesma é justificada pelo fato de que todos os acionistas se beneficiam da maior lucratividade da companhia, ou seja, a contrapartida de remuneração aos beneficiários do plano com a perspectiva de maiores ganhos aos próprios acionistas é a justificativa de eventual diluição acionária.[136]

A decisão vencedora na autarquia, liderada pelo voto da Diretora Norma Jonssen Parente, entendeu que o preço diferenciado para menor, quando do

---

136. CVM n. SP2002/0474 (RC n. 3948/2002).

lançamento das opções a funcionários da AmBev, não serviria de nova base de cálculo para diminuir o valor de subscrição de ações pelos detentores dos bônus de subscrição, pelos seguintes motivos:

> FUNDAMENTOS
> 26. O presente processo traz a oportunidade de discutir questão relativa ao bônus de subscrição e ao plano de opções de compra de ações e suas possíveis interferências um no outro.
> Bônus de Subscrição
> [...] 28. Portanto, os bônus, que podem ser emitidos dentro do limite de capital autorizado, nada mais representam do que um direito de subscrever ações em futuro aumento de capital, oportunidade em que será pago o preço de emissão.
> [...] 30. No caso em exame, os bônus de subscrição foram emitidos para subscrição privada e alienados aos seus acionistas que tiveram, assim, respeitado o direito de preferência de 30 dias com o objetivo de evitar a diluição de sua participação em futuro aumento de capital.
> 31. A emissão dos referidos títulos foi aprovada em reunião conjunta realizada em 14.02.96 pelo conselho de administração e conselho fiscal da Brahma, que teve posteriormente suas ações incorporadas pela AmBev, oportunidade em que foram aprovados, conforme assembléia geral extraordinária realizada em 14.09.2000, não só os bônus, bem como o plano de opções, tendo sido mantidas todas as condições originais.
> 32. [...] e) caso sejam efetuados aumentos de capital por subscrição privada ou pública até o término do prazo para o exercício do direito à subscrição, aumentos esses nos quais o preço de subscrição seja inferior ao valor ajustado, o preço de subscrição será ajustado para igualar o preço de subscrição e todas as correções e ajustes subseqüentes partirão desse novo patamar.
> [...]
> O Plano de Opções de Subscrição de Ações
> 34. Se, por um lado, a lei societária, como se vê, admite a criação de bônus de subscrição destinado a seus acionistas ou debenturistas, por outro, possibilita que a companhia outorgue opção de compra de ações destinada a funcionários e prestadores de serviços. [...]
> 35. Assim, ao contrário do bônus que é disciplinado pela lei, o plano de opções de ações é apenas previsto em lei, sendo que as regras são estabelecidas pela própria companhia e aprovadas pela assembléia geral.
> [...] 37. Merece ser destacado que o preço das opções, que não poderá ser inferior a 90% do valor médio da cotação das ações em bolsa dos últimos 3 pregões, é fixado por ocasião da criação do programa e, a partir daí, corrigido monetariamente até o efetivo exercício, não sofrendo mais qualquer alteração. Vale ressaltar, ainda, que o plano assegura que, em caso de aumento de capital por subscrição pública ou particular, a opção poderá ser exercida pelo menor preço entre o valor corrigido e o valor da nova emissão.

Análise da questão

A distinção entre a opção de compra de ações e o bônus de subscrição

38. A despeito de todas as opiniões abalizadas manifestadas a respeito do assunto, parece-me inquestionável que estamos diante de dois institutos que têm funções completamente distintas. Enquanto o bônus de subscrição é um valor mobiliário negociável e confere ao seu titular o direito de subscrever ações se verificadas determinadas condições preestabelecidas, a opção de compra não é valor mobiliário e nem transferível, embora dê ao destinatário também o direito de adquirir ações a um preço preestabelecido.[137]

39. Mas as diferenças não param por aí. No caso em análise, o bônus foi vendido aos acionistas que tiveram o direito de preferência respeitado, ao passo que a opção é conferida a executivos e empregados de alto nível da AmBev, na definição do próprio plano, como vantagem adicional e estímulo à expansão, ao êxito e à consecução dos objetivos sociais da companhia e dos interesses de seus acionistas.

[...] 41. A excepcionalidade da opção é tão relevante que, repita-se, a lei societária enumera entre os direitos essenciais do acionista o direito de preferência (art. 109), não permite a sua exclusão nem pelo estatuto nem pela assembléia geral, salvo em hipóteses expecialíssimas. Todavia, expressamente, admite a outorga de opção de compra de ações sem sequer dar direito de preferência aos antigos acionistas, tal a excepcionalidade da opção. O mesmo privilégio não foi outorgado aos bônus de subscrição.

42. Como se verifica da decisão que criou o bônus, a cláusula que assegura o ajuste de preço tinha por finalidade igualar o preço do bônus a futuras emissões. Ora, só se pode igualar coisas que possuem a mesma natureza, ou seja, não se pode igualar coisas desiguais que não possuam os mesmos direitos. O bônus que nada mais representa que um direito de subscrição só é equiparável à ação e, por conseqüência, tudo o que ocorre em relação à ação afeta seus interesses. Daí a necessidade de se incluir cláusula garantindo ao detentor do bônus que, em havendo a emissão de novas ações a preços inferiores ao valor de subscrição do bônus, esse valor passaria a servir de patamar, possibilitando, assim, ao proprietário do bônus equalizar o seu título à nova realidade econômico-financeira da companhia. Se nada tivesse sido dito, a tendência seria o bônus perder o valor ante o primeiro aumento que houvesse a preços inferiores, diluindo sua participação. O objetivo é claro no sentido de guardar essa paridade com as ações. Portanto, a extensão do ajuste só tem razão de ser quando se está diante de valores mobiliários que atribuem a seus titulares os mesmos direitos, o que não se verifica, no caso, já que as ações decorrentes do exercício de opções possuem uma série de restrições.

43. No caso das opções de compra, é de sua natureza atribuir a altos executivos e empregados uma oportunidade de participar do desempenho da companhia através da subscrição de ações com o objetivo de promover seu engajamento no crescimento da

---

137. Seria interessante que a Relatora do caso aprofundasse seu raciocínio quando afirma que os bônus de subscrição não são valores mobiliários, levando-se em consideração que os mesmos se encontram previstos no artigo 2º da lei criadora da CVM. Este comanda que: "são valores mobiliários sujeitos ao regime desta Lei: i) as ações, as debêntures e bônus de subscrição". De outro lado, se estes não fossem valores mobiliários, não estariam sujeitos ao poder regulamentar da mesma Autarquia, fato que retiraria a competência para julgar o processo acima transcrito.

sociedade. Para isso, no caso da AmBev, foram definidas regras aprovadas em assembléia geral de acionistas que estabelecem, dentre outras, o limite anual de 5% de cada espécie de ações e o limite de preço de até 90% do valor de mercado das ações, vigente na data da concessão da opção. Dessa forma, o acionista ao aprovar o plano admitiu diluir sua participação anual de até 5% e renunciar ao direito de preferência em troca da perspectiva de maiores ganhos para a companhia.

44. Por se tratar de um benefício concedido pelos acionistas aos destinatários do plano, parece-me razoável e lógico admitir que essa vantagem não se estende a eles, o que significa que os direitos atribuídos aos funcionários não geram qualquer direito aos acionistas e, por extensão, aos detentores de bônus. Caso fosse adotada essa prática, certamente o propósito do plano de opções estaria sendo invalidado. Em sã consciência, nenhum aumento de capital utilizaria como parâmetro para a fixação do preço de emissão o valor de exercício das opções.

45. Assim, embora se possa afirmar que as opções de compra e os bônus estejam sujeitos a todas as conseqüências ocorridas com as ações, o mesmo não se admite em relação ao bônus diante das opções, ou seja, se as opções não agregam nenhum direito aos acionistas ou detentores de bônus também deles nada retiram.

46. A razão é muito simples, pois enquanto aos detentores de opções é concedida uma vantagem econômica pela companhia em troca de maior produtividade no interesse de todos os acionistas, ao detentor do bônus nada é oferecido a não ser a possibilidade de subscrição. Na verdade, é bom lembrar que o benefício é conferido pela lei exclusivamente aos administradores e empregados e estendê-lo aos titulares de bônus importaria em diluição injustificada dos acionistas não titulares, o que é inadmissível.

47. É sabido que a companhia deve buscar recursos sempre ao menor preço possível e com isso evitar a diluição injustificada da participação dos seus acionistas. Ora, admitir-se que os detentores de bônus se beneficiem de uma vantagem concedida aos destinatários das opções eqüivaleria a admitir que aqueles realizassem a subscrição de ações sem guardar qualquer relação com o exigido no parágrafo 1º do artigo 170 da lei societária, já que as opções são exercidas necessariamente a um preço favorecido, o que, me parece, não foi essa a intenção no lançamento dos bônus. [...].

O aumento de capital por subscrição pública ou particular

48. A referência a aumento de capital por subscrição privada ou pública, portanto, não poderia jamais abranger aumentos de capital decorrentes do exercício de opções. Caso se desse esse entendimento à expressão, concluir-se-ia que os acionistas estariam admitindo a possibilidade de efetuar aumento de capital sem a observância do disposto no parágrafo 1º do artigo 170, pois, embora não se tenha essa informação, é provável que todos os aumentos de capital por conta dos exercícios de opções tenham sido feitos a um preço favorecido. Esse, aliás, é o objetivo do plano. Cabe lembrar que quando do lançamento dos bônus a R$1.000,00 em 1996, as cotações das ações estavam na faixa de R$ 600,00, o que significa que não havia qualquer intenção de conceder facilidades para a subscrição desses títulos.

49. Elucidativa é a manifestação de José Luiz Bulhões Pedreira, em seu parecer, [...] no sentido de que o aumento de capital por subscrição pública ou privada é um tipo distinto da opção de compra e ações:

"A Lei das S.A. regula a modificação do capital social na Seção I do Capítulo XIV (arts. 166 a 172) e (desconsiderada a hipótese de correção monetária do artigo 166, revogada pela legislação posterior) prevê três tipos de aumento de capital:

a) mediante capitalização de lucros e reservas (art. 169);

b) por conversão em ações de debêntures ou partes beneficiárias e pelo exercício de direitos conferidos por bônus de subscrição ou de opção de compra de ações (art. 166, III);

c) mediante subscrição pública ou particular de ações, regulado no artigo 170, cuja ementa é 'aumento mediante subscrição de ações', [...]:

Esses dispositivos legais deixam evidente que, na terminologia da lei, 'aumento mediante subscrição de ações' não é todo e qualquer aumento de capital em que haja subscrição de ações, mas aquele em que a companhia delibera criar ações mediante oferta à subscrição pública ou à subscrição particular dos seus acionistas."

50. Desse modo, fica evidente que o aumento de capital por *subscrição* pública ou particular é uma espécie de aumento, que não abrange o aumento de capital por *conversão* de ações em debêntures ou partes beneficiárias e pelo exercício de direitos conferidos por bônus de subscrição ou de opção de compra de ações.

51. O aumento de capital por subscrição de ações, quer público quer particular, pressupõe que haja uma oferta de ações a investidores e não se confunde com aquele destinado exclusivamente à força de trabalho da empresa, como forma de obter maior dedicação e eficiência de seus empregados em benefício da própria empresa e, em última análise, de todos os acionistas igualmente.

52. O aumento de capital mediante subscrição de ações tem finalidade totalmente distinta do aumento em decorrência da outorga de opção. O primeiro visa aportar para a companhia capital financeiro recebido dos subscritores de ações, enquanto que o segundo pretende outorgar uma vantagem econômica àqueles que contribuíram para o lucro da companhia.

Restrições às ações emitidas em decorrência do exercício de opções: redução de seu valor

53. As ações adquiridas em decorrência do exercício de opções estão sujeitas a restrições, tais como: i. direito de preferência à companhia, na hipótese de alienação; ii. limitação à circulação; iii. regras específicas, no caso de cessar a relação de trabalho; iv. inalienabilidade das ações; e v. destino de dividendos.

54. Evidentemente, tais restrições reduzem o valor da ação. Portanto, seria injusto equiparar o valor de subscrição das ações com bônus de subscrição àquele adotado pelos titulares de opções. Não seria justo adotar apenas uma característica vantajosa das opções e eliminar todas as demais.

A questão vista sob o ângulo econômico

55. Cabe relembrar que o objetivo do plano da AmBev, ao mesmo tempo que visa assegurar a integração de seus funcionários dando a oportunidade de se tornarem acionistas, procura estimular o desenvolvimento da companhia na consecução de seus objetivos

sociais. Esta finalidade seria desvirtuada se os privilégios concedidos aos administradores e empregados obrigassem também aos titulares de bônus.

56. Correto o posicionamento da Gerência de Estudos Econômicos da CVM, que conclui que, sob a ótica econômica, é incorreta a utilização das emissões no âmbito do Plano de Opção para o ajuste do preço de subscrição de que trata o item 6.8. (e) da ata da AGE de 14/09/2000 da AMBEV, pois: i. as emissões decorrentes de Plano de Opção são *sui generis* com características e finalidades peculiares; ii. a regra anti-diluição, prevista no parágrafo 1º do artigo 170, não é violada pela particularidade da emissão no âmbito do Plano de Opção, visto que o interesse da companhia e dos seus acionistas é atendido na medida em que a emissão (mais barata) é uma premiação ao funcionário pela performance passada e, ao mesmo tempo, um incentivo à performance futura e à fidelidade à empresa, pela participação adquirida; iii. a extensão do preço de exercício das opções dos funcionários aos bônus de subscrição resultaria numa situação de desvantagem daqueles funcionários em relação aos detentores dos bônus — estes subscreverão novas ações a preços baratos e poderão revendê-las no mercado a qualquer momento, ao passo que os funcionários, ao contrário, se sujeitam às diversas limitações de venda a curto prazo das ações adquiridas através do Plano.

57. Na mesma linha, a posição da analista da GEA-2: [...] c) considerar que os aumentos de capital por exercício das opções são relevantes para determinar o preço de emissão das ações relativas aos bônus significaria impor à companhia um custo de captação que não havia sido previsto, impondo uma injustificada diluição da participação dos antigos acionistas, contrariando o disposto no § 1º do artigo 170 da Lei n. 6.404/76 e, também, a razoabilidade na administração dos negócios; [...].

58. Diante disso, torna-se inquestionável que a função econômica da opção não permite adotar interpretação diversa. De fato, não seria razoável admitir que os aumentos de capital decorrentes do exercício de opções pudessem ser incluídos para o cálculo do valor da subscrição dos bônus.

A cláusula anti-diluição

59. A diluição causada aos acionistas pelo exercício da opção de compra está em consonância com a lei e com os objetivos que justificaram a inclusão do instituto em nossa legislação. Justifica-se, pois a sua outorga representa um prêmio àqueles que com seu trabalho contribuíram para o desenvolvimento e crescimento da empresa. Diante disso, é normal que o preço de emissão para os trabalhadores seja inferior ao preço justo, previsto no parágrafo 1º do art. 170 da lei societária. Na verdade, a opção representa uma remuneração adicional para aqueles empregados que mais se destacaram. O valor da subscrição tem preço subsidiado.

60. Portanto, não foi desta diluição que cuidou a cláusula anti-diluição, mas daquela decorrente de aumento de capital que aportasse capital financeiro destinado a financiar a atividade empresarial, cujo preço de subscrição fosse inferior ao previsto para o exercício do direito conferido pelo bônus. Era justo que houvesse tal proteção, caso contrário, o direito conferido pelo bônus ficaria prejudicado, visto que tais aumentos reduziriam o valor de mercado das ações.

[...] 64. A finalidade da cláusula anti-diluição foi tão somente proteger os titulares de bônus contra a diluição causada por um aumento de capital ordinário e jamais equiparar os titulares de bônus aos empregados da empresa. A opção pretende a integração e interação dos empregados e administradores à companhia, permitindo que a companhia realize seus objetivos e cumpra a sua função social.

65. Estender tal privilégio aos titulares de bônus seria conceder-lhes uma vantagem indevida, com prejuízo para todos os demais acionistas que teriam a sua participação patrimonial diluída. Não se pode admitir que se estenda a um grupo de investidores, titulares de bônus, vantagem econômica que a lei atribui àqueles que contribuem com seu trabalho para o crescimento da empresa.

A interpretação da cláusula anti-diluição

66. Na hermenêutica contemporânea, a norma deve ser considerada como meio para a solução dos conflitos, que não se caracterizam por suas dimensões legais, pois comportam aspectos sociais e valorativos determinantes da própria eficácia do direito. É preciso que haja um novo método de leitura das leis que expressem novos valores sociais e políticos. Caso contrário, não haverá eficácia no sistema jurídico. O apego à letra da lei não pode imperar em detrimento da justiça e da finalidade da lei. Enquanto que na interpretação da lei deve prevalecer o alcance à sua finalidade para assegurar o respeito aos direitos que se quer protegidos, na sua aplicação dever-se-á atender aos fins sociais a que se destina e ao bem comum.

[...] 68. Ora, diante da realidade dos fatos, não me parece razoável que os acionistas tivessem, quando aprovaram a emissão dos bônus em 1996, a intenção de oferecer algum atrativo na sua subscrição, principalmente que o preço ficasse atrelado às subscrições por conta do exercício das opções, pois, certamente, a partir do primeiro exercício já teria que ser ajustado. A verdade é que a inclusão dessa cláusula de ajuste só tinha um significado: evitar que os bônus, em caso de uma emissão dirigida à totalidade de seus acionistas, perdessem o valor antes de seu vencimento, o que ocorreria fatalmente na hipótese de ser efetuada uma emissão a preço inferior ao previsto para o bônus. Esse é o verdadeiro sentido e a justificativa lógica para a inclusão da cláusula.

69. O que não se pode é retirar expressões de um contexto e generalizar sua aplicação, sob pena de se chegar a conclusões irreais. No caso, se fosse admitida a aplicação da cláusula ao aumento de capital por subscrição particular decorrente do exercício de opções de compra, estar-se-ia permitindo a captação de recursos a valores muito inferiores ao preço de mercado, gerando, como conseqüência, uma diluição injustificada da participação dos acionistas não detentores de bônus e significativa desvalorização das ações no mercado. Assim, caso houvesse a intenção de transferir aos detentores de bônus qualquer vantagem concedida aos destinatários das opções, tal ajuste deveria constar expressamente das condições da emissão, a exemplo, inclusive, do que se verifica do plano de opções que estabeleceu que, em havendo aumento de capital por subscrição pública ou particular, o beneficiário das opções poderia exercê-las pelo preço corrigido ou pelo preço de emissão, prevalecendo o menor. Aqui fica mais uma vez claro que no conceito de subscrição particular ou privada utilizado pela AmBev não se incluíam as opções. O objetivo da extensão do ajuste do preço, portanto, nada mais

representa que dar aos investidores titulares dos bônus e aos investidores titulares de ações que asseguram os mesmos direitos tratamento eqüitativo.
[...]
CONCLUSÃO
86. Ante o exposto, considerando que:
a) os bônus de subscrição são títulos transferíveis, negociáveis e que podem ser alienados, enquanto que as opções não são títulos, não são transferíveis, nem negociáveis e são concedidos gratuitamente;
b) os bônus se destinam ao público externo e as opções ao público interno da companhia;
c) as opções têm a finalidade de conceder um prêmio aos administradores e empregados como incentivo pela contribuição com sua força de trabalho para o desempenho da companhia, ao passo que os titulares de bônus não fazem jus a qualquer vantagem, além do direito de subscrição nas condições estabelecidas;
d) o aumento de capital mediante subscrição de ações tem finalidade totalmente distinta do aumento em decorrência da outorga de opção aos administradores e empregados;
e) as ações decorrentes do exercício de opções contêm limitações à propriedade e à circulação que as demais ações não possuem e, diante disso, têm uma redução em seu valor;
f) a diluição, no caso das opções, é admitida com a aprovação do plano em troca de maior lucratividade da companhia que se reverte em benefício de todos os acionistas;
g) a função econômica da opção não permite a utilização de seu preço de exercício no cálculo do valor de subscrição dos bônus;
h) o ajuste do preço dos bônus tem por finalidade manter paridade com novas ações a serem, eventualmente, emitidas a preços inferiores ao de exercício, para evitar a perda de seu valor antes do vencimento, e não equipará-los às opções com características totalmente diversas;
i) para que o preço de exercício das opções fosse considerado no ajuste do preço de exercício dos bônus, por ser uma vantagem econômica exclusiva dos administradores e empregados, tal condição deveria estar expressamente prevista;
j) o plano de opções de compra, criado em 1990, antecede à criação do bônus, portanto, era de conhecimento dos acionistas e do mercado que a companhia oferecia aos seus empregados a oportunidade de subscrever ações a preços inferiores aos de mercado; sendo posterior, haveria uma inconsistência lógica na fixação do preço de exercício dos bônus, se este já não tivesse considerado o valor de exercício da opção;
l) as informações a respeito dos bônus de subscrição sempre foram divulgadas pela companhia no mesmo sentido de que o preço de subscrição das opções não influiria no preço dos bônus;
m) não seria justo aplicar, a todas as ações da companhia, regras especiais criadas para reger uma pequena percentagem delas, não dotadas da livre circulabilidade no mercado e não dirigidas, como as demais, à capitalização da empresa, mas sim criadas como prêmio àqueles que se destacaram na empresa por força de seu trabalho;

n) assegurar o mesmo tratamento a titulares dos bônus e titulares de opções de compra resulta em quebra da igualdade econômica e jurídica desejada;

VOTO no sentido de que não deve ser incluído na determinação do preço de exercício dos bônus de subscrição o preço de emissão de novas ações oriundas do plano de opção de compra de ações da AmBev.

Dada a relevância financeira da decisão, os perdedores (já que se tratava de um número razoável de investidores e, o que é mais importante, de grande poder financeiro) recorrem da decisão da CVM através da propositura de ações judiciais no foro do Rio de Janeiro e de São Paulo, os quais produziram decisões opostas. Entretanto, é de se sublinhar que a decisão acima levou em consideração sobretudo o conteúdo econômico da situação, deixando em segundo plano a questão contratual. No contrato de oferta dos bônus de subscrição, a ofertante se comprometeu ao ajuste com a diminuição do valor de subscrição das ações caso houvesse, até tal momento, outro lançamento de ações por preço inferior. Para tanto, a oferta pública feita estabeleceu que tal aumento de capital abrangeria a colocação "por subscrição pública ou privada". Nesse ponto, como se verá abaixo, foi bem mais intensa a apreciação do Poder Judiciário, repisando as diferenças entre os contratos de *stock option* e de bônus de subscrição.

Desnecessário repetir os fatos, tendo em vista que são os mesmos, ainda que as partes litigantes contra a decisão da CVM alternem sua posição processual. A decisão abaixo, oriunda do Tribunal de Justiça de São Paulo,[138] ao manter a decisão de 1ª Instância, entendeu, em acompanhando o voto do relator Desembargador Francisco Loureiro, que:

> A matéria em exame é deveras controversa, o que se pode constatar pelos diversos julgados contraditórios entre si, todos relativos à mesma operação de subscrição de bônus, que instruem os sete volumes destes autos. Basta, para tanto, conferir a posição adotada pelo Tribunal de Justiça do Rio de Janeiro, em sede de embargos infringentes que, por apertada maioria, entendeu que as condições mais vantajosas conferidas às opções de compra de ações por empregados deveriam se estender aos titulares de bônus de ações preferenciais (TJRJ, EI n. 043/2008, Rel. Des. Marcus Faver [...]).
>
> Posição diametralmente inversa adotou o Tribunal de Justiça de São Paulo, também em embargos infringentes, por apertada maioria de votos. Entendeu a Primeira Câmara de Direto Privado serem inconfundíveis os institutos do bônus de subscrição de ações em favor de investidores e a opção de aquisição de ações a empregados, de modo que o preço subsidiado conferido aos últimos não serve de parâmetro aos investidores em geral (EI 495 985 4/9-02, Rel. Paulo Razuk).

---

138. Apelação n. 0124025-18.2005.8.26.0000. Companhia de Bebidas das Américas – Ambev vs. Economus Instituto de Seguridade Social.

São defensáveis ambas as posições, com sólidos argumentos bem postos pelas partes nos pareceres dos inúmeros juristas e nos próprios julgados juntados a estes autos.

3. Inclino-me, contudo, depois de detida reflexão sobre as circunstâncias do caso concreto, no sentido de manter a sentença de improcedência da ação e da reconvenção, pois estou convencido que os investidores subscritores dos bônus de ações preferenciais não tiveram a confiança traída por força de cláusula negocial.

Tal como pareceu à Digna Relatora Norma Jonssen Parente do processo administrativo que enfrentou a questão na Comissão de Valores Mobiliários, ocorreu exatamente o inverso.

Descobriram os investidores oportunidade de obter esplêndidos ganhos, não previstos e nem levados em conta por qualquer das partes por ocasião do nascimento da relação obrigacional, aproveitando-se do fato de empregados terem recebido opções de aquisição de ações a preço subsidiado.

Entendo que a causa do negócio e a sua equação econômica, no momento de subscrição dos bônus, tomaram em conta o valor de mercado das ações ao público em geral, e não eventuais vendas circunstanciais de opções a empregados, a preço subsidiado.

As razões pelas quais os investidores, titulares de direitos de subscrição, não podem ser equiparados aos empregados com opção de compra de ações foram didaticamente expostos na decisão da Dra. Norma Jonssen Parente:

[...]

Diga-se que existe razão *objetiva* para que a opção de compra de ações a empregados tenha valor *diferente* dos demais títulos emitidos pela sociedade, como ações, partes beneficiárias, debêntures e, em especial, os bônus de subscrição. É que a opção de compra é *intuitu personae*, e, por isso mesmo, sem direito de preferência em relação aos demais acionistas. [...] Mais ainda. O direito de opção é *intransferível*, já que outorga a determinada pessoa, razão pela qual diminuição da liquidez necessariamente reflete no valor de subscrição [...].

No caso concreto, a previsão de opção de compra de ações para administradores e empregados da companhia *já existia* à época em que houve a emissão do bônus de subscrição em favor dos investidores.

Não faria o menor sentido, por isso, a fixação de preço mínimo de subscrição dos bônus, em valor superior ao preço de opção já deferido aos empregados da companhia. A cláusula negocial somente é uma regulação sensata se interpretada no sentido de que caso o *valor de bolsa* ou de *mercado* das ações caísse abaixo do valor de mercado é que haveria direito de subscrição pelo montante inferior.

Não pode ser utilizado como parâmetro para a subscrição de bônus de investidores o valor de opções de compra de ações oferecidas em condições especiais para empregados e administradores da sociedade.

Destaco que, no caso concreto, não há qualquer das partes — um fundo de pensão e uma companhia de capital aberto — hipossuficiente, suscetível de ser levada a erro ao subscrever operações milionárias de bônus de uma sociedade.

Filio-me, por isso, ao julgado do Tribunal de Justiça de São Paulo que julgou improcedente ação e reconvenção em caso similar ao ora em exame, cuja ementa é a seguinte: RECURSO – Embargos Infringentes [...] (EI 495 985 4/9-02 Des. Paulo Razuk).

Constou do aludido julgado, ao qual me filio, expressiva passagem: "O aumento de capital por subscrição de ações, quer público, quer particular, pressupõe que haja uma oferta de ações a investidores e não se confunde com aquele destinado exclusivamente à força de trabalho da empresa, como forma de obter maior dedicação e eficiência de seus empregados em benefício da própria empresa e, em última análise, de todos os acionistas igualmente".

5. Não resta dúvida que a boa-fé objetiva orienta os negócios jurídicos, constitui valor especialmente relevante no mercado de ações de sociedades anônimas.

A boa-fé objetiva se traduz "no dever de cada parte agir de forma a não defraudar a confiança da contraparte".

[...] Não vejo como avisados investidores, que inverteram expressivas quantias com o escopo de adquirir direitos a subscrição de bônus, possam razoavelmente ser iludidos, em razão de cláusula dúbia, que o valor de aquisição das ações seria o mesmo ofertado em condições subsidiadas a empregados e administradores.

Admitir tal crença seria presumir que investidores confundissem institutos — bônus de subscrição e opção de aquisição de ações por empregados — radicalmente diversos, cujas causas e preços são distintos.

A meu ver, foi corretamente julgada improcedente a ação, em abono à conclusão a que já chegava a Comissão de Valores Mobiliários.[139]

A 18ª Câmara Cível do Tribunal de Justiça do Rio de Janeiro, ao contrário da decisão proferida pelo Colegiado da Comissão de Valores Mobiliários, bem como daquela emanada do Tribunal de Justiça de São Paulo — transcritas parcialmente acima —, conforme o voto vencedor[140] do Desembargador Relator Pedro Raguenet, dentre outros elementos de convencimento, traz à baila de forma mais detalhada a boa-fé objetiva, fixando-se mais no direito obrigacional do que nos aspectos econômicos enfatizados pela CVM.

> [...] Admito forte na Lição de Fábio Ulhoa Coelho ("Curso de Direito Comercial", vol. 2, pág. 170) [...] que essa espécie de opção de compra é na verdade mais uma "outorga" do que uma "oferta" [...]
>
> Assim, dentro desse raciocínio, correto estaria o Prof. José Luiz Bulhões Pedreira ao afirmar que: "Na conversão em ações de debêntures ou partes beneficiárias e no exercício do direito conferidos por bônus de subscrição ou de opção de compra *não há oferta à subscrição*

---

139. Apelação n. 0124025-18.2005.8.26.0000.
140. Vide Embargos Infringentes n. 2008.005.00044, embargante Companhia de Bebidas das Américas – AmBev; embargados Caixa de Previdência dos Funcionários do Banco do Brasil – PREVI e Fundação dos Economiários Federais – FUNCEP

privada de ações, mas novação de direitos de crédito ou de participação (na conversão de debêntures e partes beneficiárias) ou exercício de diretos à subscrição criados anteriormente, pela emissão do bônus de subscrição pela outorga de opção de compra".

A "outorga", a nosso sentir, pode configurar uma espécie de subscrição particular, sem "oferta" que, se não for ressalvada, estará subsumida na expressão abrangente e genérica "subscrição particular".

Ocorre que a cláusula inserida no bônus não fala em "*oferta*" de subscrição (privada ou pública) nem tão pouco em "*novas ofertas*", não se podendo ler o que, definitivamente, não está escrito.

Se a companhia, ao promover a subscrição dos bônus, não faz consignar a ressalva de que as anteriores opções de compra outorgadas não seriam consideradas na fixação do preço das ações, deve assumir a responsabilidade do que ficou estabelecido.

Na verdade não é de hoje que o dever de informar com precisão constitui pilar fundamental do mercado de ações, que tem na fidúcia a sua força motriz.

Como corretamente acentuado pela embargada, os bônus de subscrição com valores mobiliários (títulos de crédito) são emitidos por deliberação da Assembléia Geral ou do Conselho de Administração da companhia, cujas atas devem descrever, com clareza e precisão, o conteúdo do negócio. O elemento literalidade está insculpido no art. 75, parágrafo único, da Lei da S/A que o regula, *verbis* "os bônus de subscrição conferirão aos seus titulares, nas condições constantes de certificado, direito de subscrever ações do capital social".

[...] Afinal, como também consta de um dos processos da CVM, para o funcionamento eficiente do mercado, faz-se necessário *ampla transparência de mercado* com vistas a evitar-se o fenômeno denominado seleção adversa, onde a assimetria informacional entre compradores e vendedores leva a que a formação de preço dos ativos seja distorcida pelo maior nível de risco assumido pelos participantes, exatamente pela falta de informação necessária ao processo decisório de investimento.

Temos assim que para a incidência da "cláusula de ajuste" bastava a ocorrência dos aumentos de capital, (realizados entre fevereiro de 1996 e abril de 2003) decorrentes de subscrição pública ou particular (por oferta ou outorga).

Por outro lado, sendo do conhecimento da companhia a existência de deliberações anteriores que poderiam ensejar aumento de capital e se pretendesse afastar tais aumentos da incidência da cláusula, deveria, obviamente, tê-los ressalvado, de forma expressa.

Por essa razão, o voto vencedor do Des. Antonio Eduardo Duarte, enfatizou, quando do julgamento da apelação que: "*Não é certo* o que coloca a ré-apelada no sentido de que os aumentos de capital decorrem do exercício de opções de compra de ações e do exercício de bônus de subscrição. Ora, a insistência da AMBEV em *tentar apagar* do Instrumento de Emissão dos Bônus de Subscrição o estabelecido na Cláusula de Ajuste ali inserida, com as vênias devidas aos ilustres pareceristas em cujas posições apóia-se a ré-apelada nesse seu objetivo, *é de fragilidade indiscutível*". Oportuno mencionar *que o artigo 166 da Lei das S/A* regula a maneira como pode ser aumentado o capital social. Entre os aumentos que ali são *ordinariamente* previstos constam o de seu inc. III "por conversão, em ações, de debêntures ou partes beneficiárias e pelo exercício de direitos conferidos *por bônus de subscrição, ou opção de compra de ações*". A respeito, o eminente Professor Calixto Salomão Filho, [...] leciona que: "Não é possível admitir distinção entre bônus de subscrição, opções de compra e demais formas de aumento de capital que importe distinção de disciplina relativa ao aumento de capital, *pois essa distinção não é reconhecida pela lei e todas as referidas formas de aumento de capital estão sujeitas a princípios e regras comuns*".

Nessa mesma ordem de idéias, a insigne Des. Cristina Tereza Gaulia, quando do julgamento dos embargos, em razões incorporadas por esse Relator, enfatizou que: "a publicação feita pela AmBev, em 11/2002,[141] no sentido de que não seriam relevantes, na determinação do preço de exercício do bônus de subscrição, os aumentos de capital conseqüentes à emissão de ações decorrentes do Plano de Opção de Compra de Ações da Companhia, era de ser desconsiderada, eis que tal publicação tinha por finalidade acrescentar informações que não constaram dos certificados dos bônus de subscrição emitidos em 1966, certificados estes que, na forma do artigo 79 LSA, inc. IV, deveriam obrigatoriamente conter, dentre outras, declaração sobre: 'o número, a espécie e classe das ações que poderão ser subscritas, o preço de emissão ou os critérios para sua determinação.'"

Enfatizou com precisão que: "a questão controvertida, portanto, se referiria à validade deste critério pra a determinação do preço de exercício por parte dos bonistas, levando em conta que, originalmente, constava da cláusula [da oferta pública dos bônus de subscrição]."

De fato, tendo ocorrido o aumento de capital posteriormente à emissão dos bônus (entre 1996 e 2003), quer em face do exercício dos bonistas de 1996, quer em face do exercício das opções de compra de ações de 1996, ocorreram, justamente, os aumentos "por subscrição pública ou privada" previstos originalmente, ou seja, a AmBev resolveu, *sponte propria*, e em detrimento do inicialmente declarado, proceder a um verdadeiro expurgo dos aumentos de capital em desacordo dos interesses dos bonistas de 96, que pretendem lhes seja garantido o direito de receberem as ações a que fazem jus, adotando-se o menor preço verificado nas subscrições particulares, decorrente tal preço das subscrições privadas que ocorreram no período aquisitivo, e que a AmBev através de suposto FATO RELEVANTE pretende excluir.

Por certo que, a uma, o alegado FATO RELEVANTE foi, em realidade, não aquele preconizado na LSA em seu art. 157, § 4º, e que os administradores são obrigados a levar ao público, mas meramente uma mudança de rumos imposta pela AmBev aos investidores.

[...] Ou seja, uma mudança de rumos, de entendimento da nova companhia incorporadora sobre situação consolidada no passado, não perfaz como o fato relevante preconizado na lei, e não pode, por isso, ser considerado.

---

141. No Fato Relevante publicado em 4 nov. 2002 pela AmBev ficou estampado, para aquilo que interessa na análise do caso, que "não são relevantes, na determinação do preço de exercício dos bônus de subscrição, os aumentos de capital conseqüentes à emissão de ações decorrentes do 'Plano de Opção de Compra da Companhia.'"

A questão, por conseguinte, é de interpretação de cláusula contratual e, para tanto, há de se buscar as regras de hermenêutica.

Creio eu a melhor regra de interpretação a se lançar mão na hipótese, refere-se à norma do CCom./1850, que no art. 133 estatui: "Omitindo-se na redação do contrato cláusulas necessárias à sua execução, deverá presumir-se que as partes se sujeitaram ao que é uso e prático em tais casos entre comerciantes, no lugar da execução do contrato".

Aqui tem lugar, pois, a questão da boa-fé que não pode ser afastada pelo redator do contrato com base em omissão contrária à lei, já que o art. 179 LSA, como se viu, determina que obrigatoriamente constará do certificado do bônus "o preço de emissão das ações que poderão ser subscritas ou os critérios para sua determinação".

A *questão da boa-fé objetiva*, a par de estar claramente normatizada hoje pelo NCC nos arts. 113 e 442, já se prevalecia desde 1850, no inc. I do art. 131 C.Com., *verbis*: "Sendo necessário interpretar as cláusulas do contrato, a interpretação, além das regras sobreditas, será regulada sobre as seguintes bases: I- a inteligência simples e adequada, que for mais conforme à boa-fé, e ao verdadeiro espírito e natureza do contrato, deverá sempre prevalecer à rigorosa e restrita significação das palavras".

Nesse sentido, o melhor posicionamento apresentado diante do contexto litigioso foi o parecer emitido em 25/10/02 pela Procuradoria da CVM. Claro, objetivo e enxuto, o parecer referiu que:

"Não obstante o denodo e o esforço da consulente na tentativa de enquadrar a emissão de ações decorrentes de planos de opção de compra, inclusive foi criado o conceito de subscrição privada 'de natureza toda especial', sem precedente na lei, na doutrina ou na jurisprudência, entendemos aplicável o princípio da hermenêutica segundo o qual *in claris cessat interpretatio*, não cabendo ao intérprete, portanto, suscitar dúvidas onde elas, em verdadeiro, não existem, face à própria clareza do dispositivo mencionado. No caso vertente, a alínea (e) do item 2 do Aviso aos Acionistas publicado então pela Companhia e Cervejaria Brahma deixa claro que, para fins de aplicação do ali disposto, seria absolutamente indiferente a natureza do aumento de capital *latu senso*, se subscrição pública ou privada, não tendo sido feito qualquer ressalva, portanto, a uma eventual subscrição provada 'de natureza especial', como pretende agora a consulente. A própria consulente, aliás, mais especificamente à fl. 002 dos autos, reconhece textualmente que houve aumentos de capital decorrentes de emissão de ações por força do Plano de Opção de Compra, o que conjugado à clareza solar da alínea (e) do item 2 do Aviso aos Acionistas, que retrata as condições aprovadas pelo Conselho de Administração, e, ainda em face da ausência de qualquer ressalva expressa no sentido de admitir cabível a tese erigida pela consulente, subsume integralmente os aumentos de capital em questão à alusão genérica feita na mencionada alínea (c) do item (e) e do Aviso aos Acionistas ('aumentos de capital por subscrição privada ou pública'), tornando aplicáveis ao caso concreto os critérios de fixação do preço de subscrição das ações decorrentes dos bônus emitidos, previstos nas condições originalmente aprovadas".

Nessa linha foram também as decisões da Justiça Paulista e que levaram a AmBev a fazer acordo com o investidor Credir Suisse que naquele foro ajuizara ação idêntica à que aqui se julga.

A exceção deveria ter sido, pois, clara e previamente enfatizada na cláusula de fixação dos critérios de determinação do preço das ações, pois as exceções ao negócio jurídico não se encontram subsumidas em cláusula que não as prevê.

Perfeito, portanto, o v. acórdão ao repugnar a presunção de que haveria uma ressalva implícita (ou uma vontade oculta) na cláusula. [...] Por tais circunstâncias, o desprovimento dos embargos.[142]

No mesmo sentido foi a decisão unânime da 3ª Câmara Cível do Tribunal de Justiça do Rio de Janeiro, sendo relator o Desembargador Antonio Eduardo F. Duarte.[143] Os fatos são exatamente os mesmos, o que prescinde de novo relato para entendimento do contexto jurídico que norteou a decisão.

[...] Reside o ponto nodal de toda a controvérsia instaurada em saber se os autores-apelantes, no exercício dos "Bônus de Subscrição" de que são titulares, têm, ou não, o direito de adquirir as respectivas ações através de liquidação com base no preço inferior ao fixo e decorrente de aumentos de capital por subscrição privada ou pública da companhia emissora, sucedida pela ré-apelada, consoante o disposto na "Cláusula de Ajuste" inserida no "Instrumento de Emissão", e se no prazo previsto na aludida cláusula ocorreram aumentos de capital a preço inferior ao preço fixo, permitindo assim que se considere prevalente essa opção, bem como se, em conseqüência, fazem jus à indenização por perdas e danos que explicitam.

[...] Contrariamente ao que alega a AMBEV, entre a data da emissão dos bônus de subscrição e a data de seu exercício, a perícia econômico-contábil comprova que houve, nesse interregno do prazo para o exercício do direito inerente aos bônus, aumento de capital por subscrição pública e privada. Respondendo ao quesito n. 04 da ré-apelada esclarece o Dr. Perito em seu laudo:

"Nos termos do Boletim de Informações Anuais (IAN) de fls. 841/844, o capítulo "Capital social subscrito e alterações nos três últimos anos" informa ao público investidor todas as alterações do capital social da Companhia e Cervejaria Brahma verificadas até 31/12/1997, assim classificados: (i) doze aumentos de capital por "Subscrição Particular em Dinheiro"; (ii) quatro aumentos de capital por "Reserva de Capital"; (iii) três aumentos de capital por "Correção Monetária"; (iv) um aumento de capital por "Reservas de Lucro". Quanto ao texto reproduzido no quesito, trata-se do texto extraído de Notas Explicativas (fls. 1.503), explicitando a 'colocação particular' do Bônus Brahma, emitido em 1996, com valor de face traduzido em moeda norte-americana, sem a projeção do valor com base na cláusula de ajustamento. Resolve-se que a nota explicativa foi apenas parcialmente transcrita no quesito suprimindo-se a parte final de texto, de seguinte teor: 'Em 15 de novembro de 2000, os bônus de subscrição da Brahma foram trocados por

---

142. Embargos Infringentes n. 2008.005.00044. Voto vencido do Desembargador Pedro Raguenet.
143. Apelação Cível n. 2.935/2005. Apelantes Caixa de Previdência dos Funcionários do Banco do Brasil – PREVI e Fundação dos Economiários Federais – FUNCEF, sendo apelada Companhia de Bebidas das Américas – AMBEV.

bônus de subscrição da AMBEV. Dessa forma, os detentores dos bônus de subscrição da AMBEV têm os mesmos direitos dos detentores de bônus de subscrição da Brahma'." (fls. 1.503).

Não é certo o que coloca a ré-apelada no sentido de que aumentos de capital decorrentes do exercício de opções de compra de ações e do exercício de bônus de subscrição não se confundem com aumentos de capital por subscrição pública ou privada. Isto porque a diferença é a realidade que os autos mostram, sobretudo porque a cláusula de ajuste não faz essa distinção e nem permite a interpretação lançada de que o entendimento destacado "sempre foi pacífico entre todos os participantes do mercado de capitais".

Guarde-se que aconteceram sim os aumentos de capital autorizados da incidência do disposto na cláusula de ajuste, como acima apontado, [...] dentre os quais três a preço de subscrição inferior ao preço fixo. Um aumento de capital aconteceu em 10.10.96 [...], este promovido pela BRAHMA, segundo parece, oito meses após a emissão do "Bônus" de 1996. [...]. Inclusive mais um [...] ocorrido em 20/6/1997, conforme fls. da Apelação Cível n. 30.228/2004, feito conexo com o presente e igualmente sob minha relatoria.

Aliás, também importa ressaltar que os Bônus de 1996, quando do lançamento, o seu preço equivalia ao dobro do preço de cotação das ações da Brahma no mercado, conforme apurado no laudo pericial. Entretanto, o fato de o valor de exercício dos Bônus de 1993, cujo vencimento se daria em 1996, vir a ser efetivado, tendo como base o preço das ações do aumento de capital de 1995, como na realidade viria a ocorrer, levou os antigos acionistas e demais investidores, ao que parece, a adquirir os aludidos títulos. Corrobora essa afirmativa o aspecto de que membros integrantes do Conselho de Administração da Brahma haverem adquirido, respectivamente, cerca de 30,58% e 8,12% dos totais de bônus de subscrição de ações ordinárias e preferenciais ofertados, consoante consta de informações prestadas pela AMBEV à CVM, de forma a atender o disposto no artigo 11, da Instrução n. 358/2002 da referida autarquia. Os bônus adquiridos pelos conselheiros, segundo o referi do informativo, permaneceram na propriedade dos mesmos até o período de exercício [...].

Levando a questão às instâncias da CVM, a AMBEV formulou a consulta de fls. 96/100, em 7/10/2002, que, registre-se, somente aconteceu depois que a própria ré-apelada, já às portas do prazo para o exercício do bônus, viu-se, certamente, pressionada pelo arrependimento de que se acometeu no estabelecimento da Cláusula de Ajuste. Essa sua consulta teve por alvo saber se os aumentos de capital ali previstos poderiam ser reconhecidos como "aumentos de capital de natureza toda especial", por terem decorrido de outro Bônus de Subscrição e de um Plano de Opção de Compra de Ações, e, assim, expurgados da expressão "aumentos de capital por subscrição privada ou pública" contida na cláusula. Respondeu a Procuradoria Jurídica da CVM negativamente, em 24/10/2002, expressando-se da seguinte forma no Proc. CVM n. SP2002/474:

"Não obstante o denodo e o esforço da consulente na tentativa de enquadrar a emissão de ações decorrente de planos de opção de compra como uma subscrição *sui generis*, para a qual, inclusive, foi criado o conceito de subscrição privada "de natureza toda especial", sem precedentes na lei, na doutrina ou na jurisprudência, entendemos aplicável o princípio de hermenêutica segundo o qual *in claris cessat interpretatio*, não cabendo ao intérprete, portanto, suscitar dúvidas onde elas, em verdade, não existem, face à própria clareza do dispositivo analisado. No caso vertente, a alínea (e) do item 2 do Aviso aos Acionistas publicado pela então Companhia Cervejaria Brahma deixa claro que para fim de aplicação do ali disposto, seria absolutamente indiferente a natureza do aumento de capital *latu sensu*, se por subscrição pública ou privada, não tendo sido feita qualquer ressalva, portanto, a uma eventual subscrição privada 'de natureza toda especial', como pretende, agora, a consulente. A própria consulente, aliás, mais especificamente a fls. 002 dos autos, reconhece textualmente que houve aumento de capital decorrente de emissão de ações por força do Plano de Opção de Compra, o que, conjugado à clareza da alínea (e) do item 2 do Aviso aos Acionistas, que retrata as condições aprovadas pelo Conselho de Administração, e, ainda, em face da ausência de qualquer ressalva expressa no sentido de se admitir cabível a tese erigida pela consulente, subsume integralmente os aumentos de capital em questão à alusão genérica feita na mencionada alínea (e) do item 2 do Aviso de Acionistas ("aumentos de capital por subscrição privada ou pública"), tornando aplicáveis ao caso concreto os critérios de fixação do preço de subscrição das ações decorrentes dos bônus emitidos, previstos nas condições originalmente aprovadas.

Uma vez que esse pronunciamento da Procuradoria Jurídica da CVM poderia refletir de modo ponderável nas decisões do mercado, com reflexo direto junto aos investidores titulares de "Bônus de Subscrição", a ré-apelada publicou o "Fato Relevante" de fls. 86/87, datado de 04/11/2002, por intermédio do qual comunicou aos investidores a divergência entre o seu entendimento e o daquela Procuradoria destacando-se dessa publicação, por ser relevante, as seguintes passagens:

"Entretanto, entende a AmBev, que não são relevantes, na determinação do preço de exercício do bônus de subscrição, os aumentos de capital conseqüentes à emissão de ações decorrentes do Plano de Opção de Compra de Ações da Companhia, nos quais a subscrição se verifica, em muitos casos, com preços de emissão fixados anteriormente ao lançamento do próprio bônus, e que podem, eventualmente, corresponder a valores inferiores ao preço (teórico) de exercício do bônus, e também inferior ao preço de mercado no momento do exercício da opção de compra concedida no passado (exatamente em função do sucesso da atividade gerencial, que o Plano de Opção de Compra de Ações da Companhia visa incentivar e remunerar). [...]."

Linha de raciocínio idêntico extrai-se do parecer da Gerência de Acompanhamento de Empresas, que [...] concluiu:

"Cabe agora ressaltar que, para o funcionamento eficiente do mercado, faz-se necessário a ampla transparência de informações com vistas a evitar-se o fenômeno denominado seleção adversa, onde a assimetria informacional entre compradores e vendedores leva a que a formação de preço dos ativos seja distorcida pelo maior nível de risco assumido pelos participantes, exatamente pela falta de informação necessária ao processo decisório de investimento. No caso em tela, os bônus de subscrição foram avaliados tendo em vista as disposições deliberadas quando da emissão do título que não excepcionaram aumentos de capital para honrar planos de opções de ações."

[...]

Com efeito, a verdade é que a influência na adequação do preço, conforme "Cláusula de Ajuste", não reside na interpretação errônea que a AMBEV, por conveniência e que logrou impressionar o Colegiado da CVM, deseja emprestar ao tema, qual seja, a distinção legal entre aumentos de capital dela ré-apelada por exercício de opções de compra ou de outros bônus de subscrição. Reside sim — daí o acerto dos argumentos da PREVI e do FUNCEF e a explicação do Laudo Pericial e seus esclarecimentos complementares — não apenas no aspecto de que a pactuação do ajustamento quando do lançamento dos "Bônus de Subscrição" pela BRAHMA fala expressamente em aumento de capital por subscrição privada ou pública, mas igualmente no que apontou a prova técnica realizada, isto é, nos vinte aumentos de capital verificados na Companhia Cervejaria Brahma até 31/12/1997.

Portanto, não se controverte nestes autos acerca do que estabelece a Lei das S/A ao regular os aumentos de capital, menos ainda que os aumentos de capital por subscrição pública ou privada não recebem da norma legal tratamento de "gênero", do qual os aumentos oriundos de opção de compra de ações e de bônus de subscrição seriam espécies. [...] O que se discute aqui, repita-se, é o que consta, de modo expresso e claro, na "Cláusula de Ajuste". Justo por isso têm os autores-apelantes absoluto direito de liquidar as ações adquiridas através do "Bônus de Subscrição" pela alternativa de um preço inferior, frente à condição verificada, isto é, pela ocorrência de diversos aumentos de capital por subscrição pública ou privada e a preço inferior ao preço fixo, situação acontecida na vigência do prazo de exercício dos bônus.

[...] Quer dizer, a existência da "Cláusula de Ajuste" é fruto de uma pactuação com todos aqueles que, aderindo à oferta, adquirissem os "Bônus de Subscrição" lançados para captar recursos visando a melhoria da saúde financeira da companhia emissora (a BRAHMA), não tendo por alvo, parece óbvio, afrontar a paridade com novas ações que, eventualmente, viessem a ser emitidas a preços inferiores àquelas decorrentes do exercício desse "Bônus", consoante a condição prevista na mencionada cláusula de ajuste, tampouco violar o disposto o disposto no parágrafo 1º do artigo 170 da Lei n. 6.404/1976. Não há que se alegar, pois, como pretende a ré-apelada, a figura da diluição injustificada, ainda que indireta, dos antigos acionistas. Também é baldia da AMBEV de que a companhia não estaria captando novos recursos, em virtude da emissão promovida pela sua sucedida (a BRAHMA), mas atendendo uma obrigação contratual pretérita, principalmente porque — além de caracterizar a falta de boa-fé objetiva —, se assim fosse ter-se-ia presente mais uma ilegalidade, qual seja: uma companhia faz oferta pública para aquisição de "Bônus de Subscrição", ajusta as condições para o seu exercício e, no momento próprio desse exercício, nega o único motivo legal autorizador da emissão desses bônus, buscando distorcer a verdade.

[...] Desse modo, não há fato especulativo algum na pretensão da PREVI e do FUNCEF de exercerem o seu direito por um preço inferior ao fixo e decorrente de aumentos de capital por subscrição privada ou pública verificado na vigência dos Bônus [...].

[...] Improsperável, por conseguinte, a alegação de prejuízo dos atuais acionistas e de enriquecimento indevido da PREVI e do FUNCEF, como deseja crer a AMBEV. Para tanto, de novo vale-se a ré-apelada do argumento de inocorrência de algum fato capaz de ensejar a aplicação da "Cláusula de Ajuste", batendo na tese, já desmontada pela perícia, de que no período ali previsto não existiu nehuma situação que provocasse a diluição injustificada dos acionistas.

[...] Vem daí que cabível se mostra na espécie o dever de indenizar a ré-apelada, [...] compondo as perdas e danos sofridos pela autora-apelante, consubstanciados no pagamento de vantagens, dividendos e bonificações relativamente às ações correspondentes, direitos esses ocorridos entre a data em que deveriam ter sido emitidas e a presente data, acrescidos de juros e correção monetária [...].

[...] À conta do cima exposto [...] por unanimidade, [...] julgar procedente o pedido formulado na ação principal e improcedente aquele deduzido na reconvenção [...].

O direito de preferência, aqui examinado somente sob o ângulo dos bônus de subscrição, poderá fazer parte da lista de direitos legais dos acionistas quando a companhia decida lançar ao público bônus de subscrição de ações ou debêntures.

capítulo 6
AÇÕES ORDINÁRIAS

6.1 A GRANDE DISCUSSÃO

Se a ação pode ser apontada como o paradigma dos valores mobiliários, não é menos verdade que a ação ordinária pode ser apontada como o paradigma histórico das ações. As ações ordinárias aqui tratadas se referem somente àquelas de emissão mediante ofertas públicas primárias ou secundárias dirigidas aos novos acionistas ou aos acionistas já existentes de uma dada companhia. Muito embora nossa Lei das Companhias trate, no mesmo diploma legal, das duas modalidades de capitalização e dos direitos e deveres da companhia, dos administradores e dos acionistas, tudo o que será discutido neste capítulo leva em consideração somente as ações ordinárias emitidas por companhias de capital aberto. Também não serão discutidas aqui as ações preferenciais com ou sem direito de voto, as quais serão objeto do capítulo seguinte.

A ação ordinária, quando ofertada publicamente, por ter como característica o exercício do voto, tem o condão de gerar o ambiente mais propício para o desenvolvimento de melhores práticas de gestão do patrimônio comum dos sócios. Isso decorre, de um lado, porque a boa ou má gestão tem o condão de se refletir na variação do preço da ação e, consequentemente, no patrimônio do investidor. De outro lado, e como consequência, a variação de preço tende a balizar o voto dos acionistas reunidos em assembleia, voto este de rara ocorrência entre os detentores de ações preferenciais. Como resultado, tem sido intenso o debate brasileiro, ainda inconcluso, sobre os benefícios das ações ordinárias em confronto com as ações preferenciais sem voto, enquanto elemento válido de estímulo ou não para o desenvolvimento do mercado de valores mobiliários brasileiro. Porém, inexiste dúvida de que o mercado de valores mobiliários é a figura central buscada por nós como mecanismo para o desenvolvimento econômico brasileiro. É dentro deste contexto que se colocam as ações e as companhias e seus modos de capitalização, bem como sua aceitação pelos investidores nativos.

Nesse sentido, o debate tem sido travado para saber por que este tipo de mecanismo surgiu e se desenvolveu em alguns países e não em outros, ou por que, dentre aqueles que tentaram na Europa, alguns tiveram sucesso e outros não. Muitas são as ideias colocadas em discussão; dentre elas, podem ser apontadas hipóteses que abordam as diferenças culturais e religiosas entre os povos, uns considerando o lucro como pecado e outros o enaltecendo como elemento suscetível de prêmio ou graça divina — isso ocorreu, por exemplo, entre os católicos romanos e os protestantes desde os albores do protestantismo. Outro grupo de acadêmicos aponta como razão de ser da diferença entre o mundo anglo-saxão e os países da Europa continental a falta de proteção aos investidores. Também se denuncia a ineficiência do Judiciário, cuja demora em responder as demandas que lhe são apresentadas aniquila a certeza jurídica, elemento necessário à decisão de investir ou não em determinada companhia. Também se aponta a hipótese de que, mesmo nos ambientes não propícios, os empresários e investidores suprem tais desvantagens por meio do regramento assecuratório de tais direitos nos estatutos sociais das companhias. Não se pode deixar de mencionar aqueles autores para quem o protagonismo do Estado enquanto agente financeiro e diretor do desenvolvimento econômico afastaria a participação do setor privado investidor em ações.

Enfim, várias são as hipóteses discutidas pelos estudiosos, as quais serão de maneira sucinta debatidas neste capítulo. Mais adiante será analisada a situação brasileira, examinando-se o dualismo entre as ações votantes — que prevaleceram até o final do século XIX — e as ações preferenciais, que surgem no início do século XX, bem como a nova etapa, mais atual, em que os subscritores manifestam sua predileção pelas ações ordinárias — fundamentalmente após a criação do Novo Mercado.

6.1.1 A evolução do processo associativo

Sob o aspecto temporal, as ações ordinárias antecederam, em muito, à criação das ações preferenciais. Desde o início as primeiras significaram o verdadeiro espírito associativo entre investidores oriundos de segmentos distintos da sociedade — não necessariamente conhecidos ou amigos entre si, mas que juntavam seus investimentos na busca de um interesse comum: o lucro do empreendimento.

Muitas foram as hipóteses apontadas pelos historiadores do Direito quanto à origem das sociedades por ações: desde a instituição de mecanismos terceirizados pelo Estado romano para arrecadar tributos, até a medieval e sempre citada Banca de São Jorge, em Florença, passando pelo contrato de afretamento comum de navios para o transporte de bens de comércio, ambas as situações ocorridas inicialmente no renascente norte da Itália. O que se constata da comparação entre os vários mecanismos então existentes é que eles resultam de experimentos desenvolvidos para juntar comerciantes em torno de um empreendimento comum, o qual, por necessitar de investimentos de monta para sua realização, bem como por acarretar enorme risco até sua conclusão, exigia formas diferentes das até então existentes. As guildas também eram mecanismos de aglutinação de pessoas do mesmo ofício, sendo, entretanto, muito mais um instrumento de proteção de um oligopólio do que de associação de capitais. Também se diferenciavam dos empreendimentos renascentistas do norte da hoje Itália na medida em que estas foram empreendimentos fundamentalmente familiares, enquanto as companhias de então juntavam capitais de pessoas não necessariamente aparentadas ou conhecidas entre si. O embrionário modelo era uma forma distinta de associar pessoas em torno de um empreendimento comum; este vínculo não nascia da fidelidade hierárquica das guildas, transcendendo os vínculos da consanguinidade e inovando enquanto modalidade de associar estranhos com objetivo de lucro, sem a necessidade de participar operacionalmente do empreendimento comum.

Nesta parte do trabalho, será desnecessário investigar a origem das várias estruturas jurídicas que, eventualmente, vieram a desaguar na criação das atuais sociedades anônimas, sendo mais útil ter como ponto de partida as companhias inglesa e holandesa criadas no princípio do século XVII. Para o que pretendo, basta ter em mente que cada uma das hipóteses da origem histórica das companhias serve para mostrar que as alterações se sucedem como num modelo darwiniano, ainda inacabado, o qual vem sendo alterado no tempo em busca de acomodações sucessivas em face dos interesses e das necessidades econômicas e políticas de cada momento, tendo como suporte as culturas peculiares de cada região.

É nesse contexto que será analisada a característica fundamental das ações ordinárias, presente desde o seu surgimento, qual seja: atribuir ao seu detentor a capacidade de votar nas deliberações sociais, fato este excepcional nas ações preferenciais emitidas abundantemente pelas companhias brasileiras. Por ser o voto o direito de participação no direcionamento do empreendimento comum, apresentou, historicamente, uma série de nuances quanto ao exercício do poder social, variações que ocorreram conforme o modelo foi sendo testado e que resultaram em mudanças ao longo do desenvolvimento econômico.

Se olharmos de relance o caminho percorrido pelas ações ordinárias, verificaremos que esse percurso sempre representou uma luta pelo controle do poder decisório na companhia. De um lado, o modelo inicial de um voto por cabeça, que privilegiava a associação entre iguais; de outro lado, com o surgimento do modelo de um voto por ação. Essa luta pelo poder decisório pode ser ilustrada pela profusão de mecanismos para a busca de capital sem diluição do bloco de comando existente, isto é, sem abrir mão do controle e da gestão, chegando-se ao modelo atual das companhias de controle pulverizado junto ao mercado secundário, mas com o poder detido pelos administradores. Dentre esses mecanismos históricos, citem-se: as ações ordinárias com a perda do direito de voto a partir de determinado volume de ações possuídas pelo mesmo acionista; as ações com direito a mais de um voto; o mecanismo que culminou na criação do poder de veto absoluto do Estado pelas *golden shares*; o voto por procuração; o voto múltiplo; as classes distintas de ações quanto aos direitos de voto; a participação cruzada; o voto piramidal; etc.

Nos ordenamentos jurídicos da atualidade, as ações ordinárias estão umbilicalmente ligadas ao poder de voto. Entretanto, um longo tempo decorreu desde o surgimento das primeiras estruturas jurídicas conducentes à associação de inúmeros investidores dentro da mesma "casca" que agasalha o empreendimento comum até o estágio em que hoje nos encontramos, com o direito de um voto por ação, com a existência de um mercado secundário de liquidez, etc. Essas alterações ocorreram e continuam a acontecer não só em busca de maior racionalidade da lei, mas por causa de pressões de ordem econômica e de construção ou manutenção de estruturas de poder e de interesses pessoais em face do patrimônio comum.

Dois modelos paradigmáticos das companhias são os mais relevantes para se analisar o desenrolar desse instrumento fundamental para o surgimento do capitalismo: o modelo inglês e o modelo holandês. Eles nasceram de causas históricas e políticas bem distintas e devem ser analisados conforme tais diferenças, sob pena de se imaginar que as estruturas que hoje temos já nasceram prontas e acabadas desde suas criações entre os séculos XVI e XVII. Por razões de ordem prática, serão analisados somente esses dois modelos seminais para o desenvolvimento das sociedades por ações.

Também será importante discutirmos o porquê do sucesso das companhias nos dois países que se caracterizaram por serem regimes políticos mais abertos, em face do fracasso das companhias nos países onde o regime monárquico era de caráter absolutista. Ou seja, qual a influência dos regimes políticos no sucesso da Inglaterra e da Holanda, em face do fracasso ocorrido na França, na Espanha e em Portugal nos séculos XVI e XVII?

Assim é que, quanto ao seu surgimento e desenvolvimento, será importante notar que as companhias com ações votantes ofertadas ao público surgem, fundamentalmente, no hemisfério norte da Europa, ao tempo das companhias de exploração comercial iniciadas com sucesso em 1600 na Inglaterra e em 1602 na Holanda. É verdade que, antes de seu surgimento, já existiam empreendimentos comuns, nos quais, entretanto, os investidores se juntavam para realizar um único negócio, que poderia ou não se repetir. Uma vez concluída cada viagem, os lucros e prejuízos eram repartidos e a associação terminava. Ademais, tais associações acarretavam a responsabilidade solidária entre os associados, sempre presente devido ao conhecido risco do empreendimento comum.

As duas grandes alterações surgidas com o modelo inglês e holandês foram: (i) a regra de que as perdas se resumiam ao capital investido, (ii) a existência da companhia pelo tempo da outorga estatal e (iii) a livre negociação, a qualquer tempo, das participações, criando-se liquidez para o investimento.

Esse modelo, entretanto, era peculiar à Inglaterra e à Holanda, sendo que nos demais países a presença do Estado como empreendedor e explorador do comércio marítimo era unânime. Mesmo aqueles países que buscaram copiar o modelo das companhias inglesas ou holandesas, como França, Portugal e Espanha, o fizeram com uma enorme ou total participação do monarca ou da nobreza no capital social, além de, de fato, terem e exercerem um poder absoluto sobre a vida da companhia.

A França, por exemplo, buscou desenvolver o modelo das companhias para o exercício da atividade econômica. Assim é que, em 1603, os franceses realizam a primeira viagem para explorar as descobertas marítimas, a qual foi totalmente financiada por Henrique IV. Posteriormente, a primeira companhia surge pelas mãos de Colbert, tendo Luís XIV subscrito o capital de 3 milhões de libras do capital total de 15 milhões de libras, sendo o saldo subscrito pela nobreza, que se sentia incentivada, por um ou outro motivo, a acompanhar o gesto real. Desse modo, foi criada em 1664 a Companhia das Índias Orientais francesa, à qual foi outorgado o monopólio por cinquenta anos do comércio com a Índia e as terras do Pacífico. A dependência entre o Estado e a companhia francesa era tão umbilical que as ordenanças do rei convocavam as assembleias de acionistas, decidiam o montante, a época para a distribuição de dividendos e para os aumentos de capital da companhia, lembrando que era o próprio Luís XIV quem presidia as assembleias gerais da companhia. Em monarquias absolutistas, não será fácil imaginar qualquer acionista pertencente à nobreza votando de forma divergente da proposição real.

O mesmo ocorreu em Portugal e na Espanha. Neste último país, criou-se uma companhia estatal para o comércio marítimo, a Real Companhia das Filipinas. Deve-se ter em mente que, à época — segunda metade do século XVI e princípio do século XVII —, a corte espanhola também reinava em Portugal, significando isso que o planejamento para a criação das companhias para a exploração das "carreiras das índias" partia de Madri.

Mas Portugal, ainda quando era um país independente, já começara a falar na adoção do modelo inglês ou holandês para a criação de uma companhia para a exploração do comércio marítimo. Assim, durante o reinado de D. João III, fundou-se a Companhia da Índia Portuguesa. Mais tarde, no início do século XVII, em 1628, fora fundada a Companhia da Índia Oriental, por Felipe IV da Espanha e III de Portugal — reinos que formavam a União Ibérica. Entretanto, sua extinção ocorreu já em 1634,[1] voltando ao controle do Estado, de onde, de fato, jamais saíra.

---

1. Dado o fracasso financeiro, a Coroa exigiu um relatório completo da situação financeira da Companhia. Este, elaborado por D. Antonio de Ataíde, "revelava o fracasso e devia [a companhia] ser extinta o mais

As dificuldades da Coroa, bem como a indiferença dos eventuais investidores portugueses quanto à criação de um modelo semelhante ao holandês ou inglês, merecem uma análise mais detalhada, inclusive pela influência que teve entre nós na aversão ou indiferença histórica à adoção de uma economia de mercado.

Pode-se adotar como corte para a análise o comportamento em face da eventual adoção de uma espécie de economia de mercado em Portugal a partir de 1499, quando Vasco da Gama retorna da viagem em que, pela primeira vez, chegou até Calcutá, onde estabeleceu os primeiros vínculos comerciais com a região produtora das especiarias e outros produtos demandados pelos consumidores europeus. O monarca, na busca de recursos para financiar novas "carreiras às Índias", cria, ainda em 1499, um grupo financeiro composto por investidores portugueses e pelo rei. Porém, já em 1506, a associação entre o rei e os nobres investidores é terminada, ficando o rei com o monopólio das explorações do comércio com a Índia. Na realidade, a participação de investidores privados só ocorria quando a Coroa encontrava-se em dificuldades financeiras; uma vez superadas, voltava-se ao monopólio real.

Em 1619, estimulado pelo sucesso financeiro obtido pelas companhias inglesa e holandesa, o monarca, então espanhol, buscou criar a Companhia das Índias, cuja capitalização, por influência real, seria feita pelos municípios e pelo público. Cinco anos depois, nada ainda havia sido criado, inclusive pela feroz resistência dos municípios e pelo desinteresse dos cidadãos de posse da nobreza portuguesa. Com frequência, levantava-se a possibilidade de que, por decreto real, os cristãos novos fossem compelidos a subscrever parte dos capitais necessários à criação da companhia, mas isso era inviabilizado pelo comando de outras legislações que estabeleciam a possibilidade de confisco dos bens dos cristãos novos condenados por heresia.

As razões de tais fracassos encontram-se fundamentalmente na existência de uma monarquia absolutista, na atração do emprego público e de outras "virtudes" que conhecemos bem entre nós, conforme nos relata A. R. Disney,[2] ao explicitar as razões — apresentadas por D. António de Ataíde, governador de Portugal à época em que era governado pela coroa espanhola — do fracasso da tentativa de criar

---

rapidamente possível [devido] a incapacidade de atrair investimentos privados e o alegado desperdício de fundos em salários excessivos e duplicados. Afirmava que a companhia só reduzira o comércio de Portugal com a Índia, consumira todo o capital investido e só dera prejuízos. [...] No essencial a Coroa aceitou a sugestão. Em 12 de abril de 1633, declarou que a companhia se achava em má situação, que o concurso de capital do privado, uma das principais razões de sua formação, não chegara a concretizar-se, e que o tesouro não podia financiar a frota de 1634. Por conseguinte, a companhia seria extinta e a orientação do tráfico da Índia seria mais uma vez confiado ao Conselho da Fazenda." Vide DISNEY, A. R. **A decadência do império da pimenta**: comércio português na Índia no início do século XVII. Lisboa: Edições 70, 1981, p. 181-182.

2. DISNEY, A. R. **A decadência do império da pimenta**. Op. cit.

e capitalizar uma companhia para a exploração do comércio das especiarias. Os motivos são os mesmos que impediram o sucesso de uma economia de mercado na Espanha, quais sejam: incapacidade de atrair investimentos privados, empreguismo, mandonismo, etc.[3]

Essa dicotomia mostra de forma nítida as duas maneiras distintas de exploração do comércio marítimo internacional do século XVI em diante. De um lado, a exploração privada — como a inglesa ou a holandesa, esta última com maior tempero estatal. De outro lado, a maciça presença estatal nas explorações espanholas e portuguesas, bem como nas tentativas fracassadas levadas a cabo pelo Estado francês ao criar suas companhias de capitais privados ou mistos.

Dentre as várias companhias, o voto exerceu um papel importante nas associações ocorridas na Inglaterra e, em menor grau, na Holanda. Já na França, na Espanha e em Portugal, cujo regime real era o de monarquias absolutistas, não seria razoável ou mesmo saudável ir contra a vontade soberana em um processo de votação em eventual assembleia de acionistas.

6.2 A LENTA EVOLUÇÃO DO DIREITO AO VOTO

As companhias constituídas na Inglaterra e na Holanda, quando comparadas com as tentativas fracassadas de cópia desse modelo societário pela França, pela Espanha e por Portugal, mostram as diferentes premissas ideológicas e, portanto, culturais que presidiram o desenvolvimento futuro do mercado de valores mobiliários nos vários países. É por tal motivo que se torna importante, no exame que se fará abaixo, ir além da análise do exercício do voto nessas companhias,

---

3. "[...] D. António escreveu confidencialmente ao rei [...] que a companhia tivera a sua época, se revelara um fracasso e deveria ser extinta o mais rapidamente possível. Para fundamentar essa recomendação, D. António fazia uma breve súmula da história da companhia, desde a sua criação, e enumerava algumas das razões a que atribuía o seu insucesso. Entre elas, a sua incapacidade de atrair investimentos privados e o alegado desperdício de fundos em salários excessivos e duplicados. Afirmava que a companhia só reduzira o comércio de Portugal com a Índia, consumira todo o capital investido e só dera prejuízos; que acabara por ficar só com duas carraças operacionais e, mesmo tomando em consideração os fundos enviados para a Índia na última frota, não dispunha de fundos suficientes para construir duas novas carraças de que necessitava. Parecia-lhe, pois, que a administração do tráfico da Índia deveria voltar para as mãos do Conselho da Fazenda que, como a experiência o demonstrara, tinha capacidade de se ocupar daqueles assuntos com mais proveito e menos despesa. No essencial, a coroa aceitou a sugestão. Em 12 de abril de 1633, declarou que a companhia se achava em má situação, que o concurso de capital privado, uma das principais razões da sua formação, não chegara a concretizar-se, e que o tesouro real não poderia financiar a frota de 1634. Por conseguinte a companhia seria extinta e a orientação do tráfico da Índia seia mais uma vez confiada ao Conselho da Fazenda. [...] Com ele se extinguiam as últimas esperanças que Madrid e Lisboa pudessem ainda alimentar de restaurar a prosperidade do antigo monopólio ibérico do tráfico marítimo entre a Ásia e a Europa. [...] O subsequente fracasso da Companhia Portuguesa das Índias, após uma existência precária de menos de cinco anos, demonstrou igualmente a incapacidade de Portugal para solucionar os seus problemas imperiais na região através de uma modernização econômica." (DISNEY, A. R. **A decadência do império da pimenta**. Op. cit., p. 181-282).

a fim de revelar a precariedade do tratamento dado aos pequenos acionistas. Isso se vê na companhia holandesa (VOC), que primava pela falta de prestação de contas aos acionistas, o que, muitos anos depois, leva à sua bancarrota, conduzindo à estatização do empreendimento — sendo este o primeiro grande exemplo histórico da política até hoje em voga do *"too big to fail"*, cuja aplicação mostrou sempre sua dependência da repercussão econômica, social e política que a quebra pode ocasionar.

6.2.1 O paradigma inglês

Tradicionalmente, cita-se a Companhia Holandesa das Índias Orientais como paradigma do surgimento das sociedades por ações. Creio que deve ser apontado o engano dessa tradição, na medida em que a Companhia das Índias Ocidentais (The Honourable East India Company) iniciou de suas atividades dois anos antes da outorga da licença dada à Companhia holandesa, permanecendo em atividade até 1874, quando foi liquidada. O segundo ponto é que a Companhia inglesa estava muito mais próxima do modelo atual das anônimas do que a Companhia holandesa, como se verá abaixo.

Desde o início de suas atividades, foi grande o exercício da atividade de importação e exportação entre os ingleses, bem como a prática da concessão do monopólio exploratório através da concessão de cartas régias. Já em 1555 fora concedido monopólio comercial à Muscovy Company; em 1581, à Levant Company — ambas as outorgas antecedentes à constituição da Honourable East India Company em 1600. Diferentemente desta última, as primeiras atuavam muito mais como se fossem corporações de ofício, cujo acordo associativo era válido para cada viagem. Ou seja, o desenvolvimento da ideia do exercício da atividade comercial de forma associada não surgiu como um *fiat*, mas representou uma razoavelmente lenta evolução que tomou corpo em alguns países que prestigiavam o ato de comércio praticado não necessariamente pelo Estado.[4] Assim, a East India Company foi, na realidade, o primeiro modelo associativo que se afastou do modelo das corporações de ofício ou corporações de interesse comum.

---

4. *"Unlike the pioneers of the Asia trade, the Portuguese, who adopted a wholly state-led strategy, or the Dutch, who introduced a mixed public-private model, the English pushed forward a private sector strategy for tapping the wealth of the East. What makes the English East India Company special is the way it bridged the medieval concept of the corporation as an essentially public body with the industrial model of an enterprise acting primarily in the interest of its shareholders [...] The Crown had a long tradition of setting up corporations as independent bodies to manage public services, such as municipalities and universities, like Oxford and Cambridge. Indeed, the local government of London's financial district is still managed by the Corporation of London, whose electors include business as well as citizens."* Vide ROBINS, Nick. **The Corporation that Changed the World**. World: PlutoPress, 2006, p. 23.

A grande diferença do modelo inglês em relação ao holandês era que a participação estatal ocorria somente no início, quando da concessão da carta de monopólio, sendo a partir desse momento um empreendimento privado, com a participação de vários empreendedores, alguns investidores e uns poucos administradores. A outorga real era dada por, em média, vinte anos, tendo sido renovada até se tornar permanente a partir de 1657.

Essa sociedade por ações, que iniciou suas atividades com 218 acionistas, propiciou a separação entre a gestão do empreendimento e aqueles que nele investiram. Até então, a regra era a de que investidores e administradores se misturavam e confundiam-se no exercício das tarefas da associação. A nova estrutura também trouxe o limite da responsabilidade dos investidores em caso de fracasso da sociedade, transferindo o risco de crédito para os credores externos à sociedade. Na medida em que a companhia atuava em seu próprio nome e não mais no de seus sócios — razão de ser da instituição da responsabilidade limitada —, a companhia ganha de fato e de direito uma personalidade distinta da de seus sócios, respondendo pelas obrigações comerciais que assumia.

Mas nem tudo era certo na vida da companhia autorizada pelo poder estatal, pois o rei e, posteriormente, o parlamento detinham o poder de vida e morte sobre as sociedades por ações, na medida em que poderiam cassar o monopólio outorgado ou concedê-lo a outro competidor, situação que não raro levava a um relacionamento heterodoxo com a Coroa ou o Parlamento, sendo frequentes os casos de acusação de corrupção. À época, a figura do direito adquirido era proposição ainda não imaginada pelos cânones de lei, com o rei, ressalvado o caso inglês, exercendo seus poderes de maneira absoluta.

A tradição de atribuir a cada acionista um voto, independentemente da sua participação no capital social da companhia, adveio tanto das *corporations* medievais e do Direito Comum como das antigas *corporations* de Direito Público ou eclesiástico. A tradição da existência de um voto por acionista se refletiu nos julgamentos produzidos no âmbito do Direito norte-americano, como se verá adiante, o qual seguia, nas decisões judiciais, muito de perto a jurisprudência inglesa vinda do Direito Comum — como, aliás, aconteceu entre nós em relação às Ordenações vigentes em Portugal. Tal comportamento do Poder Judiciário estadual norte-americano, já no início do século XIX, se enfraquecia na proporção do crescimento da atividade econômica dos Estados Unidos, sendo esta a origem da criação das grandes empresas, como o movimento das construções das linhas férreas e exploração de petróleo.

O voto, na Companhia das Índias inglesa, só era dado àqueles acionistas que detivessem uma participação superior a 500 libras, os quais poderiam comparecer e participar das reuniões da Corte dos Proprietários, realizada a cada três meses a partir de março, bem como da reunião especial em abril, quando acionistas elegiam os 24 diretores para um mandato de um ano, permitida a reeleição só por quatro períodos consecutivos, sendo possível a recandidatura após o interregno de um ano.

A possibilidade de ser candidato não se estendia a todos os acionistas, mas somente àqueles que detivessem um investimento de mais de 2.000 libras, os quais elegeriam entre si um presidente. Esses administradores detinham a competência para designar os funcionários da Companhia, bem como suas remunerações, o que lhes dava o poder de designar afilhados ou pagar favores políticos — o que significava poder.

Os diretores e o presidente exerciam seus cargos fundamentalmente em regime de tempo integral, reunindo-se todas as semanas sob a direção do presidente, sendo que, no início da gestão, cada diretor era designado para um dos dez comitês, sendo três deles tidos como os mais poderosos: o da correspondência, levando em conta que a comunicação das ordens administrativas e controles financeiros com as colônias era feita por cartas levadas e trazidas por barcos a vela;[5] o que cuidava da tesouraria; e o que controlava a contabilidade da Companhia.

O voto do acionista, portanto, era condicionado ao montante de recursos que o vertia aos cofres sociais; além disso, a sua possibilidade de se candidatar e/ou de eleger os administradores da Companhia dependia do valor da sua participação.

6.2.2 O paradigma holandês

A Companhia das Índias Orientais (VOC)[6] nasce por motivo completamente distinto daquele que levou à criação da Companhia inglesa, gerando um modelo societário razoavelmente diferente. Com a vitória sobre a Espanha, as sete províncias aderiram à formação de uma confederação de cidades autônomas e coordenadas pelos Estados Gerais, cristalizando a República das Terras Baixas, que era governada por uma burguesia mercantil.[7] As demais cidades que não aderiram ao Pacto de Orange vieram mais tarde a formar um país independente, a Bélgica. As províncias aderentes, entretanto, continuavam a competir ferozmente entre si na prática do comércio internacional, quer com o norte da Europa, quer com o sul do continente.

---

5. Em média, uma correspondência demorava, entre ida e vinda, cerca de vinte meses, o que tornava a administração da Companhia extremamente difícil. Vide VRIES, Jan de; WOUDE, Ad van der. **The First Modern Economy**: Success, Failure, and Perseverance of the Dutch Economy: 1500-1815. Cambridge: Cambridge University, 1997, p. 385.
6. Vereenigde Oost-Indische Compangnie – VOC (Companhia Unida da Índia Oriental).
7. Com a independência da Espanha, cada uma das sete províncias era soberana, ligando-se politicamente por um conselho central composto por uma oligarquia formada pelos comerciantes das respectivas províncias.

Até então, de um lado, o porto de Antuérpia servia como mercado de varejo para a venda a outros países das especiarias trazidas pelos portugueses, que garantiram seu lucro controlando a venda dos produtos no atacado, o que necessariamente se refletia no preço praticado no varejo. O controle do preço era possível na medida em que a Coroa portuguesa detinha então o monopólio da venda das especiarias. De outro lado, a competição entre os entes confederados nas Terras Baixas pela distribuição dos produtos os estava levando à ruína. Estes foram os dois motivos principais por que as províncias foram convidadas a participar da formação do capital de uma companhia que uniria os empreendimentos até então isolados.

A constituição da VOC, portanto, atendia a todos os reclamos de uma política pós-independência para fortalecer os interesses comerciais comuns através da consolidação das várias associações já existentes. Tal tarefa foi muito facilitada porque o poder central passou a ser exercido — após a vitória sobre a Coroa espanhola — pelos mesmos mercadores ricos que controlavam a Companhia holandesa, ou seja, a burguesia mercantil detinha o poder político, o qual instituiu a VOC.

Ou seja, o poder político e o poder econômico estavam nas mesmas mãos que controlavam os Estados Gerais e a VOC,[8] tanto que o governo poderia declarar como ato de traição, sendo como tal punidas, as demandas ou perguntas sobre a gestão da Companhia que pudessem, a critério do governo, colocar em risco os interesses da sociedade. Isso talvez ocorresse porque entre seu quadro de acionistas havia estrangeiros de países competidores no comércio marítimo. Por outro lado, tal punição mostra que os interesses dos Estados Gerais e da Companhia eram um só, com preponderância do primeiro.

A adesão voluntária também fora estendida aos cidadãos das várias províncias formadoras dos Estados Gerais, sendo que cada província capitalizaria o montante que fosse deliberado por seu corpo político. O ato de concessão da carta de incorporação, editada pelos Estados Gerais, recebeu a adesão financeira de seis províncias que então praticavam o comércio internacional. A província Holland, cuja capital já era Amsterdã, como a mais rica, subscreveu metade do capital; Zeeland, um quarto e as quatro províncias remanescentes[9] o saldo, além da subscrição dos cidadãos de cada província. Portanto, diferentemente do modelo inglês, a VOC nasce como uma sociedade formada por capitais públicos e privados — muito

---

8. Não seria uma demais afirmar-se que o interesse econômico comandava o interesse político, como mostra a declaração da diretoria da Companhia ao afirmar em 1664 que: *"[...] the places and strongholds wich have been captured in the East Indies ought not to be regarded as national conquests, but as a property of private merchants who are entitled to sell these places to whoever they wish, even if it were to the king of Spain or some other enemy of the United Provinces"*. (SCAMELL, G. V. **The World Encompassed**: The First European Maritime Empires: c. 800-1650. Oakland: University of California, 1981, p. 404).

9. As províncias de Roterdan, Delft, Hoorn e Enkhuizen.

mais próxima dos nossos institutos da sociedade de economia mista ou da Parceria Público Privado.

De um lado, a ideia inicial foi estatal, já que patrocinada pelo governo dos Estados Gerais ou da República;[10] de outro, os capitais foram investidos voluntariamente pelos entes estatais aderentes e pelas pessoas físicas, ao passo que o modelo inglês não contemplava a participação societária estatal. A VOC era constituída por seis câmaras, cada qual adjudicada a uma das províncias subscritoras,[11] sendo condição essencial para a adesão que a província já estivesse participando no comércio marítimo com a Ásia, demonstrando, assim, um interesse comum quanto ao objeto a ser explorado pela nascente companhia.

A administração central da VOC estava nas mãos de 17 investidores; sendo 7 de Amsterdã e 8 distribuídos entre as demais províncias subscritoras menores, de sorte a contrabalançar seu poderio econômico, sendo esta a condição necessária para que a Companhia pudesse ser constituída. A subscrição pela população das seis províncias atingiu 1.800 acionistas, sendo que menos de 200 sócios representavam a metade do capital subscrito; destes 200, 76 detinham a autoridade de administração da Companhia. Era dentro deste colegiado de 76 sócios que se escolhiam os 17 administradores para o exercício do mandato de um ano, os quais, além dos dividendos, recebiam uma participação nos lucros e nas compras feitas pela Companhia.

A administração era opaca e o nível de informação aos acionistas não participantes do grupo de comando era inexistente. A VOC não tinha esquema de auditoria anual de suas contas, o que é relevante considerando que a grande maioria das operações ocorria em países da Ásia — localidades tão distantes dos Países Baixos —, bem como considerando a extrema dificuldade ocasionada pela lenta capacidade de comunicação entre as filiais e a matriz.

A primeira outorga dos Estados Gerais à Companhia lhe dava 21 anos de vida, sendo que a prestação de contas aos acionistas ocorreria somente ao término de cada década. Dado o montante de recursos investidos e o prazo de vida da Companhia, sua carta de outorga foi emendada a fim de permitir que os acionistas interessados pudessem vender suas participações na bolsa de valores (que à época transacionava fundamentalmente mercadorias), como se fosse uma *commodity*.

---

10. O governo da República, na pessoa do Grand Pensionary Johan van Oldenbarnevelt.
11. As câmaras tinham suas sedes localizadas nas cidades de Amsterdã, Middelburg, Delft, Hoorn, Roterdam e Enkhuizen, em razão de lá se localizarem as sedes das antigas sociedades de negócios marítimos ou internacionais, as quais por pressão dos Estados Gerais foram unificadas dando nascimento à VOC ou Companhia das Índias Orientais. Cada uma dessas cidades contava com sua própria diretoria, a qual gozava de grande autonomia de autuação com relação às operações com seus navios. Ou seja, cada antiga associação, de uma forma ou de outra deve ter colocado seus barcos dentro ou a serviço da VOC, tendo sob sua guarda a política de uso dos mesmos.

Assim é que, dos 1.143 acionistas de Amsterdã, existentes quando da subscrição, restaram 830 dez anos após.[12] Ao redor da segunda década do século XVII, tal prática já se tornara comum em Amsterdã, criando-se com tais transações contínuas o primeiro mercado secundário de ações.[13]

De forma mais acentuada do que nas companhias inglesas, a Companhia holandesa recebeu em sua carta de autorização o poder de atuar como se fosse um Estado, na medida em que detinha o poder de construir fortes, manter exércitos, assinar tratados com os governantes asiáticos, julgar e condenar às penas de prisão ou morte e cunhar moedas. Na verdade, não seria demasia dizer que a Companhia atuava como se fosse e em lugar dos Estados Gerais — ou seja, em lugar do governo dos Países Baixos.

6.2.3 Contraste entre os dois modelos e sua evolução

Se compararmos o modelo holandês com o inglês, verificaremos que as companhias modernas encontram mais traços de semelhança com este último. A estrutura societária da Holanda necessitou, para seu sucesso, de um Estado formado por comerciantes e atuando e vivendo em função de seus interesses. Em resumo, os interesses da VOC eram os interesses nacionais, não sendo o contrário verdadeiro. Já a Inglaterra contava com uma monarquia atuante, muito embora contrastada pelo poder do Parlamento, o qual era suscetível às pressões e aos interesses empresariais. O interesse nacional inglês visava tornar o país uma potência mundial tendo como base o comércio, suportado por um Estado militarmente forte, mas subordinado ao governo. Já no caso holandês, o governo e o comércio se confundiam num só grupo de mando, o qual subordinava as províncias e a Companhia holandesa (VOC).

Assim, se na Inglaterra do século XVII as companhias davam o direito de um voto por acionista, na Holanda o voto sofria duas limitações: além de cada acionista deter apenas um voto, como na Inglaterra, ainda havia a necessidade de deter um investimento mínimo para deter o direito de voto nas decisões vitais da companhia. É esse voto único, comum a ambos os países, que passa, via tradição e sentenças judiciais baseadas no Direito Comum, às decisões no mundo do Direito

---

12. VRIES, Jan de; WOUDE, Ad van der. **The First Modern Economy**. Op. cit., p. 385.
13. *"As early as 1609, futures trading emerged in the shares of VOC [...] as a disgruntled former participant in the company, Isaac le Maire, organized the first known conspiracy of 'bears' to drive down the share prices. The following year the State General prohibited short-selling and others windhandel, a prohibition that would be repeated many times in later decades. But speculation in the prices of the VOC and other joint-stock company share continued (to be joined after 1723 by trade in English company share). In time, it became the specialty of Portuguese Jewish traders. The State General softened its position in 1689, whem regulation and taxation appeared to offer better prospect than unenforceable prohibitions."* (VRIES, Jan de; WOUDE, Ad van der. **The First Modern Economy**. Op. cit., p. 151).

Societário dos Estados Unidos já no início do século XVIII. Essa transposição, como se verá em seguida, não produzia, à época, pressões em contrário, na medida em que os empreendimentos realizados referiam-se a obras básicas então demandadas, como estradas e pontes sobre as quais os investidores cobravam pedágio.

Desta feita, quer nas companhias holandesa ou inglesa, o modelo nasce como uma evolução das associações até então praticadas por empreendimento específico. Mas, mais importante, elas surgem para fazer face a empreendimentos ligados ao comércio marítimo de longo curso e com o apoio ou mesmo com a participação estatal. Ademais, há que se distinguir entre o modelo praticado nos Estados Gerais holandeses e aquele construído na Inglaterra, cujas distinções quanto ao papel do Estado conduziram a modelos semelhantes, mas não iguais. O que se verifica é que, com as devidas adequações, o modelo societário passou a ser replicado em outros países, porém sempre voltado para os empreendimentos de grande porte e equivalente risco econômico quanto ao seu sucesso.

Como visto acima, os modelos inglês e holandês evoluíram muito em relação às maneiras pelas quais o comércio de longo curso se cristalizou, embora ainda estivessem muito longe de se assemelharem ao modelo societário mais atual. Mas duas características, que interessam ao desenvolvimento do presente capítulo, se projetaram no modelo das companhias que se seguiram. Uma foi a manutenção dos limites do voto, seja quanto ao montante de ações a partir do qual se adquiria o direito de voto, seja quanto à quantidade de voto máximo que o acionista poderia exercer. A outra característica, de surgimento mais atual, foi a separação entre dois tipos de investidores: aqueles que se associavam por seu interesse direto na consecução do objeto social, e aqueles que buscavam só a rentabilidade de seus investimentos.

Esta segunda característica surge principalmente a partir do século XIX, embora outras características do modelo inicial tenham sido mantidas, quais sejam, o retorno à necessidade de obtenção da outorga estatal para a criação da companhia (após as crises inglesa e francesa causadas pelas quebras promovidas por John Law e pela companhia constituída para explorar as eventuais riquezas na Louisiana), a manutenção de um voto por acionista e as limitações máximas e mínimas para o exercício do voto. No curso do mesmo século XIX, a necessidade de obtenção da autorização estatal para a criação das companhias paulatinamente começa a cair em desuso; além disso, ao final deste período começam a ser implementadas as legislações atribuindo um voto por ação.

Assim, a evolução histórica do voto ocorre de forma distinta mesmo entre o mundo holandês e o anglo-saxão, passando posteriormente, a partir do fim do século XIX e início do século XX, a sofrer novas e profundas alterações em face do desenvolvimento dos "grandes capitais" na economia norte-americana.

Muito embora a nossa influência jurídica e cultural, até o início dos anos 1970, tenha sido predominantemente oriunda da Europa continental, com ênfase no Direito francês, é de se ter em conta que naquela região as companhias de capital aberto representavam um percentual mínimo da atividade empresarial, sendo pequena a sua expressão na capitalização das companhias; ou seja, no mundo europeu de tradição latina o Estado foi sempre o principal impulsionador do desenvolvimento econômico, algumas vezes com sucesso e em grande parte sem conseguir atingir seus objetivos.

Isto significou, pela influência cultural, que até a metade dos anos 1960 o nosso desenvolvimento empresarial tenha sido feito, em sua grande maioria, ou diretamente pelo Estado, ou com recursos dele oriundos. Mesmo se levarmos em consideração o desenvolvimento industrial do sudeste do país, parcialmente feito com os recursos acumulados na produção cafeeira, veremos que a partir da crise do produto, oriunda da recessão de 1929, o Estado assume novamente o papel de liderar a busca do desenvolvimento econômico. Essa liderança não se fez com recursos privados, mas com investimentos públicos na criação de empresas nas áreas de petróleo, energia elétrica, siderurgia, bancos estatais, inclusive de desenvolvimento, estradas de rodagem, com a estatização das estradas de ferro, etc.

Este não pode ser considerado um ambiente propício ao desenvolvimento de mecanismos de capitalização de companhias por meio da oferta de ações ao público. Essa, talvez, seja uma das razões da escassa legislação societária desde a edição do Código Comercial de 1850 até 1940. Durante esses noventa anos, o mundo brasileiro da economia privada não sentiu necessidade de um novo quadro legal para atualizar a vida das companhias às necessidades do mundo empresarial, mas só de legislações esporádicas como a que regulou a emissão de ações preferenciais sem voto. Mesmo a nossa crise do encilhamento ocorre com as regras do Código Comercial de 1850. Só em 1940 surge do ventre do Estado Novo uma legislação voltada exclusivamente às sociedades por ações, documento este que sobrevive até 1976, com mudanças esparsas feitas a partir de 1960, voltadas à criação de mecanismos mais modernos desenhados para a capitalização das companhias, como o foi a Lei n. 4.728/1965.

É, portanto, a partir da legislação de 1965 que se manifesta a vontade do Estado brasileiro no desenvolvimento de um mercado de valores mobiliários, enquanto mecanismo apto a gerar e canalizar recursos para o desenvolvimento econômico do país. Tal situação se consolida com a edição da Lei n. 6.404/1976, que, muito embora tendo mantido a espinha dorsal da legislação de 1940, trouxe uma série de inovações relevantes, fundamentalmente se aproximando dos institutos societários já existentes nas várias legislações norte-americanas. É a partir daí que a nossa legislação societária, para atender a demandas do mercado e dos órgãos reguladores, passou a sofrer alterações com mais frequência, fundamentalmente no que diz respeito às companhias de capital aberto e ao mundo das ações.

Toda essa digressão tem por finalidade mostrar que o estudo da evolução do voto ocorre fundamentalmente a partir dos modelos holandês e inglês e, posteriormente, norte-americano, sendo que este último exerce hoje a influência direta no desenvolvimento dos valores mobiliários em escala global. A Inglaterra teve o condão de dar organicidade ao modelo societário, servindo de parâmetro para o mundo empresarial, então sob sua influência direta ou vinculado a ela por laços coloniais.

É importante ter mente que ambos os modelos operavam sempre mediante concessões do Estado e em regime de monopólios setoriais, sendo normalmente os Estados nacionais ou o próprio monarca sócios nos lucros das companhias, sem que tivessem feito qualquer investimento, já que se considerava o monopólio embutido em todas as cartas de concessão de exploração como uma contribuição da Coroa ou da Fazenda Real à companhia criada.

No mundo anglo-saxão, o embrião da companhia se utiliza, para o mundo dos negócios, do instituto que atribuía personalidade jurídica às instituições educacionais e religiosas. É este o modelo que, um século e meio depois, os colonizadores ingleses levam para a Nova Inglaterra quando lá se refugiaram. Foi essa matriz histórica que deu base para a criação da personalidade jurídica das companhias norte-americanas, a qual rapidamente evoluiu para um modelo de participação de um crescente número de investidores. De outro lado, a partir do século XIX, deixa de ser necessária a outorga real ou do Parlamento para a criação de uma sociedade por ações, facilitando novas incorporações — tendo ocorrido o mesmo nos países da Europa continental e no Brasil monárquico. Pode se apontar que, a partir da abolição da necessidade da outorga autorizativa pelo chefe de governo para a constituição de sociedades anônimas, tem início o período a partir do qual os modelos societários das economias centrais passam a servir de paradigmas legais. É de se ver que essas cópias legislativas, muitas vezes, eram transplantadas para economias e culturas diferentes.

Atualmente, por ser a economia mais forte e, portanto, a que mais investe em outros países, o modelo societário norte-americano vem sendo gradualmente absorvido por outras nacionalidades, inclusive por nós. É este modelo, portanto, que deve ser enfatizado na pesquisa quanto à evolução da ação ordinária e do voto, para depois analisarmos o que ocorre no Direito brasileiro, assim como na década de 1930 nossos juristas foram buscar inspiração do Direito societário francês para sugerir alterações ou inovações nas normas referentes às companhias.

Deste modo, o estudo das alterações ocorridas no Direito Societário norte-americano se justifica por três motivos. O primeiro é que o mundo do investimento coletivo, por meio da constituição das sociedades por ações, teve um impulso bem maior nos Estados Unidos e na Inglaterra do que no mundo europeu continental. O segundo é que a utilização da estrutura das companhias nos Estados Unidos antecede em muito a nossa utilização da mesma estrutura jurídica, tendo gerado um conjunto bem maior de situações que pode ser analisado criticamente do que o existente em economias de mercado mais recentes. O terceiro é que a nossa legislação básica do mercado de valores mobiliários foi não só moldada no paradigma norte-americano, como também, em suas linhas originárias, foi produzida por estudiosos norte-americanos,[14] que apresentaram à antiga Gerência de Mercado de Capitais do Banco Central uma pesquisa/proposta de alteração das regras legais então vigentes, que, no entendimento deles, viria a possibilitar o surgimento de um mercado de valores mobiliários apto a financiar o desenvolvimento econômico/ empresarial do país.

Em termos de comparativo histórico, é importante termos em mente o estágio do desenvolvimento econômico do Brasil em 1808, quando da chegada de D. João VI, se cotejado com o ocorrido na economia do nordeste dos EUA, inclusive antes do desembarque real. Só no estado de Nova York, em 1827, estavam incorporadas 266 companhias de mineração, metalurgia, têxteis, etc.[15] Em média, estas sociedades por ações eram possuídas por cerca de 72 acionistas, sendo que o maior deles detinha 24,7% da companhia, sendo necessário o acordo de no mínimo dez outros acionistas para a obtenção do controle social. Ou seja, nos EUA, o desenvolvimento do estudo societário, da legislação, bem como da jurisprudência teve um processo de maturação maior do que o ocorrido em outros lugares, inclusive entre nós. De outro lado, deve-se levar em consideração as diferenças de ordem cultural que os colonizadores trouxeram de seus países de origem, diferenças estas bem marcantes, além da necessariamente lenta alteração ou absorção de uma cultura pela outra. Enfim, padrões de cultura são muito mais lentamente mutáveis do que imaginam alguns economistas mais eficientistas.

14. Em 1964, por encomenda do governo brasileiro, a USAID envia ao país dois especialistas, Norman S. Poser e Allan R. Roth, o primeiro então diretor assistente da Divisão de Negociação da SEC, sendo o segundo diretor do Departamento Jurídico da Bolsa de Valores de Nova York. O duo de estudiosos do mercado é contratado pelo Banco Central em agosto de 1965, apresentando pouco depois seu relatório contendo inúmeras sugestões, algumas transformadas em preceito de lei.
15. Vide HILT, Eric. **Corporate Ownership and Governance in the Early Nineteenth Century**, out. 2006. Disponível em: <http://econ.barnard.columbia.edu/~econhist/papers/Hilt_Columbia.pdf>. Acesso em 24 jun. 2010. Esse levantamento nos mostra que entre 1808 e 1810 o Estado de Nova York concedeu 24 outorgas de incorporação de sociedades por ações para a exploração empresarial, editando sua primeira lei societária em 1811, sendo a primeira dos Estados Unidos. Entre 1790 e 1826, as cartas de incorporação concedidas somaram 38 bancos, 91 para exploração de pontes, 68 companhias de seguro, 309 para exploração de rodovias e 237 de mineração. Em 1826, o número de companhias sobreviventes foi de 92 bancos, 40 explorações de pontes, 71 seguradoras, 26 de mineração e 18 explorações de estradas.

6.3 O VALOR DO VOTO

A ação ordinária tem como valor intrínseco o voto. Este significa o poder de interferir na vida da companhia, conjuntamente com os demais eleitores e dentro das regras de lei e dos estatutos da companhia. Esse direito representa a luta diária das legislações que tendem a refletir as disputas entre os acionistas controladores e os acionistas minoritários detentores do direito de voto. De um lado, a legislação cria mecanismos de concentração do poder de voto — a exemplo das ações preferenciais sem voto —; de outro lado, cria regras que possibilitam a aglutinação dos minoritários, como no voto múltiplo.

Toda essa fricção se dá em nome da busca de mecanismos para obter os recursos financeiros do investidor sem que haja perda de poder por parte do controlador. Por sua vez, os acionistas de mercado relutam em entregar suas poupanças caso não lhes sejam assegurados direitos em contrapartida. Essa tem sido a luta perene, desde o século XVII, entre os sócios controladores das companhias e aqueles que nelas investem na qualidade de participantes minoritários, conflito este que, hoje, cada vez mais se desloca para o contencioso entre os acionistas de companhias sem controle definido em relação a seus administradores.

6.3.1 Um voto por cabeça

Como visto, desde os primeiros modelos das sociedades por ações, no século XVII, foi atribuído um voto por acionista, independentemente da contribuição feita ao capital social do empreendimento comum. A regra de um voto por acionista é a característica remanescente das sociedades de pessoas, fundamentalmente nascida das regras inglesas do Direito Comum, regras estas transplantadas para o Direito norte-americano. O preceito que concedia um voto por acionista parece ter sua origem em um contexto político. Não pode ser esquecido que em seu sentido original uma *corporation* era uma entidade que adquiria corpo ou personalidade distinta da do cidadão, situação na qual eram *corporations* não só os entes de Direito Privado, mas principalmente os entes de Direito Público ou mesmo as associações religiosas.

Na verdade, o *corpo* criado legalmente nasce como mecanismo para agasalhar atividades distintas daquelas nitidamente privadas. Nesse sentido, a Igreja detinha um *corpus* distinto do de seus religiosos, de sorte a que o patrimônio de determinada ordem religiosa passasse para os sucessores da mesma ordem religiosa, na qualidade de ente dotado de corpo distinto do de seus membros ou "associados". O mesmo ocorria com os entes políticos — tal como, por exemplo, o Estado de Massachusetts, que detinha personalidade distinta da de seus cidadãos, de sorte a que o patrimônio comum continuasse independentemente de adesão ou não das pessoas à comunidade. Também as universidades nasciam dotadas de um *corpus* distinto do de seus criadores, então normalmente ordens religiosas. Em todas essas criações do Direito, as manifestações de seus membros se davam com a alocação de um único voto por pessoa ou cabeça.

Essa influência política pode ser vista no final do século XVIII, quando Alexander Hamilton, então Ministro das Finanças dos Estados Unidos,[16] discutia a criação de uma companhia bancária governamental, que viria a ser o primeiro Banco dos Estados Unidos. Duas posições se opunham quanto ao modelo de voto da instituição a ser criada. De um lado, Jefferson, com sua visão de uma Confederação de Estados agrários; de outro, Hamilton, que representava o setor comercial. Essa disputa, vencida por Hamilton, veio a moldar o modelo capitalista norte-americano,[17] mas Jefferson consegue que o Banco dos Estados Unidos fosse criado atribuindo um voto por acionista, rejeitando a possibilidade de conceder um voto por ação com medo de que tal mecanismo pudesse monopolizar o poder e os benefícios do Banco em favor dos comerciantes e em prejuízo dos agricultores. Mas, ao mesmo tempo, reconhecia que a política de um voto por pessoa não daria o devido peso aos grandes acionistas, daí adotando o mecanismo, já conhecido e aplicado nas companhias europeias, da escala decrescente do poder de voto em função do número de ações possuído pelo acionista.

Mas a tradição do "voto democrático" — assim denominada por alguns doutrinadores em oposição ao "voto plutocrático" — dominou o mundo legal norte-americano, conforme nos mostra o professor Dunlavy. Em levantamento feito pelo professor, vemos que o voto democrático, somado ao voto decrescente, representava cerca de 2/3 da forma decisória das companhias, entre 1825 e 1835.[18] A maneira de exercício do voto, se democrático ou plutocrático, variava conforme as inúmeras legislações estaduais. Algumas permitiam aos acionistas escolher a metodologia do voto quando da incorporação; em outros estados, dependia-se de legislação específica, quando da outorga da licença estadual necessária à

---

16. Vide DUNLAVY, Colleen A. Social Conceptions of the Corporation: Insights from the History of Shareholder Voting Rights. **Washington & Lee Review**, v. 63, p. 1.347-1388, 2006. Disponível em <http://papers.ssrn.com/sol3/papers.cfm?abstract_id=964377>. Acesso em 07 nov. 2014, p. 1.356.
17. Vide DALE, Christian C. Partners to Plutocrat: The Separation of Ownership from Management in Emerging Capital Markets: 19th Century Industrial America. **University of Miami Law Review**. Miami: University of Miami Law, v. 58, n. 525, 2003.
18. O Estado da Virginia estabelecia em lei que: *"In election [...], and in all other meetings, the stockholder shall be entitled to one vote for every share owned by them respectively, up to the number of fifteen inclusive, and to one additional vote for every five shares from fifteen to one hundred, and so to one additional vote for every five shares from fifteen to one hundred, and to one additional vote for every twenty shares over and above one hundred."*

constituição da companhia, a qual estabeleceria a maneira de utilização do voto em face da quantidade de ações de cada acionista.

Ou seja, o poder de voto, se uno ou proporcional, dependia da vontade dos instituidores da companhia ou, conforme a legislação estadual, de seu poder de convencimento junto aos legisladores que, por lei específica, autorizavam a constituição da companhia e aprovavam seu estatuto de incorporação. Mas, ainda na primeira metade do século XIX, não raro as decisões judiciais davam preferência aos preceitos estabelecidos pela *Common Law*,[19] mesmo quando o estatuto da companhia previa o exercício de um voto por ação, sob o argumento de que cada sociedade, cada indivíduo membro de um corpo político, público ou privado, tem direitos iguais,[20] sendo que o princípio do Direito Comum só poderia ser alterado mediante a existência de lei específica do legislativo estadual, e não por disposição estatutária estabelecida pelos acionistas. Ou seja, na inexistência de lei estabelecendo um voto por ação, valia o preceito do Direito Comum de um voto por acionista.

Com o passar dos anos, ainda no século XIX, os estados passam a adotar o princípio de um voto por ação. Assim, o mesmo estado da Virginia, que previa em lei o voto proporcional decrescente em função do número de ações possuídas pelo eleitor, em 1886 estabelece a adoção de um voto por ação, em substituição àquele mecanismo,[21] entendendo que, em caso de silêncio do estatuto social, valeria a

---

19. No Estado de Nova York, conforme consta do levantamento acima feito pelo Prof. Eric D. Hilt, 59% dos bancos adotavam o um voto por ação, 96% das seguradoras, 98% no ramo de seguros, 93% na mineração, 4% na exploração de estradas e 45% nos pedágios sobre pontes. Já os votos com limite máximo eram praticados por 30% dos bancos, 45% dos pedágios de pontes, 2% das seguradoras, 0% das mineradoras e 91% das companhias exploradoras de estradas de rodagem. Isso leva à conclusão de que, quanto mais de capital intensivo fosse a companhia, maior era o número de acionistas, muito embora ainda fosse alto o número de companhias que estabeleciam o limite do número de ações votantes.

20. *"Every corporator, every individual member body politic, whether public or private, is prima facie, entitled to equal rights [...] yet in its spirit and legal intendment [...] gives each member the same rights, and consequently, but one vote. [...] A man with one share, is as much as a member as a man with fifty; and it is difficult to perceive any substantial difference between a bylaw, excluding a member with one share from voting at all, and a bylaw reducing his one vote to a chipper, by giving another member fifty or one hundred votes. [...] The tendency, at least, the apparent tendency, of the by law in question is to encourage speculation and monopoly, to lessen the rights of the smaller stockholder, depreciate the value of their shares, and throw the whole property and government of the company into the hands of a few capitalists; and it may be to the utter neglect or disregard of the public convenience and interest"*, segundo o voto do Chief Justice Hornblower, in Taylor v. Griswold, 14 N.J.L. 222, 237 (N.J. Sup. Ct. 1834), apud DUNLAVY, Colleen A. Social Conceptions of the Corporation. Op. cit., p. 1370-1371. A sentença final decidiu que *"the stock holder of the Passaic and Hackensac Bridge Company are entitled to only one vote each, and not a cote for every share of stock they respectively own. And a by-law of the company, declaring each proprietor entitled to as many votes as he had shares of stock, neither rests on the common law of the land, or any of its principle. It wholly dependes on the grant of the legislative."*

21. *"In a meeting of stockholders in all incorporated companies heretofore or hereafter chartered under the laws of this state, each stockholder may, in person or by Proxy, give the following vote on whatever stock he may hold in the same right, to-wit: one vote for each share of such stock."*

nova disposição legal de um voto por ação. Provavelmente, a passagem do sistema de um voto por acionista para um voto por ação deve-se ao desenvolvimento dos empreendimentos industriais em substituição àqueles mais básicos no desenvolvimento de uma economia nascente, como a existente no início do século XIX, tal como se verifica na decisão mencionada em Taylor v. Griswold,[22] cujo empreendimento tratava da construção e exploração de pedágio de uma ponte sobre um rio.

Tal mudança na diretriz de se atribuir um voto por ação corresponde ao surgimento das grandes companhias, com investimentos de vulto crescente e com o surgimento das sociedades de âmbito nacional ao invés de local. O crescimento das companhias levou a que na Alemanha, em 1884, e na Inglaterra, em 1905, fosse adotada, enquanto lei, a política de um voto por ação, muito embora neste último país os precedentes judiciais ainda mantivessem o Direito antigo com o devido tempero para acomodar a lei aos precedentes.[23] Mas a mudança pela adoção da política de um voto por ação não significou o fim do debate, muito menos das pressões sobre os legisladores. Isso porque desde aquela época até hoje dois blocos se digladiam. Um dos lados é formado pelos participantes de companhias, que buscam a política de um voto por ação sem qualquer restrição. O outro lado, pelos controladores das companhias, que pressionam para a criação de mecanismos que tragam mais capital para a companhia sem que ocorra diluição que coloque em perigo o seu controle. Ademais, é de se lembrar que a doutrina do voto por cabeça é de conteúdo político, ao passo que o voto por ação é de conteúdo eminentemente econômico. No primeiro caso, todos são iguais entre si; já no segundo, a legislação estaria dando tratamento não equitativo entre os sócios, embora levando em consideração o capital vertido pelo sócio e, consequentemente, o número de ações possuídas pelo votante.

A racionália que está atrás da mudança ainda é objeto de aceso debate no mundo acadêmico, principalmente nos Estados Unidos. Porém, tal debate também diz respeito à academia brasileira, já que é importante discutir a razão de nossa adoção do voto limitado no século XIX, bem como o que levou à sua abolição com a atribuição de um voto por ação no século XX. Neste contexto, tenho para mim que há que se distinguir no tempo os tipos de atividade econômica exercida pelas companhias. É preciso ver o motivo da associação entre os sócios, bem como o montante de recursos que se pretende levantar junto ao público.

---

22. Ver nota de rodapé n. 20.
23. *"But even after that, the default in British company law continued to be the common law practice of requiring that votes be taken in the first instance by a show of hands, the democratic rule: Only if a certain number of shareholders request a 'pool' — the equivalent of a 'stock vote' in the United States — was a decision to be according to their statutory voting rights. The plutocratic conception of the corporation was a distinctively American phenomenon at the turn of the century."* (DUNLAVY, Colleen A. Social Conceptions of the Corporation. Op. cit., p. 1.361).

A mudança de paradigma ocorreu, provavelmente, em função dos dois elementos apontados acima. Quando o empreendimento é de pequeno porte, como no caso das pontes pedagiadas, que exija recursos de pouca monta, e o objetivo da associação esteja mais vinculado à obtenção de uma facilidade ou à utilização do bem objeto da associação, isso leva a que o poderio de voto em poucas mãos acaba priorizando o lucro, embora os sócios usuários busquem a utilização do bem da companhia, mas pelo menor preço. Ou seja, a divergência de propósitos que há neste caso levou a que os estatutos, a legislação ou a jurisprudência optassem por privilegiar o mecanismo do voto restrito ou mesmo o mecanismo de um voto por cabeça. A esse respeito, recomendamos o instigante trabalho desenvolvido por Mariana Pargendler e Henry Hansmann.[24] Neste trabalho, os autores mostram que a mudança no sistema de voto ocorre quando a maioria dos sócios passa da categoria de produtores do bem manufaturado pelas companhias para a condição de investidores cuja única expectativa é a obtenção do maior retorno possível sobre o investimento feito, sendo irrelevante o objeto social desenvolvido pela companhia, mas importante a perspectiva de lucro.

É de se levar em consideração que o limite do voto já existia no estatuto da Companhia das Índias Orientais inglesa, tornando-se comum no século XIX. À mesma época, também se praticava nos estatutos das companhias o voto graduado, o qual diminuía na proporção do número de ações possuídas pelo acionista. Ou seja, o limite de voto já fazia parte da cultura jurídica europeia, no mínimo desde o século XVII.

Na França do século XIX, verifica-se que o Código Comercial já continha previsão que limitava em números bastante baixos o exercício do direito de voto, permitindo um máximo de 5 a 10 votos por acionista.[25] Entretanto, aqui começam as dificuldades da aplicação do modelo apontado por Pargendler e Hansmann em países de culturas e ordenamentos jurídicos de raízes diferentes. Há diferença na capitalização de companhias entre pessoas que buscam participar da vida e da gestão da companhia e aqueles que visam só à rentabilidade; portanto, confirma-se a tese dos autores, desmanchando a festejada hipótese colocada por Colleen A. Dunlavy, acima apresentada, qual seja: a da oposição entre o modelo antigo, que seria mais democrático, quando contrastado com o modelo plutocrático que passa a existir ao final do século XIX.

Mas Pargendler e Hansmann adicionam uma terceira possibilidade quanto à existência do limite de voto, o que coloca o problema novamente em discussão,

---

24. PARGENDLER, Mariana; HANSMANN, Henry. A View of Shareholders Voting in the Nineteenth Century: Evidence from Brazil, England and France. **Business History**, v. 55, n. 4, p. 582-597, 2013.

25. PARGENDLER, Mariana; HANSMANN, Henry. A View of Shareholders Voting in the Nineteenth Century. Op. cit., p. 591.

ao lembrar que à época os cidadãos dos países europeus dependiam da autorização estatal para a incorporação de uma companhia. Essa prática, como visto, foi adotada nos países por eles colonizados, tais como o Brasil e os Estados Unidos, como acima apontado na jurisprudência norte-americana que seguia os precedentes ingleses. No que diz respeito ao Brasil, em levantamento de documentos históricos feito por M. Pargendler, constata-se que o Conselho de Estado, ao conceder o direito de incorporação, fazia modificações ao projeto de estatuto social apresentado pelos incorporadores.[26] Tais mudanças, inclusive regrando o número de votos por acionista, poderiam ocorrer pela vontade soberana do Estado ou poderiam já vir dentro da proposta de estatuto social apresentada pelos incorporadores. Na medida em que a lei passa a dar ao registro da instituição de uma companhia o caráter de depósito perante o Tribunal do Comércio, prescindindo da aprovação prévia do Conselho de Ministros, o voto limitado passa a sofrer um dramático declínio nos estatutos sociais.[27]

Uma posição alternativa foi adotada por Aldo Musacchio,[28] em análise da transformação do mercado acionário brasileiro, segundo a qual o crescimento das companhias no fim do século XIX e início do século XX se deu independentemente de regulação estatal ou de instituição governamental fiscalizadora do mercado. O crescimento do mercado de ações se deu pela emissão somente de ações votantes, já que eram pouco conhecidas as ações preferenciais sem voto, e, como decorrência, pelo poder dado aos acionistas de exercer tantos votos quantas fossem as ações possuídas. Essa mudança legislativa teria acarretado a inserção de cláusulas estatutárias mais equitativas, de modo a proteger o acionista minoritário. Musacchio nota, entretanto, que a par dos dois motivos acima apontados existiram mudanças macroeconômicas que refletiram fortemente na explosão da constituição de novas companhias com ofertas ao público. Tais alterações econômicas, advindas do fim do regime escravocrata, causaram grande depressão econômica pela quebra do

---

26. *"We find evidence that the imperial government often impose stringent voting caps on early corporations across the board, with little regard to a firm's industry or ownership structure."* (PARGENDLER, Mariana; HANSMANN, Henry. A View of Shareholders Voting in the Nineteenth Century. Op. cit., p. 587). *"By examining the voting rules specified in the charters of virtually every firm incorporated in Brazil between 1850 and 1882, the period between the enactment of Código Comercial and Brazil's first general incorporation law, we found that a striking 90% of the firms adopted regressive voting rules. Only 5.2% granted voting rights in direct proportion to equity ownership in the firm, while 4.7% of the charters were silent as to shareholders voting."* (PARGENDLER, Mariana. The Evolution of Shareholder Voting Rights: Separation of Ownership and Consumption. **The Yale Law Journal**. Yale, v. 123, n. 4, p. 947-1.013, 2014).

27. *"Based on our sample of 70 companies incorporated in São Paulo between 1882 and 1890, the proportion of firms adopting proportional voting schemes rose from nearly 5% to over 41% in the eight years since the availability of general incorporation without the need for prior governmental approval."* (PARGENDLER, Mariana. The Evolution of Shareholder Voting Rights. Op. cit).

28. Vide MUSACCHIO, Aldo. **Experiments in Financial Democracy**: Corporate Governance and Finacial Development in Brazil, 1882-1950. Cambridge: Cambridge University, 2009, p. 253 et seq.

sistema agrícola/cafeeiro, então viga mestra do sistema econômico exportador do Brasil. Buscou-se contornar a grande depressão econômica pela falta de liquidez no sistema bancário com a criação dos bancos de emissão, possibilitando que tais instituições, mediante determinado depósito em títulos governamentais ou reservas em ouro, pudessem emitir papel moeda com efeito forçosamente liberatório.

Esta política teve o condão de criar grandes poças de liquidez que foram canalizadas para os investimentos em ações, já que o grande capital até então existente se encontrava aplicado nas terras agrícolas, que perderam valor pela liberação da mão de obra escrava. Esta política, como consequência, teria gerado uma bolha de investimento em ações de novas companhias, que teria terminado com a crise então denominada "Encilhamento". Enfim, há que se aprofundar a discussão sobre o papel do mercado acionário na crise do fim do século XIX, bem como sobre as razões dos empreendedores que lançavam todas as ações emitidas como votantes, com a consequente diluição do controle.

Finalmente, mas longe de esgotar a lista do debate acadêmico, é de se apontar os estudos publicados por La Porta, Florencio Lopez-de-Silanes e Andrei Shleifer.[29] Os autores, em estudo que pretenderam ser exaustivo, procuraram encontrar uma receita universal para a criação e o desenvolvimento do ferramental acionário para o desenvolvimento econômico. É difícil fazer um resumo dos trabalhos do prolífico grupo de acadêmicos, mas um dos pontos centrais por eles defendido os coloca em uma posição ultraliberal em matéria econômica, na medida em que advogam que mesmo com uma regulação estatal fraca, o que os investidores desejam para investir é um alto e detalhado grau de informação prévia à tomada de decisão e um eficiente sistema de justiça para a rápida recuperação dos prejuízos pela quebra dos deveres fiduciários.

Com esta curta síntese, deve-se acrescer que Musacchio parece concordar que, no caso brasileiro do século XIX, o fermento para o crescimento do mercado acionário estaria apoiado na proteção dos acionistas e dos credores, situação esta que, no que diz respeito aos acionistas, poderá ser mais bem conseguida pelo regramento do estatuto social da companhia e não pelo ordenamento legal ou pelo "xerife do mercado".

Para dar mais emoção ao debate, o trabalho de Pargendler e Hansmann mostra que, se de um lado os comandos legais eram poucos à época do crescimento acentuado na criação de companhias e da emissão e colocação de ações, de outro lado o papel "legislativo" era feito caso a caso, quando o Conselho de Ministros, para autorizar a constituição da companhia, alterava os projetos de estatutos a eles submetidos incorporando o limite de voto.

---

29. LA PORTA, Rafael; LOPEZ-DE-SILANES, Florencio; SHLEIFER, Andrei. What Works in Securities Laws? The Journal of Finance, v. 61, n. 1, p. 1-32, fev. 2006.

Entretanto, como apontam os dois autores, após a liberação para a constituição das sociedades anônimas sem depender da aprovação do Conselho de Ministros, cresce de forma dramática a criação de companhias. Agora as novas companhias, em sua grande maioria, nascem contemplando um voto por ação, atingindo o ápice na década de 1930, com a normatização e limitação na emissão de ações preferenciais sem voto. Não será demais lembrar que a norma legal foi criada para obstar o uso abusivo das ações sem voto, cujas emissões, em alguns casos, já no início do século XX, chegaram a cerca de 90% do capital social. Ou seja, haveria uma tendência latente ao exercício do controle, a qual era obstada pela capacidade "legislativa" do Conselho de Ministros ao regrar o estatuto social das companhias, inclusive estabelecendo a quantidade de votos por acionista.

O exercício do voto, em resumo, nasce limitado pelo número mínimo e máximo de ações detidas pelo acionista, significando que as emissões se davam sempre com ações votantes. As legislações, a tradição jurídica do Direito Comum ou a atuação política, como no caso do nosso Conselho de Ministros, limitavam o poder de voto, dando-lhe uma conotação política símile à gestão da coisa comum ou comunitária. Os grandes empreendimentos, que atraíram o capital de milhares de investidores, forçaram a que as legislações sofressem alterações no sentido de dar a cada ação um voto. Isso decorreria de uma mudança de interesse: os que antes eram acionistas usuários do investimento passaram a ser acionistas investidores, buscando a rentabilidade do empreendimento e não mais o uso do bem de propriedade da sociedade. Qualquer que seja a hipótese, restará aos estudiosos da realidade brasileira esclarecer se as emissões somente com ações votantes, no final do século XIX, se deram pelo desconhecimento das preferenciais sem voto ou se, à época, as companhias sem controle marcadamente definido representaram um movimento esporádico entre nós na constituição de verdadeiras *corporations*.

6.3.2 Um voto por ação

Com a mudança nas legislações do mecanismo do "voto democrático" para o "voto plutocrático" surgem, no fim do século XIX nos Estados Unidos, as grandes emissões colocadas de forma pulverizada junto ao público, emissões estas destinadas a financiar os grandes empreendimentos, tais como os realizados na indústria petrolífera, em estradas de ferro, em aciarias, etc. Tais colocações eram feitas em grande parte com ações ordinárias e preferenciais, ambas com voto. Porém, no início do século XX, começam a ser feitas as primeiras emissões de ações ordinárias e preferenciais sem voto, provavelmente em função da demanda de novos capitais e do receio de perda de controle do capital votante da companhia. É nesse cenário que surgem dois movimentos no sentido de proteção dos acionistas sem o direito de voto.

De um lado, a campanha contra as ações sem voto — iniciada em 1926 pelo Professor William Ripley,[30] da Escola de Direito de Harvard — influencia a Bolsa de Nova York a adotar, utilizando-se de sua capacidade de autorregulação, a política de não aceitação em seus pregões das ações sem voto. Entretanto, o movimento em prol das ações votantes, iniciado pela Bolsa de Nova York, não foi seguido pelas outras duas, a American Stock Exchange e a Nasdaq, fazendo com que, na década de 1980, a Bolsa de Nova York tenha iniciado a discussão pesando os argumentos a favor e contra a existência da proibição do acesso ao seu pregão das ações sem voto. Mas, em 1986, pela perda de capacidade competitiva em face das bolsas concorrentes, ela passa a admitir em seus pregões ações sem voto.

Para tanto, ela precisava da aprovação da SEC em razão da promulgação da Lei de 1934, que diminuiu a competência autorreguladora das bolsas de valores. A SEC nega aprovação à mudança e baixa ato administrativo estendo a proibição de negociação de ações sem voto para todas as bolsas de valores.[31] A General Motors, que estruturava lançar uma nova emissão, com cada ação detendo meio voto, vai a juízo, por intermédio da Mesa Redonda Empresarial, alegando a falta de competência legal da SEC para tanto, o que é reconhecido pelo Poder Judiciário.[32] À mesma época, entretanto, tem início uma segunda onda de popularização do investimento em ações com a consequente pulverização destas por um elevado número de acionistas. Essa onda de novos investidores em ações ocorre fundamentalmente em ofertas realizadas a um público localizado em vários estados da

---

30. Em abril de 1926, o Prof. A. A. Berle Jr. publica um importante artigo (BERLE JUNIOR, A. A. Non-Voting Stock and Bankers Control. **Harvard Law Review**. Cambridge, v. 39, n. 6, p. 673-693, abr. 1926), no qual, em concordando com o Prof. Ripley, escreve: *"Control by American corporations by holders of a minority of the capital stock is no novelty to business men or lawyers. Means have been constantly sought to maintain such control. In each case the motivation is substantially the same; a group having the management of a corporation desires to create a capital structure in which its own investment is less than a majority of the total paid for the corporation's stock, but at the same time this group wishes to retain power to elect directors and officers and thereby regulate the corporate affairs. [...] Taking advantage of this, banking firms making a practice of organizing and reorganizing corporations have worked out corporate charters in which voting rights are vested exclusively in one class of stock (termed 'management stock' for the purpose of this paper), while other classes of non-voting stock issued at about the same time represents the substantial investment of the capital of the corporation."* (p. 674).

31. A SEC publica a Regra 19c-4, no sentido de proibir a listagem de qualquer ação *"[...] with the effect of nullifying, restricting or disparately reducing the per share voting rights of existing common stockholders [...]"*.

32. The Business Roundtable v. Securities and Exchange Commission, 284 U.S. 301, 59 USLW 2007, Fed. Uma das razões de decidir é a falta de competência legal da SEC (falta de lei federal e competência legislativa dos estados para tratar de materia societária, porque *"as we shall develop below, we find that the Exchange Act cannot be understood to include regulation of an issue that is so far beyond matters of disclosure (such as are regulated under Section 14 of the Act), and of the management and practices of self-regulatory organization, and that is concededly a part of corporate governance traditionally left to the states".*

União. Porém, essa pulverização ocorre com o crescimento do número de investidores detentores de pequenas quantidades de ações, fato que passou a desestimular o comparecimento dos sócios às assembleias.

Como resposta ao crescente absenteísmo e melhoria das informações prestadas aos acionistas, de um lado as principais legislações estaduais passam a permitir o voto cumulativo, e, de outro lado, as normas administrativas passaram a forçar as companhias a melhorar o grau de informações disponibilizadas aos acionistas e ao mercado em geral. O não comparecimento também fez crescer a busca dos votos por procuração, mandatos estes usualmente pedidos pelos próprios membros dos conselhos de administração, detentores primários que eram dos endereços dos acionistas e do caixa da companhia. O voto por procuração, aliado aos *voting trusts*, propiciou a possibilidade de manutenção quase que perene dos conselheiros em seus cargos, dificultando em muito o surgimento de chapas de oposição nas eleições dos conselhos. Essa ausência dos acionistas às assembleias das companhias norte-americanas é tida como uma das causas do fortalecimento dos poderes dos membros do conselho de administração, aos quais competiria deliberar pelos acionistas, exacerbando seus poderes nas legislações societárias dos estados da União, de forma a suprir as ausências dos "donos" da companhia.

No fim do século XX, a discussão do sistema "um voto por ação" atingiu um novo patamar. Desta vez a discussão tomou corpo nos meios acadêmicos tanto nos Estados Unidos quanto na Europa continental. Entretanto, muito embora as discussões e estudos ocorressem sob o mesmo título, partiam de diferentes focos. Enquanto a realidade norte-americana tinha como pano de fundo as companhias de controle difuso e seus problemas de governabilidade, nas sociedades anônimas europeias partia-se da constatação de que a grande maioria de suas companhias tinha controlador definido, modelo este não muito simpático ao controle difuso. Ademais, enquanto no mercado norte-americano a ação sem voto não é comum, nas companhias europeias as ações preferenciais, as ações com voto plural, dentre outros mecanismos de aglutinação de poder, ainda ocorrem com mais frequência.[33]

---

33. *"The US and Europe clearly followed different paths. In the US, the one share-one vote story dates back to the 1920 reflecting a widespread opposition of any form of concentration of economic power, which led NYSE to adopt one share-one vote as a listing condition and President Roosevelt to fight pyramidal groups through taxation. This approach presumably contributed to the formation of diffuse ownership and was relaxes only in the 1980 when a more flexible standards were adopted by the US exchanges and Nasdaq substantially to allow the adoption of pre-bid listed companies. Deviations from one share-one vote were therefore admitted in circumstances (such as the public offering of a new class of non-voting stock) where the relevant costs would not be born by public shareholders. Other transactions, such as the introduction of a voting cap by a company already listed, were precluded as they would cause a wealth transfer. In Europe, one share-one vote attracted public attention only recently as a result of capital market development and the growing influence of institutional investors. This led some Member States (like Germany and Italy) to forbid multiple-voting shares and voting caps in listed companies and to limit the issuance of non-voting shares, while deference to one*

Assim o preceito é comum — qual seja, o de que a busca de um voto por ação torna os direitos mais equitativos na gestão do patrimônio comum. Mas a realidade é que na Europa continental se batalha, como no Brasil, pela eliminação das ações sem voto,[34] ao passo que nos Estados Unidos a luta é para dar maior poder aos acionistas, com a redução dos poderes hoje atribuídos pelas legislações estaduais aos conselhos de administração. Em comum, ambos os universos jurídicos se preocupam com a melhora na transparência da gestão e com o destino dos detentores de ações sem voto nos casos de oferta pública de aquisição de controle de voto.

Assim, no que tange aos métodos utilizados em alguns países, tendentes a incentivar ou não a concentração do poder, podem ser apontadas as práticas com:

a) Ações detentoras de votos diferenciados. Essas ações são emitidas com um número de votos diferente entre si, de sorte a permitir que seus detentores consigam alocar mais votos por ação do que aqueles que detenham a ação que dê direito a um só voto. Essa variação no número de votos atribuídos a uma única ação é até hoje utilizada em alguns paraísos fiscais, embora esteja diminuindo paulatinamente a possibilidade de utilização de tal mecanismo em países europeus. Tal direito existe, por exemplo, na Suíça, onde se aplica somente para as companhias que já detinham tal direito à época da mudança da lei para um voto por ação. No passado, era permitida a emissão de ações de classes distintas, sendo a cada classe atribuído um número diferente de votos por ação, como é o caso da companhia Nestlé.

b) Limitação ao número de votos. Esta hipótese, que remonta ao Direito Societário mais antigo, conforme já mostrado, existe para limitar o poder de voto de grandes acionistas, sendo um mecanismo tendente à desconcentração

---

share-one vote is sometimes paid by corporate governance codes (like the recent Dutch Code). These national developments have had repercussions at EU level, where some Member States and interest groups denounced a level playing field problem originated by the different treatment of pre-bid defenses under national law. The case of multiple voting share is striking: while German and Italian law forbid the issuance, they are a typical feature of Swedish capitalism and are also diffuse in France where companies can issue double vote shares." Vide FERRARINI, Guido. One Share-One Vote: An European Rule? **ECGI - Law Working Paper**, n. 58, 2006. Disponível em <http://papers.ssrn.com/sol3/papers.cfm?abstract_id=875620> Acesso em 07 nov. 2014, p. 23.

34. Conforme Arman Khachaturyan, na Comunidade Europeia 44% das ações são emitidas sem voto ou preferência; 4% das ações são detentoras de mais de um voto e outros percentuais com a emissão de uma *golden share*, limite de participação, etc.: *"Multiple voting rights 44%; Priority shares 8%; Depository receipts 4%; Ownership ceilings 11%, Non-voting Stock 6%; Golden shares 4%; Non-voting shares; Voting right ceilings 23%."* (KHACHATURYAN, Arman. The One-Share-One-Vote Controversy in the EU. European Capital Market Institute. **Research Paper**, n. 1, 2006. Disponível em: <http://papers.ssrn.com/sol3/papers.cfm?abstract_id=2005054>. Acesso em: 07 nov. 2014). Para uma verificação mais completa vide ASSOCIATION OF BRITISH INSURERS. **Applications of the one share-one vote principle in Europe**. Amsterdam: Demonor Rating, mar. 2005. p. 1-34.

do poder de voto. Essa limitação, que independe do número de ações votantes possuídas pelo acionista, foi bastante praticada desde a criação da Companhia das Índias Orientais, na Holanda, até ao redor dos fins do século XIX, inclusive entre nós.

c) *Golden share*, que permite, normalmente, o direito de veto em determinadas deliberações, direito este pertencente, se for o caso, a uma única ação, cuja decisão prevalecerá sobre a decisão representada por todas as demais ações votantes. Esse tipo de ação surgiu pela primeira vez no processo de privatização das empresas públicas inglesas, sendo posteriormente copiada por vários países que estavam em processo de alienação de empresas estatais. Na Lei Societária brasileira, o preceito[35] consta do parágrafo 7º do artigo 17, tendo sido incluído pela Lei n. 10.303/2001, porém, ao invés de atribuir uma quantidade maior de votos por ação, concede-lhe o direito de veto nas deliberações sociais que tratem de determinadas matérias previstas no estatuto social da companhia privatizada. Na Europa, anos após a grande onda de privatização, a Suprema Corte de Justiça da União Europeia, em 2002, julgou ilegal a criação de ações dotadas do direito de veto nos casos das privatizações lá ocorridas, em decisões contrárias a legislações nacionais, como ocorreu com as legislações de Portugal, França e Bélgica; em 2003, sentenciou da mesma forma em relação às disposições estabelecidas pela Inglaterra e, mais uma vez, pela Espanha; em 2007, contra o mesmo dispositivo constante da lei empresarial italiana.

d) Ações com capacidade deliberativa exclusiva. Havendo ações de classes distintas, poderá caber a determinada classe o direito de deliberar sobre as matérias específicas previamente estabelecidas entre os sócios. É normalmente utilizada para dar a cada classe o direito para deliberar solitariamente sobre determinados assuntos, sem a interferência dos demais acionistas votantes. Na legislação brasileira, esta modalidade de voto aparece na emissão de ações preferencias com voto restrito, ou na emissão de ações votantes de classes diferentes. Em ambas as situações o voto é exercível somente nas matérias que o estatuto social atribuiu a cada classe ou espécie de ação, conforme o caso.

e) Voto temporário. As ações preferenciais emitidas sem o direito de voto ou com voto restrito adquirirão tal capacidade de forma plena caso a companhia não distribua os dividendos pactuados no seu estatuto social. O prazo para o surgimento do direito ao voto deverá ser estabelecido no

---

35. "Nas companhias objeto de desestatização poderá ser criada ação preferencial de classe especial, de propriedade exclusiva do ente desestatizante, à qual o estatuto social poderá conferir os poderes que especificar, inclusive o poder de veto às deliberações da assembleia geral nas matérias que especificar."

estatuto, mandando a lei[36] que não poderá superar a três exercícios. Os preferencialistas manterão o direito de voto até que a companhia pague todos os dividendos em atraso. Poderá, entretanto, o estatuto social prever prazo maior caso se trate da implantação de obra a ser completada ao longo de determinado período, a partir do qual o empreendimento começará a produzir renda.

f) Voto por procuração. Esse mecanismo propicia a concentração de poder nas mãos dos procuradores, fundamentalmente nas companhias que tenham um grande número de pequenos acionistas, os quais tradicionalmente não participam dos atos deliberativos da companhia ou residem em localidade fora ou longe do lugar onde se realiza a assembleia geral dos acionistas. Também ocorre nas sociedades sem controle definido. A diferença é que, na primeira hipótese, o beneficiário, normalmente, é aquele acionista que, somando seus votos às procurações a ele outorgadas, controla as decisões sociais. Na segunda situação, são os administradores quem usualmente pedem as procurações, criando com tais votos um mecanismo de perenização de poder.

g) Voto piramidal. Este método é cada vez mais vetado pelas legislações, não tanto por ser uma maneira de concentração do poder de voto com o mesmo montante de capital, mas por representar uma fraude patrimonial perante credores. Por esse método, os acionistas de controle da companhia A decidem constituir uma outra empresa na qual, com os recursos de A, capitalizam 51% de B, abrindo à subscrição os 49% restantes, e assim sucessivamente.

h) Participação cruzada. Quando a companhia A subscreve ações de B e esta de A, aumentando ficticiamente o conjunto patrimonial.

Os vários países que tenham em suas legislações uma ou outra maneira de manter o controle das companhias vêm sofrendo o constante embate dos investidores de grande porte, não controladores, tais como os investidores institucionais, de sorte a diminuir a capacidade de manobra daqueles que controlam grandes companhias com capitais não compatíveis com a política do mecanismo de "uma ação um voto". Mas essa é uma luta de bilhões, na qual os pequenos acionistas só mais recentemente passaram a contar com aliados de peso, tais como: os investidores institucionais, os administradores de carteiras de investimento em renda

---

36. "Art. 111 – [...] § 1º – As ações preferenciais sem direito de voto adquirirão o exercício desse direito se a companhia, pelo prazo previsto no estatuto, não superior a três exercícios consecutivos, deixar de pagar os dividendos fixos ou mínimos a que fizerem jus, direito que conservarão até o pagamento, se tais dividendos não forem cumulativos, ou até que sejam pagos os cumulativos em atraso.

variável e os organismos governamentais — como a nossa CVM, que nasceu com a finalidade precípua de, dentre outros objetivos, criar um mercado em que os acionistas minoritários não sejam espoliados pelos controladores ou pelos administradores das sociedades anônimas sem controle definido. Essa nova política, nas empresas de controle difuso, visa a que não sejam os acionistas vítimas de sua inércia e das manobras ilegítimas dos administradores.

6.4 A AÇÃO ORDINÁRIA NO ORDENAMENTO BRASILEIRO

Na primeira metade do século XIX, o Brasil adotava a legislação portuguesa, desde a normatização específica até a Lei da Boa Razão, que, segundo alguns autores, acolhia diferentes legislações das então denominadas "nações polidas",[37] causando grande falta de segurança ao desenvolvimento do mundo negocial da época. Tal afirmação, entretanto, deve ser analisada com cuidado, porque a motivação da edição da Lei da Boa Razão, em 18 de agosto de 1769, merece um cuidado maior. Ela foi editada por D. José I, tendo como Primeiro Ministro o Marquês de Pombal, que, inspirado no iluminismo francês, buscou ordenar o sistema jurídico português,[38] então extremamente confuso, pois agasalhava e misturava preceitos do Direito romano, do Direito canônico e os pareceres dos doutos, além das ordenações portuguesas. A motivação da Lei da Boa Razão foi a de fazer prevalecerem as Leis do Reino, sendo a possibilidade de utilizar as normas dos países europeus cultos possível somente em casos de lacuna da Lei da Terra. Também buscou o ordenamento de 1769 restringir o campo de atuação dos advogados que, segundo D. José I, se utilizavam da confusão de cânones legais para ignorar

---

[37]. *"The Law of Good Reason provided no guidance for judges in choosing among the different laws of 'civilized' nations, therefore granting local courts significant leeway in picking their favorite solution depending on the interest at stake. An influential commentator classified as civilized 'all European nations, except for Turkey'. Consequently, the law of all such jurisdictions could, in principle, become immediately eligible for import. The result is that, from the Law of Good Reason onward, foreign legal transplants in commercial law matters were not only explicitly welcome, but their sources were also multiple, as well as potentially conflicting. Whether by accident or design, the existence of a large array of foreign law menus, and the ensuing possibility of arbitrary transplant choice, would subsist as a distinctive feature of Brazilian business law for years to come."* (PARGENDLER, Mariana. Corporate Law in Nineteenth-Century Brazil. **The American Journal of Comparative Law**. Michigan, v. 60, n. 3, p. 805-850, 2012, p. 816).

[38]. "[...] Faço saber aos que esta Minha Carta de Lei virem, que por quanto depois de muitos anos tem sido um dos mais importantes objectos de atenção, e do cuidado de todas as Nações polidas da Europa o de precaverem com sábias providências as interpretações abusivas, que ofendem a Majestade das Leis; desautorizam a reputação dos Magistrados; e tem perplexa a justiça dos Litigantes; de sorte que no Direito, e Domínio dos bens dos Vassalos não possa haver aquela provável certeza, que só pode conservar entre eles o público sossego [...] de modo, que umas não inquietem outras com injustas demandas, a que muitas vezes são animadas por frívolos pretextos tirados das extravagantes subtilezas, com que aqueles, que as aconselham, e promovem, querem temerariamente entender as Leis mais claras [...]."

a legislação real.[39] Foi ela também relevante porque afastou dos processos laicos a possibilidade de utilização do Direito canônico enquanto fonte interpretativa ou cogente nos julgamentos

Desta feita, temos que até a edição do Código Comercial de 1850, o Brasil conviveu e aplicou em suas atividades negociais as Leis do Reino, aí incluídas as leis editadas a partir de 1808, com a transferência da Corte para o Brasil em decorrência da invasão napoleônica de Portugal. Mas a transformação do projeto em norma cogente não foi simples nem rápida. Somente depois de muito debate e delonga é que passamos a ter um cânone voltado para as atividades empresariais, fundamentalmente voltadas para a atividade comercial.[40]

É bem verdade que, anteriormente ao Código Comercial, foi publicado o Decreto Imperial n. 570, de 10 de janeiro de 1849, que introduziu entre nós as sociedades anônimas, estabelecendo a necessidade de aprovação governamental prévia.[41] A necessidade de autorização prévia foi mantida pelo artigo 250 do Código Comercial, sendo, no mais, o texto dotado de uma pobreza franciscana no que se refere ao trato das sociedades por ações em seus parcos quatro artigos, mais preocupados com a necessidade de obter a autorização prévia de incorporação do que com o funcionamento, direitos e garantias dos atores das companhias. Esse silêncio legislativo permanece até a edição da Lei n. 3.150, de 4 de novembro

---

39. "[...] 7 Item: Por quanto a experiência tem mostrado, que as sobreditas interpretações de Advogados consistem ordinariamente em raciocínio frívolos e ordenados mais a implicar com sofismas as verdadeiras Disposições das Leis, do que a demonstrar por elas a justiça das partes: Mando, que todos os Advogados, que cometerem os referidos atentados, e forem neles convencidos de dolo, sejam nos Autos, a que se juntarem os Assentos [decisões], multados, pela primeira vez em cinquenta mil réis para as despesas da Relação, e em seis meses de suspensão; pela segunda vez em privação dos graus, que tiverem da Universidade; e pela terceira em cinco anos de degredo para Angola, se fizerem assinar clandestinamente as suas Alegações por diferentes Pessoas; incorrendo na mesma pena os assinantes que seus Nomes emprestarem para a violação das minhas Leis, e perturbação do sossego público dos Meus Vassalos".

40. *"The Brazilian parliament received its first draft of the Commercial Code in 1833. The stated objective of its draftsmen was to produce a Code that at the same time reflected both the benefits of international legal convergence and the importance of attending to particular circumstances. In their words 'the Commercial Code shall be drafted under the legal principles adopted by merchants nations, in harmony with commercial uses and styles that gather under the same flag the people of the new and old world'. [...] After lingering in Parliament for nearly two decades, the Commercial Code was finally enacted in 1850, not coincidentally, the year of Brazil's minimally effectual statute prohibiting transatlantic slave trade. The abolition of slave trade was bound to release massive amounts of capital from prior use, which entrepreneurs them sought to direct towards financial and industrial ventures."* (PARGENDLER, Mariana. Corporate Law in Nineteenth-Century Brazil. Op. cit., p. 820).

41. "As sociedades anonymas foram introduzidas entre nós pelo Decreto n. 575, de 10 de janeiro de 1849. Pelo menos foi este decreto o primeiro acto official que sobre elas se publicou no Brasil". Vide GAMA, Affonso Dionysio. **Das sociedades commerciais**. São Paulo: Saraiva, 1929, p. 247.

de 1882,[42] que legisla de forma muito mais detalhada sobre o "estabelecimento de companhias e sociedades anonymas". Essa lei estabelece, dentre outras coisas, que a ação pode ser dividida em frações, mas sendo ela indivisível perante a sociedade. O direito de voto era garantido ao acionista desde que detivesse o número mínimo de ações para adquirir tal privilégio.

Com a edição do Decreto n. 603, de 20 de outubro de 1891, que veio a regulamentar o Decreto n. 434, de 4 de julho de 1891, os acionistas ganharam mais um direito de exercer a fiscalização sobre a gestão do investimento comum. Assim é que o decreto regulador deu como direito a qualquer grupo de sete acionistas exigir da administração a convocação de uma assembleia extraordinária, caso a matéria objeto da convocação não tenha referência a matéria, atos e contas já apreciados e julgados em assembleia geral (artigo 190, incisos 1º e 2º).

O que se verifica é que, a partir do mencionado decreto, a legislação passa a ser crescentemente democrática em relação aos direitos dos acionistas e ao exercício do voto, o que se revelou então pelo crescente número de companhias sem controle nas mãos de um ou poucos acionistas, bem como pelo estabelecimento de um teto de votos para os grandes acionistas, como se verá mais adiante.

Ao tratar do voto, a Lei n. 3.150/1882 dá a entender que todas as ações emitidas pelas companhias eram detentoras do direito de voto, ressalvada a hipótese de o estatuto social da companhia estabelecer a necessidade de um número mínimo de ações para poder exercê-lo. Mas já era garantido a todo acionista o direito de, independentemente do número de votos possuído, participar das assembleias. Nesse sentido é que o artigo 14, parágrafo 7º, estabelecia que "Ainda que sem direito de votar, por não possuir o numero de acções exigido pelos estatutos, é permittido a todo accionista comparecer á reunião da assembléa geral, e discutir o objecto sujeito á deliberação". Ou seja, o direito de voto estava garantido a todos os acionistas detentores de um número mínimo de ações estabelecido quando da constituição da companhia, que, como se verá adiante, não era alto.

Previa, também, o mesmo diploma legal, editado já há mais de um século, o voto por procuração, tema concernente à perenização dos administradores nas companhias de capital pulverizado, por meio do voto por procuração, tema este até hoje discutido na literatura societária e ainda sem solução. Isso porque o mesmo artigo 14, § 8º, ao tratar do voto por procuração, estabeleceu que, "Para a eleição

---

42. A Lei n. 3.150/1882 e seu Decreto n. 8.821, de 30 de dezembro do mesmo ano, podem ser considerados os pais do Decreto-Lei n. 2.627, de 1940, o qual teve seu arcabouço mantido pela Lei n. 6.404/1976. O Decreto n. 164, de 17 janeiro de 1890, o primeiro da República a tratar das sociedades anônimas, extingue a necessidade de autorização prévia das companhias, ressalvadas àquelas destinadas a explorar os bancos de circulação, os bancos de crédito real, os montepios, os montes de socorro ou de piedade, as caixas econômicas, as sociedades de seguro mútuo e as sociedades anônimas que tivessem por objeto o comércio ou o fornecimento de alimentos. Enfim, a nova lei se preocupava com aquilo que pudesse trazer o desassossego popular no âmbito da economia privada e da alimentação.

dos administradores e empregados da sociedade, bem como para as deliberações de qualquer natureza, serão admittidos votos por procuração com poderes especiaes, comtanto que estes não sejam conferidos a administradores e fiscais [...]".[43]

O Decreto n. 434/1891 manteve a obrigação de o estatuto social da companhia prever "a ordem, que se ha de guardar nas reuniões da assembléa geral, o numero minimo de acções que é necessario aos accionistas para serem admittidos a votar em assembléa geral, e o numero de votos que compete a cada um na razão do numero de acções que possuir" (artigo 141). Ou seja, então se previam dois mecanismos distintos de peso e contrapeso. O primeiro, oriundo do Direito antigo das companhias europeias, estabelecia que o acionista deveria deter um número mínimo de ações para poder votar, número este constante do estatuto social da companhia. O segundo, enquanto contrapeso, dava ao estatuto social a condição de estabelecer um teto de voto por acionista, norma também usada no Direito europeu para evitar o controle de um acionista ou de um grupo deles na condução da companhia.

Em 1932 já ia longe o debate entre os juristas para saber se a ausência de preceito regulatório quanto à existência das ações preferenciais no nosso ordenamento significaria uma permissão por ausência de lei ou uma vedação à sua criação por falta da mesma lei. Os interesses pela possibilidade de emissão de ações preferenciais com ou sem voto era grande, sendo, como consequência, editado o Decreto n. 21.536, de 15 de junho de 1932, com a permissão específica de sua criação. Com sua edição, surge a derrocada da democracia societária.

É verdade que o Decreto n. 21.536/1932 veio a colocar um freio àquelas companhias que estavam emitindo quase todo o capital social em preferenciais sem voto, mas, ao permitir sua emissão, acabou por completo com a tendência que existiu entre nós de, por cerca de quarenta anos, termos o modelo mais aberto e democrático na gestão das companhias que iam em busca do capital alheio. O que é surpreendente é que tais políticas tenham sido adotas pelos acionistas em seus estatutos, sem comando cogente da lei.

6.4.1 A experiência brasileira na democracia societária

Comumente, temos uma visão segundo a qual as companhias brasileiras sempre tiveram um controlador individual ou formado por um pequeno grupo, familiar ou não, que dirige o investimento comum, não raro em benefício próprio, tendo ao lado uma quantidade enorme de acionistas detentores de ações preferenciais sem voto. Muito embora essa visão possa ter sido real durante uma boa parte do século

---

43. Todos esses preceitos relativos ao voto foram mantidos pelo Decreto n. 164/1890. Vide art. 14, §§ 6º, 7º e 8º da Lei n. 3.150/1882.

XX, há que se fazer uma análise mais acurada no que diz respeito a dois períodos distintos: a saber, as ofertas públicas ocorridas neste início de século XXI, bem como aquele outro período que compreendeu o fim do século XIX até o primeiro quarto do século XX.

A verificação histórica e econômica daquela época tem provado o contrário, mostrando que o mercado acionário atuou no financiamento de grandes obras no fim do Segundo Império e início da Primeira República. Tais investimentos foram feitos exclusivamente com a captação de recursos via emissão de ações votantes, emitidas com as cláusulas restritivas quanto ao número máximo de votos por acionista e o número mínimo de ações detidas pelo acionista para adquirir o direito de voto. Esta constatação continua válida mesmo se levarmos em consideração a Crise do Encilhamento, na medida em que, já passada tal crise, no início do século XX, várias companhias continuaram a se capitalizar via mercado, pela colocação de ações votantes.

A meu juízo, a derrocada do modelo participativo tem início nos últimos anos da década de 1920, com o início das emissões de ações preferenciais sem voto, ainda dentro da incerteza jurídica provocada pela falta de legislação, com a edição de norma[44] legitimando as preferenciais sem voto, muito embora estabelecendo um teto de 50% de tais emissões.

A Lei de 1976 agravou o modelo societário ao aumentar o limite para 2/3 do capital social. Essa cristalização dos acionistas votantes tornou, posteriormente, quase que impossível o desmanche da preponderância das ações sem voto nas companhias então existentes. Na realidade, a simples alteração da proporção poderia implicar a transformação das sem voto em votantes, alterando a estrutura de poder em companhias já há muito constituídas, além de acender séria discussão sobre o instituto do direito adquirido. Essa possibilidade de aumentar a emissão de preferenciais, somada à concessão de inúmeros incentivos fiscais ligados à redução do imposto de renda, propiciou a emissão em massa de ações preferenciais sem voto mesmo quando nova norma legal diminuiu novamente o montante de preferenciais para 50%. Essa alteração posterior fez com que tenhamos hoje dois tipos de companhia quanto ao limite de emissão de preferenciais. Deve-se anotar, ademais, que a enorme maioria — senão a sua quase totalidade — das ações preferenciais emitidas não tem voto pleno nem restrito, fazendo com que as atualizações na Lei das Companhias sejam abundantes no que diz respeito à garantia dos dividendos dos preferencialistas, já que outras preferências são quase sempre cosméticas.

---

44. Decreto n. 21.536, de 15 de junho de 1932.

6.5 Direitos e responsabilidades inerentes ao voto

6.5.1 O direito de voto e suas condicionantes

6.5.1.1 O voto por procuração

A legislação editada em 1940 atribuiu a política de um voto por ação, terminando com a possibilidade existente desde 1891 de atribuir o direito de voto aos acionistas detentores de um número mínimo de ações, bem como com a possibilidade de limitar, via estatuto, o número de votos atribuídos aos acionistas, conforme acima já comentado.

A vigente Lei das Companhias, por sua vez, retirou uma série de restrições que havia no Decreto-Lei de 1940 no que se refere ao exercício do direito do voto. A primeira delas foi a alteração do conceito de que o voto só poderia ser exercido por acionistas da companhia, inadmitindo-se o voto por procuração por terceiro estranho aos quadros sociais. Já a lei vigente dispõe no sentido de que o acionista possa ser representado nas assembleias gerais por procurador estranho aos quadros sociais. Assim, nas companhias de capital fechado, o procurador pode ser acionista da própria empresa, como já dispunha o Decreto-Lei de 1940, além de, agora, também poder ser administrador da própria companhia ou advogado. Entretanto, nas companhias de capital aberto o procurador poderá ser uma instituição financeira, situação na qual caberá ao administrador do fundo de investimento representar o condomínio de investidores.[45] O pedido de procuração pelas pessoas legalmente habilitadas segue a regulamentação da CVM, como se verá abaixo.

As companhias de capital aberto, por sua própria natureza, contam com um número de acionistas bem maior do que suas congêneres de capital fechado. Estas últimas se caracterizam pelo conhecimento pessoal entre os sócios, vínculo este nascido, em tese, desde a criação da companhia. Já nas companhias de capital aberto, o motivo associativo não passa pelo vínculo entre os acionistas, mas pela expectativa de lucro. É claro que a perspectiva de lucro deve existir nas duas formas associativas, mas nas companhias de capital aberto os sócios não estão vinculados entre si pela etimologia da palavra companhia (*cum panis*).

Nas companhias abertas a subscrição é pública, vinculada tão somente a que o adventício aceite as condições constantes da oferta. Isso implica que o número de sócios tende a ser muito maior do que nas companhias fechadas, sendo que os subscritores usualmente não se conhecem. Nestes casos, normalmente os subscritores são acionistas institucionais e uma gama de pequenos acionistas. Na realidade societária brasileira, normalmente os sócios originais decidem abrir o

---

45. Vide art. 126, § 1º, da Lei n. 6.404/1976.

capital da companhia mantendo para si o controle de voto, quer pela colocação de ações representativas de parcela minoritária do capital votante, quer pela oferta de ações preferenciais sem voto. Entretanto, pode se apontar a recente tendência das ofertas públicas realizadas somente com as ações ordinárias, em decorrência de normatização específica da BM&FBovespa, bem como, e principalmente, da demanda dos investidores institucionais ao exigirem o voto como condição de aceitação da oferta.

Em qualquer das duas situações, o resultado mais frequente nas subscrições públicas resulta na existência de um controlador ou de um grupo de controle, bem como de um número razoável de pequenos investidores que compartilham o espaço decisório na companhia com alguns poderosos, mas minoritários, investidores institucionais — como os fundos de pensões, os fundos de investimento e as companhias seguradoras. São estes investidores institucionais que usualmente necessitam juntar forças para conseguir se fazerem escutados nas deliberações sociais, já que usualmente não participam da gestão ou, se o fazem, o fazem de forma tangencial ou minoritária.

É nesse ambiente que se torna vital a busca por procurações para aglutinar os minoritários ao redor de proposições comuns. Por outro lado, a busca por procurações dos minoritários é extremamente relevante para os administradores: (i) nas companhias sem controle definido, (ii) naquelas em que o controle seja exercido por maioria não significativa, (iii) quando se tratar de eleger os membros da minoria no conselho de administração ou (iv) quando se tratar do pedido para o exercício do voto múltiplo. Nestas ocasiões, o voto por procuração pode se tornar um elemento fundamental no processo de aglutinação das decisões, na medida em que os pequenos acionistas, pelo pequeno valor financeiro de sua participação ou pela distância da sede social, se desinteressam em participar das assembleias de acionistas.

Entretanto, é preciso saber como alcançar as minorias, na medida em que estarão espalhadas pelo poder dispersor de uma oferta pública. Inclusive, os minoritários, através do mecanismo dos certificados de depósito norte-americanos (ADRs), poderão estar em outros países. Nesse sentido, é fundamental que os acionistas minoritários tenham as listas de seus companheiros com os respectivos endereços. A empresa, seus administradores e certamente seus controladores têm acesso a tal informação. Na medida em que todos são detentores de parte ideal do patrimônio social, é de todo relevante que os sócios possam se organizar na defesa de seus interesses e na daquele que julguem ser o interesse comum da companhia.

Se o direito à informação parece ser algo de inegável valor para o acionista minoritário e de fácil entendimento enquanto regra básica da boa governança, no que tange ao regulador do mercado, a mesma percepção parece não ser por ele inteiramente compartilhada. Creio que se deveria partir da premissa de que os acionistas são os donos da companhia e os administradores são prepostos dos sócios. Também poderíamos levar em consideração que todos os sócios, no que tange a seus direitos e deveres, são iguais independentemente do volume de ações que cada um detenha. A diferença surge quanto ao número de votos e a capacidade de orientar a companhia em uma ou outra direção. Entretanto, tal diferença não deveria significar qualquer distinção quanto ao acesso aos mecanismos pelos quais eles se conheceriam, muito menos de se concertarem previamente as reuniões quanto aos destinos da companhia. Tal capacidade, em tudo democrática, se torna ainda mais importante diante da característica das companhias brasileiras de capital aberto, as quais se caracterizam pela enorme quantidade de ações preferenciais sem voto que são colocadas em suas ofertas públicas.

A Lei das Companhias previa em sua origem a faculdade de qualquer acionista detentor de meio por cento do capital social poder requisitar a lista com o endereço dos acionistas para o fim de enviar procuração, se a administração da companhia o tivesse feito.[46] Posteriormente, com a edição da Lei n. 9.457/1997, houve a mudança parcial do parágrafo 3º do artigo 126, com uma alteração substancial, ao eliminar do texto a parte que condicionava o direito do acionista de pedir a lista de endereço dos demais acionistas somente quando os administradores da companhia tivessem enviado o seu ou outro pedido de procuração.[47] Assim é que, hoje, qualquer acionista, desde que detentor de meio por cento do capital social, poderá pedir a relação de endereços dos acionistas, com a finalidade de ser representado na assembleia de acionistas.

Enquanto alguns acionistas reclamavam seu direito contido no parágrafo 3º do artigo 126, julgados da CVM trouxeram para a discussão, concomitantemente, o teor do parágrafo 1º do artigo 100 da Lei das Companhias. Em sua redação original, comandava-se que "A qualquer pessoa serão dadas certidões dos assentamentos constantes dos livros mencionados nos números I a IV, e por elas a companhia poderá cobrar o custo do serviço".[48] Assim, muito embora concebidos para finalidades

---

46. "Art. 126 – [...] É facultado a qualquer acionista, detentor de ações, com ou sem voto, que represente 1/2% (meio por cento), ou mais, do capital social, solicitar relação de endereços dos acionistas aos quais a companhia enviou pedidos de procuração, para o fim de remeter novo pedido, obedecidos sempre os requisitos do parágrafo anterior."
47. Foi retirada da redação original a parte que fazia nascer o direito à listagem só com relação aos acionistas "[...] aos quais a companhia enviou pedidos de procuração, para o fim de remeter novo pedido [...]".
48. Eram os livros de Registro de Ações Nominativas, Registro de Ações Endossáveis, Transferência de Ações Nominativas, Registro de Partes Beneficiárias Nominativas, Registro de Partes Beneficiárias Endossáveis, Registro de Debêntures Endossáveis, Registro de Bônus de Subscrição Endossáveis, Registro de Ações Endossáveis.

distintas, o parágrafo 3º do artigo 126 e o parágrafo 1º do artigo 100, ambos da Lei das Sociedades Anônimas, passaram a ser utilizados pelos acionistas na busca da listagem de seus companheiros, visando articulações políticas nas decisões sociais. Muito embora ambos os artigos venham sendo utilizados para a mesma finalidade, creio que será útil distingui-los para, após, analisar o entendimento da Comissão de Valores Mobiliários.

Não é difícil entender a necessidade de transparência no relacionamento entre os acionistas, entre estes e seus administradores e entre todos os atores da companhia para com o mercado de valores mobiliários. Tal transparência — que, no caso dos minoritários se dá, inclusive, através do conhecimento de quem é acionista da companhia — evolui lentamente, dada a enorme resistência dos controladores, bem como da própria CVM, como se verá abaixo, em dar a conhecer o nome e endereço dos acionistas, no que são auxiliados pelos agentes financeiros de escrituração das ações em nome de seus proprietários, pretextando a existência do sigilo bancário. O curioso é que a própria autarquia publica em seu sítio informações fornecidas pelas companhias de capital aberto — dentre elas o nome dos acionistas detentores de 5% ou mais do capital social.[49]

6.5.1.1.1 *O parágrafo 1º do artigo 100 da Lei das Companhias*

O preceito segundo o qual qualquer pessoa poderia pedir certidão da companhia, desde que pagasse os custos de sua confecção, nasce em 1976 com a edição da Lei n. 6.404, constante do original artigo 100, em seu parágrafo 1º. Com a Lei n. 9.457/1997, o dispositivo passou a ter nova redação, a qual qualifica a possibilidade do pedido de certidão restringindo-a àquele que a utilize para a "defesa de direitos e esclarecimento de situações de interesse pessoal ou dos acionistas ou do mercado de valores mobiliários", além de reduzir a lista de livros sociais dos quais poderiam ser pedidas certidões.

Portanto, a capacidade para pedir certidão da companhia nasce ou da demonstração da existência de direito a ser defendido, ou do interesse pessoal do acionista ou do mercado. A defesa de direito se caracteriza por qualquer manifestação de intenção de propor ou contestar algum direito em juízo ou em tribunal administrativo. Ou seja, é sempre ato do interessado, o que inadmite julgamento de terceiro, ressalvada a hipótese de a companhia recorrer ao Poder Judiciário para não prestar a informação pedida. Nesta hipótese, a companhia terá que demonstrar que o pedido feito pelo acionista ou por terceiro não preenche os requisitos amplos previstos em lei. Dada a amplitude de sua redação, dificilmente poderia haver situação que não coubesse nas hipóteses que abarquem a "defesa de direitos

---

49. Vide Instrução CVM n. 385/2002, art. 12.

e esclarecimento de situações de interesse pessoal ou dos acionistas ou do mercado de valores mobiliários".

Entretanto, a CVM tem-se manifestado de forma diversa, interpretando restritivamente a dicção legal da expressão "qualquer pessoa". Nesse sentido, ao julgar pedido de certidão que requeria a relação dos acionistas, entendeu a autarquia que[50]:

> [...] verifica-se, de plano, que, não obstante a reconhecida publicidade dos registros, o direito à obtenção de certidões não é absoluto, comportando hipóteses, constitucionalmente previstas, de indeferimento pelos órgãos públicos. Trata-se, portanto, de um direito subjetivo e, como tal, condicionado à "defesa de direitos e esclarecimentos de situações de interesse pessoal."
> Por conseguinte, constata-se que o direito à obtenção de certidões deve ser conjugado com a garantia da inviolabilidade da vida privada (art. 5º, X, CRFB/88). Assim, o direito à intimidade forma a proteção constitucional à vida privada, salvaguardando um espaço íntimo intransponível por intromissões ilícitas externas.
> Nesse passo, consoante ensina o professor Alexandre de Moraes, os conceitos constitucionais de intimidade e vida privada apresentam grande interligação, podendo, porém, ser diferenciados por meio da maior amplitude do primeiro que se encontra no âmbito de incidência do segundo. Assim, a intimidade atine às relações subjetivas e de trato íntimo da pessoa, suas relações familiares e de amizade, enquanto a vida privada envolve todos os demais relacionamentos humanos, inclusive objetivos, tais como relações comerciais, de trabalho, de estudo, etc.
> [...] Logo, para que se caracterize como legítimo o exercício da prerrogativa atribuída pelo dispositivo legal em comento é preciso que o interessado demonstre o direito a ser defendido, justificando, comprovadamente, o seu interesse na obtenção da certidão do teor dos assentamentos do livro de registro de ações nominativas.
> Portanto, a partir da edição da Lei n. 9.457/97, o pedido de certidões, feito por qualquer pessoa, acionista ou não, há de ser motivado e, obviamente, não poderá consistir numa invasão ilimitada e irrestrita dos livros sociais, mas apenas no acesso a informações pertinentes e necessárias para os fins e efeitos alegados pelos interessados, incumbindo à Comissão de Valores Mobiliários velar pela correta e razoável aplicação desse dispositivo legal.
> [...] Dessa maneira, cai por terra a tese segundo a qual a lei buscou apenas a evitar o mau uso da certidão e que bastaria ao requerente declinar a causa do seu pedido, não sendo outorgado à administração da companhia o direito de perquirir a seu respeito para o efeito de denegar ou sonegar a certidão.

---

50. Processo CVM n. RJ2003/23, recorrente Oportunity DTVM Ltda., recorrida Petróleo Brasileiro S.A. – Petrobrás. Relator Wladimir Castelo Branco.

Em voto divergente, Norma Jonssen Parente entendeu pela procedência do pedido da certidão a ser fornecido pela Petrobrás, na medida em que:

> 4. [...] parece-me que não se estaria cometendo nenhuma ilegalidade ao disponibilizar a relação dos inativos, uma vez que a informação poderia ser entendida como destinada à defesa de direitos dos acionistas ou do mercado de valores mobiliários.
> 5. Em vista disso, considero que o pedido não só tem amparo legal como a iniciativa se revela salutar por permitir, ao mesmo tempo, trazer para o mercado acionistas que dele estavam afastados e ampliar a liquidez das ações. Em razão disso, sou favorável ao deferimento do pedido.
> 6. Por outro lado, entendo que o presente processo não deve se limitar ao interesse particular da Distribuidora Opportunity e traz a oportunidade de discussão de um assunto que é de interesse do mercado, até porque existe projeto de lei do Governo Federal em tramitação que permitirá que tais ações de emissão de companhias abertas não reclamadas passem para a União que, inclusive, terá o direito de receber os dividendos ainda não prescritos, após convocação pública para que os acionistas atualizem os dados cadastrais.
> [...] 8. De acordo com publicações efetuadas na imprensa, haveria no mercado uma grande massa de acionistas inativos, sendo que, no caso de Petrobras, 5% do capital estaria nessa condição, o que representaria um volume aproximado de R$1,5 bilhão.
> 9. A própria Petrobras em sua manifestação considera salutares medidas que venham a ser adotadas no sentido de reativar os acionistas que há muito não exercem seus direitos. O que me parece necessário é encontrar, portanto, uma forma que seja transparente e ao mesmo tempo possa ser utilizada por todos os integrantes do sistema de distribuição que tenham interesse de prestar esse serviço.
> [...] 11. Entendo, ainda, que, para melhor avaliar o universo a que se destinaria tal ato e o seu alcance, bem como subsidiar a decisão, o processo deveria ser encaminhado à Superintendência de Desenvolvimento de Mercado – SDM para analisar melhor o assunto e, inclusive, consultar a Petrobras e outras empresas do mercado para obter informações concretas a respeito do percentual de investidores que se encontram na situação de inativos.

A denegação ao pedido da distribuidora de valores se dá com base na cláusula constitucional que determina como invioláveis a intimidade e a privacidade. A meu ver, os preceitos gerais atinentes aos direitos e garantias individuais não devem ser analisados pelas instâncias julgadoras administrativas, nem muito menos comportariam voos de baixa altitude ao intérprete, normalmente atarefado por outras inúmeras responsabilidades. Caberia ao julgador buscar distinguir em sua colocação o porquê da inaplicabilidade do mesmo artigo constitucional quanto à publicidade que estão sujeitas as companhias por cotas de responsabilidade limitada, já que o registro perante os registros do comércio é de consulta livre a qualquer um do povo. Também são públicos os registros imobiliários, os de protestos, etc.

Talvez fosse importante uma análise mais profunda da orientação da própria autarquia, quando, através do Parecer de Orientação n. 30/1996, adota uma posição mais consentânea com a amplitude do texto legal. Nesse sentido a orientação da CVM firmada por sua presidência informa ao mercado que "a lei, além de se referir inequivocamente a qualquer pessoa, não impõem qualquer condicionante à obtenção destas certidões. A pessoa que as requer não precisa justificar o pedido, ou sequer fundamentá-lo, não importando, outrossim, que seja acionista ou não da companhia."[51]

Entretanto, a mesma CVM, ao julgar o pedido da listagem de acionistas, feito por uma "[...] administradora de fundo de acionistas da companhia, com fundamento no § 1º do artigo 100 da Lei n. 6.404/76 e no Parecer de Orientação n. 30, de 30/09/1996 [...]", entendeu de maneira menos restrita do que na situação acima discutida, provavelmente porque o requerente era administrador de fundo com ações da companhia emitente.[52] De qualquer forma, a CVM reconheceu a inaplicabilidade do preceito constitucional apontado no julgado acima como razão de decidir.

A decisão do Colegiado nasce quando a Gradiente Eletrônica S.A. recorre da decisão da SEP que determinou, com fundamento nos dispositivos acima apontados, o fornecimento da lista de acionistas à administradora do fundo de investimento. A motivação do pedido da listagem prendia-se à busca dos demais acionistas minoritários em busca da obtenção de maior representatividade dos mesmos, geração de maior valor para a companhia e maior participação no conselho fiscal. A companhia resistia à pretensão dos requerentes, entendendo que pareciam "mais desejar a formação de um bloco de oposição à Administração da Companhia", o que geraria "um ambiente interno de atritos e desconfiança e prejuízo à condução normal de seus negócios".[53]

Em sua fala, a Procuradoria Jurídica da União entendeu que seria de se reformar a decisão da SEP, entendendo que o pedido da corretora de valores deveria ser justificado e que seu interesse deveria ser "[...] atual e específico, não se verificando em situações puramente hipotéticas, de remota concretização [...]", além de se manifestar contra a entrega da listagem, pela infringência do inciso X do

---

51. CVM. **Parecer de Orientação n. 30/1996**. Disponível em: <http://www.cnb.org.br/CNBV/pareceres/par30-1996.htm>. Acesso em 07 nov. 2014.

52. Processo Administrativo CVM n. 2001/10680, Gradiente Eletrônica S.A. v. Hedging-Griffo Corretora de Valores S.A., relator Wladimir Castelo Branco Castro. Disponível em: <http://www.cvm.gov.br/port/descol/respdecis.asp?File=3542-0.HTM>. Acesso em 07 nov. 2014.

53. Processo Administrativo CVM n. 2001/10680

artigo 5º da Constituição Federal. O subprocurador discordou da conclusão da SEP, considerando que o parágrafo 1º do artigo 100 da Lei Societária constituía o permissivo legal para a entrega da listagem. O Procurador Chefe, em discordando do subprocurador, opinou pela não entrega da listagem, frisando a inexistência de direito a ser defendido ou situação a ser esclarecida, "uma vez que o simples propósito de se opor à administração da companhia não daria amparo" à Hedging-Griffo. Em seu voto, o Relator se pronuncia no sentido de que:

> [...] No mérito, em sua redação original, o § 1º do art. 100 da Lei n. 6.404/76 não exigia qualquer justificativa ou fundamentação para que qualquer pessoa pudesse exercer do direito de certidão previsto naquele normativo, o que, segundo os doutrinadores, equipararia tais informações a um verdadeiro registro público.
> Com o advento da Lei n. 9.457/97, foram alterados diversos dispositivos da Lei n. 6.404/76, incluindo o ora em estudo[54] [...].
> [...] Alega-se que a modificação decorre do direito à intimidade e à privacidade, aí compreendida qualquer informação patrimonial, ou, até mesmo, do agravamento da situação da segurança pública.
> Quanto à motivação propriamente dita, argumenta-se que a expressão condicional acrescida ao § 1º do art. 100 ("desde que se destinem a defesa de direitos e esclarecimento de situações de interesse pessoal ou dos acionistas ou do mercado de valores mobiliários") deveria ser interpretada de forma restritiva, permitindo o acesso às certidões apenas quando o interesse for manifestamente atual e específico.
> No caso concreto, alega a Recorrente que o acionista não teria eficazmente identificado o seu interesse, limitando-se a, de forma genérica e vaga, "fazer uma ligação direta, sem mediações, entre o acesso à lista de acionistas e a defesa de seus direitos e promoção de seus interesses, mediante a geração de valor para os minoritários".
> [...] ao restringir a possibilidade de fornecimento de certidões dos livros societários mencionados nos incisos I a III do artigo 100, o legislador buscou limitar as hipóteses e as pessoas que a podiam requerer, tendo o cuidado de não tolher, por completo, tal direito. Assim é que me parece necessário analisar as exigências formuladas pela nova redação do dispositivo em estudo distintamente para acionistas e não acionistas. Enquanto estes devem comprovar de forma categórica o seu interesse na obtenção das informações constantes dos livros societários, aqueles, pela sua própria condição de acionistas (minoritários, diga-se), já ostentariam o interesse de obtê-las, bastando que declarasse sua natureza.
> [...] Veja-se, no entanto, que a lei, com muita propriedade, não especifica quais seriam os casos de "defesa de direitos ou de esclarecimento de situações de interesse pessoal

---

54. A nova redação do parágrafo 1º restringiu a redação original constante da Lei n. 6.404/1976, estabelecendo que "A qualquer pessoa, *desde que se destinem a defesa de direitos e esclarecimento de situações de interesse pessoal ou dos acionistas ou do mercado de valores mobiliários* [...]".

ou dos acionistas ou do mercado de valores mobiliários" que ensejariam o fornecimento das certidões [...].

[...] no que respeita aos acionistas da companhia, é que me parece legítimo e legal que tais acionistas tenham acesso àquelas informações, com o objetivo de concentrar votos que os permitam exercer os diversos direitos que a Lei n. 6.404/76 lhes confere, desde que detentores de determinadas proporções de ações, conforme o caso.

[...] A razão para a inclusão de justificação obrigatória, a meu ver, deve-se à assunção de responsabilidade pelo requerente de certidão dos assentamentos constantes dos livros societários quanto ao bom e adequado uso das informações ali refletidas. Em outras palavras, a existência de tal justificativa propicia a que o requerente venha a ser responsabilizado civil ou, até, penalmente, caso se verifique o mau uso ou o desvio das informações fornecidas pela companhia, em detrimento de seus acionistas.

Relativamente à alegação [quanto à] possibilidade de violação do inciso X do artigo 5º da Constituição Federal, parece-me que tal dispositivo não cumprira ao objetivo de caracterizar *tout court* de sigilosas as informações patrimoniais.

Se assim fosse, não seria permitido que qualquer pessoa pudesse requerer certidões nos Registros Gerais de Imóveis ou que qualquer pessoa pudesse obter informações acerca da composição do capital social de sociedade por quotas de responsabilidade limitada, fosse ela registrada em Registro Civil de Pessoas Jurídicas ou em Junta Comercial.

[...] Por fim, à guisa de reflexão, vale indagar por que se deveria tratar de forma diferente, relativamente à sua forma de organização, os acionistas detentores de concentrada participação e os minoritários? Ora, se a lei permite que tais acionistas detentores de grandes participações possam se organizar eficazmente através de acordos de acionistas, e mais, se a lei os protege ao se organizarem dessa forma, por que não permitir que os minoritários possam, da mesma forma, aglutinar seus votos a fim de poder exercer os direitos que a lei confere àqueles detentores de participação superior a determinados parâmetros?

[...] O que se espera é, mais amplamente, incentivar a participação ativa dos minoritários na fiscalização e administração da companhia, contribuindo para o efetivo desenvolvimento de práticas de governança corporativa.

[...] Esclareço, contudo, não ter a CVM competência para obrigar a companhia a fazê-lo [a entrega da lista de acionistas], estando esta, contudo, sujeita à instauração do competente procedimento administrativo para a apuração das responsabilidades concernentes ao caso, o que poderá culminar na aplicação das penalidades previstas no art. 11 da Lei n. 6.385/76.

A necessidade de justificativa volta a ser exigida pela CVM quando um membro do conselho fiscal, provavelmente eleito pela minoria, pede, com base no artigo 100, parágrafo 1º, da Lei n. 6.404/1976, que a companhia lhe forneça a lista de acionistas.[55] A negativa foi confirmada pela autarquia, entendendo que, dentre

---

55. Processo CVM RJ 2005/0134, Antonio Carlos Goedert v. Textil Renaux, relator Sergio Weguelin.

as competências atribuídas aos membros do conselho fiscal pelo artigo 163 da Lei das Companhias, não se encontra a capacidade de pedir a lista de acionistas. Nesse sentido, a companhia afirmou que "os requerimentos de informações que não sejam necessários ao desempenho das funções do conselho fiscal podem ser legitimamente recusados pelos diretores ou pelo conselho de administração [de modo que] a fiscalização deve ater-se aos deveres legais e estatutários previstos como competência para o conselho fiscal". Em atendimento a indagação da SEP, o conselheiro fiscal "apresentou à CVM os termos em que requereu a relação de acionistas [...] anexando cópia do documento através do qual [...] solicitou à companhia determinadas informações, no exercício de sua função como conselheiro fiscal". Em resposta, a companhia justificou a recusa "sob a alegação de tratar-se de documento sigiloso, que requereria a permissão de cada um dos acionistas para sua liberação".

A SEP entendeu que a motivação da recusa se dera "de forma ilegal", tendo a área técnica justificado-se "com base no sigilo e na obrigatoriedade de permissão dos acionistas", classificando a recusa pela companhia como "carente de força legal e razoabilidade e concluindo pela obrigatoriedade de que a Têxtil Renaux entregasse sua lista de acionistas ao conselheiro fiscal". No mesmo sentido concluiu a Procuradoria Federal Especializada, afirmando que "eventual dúvida quanto à relação de pertinência com o exercício da função de fiscalizar deve se resolver em favor do agente fiscalizador, sob pena de verdadeira turbação, como tal indevida, à plena e efetiva fiscalização dos negócios sociais" e que "não se pode olvidar que o limite a esse exercício, se ultrapassado, configura abuso, a ensejar responsabilidade dos membros do conselho fiscal, nos termos do § 1º do art 165" da Lei n. 6404/1976. Após o pedido da lista de acionistas, o membro do conselho fiscal teve sua reeleição impugnada sob a alegação de conflito de interesse para com a companhia. O Colegiado da CVM, em acompanhando o voto do Relator, decidiu a favor da companhia, entendo que:

> [...] 16. Devo dizer que em princípio não vejo relação entre as atribuições fiscalizatórias do conselho fiscal ou de seus membros e a obtenção da lista de acionistas da companhia. Com efeito, é possível afirmar que, via de regra, a gestão da companhia não depende da composição do seu capital social. Tanto que o fornecimento da lista sequer é mencionado pelos arts. 161 e seguintes da LSA.
> [...] 17. Alguns esclarecimentos, entretanto, fazem-se necessários, sob pena de o meu entendimento poder ser mal interpretado.
> 18. Em primeiro lugar, devo esclarecer que a recusa pela companhia não se justificaria caso o conselheiro tivesse justificado minimamente a necessidade da obtenção da lista para o pleno desempenho de suas funções fiscalizatórias. Ou seja, a simples indicação do conselheiro de uma suspeita que só se elucidaria com o conhecimento da lista

seria mais do que suficiente para que companhia estivesse obrigada a fornecer-lhe o conteúdo. [...]

19. Em segundo lugar, esclareço que o meu entendimento no caso concreto (não cabimento do fornecimento da lista ao conselheiro Antônio Carlos Goedert) não decorre de "caráter confidencial" que, segundo a Têxtil Renaux, a Lei teria atribuído ao conteúdo do registro. Como visto acima, não cabe falar em sigilo ou confidencialidade quanto ao livro de registro e transferência de títulos de emissão das companhias. Pelo contrário, o livro tem caráter nitidamente público, ainda que sua publicidade dependa da observância de procedimento próprio, sendo portanto acessível a todo aquele que dele necessite para efeito da defesa de direitos e esclarecimento de situações de interesse pessoal ou dos acionistas ou do mercado de valores mobiliários.

20. [...] No caso concreto, o conselheiro em nenhum momento demonstrou ligação entre a necessidade de obtenção da lista e o desempenho das diversas competências estatuídas no art. 163 da LSA. E, ainda que recorrêssemos no caso concreto à previsão geral do art. 100, § 1º, da Lei 6.404/76, tampouco caberia melhor sorte ao conselheiro, já que não fundamentou, sequer sucintamente, o pedido da lista, indo de encontro, desse modo, à orientação da CVM sobre o assunto.

A Lei das SAs comanda, no parágrafo 1º do artigo 100, que o direito de obter a lista de acionista compete "a qualquer pessoa", e que a motivação seja tão ampla como: (a) a defesa de direitos e (b) o esclarecimento de situações de interesse: (i) pessoal, (ii) dos acionistas ou (iii) do mercado de valores mobiliários. Diante de comando legal com tal amplitude, é de se perguntar qual a latitude da parte final do mesmo parágrafo 1º, quando estabelece que "do indeferimento do pedido por parte da companhia [caberá] recurso à Comissão de Valores Mobiliários".

Resta a dúvida quanto a se o recurso à CVM se destina só para que a autarquia diga quem tem razão, dando ela por encerrada sua tarefa — como ficou decidido no caso Gradiente Eletrônica S.A. vs. Hedinging-Griffo CTVM —, ou se ela tem o poder de fazer valer o preceito legal e sua decisão. Ou seja, tem a CVM o poder coercitivo para trazer sua decisão para o mundo real ou será meramente opiniática para o controlador e efetiva para "qualquer pessoa" que tenha interesse seu ou do mercado a ser defendido? Para o presente caso, não valeria o disposto no artigo 9º, I, "g", ou V, VI, etc., da Lei n. 6.385/1976? Será que a dicção ampla do parágrafo 1º não basta para colocar uma informação pública ao alcance de "qualquer pessoa", quando a própria CVM coloca em seu sítio o nome de todos os acionistas detentores de mais de 5% das ações de todas as companhias abertas? Tendo em vista a estrutura de poder das companhias brasileiras de capital aberto, será de se discutir o porquê de o controlador ter acesso a todas as informações e o minoritário não.

Como visto acima, com a alteração da redação inicial do parágrafo 1º do artigo 100 da Lei das SAs pela Lei n. 9.457/1997, a nova redação qualificou as situações nas quais as pessoas podem pedir certidões relativas aos conteúdos que os livros sociais previstos em lei contêm. Ou seja, quer a CVM, quer alguns julgados judiciais[56] passaram a entender que o pedido para esclarecer "situações de interesse pessoal ou dos acionistas ou do mercado de valores mobiliários" exige a necessidade de justificativa para merecer o atendimento do pedido, cabendo à autarquia, em grau de recurso, avaliar a justificativa da companhia quando da negativa do pedido.

Os pedintes da lista de acionistas, não raramente, fazem seus requerimentos apontando como fundamentação legal quer o parágrafo 1º do artigo 100, quer o parágrafo 3º do artigo 126. Ambas as situações são distintas, muito embora se confundam, fazendo com que aumente a dificuldade para obter principalmente a lista de acionistas. Nesse contexto, é importante transcrever o voto em separado do então presidente da CVM, Marcelo Fernandez Trindade.[57]

> 1. Meu voto difere daquele apresentado pela ilustre Diretora Relatora, embora em parte nossos fundamentos coincidam. Assim, além de declarar as razões de minha discordância, entendo oportuno ressaltar as importantes diferenças que, a meu sentir, existem entre as situações descritas nas normas do art. 126, § 3º, e do art. 100, § 1º, ambos da Lei 6.404/76, e a extensão de ambas, inclusive porque as decisões do Colegiado sobre o tema são variadas.
> A regra do art. 126 da Lei 6.404/76
> [...] 3. Como se vê, o art. 126 da Lei das S.A. trata de dois assuntos conexos, porém distintos. Em primeiro lugar, o artigo disciplina os requisitos formais para participação em assembléias gerais de acionistas, estabelecendo que (i) somente os acionistas poderão participar das assembléias (*caput*); (ii) os acionistas que têm representantes legais (como as pessoas jurídicas e os incapazes) devem ser por estes representados na assembléia (§ 4º), cabendo a representação legal dos fundos de investimento a seus administradores (§ 1º); (iii) os acionistas podem voluntariamente fazer-se representar nas assembléias, desde que tanto a procuração (prazo máximo de um ano) quanto o procurador (acionista, administrador, advogado ou, no caso de companhia aberta, também instituição financeira), atendam a certos requisitos (§ 1º).
> 4. Em segundo lugar, o art. 126 da Lei das S.A. trata, no § 2º, dos *pedidos de procuração mediante correspondência, ou anúncio publicado*, isto é, da possibilidade teórica de qualquer pessoa dirigir-se ao conjunto dos acionistas da companhia, visando a obter procurações para representação em assembléia.

---

56. Vide Apelação Civil n. 79.466-4/3 (TJSP); REsp n. 238.618-SP; REsp n. 330.199-SP, todos entendendo que a redação original da Lei n. 6.404/1976 não dependida da apresentação da motivação para o pedido de certidão, motivação esta que passou a ser exigida a partir da edição da Lei n. 9.457/1997.

57. Vide Processo CVM n. RJ2003/13119 Tele Sudeste Celular Participações S/A. v. fundos Brasil Fixed Income Investments (Netherlands) e Credit Suisse First Boston Equity Investments (Netherlands). Vide Processo CVM RJ2009/5356, consulta formulada pela Associação de Investidores no Mercado de Capitais.

5. Entretanto, como tal pedido, na prática, somente poderia ser formulado pelos administradores ou controladores da companhia, porque somente eles deteriam os endereços dos acionistas, a Lei, no § 3º do mesmo artigo, em sua redação original, assegurava a acionistas detentores de no mínimo 0,5% do capital social o direito de *concorrer* com o pedido formulado pela companhia, facultando assim a tais acionistas "solicitar relação de endereços dos acionistas aos quais a companhia enviou pedidos de procuração, para o fim de remeter novo pedido, obedecidos sempre os requisitos do parágrafo anterior".

6. A Lei 9.457/97 alterou *substancialmente* a redação de tal § 3º, e passou a estabelecer: (i) um *objeto* diverso para a solicitação, que agora é da relação de endereços *"dos acionistas"*, isto é, de todos os acionistas, e não mais apenas "dos acionistas aos quais a companhia enviou pedidos de procuração"; (ii) uma *finalidade* diversa para a solicitação, que agora passa a ser feita não somente para eventualmente permitir a competição com um pedido formulado pela companhia, mas sim, *genericamente, "para os fins previstos no § 1º"*, isto é, para permitir a representação de acionistas por procuração em assembléias, independentemente da prévia solicitação de procuração pela própria companhia.

7. Esta alteração *substancial* teve por finalidade aumentar as possibilidades de organização de acionistas não controladores, visando ao exercício do direito de voto, mas a expressa referência do § 3º do at. 126 ao § 1º do mesmo artigo, aliada ao fato de a matéria estar regulada no artigo que dispõe sobre a representação em assembléia, não deixa dúvida quanto à necessidade de uma assembléia convocada, ou na iminência de ser convocada, para que a regra do § 3º possa ter aplicação.

8. Não quer isto dizer, insista-se, que haja necessidade de um prévio requerimento de procurações pela companhia, para que a norma tenha aplicação. A referência à finalidade exclusiva de um *proxy fight*, que constava da anterior redação do § 3º do art. 126, foi dele expressamente suprimida. Por outro lado, a manutenção da referência final do texto à observância dos requisitos do "parágrafo anterior" (isto é, do § 2º) não pode ser interpretada como uma obrigação para que o requerente observe, *em qualquer caso*, os procedimentos referidos no § 2º. Em outras palavras: o pedido do § 3º do art. 126 pode ser feito independentemente de virem a ser utilizados, no futuro, os procedimentos do § 2º do mesmo artigo.

9. Na verdade, seja em sua redação original, seja na atual, o § 2º do art. 126 refere-se apenas aos *"pedidos de procuração mediante correspondência, ou anúncio publicado"*. Somente na hipótese da lista de endereços ser requerida tendo por *finalidade* a formulação de pedidos de procuração por correspondência ou anúncio é que as regras do § 2º (pedido contendo "todos os elementos informativos necessários ao exercício do voto pedido", facultando "ao acionista o exercício de voto contrário à decisão com indicação de outro procurador para o exercício desse voto" e sendo "dirigido a todos os titulares de ações cujos endereços constem da companhia") serão aplicáveis a quem solicitar os endereços com base no §3º.

10. Assim, ao contrário do que acontecia até a Lei 9.457/97, a solicitação de lista de endereços não mais depende de um prévio pedido de procuração pela companhia,

nem tampouco obriga em qualquer caso à utilização dos procedimentos do § 2º do art. 126, estando submetida apenas às condições de que trata o § 3º do art. 126 em sua redação atual, a saber: (i) à *condição subjetiva* de ser formulada por acionistas detentores de ao menos 0,5% do capital social e (ii) à *condição objetiva* de ter por *finalidade* "os fins previstos no § 1º" do mesmo artigo, isto é, para permitir a representação em uma assembléia geral — na iminência de sua realização, portanto —, sendo certo que, na hipótese, e apenas na hipótese, de utilização de correspondência ou de anúncios para pedir-se procuração aos acionistas é que terão aplicação os procedimentos do § 2º do mesmo artigo 126.

A regra do art. 100 da Lei 6.404/76

11. Diferente é a hipótese tratada pelo § 1º do art. 100 da Lei 6.404/76, que disciplina a faculdade de obter-se certidão dos assentamentos constantes dos livros sociais de que tratam os incisos I a III do mesmo art. 100, isto é: (i) o livro de Registro de Ações Nominativas; (ii) o livro de "Transferência de Ações Nominativas"; e (iii) o livro de "Registro de Partes Beneficiárias Nominativas" e o de "Transferência de Partes Beneficiárias Nominativas".

[...] 13. Como se vê, o *objeto* do pedido do art. 126 difere daquele referido pelo art. 100, agora examinado: lá se trata da *lista de endereços* dos acionistas, *tout court* (porque é o que interessa a quem pretende obter procuração de tais acionistas); aqui se trata de *certidão* de lançamentos existentes em livros societários. Esta distinção se explica pelo fato de que, como se sabe, a companhia exerce, quanto a certos registros, uma função pública equiparada à dos agentes delegatários de poder estatal (como os cartórios do registro de imóveis), tendo em vista que a transferência da propriedade de ações, e a constituição de ônus reais sobre elas, somente se completa com a transcrição nos livros sociais, ou nos registros que lhes façam as vezes.

14. Também diferem as *condições subjetivas* para o exercício das faculdades tratadas pelos dois artigos, pois enquanto a lista do art. 126 somente será dada a acionistas, e mesmo assim com determinada participação no capital social (no mínimo 0,5%), a certidão do art. 100 será entregue a *qualquer pessoa*.

15. Por fim, diferem os dois artigos quanto à *finalidade* dos requerimentos de que tratam. Enquanto o § 3º do art. 126 determina expressamente, pela referência a seu § 1º, que a finalidade da lista de endereços é a obtenção de uma procuração para representação em assembléia, o § 1º do art. 100 impõe a comprovação de que a certidão destinar-se-á à "defesa de direitos e esclarecimento de situações de interesse pessoal ou dos acionistas ou do mercado de valores mobiliários", cabendo recurso à CVM em caso de indeferimento do pedido pela administração da companhia.

16. Também a redação do § 1º do art. 100 sofreu alteração com a reforma de 1997, exatamente para incluir no texto a referência à *finalidade* da certidão. E, ao criar essa restrição ao requerimento, que implica em um juízo, pela companhia, quanto à presença de um *direito* a defender, ou de uma *situação* a esclarecer (ainda mais de *interesse pessoal, dos acionistas ou do mercado de valores mobiliários*), a Lei 9.457/97 foi obrigada também a prever um *recurso* à CVM, no caso de indeferimento do pedido.

17. Em minha opinião é muito discutível o mérito da modificação legislativa empreendida pela Lei 9.457/97 quanto ao citado § 1º do art. 100. Conquanto pretendendo adequar-se ao texto Constitucional de 1988, que limita o direito de certidão, exatamente, à "defesa de direitos e esclarecimento de situações de interesse pessoal" (CF art. 5º, inciso XXXIV, b), parece-me evidentemente a infelicidade de redação da Lei 9.457/97, que estendeu para além da *defesa de direitos* e do esclarecimento de situações *de interesse pessoal* (como diz a Constituição) a possibilidade de pedir-se a certidão de que trata o art. 100.

18. Ao permitir o pedido de certidão também para esclarecimento de situações de *interesse dos acionistas* e *do mercado*, a lei dificulta sobremaneira o exame da pertinência do pedido pela companhia (e conseqüentemente pela CVM, em recurso). Isto se dá porque, no direito brasileiro, a defesa de direito alheio em nome próprio somente é admitida quando a lei a permite (Código de Processo Civil, art. 6º).

19. A Lei das S.A. admite tal *legitimação extraordinária* em alguns casos, como o do acionista que litiga em nome próprio, mas em benefício da companhia, nas hipóteses dos arts. 159, §§ 3º e 4º, e 246. Também é cabível ação civil pública, proposta pelo Ministério Público "de ofício ou por solicitação da CVM", segundo o art. 1º da Lei 7.913/89, "para evitar prejuízos ou obter ressarcimento de danos causados aos titulares de valores mobiliários e aos investidores do mercado".

20. Mas será certamente difícil imaginar outras situações, fora da postulação judicial (em que a prova formal da titularidade de ações pode ser relevante), nas quais a emissão de uma *certidão* contendo o teor dos livros de registro de ações, por exemplo, possa atender ao interesse *dos acionistas* ou *do mercado de valores mobiliários*. Até mesmo porque, por força das regras da Instrução CVM 358/02, são públicas, e ficam à disposição inclusive na Internet, as posições acionárias de acionistas controladores, e de quaisquer outros que detenham 5% ou mais, em qualquer classe ou espécie de ações.

21. Essa potencial *inutilidade* da regra do § 1º do art. 100 se agrava pela constatação de que a Lei das S.A. expressamente tratou da questão da lista dos endereços de acionistas em outro dispositivo — o já analisado § 3º do art. 126. Como a lei não contém disposições inúteis, a única conclusão a que consigo logicamente chegar, para permitir a convivência entre tais normas, é a de que o pedido de *certidão* do art. 100 não se destina à mesma situação prevista no art. 126, e que portanto não cabe o pedido de *certidão* quando o *interesse* do requerente for o de obter os endereços para reunir acionistas para voto em assembléia.

22. Qualquer outra interpretação faria letra morta, em minha opinião, da *condição subjetiva* expressa do § 3º do art. 126 da Lei, qual seja, a de que os requerentes da lista devem necessariamente ser titulares de ao menos 0,5% do capital social. Se esse mesmo direito, por via da *certidão* dos assentamentos do livro de acionistas, fosse conferido a *qualquer pessoa* (como diz o art. 100, § 1º), com a mesma *finalidade* (de representação de acionistas em assembléia), a disposição do art. 126, § 3º, seria inteiramente inútil — o que, além de inadmissível, seria verdadeiramente constrangedor, dado que ambos os parágrafos foram reformados pela mesma Lei, a 9.457/97.

Conclusão quanto à distinção e o alcance das regras

23. Assim, minha conclusão é a de que as regras dos arts. 126, § 3º, e 100, § 1º, da Lei 9.457/97, destinam-se a atender a situações distintas, porque distintas as *condições subjetivas*, as *condições objetivas* e as *finalidades* das normas.

24. A regra do § 3º do art. 126 autoriza a solicitação da relação de endereço dos acionistas da companhia por outros acionistas, desde que titulares de ao menos 0,5% do capital social, se convocada uma assembléia, ou iminente a sua convocação. Tal regra visa a permitir que os acionistas se organizem para o exercício de voto em tal assembléia, e não exige, desde 1997, que a companhia tenha previamente solicitado, por correspondência ou anúncio, procurações a acionistas. Na hipótese, e somente na hipótese, de utilização de correspondência ou anúncio, visando à obtenção de procurações, a companhia, ou o requerente da lista (conforme o caso) deverá cumprir os ditames do § 2º do art. 126 da Lei 6.404/76.

25. Já a regra do § 1º do art. 100 destina-se precipuamente a assegurar a qualquer pessoa, através da emissão de certidão de assentamento dos livros societários que menciona, a defesa de direitos ou o esclarecimento de situações pessoais (como nos casos de inventário, penhora, aquisição de ações, etc.). Desde 1997 tal regra também permite o pedido de certidão para a defesa de direitos ou o esclarecimento de situações *dos acionistas* ou *do mercado de valores mobiliários*, não se incluindo aí, porque expressamente disciplinada pelo § 3º do art. 126, a obtenção de certidão com a relação dos endereços dos acionistas da companhia. A companhia deverá analisar cada pedido, para verificar a sua pertinência (isto é, a possibilidade de *defesa de direitos* ou de *esclarecimento de situações* do conjunto dos acionistas, ou mesmo do mercado de valores mobiliários, cabendo recurso à CVM da decisão que indeferir o pedido.

O caso concreto

26. No caso específico destes autos, o requerimento foi formulado com base no § 3º do art. 126 da Lei 6.404/76, pois se estava na iminência da realização de assembléia geral extraordinária da Tele Sudeste Celular Participações S.A. ("Companhia"). Ocorre que, segundo a Companhia, tal assembléia não mais será realizada, embora não tenha sido revogada a deliberação do Conselho de Administração que determinou sua convocação.

27. A conclusão do voto apresentado pela Diretora Relatora é no sentido de que a Companhia deve, ainda hoje, após um ano e meio da aprovação da convocação de tal AGE pelo Conselho de Administração da Companhia, fornecer a relação de endereços de que trata o § 3º do art. 126 da Lei 6.404/76.

28. Com todas as vênias, não posso concordar com tal conclusão pois, como disse acima, entendo que a relação de endereços dos acionistas somente deverá ser fornecida na iminência da realização de uma assembléia geral, o que, ao meu juízo, não é o caso, dado o tempo transcorrido desde a data da reunião do conselho de administração da Companhia — frise-se, há mais de um ano e meio —, bem como considerando-se a declaração da administração da companhia que não mais pretende realizar tal AGE.

29. Entretanto, concordo com a Diretora Relatora quando afirma que deixar a situação em aberto, isto é, formalmente aprovada em reunião do conselho de administração da Companhia, pode trazer certa insegurança aos acionistas, razão pela qual entendo

que a Companhia deverá divulgar Comunicado ao Mercado através do sistema IPE da CVM, tornando pública a informação, até então somente prestada à CVM, quanto à desistência em convocar-se a assembléia geral para suprimir o artigo 9º do Estatuto Social da Companhia.

Do acima transcrito, entretanto, creio que algumas afirmações possam merecer certas considerações. Assim, não creio que a redação do parágrafo 3º do artigo 126 da Lei das SAs permita concluir que, para se obter a listagem dos acionistas, necessariamente já se tenha que ter sido convocada uma assembleia de acionistas. A norma legal apenas estabelece quem pode representar o acionista e nada mais. É perfeitamente legal que a listagem seja pedida para a indicação do apoderado, que ficará apto ao comparecimento às assembleias gerais, desde que obedecido o prazo de um ano quanto à validade da procuração e o apoderado preencha uma das personificações previstas no próprio parágrafo 1º em questão. A Instrução CVM n. 481/2009 estabelece prazos irreais para o acionista minoritário, na medida em que este toma conhecimento da realização da assembleia por uma das três convocações feitas pela imprensa. Feita a notificação pedindo a listagem, a companhia terá três dias úteis para fornecê-la. Caso não o faça, caberá ao acionista reclamar junto à CVM do não cumprimento do prazo e, à autarquia, fazer valer sua decisão. Até a apreciação do pedido do minoritário, mais da metade do prazo já se terá escoado, além de a própria autarquia ter reconhecido que lhe falta poder para coagir a entrega da listagem. Partindo da premissa de que o minoritário necessita da listagem para se organizar com outros minoritários, e que os controladores e os administradores têm acesso a todos os dados, fica a dúvida se a CVM estaria agindo equitativamente ou não.

De outro lado, será de se considerar que, se o disposto no parágrafo 3º do artigo 126 da Lei das SAs se destina somente aos acionistas, de outro lado, o parágrafo 1º do artigo 100 serve a todos os propósitos, ainda que seja exigida justificativa da necessidade do pedido. Se for verdade o que de longa data citam os tratadistas — que a lei não contém "disposições inúteis" —, também é verdade que a realidade legislativa não necessariamente comprova tal aforismo.

6.5.1.1.2 O parágrafo 3º do artigo 126 da Lei das Companhias

Se compararmos o parágrafo 1º do artigo 100 acima ao parágrafo 3º do artigo 126, veremos que, muito embora superficialmente, o primeiro se destina ao pedido de certidão sobre determinados livros sociais da companhia, pedido que pode ser feito por qualquer pessoa, ao passo que o segundo é dirigido aos acionistas da companhia, os quais podem pedir a lista de endereço de seus companheiros de investimento.

O artigo 126, como um todo, cuida da legitimidade daqueles que comparecem às assembleias gerais da companhia. Diferentemente da previsão constante do Decreto-Lei de 1940, a vigente normatização permite que o acionista possa comparecer pessoalmente ou através de terceiros procuradores, sendo o qualificativo profissional do apoderado previsto em lei. Entretanto, por alteração feita ao texto original da vigente Lei das Companhias pela Lei n. 9.457/1997, foi mudado o parágrafo 3º, carecendo, sua nova redação, de alguma interpretação.

O ponto de partida será imaginarmos que o pedido de procuração será sempre feito para se alcançar o número mínimo de votos para a eleição dos membros do conselho de administração, bem como, e em decorrência, do conselho fiscal. Também poderá servir o pedido de procuração para reeleger os membros do conselho de administração, podendo estes ser ao mesmo tempo os pedintes das procurações, bem como os beneficiários de seu exercício. Ao controlador poderá interessar obter as procurações caso acionistas minoritários tenham pedido para exercer o voto múltiplo na eleição dos membros do conselho de administração. Este é o universo do parágrafo 3º do artigo 126, e ao qual se aplica o pedido de procuração ou mesmo a "guerra de procurações".

Em sua redação original, era facultado ao acionista detentor de meio por cento do capital social "solicitar relação de endereços dos acionistas aos quais a companhia enviou pedidos de procuração, para o fim de remeter novo pedido". Assim, uma vez tendo a administração da companhia ou seu grupo de controle pedido procurações para votar na assembleia geral, poderia o acionista minoritário exigir que a companhia enviasse também seu pedido de procuração, obedecido o contido no parágrafo 2º do mesmo artigo. Este, por sua vez, contém os requisitos a serem obedecidos no pedido e na própria procuração enviada pela companhia. Já a alteração feita em 1997 não só vinculou a possibilidade do pedido de procuração ao parágrafo 2º — que dispõe sobre o conteúdo que deve constar da procuração —, mas também restringiu a solicitação da lista de acionistas àqueles que podem, enquanto procuradores, comparecer às assembleias gerais.

A nova redação do parágrafo 3º é confusa. Penso que a maneira de se decifrar a vinculação do parágrafo 3º com o parágrafo 1º será entender que o legislador quis prever a possibilidade de o acionista descontente com a companhia pedir a lista de endereços dos acionistas para que envie procurações àqueles descontentes para que lhe outorguem o poder de voto nas assembleias da companhia, obedecidos os requisitos contidos no parágrafo 2º (a razão do pedido da procuração e ser dirigida a todos os acionistas). Mas esse mesmo parágrafo 2º prevê a possibilidade do pedido de procuração por meio de correspondência ou pela publicação de anúncio em qualquer meio de comunicação. Ou seja, o pedinte pode requisitar a lista de endereços à própria companhia ou, se entender melhor (ou se ela lhe puser obstáculos), partir para o pedido público via jornal, televisão, revistas, etc., situação na qual deverá obedecer ao contido na Instrução CVM n. 481/2009.

De qualquer sorte, o pedido da lista com o nome e endereço de cada acionista ainda causa problemas pela interpretação restritiva da CVM, mesmo quando o requerente da listagem é o próprio acionista da companhia. Se olharmos a dicção contida no parágrafo 3º, verificaremos que o acionista, com ou sem voto, detentor de no mínimo meio por cento do capital social, pode pedir somente a relação de endereços dos acionistas, mas não pode obter da companhia a quantidade de ações que cada acionista possui, possibilidade esta presente ao acionista controlador ou aos membros do conselho de administração, na medida em que participam direta ou indiretamente da gestão — principalmente se olharmos o modelo societário brasileiro, no que tange à estrutura de poder e a quem a exerce.[58] Repita-se que, de outro lado, a própria CVM publica em seu *site* a relação dos acionistas detentores de 5% ou mais do capital social da companhia.

Por fim, a atuação restritiva da CVM poderá causar enorme dano nas poucas companhias que surgiram no Brasil nas quais inexiste um controlador ou um bloco de controle definido. Nessas empresas, a tendência é a perpetuação dos administradores nos cargos. Tal ocorre por vários motivos, dentre eles pelo acesso que os membros do conselho de administração e da diretoria têm aos acionistas espalhados pelo país, enquanto o bloco minoritário tem extrema dificuldade de acesso à listagem com o nome e endereço dos acionistas, inclusive tendo seu acesso negado pela CVM no que se refere às quantidades de ações possuídas pelos acionistas.

6.5.1.2 *Voto múltiplo*

A regra geral nas companhias é que a cada ação corresponda a um voto. As exceções são as ações preferenciais sem o direito de voto e as ações de classe especial cuja característica é serem detentoras de mais de um voto; além disso, também há o sistema de voto múltiplo, no qual os votos podem ser multiplicados pelo número de candidatos ao conselho, sendo o resultado dessa multiplicação cumulado em um ou mais candidatos, conforme a vontade do acionista votante.

A origem do voto múltiplo liga-se ao conceito político segundo o qual as minorias devem ter seus representantes, não devendo a maioria votante eleger todo o corpo diretivo. A ideia da representação proporcional das várias correntes políticas aparece no trabalho de John Stuart Mill, denominado "Representative

---

58. Vide Processo CVM RJ2003/13119. Tele Sudeste v. Fixed Income Investments (Netherlands) B.V. e First Boston Equity Investment (Netherlands) B.V., seus acionistas.

Government", de 1871, no qual pregava que as minorias também deveriam estar representadas nas estruturas de poder,[59] conforme preceito então já existente na Constituição da Dinamarca. O escrito de Mill influenciou os pensadores políticos norte-americanos, de sorte que o texto constitucional de Illinois de 1870 previu a ideia da representação das minorias no parlamento;[60] porém, interessante notar que o mesmo conceito foi estendido constitucionalmente também às estruturas de governo das companhias. A ideia da representação minoritária foi colocada no texto constitucional por Joseph Medill,[61] o mais influente membro da convenção constitucional de Illinois, e ardente admirador de Stuart Mill, além de ser o editor e dono do mais influente jornal de Chicago.[62] Pouco tempo depois se verifica que a ideia da representação minoritária no âmbito parlamentar desaparece, mas permanece até hoje como instrumento de representatividade das minorias nos conselhos de administração das companhias. A partir da matriz política da representação parlamentar, os estados foram adotando o voto cumulativo em algumas legislações societárias, umas estabelecendo sua obrigatoriedade, enquanto outras

59. *"It is an essential part of democracy that minority should be adequately represented. No real democracy, not but a false show of democracy, is possible without it. [...] In a representative body actually deliberating, the minority must of course be overruled/ and in a equal democracy (since the opinions of the constituents, when they insist on them, determine those of the representatives body) the majority of the people through their representatives will outvote and prevail over the minority and their representatives. But does it follow that the minority should have no representation at all? Because the majority ought to prevail over the minority, must the majority have all votes, the minority none. [...] Is it necessary that the minority should even be heard?"* (CAMPBELL, Whitney. The Origin and Growth of Cumulative Voting for Directors. **The Business Lawyer**. Chicago, v. 3, n. 3, p. 3-16, abr. 1955).

60. *"The House of Representatives shall consist of three times the number of the member of the senate, and the term of office shall be two years. These representatives shall be elected in each senatorial district at the general election in the year of our Lord 1872, and every two years thereafter. In all election of representatives aforesaid, each qualified voter may cast as many votes for one candidate as there are representatives to be elected, or may distribute the same, or equal parts thereof, among the candidates, as shall see fit, and the candidate highest in votes shall be declared elected."*

61. Deve-se lembrar que, além da paixão de Medill por Stuart Mill, também exerceu forte influência na aprovação do preceito constitucional a enorme disputa entre republicanos e democratas no estado de Illinois, resultado de uma enorme concentração dos primeiros nos distritos ao norte do estado e dos últimos no sul. Mas vale a lembrança de como esse mecanismo até hoje existente em várias legislações societárias nasceu.

62. Ao que parece, Medill tinha uma referência concreta ao propor a extensão do conceito de voto múltiplo nas estruturas de poder das companhias. Assim é que poucos dias antes da votação de sua proposta ele escreveu um editorial em seu jornal no qual dizia que: *"The 3rd clause on 'corporations' will forever prevent those confiscation of the rights of stockholders by directors of which the Erie Railroad is a conspicuous and infamous example. The history of the Erie case shows that the blunder of having the majority only represented in any votes wich decides its government, results in ruling out, 1st, of a minority of all stockholders, in choice of directors, then of a minority of the chosen directors in the appointment of officers and an executive committee, and so on until at last, the so-called 'majority' consist of three persons, Gould, Fisk and Lane, who own not a thousandth part of the stock, and whose opportunities as thieves immeasurably outweighs nominal interest as stockholders."* (CAMPBELL, Whitney. The Origin and Growth of Cumulative Voting for Directors. Op. cit., p. 5-6).

deixaram à discricionariedade dos respectivos estatutos sociais. Entre nós, foi adotado o sistema que permite ao grupo de acionistas requerer a cumulatividade dos votos, conforme se verá abaixo.

O voto cumulativo pode ser apontado como pertencente ao arsenal de instrumentos que os acionistas minoritários, descontentes com a gestão da companhia ou com a atuação dos controladores, têm para tentar mudar aquilo que julgam errado.[63] Esse arsenal parte da atuação menos agressiva por meio do voto cumulativo, passando pela oferta pública de compra de ações, com o intuito de fortalecer o cacife eleitoral dos minoritários, chegando na venda em massa das ações por eles possuídas. Porém, o voto cumulativo não goza de aprovação unânime dos estudiosos, podendo-se dizer que a sua validade deverá sempre ser analisada em face das peculiaridades de uma dada companhia.

Aqueles que são favoráveis à existência do voto cumulativo defendem a sua utilidade tendo em consideração que: (i) os conselhos de administração devem refletir, na medida das possibilidades, as expectativas e anseios dos acionistas, independentemente do tamanho das respectivas participações; (ii) o voto cumulativo é o único instrumento capaz de dar alguma representatividade ao bloco minoritário; (iii) muito embora o grupo de controle continue determinando os destinos da companhia, é importante que o conselho de administração possa ter e ouvir a voz dos minoritários; e (iv) a presença do(s) conselheiro(s) poderá frear o conflito de interesse na gestão da empresa ou servir como elemento de produção de prova para que os minoritários possam discutir no foro apropriado a má conduta do bloco de controle.

---

63. Não pretendo adentrar na matemática necessária para calcular a efetividade do uso e das estratégias do voto cumulativo dada sua possível repercussão na vida da companhia. Para tanto, deve-se utilizar estratégias sofisticadas, como a constante do artigo abaixo mencionado de autoria de acadêmicos economistas. Dadas as variáveis existentes, temos que, por vezes, pode produzir resultados surpreendentes, como o ocorrido em 1883 na eleição para a formação do conselho de administração da Sharpville Raildoad Company. Muito embora antigo o exemplo, a maioria não levou em consideração o número de conselheiros candidatos e, da estratégia adotada, resultou a eleição da maioria dos administradores pelos minoritários, com a utilização do voto cumulativo. Nesta situação, a maioria controlava 53% das ações votantes, votando igualmente para os seis candidatos, enquanto os minoritários, com 47% dos votos, acumularam-nos em quatro candidatos, elegendo-os todos. Isso deixou a minoria com quatro conselheiros e os controladores com dois. (GLAZER, Amihai; GLAZER, Debra; GROFMAN, Bernard. Cumulative Voting in Corporate Elections: Introducing Strategy Into the Equation. **South Carolina Law Review**, v. 35, n. 295, 1984. Disponível em: <http://www.socsci.uci.edu/~bgrofman/Glazer-Glazer-Grofman-Cumulative%20Voting%20in%20Corporate%20Elections%20S%20C%20L%20R.pdf> Acesso em 07 nov. 2014, p. 297). Vide, também: FRONTINI, Paulo Salvador. Sociedade anônima: a questão do voto múltiplo. **Revista de Direito Mercantil**. São Paulo: Malheiros, v. 113, p. 68-77, jan./mar. 1999; CARVALHOSA, Modesto. **Comentários à Lei de Sociedades Anônimas**. Op. cit., v. 3, p. 167 et seq; BIMBATO, José Mário. Eleição do conselho de administração da S/A: voto múltiplo e votos fracionários. **Revista de Direito Mercantil**. São Paulo: Malheiros, n. 147, p. 63-72, jul./set. 2007, p. 63 et seq.

Aqueles que negam ou não veem muita utilidade no mecanismo do voto múltiplo o fazem tendo em vista que: (i) o conselho de administração, para ser eficiente, necessita trabalhar como um time, e a escolha pelo voto múltiplo já caracterizaria uma desconfiança na atuação do conselho de administração existente; ou seja, haveria ou poderia haver a formação de dois "times" antagônicos na gestão da companhia; (ii) a formação de administradores representativos dos minoritários elevaria o custo operacional da companhia, acarretando uma perda de eficiência diante da possibilidade de luta entre as duas facções, com perda de valor da companhia e consequente reflexo no valor da ação e dos custos de captação da companhia.

Por outro lado, também não se pode ignorar a natureza humana, com sua tendência de concentrar poder em torno do controlador, bem como a existência, em maior ou menor grau, da fidelidade do eleito para com seu eleitor. Ou seja, a despeito dos argumentos acima, uns a favor e outros contra o mecanismo do voto múltiplo, a simples ameaça da existência de um conselheiro representante da minoria causa preocupações aos que foram eleitos pelo bloco de controle.[64] Ou seja, como já mencionado, o mecanismo não é, *per se*, nem bom nem mau, podendo ser útil em algumas situações, mas o fato é que ele é lembrado quando existe um conflito entre os acionistas, ou quando sua utilização poderá despertar a animosidade entre os dois blocos. Neste passo, é de se louvar a sabedoria do legislador nacional, que deixou a critério dos acionistas a possibilidade de seu uso, desde que os minoritários atinjam um percentual mínimo de ações votantes, o que se verá abaixo.

6.5.1.2.1 *O voto múltiplo no Direito brasileiro*

O voto múltiplo foi introduzido no sistema legal das sociedades anônimas a partir de 1967, com a edição da Lei n. 6.404/1976, em seu artigo 141. Entretanto,

---

64. Em um pedido de procuração para que fosse eliminado do estatuto social da Associated Transport Inc., os conselheiros, em carta aos acionistas, recomendaram tal medida tendo em vista que: *"In the opinion of the Board of Directors, cumulative voting can have same serious drawback even though it would permit a minority stockholder or a group of minority stockholders to elect a member or members of the board. It can elect to the board faction representatives or partisans who lack the company-wide view a director should have. It is felt by the Board that a corporation's board needs to work together conflict and disharmony caused by factional representatives that can use up management energy, waste management time and cause harm to a corporation [...]."* A mesma postura pode ser observada no comunicado feito pelos conselheiros da Dillingham Corporation ao recomendar a redução do conselho de administração, na medida em que *"a present shareholder individually and through various entities controled by him, holds approximately 10.05% of the total voting Power of the company`s outstanding shares. If the amendment is not adopted he could elect at least one director of his choice by cumulating his votes ... The Board of Directors has determined that it would not be in the interest of the Company or its shareowners as a whole for him to elect a representative to the Board."* (BHAGAT, Sanjai; BRICKEY, James A. Cumulative Voting: Value of Minority Shareholder Voting Rights. **Journal of Law and Economics**, v. 27, p. 339-365, out. 1984, p. 345-346).

já no início do século XX o voto múltiplo passou a fazer parte do sistema eleitoral brasileiro no que se referia à eleição para os membros da Câmara dos Deputados, introduzido que foi quando da reforma da legislação eleitoral, constante no artigo 59 da Lei n. 1.269, de 15 de novembro de 1904.[65]

A introdução do voto múltiplo no mundo societário, como visto acima, partia da premissa da necessidade de representação da minoria no organismo político da companhia. O mecanismo inscrito na Lei n. 6.404/1976 busca, com base no mesmo princípio, dar voz aos acionistas minoritários detentores de um percentual de ações. Este percentual é previsto em lei, ou, para as companhias de capital aberto, regrado em instrução da CVM. Ocorre que, com a edição da Lei n. 10.303/2001,[66] os minoritários votantes ou detentores de ações preferenciais sem voto ou com voto restrito adquiriram o direito de indicar um membro do conselho de administração por classe e em votação em separado dos demais acionistas ordinaristas votantes. Tal preceito, como se verá adiante, esvaziou a discussão do voto múltiplo, enquanto mecanismo útil. Diga-se que a solução do legislador brasileiro é muito mais efetiva na proteção das minorias do que o mecanismo trazido do Direito norte-americano.

A regra pela qual o voto múltiplo atua é melhor do que aquelas que tradicionalmente são aplicadas nas legislações estaduais nos Estados Unidos, na medida em que lá as leis se dividem entre aquelas nas quais o comando é mandatório e outras que não adotaram a medida. Entre nós, a utilização do mecanismo depende somente da manifestação de vontade de ao menos 10% do capital votante da companhia, independentemente de haver ou não previsão estatutária. Dependendo do volume do capital social da companhia, bem como do número de acionistas votantes existentes, o volume de 10% do capital votante dificilmente seria atingido para o exercício do voto múltiplo. Para resolver tal dificuldade, a Lei n. 10.303/2001 outorgou poderes à CVM para alterar o percentual necessário inclusive para o exercício do voto múltiplo.[67]

O voto múltiplo tem que ser requerido pelos acionistas àquele a quem compete a convocação da assembleia, com no mínimo 48 horas de antecedência da

---

65. "Artigo 59 – Na eleição geral da Camara, ou quando o numero de vagas a preencher no districto fôr de cinco ou mais Deputados, o eleitor poderá accumular todos os seus votos ou parte delles em um só candidato, escrevendo o nome do mesmo candidato tantas vezes quantos forem os votos que lhe quizer dar. § 1º – No caso do eleitor escrever em uma cedula um nome unico, só um voto será contado ao nome escripto. § 2º – Si a cedula contiver maior numero de votos do que aquelles de que o eleitor póde dispor, serão apurados sómente, na ordem da collocação, os nomes precedentemente escriptos, até se completar o numero legal, desprezando-se os excedentes."

66. Vide art. 141, § 4º, incisos I e II, da Lei n. 6.404/1976.

67. "Art. 291 – A Comissão de Valores Mobiliários poderá reduzir, mediante fixação de escala em função do valor do capital social, a porcentagem mínima aplicável às companhias abertas, estabelecidas no art. 105; na alínea 'c' do parágrafo único do art. 123; no caput do art. 141, no § 1º do art. 157; no § 4º do art. 159; no § 2º do art. 161, no § 6º do art. 163; na alínea 'a' do § 1º do art. 246; e no art. 277."

sua realização. Também manda a lei que caberá "à mesa que dirigir os trabalhos da assembléia informar previamente aos acionistas, à vista do "Livro de Presença", o número de votos necessários para a eleição de cada membro do conselho". A tarefa atribuída à mesa não é de fácil execução, pois, como visto mais acima, a eleição dos conselheiros pelo voto múltiplo variará dependendo da quantidade de votos alocados a cada candidato; a mesa diretora não dispõe desse conhecimento, visto que o sucesso do voto múltiplo depende da surpresa da estratégia montada pelos minoritários e pelos controladores.

A realização do cálculo pela mesa diretora dos trabalhos também será dificultada na medida em que sua previsão dependerá de quantos votantes compareçam à assembleia. Ou seja, sua previsão só poderá ser feita depois que todos os acionistas votantes assinarem a lista de presença. Como a informação referente ao número de votos para eleger "cada membro do conselho" não será fácil, naturalmente surge a pergunta sobre o que acontecerá com a assembleia se o prognóstico da mesa diretora dos trabalhos não se concretizar. Nova assembleia, dado o descumprimento do comando legal que manda que a mesa diretora comunique à assembleia o número de votos que deve ser alocado com sucesso a cada candidato? Seria mais fácil a lei ficar silente nesse pedaço, dando a cada grupo a atribuição de calcular o número de votos de cada facção.

De outro lado, o voto múltiplo traz novamente a necessidade de os minoritários terem acesso à lista de acionistas com uma antecedência muito maior do que os dez dias previstos, na medida em que há necessidade de tempo para que se encontrem, tracem a estratégia comum de quem indicar e de como dividir os votos conseguidos. Como o voto múltiplo tem que ser requerido com uma antecedência de até 48 horas da assembleia, e a listagem com no máximo 10 dias antes do mesmo evento, decorre que os minoritários — que, diferentemente dos controladores, nunca tiveram acesso a tal listagem — têm, na realidade, cerca de 8 dias para buscar a utilização eficiente do método que foi criado para auxiliá-los na vida da companhia.

O voto múltiplo é uma estratégia de vitória momentânea dos minoritários, a qual não retira os poderes da maioria, que continuaria detendo a capacidade de, posteriormente, em nova assembleia geral, demitir este ou aquele conselheiro — situação na qual a maioria teria o condão de eliminar o conselheiro eleito pela minoria. Caso isso ocorra, reabre-se o processo com a demissão de todos os conselheiros, com a eleição de novos membros e com a utilização do voto múltiplo, se pedido novamente.[68] De outro lado, não deveria a lei, como não o fez, dar aos minoritários poderes de controlador, ultrapassando a regra da correlação de poder

---

68. Vide artigo 141, § 3º, da Lei das Companhias.

em função do montante de capital aportado à companhia e, consequentemente, o maior risco que corre aquele que investe mais na companhia.

A solução da Lei das Companhias em busca desse difícil equilíbrio se dá de maneira equitativa, na medida em que estabelece que a destituição de qualquer membro eleito pelo mecanismo do voto múltiplo acarretará a queda de todos os eleitos, partindo a companhia para nova eleição, com o reinício de toda a liturgia para a eleição do novo conselho, pelo voto múltiplo ou não, dependendo da atuação dos acionistas minoritários. Para as companhias abertas, como dependem da avaliação que o mercado faça de seu comportamento e respectivos reflexos econômicos, esse processo de demissão do representante da minoria e nova eleição de todos os conselheiros poderá refletir de maneira negativa no valor da companhia, situação esta que conspira para que os controladores e minoritários ajam com cautela quanto a esses dispositivos legais.

6.5.1.2.2 Os acréscimos criados pela Lei n. 10.303/2001

A Lei n. 10.303/2001 introduziu na Seção I do Capítulo XII da Lei das Sociedades Anônimas cinco parágrafos que não dizem respeito ao mecanismo do voto múltiplo, mas sim estabelecem a sistemática de eleição em separado para os acionistas votantes, bem como para os preferencialistas sem voto, de sorte a que cada um deles passe a ter representante junto ao conselho de administração.[69] Ou seja, o enxerto não trata do voto múltiplo, mas da mudança advinda da criação de distintos colégios eleitorais para, em separado, participarem da escolha dos conselheiros "classistas".

O parágrafo 4º do artigo 141 estabelece que os acionistas votantes minoritários, bem como os preferencialistas, terão, cada um, em separado, o direito de eleger um membro e seu suplente do conselho de administração. Esse direito se estende também ao processo de destituição do "classista" eleito em separado. Assim, diferentemente do mecanismo adotado pelo voto múltiplo — em que demitido um dos membros do conselho cai todo o conselho, partindo-se para nova eleição geral —, no mecanismo do parágrafo 4º, uma vez demitido o "seu" membro, cabe a ele eleger em separado outro conselheiro, sem atrapalhar a vida da companhia. Este mecanismo é bem mais eficiente do que aquele adotado para o voto múltiplo (demissão de todo o conselho de administração). O mesmo parágrafo estabelece os percentuais para que nasça a possibilidade da eleição em separado — de 15% para as ações votantes e de 10% para as ações sem direito a voto ou com voto restrito.

---

69. É de se ver que o art. 125 do Decreto-Lei n. 2.627/1940 já previa a eleição em separado de um membro do conselho fiscal, eleito pela minoria representada por 20% do capital social, bem como de outro eleito separadamente pelos acionistas preferencialistas.

Entretanto, como aqui tratamos das companhias de capital aberto, a tarefa para determinação dos percentuais mínimos cabe à Comissão de Valores Mobiliários, de acordo com o estabelecido pelo artigo 291 da Lei n. 6.404/1976.

Essa eleição é um direito do acionista nascido de lei, o qual não se comunica com a regra voluntária criada pelo artigo 18 da Lei das Companhias, segundo o qual o estatuto social poderá criar o direito de uma ou mais classes de ações preferenciais eleger, em votação separada, "um ou mais membros dos órgãos de administração". Claro está que a lei se refere à eleição do conselho de administração, na medida em que a administração da companhia também é composta pela diretoria, mas a escolha dos diretores é de competência do conselho de administração e não dos acionistas. Assim, na medida em que haja previsão estatutária quanto à eleição em separado pelos acionistas sem voto ou com voto restrito, não se aplicará a possibilidade à eleição de um segundo membro representante do mesmo colégio eleitoral.

O parágrafo 5º permite que, caso os minoritários votantes e os preferencialistas sem voto ou com direito de voto restrito não alcancem os 15% ou 10% estabelecidos no parágrafo anterior, possam eles somar suas respectivas participações, de sorte a elegerem um membro do conselho de administração e seu respectivo suplente.

Já o parágrafo 6º requer que o direito de eleger em separado, quer para os minoritários votantes, quer para os preferencialistas sem voto ou com direito de voto restrito, só existirá para aqueles acionistas que comprovarem que são titulares das ações eleitoras há mais de, no mínimo, três meses contados da data da realização da assembleia de acionistas. Alguns doutrinadores entendem que essa regra seria destinada à proteção de adventícios aventureiros. Tratar-se-ia de regra destinada a deter o arrivista, partindo da premissa que a recente aquisição das ações significaria a vontade de prejudicar a companhia.

O parágrafo 7º prevê que haja a possibilidade de eleição do membro por meio do voto cumulativo, somado ao exercício do voto em separado pelos acionistas votantes minoritários e preferencialistas sem voto ou com voto restrito, situação na qual se poderia imaginar um resultado em que o acionista majoritário perderia o controle do conselho de administração. Caso isso ocorra, o parágrafo prevê que caberá àqueles que exercem o controle por meio de acordo de voto a eleição em separado de mais um membro, além do número previsto no estatuto social, de sorte a manter a maioria junto ao conselho de administração. É uma regra para não transformar a maioria votante em minoria no conselho de administração. Em meu entender, seria mais justo que, uma vez exercido o direito de voto previsto no § 4º, decairia o direito de se exercer o voto múltiplo, e isso porque o objetivo histórico do voto múltiplo, inclusive de sua adoção entre nós em 1976, foi somente dar voz junto ao conselho de administração àqueles que não a tinham, mas nunca transformá-los em dirigentes quase igualitários junto à maioria acionária.

O parágrafo 8º manda que a companhia mantenha o registro dos acionistas ordinários e preferencialista sem voto ou com direito de voto reduzido que exercitaram seus direitos de eleger em separado seus respectivos membros do conselho de administração. Não creio que seria necessário tal dispositivo legal, na medida em que os eleitores são todos conhecidos, constantes seus votos das atas das assembleias que registram o ocorrido. Tal preocupação fazia sentido no tempo da existência das ações ao portador, fato que permitiria o aparecimento de terceiro no recinto da assembleia e que, ato contínuo, devolveria suas ações ao verdadeiro proprietário.

Na medida em que inexista uma solução ótima, é de se apontar que, com a criação dos votos em separado dos acionistas minoritários, bem como dos preferencialistas sem voto ou com voto restrito, criou-se o conselheiro representante de interesses de seus eleitores, tornando de difícil aplicação o conceito de que os conselheiros representam os interesses da companhia e não de quem o elegeu. Assim, pode-se ter a impressão de que, a partir da vigência do parágrafo 4º, os conselheiros passaram a representar os interesses daqueles que o elegeram, mesmo porque a esses eleitores foi dado o direito de demitir o agora "seu" representante.

6.5.1.3 O voto das ações empenhadas, gravadas com usufruto ou alienadas fiduciariamente

6.5.1.3.1 O voto da ação gravada com o penhor

As ações gravadas pelo penhor são aquelas dadas enquanto garantia real para assegurar o cumprimento da obrigação assumida entre o credor e o devedor. Como já visto anteriormente, o credor não tem o direito de se apossar das ações dadas em garantia na busca da satisfação de seu crédito, mas tem que levá-las à venda em hasta pública. O produto da venda, se apto a satisfazer a quantia devida, será entregue em pagamento ao credor; se insuficiente, o saldo da dívida será considerado como quirografário; e, se o montante arrecadado for superior, após a quitação da dívida, o saldo será entregue ao antigo devedor.

A lei exige que, para a eficácia do penhor, o contrato que o estabeleça deve ter, como cláusulas necessárias, o valor do crédito ou a metodologia para que possa ser apurado quando se tornar exigível o pagamento, seu prazo, os juros ou a taxa remuneratória, caso haja, e a especificação detalhada das ações dadas em garantia. Como as ações colocadas publicamente circulam sob a forma escritural, a instituição depositária deverá ser notificada do gravame, bem como das condições e cláusulas sob a quais as ações foram dadas em penhor. Além disso, deverá ser feito o registro no Cartório de Títulos e Documentos.

O penhor das ações termina pelo pagamento, pela renúncia do credor ou pelo perecimento do bem, que, no caso das ações, poderá ocorrer com a liquidação da companhia ou com patrimônio líquido negativo. Também ocorrerá a extinção do penhor quando por transações posteriores o devedor se torne também credor, confundindo-se na mesma pessoa as figuras de credor e devedor, a exemplo do que pode ocorrer quando a pessoa que deu as ações em garantia seja beneficiária por testamento do credor que vem a falecer.

No caso das ações, suas regras advêm não só daquelas constantes do Código Civil, mas também daquelas outras do artigo 113 da Lei das Companhias. Esse artigo trata de duas figuras jurídicas distintas, a saber: da hipótese das ações empenhadas e daquelas outras objeto da alienação fiduciária em garantia. A previsão legal quanto às ações gravadas com o penhor existe entre nós desde a vigência do Decreto n. 434/1891, o qual dava mais direitos ao devedor do que o texto atual.[70] Assim, o texto de 1891 comandava que o penhor não inibia o direito do acionista ao exercício dos direitos inerentes à ação, quais sejam, os direitos políticos, como comparecer às assembleias votando e sendo votado, e os direitos financeiros decorrentes das ações possuídas.

Posteriormente, o Decreto-Lei n. 2.627/1940, em seu artigo 83, limitou o direito do devedor pignoratício quanto à matéria concernente ao direito de voto.[71] Neste contexto, o voto passou a ser objeto de deliberação entre o credor e o devedor, na medida em que este último passou a poder sofrer restrições quanto ao tipo de deliberação que remanescia em suas mãos, bem como quanto às que deveriam contar com o consentimento do credor. A legislação de 1940, assim, seguiu um caminho próprio, independente dos modelos adotados na Europa.[72] Desta feita, poderiam caber ao credor os direitos econômicos decorrentes do penhor das ações, tais como os dividendos, bem como ao devedor aqueles necessários a manter íntegros seus direitos de acionista após a quitação de seu débito para com o credor.[73]

---

70. "Art. 38 – A constituição do penhor não inibe o accionista de exercer os direitos da acção, como o de receber dividendos, tomar parte e votar nas deliberações da assembléa geral."

71. "Art. 83 – A caução ou penhor das ações não inibe o acionista de exercer o direito de voto. Todavia, será lícito estabelecer, no instrumento ou escritura da caução ou penhor, que o dono das ações não poderá, sem o consentimento do credor caucionado ou pignoratício, votar em certas deliberações."

72. "A lei brasileira seguiu uma orientação própria. Ficou fiel ao princípio dominante de que o exercício do voto é exclusivo do sócio, mantendo-o apesar do débito, mas procurou acautelar os direitos do credor, permitindo que, no documento constitutivo da garantia real, sejam relacionados os assuntos para cuja deliberação o acionista precisa do prévio consentimento de seu credor." (PEIXOTO, Carlos Fulgêncio da Cunha. **Sociedade por ações**. São Paulo: Saraiva, 1972, v. 2, p. 367).

73. "Na caução ou penhor dos títulos de crédito, o credor entende-se sub-rogado pelo devedor para praticar todos os atos que sejam necessários para conservar a validade dos mesmos títulos, e os direitos do devedor, ao qual fica responsável por qualquer omissão que possa ter nesta parte. É igualmente competente para cobrar o principal e réditos do título ou papel de crédito empenhado na sua mão, sem ser necessário que apresente poderes gerais ou especiais do devedor. Conseguintemente, fossem as ações das companhias

A Lei de 1976, ao admitir o voto por procurador não acionista, passou a dar maior voz ao credor, entendendo, como consequência, que determinadas deliberações tomadas em assembleia de acionistas poderiam colocar em risco o conteúdo econômico das ações dadas em garantia. A vigente Lei das Companhias manteve a ideia do Decreto-Lei de 1940, embora com dicção distinta. De outro lado, passou a dar maior latitude ao acordo privado de vontades livremente pactuado entre o devedor e o credor pignoratício. Assim é que hoje a discussão com relação às ações gravadas pelo penhor restringe-se, fundamentalmente, em saber a extensão do voto mantido em mãos do acionista e em que medida pode o credor se garantir para evitar que, pelo voto, a garantia seja esvaziada. Isso porque a redação da Lei de 1976 manteve a regra segundo a qual "o penhor da ação não impede o acionista de exercer o direito de voto", mas dando ao credor o direito de veto "em certas deliberações".

Duas são, portanto, as possibilidades com respeito ao voto das ações apenhadas. Uma é aquela em que o credor estabelece restrições para que o devedor decida sozinho determinados assuntos colocados à deliberação na assembleia geral de acionistas — caso em que o próprio acionista devedor comparece à assembleia e vota de acordo com as regras e decisões nascidas do contrato e da deliberação tomada pelo credor. Outra é aquela em que o acionista outorga procuração ao credor, com as restrições acordadas, para que delibere em seu nome e com os votos objeto das ações penhoradas. A extensão da pauta que determina a consulta em ambas as hipóteses é delicada e demanda o exame crítico caso a caso.

Assim, pode-se inferir da redação do artigo 113 da Lei das Companhias a importância do instrumento de penhor, já que é esse contrato que irá demarcar a liberdade do credor em face do exercício do direito de voto nas assembleias da companhia. Como a lei comanda que o direito do credor pode se estender a certas deliberações, temos que as restrições contratuais não podem impedir o voto do devedor em todas as deliberações. O lógico seria dar ao credor o direito de veto nas decisões assembleares que coloquem em risco as ações ou a remuneração que as mesmas proporcionem. Tal separação entre os riscos creditórios e os riscos inerentes à qualidade de acionista não é facilmente traçável,[74] principalmente se

---

títulos de crédito e ao credor pignoratício não seria lícito vedar o exercício de direitos a elas inerentes. Mas é que as ações, como já salientamos [...], são títulos de participação, que atribuem ao seu dono a qualidade de sócio, pelo que só a ele cabe exercer direitos corporativos de caráter não patrimonial. Segue-se que, no contrato de penhor ou por instrumento de procuração, pode o acionista caucionante autorizar o credor a receber os eventuais dividendos, porém não pode conceder ao credor poderes de representação nas assembleias gerais, salvo se o credor for também acionista da sociedade". Vide VALVERDE, Trajano de Miranda. **Sociedade por ações**. Op. cit., v. 2, p. 70.

74. "Por isso mesmo, não poderão ser insertas no contrato cláusulas que façam depender do consentimento do credor a participação e/ou votação do acionista em assembleias da companhia, ou uma cláusula geral de proibição de voto sem autorização do credor, por quanto tais disposições seriam feridoras dos

levarmos em consideração o direito que o devedor tem de outorgar procuração ao credor, para que este compareça às assembleias em seu nome. Seria esta uma maneira ilegítima de contornar a previsão legal do artigo 113?

O penhor é a entrega, na situação sob análise, de ações para garantir determinado empréstimo. Este negócio jurídico se materializa pela formalização do avençado através de um contrato livremente negociado entre o credor e o devedor. É nesse pacto obrigacional que serão estabelecidas as restrições, se houver, pelo credor com relação à latitude do poder de voto com as ações apenhadas. Ou seja, o acionista devedor continua com o direito de voto nas deliberações sociais, limitada sua ação pelas restrições livremente pactuadas com o credor.

De outro lado, o direito de voto não mais necessita ser exercido pelo próprio acionista, ou por outro acionista como seu procurador, como então exigido pela Lei das Companhias de 1940. Como já comentado acima, a partir de 1976, além da possibilidade de representação por um outro acionista, passaram a ter legitimidade para comparecer às assembleias e exercer o voto por representação, ou procuratório, aqueles profissionais previstos na própria Lei das Companhias, no parágrafo 1º do artigo 126. É dentro deste leque da representação que se coloca a discussão sobre a possibilidade de o credor ser o representante apoderado para comparecer às assembleias e votar em nome do devedor.

Estamos, portanto, diante de dois instrumentos jurídicos distintos que poderão ou não se intercambiar produzindo efeitos similares ou iguais: o penhor de ações e a procuração a ser exercida na assembleia de acionistas. Assim é que o voto das ações objeto de penhor pode ser exercido por meio das regras estabelecidas no contrato de apenhamento ou pela outorga de procuração ao credor ou seu representante legal, desde que obedecidos a Lei das Anônimas e os poderes atribuídos ao representante. A pergunta que sobressai é se a procuração seria lícita se usada para circundar a restrição da outorga de todos os poderes ao credor, eliminando o limite do artigo 113, que comanda que o credor tem direito a votar em "certas deliberações".

Em meu entender, a representação do devedor feita pelo credor por meio de procuração é perfeitamente legítima. E isso porque, na medida em que o procuratório foi livremente estabelecido entre credor e devedor — procuratório este negociado livremente e sem coação, cujas restrições de voto foram sopesadas para

---

interesses sociais, que obviamente passam à frente dos interesses particulares das partes. [...] Nem teria sentido estabelecer-se a vinculação se a matéria a ser votada não tem nenhuma pertinência com os direitos patrimoniais inerentes à ação empenhada [...] do contrário, a se admitir que o credor interfira em tais assuntos, como exemplifica em geral a doutrina, poderá ser colocado em jogo o controle interno ou externo da companhia, ou conduzir à prática de atos que beneficiem terceiros". Vide LUCENA, José Waldecy. **Das sociedades anônimas**: comentários à lei. Rio de Janeiro: Renovar, 2009, v. 1, p. 1.046.

que existissem ou não —, não há que se falar em voto com conflito de interesse *a priori*. Ou seja, a meu ver não existe no caso a possibilidade de se falar em voto conflitado se o credor exercer seu mandato nos estritos limites livremente pactuados entre partes capazes de produzir direitos e obrigações dentro do contratado.[75]

Restará à sociedade anônima verificar, quando do início dos trabalhos, se aquele que detém o poder de representação se encaixa em uma das situações previstas na Lei das Companhias, no que tange a ser ele outro acionista, administrador da companhia, advogado ou, no caso das companhias de capital aberto, instituição financeira ou administrador de fundo de investimento. Além disso, caberá à mesa diretora dos trabalhos verificar se o voto dado pelo procurador se encontra dentro dos limites estritos da procuração outorgada. Claro que os poderes atribuídos ao procurador poderão ser contestados ou anulados caso o instrumento tenha sido obtido por meio de coação ou contenha cláusulas leoninas. Mas há que se distinguirem as situações, a capacidade de entendimento do devedor, bem como se ele foi assistido por terceiro capacitado para entender a que estava se obrigando.

Certamente poderão surgir situações em que o acionista compareça pessoalmente a algumas assembleias gerais e o procurador a outras, dependendo da matéria a ser deliberada e em face dos poderes concedidos. Mas nada impede que a situação surja dentro de uma mesma assembleia, em face das matérias tratadas. Se de um lado nada impede que o procurador se retire da assembleia dando assento ao acionista, de outro lado esse seria quase um problema inexistente, dada a possibilidade de se contornar facilmente o problema. Poderá o credor receber uma ação do devedor, situação que o transformará em acionista detentor de procuração para votar determinadas matérias. Poderá, outrossim, o credor, levar os votos escritos do devedor ou este os do credor, etc. Enfim, há maneiras de contornar eventuais dificuldades operacionais que surjam, de sorte a facilitar a implementação da vontade entre o credor e o devedor em face do contrato de penhor.

6.5.1.3.2 O voto da ação gravada com a alienação fiduciária em garantia

A alienação fiduciária em garantia surge no ordenamento jurídico brasileiro com a edição da Lei n. 4.728, de 1965, em atendimento às necessidades do sistema financeiro de conferir à economia um instrumento mais ágil e que garantisse as operações de crédito de forma mais eficaz e rápida do que até então propiciado pelo penhor e a hipoteca.

---

75. Em posição contrária, veja-se CARVALHOSA, Modesto. **Comentários à Lei de Sociedades Anônimas.** Op. cit., v. 2, p. 477 et seq.

A Lei de 1965 criou, em seu artigo 66, a possibilidade de transferência ao credor do domínio resolúvel e da posse indireta do bem móvel alienado, sem que necessariamente ocorresse a tradição efetiva do bem, ficando o alienante/devedor como depositário responsável pela manutenção do bem alienado. Diferentemente do penhor, o inadimplemento da obrigação significa a venda direta da garantia pelo credor, sem a necessidade de se colocar o bem em leilão público para satisfazer o credor pelo valor arrecadado. Igualmente ao penhor, o contrato tem sua validade condicionada à sua existência na forma escrita, quer por instrumento particular ou por instrumento público, sendo mantida a restrição, sob pena de nulidade do contrato, quanto à existência de cláusula autorizativa a que o credor fique com o bem alienado em confiança (pacto comissório). Com essas novas regras, e para o fim por que foi criada a alienação fiduciária, se mostrou muito mais eficaz do que o penhor ou a hipoteca, haja visto o enorme crescimento da utilização do mecanismo enquanto garantia de financiamento.

Em 1969, foi editado o Decreto-Lei n. 911, que reformulou o artigo 66 da Lei n. 4.728, dando mais agilidade para a recuperação do crédito, na medida em que autorizou ao proprietário fiduciário o direito de vender diretamente a garantia a terceiro, "independentemente de leilão, hasta pública, avaliação prévia ou qualquer outra medida judicial ou extrajudicial", além de possibilitar a obtenção, em caráter liminar, da busca e apreensão do bem dado em fidúcia. A única maneira de evitar que o credor use desse arsenal será provar a existência de regra prévia no contrato entre credor e devedor, que preveja mecanismo mais amigável ao devedor.

Posteriormente, o mecanismo foi estendido aos bens imóveis — cuja análise foge ao propósito deste trabalho. Em 2002, é editada a Lei n. 10.406, o Código Civil, que tratou da matéria no capítulo referente à propriedade fiduciária (artigos 1.361 a 1.368). O instrumento de garantia para os financiamentos, que nasceu tendo como partes uma instituição financeira e a pessoa financiada, agora se estende às garantias nos negócios entre pessoas jurídicas e pessoas físicas sem restrição. Em resumo, hoje temos três ordenamentos jurídicos distintos tratando da alienação fiduciária em garantia.[76]

A Lei n. 6.404/1976 tratou do empréstimo tendo como possibilidade de garantia a dação de ações que são alienadas em confiança ao devedor. O parágrafo único do artigo 113 trata do credor garantido pela alienação fiduciária das ações

---

[76]. "Em suma, atualmente, apesar da diversidade dos diplomas legais, que sugerem uma indesculpável falta de sistematicidade da matéria, não é difícil delinear o regime jurídico da propriedade fiduciária. Qualquer que seja o seu objeto, aplicam-se, como normas gerais, os arts. 1.361 a 1.368 do Código Civil. Recaindo sobre imóveis, submete-se o instituto aos arts. 22 e 23 da Lei n. 9.514/97; quando tiver por objeto bem móvel fungível ou direito creditório, incide o art. 66-B, §§ 3º a 6º, da Lei 4.728/65". (COELHO, Fábio Ulhoa. **Curso de Direito Civil**: v. 4: direito das coisas e direito autoral. São Paulo: Saraiva, 2010, p. 257).

dadas em garantia ao devedor. Neste caso, a lei veda ao credor o exercício do direito de voto; de outro lado, o devedor somente poderá exercer o voto nos termos contratados com o credor. Isso porque, pelo mecanismo da alienação fiduciária, o devedor é detentor da propriedade resolúvel da ação e, consequentemente, detentor de seus direitos políticos e econômicos. Nesta hipótese, o contrato firmado entre credor e devedor se reveste de importância extrema, na medida em que será esse o vínculo que estabelecerá o limite, as matérias e as condições do exercício do voto pelo devedor. Ou seja, o credor não é parte na relação existente entre a companhia e o acionista que alienou em confiança suas ações ao credor. Essa relação de direitos e obrigações é sempre entre o acionista alienante das ações e a companhia.

6.5.1.3.3 *O voto da ação gravada com o usufruto*

O instituto do usufruto resulta do desdobramento da plena propriedade, cindindo-a em duas vertentes distintas. De um lado está o bem despido de seus direitos e deveres, a nua propriedade. De outro lado estão os direitos e deveres inerentes ao bem e dele retirados, fazendo com que distinta pessoa deles usufrua. O primeiro sujeito é o detentor da nua propriedade e o segundo, o usufrutuário, é o possuidor dos direitos e deveres inerentes ao bem anteriormente indiviso.

O usufruto é um direito real do beneficiário, podendo ser por ele detido de forma temporária ou vitalícia, conforme o estabelecido na escritura de outorga da nua propriedade. Se por tempo determinado, o usufruto cessa com a ocorrência de determinado fato previamente acertado, ou, se indeterminado, extingue-se automaticamente pela morte do usufrutuário. O beneficiário dos frutos e rendimentos poderá, a qualquer tempo, renunciar ao seu direito, seja ele concedido por tempo determinado ou não. O usufrutuário poderá ter seu direito estabelecido por pessoa física ou jurídica. Nesta última hipótese, o benefício poderá durar até a liquidação da companhia, poderá ser outorgado por prazo determinado, mediante condição, ou ser objeto de renúncia a qualquer tempo. Em qualquer hipótese, o direito real nascido do usufruto também se biparte, na medida em que o seu estabelecimento gera um direito real ao concedente e outro ao usufrutuário, ou seja, dois direitos distintos e análogos, porém independentes entre si.

O estabelecimento do usufruto poderá ter sua vigência condicionada a determinado acontecimento ou motivação, situação na qual, uma vez cessada a causa, o usufruto se funde novamente à nua propriedade. Mas, durante sua vigência, as partes terão que dispor sobre a extensão ou não do usufruto aos "acessórios da coisa e a seus acréscimos" (artigo 1.392). Como os frutos das ações são os dividendos, se o usufruto for por tempo determinado ou se a sua extinção estiver sujeita a evento futuro determinado, será de todo recomendável que se decida previamente, quando de sua constituição, quanto ao disposto no parágrafo 1º do artigo 1.392.[77]

As ações pertencem ao detentor da nua propriedade, assim como os valores mobiliários decorrentes de acréscimos, tais como as ações advindas de capitalização de reservas. A dúvida poderá surgir quanto às subscrições de bônus, debêntures conversíveis, etc. Se tais direitos de subscrição forem decorrentes de direito de preferência estabelecido pelo estatuto ou por deliberação assemblear, a quem cabe o exercício do direito de preferência?

Sem dúvida este é um direito inerente à ação, mas, no caso de esta ter sido dividida em seus direitos, restará saber se o direito de subscrição cabe ao detentor da nua propriedade ou ao detentor do benefício da renda por ela produzida. Se tal direito não for exercido por aquele que, pelo instrumento do usufruto, deveria fazê-lo, poderá a outra parte fazê-lo? Se pelo nu proprietário, essas novas ações estarão fora do contrato de usufruto; se pelo beneficiário, dele serão as novas ações. Essas e outras dúvidas sugerem que o contrato instituidor do usufruto deve merecer pormenorizada atenção dos contratantes, na medida em que a dissensão entre o instituidor e o beneficiário retira o direito de voto das ações. Nesta mesma situação, mas agora tratando dos frutos ou dividendos, temos que a dissensão, para o gestor prudente, implicará no depósito judicial da quantia disputada, retirando de ambas as partes o fluxo financeiro, mas salvaguardando os interesses da companhia.

Muito embora o Professor Waldemar Ferreira admita a possibilidade da existência do contrato de usufruto não escrito, creio que sua existência dificilmente poderá ser operacional, inclusive pela dificuldade de os administradores de uma companhia de capital aberto saberem como distribuir os direitos e obrigações entre as partes. Mas, se tal ocorrer, nada impede que — aliás, tudo conspira para que — durante a vigência da divisão da propriedade e dos frutos a companhia se esforce para conhecer o contrato, já que este pode ser feito ou alterado durante a vigência do pacto.

Enquanto figura específica aplicável às ações, o usufruto surge na antiga Lei das Companhias de 1940, em seu artigo 84. O preceito não tomou partido em face do instituidor ou do beneficiário no que tange ao direito de voto inerente à ação ordinária ou preferencial votante, na medida em que dispôs que "o direito de voto somente poderá ser exercido mediante prévio acordo entre o proprietário e o usufrutuário". Porém, a mesma dúvida surgia com relação a outros pontos, tais como a quem caberia o dividendo, bem como quanto à extensão do direito de

---

77. "Se, entre os acessórios e os acrescidos, houver coisas consumíveis, terá o usufrutuário o dever de restituir, findo o usufruto, as que ainda houver e, das outras, o equivalente em gênero, qualidade e quantidade, ou, não sendo possível, o seu valor, estimado ao tempo da restituição."

voto, principalmente se seu exercício viesse a prejudicar os direitos futuros do nu proprietário ou os direitos vigentes ao tempo do usufruto.

A presunção do legislador ao não tomar partido baseava-se na ideia de que ambos os sujeitos encontrariam a solução adequada, na medida em que ambos eram detentores do interesse maior na harmonização de seus objetivos, como nos dá conta o autor do projeto, ao justificar que:

> Os interessados poderão estipular o que entender sobre a matéria pela qual o direito de voto será exercido por um deles. [...] Se não chegar a um acordo, nenhum deles tem qualidade para exercer o direito de voto. O legislador partiu da hipótese mais simples: a de que ambos, proprietário e usufrutuário, estão interessados no funcionamento normal da sociedade e, por conseguinte, hão de encontrar sempre uma fórmula de conciliação para a defesa de seus direitos. Se o conflito estala, somente o Judiciário poderá resolvê-lo.[78]

Essa outorga pressupunha que em ambos os lados estivessem pessoas de boa vontade e de boa-fé, o que não ocorre necessariamente.[79] De outro lado, deixar a falta de acordo para a decisão judicial implicava dar ao julgador a obrigação de decidir sobre tema para o qual a lei não encontrou solução ou sobre o qual não teve coragem de tomar partido.

O legislador de 1976 não alterou conceitualmente nada, na medida em que repetiu a mesma ideia com uma dicção ligeiramente alterada em relação à empregada por Miranda Valverde em 1940. Portanto, continua a existir a disjuntiva segundo a qual ou o instituidor e o beneficiário se entendem previamente por meio de um contrato escrito, ou as partes se entendem antes da realização da assembleia de acionistas. O que a legislação anterior e a vigente estabelecem é que, na falta de acordo estipulado na constituição do benefício, ou na ausência de entendimento, nem o instituidor nem o beneficiário poderão adentrar o recinto e votar.

A existência dos contratos pode se dar pela manifestação de vontade de forma tácita ou formalizada em um contrato escrito. É extremamente difícil conceber a existência de contrato tácito no que diz respeito ao usufruto de ações. Será inimaginável tal comportamento em uma companhia de capital aberto, objeto do presente trabalho. Assim, o instituidor deverá manifestar sua vontade, o beneficiário sua aceitação em contrato escrito, e, para que tal se faça valer perante a companhia emitente das ações, deverá ser o contrato depositado formalmente na mesma.

---

78. Vide VALVERDE, Trajano de Miranda. **Sociedade por ações**. Op. cit., v. 2, p. 75, item 417.
79. "Não vemos como em face da lei brasileira o juiz possa atribuir o direito de voto a um ou a outro, já que ficaria sempre diante de duas partes — nu proprietário e o usufrutuário — ambos com interesse, muitas vezes conflitantes, na administração, sem um critério prévio para conferir a algum deles o voto." Vide PEIXOTO, Carlos Fulgêncio da Cunha. **Sociedade por ações**. Op. cit., v. 2, p. 373.

Durante a vigência do contrato de usufruto podem surgir dúvidas sobre a interpretação de determinada cláusula; ainda, pode-se constatar a inexistência de preceito definidor de determinado direito ou obrigação relacionado a assuntos suscetíveis de serem resolvidos em voto assemblear. Nestes casos, enquanto as partes não chegarem ao entendimento comum, tais ações ficarão sem o direito de voto, de acordo com o artigo 114 da Lei das Companhias, na medida em que o voto só poderá ser exercido "mediante prévio acordo entre o proprietário e o usufrutuário". A divergência é assunto externo à sociedade. Ora, como a divergência retira o poder de voto, a ausência desses votos poderá ocasionar mudanças substanciais na companhia, na medida em que ela não paralisará sua atuação enquanto a discussão ocorre, provavelmente junto ao Judiciário. De outro lado, o contrato que institui o usufruto deve ser entregue oficialmente à companhia, para que esta possa saber quem é o acionista votante, as regras referentes aos dividendos, o prazo (se o usufruto for conferido por prazo determinado), etc. Desse registro decorre que a companhia terá que seguir o disposto no instrumento de outorga do benefício.

6.5.2 Os mecanismos para aglutinação do poder de voto

Nas companhias sem controle definido ou naquelas outras em que se pretende que no futuro o controle permaneça em mãos do mesmo grupo, atua-se no aperfeiçoamente da engenhosidade humana, pressionando-se os organismos competentes pela criação de mecanismos legais para atingir ou manter tal finalidade. Nesse sentido, as legislações de vários países preveem alternativas de criação ou manutenção de controle, tais como: (i) o acordo de voto, (ii) o *trust* de voto, (iii) o controle piramidal, (iv) ações com voto e ações sem voto, (v) preferenciais com voto restrito, (vi) ações de classes distintas e (vii) ações com direito ao voto plural. Algumas dessas modalidades já foram tratadas, restando o *trust* e o acordo de voto a merecer um melhor detalhamento, muito embora o *trust* não seja um instituto aplicável entre nós, em sua forma concebida pelas regras da *Common Law*.

Devemos nos lembrar de que tais mecanismos sofreram sérias restrições não só da doutrina, mas principalmente da jurisprudência, sob o entendimento de que o voto e o acionista são partes de um mesmo todo e que, em consequência, ressalvada a hipótese da outorga de procuração, a entrega do direito de voto a terceiro estranho aos quadros sociais seria em várias hipóteses ilegal. É de se ter em mente que, até a vigência de nossa atual Lei das Companhias, o direito ao voto era sempre exercido pelo próprio acionista, ou por procurador também acionista.

6.5.2.1 O acordo de voto

O acordo de voto ou acordo de acionistas é uma das criações legislativas tendentes a aglutinar os acionistas votantes em torno de determinados princípios e objetivos comuns. Este mecanismo visa, através de determinados instrumentos legais ou nascidos da livre contratação, criar um grupo de poder e comando nos destinos do empreendimento comum. O acordo se manifesta por meio de contrato escrito no qual seus signatários se obrigam a votar determinados pontos de interesse comum, havendo legislações que preveem quais direitos podem ser objeto do *pooling agreement*, enquanto outras colocam a matéria no âmbito do livre contratar. As restrições a esse mecanismo ocorrem quando ele é feito visando buscar favores ou vantagens contrárias aos interesses da companhia objeto do acordo.[80]

A diferença entre o acordo de voto e o *trust* de voto é que, no primeiro caso, cada parte mantém todos os direitos de acionista, a saber, o direito de voto e os direitos financeiros. Já no *trust* de voto, os acionistas signatários transferem as ações em benefício de um ou mais *trustees* em troca da emissão de certificados que garantem aos acionistas os direitos econômicos sobre as ações, tais como os dividendos. Alguns autores chegam a diferenciar o *pooling agreement* do *shareholders' agreement*, o que leva a distinções mínimas, sendo que, no meu entender, ambos têm a mesma finalidade e características.[81]

Deve-se observar, entretanto, que os acordos de voto no Direito norte-americano são tratados pelos doutrinadores como ferramenta inerente às companhias de capital fechado, remanescendo para as sociedades abertas os mecanismos de mercado por meio da variação de preço ou o mecanismo de controle exercido pela SEC. O mesmo ocorre no mundo anglo-saxão, cuja doutrina parte da premissa de que, nas companhias de capital aberto, pelo enorme número de acionistas existente, o instituto torna-se de difícil aplicação.[82] Ademais, como fundamento

---

80. *"It is not illegal or against public policy for two or more stockholders owning the majority of shares of stock to unite upon a course of corporate policy or action, or upon the officers whom they will elect. An ordinary agreement, among a minority in number but a majority in shares, or the purpose of obtaining control of the corporation by the election of particular persons as directors is not illegal. Shareholders have the right to combine their interests and voting powers to secure such control of the corporation, and the adoption of and adhesion by it to a specific policy and course of business."* (Manson v. Curtis, 233 N. Y. 313, 319, 119 N. E. 559, Ann. Cas. 1918 E, apud BALLANTINE, Henry W. **Law of Corporation**. Op. cit., p. 422-423).

81. *"According to Fletcher, [W. Flecher, Cyclopedia of the Law of Private Corporations, § 2064, 1967] a pooling agreement does not bind the shareholders to vote or direct their shares to be voted in a certain way and should not be confused with shareholders' agreement containing provisions specifically describing how the parties should vote as shareholders in a specific manner (e.g. for specific directors)."* Vide WANG, William K. S. Pooling Agreements Under the New California General Corporation Law. **University of California Law Review**. Los Angeles, v. 23, n. 1.171, 1976.

82. *"Shareholders' agreements are predominantly made between the members of private companies; not least because public companies commonly have large memberships, thus making the use of such agreements*

de uma economia liberal, o sistema parte da premissa de que os descontentes buscarão uma saída de mercado, ou seja, pela venda das ações em um sistema de leilão pelo melhor preço. Se a venda dos descontentes for de grande monta, isso fará com que caia o valor da ação e, consequentemente, o valor da companhia, o que, pelas regras de mercado, levaria a companhia a buscar as boas práticas de gestão da sociedade.

Os contratos de acordo de voto no Direito norte-americano podem ser divididos em dois tipos. No primeiro, os signatários concordam com os assuntos objeto do contrato, bem como com o modo como votarão nas assembleias de acionistas. No segundo, que é acordo de voto em aberto, as partes concordam que se reunirão para discutir os assuntos que serão objeto da decisão conjunta, sendo a unidade de voto proporcionada por meio de votação majoritária entre os signatários do acordo ou outro método que julguem previamente adequado para se atingir o consenso.

A grande dificuldade apresentada pelo acordo de voto reside na existência ou não da execução específica, figura aceita por algumas legislações estaduais mas não por outras. Para tentar resolver o problema, os advogados buscam casar o acordo de voto com a outorga de procuração irrevogável. Tal construção levou à discussão judicial sobre se a procuração irrevogável, em determinadas situações, poderia ser retirada, sendo a maioria das decisões no sentido de que só não poderia se o outorgado tiver algum interesse no seu resultado e desde que a possível revogação ocorra antes da prática do ato pelo procurador.

O acordo de voto da legislação brasileira, como se verá abaixo, é instrumento muito mais elaborado, sendo de aplicação quer para as companhias de capital aberto, quer para as de capital fechado. Assim, muito embora os autores do anteprojeto tenham feito um articulado para dar mais flexibilidade do que aquela até então propiciada pela constituição de companhias *holdings*, atingiram eles um grau de aplicabilidade maior que no Direito norte-americano, bem como com a criação de instrumentais mais inteligentes, como a outorga por lei da execução específica. Deve-se levar em consideração que o Direito norte-americano sofre com a existência do Direito Societário descentralizado, quer por sua legislação,

---

impractical. For this reason our analysis principally extends to shareholders' agreement as they relate to private companies. The members of public companies listed on The Stock Exchange are protected, to some extent, by the 'Continuing Obligations' set out in The Stock and Exchange's book entitled Admission of Securities Listing and enjoy freedom to transfer those shares in a readily available market. Members of companies quoted on other public securities markets commonly enjoy similar rights. Conversely, shareholders of private companies are usually faced with restrictions on the transferability of their shares and with the absence of a market in those shares, especially if they are not in a controlling position. Not surprisingly, a person acquiring shares in a private company without obtaining control will be inclined to seek special protection and rights to safeguard his position." (STEDMAN, Graham; JONES, Janet. **Shareholders' Agreement**. Londres: Longman Law, 1995, p. 1).

quer pela falta de unificação jurisprudencial das decisões emanadas das últimas instâncias estaduais.

6.5.2.2 O trust

O *trust*, como já visto, é uma figura típica do Direito anglo-saxão, muito utilizado nos Estados Unidos[83] em fins do século XIX e início do século XX. Este mecanismo implica a transferência de ações ao *trustee* com poder para o exercício pleno do voto, recebendo o *trustor*, em troca, certificados que lhe dão todos os benefícios econômicos, exceto o direito ao voto. Os certificados podiam ser negociados, ficando o novo adquirente preso ao contrato de *trust* pelo prazo de sua vigência. Isso significava a partição dos direitos inerentes à ação; de um lado, se atribuía o direito de voto ao fiduciário, que o exerce de modo discricionário; de outro lado, os certificados garantiam ao acionista todos os direitos econômicos inerentes à ação, tal como o dividendo e a possibilidade de venda do certificado.

Esse mecanismo surge principalmente nas grandes sociedades anônimas detentoras de um grande e pulverizado quadro de acionistas, na medida em que propiciava uma continuidade administrativa através da criação desse polo de poder. Os *trusts* também foram usados nos processos de reorganização de empresas em dificuldades financeiras, situação na qual a instituição financeira prestadora dos recursos se tornava a *trustee*, passando a indicar, pelo voto, os administradores da companhia em processo de recuperação, bem como a política de atuação da companhia, como ocorreu no setor ferroviário norte-americano.

As sociedades anônimas se utilizavam do *trust*, fundamentalmente, por duas razões distintas. A primeira, para realizar reformas administrativas na companhia, historicamente vinculadas aos processos de reorganização societária ou na busca de uma saída nos processos falimentares. Nesses casos, normalmente o *trustee* ou *trustees* eram instituições financeiras que trabalhavam na recuperação da companhia. Uma segunda maneira de utilização dos *trusts* consistia em colocar ações de várias companhias com o mesmo objeto social dentro deste arranjo comercial, cuja finalidade era controlar a oferta de determinado produto, de sorte a influenciar a alta de seu preço por meio de sua escassez. Na verdade, eram mecanismos de criação de monopólios, como foi o caso do aço, do petróleo e seus subprodutos no fim do século XIX e início do século XX.

Por tal divergência quanto à utilização do mecanismo, a aceitação do *trust* não foi pacífica pelo Poder Judiciário. Isso se deveu, além do acima apontado, ao

---

83. Ao que consta, a primeira discussão judicial envolvendo *voting trust* remete ao processo Brown v. Pacific Mail S. S. Co., Fed. Cas. n. 2.025 (C. C. N. Y. 1867). (VOTING TRUSTS: Their Nature and Validity. **Harvard Law Review**, v. 40, n. 1, p. 106-110, nov. 1926).

fato de que as legislações são estaduais e, como consequência, os judiciários aplicadores da decisão final também são estaduais — isso propiciou jurisprudência divergente. As discussões ocorridas em fins do século XIX eram, em sua grande maioria, contrárias à formação dos *voting trusts*.

A jurisprudência contrária à sua admissibilidade baseava-se na premissa de que o voto é inerente ao acionista e que não pode ser concedido a terceiro.[84] Os julgados tinham por pressuposto que um acionista tinha para com os outros acionistas um dever de confiança no exercício de seus votos, e que a lei deveria reconhecer essa obrigação de o acionista não se desvestir desse dever fiduciário que une todos os sócios no empreendimento que é comum.[85] De outro lado, essa corrente jurisprudencial colocava que a única garantia, quanto ao exercício do voto, era que o voto seria sempre dado no interesse da companhia e não de terceiro que defendia seus próprios interesses — como no caso das instituições financeiras que, pelo empréstimo de recursos financeiros à companhia em processo de reorganização, recebiam as ações em um *trust*, para com elas votar. Para essa corrente, a premissa era de que o interesse da instituição financeira não seria necessariamente coincidente com o dos acionistas ou mesmo da própria companhia. Com essa conclusão, nasce o fundamento jurisprudencial de que, dentro de certos limites, a separação entre o poder de votar e sua propriedade seria nula, por contrariar a política pública imanente às companhias.

Essas decisões eram majoritariamente contrárias à legitimidade dos *voting trusts*, embora fosse admitida, em certas situações, a sua validade, como nos casos em que o agente fiduciário não detinha total discricionariedade ao exercer o voto, ou quando ele atuava de acordo com determinada agenda de voto previamente contratada com os acionistas.[86] Em resumo, essa jurisprudência

---

84. *"[...] the duty which each stockholder owes his fellow-stockholder, [is] to so use such power and means as the law and his ownership of stock give him, that the general interest of stockholders shall be protected, and the general welfare of the corporation sustained, and its business conducted by its agents, managers and officers, so far as may be, upon prudent and honest business principles, and with just as little temptations to and opportunity for fraud, and the seeking of individual gains at the sacrifice of the general welfare, as possible. [...] He may shirk it perhaps by refusing to attend stockholders' meetings, or by declining to vote when called upon, but the law will not allow him to strip himself of the power to perform his duty."* Bostwick v. Chapman 60 Conn. 533, 579, 24 Atl. 32., apud SMITH, Marion. Limitations on the Validity of Voting Trusts. **Columbia Law Review.** New York, v. 22. n. 7, p. 627-637, nov. 1922, p. 627-628.

85. *"The power to vote for directors can be exercised only by stockholders in person or by proxy and they cannot be deprived or deprive themselves of this Power. Stockholders cannot evade the duty imposed upon them by law of using their power as stockholders. A stockholder may refuse his right to vote and participate in stockholders' meeting, but he cannot deprive himself of the power to do so."* Luthy v. Ream (1915) 270 Ill. 170, 110 N. E. 373.

86. *"If stockholders, upon consideration, determine and adjudge that a certain plan for conducting and managing the affairs of the corporation is judicious and advisable, I have no doubt that they may, by powers of attorney or the creation of a trust, or the conveyance of a trustee of their stock, so combine or pool their stock as to provide for the carrying out of the plan so determined upon. But if stockholders combine by either mode

admitia a legalidade do mecanismo se fosse a maneira de levar avante uma política preestabelecida entre o fiduciário e o acionista, de sorte a que o primeiro não detivesse a discricionariedade de agir, com o completo afastamento do acionista da decisão prévia.

Entretanto, pode-se dizer que, em termos gerais, no início do século XX, a jurisprudência razoavelmente dominante passou a admitir legal a figura do *voting trust*, entendendo não haver nada que vedasse a separação entre o poder de voto inerente à ação e seu dono.[87] A teoria da inseparabilidade do voto dos demais direitos econômicos da ação, baseada na fidúcia existente entre os acionistas e o interesse comum, cede passo à teoria da liberdade contratual entre partes. Em algumas jurisdições, como no estado de Nova York, em 1892, o mecanismo do *voting trust* passou a constar de sua lei das sociedades anônimas.[88] Em 1908, o futuro Ministro da Suprema Corte, Holmes, então presidente da Suprema Corte do estado de Massachusetts, decidiu no sentido de que "não conhecemos nada nos fundamentos de nossa lei que proíba à maioria dos acionistas transferir suas ações a um *trustee* com poderes irrestritos de com elas votar".[89]

Hoje em dia, muito embora tenha diminuído sua utilização no universo societário norte-americano, pode-se resumir no sentido de que o truste não sofre mais restrições, desde que adote os princípios da *Common Law*, segundo os quais será legítimo se buscar sempre o melhor interesse da companhia, se proteger os legítimos interesses dos acionistas minoritários e se atender os princípios que os

---

to entrust and confide to others the formulation and execution of a plan for management of the affairs of the corporation, and exclude themselves by acts made and attempted to made irrevocable for a fixed period of time, from the exercise of judgment thereon, or if they reserve to themselves any benefit to be derived from such a plan to the exclusion of others stockholders who do not come into the combination, then in my judgment such combination and acts done effectuate it are contrary to the public policy, and other stockholders have a right to the imposition of a court of equity to prevent its being put into operation." Kreisll v. Distilling Co. of America (1900) 61 N. J. Eq. 5. 14, 47 Atl. 471.

87. Smith v. San Francisco (1987) 115 Cal. 584, 47 Pac. 582; Brightman v. Bates (1900) 175 Mass. 105, 55 N. E. 809.

88. *"A stockholder may, by agreement in writing, transfer his stock to any person for the purpose of vesting in him or them the right to vote thereon for a time nor exciding five years upon terms and conditions stated, pursuant to which such person or persons shall act; every other stockholder upon his request therefore, may, by like agreement in writing, also transfer his stock to the same person or persons and thereupon may participate in the terms, conditions and privileges of such agreement. The certificate of stock so transferred shall be surrendered and canceled and certificates therefore issued to such transferee or transferees in which it shall appear that they are issued pursuant to such agreement and in the entry of such transferees as owners of such stock in the proper book of said corporation that fact shall also be noted and thereupon he or they may vote upon the stock so transferred during the time in such agreement specified; a duplicate of every such agreement shall be filled in the office of the corporation where its principal business is transacted and be open to inspection of any stockholder, daily, during business hours."* Art. 25 do General Corporation Law de Nova York.

89. WORMSER, I. Maurice. The Legality of Corporate Voting Trust and Pooling Agreements. **Columbia Law Review**. New York, v. 18, n. 2, p. 123-136, fev. 1918, p. 125.

acionistas definiram como sendo os propósitos da companhia. Nesse sentido, apontam-se como propósitos legítimos: (i) ajudar no processo de reorganização da companhia e de negociação com credores também nos casos de falência ou de dificuldades financeiras da companhia, (ii) nos casos de proteção dos detentores de créditos contra a companhia para se evitar o *cross default*, (iii) para assegurar estabilidade na implementação de planos de mudanças administrativas, assegurando a permanência de seu corpo diretivo ou sua troca, (iv) para evitar a aquisição hostil de controle da companhia, (v) para aprovar ou impedir processos de fusão, incorporação ou aquisições de outras companhias ou (iv) para garantir a representação da minoria da administração da companhia. Em contrapartida, seriam ilegais os *trusts* criados para: (i) alienar a minoria com a criação de poder discricionário em mãos da maioria e (ii) assegurar remunerações exorbitantes aos representantes da maioria nos cargos administrativos da companhia.[90]

6.6 O Estado como sócio e a prática de políticas públicas nas companhias de economia mista

Uma razoável controvérsia ocorre na interpretação do artigo 238 da Lei das Companhias, em relação aos deveres e responsabilidades dos administradores, e, principalmente, no que concerne à legitimidade do controlador estatal para praticar políticas públicas e políticas de governo envolvendo as sociedades de economia mista. De outro lado, também não se deve esquecer que longe estamos de praticar uma economia que possa ser tida como "de mercado", muito menos ignorarmos o papel que o Estado historicamente tem representado enquanto ente participante em nossa realidade. Aqui, entretanto, fico somente dentro do campo da análise legal dos textos.

6.6.1 A companhia de economia mista na Constituição Federal[91]

O Estado brasileiro exerceu e exerce um papel relevante na busca do desenvolvimento empresarial nacional. Em épocas passadas, ele agiu diretamente na

---

90. Vide BALLANTINE, Henry W. **Law of Corporation**. Op. cit, p. 429.

91. Conforme redação dada pela Emenda Constitucional n. 19, de 4 jun. 1998, ao artigo 173: "Ressalvados os casos previstos nesta Constituição, a exploração direta da atividade econômica pelo Estado só será permitida quando necessária aos imperativos da segurança nacional ou a relevante interesse coletivo, conforme definidos em lei. § 1º – A lei estabelecerá o estatuto jurídico da empresa pública, da sociedade de economia mista e de suas subsidiárias que explorem atividade econômica de produção ou comercialização de bens ou de prestação de serviços, dispondo sobre: I – sua função social e formas de fiscalização pelo Estado e pela sociedade; II – a sujeição ao regime jurídico próprio das empresas privadas, inclusive quanto aos direitos e obrigações civis, comerciais, trabalhistas e tributárias; III – [...]; IV – a constituição e o funcionamento dos conselhos de administração e fiscal, com a participação de acionistas minoritários."

criação de grandes empresas — como a Companhia Vale do Rio Doce —, ou na estatização de companhias até então pertencentes ao campo privado — como ocorreu no passado com os setores de telefonia ou de eletricidade. Mas também atuou na constituição de sociedades por ações, vez por outra, fazendo com que elas nascessem com participação privada de forma consorciada ao capital estatal — como no caso da Petrobrás — ou detendo o Estado a totalidade da participação — como no caso da Caixa Econômica Federal. Ou seja, o Estado pode e tem atuado por meio de empresas estatais ou das companhias de economia mista.

Essa participação do Estado pode se dar de forma direta com o aporte do Tesouro Nacional — como no caso da Eletrobrás —, ou indireta — como nas subscrições feitas pelo BNDES ou BNDESPar. Em resumo, a participação do Estado, direta ou indiretamente, na atividade econômica faz parte de nossa história desde a criação do Primeiro Banco do Brasil, em 1808, até os dias atuais. Tal participação, entretanto, teve duas ênfases no tempo, todas elas nascidas dos hiatos ditatoriais: na época getulista e durante o Governo Militar.

Com o eclipse dos regimes de força, pode-se constatar um refluxo dessa tendência participativa do Estado diretamente na economia nacional. A partir da queda dos governos Vargas, verifica-se o surgimento muito mais forte da iniciativa privada — conforme pode ser lido na enorme quantidade de estudos publicados na Revista de Direito Administrativo, da Fundação Getúlio Vargas. Já quando da saída do Regime Militar, o refluxo da participação estatal na economia pode ser verificado pela criação de mecanismos legais dificultadores da criação de novas empresas estatais ou de economia mista.

Assim é que a Constituição Federal de 1988 instituiu o mecanismo autorizativo para a criação de tais companhias, tornando muito mais exigente o ritual para a sua constituição, conforme a limitação que se verifica no parágrafo 1º do artigo 173. No *caput* deste artigo, estabelece-se que a atividade societária estatal ficará restrita aos casos previstos na própria Constituição Federal, e que "a exploração direta de atividade econômica pelo Estado só será permitida quando necessária aos imperativos da segurança nacional ou a relevante interesse coletivo, conforme definidos em lei". Ou seja, o que define o interesse coletivo ou público é a lei, prescindindo de maior incursão na disputa teórica dos cultores do Direito Público que se dá notícia abaixo.

Portanto, ao menos teoricamente, duas são as possibilidades para que o Estado constitua uma companhia estatal ou de economia mista: ou ela se destina a atender a um imperativo de segurança nacional ou a um interesse coletivo que seja relevante. Ademais, a autorização para sua constituição só pode nascer de lei, ou seja, com a participação do Poder Legislativo. Mas a lei autorizativa da criação deve conter em seu bojo a minuta de seu estatuto social e demais requisitos constantes dos itens I a V do artigo 173. Dentre eles, deve ser objeto de análise específica o constante dos itens II e IV do citado artigo, ambos referentes às empresas estatais ou de economia mista e concernentes ao regime societário.

O item II limita a atuação do acionista estatal controlador sujeitando-o "ao regime jurídico próprio das empresas privadas", incluídos neste regime, no que tange ao que aqui nos interessa, os direitos e obrigações civis e comerciais. Aqui, dois pontos devem ser submetidos ao jurista constitucionalista. O primeiro tem como pano de fundo a expressão "interesse público" como qualificativo limitante da eventual aplicabilidade da Lei das Companhias ao acionista estatal controlador, o que será objeto de análise mais adiante. O segundo, entretanto, ao não afastar a companhia de economia mista das obrigações civis, implica que o prejuízo causado pela aplicação do comando estatal nas assembleias de acionista, e que se dê em prejuízo da companhia, ainda que para atender ao interesse público, deve ser ressarcido à companhia pelo acionista estatal.

Já o item IV obriga que a companhia de economia mista necessariamente detenha um conselho de administração e um conselho fiscal em funcionamento, com a participação dos acionistas minoritários nas duas situações. Em ambos os casos, o conceito de eleitor minoritário deve seguir os comandos da Lei das Companhias, além de obedecer ao poder regulador da Comissão de Valores Mobiliários.

Dada a falta de concretude jurídica para se delimitar o interesse social, resta, para se poder verificar a extensão desse conceito, examinar por etapas os preceitos constitucionais aplicáveis aos eventuais direitos dos acionistas minoritários prejudicados pelo voto de controle do ente estatal. Como o que seja o interesse público não se encontra inscrito de forma direta e clara no texto constitucional, mas, como acima comentado, trata-se de um princípio geral de caráter social não definido, temos que só resta o caminho da análise do texto constitucional para se buscar algo mais concreto e aplicável, por exemplo, em relação ao artigo 238 da Lei das Companhias.

O ponto de partida, ainda que também nebuloso, é que o interesse público ou coletivo não se confunde necessariamente com o interesse do governante. Ao contrário, o interesse do governante pode ser presa fácil, e o é com frequência, de decisões que levam em consideração o cálculo político pessoal ou partidário, que longe se encontra do interesse coletivo. Também o interesse público não surge, necessariamente, só quando venha a atender a toda uma comunidade. Aqui se vê que todas as tentativas de solucionar a questão lidam com conceitos abstratos e, portanto, suscetíveis de variações de acordo com a tendência dos juristas. Porém, tal dificuldade, se implicar em indefinição, poderá levar facilmente à insegurança jurídica e ao arbítrio praticado pelo exercente do poder político do momento.

Se iniciarmos a busca pelo texto constitucional, veremos que o interesse público ou coletivo não se encontra inscrito no parágrafo 4º do artigo 60 enquanto cláusula pétrea. De outro lado, a Constituição agasalha a propriedade enquanto direito individual, mas desde que condicionada à sua função social (artigo 5º, incisos XXI e XXII). Destes dois preceitos, deflui que a propriedade é um direito que atinge toda a cidadania, e que sua função social encontra-se tipificada e qualificada em leis específicas, como nos casos da lei de reforma agrária ou de desapropriação por interesse social.

Entretanto, o texto constitucional também comanda que o desapossamento da propriedade só poderá ser feito pelo Estado quando em nome do interesse social, mas este só surgirá por meio da justa e prévia indenização em dinheiro, "ressalvados os casos previstos nesta Constituição" (artigo 5º, XXIV). Também quando da ocorrência de "iminente perigo público", a autoridade governamental poderá "usar de propriedade particular, assegurada ao proprietário indenização ulterior, se houver dano" (artigo 5º, XXV). Essas duas situações, que exemplificam situações inseridas no texto constitucional, mostram que existe uma harmonização entre a propriedade privada e o interesse social. Mas, nesses casos, surge a obrigação do Estado de reparar pecuniariamente o dano causado ao cidadão em decorrência de um benefício coletivo.

Do exame exemplificativo desses princípios contidos no texto constitucional podemos extrair algumas conclusões. Uma é que, se a propriedade não atender o denominado "interesse social", o Estado poderá promover a desapropriação, mas com o pagamento em dinheiro e pelo justo preço ou preço de mercado. A outra é que, caso o Estado faça uso de seu poder expropriatório de bem do cidadão, em casos de emergência, deverá ressarcir o proprietário pelo dano. O que seja "dano" se encontra amplamente materializado, não só nos textos legais, mas também pelos tribunais. Ou seja, o Estado não é detentor do poder de uso ou de expropriação de bem privado sem que faça a justa compensação financeira pelo seu poder, tampouco sem que haja causa justa para tanto.

Assim, o prejuízo do indivíduo em face do interesse coletivo é necessariamente reparável pecuniariamente pelo Estado ofensor do direito de propriedade e dos frutos dela advindos. Portanto, o interesse social manifestado pelo Estado não é, em termos constitucionais, um direito superior ou absoluto que se contraponha ao cidadão, sem que este seja financeiramente ressarcido pelo dano ou prejuízo causado pela aplicação do conceito de "interesse coletivo". De tal decorre que o Estado tem o direito de, por exemplo, praticar políticas públicas em nome do interesse coletivo, mas desde que o cidadão prejudicado seja devidamente indenizado pela perda patrimonial a ele infligida em nome do interesse da sociedade.

Finalmente, é importante frisar que a dicção do texto constitucional se utiliza de expressão gêmea à constante no artigo 238 da Lei das Companhias, visto que a primeira fala em "interesse coletivo" e a segunda em "interesse público". Para mim, os dois termos se equivalem; na medida em que sejam os interesses públicos ou coletivos, ambos indicam a mesma porção indefinida de pessoas. Como o texto constitucional fala em "interesse coletivo, conforme definidos em lei", decorre que somente a lei autorizativa da constituição da companhia de economia mista é capaz de definir o interesse coletivo, ou seja, o interesse público.

No que tange aos preceitos legais, os demais entes da federação não têm o poder de criar regramento específico às suas sociedades de economia mista que sejam, até mesmo, contrários aos preceitos da sociedade por ações, já que a competência constitucional para legislar sobre o Direito Comercial e o Direito Civil foi atribuída exclusivamente à União. Em resumo, os preceitos do anonimato prevalecem para todas as sociedades de economia mista, ressalvada disposição em contrário emanada de legislação federal específica.

A Constituição Federal, ao tratar da ordem econômica, deu o regramento básico que necessariamente tem que ser seguido pelos Poderes Executivos quando, por lei,[92] criem suas companhias estatais ou de economia mista. Estas podem ser, como já visto, constituídas nas situações que atendam a alguma demanda correlacionada com a segurança nacional ou o relevante interesse econômico previamente definido em lei. Portanto, a lei que autorizar a constituição da companhia deve necessariamente descrever seu objeto social e, dentre outros pontos, deverá explicitar como exercerá seu interesse coletivo, ou seja, o interesse público que justificou sua criação.

Tal qualificativo exigido pela Constituição Federal deverá constar do estatuto social da futura companhia, incluso na lei autorizativa da sua constituição, que, ao definir seu campo de atuação, irá mostrar a existência ou não da função social da empresa, sob pena de a lei autorizativa de sua constituição não preencher o requisito constitucional.

Assim, a lei de criação autorizava a constituição de qualquer companhia de economia mista é o instrumento apto a estabelecer as regras de sua atuação com relação ao acionista controlador e a seus administradores. Além disso, essa lei indicará de que maneira se dará o atendimento ao interesse público, que é o que justifica a sua criação e o exercício de suas atividades. O liame legal, portanto, parte do "interesse público que justificou a sua criação" para daí vincular-se ao território no qual se desenvolverão "as atividades da companhia".

6.6.2 O que é interesse público para o Direito Administrativo?

Se o interesse público ou o interesse coletivo se manifesta, por mandamento constitucional, na lei autorizativa da constituição da companhia de economia

---

92. Art. 173, parágrafo 1º, incisos I a V.

mista e no objeto social constante de seu estatuto, a conceituação teórica ainda é assunto de grande e fogosa controvérsia entre os administrativistas.

Mas o que seria para eles o interesse público ou interesse coletivo? Este é um conceito vindo do Direito Administrativo europeu continental, não definido legalmente entre nós, embora muito caro a determinada corrente de administrativistas. Tal conceito vem tendo, ao longo dos tempos, a capacidade de incendiar corações e criar armadas aguerridas entre aqueles que lhe dão um valor absoluto, como pedra fundamental do Direito Administrativo, e, de outro lado, aqueloutros que relativizam sua relevância em função das mudanças econômicas ocorridas ao longo dos tempos em nosso país. Os primeiros, defensores da doutrina clássica do que seja interesse público, têm como comandantes os juristas Celso Antônio Bandeira de Mello, Hely Lopes Meirelles e Maria Sylvia Zanella di Pietro,[93] que defendem a supremacia do interesse coletivo, tendo em vista a superioridade do interesse público em face dos interesses individuais ou de grupos menores. No campo oposto estão os juristas Marçal Justen Filho,[94] Floriano de Azevedo Marques, dentre outros.

---

93. "Inúmeros institutos que constituem a própria base do direito administrativo vêm sendo alvo de críticas, às vezes com objetivo de mesmo extingui-los do mundo jurídico, outras vezes com o objetivo de dar-lhes nova configuração. É o que ocorre com o princípio da supremacia do interesse público. Alega-se a inviabilidade em falar-se em supremacia do interesse público sobre o particular diante da existência dos direitos fundamentais constitucionalmente garantidos. Critica-se a indeterminação do conceito de interesse público. Defende-se a ideia de uma ponderação de interesses, para verificar, em cada caso, qual deve prevalecer. Prega-se a substituição do princípio da supremacia do interesse público pelo princípio da razoabilidade. O real objetivo é fazer prevalecer o interesse econômico sobre outro igualmente protegido pela Constituição". (DI PIETRO, Maria Sylvia Zanella. O princípio da supremacia do interesse público: sobrevivência diante dos ideais do neoliberalismo. In: DI PIETRO, Maria Sylvia Zanella; RIBEIRO, Carlos Vinícius Alves (Coord.). **A supremacia do interesse público**. São Paulo: Atlas, 2010, p. 85).

94. O autor, em contestando a supremacia do interesse público, advoga que: "A primeira objeção reside em que não existe um fundamento jurídico único para o direito administrativo. A existência de um princípio da supremacia do interesse público não acarreta a exclusão de outros princípios. [...] Tal como exposto, o ordenamento jurídico é composto por uma pluralidade de princípios, que refletem a multiplicidade de valores consagrados constitucionalmente. Pela própria natureza dos princípios, é usual na sua aplicação. Isso não significa que se configure contradição no ordenamento jurídico nem impõe a eliminação de um dentre os princípios. Portanto, a supremacia do interesse público não afasta a existência de outros princípios, destinados, inclusive, a assegurar a propriedade e a liberdade privadas. [...] Por outro lado, não existe supremacia entre princípios. Todos os princípios têm assento constitucional idêntico e se encontram no mesmo nível hierárquico. A determinação da solução concreta depende da ponderação dos diversos princípios, de modo a promover a mais intensa realização de todos eles. [...] Como decorrência não se pode afirmar de modo generalizado e abstrato, algum tipo de supremacia absoluta produzindo aprioristicamente em favor de algum titular deposição jurídica. Nem o Estado, nem qualquer sujeito de direito privado são titulares de posição jurídica absolutamente privilegiada em face de outrem. Todo e qualquer direito, interesse, poder, competência ou ônus são limitados sempre pelos direitos fundamentais. Nenhuma decisão administrativa ofensiva dos direitos fundamentais pode ser reconhecida como válida. [...] Portanto, não existe fundamento jurídico para afirmar que eventuais conflitos entre titulares de posições jurídicas contrapostas poderiam ser solucionados mediante uma solução abstrata e teórica, consistente na afirmação absoluta e ilimitada na preponderância de um sobre o outro. Toda e qualquer controvérsia tem de ser composta em vista das circunstâncias concretas, mediante a aplicação das regras dos princípios consagrados pela ordem jurídica. [...] Quando se afirma que os interesses se resolvem por via da prevalência

Tal disputa se torna mais acerbada na medida em que os defensores da posição denominada de clássica advogam que o interesse público seria um princípio superior aos demais,[95] muito embora não explicitado diretamente no ordenamento jurídico nacional, mas que deve sua preponderância à importância social e política do Estado, representante de toda a coletividade de interesses. Assim, o interesse coletivo deve, para alguns, prevalecer; para outros, deve se igualar aos comandos explícitos na Constituição Federal de forma a compatibilizá-los ou adequá-los ao Estado, que representa a soma da vontade da maioria de seus cidadãos.

O que se nota é que a divergência ocorre fundamentalmente na delimitação do campo de atuação do Estado, com suas decorrências para a cidadania e para o denominado interesse da sociedade, e isso porque o conceito de interesse público pode sofrer um abrandamento ou um aumento de seu campo de atuação, dependendo da preferência ideológica do intérprete. Pode-se entender, portanto, que a divergência ocorre mais no campo ideológico, quanto à divisão de atividades a serem exercidas pelo Estado e pela iniciativa privada.[96] Essa diferença se entende na medida em que a denominada corrente clássica ou tradicional abeberou-se nos Direitos Administrativos francês e italiano, que sempre admitiram um papel bem mais presente do Estado, muito embora a Gália tenha sido o berço dos direitos individuais.

A outra dificuldade aos que buscam interpretar o que seja o interesse público, tendo como ferramenta somente os comandos legais, é que o texto constitucional

---

do interesse público, produz-se uma simplificação que impede a perfeita compreensão da realidade. Assim se passa porque as normas jurídicas de direito público protegem direitos indisponíveis que se encontram em situação de colisão. Basta ver o caso da implantação de usinas hidroelétricas na região amazônica. Há o interesse público na geração de energia elétrica, mas também existe o interesse público na proteção do meio ambiente". (JUSTEN FILHO, Marçal. **Curso de Direito Administrativo**. 9. ed., São Paulo: Revista dos Tribunais, 2013, p. 144-145).

95. "O princípio da supremacia do interesse público, ao contrário do que se afirma, não coloca em risco os direitos fundamentais do homem. Pelo contrário, ele os protege. Veja-se que o direito administrativo nasceu justamente no período do Estado liberal, cuja preocupação maior era a de proteger os direitos individuais frente aos abusos do poder." (DI PIETRO, Maria Sylvia Zanella. O princípio da supremacia do interesse público. Op. cit., p. 99).

96. "Essa doutrina inovadora compõe o chamado direito administrativo econômico, que se formou e vem crescendo na mesma proporção em que cresce a proteção do interesse econômico em detrimento de outros igualmente protegidos pelo ordenamento jurídico brasileiro. [...] o direito administrativo é um dos principais instrumentos de aplicação da Constituição. E a Constituição não quer a proteção apenas do interesse econômico [...] A doutrina que se considera inovadora compõe, sob certo aspecto, uma ala retrógrada, porque prega a volta do princípio próprio do liberalismo, quando se protegia apenas uma classe social e inexistia a preocupação com o bem comum, com o interesse público. [...] As consequências funestas do liberalismo recomendam cautela na adoção dessas ideias, até porque se opõem aos ideais maiores que constam do preâmbulo e do título inicial da Constituição [...]". Vide DI PIETRO, Maria Sylvia Zanella. O princípio da supremacia do interesse público. Op. cit., p. 101.

acode não só a primazia da iniciativa privada no campo econômico, mas também, e atuando no espectro mais social, privilegia os direitos sociais. Assim é que o texto constitucional amplia a lista dos direitos individuais explicitados em seu artigo 5º, mas ao tratar "Da Ordem Econômica e Financeira" (artigos 170 a 192), o faz com um viés mais liberal. Esse viés foi temperado com abundante número de preceitos de caráter mais sociais, quando tratou "Da Ordem Social" (artigos 193 a 232). Ou seja, o interesse público é um princípio não inscrito no texto constitucional, mas dele se pode inferir em alguns comandos como, por exemplo, o dispositivo que trata da função social da propriedade, ou dos direitos à educação e à saúde.

De qualquer sorte, o que se tem hoje é que a discussão existente internamente nas hostes do Direito Administrativo não pode ser considerada apta a resolver de forma clara a extensão da aplicabilidade ou não do artigo 238 da Lei das Companhias no que tange ao Estado enquanto acionista controlador da companhia de economia mista. O que resta de concreto é que o interesse coletivo ou público deverá constar da lei que autoriza sua constituição, bem como do estatuto da companhia de economia mista.

6.6.3 O interesse público na Lei das Companhias

Já no campo da Lei das Companhias a situação não é tão infensa a debates, na medida em que a norma adotou, de um lado, a sujeição da companhia de economia mista, de seus administradores e de seu acionista estatal controlador aos comandos constantes da Lei das Companhias. Porém, tal sujeição aos deveres e responsabilidades atribuídos ao controlador estatal tem que se adequar, na dicção do artigo 238, ao "interesse público que justificou a sua criação". A regra excepcional, portanto, só afasta os deveres e responsabilidades do controlador (artigos 115 e 116) caso os votos dados atendam ao interesse público, sendo necessariamente explicitado pela lei autorizativa de sua constituição e constante do estatuto social aprovado pelo Poder Legislativo.

Portanto, é a lei autorizativa da constituição ou aquela outra que a alterou que deverá mostrar qual é o interesse público gerador da eventual excepcionalidade criada pelo artigo 238 da Lei das Anônimas. Em outras palavras, o interesse público se manifesta e vem para o mundo legal quando da autorização por lei da criação da companhia ou de sua alteração posterior. Assim, na medida em que o interesse público (ou interesse coletivo) seja necessariamente declarado por lei, somente por tal mecanismo poderá ser alterado. Ou seja, ninguém, a não ser a lei, poderá dizer ou modificar o interesse público que foi votado pelo Poder Legislativo e convertido em comando de lei. Imaginar-se que o interesse coletivo possa ser alterado por manifestação isolada de qualquer membro do Poder Executivo significaria a ele atribuir o poder de alterar a vontade do legislador, o que infringiria o preceito constitucional não só da divisão de poderes, mas também a letra do artigo 173 da Constituição Federal.

No que tange à Lei das Companhias, temos que o conceito de interesse público ou coletivo deve, necessariamente, ter sua genealogia ligada umbilicalmente às limitações inscritas no artigo 173 da Constituição Federal, sendo irrelevante, por inconclusa, a discussão até hoje inacabada quanto à soberania ou não do interesse público sobre os demais direitos e deveres inscritos no ordenamento jurídico nacional. Este contexto legal adquire vida se e quando aplicado a determinada situação concreta. Isso ocorre, por exemplo, quando se aplica o controle de preço de bens, serviços ou produtos de dada companhia de economia mista de modo a causar prejuízo à companhia; nestes casos, o controlador estatal tem justificado seus atos invocando o interesse público, como já visto acima.

6.6.4 Análise de uma situação concreta

Assim, por exemplo, como se aplicarão à Companhia Brasileira de Petróleo – Petrobrás, em face das conclusões acima, o conceito de interesse público, tendo em vista o artigo 238 da Lei das SAs, quando o governo federal, seu controlador, ou os administradores se utilizam do voto para não deixar aumentar o preço de seus produtos, em prejuízo da própria companhia e de seus acionistas? E quando a mesma companhia é forçada pela decisão de seu acionista majoritário a distribuir mais dividendos do que o recomendável, em prejuízo da capacidade de investimento da companhia, na busca de reforçar o caixa do Tesouro Nacional? Está o controlador ou seus administradores agindo dentro do denominado interesse público, ou não? O ato da prática do irrealismo de preço de um monopólio obedece aos interesses pessoais do governante do momento ou pode ser classificado como prática de ato de controle em função do interesse público?

Em obediência à lógica acima discutida, o primeiro passo será a verificação da lei vigente no que se refere à companhia. Sua lei de criação, a de número 2.004, de 3 de outubro de 1953, foi totalmente revogada com a publicação da Lei n. 9.478, de 6 de agosto de 1997, que, dentre outras providências, criou a Agência Nacional de Petróleo. Em seu artigo 61, é delimitado o objeto social da Petrobrás,[97] que não prevê a utilização de mecanismos de administração de preço de seus produtos como instrumento de governo para controlar a taxa de inflação. Pelo contrário, ao

---

97. "A Petróleo Brasileiro S.A. – Petrobrás é uma sociedade de economia mista vinculada ao Ministério de Minas e Energia, que tem como objeto a pesquisa, a lavra, a refinação, o processamento, o comércio e o transporte de petróleo proveniente de poço, de xisto ou de outras rochas, de seus derivados, de gás natural e de outros hidrocarbonetos fluidos, bem como quaisquer outras atividades correlatas ou afins, conforme definidas em lei."

definir como serão atingidos seus objetivos empresariais, comanda o parágrafo 1º do mesmo artigo que a Petrobrás atuará sempre em regime de livre competição.[98]

Livre competição no mercado de hidrocarbonetos significa competição interna e externa ao país, na medida em que a Petrobrás opera dentro e fora do território nacional. Também não pode ser considerado como praticante de uma economia de mercado aquele que adquire o petróleo de outros produtores, revendendo seus subprodutos intencionalmente com prejuízo, com o fim de influenciar algo fora de seu objeto social, bem como pela maneira operacional comandada pela Lei n. 9.478/1997. Ou seja, por fato externo ao seu objeto social e à sua maneira operacional, foi a companhia dirigida pelo seu acionista controlador ou pela sua administração com a finalidade de assumir conscientemente prejuízo para si e para seus acionistas.

Se somente a lei tem legitimidade para declarar o interesse público — e ela o faz quando da aprovação do estatuto social, no bojo da lei autorizativa de sua constituição —, decorre ser ilegal a utilização do artigo 238 para, a título da invocação do interesse público, causar deliberadamente prejuízo à companhia de economia mista. Significa esta constatação que nem o acionista controlador, nem o conselho fiscal, nem a diretoria da Petrobrás se encontram sob o manto protetor do interesse público como razão suficiente para a deliberação danosa. Ou seja, todos são responsabilizáveis por força dos deveres e responsabilidades do acionista controlador ou enquanto administradores de patrimônio de terceiro.

Continuando dentro do campo da análise legal, como as sociedades de economia mista têm seu estatuto social inscrito em lei, deve o intérprete analisar a carta da companhia de sorte a poder balizar poderes, deveres e, em decorrência, as responsabilidades eventualmente atribuíveis a seu acionista, controlador ou não, bem como a seus administradores. No caso sob análise, a norma que dispõe acerca da atuação em concreto na Petrobrás deverá ter como um de seus objetos o estatuto social — o qual nasce inserido na lei autorizativa da sociedade de economia mista. Este estabelece que a Companhia é "dirigida por um Conselho de Administração, com funções deliberativas, e uma Diretoria Executiva" (artigo 17), sendo o acionista com o controle dos votos, a União, representado "nos termos da legislação federal específica" (artigo 13, parágrafo 1º). Ou seja, seu representante comparece como procurador da União com mandato específico e detalhado para exercer o voto majoritário, dentro dos preceitos e atribuições estabelecidos pelo artigo 142 da Lei das Companhias. Já os conselheiros, em sua maioria eleitos pelo

---

98. "As atividades econômicas referidas neste artigo serão desenvolvidas pela Petrobrás em caráter de livre competição com outras empresas, em função das condições de mercado, observados o período de transição previsto no Capítulo X e os demais princípios e diretrizes desta Lei."

acionista controlador (União), elegem a diretoria com os poderes e deveres estabelecidos pelo estatuto social. Este é o conjunto das forças dirigentes da companhia na execução de seu objeto social, dentro da metodologia empresarial estabelecida pela Lei n. 9.478/1997.

Ao Conselho de Administração compete "fiscalizar a gestão dos Diretores e fixar-lhes as atribuições, examinando, a qualquer tempo, os livros e papéis da Companhia" (artigo 28, III), bem como "fixar as políticas globais da Companhia, incluindo a de gestão estratégica comercial, financeira, de investimentos, de meio ambiente e de recursos humanos" (artigo 28, VII). Mais adiante, o estatuto social estabelece a competência privativa do Conselho de Administração para a "aprovação das Diretrizes de Governança Corporativa da Petrobrás" (VIII) e deliberar sobre "assuntos que, em virtude de disposição legal ou por determinação da Assembleia Geral, dependam de sua deliberação" (XII).

Já à Diretoria Executiva compete "elaborar e submeter à aprovação do Conselho de Administração": "os orçamentos de custeio e de investimento da Companhia" (artigo 33, I, c) e "a avaliação do resultado de desempenho das atividades da Companhia" (33, I, d), bem como aprovar a "política de preços e estruturas básicas de preço dos produtos da Companhia" (33, II, c). Tais propostas da Diretoria Executiva nascem das "deliberações [...] pelo voto da maioria dos presentes e registradas em livro próprio de atas". Ou seja, a Diretoria Executiva delibera coletivamente sobre os fundamentos econômicos da proposta comercial da Companhia, submetendo-a à deliberação de seu Conselho de Administração. Aos conselheiros, portanto, caberá a tarefa de fixar as políticas concernentes a "gestão estratégica comercial, financeira, de investimentos [...]", tendo em vista a proposta, no caso, referente à "política de preços e estrutura básica de preços dos produtos da Companhia".

Diante da situação fática apresentada pelo estatuto social da Petrobrás, caberá ao intérprete desvendar as razões da proposta conjunta da Diretoria Executiva, bem como a razão econômica invocada pelo Conselho de Administração para causar o prejuízo à companhia pelo diferencial entre o preço do petróleo bruto adquirido e o preço de venda de seus subprodutos. De plano, dependendo do teor da proposta da Diretoria Executiva, alertando ou não ao Conselho de Administração quanto aos perigos e danos impostos à companhia pelos prejuízos, decorrerá a culpabilidade dos administradores.

Dependendo de como o veto do Conselho de Administração se manifestou, ou se houve ou não deliberação para proteção da capacidade financeira da Petrobrás, poderá surgir a responsabilização dos conselheiros fiscais, na medida em que, além dos comandos constantes da Lei das Companhias, o estatuto social coloca como obrigação dos conselheiros "fiscalizar, por qualquer de seus membros, os atos dos administradores e verificar o cumprimento dos seus deveres legais e estatutários" (artigo 46, I); "opinar sobre as propostas dos administradores, a serem submetidas à Assembleia Geral, relativas à modificação do capital social, [...], planos de investimentos ou orçamentos de capital, distribuição de dividendos [...] da Companhia" (III); "analisar, pelo menos trimestralmente, o balancete e demais demonstrações financeiras elaboradas periodicamente pela Diretoria" (VI) e "examinar as demonstrações financeiras do exercício social e sobre elas opinar" (VII).

Pelo até aqui visto, temos que, nos termos da Lei n. 9.478/1997, a Petrobrás teve e tem por escopo atuar não dentro do campo governamental do interesse social, mas sim dentro daquele outro mais restrito para o qual ela detém o qualificativo legal, qual seja, o de atuar e exercer suas atividades "em caráter de livre competição com outras empresas, em função das condições de mercado", conforme previstas no artigo 61, parágrafo 1º, da Lei n. 9478/1997. Ou seja, à companhia não se aplica a exceção do artigo 238 da Lei das Companhias, isso significando que seus sócios, administradores e conselheiros fiscais se encontram todos ao abrigo da totalidade da lei do anonimato naquilo que se refere aos seus direitos, obrigações e responsabilidades.

Desta feita, no exemplo em análise, quando a Petrobrás, pelo controle de preço realizado por seu acionista majoritário, gera com tal política prejuízos à companhia e a seus acionistas, deverá o Estado ressarcir os sócios prejudicados, e isto deve ser feito com o caixa da companhia. O mesmo se aplica à situação em que, com seu voto majoritário, o Estado vota pela distribuição de dividendos em função de sua necessidade e não no interesse da companhia. Nessas duas situações, o conflito de interesse é visível, muito embora de prática constante pelo governante do momento.

Na situação da companhia de economia mista sob análise, seu estatuto social prevê o mecanismo para a solução de eventuais conflitos, na medida em que prevê que as desavenças serão solucionadas por meio da arbitragem, conforme previsto em seu artigo 58.[99]

Porém, mesmo que não se leve em consideração o preceito constitucional, nem a lei autorizativa da constituição da companhia, muito menos os objetivos de sua constituição, deve-se tomar em consideração o constante do artigo 239,

---

[99] "Deverão ser resolvidas por meio de arbitragem, obedecidas as regras previstas pela Câmara de Arbitragem do Mercado, as disputas ou controvérsias que envolvam a Companhia, seus acionistas, os administradores e conselheiros fiscais, tendo por objeto a aplicação das disposições contidas na Lei n. 6.404, de 1976, neste Estatuto Social, nas normas editadas pelo Conselho Monetário Nacional, pelo Banco Central do Brasil e pela Comissão de Valores Mobiliários, bem como nas demais normas aplicáveis ao funcionamento do mercado de capitais em geral, além daquelas constantes dos contratos eventualmente celebrados pela Petrobrás com bolsa de valores ou entidade mantenedora de mercado de balcão organizado, credenciada na Comissão de Valores Mobiliários, tendo por objetivo a adoção de padrões de governança societária fixados por estas entidades, e dos respectivos regulamentos de práticas diferenciadas de governança corporativa, se for o caso."

em seu parágrafo único, que retira da capa protetora do interesse público seus administradores ao explicitar que "os deveres e responsabilidades do administrador das companhias de economia mista são os mesmos dos administradores das companhias abertas".

Tenho para mim que o mesmo raciocínio se aplica às demais companhias de economia mista. Ou seja: partindo-se do texto constitucional, passando pela lei autorizadora da constituição da companhia, a qual conterá seu estatuto social, poder-se-á se determinar se a companhia em questão se encontra ou não ao abrigo da exceção prevista no artigo 238, bem como as consequências daí decorrentes.

6.7 O acordo de acionistas no Direito brasileiro[100]

6.7.1 A natureza do acordo

O acordo de voto, ou acordo de acionistas, foi introduzido na legislação brasileira pela Lei n. 6.404/1976, constante do artigo 118, ao qual foram posteriormente acrescidos incisos pela Lei n. 10.303/2001. Segundo a exposição de motivos então encaminhada ao Congresso Nacional, o instituto deveria ser criado em razão de sua ampla e eficiente utilização pelo mundo empresarial de outras nações, devendo-se levar em conta, ainda, que a sua falta entre nós estaria ou poderia produzir "[...] acordo oculto ou irresponsável (de eficácia duvidosa em grande número de casos) [...]", bem como, quando utilizado legalmente, que buscava o mesmo efeito da criação de "[...] *holding* (solução buscada por acionistas que pretendem o controle pré-constituído, mas que apresenta os inconvenientes da transferência definitiva das ações para outra sociedade)".

Em verdade, o Direito Societário brasileiro não proibia sua prática,[101] mesmo porque se colocava na esfera dos acordos privados, tendo sido praticado principalmente nas companhias que associavam capitais estrangeiros aos capitais nacionais. O que a Lei das Companhias fez foi abrigar em seu bojo o mecanismo de acordo de voto, dando a ele duas características fundamentais visando garantir seu sucesso. Uma delas foi que a institucionalização do acordo, uma vez arquivado

---

100. Seguirei a divisão dos vários assuntos referentes ao acordo de acionista proposta por Celso Barbi Filho (BARBI FILHO, Celso. **Acordo de acionistas**. Belo Horizonte: Del Rey, 1993).
101. Deve-se ter em mente, entretanto, que o direito livre ao voto, por uma comparação inadequada com o voto dado em disputas políticas, já ocasionou no passado que o acionista condicionasse seu sufrágio nas assembleias gerais das companhias aos vínculos resultantes de um acordo de acionistas. Na França, por exemplo, o Decreto-Lei de 31 de agosto de 1937 proibia os acordos de voto, estabelecendo que: *"Sont nulles et nul effect dans leurs dispositions, principales et accessoires, lès clause ayant pour object ou pour effect de portes atteinte au libre exercice du droit de vote dans lês assemblées générales dês societés commerciales."*

na sede da companhia, passa a obrigar à companhia em sua observância. O outro comando instituído pelo artigo 118 foi aquele que deu executoriedade específica ao constante do acordo, se não cumprido por algum signatário.[102]

O acordo de voto é um contrato entre acionistas de dada companhia, que visam, com o ajuste, assumir direitos e deveres a fim de unificar os votos em determinadas deliberações sociais previstas no acordo, ou se outorgarem mutuamente direitos de preferência na aquisição de ações de eventual sócio vendedor. Assim, o acordo de acionistas é um contrato de Direito Privado entre partes, que produz efeitos obrigacionais não só entre os signatários, mas também perante terceiro — no caso, a companhia.

Segundo a doutrina, esse contrato, por ser externo à companhia, e na medida em que sua implementação nela produz efeitos, foi denominado como "pacto parassocial", por apropriação da doutrina italiana do início dos anos 1940.[103] O pacto parassocial nos foi trazido pela doutrina italiana elaborada por Giogio Oppo.[104] Segundo o autor,[105] a criação da nova denominação destinava-se a colocar em

---

102. "[...] desde antes do advento da Lei n. 6404, as convenções de voto não eram, em si, proibidas; não constituíam um negócio inválido pela sua própria natureza. Mas poderiam ser invalidadas, caso se demonstrasse a ilicitude ou imoralidade da causa ou dos motivos particulares dos convenentes. [...] A inovação da lei acionária de 1976 consistiu, portanto, não na eliminação de uma pretensa proibição que pesaria sobre tais acordos entre acionistas, mas na regulação das *condiciones iuris*, segundo as quais é possível obter a sua eficácia em relação a terceiros, entre os quais se inclui a própria sociedade." Vide COMPARATO, Fábio Konder. **Novos ensaios e pareceres de Direito Empresarial**. Op. cit., p. 29. Em outro parecer, na mesma obra, à p. 60, o autor ressalta que: "É à luz dessa sistemática que deve ser considerado o regime específico das formalidades ligadas aos acordos de acionistas, tal como previstas no artigo 118 da lei das sociedades por ações. O que se procura assegurar, com elas, não é obviamente a validade e a eficácia dessas convenções entre as partes convenentes, mas sim os efeitos reflexos do que nelas se estipula, perante a companhia, os demais acionistas e os terceiros em geral. E isto porque os acordos acionários interferem, necessariamente, com o funcionamento da sociedade anônima e também, eventualmente, com direitos e interesses de pessoas estranhas à companhia."

103. "Ao caracterizar os acordos de acionistas como 'pactos parassociais', a doutrina italiana teve em mira sublinhar o fato de que embora eles se distingam nitidamente, pela forma e pelo escopo, dos atos constitutivos ou estatutos da companhia, são celebrados para produzir efeitos no âmbito social". (COMPARATO, Fábio Konder. **Novos ensaios e pareceres de Direito Empresarial**. Op. cit., p. 75).

104. "A doutrina italiana foi a primeira a cuidar do tema, com o trabalho pioneiro de Giorgio Oppo. Explicando os critérios que o levaram a apresentar essa expressão, Oppo afirma que a ideia era evidenciar um contrato acessório, em contraposição às cláusulas, porém relacionado ao contrato social; no original: '*Traducendo una terminologia invalsa della dottrina tedesca che contrappone Nebenverträge a Nebenabreden si possono dsignare le nostre ipotesi come, contrati accessori [...] contraponendoli alle 'clausule accessorie': se a proposto la terminologia di contrati 'parasociali', per i negozi accessorie al rapporto sociale, non è per amore di novità ne per la pretensa di construire uma categoria dogmatica, ma per mettere in evidenza immediata una categoria il nessi di tali negozi col rapporto sociale senza pregiudicare di tale collegamento la difinizione con luso di uma qualifica, quella de 'accesorio' che nella terminologia giuridica nostrana há acquisito um significado particolare e ristretto'*." Giorgio Oppo, apud VERGUEIRO, Carlos Eduardo. **Acordos de acionistas e a governança das companhias**. São Paulo: Quatier Latin, 2010, p. 123.

105. "Nas palavras de Giorgio Oppo, 'por contratos ou pactos ou convenções parassociais entendemos os acordos celebrados pelos sócios [...], exteriores ao acto constitutivo e aos estatutos [...], para regular *inter*

evidência um contrato entre acionistas, do qual a sociedade não é ou não necessita ser signatária, mas que produz efeitos na sua gestão, bem como na composição de seu corpo acionário, por meio do direito de preferência.

Em nosso Direito Societário, muito embora a companhia não participe do contrato, está obrigado a segui-lo, desde que registrado em sua sede social, na medida em que, como se verá abaixo, não poderá levar em consideração os votos contrários ao estipulado no acordo, quer na hipótese da existência de voto discordante da forma estipulada no acordo, quer na hipótese de desrespeito ao direito de preferência dos acionistas remanescentes em face do acionista retirante que aliena suas ações a terceiro fora do acordo ou no caso em que, embora a alienação se dê entre os signatários do pacto, ocorra em percentuais, preço, etc. de forma distinta daquela nele prevista.

Assim, o acordo de acionistas nasce da vontade de determinados acionistas, em manifestação de vontade externa à companhia, sem que esta seja consultada ou se manifeste a seu respeito, ficando os signatários com a obrigação de registrar o acordo na sede da companhia. Ou seja, é um contrato civil inominado que segue as regras aplicáveis aos contratos e que somente adentrou ao campo da sociedade anônima após 1976, quando a lei passou a exigir sua observância por parte da companhia. Até então o pacto entre determinados acionistas não tinha o condão de causar qualquer reflexo direto na vida da sociedade anônima, mas apenas de — e, novamente, de maneira externa à companhia — provocar a busca de indenização pelo acionista prejudicado contra aquele que não cumpriu o pacto. Disso decorre que, mesmo com os acréscimos em sua abrangência, conforme previsto pela Lei n. 10.303/2001, não se deve considerar o acordo de acionista como um único negócio ou como um negócio conexo à companhia. É ele um pacto fundamentalmente firmado entre alguns dos acionistas, ao qual a companhia, por dever legal, tem que observar — fundamentalmente porque nos acordos de voto ou de preempção o que se busca é a formação e a manutenção de uma maioria, e não de uma unanimidade.

O acordo de acionistas não pode ser entendido enquanto contrato acessório ao contrato social, sendo, na verdade, um contrato externo à companhia, mas que produz efeitos internos, em determinadas hipóteses, por disposição constante na Lei das Companhias. O acordo não pode ser acessório ao contrato social, quer porque é firmado fora do pacto social, quer porque a companhia não é parte em sua elaboração, mas mera cumpridora do nele estabelecido, desde que dentro dos limites estabelecidos pela lei. Também não pode ser considerado como contrato

---

se ou ainda nas relações com a sociedade, com órgãos sociais ou com terceiros, um certo interesse ou uma certa conduta." (TRIGO, Maria da Graça. **Os acordos parassociais sobre o exercício do direito de voto**. 2. ed., Lisboa: Universidade Católica de Lisboa, 2011, p. 13).

acessório na medida em que, dependendo do número de votos que contenha, pode mudar o regramento do contrato social, hipótese na qual ficaria difícil imaginar que o contrato acessório tenha o condão de mudar o contrato principal. Seria a situação em que o principal seguiria o acessório, restando indagar qual é o contrato principal, bem como qual é o contrato acessório no cumprimento das distintas relações obrigacionais.

Como visto, o acordo de acionista é um contrato entre partes, o que significa que deve obedecer aos princípios constantes do artigo 104 do Código Civil. O Código de 1916, em seu artigo 82, ao categorizar os fatos jurídicos, colocava os contratos como atos jurídicos, desconhecendo a outra espécie, acrescida pela Lei de 2002, que são os negócios jurídicos. Tal distinção, bem antes da vigência do atual Código Civil, já era doutrinada por Serpa Lopes, que distinguia como figuras jurídicas distintas os fatos jurídicos, os atos jurídicos e os negócios jurídicos.[106] Tal corrente, à época, distinguia o negócio jurídico por ser:

> uma declaração de vontade, refere Windscheid, por força da qual se declare querer a produção de um determinado efeito jurídico, incumbindo à ordem jurídica fazer com que esse efeito jurídico se realize, por ser ele querido por seu autor. São, assim, declarações de vontade para o ordenamento das relações jurídicas do declarante.[107]

O acordo entre acionistas, olhado pelo prisma subjetivo, poderá ser bilateral ou plurilateral, dependendo do número de sócios da companhia que adiram ao pacto, formando um negócio jurídico complexo, na medida em que todos têm um objetivo comum, por ele buscando regular uma finalidade comum. Ou seja, as partes não se colocam em confronto de interesses como na compra e venda ou no mútuo. Do acordo de acionistas nasce uma congregação de interesses buscando atingir um fim comum a todos os signatários. Ressalte-se que os acordos são contratos formais que devem se manifestar na forma escrita, muito embora a Lei das Companhias não mencione tal formalidade. Ocorre que, como a executoriedade do acordo perante a sociedade anônima só se dá se ele for "arquivado na sua sede",

---

106. Vide LOPES, Miguel Maria de Serpa. **Curso de Direito Civil**. Rio de Janeiro: Freitas Bastos, 1957, v. 1, p. 385-410.

107. Serpa Lopes nos dá uma série de definições de outros autores, como Enneccerus, para quem "o negócio jurídico é um suposto fato que contém uma ou mais declarações de vontade, e que o ordenamento jurídico reconhece, como base para produzir efeito jurídico qualificado de efeito querido"; ou Ferrara, para quem o negócio jurídico seria "uma manifestação de vontade destinada a um fim prático e que o ordenamento tutela, tendo igualmente em vista a responsabilidade do sujeito ou dos sujeitos e a confiança dos demais"; ou de Solfi, para quem seria "a manifestação de vontade de uma ou mais partes que visa produzir um efeito jurídico, ou seja, o seu nascimento, a modificação, a declaração ou a extinção de um direito subjetivo". (LOPES, Miguel Maria de Serpa. **Curso de Direito Civil**. Op. cit, v. 1, p. 404-405).

deve-se entender que só produzirá os efeitos desejados pela Lei Societária se e quando se manifestar por escrito, na medida em que será impossível depositar a manifestação oral de vontade das partes.

O negócio jurídico deve seguir os requisitos necessários à validade dos contratos em geral, quais sejam: ser firmado por agente capaz, ter objeto lícito e ter forma prescrita em lei ou por ela não vedada.

O agente capaz apto a firmar o acordo de acionistas, no caso das pessoas físicas, é aquele apto a assumir direitos e deveres, sendo, portanto, ineficaz a manifestação de vontade dos menores de 18 anos e maiores de 16 anos, os ébrios, os toxicômanos, os pródigos e os excepcionais com desenvolvimento mental incompleto. Já os menores de 16 anos, os loucos ou outros que sejam totalmente impossibilitados de exprimirem sua racional manifestação de vontade de forma permanente ou temporária estão no rol daqueles absolutamente incapazes de manifestar sua vontade em um acordo de acionistas. No acordo de acionistas entre vários sócios, sendo um deles incapaz, esta condição não anula a manifestação de vontade dos demais, devendo-se excluir apenas a manifestação do voto daquele incapaz de contratar. Se o sócio for pessoa jurídica, nada impede que seja signatária do acordo, desde que obedecidos os preceitos de lei e estatutários e que demonstre sua capacidade legal para tanto — ou seja, a existência dos devidos poderes legais dados à pessoa física por outorga de competência pela pessoa jurídica, bem como a seus representantes na prática do ato obrigacional.

O segundo requisito exigido para a validade dos contratos, como é o caso dos acordos de acionistas, é que seu objeto seja lícito. Assim, serão ilícitos os acordos que comprovadamente tenham sido firmados para prejudicar os direitos dos demais sócios, como nas hipóteses de distribuição legítima da rentabilidade ou do patrimônio social, ou quando a junção de votos se dê para prejudicar a companhia em benefício de outra da qual os acionistas não signatários do pacto não participem, ou quando o pacto contenha cláusulas leoninas, etc.

6.7.2 As partes no acordo de acionistas

Em nossa legislação, os acordos de acionistas, como o próprio nome adotado pela Lei das Companhias indica, se realizam, fundamentalmente, entre os sócios da mesma sociedade, muito embora outras legislações admitam a presença signatária de terceiros estranhos aos quadros sociais.[108] Quanto ao seu aspecto

---

108. "Apesar de o art. 17º apenas se referir a 'todos ou alguns sócios', não significa que não possam intervir nos acordos parassociais pessoas estranhas à sociedade. Como podemos observar em SANTOS, Mário Leite, **Contratos parassociais e acordo de voto nas sociedades anônimas**, Lisboa: Cosmo, 1996, p. 7, os acordos parassociais são 'acordos extra-estatutários' entre todos ou alguns sócios, entre sócios e terceiros ou entre sócios e a própria sociedade, sobre assuntos que respeitam à vida desta, ou aos seus específicos interesses

temporal, o acordo pode ser firmado mesmo antes da constituição da companhia, mas somente adquirirá os efeitos previstos na Lei das Anônimas após o seu arquivamento na sede da sociedade, o que implica, para sua eficácia, que esta já esteja constituída, vale dizer, registrada junto ao Registro do Comércio. Ou seja, neste caso, a obrigação entre as partes passa a valer para uma situação futura. Até então, será um pacto entre futuros subscritores de ações, não produzindo efeitos perante terceiros, aí também compreendida a própria companhia em processo de constituição.

6.7.2.1 *A participação de terceiro não acionista no acordo*

Entre nós, a doutrina não admite a possibilidade de que qualquer terceiro com interesse junto à companhia possa ser parte em acordo de acionistas, como ocorre positivamente em várias situações específicas junto ao Direito Societário europeu. Há, entretanto, autores — como Fábio Comparato e Modesto Carvalhosa — que defendem tal possibilidade em duas situações cinzentas que ocorrem nas hipóteses do usufrutuário e do fideicomissário, possibilidade esta contestada por Celso Barbi Filho. Creio que o bom Direito se encontra junto aos dois primeiros e não em Celso Barbi Filho.

Este último defende uma interpretação literal do texto societário, quando menciona que a lei se refere a acordo de *acionistas* e, consequentemente, o usufrutuário não o seria. Entretanto, a mesma lei, em seu artigo 118, diz que o direito de voto em tal situação será regulado quando da constituição do gravame e, se não o for, que será exercido do modo acordado entre eles posteriormente. Pelo mesmo raciocínio, caso o usufrutuário não pudesse votar, também o nu proprietário não poderia fazê-lo, na medida em que as qualidades totais de acionista só surgirão com a extinção do usufruto e a consequente fusão dos dois direitos em uma só pessoa. Nesta hipótese, se negada a condição de acionista ao usufrutuário, ficaria a ação sem poder votar?

O mesmo ocorre no fideicomisso, na medida em que o fideicomissário recebe o legado com a obrigação de entregar ao legatário, em determinado tempo, ou sob certas condições ou pelo seu falecimento, o legado recebido fiduciariamente com todos os frutos e rendas dele decorrentes, respondendo por sua integridade. Assim, durante esse período, ele exerce de fato e de direito o papel de acionista, mesmo porque terá que prestar contas de sua atuação, não podendo se subtrair aos seus

---

enquanto participantes nela." Vide MORAIS, Helena Catarina Silva. **Acordos parassocias**: restrições em matéria de administração das sociedades. Dissertação (Mestrado) – Faculdade de Direito da Universidade do Porto, Porto, 2010, p. 8. A autora, na nota de rodapé 2, cita no mesmo sentido: Jorge Manoel Coutinho de Abreu, J. Oliveira Ascenção, Luiz Brito Correia, dentre outros juristas portugueses. No mesmo sentido: Gastone Cottino, *apud* BARBI FILHO, Celso. **Acordo de acionistas**. Op. cit., p. 83.

deveres fiduciários. De outro lado, tem o fiduciário "a propriedade da herança ou legado, mas restrita e resolúvel" (artigo 1.953 do Código Civil). Ora, o fideicomissário detém temporária e condicionalmente a propriedade do legado, situação que o torna detentor temporário e condicionado às cláusulas estabelecidas pelo testador acionista detentor de todos os direitos, inclusive o de ser parte em acordo de acionistas. Imaginar o contrário seria condenar os herdeiros ou legatários a uma possível redução patrimonial, na medida em que ainda não se encontram na posição de acionistas.

De qualquer sorte, esta hipótese está bem distante daquelas encontradas no Direito europeu, nas quais aqueles que tenham interesse legítimo na companhia podem participar do acordo, não para votar nas assembleias gerais, mas para sufragar as decisões nascidas dentro do acordo e que, por consequência, irão se refletir na manifestação de vontade dos acordantes nas deliberações sociais. Devemos, entretanto, levar em consideração a possibilidade prevista no modelo europeu, no sentido de se saber se o mesmo poderá ou não ocorrer dentro de nosso quadro legal vigente. Isso porque, fundamentalmente, o artigo 118 prevê duas hipóteses matrizes enquanto campo de atuação do acordo de acionista, a saber, o acordo de voto e o direito de preferência. Ambos são direitos efetivamente reservados somente aos detentores de ações votantes no que tange ao poder deliberativo que irá ocorrer no âmbito das assembleias gerais. De outro lado, os acordos de acionistas também são contratos livremente firmados entre partes, as quais podem se obrigar a levar em consideração a opinião ou o voto de terceiro não acionista desde que tais posições sejam assumidas somente dentro do âmbito do acordo de voto, muito embora possam vir a se refletir no âmbito assemblear da companhia.

Assim, os acordantes poderão assumir obrigações e direitos perante e com terceiro estranho aos quadros acionários de, por exemplo, votar na eleição de determinado membro do conselho de administração indicado pelo terceiro ou de votar as contas sociais dentro de determinadas premissas, etc. Esta será uma obrigação assumida entre o terceiro e os signatários do acordo de voto que, se descumprida, não gozará da execução específica da Lei Societária, fato que poderá ser resolvido pela adoção das regras arbitrais para a solução do conflito entre os signatários do acordo de voto e o terceiro estranho aos quadros sociais.[109]

---

109. "Nos contratos atípicos mistos, quer consistam na *modificação* de um contrato legalmente típico, por acréscimo aos elementos daquele tipo, em cláusulas destinadas a obter novos efeitos jurídicos, quer consistam na *combinação* de dois ou mais contratos *legalmente* típicos; já que a integração desses contratos se faz, com recursos às *normas dispositivas* dos tipos legais originais, com as *devidas adaptações*, compatíveis com a nova figura contratual obtida, as partes terão de estipular sobre tudo o que lhes interesse, em matéria de efeitos jurídicos necessários ao fim do contrato, que não possa resultar da aplicação daquelas normas dispositivas, assim adaptadas". (MIRANDA, Custódio da Piedade Ubaldino. Dos contratos em

Desta feita, nada impede que o acordo de acionista contenha obrigações assumidas entre signatários acionistas e terceiro estranho ao quadro social, sendo claro que estes deveres assumidos para com terceiro não poderão nunca levá-lo à condição de eleitor nas assembleias de acionistas. Mesmo que este efeito possa ser atingível indiretamente pela assunção de obrigação entre os acordantes e o terceiro, tal cláusula será inexequível, na medida em que esteja dando o status de acionistas para aquele que não o é.

Essa obrigação assumida pelos acionistas acordantes com terceiro, dentro do mesmo pacto obrigacional, uma vez depositado na sede da companhia, deverá por ela ser observada, nos termos do artigo 118 da Lei das Companhias? Muito embora possa dar a impressão errônea de ser um iconoclasta, creio que não. E isso porque no corpo do acordo de voto nós teríamos cláusulas em estágios obrigacionais diferentes: aquelas assumidas somente entre os acionistas estariam agasalhadas pelo inscrito no artigo 118; já aquelas outras, as obrigações entre os acordantes e terceiro, se descumpridas, seriam resolvidas em perdas e danos e não em execução específica. Disso resulta que a inclusão de cláusulas que criem obrigações entre os signatários e terceiro não têm o condão de descaracterizar o contrato como sendo um acordo de acionistas, mas significa que o mesmo pacto obrigacional conterá dois tipos de cláusulas distintas quanto à sua executoriedade.

Certamente esses acordos, envolvendo terceiros ou não, têm limites, que são aqueles impostos pela lei societária, tais como o dever de diligência, o dever de lealdade e o dever de informar. Assim, na pactuação entre os acordantes e o terceiro, não se pode admitir que o acordo se dê em detrimento da companhia ou dos demais sócios não signatários, havendo, para tanto, a competente ação de responsabilidade prevista no artigo 159 da Lei das Companhias. De outro lado, seria inadmissível que o vínculo obrigacional assumido pelos acordantes com terceiro fosse de tal amplitude que o tornasse, de fato, acionista votante através da longa mão provida pelo acordo de acionistas.

Ou seja, o terceiro deverá ser detentor de interesse legítimo e específico coincidente com o da companhia. Isso poderá ocorrer em empréstimos financeiros de vulto para companhias em dificuldade, que buscam recursos como boia de salvação; nessas situações, pode a instituição financeira exigir, como conforto quanto à aplicação de seu empréstimo, que este seja gerido ou fiscalizado de acordo com normas prudenciais determinadas. Neste caso, os acordantes se obrigam a juntar seus votos para cumprir com a condição do financiamento, a qual se dá em benefício da sobrevivência da companhia, dos empregos que gera

geral: arts. 421 a 480. In: AZEVEDO, Antônio Junqueira de (Coord.). **Comentários ao Código Civil**. São Paulo: Saraiva, 2013, v. 5, p. 117-118).

e dos créditos de terceiros exigíveis da companhia. Devemos ter em mente que, em determinadas situações, a solução mais adequada será transformar a instituição financeira em membro do acordo, na qualidade de acionista, ou através de outros mecanismos previstos em lei, tal como, por exemplo, a emissão de ações de classes distintas.

6.7.2.2 A participação de administrador no acordo

Também será de se discutir a possibilidade de o acordo de acionistas contar com a participação daqueles que pertencem ao próprio corpo diretivo ou fiscalizatório da companhia, isto é, os membros do conselho de administração, da diretoria, do conselho fiscal ou auditores da empresa. Creio que neste ponto a discussão ganha um novo patamar, não se tratando somente de saber se o acordo de acionistas é um pacto privado externo à companhia, mas sim que adentramos no campo concreto do conflito de interesses.

No que tange ao gestor, quer membro do conselho de administração, quer da diretoria, há que se distinguirem duas situações. A primeira acontece quando o administrador é também acionista da companhia, acumulando ambas as funções ou mesmo exercendo um papel tríplice, na medida em que o acionista pode ser, concomitantemente, membro do conselho de administração e diretor da companhia, dentro do limite permitido por lei. A outra situação ocorre quando o gestor ou é membro independente do conselho de administração ou diretor sem vínculo acionário, respeitada, por óbvia, a necessidade (sem sentido) de o administrador ter que deter uma ação para garantia de gestão.

Na ocorrência do acionista gestor, situação muito comum na realidade societária brasileira, certamente irá ele participar do acordo de acionista na qualidade de sócio da companhia, o que dará muito mais força ao acordo, principalmente quanto à vinculação das decisões tomadas entre os sócios signatários. Já na situação em que o administrador não sócio participar enquanto signatário do acordo, vejo com dificuldade qualquer atuação que ele possa ter no bojo do acordo que não tangencie ou adentre uma hipótese de atuação em conflito de interesse seu com os interesses da companhia ou dos acionistas não signatários do acordo.

Entretanto, há que se ter em consideração que em determinadas situações o acionista gestor não pode se utilizar de seus votos para aprovar, por exemplo, seus atos de gestão e suas próprias contas. Ainda, na hipótese de capitalização de bens, a utilização de seus votos dentro de um acordo de acionista, para fechar a decisão de aprovação na assembleia de acionista, seria ilegítima, na medida em que estaria se utilizando de mero subterfúgio para fraudar um preceito de lei.

Finalmente, o acordo de acionistas pode conter em seu bojo acionistas votantes e não votantes, na medida em que a eles todos se atribua voto dentro do próprio acordo com o respectivo reflexo nas assembleias de acionistas, mas não dando voto nas deliberações sociais àqueles que não o possuem.

Ou seja, a participação dos terceiros não detentores de ações votantes ou mesmo não possuidores de qualquer participação acionária somente se dá no âmbito do acordo de acionistas, que, por ser uma relação externa à companhia, pode agasalhar suas próprias regras, desde que conforme às regras gerais que regem as obrigações contratuais. Entretanto, essa relação contratual não pode servir de biombo para encobrir decisões ilegais e proibidas pela própria Lei das Companhias.

6.7.3 Contratos típicos, mistos ou atípicos

Por óbvio, o acordo de acionistas é um contrato que sujeita seus signatários aos comandos legais contidos no nosso Direito Obrigacional. Como tal, as manifestações de vontade exaradas nos contratos podem recair em uma das três possibilidades de existência ou não de prévia normatização específica quanto a determinado tipo contratual, a saber, os contratos típicos, os contratos mistos ou os contratos atípicos.

Os primeiros são aqueles previstos no Título VI do Código Civil, bem como aqueles outros previstos em legislações específicas e externas ao Código Civil. Já os contratos atípicos são aqueles que, não contando com um regramento legal específico, nascem da livre manifestação de vontade das partes, desde que obedecidos os princípios legais básicos atinentes a qualquer contrato. Na hipótese dos contratos mistos, ocorre a "fusão de dois ou mais contratos ou partes de contratos distintos, ou da inclusão num contrato de aspectos próprios de outros negócios jurídicos [...] o contrato misto é um contrato só não se identificando com a união de contratos".[110]

Normalmente, o contrato misto tem por matriz um pacto obrigacional cujos elementos formadores estão tipificados em lei, a eles se juntando outros não característicos do contrato tipificado. Tal junção não descaracteriza o contrato tipo, mas cria ou pode criar, quanto aos acréscimos contratuais, maneiras distintas de executoriedade. É isso que ocorre nos acordos de acionistas com a participação de terceiros estranhos ao quadro social. As regras atinentes ao relacionamento entre os acionistas signatários e o terceiro não gozam dos benefícios previstos nos parágrafos do artigo 118, tais como a execução específica, a não aceitação do voto em assembleia dado de maneira desconforme àquela constante do acordo, etc.

---

110. SILVA, Nuno Miguel Vieira da. Estudo sobre contratos mistos. **Verbo Jurídico**, 2006. Disponível em: <http://www.verbojuridico.com/doutrina/civil/civil_contratosmistos.pdf>. Acesso em 07 nov. 2014, p. 3.

Ou seja, os conteúdos do acordo de acionistas que estejam previstos no artigo 118 da Lei das Companhias são um contrato tipificado; as demais cláusulas não típicas de uma relação obrigacional entre acionistas e não acionistas adentram o campo da livre contratação dos contratos atípicos. A junção de ambos os conteúdos em um só pacto produzirá um contrato misto, com determinadas cláusulas detendo efeitos previstos em lei específica e outras se regendo pelas normas gerais dos contratos previstas no Código Civil.

6.7.4 O objeto do acordo de acionistas

Em meu entender, todas as matérias que sejam de competência da assembleia de acionistas podem ser objeto de deliberação no acordo de voto, restando aos membros do conselho de administração as competências previstas no artigo 142 e à diretoria as tarefas constantes do estatuto social, além daquelas outras atribuídas à diretoria pelo conselho de administração. O conselho de administração detém dois tipos distintos de competências. Uma genérica, quando a Lei atribui a competência para "fixar a orientação geral dos negócios". A outra é composta de um rol de tarefas específicas, tais como: eleger os diretores, fiscalizar a gestão, convocar as assembleias, falar sobre as contas da companhia e, se autorizado, deliberar sobre a emissão de ações e bônus de subscrição.

Pode a assembleia de acionistas modificar a orientação geral dos negócios dada pelo conselho de administração? Pode, mesmo porque se o conselho resistir à determinação da assembleia de acionistas poderá esta afastar os conselheiros, elegendo outros em seu lugar. Diferentemente do conselho de administração previsto pelas legislações estaduais nos Estados Unidos, o qual goza de alguns poderes que aqui só são reservados aos acionistas, entre nós o poder máximo e final está reservado à lei e às deliberações tomadas em assembleia. Esses mesmos poderes estão reservados para a maioria agasalhada em um acordo de voto,[111] desde que pratiquem atos de gestão que não intentem de forma deliberada prejudicar a companhia ou beneficiar a facção eleitoral que elegeu determinado membro do conselho de administração.

---

111. Em sentido contrário, vide CARVALHOSA, Modesto. **Comentários à Lei de Sociedades Anônimas**. Op. cit., v. 2, p. 601, no sentido de que: "Ademais, esses dois parágrafos [8º e 9º] vinculam os administradores eleitos pela comunhão de controladores às deliberações tomadas em regime majoritário por eles; vinculação essa que se opera nas reuniões dos órgãos a que pertencem (conselho de administração e diretoria). Tal vinculação dos administradores às decisões da comunhão, tomada em reunião prévia — deve ser desde logo ressaltado —, refere-se apenas às matérias de natureza relevante e extraordinária, expressamente enumeradas no respectivo acordo de controle. Não pode essa vinculação abranger matéria da administração ordinária, ou seja, aquelas necessárias à condução da companhia, para as quais prevalece integralmente o poder-dever de independência dos administradores, previsto no art. 154."

A Lei das Companhias elegeu dois segmentos nos quais o acordo se torna vinculante aos acionistas signatários e à companhia, a saber: o acordo de voto e o acordo para o respeito ao direito de preferência[112] na aquisição de ações de sócio alienante.[113] Como visto acima, outros temas podem ser objeto do acordo de acionistas, mas os acréscimos que não tenham por objeto o acordo de voto e o de preferência não gozam dos benefícios constantes dos parágrafos do artigo 118 da Lei das Companhias.

6.7.4.1 O acordo de voto

O voto é o instrumento que materializa a vontade dos acionistas na constituição da companhia, bem como na elaboração de seu estatuto social e posteriores alterações, além de ser o instrumental necessário e suficiente para a aprovação dos demais atos societários discutidos nas assembleias gerais. Disto resulta que o acordo de voto tem o condão de perpassar quase todas as decisões relevantes na vida de uma companhia, inclusive no que tange à eleição dos membros do conselho fiscal e do conselho de administração, sendo este último competente para eleger e demitir diretores e auditores. Ou seja, ao prever o acordo de voto, a Lei das Companhias abrangeu quase todas as atividades da vida de uma sociedade anônima.

Do acordo de voto podem nascer duas situações distintas. A primeira é aquela em que do pacto resulte a formação de uma maioria votante, criando pela

---

[112] A doutrina nacional também denomina o direito de preferência nos acordos de acionistas de "direito de bloqueio", aproveitando o termo francês *blocage*. Tenho para mim que, em nossa realidade, bem como em nosso jargão societário, o termo "direito de preferência" é o apropriado, mesmo porque o artigo 118 se refere aos "acordos de acionistas, sobre a compra e venda de suas ações, *preferência* para adquiri-las [...] deverão ser observadas pela companhia quando arquivada em sua sede".

[113] "A expressão 'acordo de acionistas' não significa um único negócio jurídico típico, que apresente sempre a mesma natureza e estrutura, e as mesmas modalidades de prestação, mas uma categoria de negócios jurídicos de diferentes espécies, cuja característica comum é o fato de que uma ou mais partes assumem obrigações sobre o modo de exercer direitos conferidos por ações da companhia. [...] As diferentes espécies de acordos de acionistas podem ser classificadas segundo vários critérios, mas, para efeito de apreciar a validade das estipulações sobre exercício do direito de voto, cabe distinguir entre dois tipos essencialmente diferentes, que podem ser designados como convenção de 'prestação' e convenções 'consorciais'. [...] Nos acordos de prestação as partes procuram objetivos próprios e se obrigam a exercer o direito de voto de modo determinado. Os objetivos de cada parte podem ser diferentes (por exemplo: dois acionistas se obrigam a votar em determinada chapa a fim de alcançar, cada um, sua eleição para a Diretoria ou iguais (por exemplo: a declaração de determinado montante de dividendos, em que ambos participarão) mas não buscam lograr um fim comum. Nesse tipo de negócio as partes convencionam trocar de prestações — cada uma procura obter a prestação da outra como instrumento para atingir seus próprios objetivos. [...] As convenções consorciais participam da natureza do contrato de sociedade: as partes se obrigam a reunir seus recursos (o direito de voto das ações de que são titulares) e esforços (contribuindo com atos individuais para criar ação comum) com o objetivo de lograr um fim comum (como, por exemplo, o exercício do controle da companhia)." (LAMY FILHO, Alfred; PEDREIRA, José Luis Bulhões. **A Lei das S.A.** Op. cit., v. 2, p. 310).

associação de voto um grupo homogêneo de controle. A segunda situação é aquela na qual do acordo se forma uma minoria apta a, por seu peso, poder influenciar em algumas situações, como na eleição de minoritário para o exercício de determinados cargos de gestão na companhia, direitos esses criados por lei ou pelo estatuto social. Se do acordo resultar a formação de um grupo de controle da companhia, nos termos dos artigos 116 e 116-A, temos que esse grupo de controle passa a ser responsável pelos danos causados à companhia ou aos acionistas minoritários pelas práticas de atos previstos no artigo 117 da Lei das Companhias. Se houver a formação de um grupo votante minoritário, prevê o artigo 115 a responsabilização dos eleitores amarrados pelo acordo caso o voto do grupo minoritário seja dado de forma abusiva "com o fim de causar dano à companhia ou a outros acionistas", "ainda que seu voto não haja prevalecido", conforme comanda o parágrafo 3º do mesmo artigo 115.

Assim, o acordo de voto, muito embora nasça sob os auspícios da livre disposição de vontades de seus signatários, nasce também limitado pelas restrições legais. Além dos preceitos específicos contidos na legislação societária, será de se levar em consideração os preceitos gerais atinentes aos contratos em geral contidos no Código Civil. Disso decorre que, além do preenchimento das condições de ter objeto lícito, ser firmado por agente capaz e na forma prescrita em lei, o pacto obrigacional deve ter seu exercício confinado "em razão e nos limites da função social do contrato", obrigando-se a "guardar, assim na conclusão do contrato, como em sua execução, os princípios de probidade e boa-fé", conforme comandam os artigos 421 e 422 do Código Civil.

Já a Lei das Companhias estabelece obrigações aos acionistas, prescrevendo que, quer individualmente, quer enquanto signatários de acordo de acionistas, devem exercer o direito de voto no interesse da companhia, sendo considerado como "abusivo o voto exercido com o fim de causar dano à companhia ou a outros acionistas, ou de obter, para si ou para outrem, vantagem a que não faz jus e de que resulte, ou possa resultar, prejuízo para a companhia ou para outros acionistas", conforme prescreve o artigo 115 da Lei das Companhias.[114] Estes são princípios gerais e, como tais, devem ser observados com o devido cuidado e analisados caso a caso. Isso porque aqueles que aderem ao pacto social o fazem tendo em vista uma vantagem econômica que se manifesta por meio da distri-

---

114. "Mas, declara o § 2º do artigo 118, os acordos de acionistas sobre o exercício do direito de voto não poderão ser invocados para eximir o acionista da responsabilidade pelo exercício do direito de voto (art. 115) ou do poder de controle (arts. 116 e 117). Prevalece, assim, o princípio de que o acionista deve exercer o direito de voto sempre no interesse da companhia, sob pena de caracterizar-se o abuso de direito, respondendo o acionista pelos danos causados, mesmo que tenha aderido à convenção de deliberar no sentido impugnado." Vide TEIXEIRA, Egberto Lacerda; GUERREIRO, José Alexandre Tavares. **Das sociedades anônimas no Direito brasileiro**. Op. cit., p. 309.

buição de dividendos, pela possibilidade futura de realizar um ganho de capital ou pelo exercício do poder de mando sobre uma companhia que detém inclusive recursos de terceiros.

Desta feita, tenho para mim que o artigo 115, ao tratar do exercício do poder de voto, está normatizando um preceito fundamental de uma economia de mercado, situação na qual não seria de se esperar que o acionista votasse, individualmente ou dentro de um acordo de voto, contra seus próprios interesses, mesmo que os interesses da companhia estejam conforme os estatutos sociais. Em outras palavras, se não houver vedação legal ou estatutária, o acionista está livre para buscar seus próprios objetivos, abstendo-se de votar quando for o caso. Imaginar de outra forma seria admitir que uma empresa que busca o lucro, da mesma forma que seus acionistas, tenham necessariamente e sempre expectativas convergentes durante a vida de uma companhia.

Se analisarmos as expectativas genéricas de uma sociedade anônima com vários sócios, verificaremos que os acionistas, em geral, buscam a melhor rentabilidade para seus investimentos; os gestores, acionistas ou não, buscam a melhor remuneração por seu trabalho; e a própria companhia, se pudesse se expressar, diria que a melhor situação será a capitalização total dos lucros, na busca de seu crescimento. Ou seja, seria enganoso imaginar que os interesses das três partes envolvidas e formadoras do mecanismo complexo que é a sociedade anônima compartilham necessariamente, e sempre, dos mesmos objetivos. O mesmo comportamento, frequentemente, ocorre entre os signatários do acordo de acionistas, os quais, não necessariamente, terão todos os seus interesses voltados para um mesmo fim.

Disso resulta que o voto abusivo só ocorre, sendo, em consequência, punível, se e quando se der de forma abusiva, caracterizando-se a abusividade do ato pela intenção de causar prejuízo à companhia ou aos demais acionistas. Como a punição nasce pela intenção e não pelo sucesso do voto abusivo, decorre que o ilícito existirá mesmo que o voto não tenha prevalecido. Desta feita, por exemplo, alguns acionistas buscarão o melhor retorno para seus investimentos aumentando a distribuição de dividendos, enquanto outros, mais capitalizados, pensam que a capitalização dos lucros trará maior valor à companhia. O exercício do voto, nestas circunstâncias, não necessariamente será dado de forma abusiva sob uma ou outra perspectiva, na medida em que os dois grupos de acionistas são detentores de interesses distintos, mas ambos legítimos, situação que nos leva ao acima colocado, ou seja: há a necessidade de analisar cada situação. Nesta hipótese, o voto dado pela maior distribuição de dividendos ou o voto pela capitalização seriam manifestações de voto abusivo? A resposta poderá ser positiva se a distribuição excessiva de dividendos der causa ao efetivo enfraquecimento da companhia e, de outro lado, se for verificado que a distribuição se deu só em virtude da necessidade de numerário dos acionistas controladores, ou por qualquer outra razão que signifique interesse exclusivo dos controladores e, no caso, em detrimento dos demais sócios.

Esse é o motivo pelo qual a Lei das Companhias busca criar determinados parâmetros ao julgador quando estabelece, em seu artigo 115, os deveres e responsabilidades dos acionistas inerentes ao direito de voto. O que se pune é o voto claramente abusivo, nos termos do artigo 117, que busque causar dano à companhia ou a outros acionistas tendente a ocasionar vantagem indevida aos controladores. Ou seja, o voto, individualmente ou dentro do acordo de acionistas, se comprovadamente foi dado de forma abusiva, e no sentido de prejudicar a companhia ou outro(s) acionista(s), ou no sentido de buscar vantagem indevida, da qual resulte prejuízo à companhia, acarretará a responsabilização do votante, mesmo que seu voto não tenha prevalecido na decisão assemblear.

Neste último caso, pune-se a intenção de causar prejuízo, mesmo que a companhia nada tenha sofrido, por causa da derrota do acionista. Disso resulta que a análise do julgador deve coadunar a prática do voto abusivo quando este for dado com o intuito de causar prejuízo à companhia, em conformidade com o artigo 115 da Lei das Companhias.

O acordo de voto resulta da livre manifestação de vontade do acionista signatário, que deve obrigar-se com todas as ações votantes que traga para o bojo do contrato. Isso significa que ele pode deixar de submeter ao acordo parte das ações votantes que possua, na medida em que inexiste comando legal, quer nas regras contidas no nosso Código Civil, quer no comando que impõe à companhia a observância do pacto entre alguns de seus acionistas. Ao contrário, a Lei das Companhias comandou que deverão ser observados pela companhia aqueles pactos lá registrados e que versem sobre o acordo de voto e o de preferência entre os signatários na aquisição da participação do acordante retirante ou vendedor de parte de suas ações.

De outro lado, pode não ser interessante que algum signatário coloque dentro do acordo todas as suas ações votantes, na medida em passam a ser inegociáveis no mercado secundário de bolsa ou no mercado de balcão (artigo 118, parágrafo 4º). Tal situação torna o acionista ilíquido em seu investimento, na medida em que a venda de sua participação somente poderá ocorrer entre os signatários do acordo, caso haja a previsão do direito de preferência. Como a lei não distingue entre acordo de voto e o de preempção para retirar a possibilidade de venda das ações a mercado, restará ao acordante ficar ilíquido até a resolução da obrigação pelo decurso de tempo, ou pela sua extinção pela totalidade dos signatários.

6.7.4.2 A negociação com o voto

Antes da reforma de 1976, vários doutrinadores consideravam ilegítimo o acordo de acionistas sob o argumento de que o voto seria um direito fundamental dos detentores de ações ordinárias ou de preferenciais votantes, portanto insuscetível de ser alienado à vontade de terceiros, como ocorre nas deliberações perdedoras entre os signatários do acordo. Ademais, a própria legislação de 1940 permitia o voto por procuração desde que dado a outro acionista (artigo 91, parágrafo 1º).[115] A situação muda com a edição do vigente artigo 118; tal mudança, entretanto, é exercível dentro de determinados limites, de sorte a não alienar a livre manifestação do acionista, mas fazendo com que a vontade da maioria dentro do acordo ocorra sem impedir o direito de voto de todos os seus signatários. Em decorrência, temos que o acionista, dentro do acordo, não pode alienar sua manifestação de vontade para terceiro, ou não o pode fazer mediante vantagem pessoal, sob pena de tornar anuláveis os votos dados em tal condição.[116]

A alienação da capacidade deliberativa do acordante ocorre quando ele se obriga a votar sempre em determinado sentido, acompanhando o voto de outro acordante, mesmo desconhecendo as situações futuras que venham a ser objeto de discussão e votação entre os demais acionistas. Assim, por exemplo, não será válido o voto-verdade, pelo qual determinado acionista se obriga a sempre aprovar as contas futuras da administração — e isso porque o acionista está alienando sua própria manifestação de vontade. No mesmo vício incorre o acionista que se compromete de antemão a votar em determinado sentido em

---

[115]. "Aplica-se à representação dos acionistas as irmãs que regulam o instituto civil do mandato, podendo, pois, qualquer pessoa, mesmo relativamente incapaz, ser mandatária (Cod. Civ., art. 1.298). A lei societária abre, porém, duas exceções: a) é preciso que o representante tenha também a qualidade de acionista; b) que não pertença à diretoria, ao conselho fiscal, nem a nenhum outro órgão criado pelos estatutos. Desta maneira, quem não for acionista ou, sendo-o, participar da diretoria, conselho, ou outro órgão criado pelos estatutos, fica proibido de receber procuração para representar acionista na assembleia. Mas qualquer que seja o acionista, mesmo o sem direito a voto, tem capacidade para ser mandatário". (PEIXOTO, Carlos Fulgêncio da Cunha. **Sociedade por ações**. Op. cit., v. 3, p. 62).

[116]. "Se o acionista se obriga a votar segundo determinação de terceiros, renuncia à sua própria decisão, cinde a ação, de que é titular, para ceder o voto, demitindo-se de seu direito-função. Já não se trata mais de uma 'convenção de voto', mas de uma negociação de voto, ou de uma transferência do exercício do direito de voto, nula porque violadora de princípios fundamentais do regime legal desse direito. Se os acionistas contratam por determinado prazo, irrevogavelmente, 'subscrever as propostas da administração' — que é terceiro no acordo — não se cogita mais de um processo de formação comum de decisão sobre o exercício do direito de voto por um grupo de acionistas; renunciam eles, *a priori*, a conhecer da matéria que vai ser discutida, ou a participar, de qualquer forma, na decisão comum a ser tomada. E assumem a obrigação, irrevogável e irretratável, de votar no sentido que o terceiro determinar. Não pode haver maior caracterização da cessão de voto, feita às escâncaras, sem disfarce ou subterfúgio. E sem disfarce ou subterfúgio, a nulidade em que incide." Vide LAMY FILHO, Alfred; PEDREIRA, José Luis Bulhões. **A Lei das S.A.** Op. cit., v. 3, p. 295.

troca de um benefício a ele prometido ou dado em detrimento ou por conta da própria companhia.

O acordo de acionistas deve prever especificamente em quais situações o acordo de voto será cogente a todos os seus signatários. Desta feita, o acordo deverá elencar de forma específica e não genérica as hipóteses de sua aplicabilidade. Também não pode um signatário do acordo entregar a outro acionista a capacidade do procurador de votar da maneira como entenda melhor, alienando sua manifestação futura de vontade a terceiro.

6.7.5 O acordo de acionistas com valores mobiliários conversíveis em ações votantes

Como já visto, as companhias podem emitir determinados valores mobiliários que sejam conversíveis em ações votantes em determinada data futura, ou mediante o atingimento de determinado desempenho pela companhia. A primeira situação pode ocorrer quando determinada companhia oferece publicamente debêntures que, quando do vencimento, poderão ser resgatadas parte com o pagamento em dinheiro e parte com a entrega de ações. Já a segunda situação ocorre com o programa de bônus exercíveis em data futura, direitos esses outorgados a determinados empregados ou administradores da companhia, caso haja o atingimento de determinados resultados previamente estabelecidos pelos acionistas.

Tais valores mobiliários, muito embora ainda não sejam ações, poderão dar azo a que elas surjam no futuro mediante a ocorrência de determinado evento. Esses direitos futuros podem ser objeto de assunção de direitos e obrigações condicionais, a exemplo do que ocorre no caso de se realizar a condição do atingimento das metas pelos administradores da companhia, com o resgate das debêntures e a entrega de ações. Os detentores desses direitos futuros podem aderir condicionalmente ao pacto entre acionistas, quando da ocorrência da conversão do valor mobiliário em ação. Neste caso, as partes acordam antecipadamente que, na ocorrência de determinados acontecimentos futuros, o então acionista se obrigará a subscrever o pacto de voto e/ou de preferência, e os atuais pactuantes a aceitarem o novo acordante.

6.7.6 Acordo de acionistas e o interesse social

Na discussão do acordo de acionistas, um dos temas ainda bastante controvertidos refere-se ao que seja interesse social. A Lei das Companhias menciona várias vezes o termo "interesse social", como se vê nos artigos 115, 117, 129, 155, 157, 159, 163, 225 e 238. Muito embora a Lei das Companhias esteja prenhe de comandos estabelecendo que os acionistas, os administradores e os signatários de acordos de acionistas devam sempre observar o interesse social em todas suas ações, em nenhum momento nos dá uma indicação da sua caracterização, além de ignorar que tais interesses podem variar conforme a empresa seja de capital aberto ou fechado, se tem uma administração profissional ou se a sua administração é feita pelos próprios sócios. Ou seja, todos nós somos favoráveis ao cumprimento de ações que atendam ao interesse social — pelo menos até começarmos a delimitar quais são as ações que compõem o denominado *interesse social*.

Não é de se estranhar, portanto, que duas correntes se debatam para mostrar a prevalência de suas respectivas doutrinas, a contratualista e a institucionalista. Para a primeira, o interesse social é equivalente ao interesse dos sócios;[117] já para a corrente institucionalista, a companhia é dotada de interesses próprios não necessariamente convergentes com o interesse dos sócios. Essa divergência poderá perder muito de suas arestas se considerarmos que nas companhias de capital fechado o interesse social tem uma capacidade maior de juntar os interesses dos sócios com os da companhia. Entretanto, quanto mais seja pulverizado o capital social, e quanto mais intensa seja a separação do corpo acionário da gestão social, estaremos adentrando no campo da institucionalização da vontade da companhia e de seus administradores.

A discussão unificada do interesse social da companhia, independentemente do fato de ela ter controle definido ou ser de controle pulverizado, se deve, fundamentalmente, ao fato de que as empresas de capital aberto representam uma realidade razoavelmente recente e ocorrem em número exíguo dentro de nosso universo empresarial. Entretanto, se olharmos a doutrina norte-americana, verificaremos que o assunto, já na década de 1930, foi objeto de constatação por parte de Adolf Berle e Gardiner Means.[118]

---

117. "O modelo de empresa italiana parece impossibilitar os modelos institucionais modernos de agir segundo seus parâmetros teóricos: a sua prevalecente natureza comunitária, fortemente inter-relacionada com a família, também compreendida pelo seu caráter comunitário, mas sofre as regras institucionais, éticas e jurídicas e do mercado colocadas sob a tutela de interesses coletivos". (BORTOLUZZI. Prassi societária e riforma delle società di capitali, apud CUNHA, Rodrigo Ferraz Pimenta da. **Estrutura de interesses nas sociedades anônimas**: hierarquia e conflitos. São Paulo: Quatier Latin, 2007, p. 119).

118. *"In discussing problems of enterprise it is possible to distinguish between three functions: that of having interests in an enterprise, that of having power over it, and that of acting with respect to it. A single individual may fulfill, in varying degrees, any one or more of these functions. [...] When the owner was also in control of his enterprise he could operate it in his own interest and philosophy surrounding the institution of private property has assumed that he would do so. [...] But have we any justification for assuming that those in control of a modern corporation will also choose to operate it in the interest of the owners? The answer to this question will depend on the degree to which the self-interest of those in control may run parallel to the interest of ownership and, insofar as they differ, on the checks on the use of power which may be established by political, economic, or social conditions. [...] We must conclude, therefore, that the interests of ownership and control are in large measure opposed if the interests of the latter grow primarily out of the desire for personal monetary gain. [...] it is therefore evident that we are dealing not only with distinct but often with opposing groups, ownership on the one side, control on the other — a control which tends to move further*

Isso nos leva a que o interesse social, no que tange à atuação dos acionistas e administradores da companhia, deve ser objeto de análise caso a caso, mas sempre levando em consideração se a companhia tem controle difuso ou não, se é companhia de capital aberto ou fechado, etc. Ademais a companhia é, por ficção jurídica, detentora de personalidade distinta da de seus sócios, só que os sócios e os administradores são detentores de vontade própria e, concomitantemente, instituidores da vontade da companhia, enquanto a sociedade anônima sempre terá um terceiro manifestando uma vontade como se sua fosse.

Parte da doutrina nacional advoga que o acionista, ao dar o seu voto em assembleia ou na reunião formadora do consenso, deva deixar seus interesses legítimos em segundo plano, apontando como poder-dever do acionista votar no sentido de que os interesses sociais sempre tenham primazia sobre seus próprios.[119, 120] Ora, tal premissa deixa o interesse básico de se associar em uma posição estranha, na medida em que aduz que entre dois interesses legais, portanto ambos legítimos, deva o acionista, quer em assembleia, quer enquanto signatário de acordo de voto, optar por prejudicar seu próprio interesse em favor de outro que lhe irá prejudicar. Isso sem levar em consideração a enorme dificuldade de determinar o que seja o interesse social.

Ou seja, o interesse social deverá ser muito bem analisado em cada situação, levando em consideração que não será incomum encontrarmos interesses legítimos, porém divergentes, manifestados pelas várias instâncias da companhia ou mesmo *inter pares*, como no caso dos acionistas. Esta é mais uma situação em que o caminho da certeza jurídica terá que ser mostrado mais pelas decisões administrativas e judiciais, ao invés de se tentar definir no corpo da lei as características do interesse social. Aqui o julgador terá que lidar com conceitos razoavelmente abertos inseridos na Lei das Anônimas, tais como conflito de interesse, dever de lealdade, etc., constantes dos artigos 115 e 116 da Lei das Companhias.

---

and further away from ownership and ultimately to lie in the hands of the management itself, a management capable of perpetuating its own position." (BERLE, Adolf; MEANS, Gardiner. **The Modern Corporation & Private Property**. New Brunswick: Transaction, 2010, p. 112-115).

119. Como disse Ascarelli, citado por Modesto Carvalhosa: "O sócio com direito a voto torna-se investido pela lei de um direito potestativo e dispõe mesmo de um poder jurídico, voltado para o interesse social, como também é no interesse social que são conferidos todos os direitos de sócio, seja quando isolados, seja quando reunidos em determinados grupos majoritários ou minoritários, no que diz respeito à administração social." Vide CARVALHOSA, Modesto. **Acordo de acionistas**: homenagem a Celso Barbi Filho. São Paulo: Saraiva, 2011, p. 146.

120. "Esse sentido de voto previamente estabelecido em acordo de controle, no entanto deve obedecer a uma hierarquia de interesses, em que estão colocados em último lugar aqueles *uti singulis* dos seus signatários, sob pena de, apesar da legitimidade da convenção e mesmo de sua eficácia anterior e posterior, configurar-se abuso de voto pré-direcionado da comunhão que contrariar interesses sociais em determinado momento." Vide CARVALHOSA, Modesto. **Acordo de acionistas**. Op. cit., p. 144-145.

6.7.7 Acordo de voto com e sem controle

Nas sociedades anônimas, o controle pode surgir por uma de três formas. A primeira modalidade ocorre quando determinada pessoa possui mais do que a metade das ações votantes. Neste caso, um único acionista, e de forma solitária, pode decidir por seu voto o destino da companhia, bem como eleger a maioria de seus administradores. A segunda maneira ocorre normalmente quando a sociedade controlada tem sócios pessoas jurídicas, situação na qual o controle direto é exercido por pessoas jurídicas que, por sua vez, são controladas por pessoas físicas — que exercem o controle indireto da sociedade controlada. Finalmente, a terceira modalidade surge quando os acionistas da companhia se unem pela assinatura do acordo, juntando seus votos nas assembleias gerais da companhia, ou pactuando o direito de preferência na aquisição de ações de sócio retirante.

A previsão legal da figura do controlador, individualmente ou por meio do acordo de acionistas, é comando que só aparece na lei de 1976.[121] Até então, a legislação de 1940 só previa a responsabilização da diretoria por ato de má gestão. Provavelmente, o surgimento da responsabilização do controle em 1976 ocorreu porque o legislador examinava a entrada em vigor, e de forma concomitante com a legislação das sociedades anônimas, da Lei n. 6.385/1976, criadora da Comissão de Valores Mobiliários, e que tinha por política expressa a criação de um mercado de valores mobiliários amplo com a finalidade de capitalizar o grande empreendimento privado nacional.

Foi a partir dessa preocupação que a figura do controlador passou a ter destaque no cenário societário, tendo em vista a capacidade, em uma companhia de capital aberto, de levar a sociedade por caminhos indesejáveis, caso não houvesse

---

[121] A exposição de motivos da Lei das Companhias de 1976 nos dá conta que "O artigo 116 dá *status* próprio, no direito brasileiro, à figura do 'acionista controlador'. Esta é uma inovação que a norma jurídica visa a encontrar-se com a realidade econômica subjacente. Com efeito, é de todo sabido que as pessoas jurídicas têm o comportamento e a idoneidade de quem as controla, mas nem sempre o exercício desse poder é responsável, ou atingível pela lei, porque se oculta atrás do véu dos procuradores ou dos terceiros eleitos para administrar a sociedade. Ocorre que a empresa, sobretudo na escala que lhe impõe a economia moderna, tem poder e importância social de tal maneira relevantes na comunidade que os que a dirigem devem assumir a primeira cena na vida econômica, seja para fruir do justo reconhecimento pelos benefícios que geram, seja para responder pelos agravos a que dão causa. O tema cresce em importância quando se considera que o controlador, muita vez, é sociedade ou grupo estrangeiro, que fica, por força de sua origem, excluído até mesmo das sanções morais da comunidade. O princípio básico adotado pelo Projeto, e que constitui o padrão para apreciar o comportamento do acionista controlador, é o de que o exercício do poder de controle só é legítimo para fazer a companhia realizar o seu objeto e cumprir sua função social, e enquanto respeita e atende lealmente aos direitos e interesses de todos aqueles vinculados à empresa — os que nela trabalham, os acionistas minoritários, os investidores do mercado e os membros da comunidade em que atua. A caracterização do 'acionista controlador' é definida no parágrafo único do artigo 116 e pressupõe, além da maioria de votos, o efetivo exercício do poder de controle para dirigir a companhia [...]."

as previsões do que seja controle e abuso de controle com a respectiva apenação. Não se deve esquecer, de outro lado, que até a época em que foram promulgadas ambas as leis, a regra era que as companhias possuíam um controlador ou um grupo de controle, quer fossem empresas privadas ou de economia mista. Nessas condições, uma das maneiras de estimular o investidor de mercado a colocar suas disponibilidades em ações seria criar mecanismos para evitar ou tentar reduzir a apropriação ilegítima da mais valia societária pelos acionistas formadores do controle da companhia. Outro aspecto que ressalta a importância de definir o que seja "controle" surge quando este seja detido por um grupo de acionistas, vinculados a um acordo de voto. Esse comando tem gerado discussões quando contrastado com aquele outro destinado a proteger os acionistas minoritários, no momento da alienação de controle, principalmente tendo-se em vista a saída de um membro do grupo controlador que reduz a participação da maioria do grupo. Nesta hipótese, entretanto, a saída se dá pela alienação das ações a terceiro, o qual, ato contínuo, adere ao bloco de controle.

Isso porque a necessidade negocial, principalmente em função do direito de preferência, fará surgir, dentro do acordo de voto, situações nas quais haja a formação de um grande grupo de controle, cuja entrada ou saída de algum membro não implique mudança de controle. Entretanto, se ocorrente, esta situação faria ou não surgir a necessidade de oferta pública de aquisição em relação aos demais acionistas? Tal foi o ocorrido com a Votorantim Celulose e Papel S.A. (VCP),[122] quando um sócio signatário do acordo alienou sua participação a terceiro que aderiu ao pacto obrigacional, pelo que surgiu a dúvida se teria ou não ocorrido uma mudança de controle dentro dos signatários do acordo, situação na qual nasceria a obrigação de realização de uma oferta pública. Sobre o assunto, a CVM decidiu que:

> No caso dos autos se está claramente diante de uma hipótese de controle detido por um "grupo de pessoas vinculadas por acordo de voto", composto por BNDESPAR, Grupo Lorentzen, Grupo Safra e agora pela VCP, em substituição ao Grupo Mondi.
> Ocorre que este caso não desafia as complexas questões que podem surgir quanto ao conceito de alienação de controle detido por grupo de acionistas unidos por acordo. Aqui não houve alienação de uma participação majoritária dentro do bloco de controle, [...], nem se está diante da aquisição de uma participação que, somada àquela já detida pelo adquirente, o eleve à condição de controlador único.
> No caso destes autos houve simplesmente a transferência de uma participação que compõe o bloco de controle, mas certamente o Grupo Mondi não alienou nem a VCP adquiriu o controle da sociedade, pois nem o Grupo Mondi detinha isoladamente, nem a VCP adquiriu o poder de, isoladamente, exercer "a maioria dos votos nas

---

122. Processo CVM RJ2001/10329, Relator Marcelo F. Trindade.

deliberações da assembléia geral e o poder de eleger a maioria dos administradores da companhia".

A SEP invoca o § 2º do art. 118 da Lei 6.404/76, para fundamentar seu entendimento de que a VCP deve ser considerada, por si só, controladora da Aracruz, esquecendo-se de que tal dispositivo trata da responsabilidade pelo exercício do poder de controle, a qual recai sobre todos aqueles que exercem esse poder, quer isolada ou conjuntamente. Igualmente incompleta é a interpretação dada pela SEP ao novel parágrafo 1º do art. 254-A da Lei 6.404/76, introduzido pela Lei 10.303/01, ainda em período de *vacatio*. Tal regra, para ser compreendida, deve ser lida até o seu final, no qual se encontra — de modo um tanto circular, reconheça-se — a afirmação de que, para estar-se diante de aquisição de controle, é preciso que a "transferência, de forma direta ou indireta, de ações integrantes do bloco de controle" resulte na "na alienação de controle acionário da sociedade", isto é, na transmissão do poder de exercer "a maioria dos votos nas deliberações da assembléia geral e o poder de eleger a maioria dos administradores da companhia" (art. 116, inciso I). Assim, em primeiro lugar, voto pelo provimento do recurso, dado que não eram de aplicar-se à operação em exame as regras da Instrução CVM 299/99 sobre informação em alienação de controle.

O controle, em sua definição legal, se caracteriza pelo exercício permanente da capacidade de eleger a maioria dos administradores da companhia, resultando no seu efetivo "poder para dirigir as atividades sociais e orientar o funcionamento dos órgãos da companhia" (artigo 116). Ou seja, a lei enfatiza que o controle surge quando uma pessoa ou um grupo de pessoas têm a capacidade para eleger diretamente a maioria dos membros do conselho de administração, do conselho fiscal e, consequentemente, e de forma indireta, a diretoria da companhia e a auditoria externa da companhia.

Até janeiro de 2002, ainda vigia a Resolução n. 401, do Conselho Monetário Nacional, a qual, indo além da Lei das Companhias, estabelecia um qualificativo para caracterizar o controle nas deliberações sociais (artigo 116, "a"). Neste sentido, o texto do CMN buscou resolver a redação indefinida na lei para caracterizar o controle, já que o texto legal fala em "deliberações da assembleia geral", no plural. Isso porque ficou em aberto o número necessário de reuniões de sócios para caracterizar o controle. A solução da Resolução n. 401, hoje revogada pela Resolução n. 2.927/2002, estabeleceu que existiria o controle quando comparecessem às assembleias de acionistas o sócio ou grupo de sócios que, ao exercer o voto, este lhe assegurava "a maioria dos votos dos acionistas presentes nas três últimas Assembleias Gerais da companhia".

Em suma, e pela normatização vigente, o controle surge da junção de duas características do acionista, quais sejam, que haja condições de eleger a gestão da companhia e que, em função da eleição de tais membros, eles dirijam a companhia, sob a orientação do acionista, não de forma episódica, mas de forma "permanente". Dessa forma, a comprovação da existência de um acionista controlador, ou de um grupo de controle, ocorre, inclusive para o nascimento de oferta pública compulsória, quando haja efetiva comprovação de influência nas eleições e na gestão da companhia.

Como já apontado acima, uma das possibilidades para a caracterização do controle ocorre quando os acionistas decidem, nos termos do artigo 118 da Lei das Companhias, firmar um contrato estabelecendo o vínculo obrigacional de juntarem seus votos em um só sentido ou se outorgarem mutuamente direitos de preferência para a aquisição de ações do sócio acordante que aliene total ou parcialmente suas ações votantes.

Os acionistas votantes e que sejam minoritários podem assinar entre si um acordo de acionistas que lhes garanta o direito de preferência caso algum de seus signatários deseje alienar total ou parcialmente sua participação, não sendo, por óbvio, suscetíveis de se obrigarem em um acordo de controle, mas sim de participação ou defesa. Essa possibilidade poderá ocorrer caso o estatuto outorgue direitos a partir de uma participação minoritária, ou nas hipóteses em que tenha previsão de determinado percentual conducente à possibilidade do exercício de direito de veto. Poderá, igualmente, o acordo minoritário buscar eleger membro do conselho fiscal ou, pelo voto múltiplo, tentar eleger um membro do conselho de administração.

Assim, mais importante do que o controle de mais da metade do capital votante, a lei privilegia o efetivo exercício do comando da companhia. Essa caracterização do comando é importante na medida em que de sua ocorrência é que nascem todas as obrigações específicas do controlador quanto ao uso do poder de voto. Isso porque os acordantes passam a ter o poder/dever legal de só utilizá-lo:

> com o fim de fazer a companhia realizar o seu objeto e cumprir sua função social, [para tanto tendo os] deveres e responsabilidades para com os demais acionistas da empresa, os que nela trabalham e para com a comunidade em que atua, cujos direitos e interesses deve lealmente respeitar e atender. (Parágrafo único do artigo 116)

Caracterizada a existência do acordo de comando na companhia, decorre a consequente responsabilidade de seus signatários pelos danos que venham a causar pela prática ou abstenção de ato em defesa da companhia, seus acionistas e empregados; ou seja, o abuso poderá ocorrer por ato comissivo ou omissivo. A própria Lei das Companhias se encarrega de caracterizar quais modalidades de atos praticados pelos signatários da convenção configuram atividades caracterizáveis como abusivas, conforme o previsto no artigo 117 da Lei das Companhias. O que vale notar é que o controle nascido de um acordo de acionistas acarreta uma gama distinta de obrigações e responsabilidades que vão desde o exercício do poder de controle em função dos interesses dos empregados da companhia até fazer com que a companhia cumpra com seus deveres para a comunidade onde atua.

Quer o acordo de voto detenha uma maioria ou não, há que se preverem as formas pelas quais seus signatários se reunirão, deliberarão, e como o produto da deliberação se materializará, de sorte a que a companhia possa não só reconhecer o voto unitário acertado entre os signatários, bem como se recusar a aceitar os votos dados em sentido contrário ao deliberado pelos acordantes. Isso implica que o contrato que criar o acordo de acionistas deverá prever: regras que vinculem seus signatários em uma reunião prévia; quais as regras de deliberação, tal como o quórum de presença e de deliberação; se este será fixo ou não (dependendo da matéria a ser discutida e deliberada); quem, quando e por que poderá convocar a reunião prévia; etc.

Todo esse regramento deverá concluir com a forma de implementação da deliberação tomada na reunião prévia, na medida em que será em função da qual o presidente da assembleia irá ou não levar em consideração os votos dos acordantes dados na assembleia geral de forma distinta daquela convencionada na reunião prévia, bem como poderá a mesa pedir novos esclarecimentos sobre o conteúdo da decisão tomada pelos signatários do acordo. Levando em consideração tais aspectos, temos que a deliberação tomada na reunião prévia dos acordantes deverá se materializar sob a forma escrita firmada por todos os signatários presentes à reunião. Dentre as decisões tomadas na reunião prévia deverá constar a eleição de um mandatário para, "nos termos de acordo de acionistas [...] proferir, em assembléia-geral ou especial, voto contra ou a favor de determinada deliberação [...]" (artigo 118, parágrafo 7º).

Os acionistas que fazem parte do acordo de acionistas podem comparecer à assembleia geral e votar de acordo com o pactuado, ou podem eleger um mandatário para que compareça ao conclave munido da respectiva procuração, que, no caso, poderá ser outorgada por prazo superior a um ano.

Nesta hipótese de serem os acionistas acordantes representados na assembleia, será de todo prudente que o mandatário entregue à mesa o deliberado na reunião prévia, reduzido este a termo e firmado pelos acordantes para verificação de seu fiel cumprimento. Isso porque o presidente deverá desconsiderar o voto dado em sentido contrário ao deliberado entre os acordantes, tornando-se quase imperativo que o representante da comunhão apresente à mesa da assembleia a deliberação de voto tomada pelos mandantes. Porém, a falta da votação por escrito dos acordantes não tem o condão de invalidar na assembleia o voto do mandatário, até que se prove que este foi infiel, situação na qual os votos dados em falsidade quanto à manifestação de vontade deverão ser desconsiderados. A direção dos trabalhos assembleares ou a própria companhia, entretanto, tem o direito de "solicitar aos membros do acordo esclarecimento sobre suas cláusulas" (artigo 118, parágrafo 11), de sorte a dar fiel cumprimento à manifestação de vontade dos acionistas votantes dentro do acordo. Os acionistas acordantes também devem "indicar, no ato de arquivamento, representante para comunicar-se com a companhia, para prestar ou receber informações, quando solicitadas" (artigo 118, parágrafo 10).

6.7.8 O direito de preferência ou de bloqueio

Fundamentalmente, duas são as hipóteses quanto à existência do direito de preferência. Uma delas é o direito de preferência para subscrição de ações nas situações de aumento de capital, as quais são reguladas pelo artigo 171 da Lei das Companhias. A segunda hipótese, que será abaixo tratada, diz respeito ao direito de preferência que os sócios signatários do acordo de acionistas estabelecem entre si, obrigando-se a, caso algum deles resolva alienar total ou parcialmente suas ações, oferecê-las prévia e prioritariamente aos demais signatários do acordo.

O direito de preferência, enquanto previsão legal específica, antecede a previsão constante da Lei das Companhias, já que constava de forma específica do Código Civil de 1916,[123] tendo sido mantido com igual redação pelo Código de 2002, apenas com o acréscimo de um parágrafo único, estabelecendo que o direito de prelação não poderá ser superior a 180 dias, se a coisa for móvel, e a não mais de 2 anos, se o bem for imóvel. Entretanto, o comando constante do Código Civil não veste perfeitamente a hipótese da inscrição do direito de preferência nos acordos de acionistas, na medida em que o artigo 513 e seguintes dirigem-se à situação na qual o comprador tem a obrigação de oferecer ao antigo vendedor a coisa que vai alienar, para que o antigo vendedor use de seu direito de prelação na compra. Ou seja, aquele que comprou determinado bem no passado tem a obrigação de dar o direito de preferência ao antigo vendedor.

O acordo de bloqueio ou de preferência tem por função específica manter, o tanto quanto possível, intacto o grupo original. A razão de ser de sua existência é a preservação de um grupo de controle, que encontra nesse contrato a possibilidade de dar aos outros signatários o direito de primeira recusa na aquisição das ações do sócio retirante. É por tais motivos que, no caso do direito de preferência para a

---

123. "Artigo 1.149 – A preempção ou preferência impõe ao comprador a obrigação de oferecer ao vendedor a coisa que aquele vai vender, ou dar em pagamento, para que este use de seu direito de preleção na compra, tanto por tanto". "Artigo 1.151 – O vendedor pode também exercer seu direito de prelação intimando-o ao comprador, quando lhe constar que este vai vender a coisa". No vigente Código Civil, o artigo 514 manteve fundamentalmente a mesma redação, fazendo-se mero ajuste para atualizar a linguagem.

compra de ações, no bojo do regramento do acordo de acionistas, há uma hipótese distinta daquela do artigo 513 do Código Civil.

No direito de preferência sob exame, os acionistas acordantes se dão e recebem mutuamente o direito de adquirir ações do signatário aderente que decida alienar parte de suas ações ou se retirar da sociedade, não ocorrendo, como caracterizado pelo Código Civil, qualquer venda antecedente, conforme previsto nos artigos 513 e seguintes. Desta feita, o direito de preferência no acordo de acionistas será um contrato atípico, cujos direitos e obrigações nascem da liberdade de estipulação constante do artigo 425 do mesmo Código Civil, desde que obedecido o preceito matricial de que todo contrato deve ter objeto lícito, ser firmado por agente capaz e revestir-se da forma prescrita ou não vedada em lei. Disto resulta que as cláusulas que estipulem o direito de preferência, no bojo do acordo de acionista, têm vital importância pela sua capacidade de estabelecer direitos e deveres entre os signatários.

Assim é que o acordo deve prever, dentre os vários comandos, o mecanismo para dar conhecimento aos demais signatários de seu desejo de alienar todas ou parte das ações, indicando se será por carta, correio eletrônico, notificação ou outro meio de comunicação aos demais acionistas signatários do acordo. Deve prever, ainda, o modo pelo qual serão enviadas aos sócios as informações indicativas de quem compra, o preço ofertado, a forma de pagamento, juros remuneratórios e de mora e, caso ocorram, as garantias dadas pelo ofertante comprador, sistema de correção do débito, enfim, todas as características financeiras ofertadas pelo eventual comprador, de sorte a dar aos acionistas remanescentes a possibilidade de igualar a oferta do estranho ao grupo. A oferta de compra deve estar materializada em uma proposta firme, dada por escrito, de sorte a mostrar não só sua consistência, mas também a possibilidade de acompanhamento de que a oferta do terceiro realmente se materialize de acordo com as condições por ele assumidas. Deve a proposta feita pelo terceiro conter cláusula se obrigando a tornar o negócio ao estado anterior, caso se comprove o não cumprimento das condições apresentadas pelo terceiro ao acionista vendedor e por este aos demais acionistas acordantes.

Não será estranho se do acordo constar comando pelo qual o adquirente se compromete a aderir ao pacto de acionistas. Isso porque a não adesão poderá acarretar o enfraquecimento do grupo pela perda dos votos do novo acionista retirante. Mas não será razoável imaginar-se tal possibilidade enquanto obrigação, na medida em que o mecanismo para manter íntegro o grupo de interesse será a concordância com os direitos e deveres nascidos do acordo.[124]

---

[124] Muito embora não usual, o acordo de acionistas firmado por prazo determinado poderá gerar indagações que transcendem o objetivo desta parte do trabalho. A situação, se ocorrente, certamente levantará a questão das obrigações contratadas por prazo certo em relação à venda de ações a terceiro fora do grupo

Do acordo deverão constar as regras procedimentais e prazos a serem observados entre os acordantes, o acionista retirante e o terceiro interessado. Será de interesse dos acordantes remanescentes que do acordo conste previamente a decisão quanto a se as ações alienadas serão distribuídas proporcionalmente entre todos os adquirentes, o que fazer com as eventuais sobras, bem como se entre os sócios remanescentes poderá ou não haver venda de direitos de subscrição.

6.7.9 Vigência, prazo do acordo, rescisão

O acordo de acionistas pode ser contratado por prazo indeterminado ou determinado.[125] Em ambas as hipóteses, sua vigência inicial entre os signatários se dá desde o momento em que foi firmado, e a vigência perante terceiros e junto à companhia — por ela devendo ser observado — se dá a partir do momento em que é arquivado em sua sede social. A mesma tranquilidade não se mostra quando se analisa a rescisão dos acordos de acionistas, quer os firmados por tempo determinado, quer aqueles contratados por tempo indeterminado. Este é um dos assuntos mais controversos na doutrina e mesmo na jurisprudência, principalmente no que diz respeito à revogação ou saída de forma unilateral de acionista independentemente de motivação. Pode-se dizer que isso também ocorre com relação aos acordos por prazo determinado em que se busque a cessação de seus efeitos, durante o prazo de sua vigência, por quebra da razão de se associar, quebra de confiança, conflito de interesse, etc. Há que se sublinhar que as dificuldades abaixo levantadas dizem respeito fundamentalmente aos acordos de voto; já as divergências quanto à interpretação das normas legais, neste ponto, não apresentam maior dificuldade.

Outro motivo de disputa interpretativa ocorre pela aplicação do regramento quanto ao rompimento do pacto quer seja ele aplicável a uma sociedade por cotas de responsabilidade limitada, sociedade anônima de capital fechado ou aberto. Nesta última hipótese, os mesmos comandos se aplicam quer a anônima tenha controlador, quer tenha todas as suas ações pulverizadas no mercado. Assim é que, tanto a doutrina como a jurisprudência, quando tratam dos acordos por tempo indeterminado ou determinado, como se verá abaixo, analisam o problema pela mesma ótica, tendo por parâmetro o Código Civil, o artigo 118 da Lei das

---

original signatário, para se saber se a adesão do adventício poderá ou não ser cogente, enquanto obrigação necessária a ser por ele cumprida, que é parte externa à inicial manifestação de vontade.

125. Ou, na linguagem elegante de Josserand, trazida por Miguel Maria de Serpa Lopes, os contratos se classificariam "do seguinte modo: 1º) categorias de causas de dissolução do contrato contemporâneas ao nascimento do contrato, isto é, casos em que o contrato já se forma com o germe letal que o há de invalidar, como na nulidade ou na rescisão por lesão; 2º) categorias de causas de dissolução supervenientes, isto é, surgidas no curso da vida contratual. O contrato nasceu viável, mas, por uma circunstância ulterior, produziu-se o seu aniquilamento." Vide LOPES, Miguel Maria de Serpa. **Curso de Direito Civil**. Op. cit., v. 3, p. 197.

Anônimas e o princípio geral de direito segundo o qual ninguém pode se obrigar indefinidamente.

Dadas as enormes diferenças existentes entre os motivos para aderir ao pacto obrigacional, enquanto sócio de uma limitada ou de uma sociedade anônima de capital fechado ou aberto, tenho para mim que tais peculiaridades devam se refletir na análise da formação e do desmanche do pacto de voto entre os sócios. Isso não ocorre necessariamente no que diz respeito ao direito de preferência na aquisição da participação total ou parcial de sócio retirante ou vendedor de parte de suas ações.

Pode-se dizer que, na quase totalidade das sociedades por cotas de responsabilidade limitada, e com menor ênfase nas companhias constituídas sem a colocação de ações perante o público, a motivação de se associar é baseada em relações pessoais entre os sócios. Já nas companhias de capital aberto, os sócios, na grande maioria das vezes, não se conhecem e mesmo têm objetivos diferentes quanto à motivação de se associar.

Um investidor institucional quer aplicações de longo prazo e possivelmente ter o poder de exigir um grau bem mais acentuado de transparência do que o pequeno investidor, que tem dificuldade de acompanhar o desempenho econômico da companhia e que dificilmente comparece ou acompanha os atos societários. Com todas essas diferenças, é irrealista querer analisar as previsões legais concernentes ao acordo de acionista pela mesma lente ou pelos mesmos princípios. Assim, focarei minhas considerações e posições abaixo tendo em vista somente as companhias com ações colocadas junto ao público.

6.7.10 Os acordos de voto e de preferência por prazo determinado

O prazo de vigência do acordo de acionistas pode ser fixado em função do estabelecimento de termo final para sua validade ou em função da ocorrência de determinada situação prevista no pacto obrigacional. Nessas duas hipóteses, o acordo de acionistas poderá ser denunciado por decurso de prazo ou, antes de seu termo final, pela ocorrência de situação prevista no próprio acordo. Tal comando se torna importante na medida em que significará o desmanche dos interesses que motivaram sua constituição. Mais relevante ainda se torna o perfeito entendimento de quais serão as condições resolutivas, as quais uma vez ocorridas terminarão com o vínculo obrigacional criado pelo acordo. Sua ocorrência deverá estar clara e detalhadamente prevista no pacto para se evitar discussões penosas ou mesmo perigosas para a vida da companhia.

A extinção do vínculo pelo decurso do prazo de sua vigência não apresenta maior problema. Como qualquer contrato, decorrido o prazo ele perde a validade, voltando seus signatários à situação anterior. As dificuldades surgem na extinção do vínculo antes do prazo previsto pelo acordo, ou quando o mesmo foi criado para viger por prazo indeterminado.

A quebra do acordo antes de seu termo final ocorrerá por vontade dos signatários ou por decisão judicial em face de provocação do acordante irresignado com a sua permanência. Assim, as eventuais dificuldades surgem somente com referência a esta última hipótese, qual seja, a quebra unilateral do contrato pelo retirante. Essa saída só ocorrerá de forma fortemente motivada nascida da quebra de confiança entre os signatários ou da forte inconveniência de lá permanecer. A desconfiança ou impossibilidade pode nascer de uma série enorme de situações, tais como abuso de poder, atuação em conflito de interesse, brigas pessoais, agressões, etc. A essa enorme variedade de situações a doutrina e a jurisprudência denominam como perda da *affectio societatis*, ou perda dos motivos que levaram à assinatura do acordo, a qual se transformou em desavenças pessoais de vários graus de animosidade. É a desavença, seu grau e as possíveis consequências que o Judiciário irá analisar e julgar para decretar ou não a extinção do pacto obrigacional firmado por tempo determinado.

Grande parte da dificuldade hoje encontrada pelos doutrinadores e pelos julgadores decorre da distorção ocorrida com o significado do termo a*ffectio societatis*.[126] A indagação surge no momento em que o interesse de determinado signatário é suficientemente forte para justificar o rompimento do contrato; não porque lhe seja desinteressante continuar a fazer parte do pacto, mas porque a imagem ou a permanência vinculativa lhe prejudicam seriamente. Este seria o caso quando um de seus signatários é declarado inadimplente, processado, declarado falido ou objeto de escândalo. Em situações desse tipo, estaria atendido o interesse que

---

[126]. "[...] o que se buscará demonstrar é que a aplicação acrítica e abusada da noção de *affectio societatis,* ainda em voga no direito societário brasileiro, é, em larga medida, incompatível com a evolução da ciência jurídica universal (o que se ilustra com a lembrança da inapelável condenação da teoria do negócio jurídico, a partir de meados do século XIX, e pela elaboração da teoria do contrato plurilateral). Em boa parte, a insistência na alusão à *affectio societatis* aparenta ser manifestação de certo imobilismo intelectual, que presta reverência a conceito de origem romana (em que pese o iluminado comando da 'Lei da Boa Razão', de 18.8.1769, regra de Direito Reinol que ainda hoje conviria ser relida". Vide FRANÇA, Erasmo Valladão Azevedo e Novaes. **Temas de direito societário, falimentar e teoria da empresa**. São Paulo: Malheiros, 2009, p. 29. "[...] no Direito Brasileiro a noção de *affectio societatis* continua a ecoar na doutrina, que ora lhe reconhece o atributo de elemento constitutivo do contrato de sociedade, distinto do consentimento exigido para a celebração de qualquer contrato; ora a ela se refere como elemento definidor da extensão dos deveres dos sócios e dado legitimador da transposição de soluções das sociedades ditas de capitais. O quadro torna-se ainda mais nefasto quando se constata que a noção de *affectio societatis* é manejada pelos tribunais, sem qualquer sistematicidade e carregada de um incompreensível empirismo, para justificar soluções as mais díspares possíveis entre si, notadamente em matéria de dissolução parcial de sociedade *lato sensu* (retirada, exclusão e dissolução parcial em sentido estrito), com total alheamento de outros temas fundamentais envolvidos na questão, como os de juízo de proporcionalidade e de análise de imputação de responsabilidade pela quebra de eventuais deveres de sócio." (p. 33).

justificou a formação do grupo de voto? Provavelmente não. Porém, devemos ter em mente que essa quebra, nas sociedades anônimas de capital aberto, pode se diferenciar das motivações ocorrentes em uma companhia formada por poucos sócios, na qual o conhecimento entre os acionistas em muito difere dos signatários de uma companhia de participação pulverizada.

Assim, as razões para se associar num acordo de voto dentro de uma sociedade anônima de capital aberto com controlador ou grupo de controle não são necessariamente as mesmas que levam à formação de um grupo nas companhias de controle difuso. Nas companhias de capital aberto, será difícil dizer que existe o ideário quase que romântico retratado por aqueles sócios renascentistas que se sentavam à mesma mesa para dividir o mesmo pão e negócio (*cum panis*), de cuja herança só sobrou o significado etimológico da palavra "companhia". Será muito mais próximo da realidade que os formadores de uma companhia de capital aberto se sentam à mesa para discutir interesses comuns, mas em grande parte do tempo na defesa de interesses personalíssimos, ainda que legítimos. Enfim, no mais das vezes são interesses financeiros que estão em jogo, não estando os sócios em uma tertúlia fraterna para compartilhar do mesmo pão.

Ou seja, os acionistas das grandes corporações discutem as vantagens individuais de se associar, interesse este que permanecerá válido enquanto as perspectivas futuras justificarem a "divisão do pão". Disso resulta que, de um lado, temos a desejável permanência das obrigações e direitos que foram contratados para viger durante um determinado período de tempo. De outro lado, temos os interesses e os relacionamentos cambiantes durante a vigência do pacto obrigacional. Em sendo esta visão mais próxima da realidade, o acordo de acionistas, mesmo se firmado por prazo determinado, deverá conter escadas de escape e condicionantes para o caso de a expectativa original não se manter.

Ou seja, a motivação ou razão fundamental que levou à busca do rompimento do acordo deve poder ser comprovada em juízo ou por meio de um laudo arbitral, se esta última forma estiver prevista para a solução de conflitos. Uma vez existente a motivação, deverá o pretendente retirante notificar aos demais, dando prazo para a aquiescência ou não. Nesta última situação, restará ao solicitante recorrer à decisão judicial ou arbitral, se for o caso.

6.7.11 Os acordos de voto e de preferência por prazo indeterminado

A grande discussão entre os juristas, bem como no que diz respeito às decisões judiciais, refere-se não à possibilidade de se ter um acordo de acionistas por prazo indeterminado — possibilidade que ninguém nega —, mas a saber se ele pode ser rompido unilateralmente pelo acionista. Duas são as posições mais comumente aceitas. Uma ensina que a possibilidade de se retirar decorre do princípio geral de

Direito segundo o qual ninguém pode se obrigar para sempre, e, na medida em que o vínculo seja constituído sem termo final, decorreria a criação de uma obrigação perpétua,[127] o que não seria possível. Isso implicaria que as obrigações assumidas sem prazo poderiam ser rompidas a qualquer tempo.[128] Outra corrente advoga que mesmo que o acordo não contenha termo final, ele só poderá ser rompido se houver motivo forte o suficiente para que seja caracterizada a perda da misteriosa *affectio societatis*.[129]

Os que defendem a possibilidade de saída unilateral, independentemente de motivação, têm como fundamento o artigo 1.033 do Código Civil (correspondente ao art. 335 do Código Comercial revogado). Porém, deve-se ter em mente que este artigo se refere especificamente à dissolução de sociedade comercial e não

---

[127] "Conquanto não impliquem a ofensa ao princípio da liberdade de voto, os acordos em questão, segundo pensamos, não tem o condão de tolher indefinidamente essa liberdade. Parece-nos assim ainda válido o entendimento de Valverde, calcado na jurisprudência francesa, no sentido da inadmissibilidade do acordo pelo qual o acionista renuncia, para sempre, a votar ou não votar nesse ou naquele sentido. Mesmo na ausência de estipulação contratual quanto à duração do acordo, há que entender-se que, invocado motivo justo, possa dele desligar-se o acionista, o que acontecerá quando a manutenção do vínculo restrinja excessivamente seus interesses patrimoniais." Vide TEIXEIRA, Egberto Lacerda; GUERREIRO, José Alexandre Tavares. **Das sociedades anônimas no Direito brasileiro**. Op. cit., v. 1, p. 309-310.

[128] A 10ª Câmara Cível, na Apelação Cível 2845/99, sendo apelante Pasquale Scofano e outros, e apelado Antonio Scofano, tendo como Relator o Desembargador Sylvio Capanema de Souza, decidiu que: "[...] O acordo de acionistas foi flagrantemente violado pelos réus, que realizaram assembleias gerais, sem a presença do autor, e aumentaram o capital, com emissão de novas ações, por eles subscritas, com o que se rompeu a proporcionalidade prevista e assegurada no referido acordo. O fato de o acordo já ter 10 anos e estar vigorando por prazo indeterminado é inteiramente irrelevante. Não se nega que o acordo poderia ser unilateralmente denunciado, já que celebrado para vigorar por prazo indeterminado, não se podendo tolerar obrigações eternas. Mas é evidente que a denúncia teria que se realizar mediante notificação prévia aos demais acionistas, que não poderiam ser tomados de surpresa. Os réus não demonstraram que notificaram o autor, para denunciar o acordo, realizando as assembleias sem a sua presença, contrariando, inclusive, outra de suas condições, que exigia a unanimidade, para qualquer decisão quanto aos destinos da empresa".

[129] Em posição mais radical se colocam aqueles que, com base na teoria do *pacta sunt servanda*, entendem que a resilição só poderá ocorrer após o decurso do prazo escrito no acordo, ressalvada a hipótese de um novo consenso, como se vê na decisão da 10ª Câmara Cível, na Apelação Cível n. 14.620/05, Relator Desembargador Sylvio Capanema de Souza, apelante Interfinance Partners Ltda. e apeladas Ferrovia Tereza Cristina S.A. e Santa Lúcia Agro Indústria e Comércio Ltda., no sentido de que: "[...] Tendo o acordo firmado pelas partes por prazo determinado, de 30 anos, não se prevendo a faculdade de resilição unilateral, não podem as partes dele se desvincular, a não ser por um novo consenso, ou uma vez findo o prazo. Como em qualquer outro contrato tem que se respeitar o princípio da *pacta sunt servanda*, inclusive no que diz respeito à exigência da reunião prévia e de consenso. [...] O fato é que, ao arrepio do que se ajustou no acordo de acionistas, as matérias controvertidas foram levadas à votação e deliberadas. [...] Por outro lado, o Acordo é expresso ao estabelecer que na saída de um dos participantes permanecerá ele vigente para os remanescentes. Se o acordo se tornou inexequível, como entende a sentença [de primeiro grau], e não é, teria que ser desconstituído, na forma que dispõe a teoria geral dos contratos. A doutrina pátria, diante da hipótese versada nos autos, admite que qualquer acionista ingresse em juízo para pedir dissolução da avença, por quebra da *affectio societatis*, o que decorre da natureza parassocial do acordo de acionistas."

ao acordo feito fora e de forma independente da sociedade comercial,[130] como é o caso dos acordos parassociais. Como decorrência, os acordos de acionistas, que eram contratos mercantis, hoje se regem pelas normas gerais do Código Civil, bem como pelas regras especiais contidas no artigo 118 da Lei das Companhias, além das regras compatíveis pactuadas livremente entre os signatários.

Também é de se ter em mente que a Lei das Companhias, ao tratar do acordo de acionistas em seu artigo 118, não entra no regramento do contrato por prazo indeterminado, mas faz referência somente aos acordos por prazo determinado, estabelecendo o parágrafo 6º que "O acordo de acionistas cujo prazo for fixado em função de termo ou condição resolutiva somente pode ser denunciado segundo suas estipulações".

Isso significa que o intérprete, ao tratar dos acordos de acionistas válidos por prazo indeterminado, tem que se socorrer dos comandos constantes do Código Civil quanto à extinção dos contratos. A adoção deste entendimento tem reflexos diretos em tais acordos, na medida em que se aplicam os princípios gerais inerentes aos pactos obrigacionais, cujo comando geral estabelece que "O distrato faz-se pela mesma forma exigida para o contrato" (artigo 472). Mas mesmo esse preceito é de pouca valia para dar uma direção quanto à possibilidade ou não de se terminar unilateralmente o contrato, na medida em que significa que a extinção do vínculo será feita da mesma forma como ocorreu seu nascimento — no nosso caso, pela forma escrita.

A dificuldade interpretativa surge no artigo 473, o qual prevê a possibilidade de resilição unilateral do contrato, desde que haja permissão — expressa ou implícita

---

130. "Pensamos seja oportuno consignar que é frequente a referência, por parte de alguns autores (e até é fundamento de alguns julgadores) aos artigos 1.339, V, e 1.404 do Código Civil [de 1916], e o artigo 335, 5, do Código Comercial, que admitem seja o vínculo contratual de duração indeterminada, nas sociedades de pessoas, rompido por denúncia unilateral. Essas normas, que se destinavam a reger contratos de pessoas físicas, e defender a liberdade de agir do homem, que não pode vincular-se eternamente, só inadvertidamente podem ser invocadas para reger, no mundo de hoje, a vida contratual das pessoas jurídicas". Vide LAMY FILHO, Alfred; PEDREIRA, José Luis Bulhões. **A Lei das S.A.** Op. cit., v. 3, p. 313. No mesmo sentido Darcy Bessone, ao dizer que: "Desde logo, é de considerar-se que o Código Comercial não se aplica às companhias. O Capítulo II do seu Título XV, sob a epígrafe 'Das Companhias de Comércio ou Sociedades Anônimas', foi revogado pela L. 2627, de 26 de setembro de 1940, agora substituído pela L. 6404, de 15 de dezembro de 1976. Na legislação sobre as companhias não vigora o princípio constante do artigo 335 do Código Comercial. Elas não são *intuitu personae*. Os acionistas envolveram-se impessoalmente, como titulares de ações, que exprimem frações do capital. Podem entrar na sociedade e dela sair sem que se afete a vida societária. Com uns ou com outros acionistas, a sociedade não se altera. O controle societário constitui mecanismo conveniente aos riscos e responsabilidades que certos acionistas assumem. Os acordos de acionistas relacionam-se em regra com tal controle, que também pode exercer-se através de *holding*, inclusive quando as controladoras sejam companhias, nas quais a rotatividade dos acionistas pouco importa, do ponto de vista jurídico. De outra parte, deve-se atentar em que o artigo 335, V, do Código Comercial, somente se refere à dissolução de sociedades. Os acordos de acionistas não se revestem de caráter societário, todavia." Vide ANDRADE, Darcy Bessone de Oliveira. Parecer. **Revista Forense**. Rio de Janeiro: Forense, v. 83, n. 300, p. 123-130, out./dez., 1987, p. 129.

— em lei. Caso haja a previsão legal da resilição, esta se opera "mediante denúncia notificada à outra parte", cabendo ao contratante denunciado o direito de indenização se houver feito "investimentos consideráveis". Ocorre que o artigo 118 da Lei das Companhias não permite que se infira, quer direta, quer indiretamente, que a lei especial contempla a resilição unilateral. Caso houvesse tal hipótese, seria de se aplicar o comando do parágrafo único do artigo 473, que manda que se dê ao denunciado unilateralmente um "prazo compatível com a natureza e o vulto dos investimentos".

Como se depreende da leitura dos artigos, estes foram redigidos tendo em mente os acordos bilaterais entre um ou mais credores e, de outro lado, um ou mais devedores. Já no caso dos acordos de acionistas, usualmente estão todos os signatários voltados para o mesmo objetivo de voto ou para a obediência ao direito de preempção. Ao que parece, os artigos do Código Civil referentes à extinção dos contratos foram pensados para resolver problemas outros que não a extinção do contrato em que acionistas se combinaram para organizar em uma única direção seus votos nas deliberações assembleares ou para exercerem o direito de preferência entre os próprios signatários.

O que se pode concluir é que os comandos legais existentes não foram capazes de retirar a indecisão quanto à necessidade de motivação concreta para que determinado signatário do acordo dele se desligue antes de seu termo final. Porém, de outro lado, nada existe de concreto, em termos legais, que diga que a retirada, como ato unilateral de manifestação de vontade, não possa ocorrer. Como seria de se esperar, a doutrina dividiu-se entre aqueles que admitem a denúncia unilateral a qualquer momento e aqueles outros que defendem que ela só poderá ocorrer de maneira justificada, mesmo sendo um acordo firmado por prazo indeterminado ou que o prazo de vigência não conste do pacto.

A dificuldade aumenta quando se verifica que a maior parte da doutrina brasileira, ao discutir a justificativa para o término ou saída do acordo, milita no sentido de que a retirada do dissidente só poderá ocorrer em casos de comprovado término da *affectio societatis*.[131] Mas o que caracterizaria a falta da vontade, capacidade ou

---

131. "34. Podemos, assim, concluir que, em tese, todo acordo entre sócios, por *tempo indeterminado,* pode ser denunciado livremente por uma das partes, especialmente quando não integra um conjunto de contratos com prazo determinado. 35. Mas, mesmo que, simplesmente *ad argumentandum* não se reconheça a aplicação dessa tese em todos os casos, é evidente que a denúncia se impõe quando, por razões objetivas, a conveniência dos acionistas na gestão empresarial não mais se torna possível, tendo surgido conflito de interesses, que extinguiu a *affectio societatis*." Vide WALD. Arnold. Sociedade limitada: necessidade de aprovação de quotista na transferência de quotas: direito de bloqueio: direito do sócio remanescente de não subscrever o acordo de quotistas com o adquirente de quotas perante o poder judiciário antes de instaurado o juízo arbitral: foro competente. **Revista de Direito Bancário e de Mercado de Capitais**. São Paulo: Revista dos Tribunais, v. 8, n. 27, p. 141-200, jan./mar. 2005. Marcelo Bertoldi conclui que: "o acordo de acionista que estipule prazo fixado em função de termo ou condição resolutiva não pode ser rescindido antecipadamente e sem justo motivo. Por outro lado, naquelas

comportamento que comprometeria a *affectio societatis*? A doutrina e a jurisprudência não apontam uma resposta comum, certamente em razão da falta de nítido comando legal.

Arnold Wald, conforme citações transcritas à nota n. 131, admite que a retirada de acordante, por ser uma manifestação de um poder potestativo, poderá ocorrer em alguns casos. Já Modesto Carvalhosa entende que, no atual estágio de nossa jurisprudência, inexistiria o direito de denúncia imotivada do pacto.[132] Não se pode afirmar que a jurisprudência tenha se firmado de modo preponderante a favor de uma ou outra doutrina. Assim é que a denúncia unilateral é admitida, conforme se vê nas decisões preferidas na Apelação Civil n. 7795, de 1980, nos Embargos Infringentes n. 53546-1, de 1986, e na Apelação Civil n. 277.760-4/9-00, todas do Tribunal de Justiça de São Paulo. Em sentido contrário, podem ser citados os Embargos Infringentes na Apelação Civil n. 34.167, de 1985, do Tribunal de Justiça do Rio de Janeiro, e a Apelação Civil n. 211.924.1/4, do Tribunal de Justiça de São Paulo,[133] neste caso estabelecendo um variante quanto à rescisão

---

hipóteses em que se verifique a indeterminação do prazo de vigência do acordo, ele somente poderá ser denunciado unilateral e injustificadamente desde que mediante aviso prévio compatível com a natureza de suas estipulações e sempre se respeitando o princípio da boa fé contratual." Vide BERTOLDI, Marcelo. **Acordo de acionistas**. São Paulo: Revista dos Tribunais, 2006, p. 104. No mesmo sentido: "Os comercialistas que estudam a matéria invocam, na realidade, as lições civilistas que, no contrato por tempo indeterminado admitem a possibilidade não só da resolução por inadimplemento da outra parte, ou de inexecução em geral, mas ainda a resilição unilateral considerada como verdadeiro direito potestativo". Vide WALD, Arnold. Parecer. **Revista de Direito Civil Imobiliário, Agrário e Empresarial**. São Paulo: Revista dos Tribunais, v. 78, p. 151-175, out./dez. 1996. O mesmo autor ressalta que os acordos de acionistas "não são alheios aos atos constitutivos das sociedades, que dele resultaram, nem à sua organização e estrutura, que foram por eles determinados [resultando que no caso examinado pelo autor se pode concluir que] a rescisão unilateral dos negócios jurídicos em geral só é admitida excepcionalmente e mediante fundamentação jurídica. Aliás, mesmo nos casos excepcionais, nos quais se admite a rescisão unilateral, por se tratar de contrato de duração indeterminada não vinculados a outros, que continuam em vigor, o direito de rescindir não é absoluto, sob pena de constituir um abuso de direito e ensejar uma responsabilidade, conforme salientam a doutrina e a jurisprudência." Vide WALD, Arnold. Do descobrimento de denúncia unilateral de pacto parassocial que estrutura o grupo societário. **Revista de Direito Mercantil Industrial Econômico e Financeiro**. São Paulo: Revista dos Tribunais, v. 30, n. 81, p. 13-21, jan./mar. 1991, p. 15-17.

132. "Atualmente, nossa jurisprudência tem entendido que não se aplica, portanto, aos pactos de voto por prazo indeterminado a denúncia pura e simples, sob fundamento de não mais interessar prossegui-los. Não há, pois, nesse contrato tipicamente parassocial e plurilateral a possibilidade de extinguir-se por resilição unilateral. A denúncia dependeria de *justa causa*, ou seja, a quebra da *affectio*, por conduta incompatível ou dissídio de vontade das partes, ou ainda de interpretação das cláusulas do pacto, e de qualquer outra que configure materialmente a desavença, ou ainda a deslealdade em face dos pactuantes e do interesse social. Essa tendência jurisprudencial, ou seja, de que a denúncia só pode se dar por motivo justo, através de decisão judicial." (CARVALHOSA, Modesto. Acordo de acionistas. **Revista de Direito Mercantil, Industrial, Econômico e Financeiro**. São Paulo: Malheiros, n. 106, abr./jun. 1997, p. 21).

133. "A pretendida 'desconstituição' não pode ser reconhecida. Não há como invocar no caso aqui examinado direito à resilição unilateral porque sem prazo de vigência o ajuste. As normas que assim rezam, tanto no Código Civil como no Código Comercial, deverão ser interpretadas à luz do moderno desenvolvimento

do acordo, diferenciando a possibilidade caso seja firmado entre pessoas físicas ou jurídicas.

Finalmente, é de se mencionar a indefinição doutrinária no que concerne aos acordos de acionistas que tenham previsão de termo final alongada ou muito prolongada no tempo. Em outras palavras, a partir de qual prazo de vida os acordos passariam a ser considerados como firmados por prazo indeterminado?[134] Mais uma vez, por falta de comando legal, os doutrinadores divergem. Assim é que, diante de tanta incerteza, sugerem o estabelecimento de um número de anos, a partir do qual estaria caracterizada a indeterminação do prazo do acordo. Entretanto, tal proposta, se contida em lei, não poderia agasalhar acordos de voto e de preferência em companhias que necessitam dos acordos de acionistas por prazos distintos em função de suas diferentes necessidades empresariais. Uma companhia que vá gerir uma concessão governamental para exploração de estrada de ferro ou energia elétrica certamente demandará um acordo vigente por prazo mais longo do que um empreendimento comercial familiar.

Diante de tantas indefinições, mas dada a importância que os acordos de voto e de preferência têm no mundo das companhias, é fundamental que a sua elaboração seja objeto de grande cuidado, prevendo-se, na medida do possível, cláusulas que deem certeza do direito e determinadas provisões com efeito resolutivo do contrato, mesmo contemplando mecanismos para restituir a liquidez do investimento, na medida em que as ações objeto do acordo de acionistas não podem ser transacionadas no mercado secundário, ou seja, perdem a liquidez.

dos negócios que envolvem organizações societárias; valerão aquelas normas que fulminam o prevalecimento de sociedades constituídas por prazo ilimitado quando associadas pessoas físicas, que não podem permanecer ilimitadamente ligadas umas às outras por ajustes vinculando corporações comerciais. Esse entendimento moderno e consentâneo com a complexidade do mundo comercial repercutiu na doutrina e na jurisprudência; deve ser prestigiado, uma vez que seria manifestamente injurídico — por isso mesmo injusto, a impedir fosse prestigiado pelo bom direito — pudesse uma das partes, após receber substancial aporte de capital e transferência de tecnologia, sem mais aquela, unilateralmente, pelo exercício de verdadeira denúncia vazia, considerar desfeito o acordo que pouco tempo antes fora celebrado". Vide ALVARENGA, Maria Isabel de Almeida. Impossibilidade de resilição unilateral de acordo de acionistas por prazo indeterminado: jurisprudência comentada. **Revista de Direito Mercantil, Industrial, Econômico e Financeiro.** São Paulo: Malheiros, v. 108, p. 186-196, out./dez. 1997, p. 187-188.

134. "Na bibliografia pátria, Modesto Carvalhosa analisa a questão da duração do acordo, registrando que o direito europeu tem se firmado contra convenções de longa vigência. Nessa mesma parte de seu estudo, o autor registra algumas hipóteses de prazos de duração do acordo em outros países. Como Itália e Espanha, 3 anos, e Estados Unidos 10. Repudia ele os prazos excessivos, como a partir de 20 anos. Por fim, anota a proposta de Waldírio Bulgarelli para que a limitação de prazo seja a 5 anos, nas companhias abertas, e 10 anos, nas sociedades fechadas, devem ser considerados como de prazo indeterminado. [...] As sugestões de Modesto Carvalhosa e Waldírio Bulgarelli para a limitação do prazo do acordo a 5 ou 10 anos mostram-se meramente intuitivas, na medida em que os referenciais do direito estrangeiro são variados e decorrem de legislações nacionais respectivas. A meu ver, não tem elementos para se aventurar a sugerir um prazo para a duração do acordo". Vide BARBI FILHO, Celso. **Acordo de acionistas**. Op. cit., p. 194-195.

6.7.12 Arquivamento na sede da companhia

Como todo contrato, o acordo de acionistas produz efeitos entre seus signatários. Já para produção de efeitos perante terceiros quaisquer, deve o contrato ser registrado em local de livre acesso aos interessados. No caso dos acordos de acionistas, uma vez entregue o documento que materializa o pacto, duas são as operações que a companhia, necessariamente, tem a obrigação de realizar. Tem que arquivá-lo em sua sede e, ato contínuo, e como consequência do arquivamento, a companhia deverá anotar no livro de registro de acionistas as regras e impedimentos estabelecidos pelos acordantes, inclusive com a retirada de sua negociabilidade junto ao mercado de bolsa ou de balcão. Para as companhias de capital aberto surge uma terceira obrigação, qual seja, a de publicar anúncio de fato relevante[135] nos periódicos nos quais a companhia faz suas publicações regulares, além de enviar comunicado para a bolsa de valores onde suas ações são negociadas.

6.7.12.1 Os efeitos do arquivamento

A Lei das Companhias não prevê de que forma se dará o arquivamento do acordo na sede da companhia, nem se a companhia tem competência para examinar o pacto fazendo-lhe reparo quanto à forma ou ausência de formalidade. Diante da ausência, alguns doutrinadores invocam a utilização da Lei n. 8.934/1994, que trata dos registros públicos.[136] Tal posição me parece equivocada, além de burocratizar desnecessariamente uma relação eminentemente privada. A lei somente comanda que o acordo de acionistas, para valer contra terceiros, deve ser "registrado na companhia" e nada mais. Contrariamente, uma vez não cumprido o ritual de registro, decorre que o acordo entre sócios vale exclusivamente entre eles, não produzindo efeitos entre os demais sócios não acordantes, os administradores da companhia ou terceiro qualquer. Neste caso, ao signatário prejudicado caberá intentar contra o faltoso a eventual ação de perdas e danos.

Na jurisprudência abaixo,[137] com a relatoria do Desembargador Beretta Silveira, discutiu-se se o comportamento quanto à divisão de cargos no conselho de

---

135. Vide Instrução CVM n. 358/2002, artigo 2º, inciso III: "Considera-se fato relevante para os efeitos desta Instrução, qualquer decisão de acionista controlador, deliberação da assembleia geral ou dos órgãos de administração da companhia aberta, qualquer outro ato ou fato de caráter político administrativo, técnico, negocial ou econômico-financeiro ocorrido ou relacionado aos seus negócios que possam influenciar de modo ponderável: [...] Parágrafo único – Observada a definição do *caput*, são exemplos de ato ou fato potencialmente relevante, dentre outros, os seguintes: [...] III – celebração, alteração ou rescisão de acordo de acionistas em que a companhia seja parte ou interveniente, ou que tenha sido averbado em livro próprio da companhia."

136. Vide BARBI FILHO, Celso. **Acordo de acionistas**. Op. cit., p. 136.

137. Apelação Cível com revisão n. 514 706-4/0-00, do Tribunal de Justiça de São Paulo, sendo apelantes Mosaic

administração da empresa geraria direito ao reconhecimento formal da existência de um acordo de acionistas e se o descumprimento do acordo geraria sua invalidação judicial por ter sido praticado contra o princípio da boa-fé, mesmo que o artigo 118 da Lei das Companhias contenha previsão expressa da necessidade de seu registro formal na sede da companhia para passar a gozar da execução específica de seu conteúdo.

No julgado em questão, Bunge Fertilizantes S.A. e Fertilizantes Ouro Verde Ltda., controladores da Fertifós Adm. e Part., controladora da Fosfertil, elegeram em assembleia geral de acionistas o conselho de administração da Fosfertil sem levar em conta o pedido dos minoritários no sentido de que continuassem a eleger, em conjunto, seus representantes, como até então ocorrera. O Tribunal de Justiça de São Paulo, por unanimidade, entendeu que os minoritários estavam com o bom direito, tendo em consideração que o acionista controlador agira com reserva mental, quebra do dever fiduciário e da boa-fé, tendo em consideração que:

> [...] diante das provas dos autos acima já apontadas [troca de correspondência eletrônica] tem-se que os autores apelantes tiveram uma representação inexata do que seria a conduta dos réus apelados, inexatidão essa que se equipara ao erro escusável, pois tudo levava a crer da manutenção de um comportamento usual e reiterado por parte dos acionistas majoritários. [...] O enfoque que deve ser dado no caso em tela é saber se houve abuso de direito. [...] bem de ver, portanto, que a negociação prévia mantida pelas partes, com correspondência eletrônica a levar o convencimento da manutenção da estrutura até então existente no que toca à eleição do Conselho de Administração da Fertifós, implica em que com a desconsideração disso tudo vulneram-se os princípios de direito acima colocados [a boa-fé, a reserva mental e o dever fiduciário do acionista] a traduzir em ato ilícito, cuja consequência é o acolhimento do pedido inicial que é expresso e claro quanto à sua extensão, qual seja, a declaração de nulidade da deliberação feita na Assembleia Geral Ordinária da Fertifós realizada no dia [...] especificamente com relação à substituição dos membros do Conselho de Administração dessa empresa, com insubsistência dos atos posteriores praticados pelo Conselho em sua composição modificada de forma abusiva. Dos diversos pareceres de ilustres professores trazidos aos autos, importa destacar o argumento no sentido de que os conselheiros da Fertifós que votaram favoravelmente à reorganização fizeram-no contrariamente aos interesses da própria empresa, vez que a deliberação levaria à perda do controle da Fosfertil, único ativo da Fertifós, sem que esta fosse recompensada. [...] A prova dos autos deixou claro que as requeridas apeladas agiram de forma a violar direito dos sócios minoritários com o objetivo de assumir controle acionário, pulverizando as ações e, por consequência, a participação societária desses. [...] O que se veda, e nesse caso o Judiciário é chamado a

---

Fertilizantes do Brasil S/A e outra, Fertibrás S/A, sendo apelados Bunge Fertilizantes S/A e outra, Ariosto da Riva Neto e outros, Fertifós Administração e Participação e outra.

intervir, é que tais atos sejam praticados contra o princípio da boa-fé, que deve ser, antes de tudo, prestigiado, pois ele assegura o acolhimento do que é lícito e a repulsa ao ilícito.

A decisão é importante porque demanda comentários sobre alguns princípios relevantes para a presente discussão. O primeiro é a prevalência dada a um princípio geral de Direito em face de um mandamento específico — no caso, contido no artigo 118 da Lei das SAs, o qual comanda que o acordo, para que produza os efeitos que dele se espera e contidos em lei, deve ser arquivado na sede da companhia. Como já visto, a lei não menciona que os acordos de acionistas devam se revestir da forma escrita, mas se escrito não for o acordo, encontrar-se-á certa dificuldade para a apreensão da manifestação de vontade dos vários acordantes. Porém, de qualquer sorte, seria um passo ousado preferir-se um preceito legal de caráter genérico ao invés do específico, tendo-se em conta, inclusive, as regras de interpretação constantes da Lei de Introdução às Normas do Direito Brasileiro. Desta feita, deve-se indagar se o ato assemblear deveria ou não ser considerado como abusivo ou contrário aos interesses da empresa da qual já detinham o controle acionário, bem como a capacidade de eleger os membros do conselho de administração e, consequentemente, da diretoria.

Inconformada com a decisão, a Bunge Fertilizantes S.A. recorreu ao Superior Tribunal de Justiça,[138] que, pelo voto do relator, Ministro Massami Ueda, decidiu que:

> [...] não há falar em aplicação dos princípios gerais de direito relativos à reserva mental e ao abuso de direito (arts. 110 e 187 do Código Civil) para fundamentar o r. decisum, se há disposições legais específicas que contemplam a *res in judicio deducta*, tais como os supra mencionados artigos 1.089 do CC e 118 da LSA.
> [...] veja-se que o v. acórdão recorrido, ao apreciar a controvérsia, não só deu prevalência às vontades informais não registradas, como também não se atentou para o fato de que as tratativas informais havidas entre as partes sequer foram ultimadas [...].
> Ou seja, embora não tenha havido a quebra do princípio da boa-fé objetiva pelo grupo Bunge, tal discussão perde importância ante a legitimidade conferida aos terceiros interessados, de verem cumprido o requisito da formalização do acordo de acionistas.
> [...] o art. 118 da LSA trata dos acordos de acionistas que versam sobre objetos específicos (compra e venda de ações, preferência para adquiri-las, exercício do direito a voto ou do poder de controle), que, por sua importância e natureza, encontram-se revestidos de formalidades próprias, necessitando de arquivamento na sede da empresa para a obrigatoriedade de sua observância pelos demais sócios e por terceiros.
> Ressalte-se, pois, que a troca de correspondência informal (e-mails) versando sobre assunto essencial e estrutural da Fertifós não pode ser considerada como vinculativa de qualquer manifestação de vontade, nos termos da lei societária.

---

138. Recurso Especial n. 1.102.424-SP (2008/0132178-0).

Dar-se, assim, prevalência à existência de correspondência informal sobre assunto de relevância societária em detrimento do que dispõe a própria lei específica é, *data venia*, dar respaldo a que acordos informais de parte de acionistas possam até mesmo conflitar com os interesses maiores da sociedade.
[...]
Conclui-se, pois, que as deliberações dos acionistas da Fertifós, que ensejaram a substituição dos três conselheiros indicados pelas recorridas Mosaic e outra, observaram estritamente os requisitos previstos na Lei das Sociedades Anônimas, fazendo valer os poderes conferidos aos acionistas controladores e à Assembleia Geral Ordinária [...].
Assim sendo, dá-se provimento ao recurso especial, para restabelecer integralmente a sentença de improcedência da ação anulatória de assembleia geral ordinária.

Uma vez firmado o acordo de acionistas, como manda a lei, deve-se obter seu registro perante a companhia; portanto, deve ser entregue primariamente àquele que a representa, ou seja, a diretoria. Claro está que o termo "diretoria" significa um colegiado, mas o estatuto social deve definir quem é aquele que representa a companhia. Já para as companhias de capital fechado, em sendo o estatuto social silente quanto à representação, e inexistindo conselho de administração, comanda o artigo 144 da Lei das SAs que é dada a "qualquer diretor a [competência para] representação da companhia e a prática dos atos necessários ao seu funcionamento regular".

No nosso caso, como estamos tratando de companhias de capital aberto, a resposta se encontra na Lei das Companhias, quando esta dá competência ao conselho de administração para "eleger e destituir os diretores da companhia e fixar-lhes as atribuições, observado o que a respeito dispuser o estatuto" (artigo 142, II). Assim, no caso das companhias de capital aberto, a resposta deverá estar no estatuto social, que certamente indicará o diretor presidente, que é o representante da companhia, como a pessoa apoderada para receber o acordo e ordenar o seu arquivamento na sede social. Poderá a competência, outrossim, estar adjudicada ao diretor de relações do mercado, que é o executivo responsável por se relacionar com os acionistas, publicar fatos relevantes, bem como responder às indagações da CVM ou da bolsa de valores onde as ações da companhia são transacionadas. Porém, mesmo que o estatuto nada preveja, volta a competência para aquele que representa a sociedade perante o mundo externo, ou seja, o diretor presidente.

Uma vez recebido o acordo de acionistas, seu trâmite interno é de competência e responsabilidade exclusiva da companhia, já que o ato burocrático não mais diz respeito aos acordantes. Por esse motivo, caberá à companhia efetuar o arquivamento para registro do acordo, bem como fazer o respectivo averbamento no livro competente para vincular as ações ao acordo de voto ou de preferência estabelecido. Caso a companhia tenha ações escriturais, a ela caberá informar à instituição custodiante a restrição à sua negociação, bem como os acordos de voto.

Disso deflui que, uma vez entregue formalmente o acordo à companhia, ele passará a produzir todos seus efeitos legais perante a mesma, nascendo as obrigações que o artigo 118 e seus parágrafos lhe impõe. A partir da formalização da entrega, o pacto deixa de ser um vínculo obrigacional somente entre os signatários e passa a ter que ser observado pela companhia.

À companhia não cabe entrar no mérito do acordo, mas sim fazer cumprir e obedecer aos seus comandos, se de acordo com a lei. Desta feita, não tem a companhia competência para fazer exigências e proceder à devolução do acordo. A competência que a lei lhe outorga diz respeito somente quanto à eventual existência de dúvida quanto a sua implementação. Nesses casos, o parágrafo 11 do artigo 118 diz que "A companhia poderá solicitar aos membros do acordo esclarecimento sobre suas cláusulas". Ou seja, a companhia não dispõe de poderes atribuídos aos registros públicos para devolver o pacto exigindo o cumprimento de acréscimos ou a retirada de comandos, mas tem única e exclusiva competência para pedir esclarecimentos quanto ao seu cumprimento. Essa capacidade de solicitar esclarecimentos faz todo o sentido, na medida em que ela será sempre responsável por ser fiel cumpridora daquilo que foi acordado entre os signatários. É dentro desse contexto que a companhia, por meio do presidente da assembleia, não poderá aceitar os votos dados em contrário ao acordo pelo acionista discordante na assembleia.

Uma vez entregue o acordo de acionistas à companhia, a presunção é a de que proceda aos devidos registros e averbações de sorte a fazer cumprir o acordado entre seus signatários. Não caberá à empresa, ao receber o documento, deixar de arquivá-lo sob o pretexto de não ter havido manifestação detalhada sobre a devida atuação da companhia, conforme jurisprudência do Superior Tribunal de Justiça,[139] de relatoria do Ministro Eduardo Ribeiro, estabelecendo que:

> Primeira questão suscitada no recurso diz com a contrariedade do artigo 118 da Lei das Sociedades por Ações. Sustenta seu ilustre subscritor que o acórdão confundiu o arquivamento com simples recebimento para depósito. Aquele envolve exame de documento, em vista das consequências jurídicas que dela resultam. A mera guarda, despida de outras repercussões, não implica seja analisado, acarretando apenas o dever de custodiar. Alguma dificuldade se poderia apontar à alegada violação do citado dispositivo, considerando-se que a entrega do documento do acordo ao Diretor-Presidente do recorrente e, pois, o arquivamento admitido pelo acórdão, deu-se antes da vigência da lei indicada. Examine-se, de qualquer, sorte o tema.
> Inegável se possa distinguir a entrega do termo do acordo de acionistas à companhia, para que seja arquivado, com as consequências próprias, daquela que se faça tão só para que permaneça em depósito. Daí não se segue, entretanto, requeira o primeiro

---

[139] Recurso Especial n. 23.668-3-MG (92.0015063-2), recorrente Banco Mercantil do Brasil S.A., recorrido Sérgio Vicente de Araújo.

formalidades especiais. Basta seja dado concluir que o objetivo seria o de arquivar. Note-se que, tratando-se de acordo de acionistas, dificilmente seria confiado à sociedade, simplesmente para custodiá-lo. A entrega há de presumir-se visando a que sejam alcançadas as finalidades próprias.

Em decisão semelhante, a 4ª Câmara Cível do Tribunal de Justiça do Rio Grande do Sul[140] entendeu que, dado o silêncio do artigo 118 quanto à caracterização legal do arquivamento do acordo de acionistas na sede da companhia, o ato pode ser depreendido inclusive pela obediência pela companhia aos seus comandos. Nesse sentido, entendeu a 4ª Câmara que:

> Cumpria-lhe [à companhia ré], outrossim, arquivar na sua sede o acordo de acionistas (art. 118). Como a Lei das Sociedades Anônimas não prevê no Capítulo IX, Livros sociais, art. 100, seus incisos e parágrafos, o modo de arquivamento desse acordo, e como a companhia dele sempre fez uso até o aumento de capital em 11.4.83, passando daí em diante a adotar como norma o Estatuto Social e a Lei das S/A [...], infere-se estar esse acordo arquivado, com seus aditivos, de alguma forma, na companhia.

Uma vez arquivado o acordo de acionistas na sede da companhia, passa a ter que ser seguido necessariamente pelos signatários e por terceiros, dentre eles a empresa. Nas companhias de capital fechado, a oponibilidade do acordo perante terceiros, que não a própria companhia, pode gerar alguns problemas, na medida em que esses terceiros não têm, necessariamente, como saber o que está ou não arquivado na sede social. Porém, dada sua oponibilidade a terceiro qualquer, resta que qualquer pessoa pode pedir por escrito que a companhia forneça cópia do acordo. Já nas companhias de capital aberto, o conhecimento pelos terceiros ocorre de maneira muito mais direta, na medida em que a existência do pacto gera a necessidade de a companhia publicar como fato relevante a sua existência e os seus termos.

A observância dos termos do acordo pela companhia gera duas obrigações distintas. A primeira refere-se ao acordo de bloqueio ou exercício do direito de preferência. Neste caso, a sociedade anônima terá que fazer as competentes averbações ou mandar que a instituição financeira depositária as faça, para impedir a transferência das ações de forma distinta daquela pactuada no acordo. A responsabilidade da companhia se cinge a obstar o direito de alienação dessas ações a qualquer pessoa que não os pactuantes, sempre de acordo com as regras de preferência estabelecidas. Uma vez desobedecido o pacto, só caberá à companhia se recusar a transferir os valores mobiliários de forma distinta da pactuada.

---

140. Vide Apelação Cível n. 587.015.116, 4ª C., em decisão de 27 de maio de 1987, tendo como relator o Desembargador João Aymoré Barros Costa.

Já no que se refere aos comandos de voto, a situação é mais complexa quanto às ações que devem ser tomadas pela companhia, bem como em relação às eventuais responsabilidades pela inobservância do estatuído no acordo. Isso porque "O presidente da assembléia ou do órgão colegiado de deliberação da companhia não computará o voto proferido com infração de acordo de acionistas devidamente arquivado" (parágrafo 8º do art. 118 da Lei das SAs). Nesta situação, o presidente da assembleia, do conselho de administração ou o diretor presidente deverá conhecer e interpretar estritamente os comandos do acordo de sorte a não computar os votos de acordantes dados de maneira desconforme àquela contida no pacto. Se de um lado será uma situação desconfortável para aquele que tem o dever de presidir a reunião, temos que, de outro lado, é uma maneira eficaz para deter o voto do acordante irresignado, bem como de se evitar a busca da anulação posterior daqueles que seguiram o pacto contra o voto irresignado do dissidente ao acordo.

Com o intuito de evitar dúvidas e discordâncias quanto à interpretação do conteúdo e entendimento do constante do acordo, o parágrafo 11 do artigo 118 dá o direito de a companhia "solicitar aos membros do acordo esclarecimento sobre suas cláusulas". Para tanto, tal pedido será feito por quem representa a companhia — ou o seu diretor presidente, ou o diretor de relacionamento com o mercado, ou outro membro da sociedade anônima apontado pelo próprio acordo de acionistas. Tal pedido é dirigido aos acordantes, o que significa que, para o entendimento do que querem dizer ou significar, há a necessidade de que eles deliberem por maioria ou deliberem apresentar à companhia um entendimento comum.

6.7.13 A reunião prévia

O acordo de voto nada mais é do que um mecanismo apto a fazer com que as decisões de um grupo de acionistas sejam previamente discutidas e ajustadas, estabelecendo-se o voto comum, que será necessariamente dado nas assembleias gerais ou nos órgãos colegiados da companhia. Para tanto, é necessário que os acionistas discutam e se ajustem previamente ao conclave que se realiza no âmbito da companhia. Tal consenso (ou a decisão da maioria dos acordantes) requer que estes se reúnam previamente. Esse mecanismo da reunião prévia, bem como a forma de deliberação para se atingir uma decisão majoritária, caso não haja consenso, deve constar do regramento do próprio acordo de acionistas. Nele poderão ser acordados quóruns de deliberação variados, dependendo da matéria a ser decidida pela companhia, o local de reunião, as formas de convocação, quem convoca, bem como se os acionistas acordantes comparecerão à reunião ou se um representante votará como procurador dos demais. Enfim, deverá prever as situações que possam surgir no futuro, de sorte a evitar disputas sobre pontos obscuros ou não previstos.

6.7.14 A ausência às deliberações ou abstenção de voto do acionista acordante

Como visto acima, na reunião prévia deverá ser deliberado sobre a maneira de comparecimento à reunião na companhia. Duas são as possibilidades: ou elege-se um representante procurador dos signatários do pacto de voto, ou os acordantes comparecem votando da forma deliberada na reunião prévia. Em qualquer situação, será de cautela que o deliberado na reunião prévia seja passado à forma escrita, de sorte a dar ao presidente da assembleia ou do órgão colegiado de deliberação a certeza de estar aceitando e computando os votos dados de acordo com a deliberação válida dos acordantes.

Mas poderá surgir a situação em que o acordo preveja que o acionista signatário poderá comparecer por si, situação na qual ele deverá votar. Neste caso, o presidente da assembleia ou do órgão colegiado deverá tomar o voto do próprio acionista, sendo que este deverá votar de acordo com o deliberado na reunião prévia, sob pena de não ter computado seu sufrágio. Entretanto, se nesta mesma hipótese o acionista acordante não comparece ao certame — ou, se presente, se abstiver de votar —, isso poderá fazer com que fracasse a vontade dos acordantes, caso o peso eleitoral do faltoso ou abstêmio seja relevante. Para evitar tal manobra, conferindo seriedade à decisão tomada na reunião prévia, o parágrafo 9º do art. 118 estabeleceu que seu voto poderá ser exercido pelo acionista que restou prejudicado pela sua ausência ou abstenção. Ou seja, a força do comando legal vai ao ponto de retirar do acionista o direito de voto, mesmo ele estando presente à reunião, dando uma enorme força ao acordo de acionistas e às suas decisões.

6.7.15 Acordo de minoritários e preferencialistas para eleição do conselho

O Decreto-Lei n. 2.627, de 1940, nada previa a respeito da participação dos minoritários na gestão da companhia. Naquele texto, valeu o conceito de que a cada ação correspondia um voto (artigo 44, parágrafo 4º) e todas as deliberações sempre eram tomadas por maioria. Previa a norma de 1940 que o estatuto — ou em situações específicas a própria lei — poderia prever quóruns mais qualificados do que a maioria simples para decidir determinadas matérias.[141] Tal situação de

---

141. "Artigo 94 - As deliberações da assembléia geral, ressalvadas as exceções previstas na lei, são tomadas por maioria absoluta de votos, não se computando os votos em branco". "Artigo 105 - As deliberações serão tomadas de conformidade com a regra do artigo 94, sendo, entretanto, necessária a aprovação de acionistas que representem metade, no mínimo, do capital social, com direito a voto, para deliberar sobre: a) criação de ações preferenciais ou alteração nas preferências ou vantagens conferidas a uma ou mais classes delas ou criação de nova classe de ações preferenciais mais favorecidas; b) criação de partes beneficiárias; c) criação de obrigações ao portador; d) mudança de objeto essencial da sociedade; e)

desapreço aos minoritários ou acionistas preferencialistas sem voto permaneceu durante boa parte do desenvolvimento de nosso mercado secundário de ações.

Com a evolução do texto de 1940 para o de 1976, a nova Lei das Companhias passou a admitir o mecanismo do voto múltiplo, o qual, em determinadas situações, como já acima comentado, permite que a união de determinado número de acionistas votantes possa eleger na assembleia geral determinado membro do conselho de administração da companhia.[142] A grande mudança em benefício das minorias acionárias ocorre com a promulgação da Lei n. 10.303/2001, que agrega o direito de eleição em separado de representantes dessas participações minoritárias e/ou não votantes para o conselho de administração e para o conselho fiscal.

O acréscimo de tais direitos teve o condão de trazer essas minorias, votantes ou não, para dentro da administração e da fiscalização da companhia, de sorte a permitir que seus representantes, eleitos por detentores de ações de uma mesma classe ou espécie, não só representem seus eleitores, mas sirvam como canal de comunicação entre a gestão ou a fiscalização da companhia e os eleitores.

Assim é que as ações votantes, representativas de mais de 15% do universo com direito a voto, terão o direito de eleger em votação em separado um membro do conselho de administração, sendo que esse representante da minoria votante poderá por ela ser destituído, com a posse do membro suplente eleito pela mesma minoria. O mesmo direito de eleger um membro do conselho de administração assiste aos minoritários detentores de ações preferenciais sem direito de voto. Tal direito atribuído aos preferencialistas não votantes, entretanto, só existe nas companhias de capital aberto, desde que representem no mínimo 10% do capital social. Tal percentual significa que, nas companhias que tenham metade de seu capital social emitido em ações preferenciais, os minoritários sem voto têm que deter no mínimo 20% das preferenciais emitidas. Já para as companhias que ainda possuem dois terços do capital social emitido em ações preferenciais sem voto, os minoritários preferencialistas não votantes terão que representar no mínimo 13,33% do capital social da companhia.

Caso os minoritários com ações dotadas de voto (15%) e sem ele (10%) não consigam atingir o limite mínimo, a lei permite que possam somar suas participações, de sorte a elegerem em conjunto um representante e o respectivo suplente

---

incorporação da sociedade em outra ou sua fusão; f) proposta de concordata preventiva ou suspensiva de falência; g) cessação do estado de liquidação, mediante reposição da sociedade em sua vida normal."

142. "[...] O artigo 141 assegura — através do processo de voto múltiplo — a representação das minorias no órgão deliberativo da administração. Essa solução não pode ser adotada na eleição de Diretores, cuja escolha por diferentes grupos de acionistas colocaria em risco a imprescindível unidade administrativa: deliberar pode ser função exercida por órgão colegiado, pelo voto da maioria, mas a execução exige unidade de comando". Exposição de Motivos do Ministro da Fazenda ao encaminhar o Projeto de Lei das Sociedades Anônimas, Seção I, Conselho de Administração.

junto ao conselho de administração, situação na qual deverá ser observado o quórum mínimo de 10% do capital social da companhia para a obtenção do benefício.

Um dos grandes problemas é fazer com que o direito dos minoritários não seja obstruído pela formação de falsas minorias, pertencentes ao mesmo grupo de interesse. A norma criada pela Lei n. 10.303/2001, prevê um remédio parcial, exigindo-se que os eleitores minoritários comprovem a propriedade das ações há pelo menos três meses. Entretanto, tal comando deve ser observado tomando por base as votações nas assembleias, dentre outros indícios indicativos da existência de um grupo de interesse formado há mais tempo do que o estabelecido pela Lei das Companhias. Claramente esse cuidado legal não em sido suficiente para evitar a formação de minorias não verdadeiras, aí restando a comprovação por todo meio de prova da vinculação desse minoritário ao grupo de controle, por meio de vínculo de subordinação, interesse comum distinto do interesse da companhia, etc.

6.7.16 A execução específica judicial e arbitral do acordo

Uma vez descumprido o acordo, este tem que prever ou uma sanção ao faltoso ou indicar o mecanismo coativo para fazer com que a obrigação seja cumprida. Na busca de tais mecanismos de coação legal ao cumprimento dos contratos, duas correntes ainda hoje disputam a primazia dos juristas e das várias legislações do mundo ocidental.

A mais antiga observada, ainda no século XIX, prega a obediência estrita ao pactuado nos contratos, significando que a desobediência ao pacto dá ao credor insatisfeito o direito de exigir, via coação de sentença judicial ou arbitral, se for o caso, o cumprimento da obrigação livremente assumida. A outra corrente, mais comum no sistema jurídico do Direito Comum, parte da premissa de que, quando possível, a quebra do pacto obrigacional se resolve pela outorga à parte prejudicada de quantia monetária a ela atribuída a título de indenização pelas perdas e/ou pelo dano causado pelo inadimplemento da obrigação contratada.

Como não poderia ser diferente, verifica-se que ambas as modalidades apresentam vantagens e defeitos quanto a sua aplicabilidade. Qualquer das duas correntes (indenização monetária pelo descumprimento da obrigação ou a execução específica do contratado) apresenta dificuldades específicas, como se verá abaixo.

A primeira é que não necessariamente todo e qualquer dano nascido do descumprimento de obrigação pode ser reparado pelo pagamento de uma indenização. De outro lado, mesmo que o seja, há a dificuldade de se estabelecer, pela decisão de terceiro julgador, uma correlação equitativa entre o dano e o valor da reparação. Uma das modalidades de avaliação utilizadas pelos árbitros em países praticantes do Direito Comum consiste em buscar replicar idealmente a situação cuja obrigação não foi cumprida, tentando-se encontrar o custo acarretado ao prejudicado pelo descumprimento da obrigação. Se teoricamente a solução possa parecer engenhosa, vemos que a sua factibilidade deixa a desejar, principalmente se tivermos em mente a perda possível do custo de oportunidade atribuído ao prejudicado pela decisão indenizatória.

A segunda decorre de situação inversa àquela acima apontada, quando a indenização supera o dano causado pelo descumprimento do pacto obrigacional assumido — neste caso, a execução específica seria mais equitativa entre as partes vinculadas pelo pacto livremente assumido. Mas, de outro lado, por vezes a execução específica pode ser de difícil ou de impossível cumprimento, devendo o julgador voltar-se para o mecanismo das perdas e danos.

A terceira dificuldade parte da constatação que milita a favor da execução específica na medida em que o julgador terá certamente maior dificuldade em avaliar o valor atribuível ao prejudicado pelo descumprimento da obrigação, situação esta mais bem avaliada pelos contratantes que conhecem o conteúdo econômico envolvido no pactuado, bem como o eventual custo de reposição atribuível a negócio igual. Tal situação, entretanto, dificilmente será repassada de forma límpida e transparente pelos contendores, que estarão interessados em defender seus interesses pessoais.

Porém, é de se ter em mente que em determinadas situações ambas as teorias se mostram ineficazes quanto à solução da quebra de contrato e a solução satisfativa. Isso ocorre, por exemplo, nos contratos que têm por objeto bem único. Sua valoração para efeito de perdas e danos não se mostra capaz de ressarci-lo, vez que poderá ser de difícil ou impossível avaliação; de outro lado, também se torna inaplicável a execução específica caso o bem não mais exista e seja insubstituível.

Nossa legislação societária adotou a prática da execução específica. Entretanto, o preceito contido no parágrafo terceiro do artigo 118 mereceu algumas críticas da doutrina por sua redação, que poderá levar a um entendimento distinto dos comandos constantes do ordenamento processual. Celso Barbi Filho chama a atenção para o fato de que:

> Em matéria de obrigação de contratar e emitir declaração de vontade em geral, não se tem ação *de* execução específica, mas sim, ação *para* execução específica dessas obrigações, pois dita ação é de conhecimento, visando a uma sentença de mérito que supre a manifestação de vontade contratada e não emitida. [...] O sistema legal vigente na tutela específica das obrigações de contratar e emitir declaração de vontade é o de suprimento judicial e não da obtenção forçada do ato volitivo [...].[143]

---

143. BARBI FILHO, Celso. Os efeitos da reforma do Código de Processo Civil na execução específica do acordo de acionistas. **Revista do Centro Acadêmico Afonso Pena**. Belo Horizonte: UFMG, v. 2, n. 3, p. 125-162, jul. 1997, p. 156. É relevante notar que o autor, à época, referia-se aos meios executivos constantes da Lei n. 8.952/1994, que alterou, entre outros, o art. 461 do CPC.

No mesmo sentido, Modesto Carvalhosa lembra a clara distinção entre o processo de execução específica e a execução que acolhe aquela medida provisória.[144]

Entre nós, o Código de Processo Civil determina que, como norma geral, no caso de descumprimento do pactuado nos contratos caberá à sentença judicial ou arbitral determinar que a obrigação seja cumprida de acordo e na forma contratada. A execução da quebra obrigacional só se converte em arbitramento das perdas e danos em três hipóteses: quando isto seja pedido pelo credor da obrigação não satisfeita, ou caso haja a impossibilidade de se dar, pela tutela específica, o bem objeto do contrato, ou quando haja a impossibilidade da obtenção de um resultado prático equivalente.[145] Posteriormente, o artigo 466 foi acrescido de três apêndices concernentes à declaração de vontade não emitida pelo faltoso e ao descumpridor de obrigação.[146]

A obrigação que emana do acordo de acionistas poderá ser a de fazer ou não fazer, como no caso da obrigação de dar o direito de preferência previsto no pacto e de ter o direito de exercer ou não tal possibilidade. A outra obrigação dele decorrente diz respeito à declaração de vontade, que nasce da decisão da maioria, tomada na reunião prévia, de votar em determinado sentido. Já na hipótese do acordo de preferência, estamos diante de dois contratos. O primeiro é aquele, antecedente e preliminar, que se aperfeiçoa com a assinatura de todos os acordantes, criando a eles direitos e deveres, e à companhia a sua observância. O segundo contrato, decorrente do primeiro, é o de compra e venda ocorrente quando, pelo exercício do

---

144. "Insista-se neste ponto. O processo de execução específica não se confunde com execução que, pela sua natureza acolhe aquela medida provisória. O processo de execução específica, por ser de natureza constitutiva tem por objeto dirimir, em sede judicial ou arbitral, a controvérsia sobre o próprio objeto da demanda. Daí se incompatível com a finalidade do processo respectivo dar, desde logo, efeito positivo ou negativo ao voto que se questiona, ou transferir, depositar ou decretar provisoriamente a alteração ou suspensão da propriedade das ações e dos direitos a elas inerentes, cuja preferência ou opção de compra é objeto da lide." (CARVALHOSA, Modesto. **Acordo de acionistas**. Op. cit., p. 369).
145. Código de Processo Civil: "Art. 461 – Na ação que tenha por objeto o cumprimento de obrigação de fazer ou não fazer, o juiz concederá a tutela específica da obrigação ou, se procedente o pedido, determinará providências que assegurem o resultado prático equivalente ao do adimplemento. Parágrafo 1º – A obrigação somente se converterá em perdas e danos se o autor o requerer ou se impossível a tutela específica ou a obtenção do resultado prático correspondente."
146. Código de Processo Civil: "Art. 466 – A sentença que condenar o réu no pagamento de uma prestação, consistente em dinheiro ou em coisa, valerá como título constitutivo de hipoteca judiciária, cuja inscrição será ordenada pelo juiz na forma prescrita na Lei dos Registros públicos [...]." "Art. 466-A – Condenado o devedor a emitir declaração de vontade, a sentença, uma vez transitada em julgado, produzirá todos os efeitos da declaração não emitida." (Lei n. 11.232/2005). "Art. 466-B – Se aquele que se comprometeu a concluir um contrato não cumprir a obrigação, a outra parte, sendo isso possível e não excluído pelo título, poderá obter uma sentença que produza o mesmo efeito do contrato a ser firmado." "Art. 466-C – Tratando-se de contrato que tenha por objeto a transferência da propriedade de coisa determinada, ou de outro direito, a ação não será acolhida se a parte que a intentou não cumprir a sua prestação, nem oferecer, nos casos e formas legais, salvo se ainda não exigível."

direito de preferência, constante do primeiro contrato, o vendedor e o comprador pactuantes contratam a compra e venda previamente combinada.

O pacto de preferência cria as regras para que ocorra ou não o segundo contrato. Desta feita, o acordo gera o direito de preferência, que poderá ou não ser exercido pelos acionistas remanescentes, sendo que poderá ocorrer o seu não exercício, seja porque não haja interesse dos demais, seja porque o terceiro estranho ofereceu preço não coberto pelos sócios acordantes. Já o acordo que regula a mecânica do exercício do voto no âmbito do acordo é contrato único, que independe, para seu aperfeiçoamento, da existência de obrigação contratual preliminar.

Porém, a existência isolada do mecanismo da execução específica não necessariamente poderá ser considerada como elemento eficaz para o cumprimento das obrigações assumidas no acordo de acionistas. Isso porque, até o advento das inclusões de novos parágrafos ao artigo 118, patrocinadas pela Lei n. 10.303/2001, dependia-se da decisão coativa da sentença judicial, situação na qual, quando fosse prolatada, a proteção da lei já não mais poderia produzir efeitos. Desta feita, a execução específica, em não sendo mais possível, transformar-se-ia em perdas e danos, com todas as dificuldades de se obter uma decisão equitativa. Neste sentido, veio a Lei n. 10.303/2001 suprir esse retardo temporal no que diz respeito à obediência nas assembleias gerais às deliberações tomadas nas reuniões prévias. Assim é que a legislação de 2001 proibiu ao presidente da assembleia o cômputo dos votos dados nas assembleias de forma distinta daquelas constantes do acordo de acionistas ou das deliberações tomadas nas reuniões prévias (parágrafo 6º).

Da mesma forma, previu parágrafo 9º o remédio para aquele acionista que, tendo comparecido e votado quando da reunião prévia, se abstenha de comparecer quando da realização da assembleia geral da companhia, não nomeando procurador para substituí-lo na presença e no voto. A outra possibilidade prevista no mesmo parágrafo diz respeito ao acionista que comparece à assembleia geral, mas se abstém no momento de exercer o voto. Essa seria uma das hipóteses em que o faltoso não age de boa-fé, na medida em que, por ter sido perdedor na deliberação tomada na reunião preliminar, prejudica os demais acordantes, fraudando o contrato por ele firmado e ao qual se obrigou. Se para fazer valer o contrato e repor a validade material do pactuado os acordantes tivessem que aguardar a decisão judicial, quando esta viesse ao mundo jurídico possivelmente o bem a ser protegido ou não mais se encontraria apto a fazer valer ou mesmo não mais existiria.

Na busca de afastar ou minorar tais possibilidades é que foi escrito o parágrafo 9º do artigo 118. Nestes casos, a norma passa por cima do direito de voto inerente ao direito de propriedade, determinando que:

> O não comparecimento à assembléia ou às reuniões dos órgãos de administração da companhia, bem como as abstenções de voto de qualquer parte de acordo de acionistas

ou de membros do conselho de administração eleitos nos termos de acordo de acionistas, assegura à parte prejudicada o direito de votar com as ações pertencentes ao acionista ausente ou omisso e, no caso de membro do conselho de administração, pelo conselheiro eleito com os votos da parte prejudicada.

6.7.17 As dificuldades com os parágrafos 8º e 9º do artigo 118 em face do artigo 154

As leis complexas, como no caso da Lei das Companhias, normalmente nascem em busca de coerência entre seus comandos. Nesse sentido, os autores do anteprojeto, com o intuito de evitar a perda da coerência do todo, adotaram a sábia postura de manter íntegra a espinha dorsal criada em 1940. Entretanto, não raro as emendas, usualmente tangidas pelas pressões de grupos de interesse, fazem valer suas demandas alterando pontualmente o texto original, podendo ocasionar a perda da coerência anteriormente obtida.

No que diz respeito à gestão das companhias, a redação original contida na Lei n. 6.404, de 1976, trouxe para o mundo jurídico nacional a figura do conselheiro de administração, talvez inspirada parcialmente no modelo norte-americano, sem a ele atribuir a extensão dos poderes lá concedidos, como se verá abaixo.

No modelo inspirador da legislação societária brasileira, os membros do conselho de administração não são servidores dos acionistas,[147] mas da companhia. Essa conformação operacional traz enorme diferença, na medida em que os membros do conselho de administração representam os interesses de *todos* os acionistas e, como tal, agem no interesse da companhia. Lá, o poder dos acionistas remanesce fundamentalmente na eleição dos conselheiros de administração. Nesse sentido, os acionistas são *residual owners,* no dizer de Ballantine,[148] que demandam as reuniões do conselho de administração para autorizar as ações em benefício dos acionistas.

---

147. *"The directors are not servants to obey directions and orders given by the majority shareholders [...]. The directors hold office charged with the duty to act for the corporation according to their best judgment, and in so doing they cannot be controlled, even by a majority of the shareholders, in the reasonable exercise of their discretion and in performance of their duty for the benefit of all concerned. [...] The shareholders, in general, have no voice in controlling the business policies except through the election of directors. As the Ohio Court says: 'The individual directors are in no sense the personal representatives of stockholders by whose suffrage they hold office. However much they might be influenced by the wisdom and wishes of the stockholders, it remains their duty to exercise their own judgment in all final corporate action. If the action of the board of directors does not express the will and wish of the majority of the shares of stock, the majority has its remedy by retiring the members [...] at regular time for election of directors.' It may well be recognized, however, that where the shareholders unanimously vote that certain action be taken, this should control the discretion of the directors".* (BALLANTINE, Henry W. **Law of Corporation**. Op. cit., p. 122-123).

148. BALLANTINE, Henry W. **Law of Corporation**. Op. cit.

Nesse contexto, os acordos de acionistas no Direito norte-americano sofrem limitações quanto à sua capacidade de ingerência nas tarefas precípuas do conselho de administração, cujos membros são denominados *directors*. Dentre as limitações aos acionistas encontra-se a impossibilidade de controle ou direção das decisões do conselho de administração, principalmente no que diz respeito ao voto. Em outras palavras, os conselheiros, dentro de seu campo de atuação, gozam de liberdade,[149] restando aos acionistas esperarem o vencimento do mandato para, quando da eleição dos conselheiros, afastar, pela maioria dos votos, aqueles que descontentaram ou decepcionaram os eleitores. É de se ter em mente que, diferentemente de nossa legislação, somente podem ser afastados, durante o mandato, caso cometam alguma falta grave, não podendo ser demitidos sem motivação.

Mas, entre nós, são duas as raízes da atuação do conselho de administração. Em primeiro lugar, a própria lei estabeleceu seu campo de atuação, conforme previsão expressa no artigo 142 da Lei das Companhias, podendo tais competências ser aumentadas por previsão estatutária. Entretanto, de outro lado, as competências legais não podem ser diminuídas por deliberação dos acionistas. Tais competências legais, ademais, são insuscetíveis de delegação a quem quer que seja, na medida em que são atribuídas ao conselheiro por lei.

A segunda raiz estabelecida por lei desvinculou o conselheiro, uma vez eleito por determinado grupo de acionistas, de representá-los na defesa de seus interesses, na medida em que o texto legal comandou que "O administrador eleito por grupo ou classe de acionistas tem, para com a companhia, os mesmos deveres que os demais, não podendo, ainda que para defesa do interesse dos que o elegeram, faltar a esses deveres" (parágrafo 1º do artigo 154). E quais são esses deveres? A própria Lei das Companhias os estabelece: o dever de lealdade, o de agir sem qualquer conflito com os interesses da companhia e o de informar, responsabilizando-os pelo descumprimento de tais obrigações.

Em resumo, pela redação de 1976, os administradores de uma sociedade anônima não atuam em benefício de seus eleitores, mas de uma comunidade muito maior, na medida em que, por mandamento legal, esses administradores devem agir sempre no sentido de "lograr os fins e no interesse da companhia, satisfeitas as exigências do bem público e da função social da empresa" (artigo 154).

Tal modelo, entretanto, sofreu sérios abalos quando, por legislação posterior, os ordinaristas minoritários e os preferencialistas sem voto passaram a ter o direito de eleger em separado um membro para cada uma das espécies. De outro lado, também na direção oposta à diretriz de 1976, surgem os parágrafos 8º e 9º do artigo

---

149. *"There is much authority invalidating agreement between shareholders, even when they are not directors, which tend to control the voting of directors on matters within their official discretion, even though made in good faith and actually beneficial to the company."* (BALLANTINE, Henry W. **Law of Corporation**. Op. cit., p. 422).

118, que fortalecem os acordos de acionistas, mas emasculam os membros do conselho de administração. Na medida em que seus membros são ultrapassados pela decisão assemblear que, em decidindo de determinada forma, obriga a que o conselho de administração simplesmente chancele o voto vencedor do acordo, ou seja, da maioria votante do capital social ou da maioria presente à assembleia de acionistas, como se verá abaixo.

O parágrafo 8º comanda que o presidente da assembleia de acionistas não poderá computar o voto dado pelo acionista acordante de forma distinta daquela deliberada na reunião prévia entre os signatários do acordo. Já o parágrafo 9º comanda que aquele que preside a assembleia de acionistas, em caso de ausência ou abstenção do voto de acionista membro do acordo, deverá assegurar aos prejudicados os votos atribuíveis ao ausente ou abstêmio. Até essa parte do parágrafo 9º não surge maior problema, além daquele anteriormente mencionado do sequestro do direito de voto do proprietário das ações que se abstêm do voto ou do comparecimento à assembleia de acionistas.

O que é motivo para uma indagação bem maior se encontra na parte do parágrafo 9º em que se determina que:

> O não comparecimento [...] às reuniões dos órgãos de administração da companhia, bem como as abstenções de voto de qualquer [...] membros do conselho de administração eleitos nos termos de acordo de acionistas, assegura à parte prejudicada o direito de votar [...] pelo conselheiro eleito com os votos da parte prejudicada.

Assim, duas foram as inovações introduzidas. A primeira, referente às assembleias de acionistas, mandando o não cômputo dos votos proferidos de forma contrária ao acordado no acordo de voto, não gera controvérsias. A segunda, comandando que a ausência ou a abstenção dá ao acionista prejudicado o direito de votar pelo administrador ausente ou abstêmio.

A inserção desses dois parágrafos deu uma meia volta no espírito que norteou a proposta de alteração da lei societária, e que resultou na promulgação da Lei n. 6.404/1976. À época, foi pensada e criada a figura do conselho de administração por inspiração do Direito norte-americano,[150] sem, entretanto, lhe atribuir o po-

---

150. O jurista José Luiz Bulhões Pedreira se desloca à primeira metade do século XX mostrando que a perda de poderes da assembleia de acionistas, enquanto órgão máximo da companhia, também tem ocorrência na Europa continental, assinalando que: "A doutrina europeia do século XIX formulou modelo de sociedade democrática, baseado em analogias com a sociedade política, concebendo o conjunto dos acionistas como 'o povo', fonte de todo poder, que se manifesta em assembleia como na democracia direta. Esse modelo predominou no primeiro terço do século XX até que a doutrina destacou a improcedência da analogia; e — como expõe Francesco Galgano (La Società per Azioni [...]) — a partir da lei alemã de 1937 a legislação da maioria dos países do continente europeu repudiou o princípio da soberania da assembleia e aumentou a autonomia dos administradores. Essa orientação teve origem, na Alemanha, por influência do princípio

der de que gozam na legislação dos estados membros da União. Lá, o conselho de administração goza da liberdade inclusive de agir contra a manifestação dos acionistas, se entender que está atuando no melhor interesse da companhia. Assim é que o conselho de administração pode, conforme a situação concreta, ignorar determinado resultado da assembleia de acionistas, mantendo sua decisão em contrário. Para tanto, diferentemente da legislação brasileira, lá os administradores não são demissíveis pelos acionistas a qualquer tempo e sem motivação; ou seja, eles são detentores de mandato.

Essa diferença de tratamento dada aos membros do conselho de administração deve ser analisada levando-se em conta a enorme diferença existente entre as duas realidades fáticas, a começar pelo fato de a esmagadora maioria das companhias brasileiras possuírem controlador ou pequenos grupos de controle. O oposto ocorre no mercado norte-americano, em que a grande maioria das companhias de capital aberto não detém controle definido. Essa diferença real fez com que os membros do conselho de administração das companhias brasileiras exerçam normalmente um papel mais simbólico do que o efetivo exercício de uma substancial parcela de poder criado por lei.

Também não se deve esquecer que, na realidade norte-americana, o conselho de administração teve como um dos fatores de seu reforço de poder o absenteísmo dos pequenos acionistas espalhados pelo país, cujo volume de investimento não justificava o seu deslocamento até a sede da companhia para votar nas assembleias. Tal constatação conduz a uma indagação sem resposta clara, qual seja, a de sabermos se os legisladores de 1976 se anteciparam a uma realidade societária que ainda não temos, ou se, ao contrário, a legislação de 2001, ao adequar-se à realidade presente da vida societária brasileira, está impedindo a mudança desejada pela legislação de 1976.

O que disso resulta é que, entre nós, a doutrina se divide em posições antagônicas. De um lado, aqueles que defendem o modelo original do conselho de administração, com poderes definidos e exclusivos, exercendo seus mandatos buscando atingir o interesse de todos os acionistas e não só os de seus eleitores.[151]

---

do *führer*, do partido nazista, e da ideia, originalmente proposta por Walter Rathenau e depois divulgada pelos defensores da natureza institucional da sociedade anônima, de que a companhia não deve agir no interesse egoístico de sócios, mas no interesse transcendente da 'empresa em si', que se identifica com o da coletividade nacional: aos administradores deveria ser atribuído todo o poder, a fim de libertá-los da influência dos acionistas." (PEDREIRA, José Luiz Bulhões. Acordo de Acionistas sobre controle de grupos de sociedades: validade da estipulação de que os membros do conselho de administração de controladas devem votar em bloco segundo orientação definida pelo grupo controlador. **Revista de Direito Bancário, do Mercado de Capitais e da Arbitragem**. São Paulo: Revista dos Tribunais, v. 5, n. 15, p. 226-248, jan./mar. 2002, p. 229-230).

151. Vide: CAMARGO, João Laudo de; BOCATER, Maria Isabel do Prado. Conselho de administração: seu funcionamento e participação de membros indicados por acionistas minoritários e preferencialistas. In:

De outro lado, aqueles que defendem não só a legitimidade dos dois parágrafos sob exame, mas também sua eficácia em nossa realidade.[152]

Entre nós, a legislação societária atribuiu o poder máximo às deliberações emanadas das assembleias de acionistas. Porém, de outro lado, a mesma Lei n. 6.404/1976 deu ao conselho de administração um campo específico de atuação, inscrito no artigo 142. Ademais, quanto à atuação do conselho, a Lei dispôs que a assembleia de acionistas, ao estabelecer ou alterar as competências dos membros do conselho de administração, pode fazê-lo livremente desde que não venha a adentrar o campo de competência legal do colegiado. No entanto, a possibilidade introduzida pelo parágrafo 9º coloca em conflito dois dispositivos da mesma Lei das Companhias: de um lado, a lei estabelece que as funções do conselho de administração não podem ser delegadas; de outro lado, o texto do parágrafo 9º permite que a deliberação tomada na reunião dos acordantes possa fazer tábula rasa das competências legais atribuídas ao conselho de administração. Ora, quando o acionista vota pelo conselheiro ausente ou desobediente ao pacto dos acionistas, está assumindo poderes e competências que seriam a ele indelegáveis.

Dentro da lógica do texto de 1976, criou-se um rol de atribuições personalíssimas aos conselheiros quando do exercício de suas funções, conforme o estabelecido no artigo 142. Além disso, determinou-se a indelegabilidade de seu exercício, nos termos previstos no artigo 139 — que comandou que "As atribuições e poderes conferidos por lei aos órgãos de administração não podem ser outorgados a outro órgão, criado por lei ou pelo estatuto" —, conforme já falava Fábio Konder Comparato.[153] Assim, questiona-se: como compatibilizar tais comandos com os parágrafos 8º e 9º do artigo 118?

LOBO, Jorge (Coord.). **Reforma da Lei das Sociedades Anônimas**. Rio de Janeiro: Forense, 2002, p. 384-419; CAMARGO, João Laudo de; BOCATER, Maria Isabel do Prado. Modificações introduzidas na Lei das Sociedades por ações, quanto à disciplina da administração das companhias. In: LOBO, Jorge (Coord.). **Reforma da Lei das Sociedades Anônimas**. Rio de Janeiro: Forense, 2002, p. 421-452.

152. ARAGÃO, Paulo Cesar. Disciplina do acordo de acionistas na reforma da Lei das Sociedades por Ações (Lei 10.303, de 2001). In: LOBO, Jorge (Coord.). **Reforma da Lei das Sociedades Anônimas**. Rio de Janeiro: Forense, 2002, p. 367-384.

153. É de se ter em mente que o parecer foi publicado em 1990, antes, portanto, da vigência da Lei n. 10.303/2001, mas servem suas observações para dar fundamentação à indelegabilidade das atribuições e poderes dos membros do conselho de administração. Escreveu Fábio Comparato que: "Os acordos de acionistas podem regular tão somente os votos dos acionistas em assembleias, gerais ou especiais. Não podem obrigar os membros do conselho de administração, não obstante serem eles acionistas. Frise-se que os conselheiros não são mandatários dos acionistas, mas titulares de funções próprias. Os poderes do conselho de administração não derivam da vontade dos acionistas, mas diretamente da lei. A deliberação acionária preenche o órgão conselho de administração; não o constitui por atribuição de poderes. Ademais, se se admitisse que as deliberações do conselho de administração pudessem ser telecomandadas pelos acionistas, teríamos aberto largamente a via para a tranquila realização da fraude à lei". Vide COMPARATO, Fábio Konder. **Direito Empresarial**. Op. cit.

Deve-se atentar ao conflito causado pelo confronto de dois comandos legais: de um lado, aquele que determina que os membros do conselho de administração velem pelo interesse de todos os acionistas; de outro lado, com as emendas ao texto de 1976, passam a haver conselheiros representantes de segmentos específicos da comunidade acionária. Além disso, na contramão do estabelecido para as eleições de "conselheiros classistas", ou seja, aqueles que cuidam dos interesses de seus eleitores, surgem agora os membros independentes do conselho de administração.

A possibilidade de demissão imotivada faz com que nasça não de direito, mas de fato, a possibilidade de submissão do conselheiro aos desígnios do controlador pelo simples e bom motivo de que, ao afrontá-lo em seus interesses, possa ser simplesmente demitido;[154] porém, um dos autores do texto original entende de forma diametralmente oposta, ao admitir a submissão do conselho de administração às decisões da assembleia de acionistas tomadas em função de acordo de acionista acionistas.[155]

Se várias são as dificuldades que podem surgir com relação ao acordo de voto, o mesmo não ocorre com relação à transferência de ações em decorrência do direito de preferência inscrito no acordo de acionistas. Nestes casos, o acordo se encontra arquivado na sede da empresa e, o que é mais relevante, os livros sociais competentes registram o vínculo que une as ações ao acordo de acionistas, bem como a sua inegociabilidade junto ao mercado secundário. Com todas essas amarrações, a companhia tem todo o instrumental necessário para se recusar a efetuar a negociação se sua transferência e/ou aquisição se deu de forma contrária ao pactuado no acordo de acionistas.

Claro está que em muito cresceu a responsabilidade da companhia, passando de depositária do acordo para atuar como agente eficiente na sua observância. Nesse sentido, os parágrafos acrescidos ao artigo 118 deram à companhia instrumentos para se resguardar quanto à correta interpretação do acordo, bem como

---

154. Art. 122 "Compete privativamente à assembleia geral: [...] II – eleger ou destituir, a qualquer tempo, os administradores e fiscais da companhia, ressalvado o disposto no inciso II, art. 142", que é a competência do conselho de administração para eleger e destitui os diretores.

155. José Luiz Bulhões Pedreira entende que: "A obrigação de fazer com que os membros do Conselho de Administração votem de acordo com a deliberação do grupo de acionistas que detém o poder de controle não é incompatível com as atribuições legais do Conselho de Administração nem com os demais deveres legais dos administradores da companhia, mas se ajusta perfeitamente ao sistema da lei, que reconhece a quem detém o controle da companhia o poder de dirigir as suas atividades e orientar o funcionamento dos órgãos sociais [o controlador] pode legitimamente instruir os membros do Conselho de Administração por ele eleitos a votarem, na reunião do Conselho, segundo a deliberação do grupo controlador e os membros do Conselho impõem a estes a observância da instrução recebida. Por conseguinte, o membro do grupo controlador que se obriga a fazer com que o conselheiro por ele indicado vote segundo as deliberações do grupo controlador está, na verdade, se obrigando a fazer com que o conselheiro cumpra seu dever". Vide PEDREIRA, José Luiz Bulhões. Acordo de acionistas sobre controle de grupos de sociedades. Op. cit., p. 240-241.

o meio eficaz de comunicação entre a companhia e os acordantes. Assim é que a companhia tem o direito de levantar tantas dúvidas quantas sejam necessárias para que ela e seus administradores ajam de acordo com o pacto. Muito embora o parágrafo 11 não especifique de que maneira os acordantes devam responder as dúvidas da companhia, temos que nada impede, mas tudo conspira para que os pedidos de esclarecimentos ou de informações, bem como as respostas, o sejam por escrito e com prazo estabelecido.

Também cuidou a Lei das Companhias de afastar as dificuldades ou incógnitas ocorrentes nas comunicações entre os acionistas acordantes e a companhia, na medida em que esta deverá exigir dos signatários do acordo, quando do seu arquivamento junto à sede da companhia, que indiquem quem é o seu representante, ao qual será atribuída a tarefa de ser o elo entre esta e todos os signatários. Será ele o encarregado legal "para prestar ou receber informações, quando solicitadas".

6.7.18 A suspensão do voto

Esta possibilidade, já velha conhecida de nosso corpo legislativo societário, tem a peculiaridade de mostrar a dificuldade de estabelecer mecanismos de punição pela edição de dispositivo de difícil conceituação legal, criando-se um conceito aberto cuja aplicação por vezes pode levar ao arbítrio ou à defesa de interesses não confessáveis. Essas duas possibilidades podem lançar os minoritários no único caminho usualmente restante na busca da defesa de seus direitos de acionista, qual seja, a sentença judicial ou arbitral, quando for o caso. Porém, qualquer dessas hipóteses acarreta alto custo para o minoritário, enquanto a companhia, na defesa da deliberação assemblear, se vale de seus próprios cofres.

Historicamente, o poder dado à assembleia de acionistas para suspender "o exercício dos direitos da ação" aparece pela primeira vez em nosso ordenamento jurídico com a edição do Decreto n. 434, de 4 de julho de 1891.[156] Posteriormente, esse dispositivo tem sua redação alterada pela lei de 1940, tendo sido mantido, com nova redação, pela vigente Lei das Companhias, como abaixo será analisado. Deve-se, entretanto, alertar que esse preceito, talvez pela dificuldade de sua caracterização material, tem sido de parca utilização, porém de intenso debate.

O preceito de 1891 outorgava poder para que a sociedade, certamente por deliberação assemblear, suspendesse os direitos do acionista, caso esse não satisfizesse as obrigações "inerentes à mesma acção". Embora tenham redação semelhante, creio que o comando legal de 1891 não possa ser tido como um irmão do artigo

---

156. "Artigo 32 – Toda a acção é indivisivel em referencia á sociedade. [...] A sociedade poderá igualmente suspender o exercicio dos direitos da acção emquanto não forem satisfeitas as obrigações inhereates á mesma acção."

85 do Decreto-Lei n. 2.627/1940. De qualquer forma, o debate travado na década de 1940 dizia respeito a saber quais atos que, uma vez praticados pelo acionista, caracterizariam o descumprimento das obrigações inerentes à sua qualidade de sócio, fazendo nascer o direito de se aplicar o mecanismo. O reclamo dos doutrinadores residia no fato de que, ao não caracterizar o elenco dos fatos geradores da hipótese punitiva, o texto legal permitia o surgimento do arbítrio e de interesses escusos da maioria em detrimento da minoria.

Segundo Miranda Valverde, o objetivo do artigo 85 do Decreto-Lei n. 2.627/1940 seria "manter a harmonia dentro da corporação ou restabelecer o equilíbrio nas relações entre a sociedade e seus acionistas, perturbado por ação ou omissão de alguns de seus membros".[157] O dispositivo compreendia duas hipóteses que dariam o direito à suspensão do direito de voto: (i) caso o acionista deixasse de cumprir suas obrigações legais e (ii) caso o acionista agisse contra o interesse da companhia.

Isso porque, na essência, o artigo 85 do Decreto-Lei agregou que a assembleia de acionistas poderia suspender o direito de voto do acionista, se esse faltasse com suas obrigações previstas em lei, nos estatutos, ou deixasse "de executar medida de interesse coletivo", sendo que a competência foi atribuída aos acionistas, na medida em que o artigo 87 do Decreto-Lei n. 2.627/1940 outorgou, dentre os poderes atribuíveis ao conclave, o de "suspender o exercício dos direitos do acionista" (letra "d").

A redação de 1940 recebeu severas críticas dos doutrinadores. Waldemar Ferreira inicia sua crítica clamando contra a perda da oportunidade de dar o necessário tratamento equitativo entre a maioria e a minoria votante, evitando-se o arbítrio.[158] Questionava que a lei não contemplava as hipóteses que fariam surgir a suspensão do direito de voto, sendo necessário preencher a lacuna via estatuto. Indagava o Mestre quais seriam esses direitos a serem suspensos:

> O de voto? O de coparticipação nos dividendos? O de preferência para a subscrição de novas ações? O de examinar os livros e os arquivos sociais? O de fiscalizar o andamento dos negócios sociais? O de transferir ações? O de onerá-las? O de eleger administradores e fiscais? O de retirar-se da sociedade? Todos, enfim, e quaisquer direitos? Os direitos próprios do acionista?[159]

---

157. Vide VALVERDE, Trajano de Miranda. **Sociedade por ações**. Op. cit., v. 2, p. 76.
158. "[...] foi pena, não houvesse estabelecido critério para bem se precisarem tais obrigações, limitando, dessarte, o arbítrio de maioria caprichosa, tanto no reformar, a fim de prescrevê-las, quanto no aplicar a penalidade, ao seu talante, sem forma alguma de processo e sem defesa do acionista." (FERREIRA, Waldemar. **Tratado de sociedades mercantis**. Rio de Janeiro: Nacional de Direito, 1958, v. 4, p. 1.399).
159. FERREIRA, Waldemar. **Tratado de sociedades mercantis**. Op. cit., v. 4, p. 1.400.

Na opinião de Miranda Valverde, todos os direitos elencados acima podem ser suspensos. Para tanto, afirmou ele que "a pena de suspensão poderá abranger o exercício de todos os direitos, que a lei ou os estatutos outorgam ao acionista, ou somente o exercício de alguns deles, como o voto e o de receber dividendos".[160]

Como bem enfatizou Carlos Fulgêncio da Cunha Peixoto, a aplicabilidade do artigo 85 do Decreto-Lei de 1940 apresentava grande dificuldade, na medida em que seu enunciado seria vago, como demonstrava a expressão "executar medida de interesse coletivo", contida no corpo do artigo.

Para tanto, Cunha Peixoto nos dá conta de situação concreta acontecida em São Paulo. No caso:

> Um acionista de certa companhia, na qual ocupava o cargo de diretor, discordando da orientação dos novos diretores, iniciou campanha pela Imprensa contra a maneira pela qual vinha sendo dirigida a sociedade afirmando, dentre outras coisas: "[...] mal administrada como anda [a sociedade], seu déficit mensalmente aumenta, pelo que é possível que ela mesma, SUDAN, dentro de certo tempo, esteja em estado de falência".

Levado o fato ao conhecimento da assembleia, esta, após lhe dar um prazo para retratação, suspendeu-o. O sócio inconformado chamou em juízo a sociedade. Do debate participaram vários pareceristas. O acórdão do Tribunal de Justiça foi no sentido de que:

> Admitido que à assembleia de 10 de outubro de 1942 fosse dado tratar do assunto, embora não mencionado, explicitamente, na convocação e que não houve retratação exigida, será, todavia, forçoso reconhecer que as faltas arguidas ao autor escapam à sanção prevista no artigo 85 do Decreto-lei n. 2.627. Busca a sociedade defender as deliberações das assembleias dizendo que o autor incorreu na pena de suspensão, porque não executou medida de interesse coletivo, consistente na retratação. Mas o certo é que, nas publicações que deram origem à suspensão dos diretos do autor, não teve este por motivo mover campanha à sociedade, senão criticar sua administração, no parecer do mesmo autor, mal orientada e prejudicial aos interesses dos acionistas; de maneira particular, foi visada a presidência da sociedade. Não pode essa arrimar-se àquele artigo, para impedir que o acionista divirja da forma por que são administrados os negócios sociais e manifestar sua desaprovação a respeito de atos da diretoria. Se a crítica do acionista exceder os limites da justa defesa do que ele considera seu legítimo interesse, a sociedade, e, sobretudo os diretores, pessoalmente, poderão, em juízo, civil ou criminal, apurar as responsabilidades do censor; nunca determinar-lhe, por autoridade própria, que modifique a atitude e, desatendidos, suspender-lhe os direitos.[161]

---

160. VALVERDE, Trajano de Miranda. **Sociedade por ações**. Op. cit., v. 2, p. 76.
161. Apelação n. 20.335, Capital, São Paulo, Revista dos Tribunais 150/187, 1944, apud PEIXOTO, Carlos Fulgêncio da Cunha. **Sociedade por ações**. Op. cit., v. 2, p. 379.

Em 1976, o artigo 85 passou a ser o de número 120, tendo sido retirada a expressão "ou [deixar] de executar medida de interesse coletivo". Além disso, mudou-se o aspecto verbal do antigo preceito — que comandava "suspenderá o exercício" —, passando a prever a faculdade de fazê-lo ou não, na medida em que a redação passou a ser "poderá suspender". No mais, a exposição de motivos que acompanhou o projeto de lei limitou-se a dizer que "o preceito já consta da legislação em vigor".

Mas a contradição existente na norma de 1940, mantida na lei de 1976, toca em um dos pontos mais profundos do Direito Societário — até hoje pouco discutido pelos tribunais ou pelo mundo acadêmico —, qual seja, a discussão sobre os limites dos poderes das decisões assembleares para atingir direitos dos acionistas. Até hoje a doutrina jurídica não conseguiu se pacificar quanto ao alcance da suspensão dos direitos dos acionistas em face do enunciado constante do artigo 109 da mesma Lei das Companhias, que estabelece os direitos fundamentais dos acionistas.

A discussão gira em torno de se saber se a amplitude estabelecida pelo artigo 120 poderá ou não prevalecer sobre as especificidades apontadas no artigo 109. Como ocorre em todos os assuntos controversos, surgiram três posições distintas: aqueles que pugnam pela prevalência do artigo 120; aqueles que apontam que os comandos constantes do artigo 109 constituem exceção à aplicabilidade do artigo 120; e aqueles defensores de uma posição que não se pode dizer que seja intermediária entre as duas polares, mas que aplica algum tempero que a diferencia das outras duas.

Tenho para mim que, antes de se decidir qual é a melhor doutrina, há que se analisar a razão de ser de cada um dos preceitos que, aparentemente ou não, possam estar conflitantes. O que parece claro é que a grande discussão deve ser travada para se saber qual é a extensão do poder que a maioria dos acionistas tem sobre aqueles perdedores nas deliberações sociais. Se de um lado a redação do artigo 120 não contém qualquer limitação em face de sua atuação, na medida em que qualquer descumprimento de "obrigação imposta pela lei ou pelo estatuto" poderá gerar a suspensão do "exercício dos direitos do acionista", constatamos que o artigo 109 dispõe categoricamente que "Nem o estatuto social nem a assembléia-geral poderão privar o acionista dos direitos de [...]".

Muito embora não seja correta a assemelhação que volta e meia se faz entre o modelo das sociedades anônimas e o do regime democrático, pode-se considerar que, assim como a nossa Constituição Federal traz em seu artigo 5º os elementos para a defesa do indivíduo contra as decisões majoritárias da sociedade, também o artigo 109 da Lei das Companhias tem o condão de criar uma barreira aos desrespeitos que a maioria possa querer impor à minoria, votante ou não. Este artigo serve de contraponto à largueza do artigo 120.

A solução dessa suposta contradição pode ser resolvida se estabelecermos ou reconhecermos o limite do poder da assembleia e, de outro lado, olharmos para os critérios de interpretação utilizados pelo sistema legal brasileiro. Mas mesmo no campo doutrinário essa afirmação não é aceita pacificamente. Do lado daqueles que pugnam pela aplicabilidade larga do artigo 120 encontra-se Modesto Carvalhosa[162] ou José Waldecy Lucena.[163] Na corrente contrária, que advoga a preponderância do artigo 109 sobre a largueza do artigo 120, coloca-se Luiz Gastão Paes de Barros Leães.[164] Já Nelson Eizirik, adotando uma posição que se pode ter como distinta das anteriores, admite que os direitos essenciais só excepcionalmente possam ser objeto de deliberação da assembleia de acionistas.[165] Confrontadas as três correntes, vemos que elas se colocam em campos opostos, e que a preferência por uma delas procede sempre ou da análise exclusiva do Direito Societário, ou

---

162. "A suspensão imposta pela assembleia geral poderá atingir todos os direitos assegurados ao acionista pela lei ou pelo estatuto. Neles se incluem os direitos essenciais (art. 109), bem como os próprios dos minoritários ou de classe. [...] Seria ilógico pretender restringir a suspensão a esses direitos modificáveis, pois isso tornaria o preceito inócuo e inaplicável". Vide CARVALHOSA, Modesto. **Comentários à Lei de Sociedades Anônimas**. Op. cit., p. 747.

163. "De qualquer modo, a nós nos parece que a suspensão pode alcançar quaisquer direitos, sejam essenciais, sejam modificáveis. É certo que o artigo 109 diz que nem o estatuto social nem a assembleia geral poderão privar o acionista dos chamados *direitos essenciais*. Mas é de hialina evidência, no entanto, que o que o dispositivo proíbe é a privação imotivada de direitos do acionista, ou seja, veda a que *assembleias gerais facciosas e enfunadas de arbítrio,* no dizer de Waldemar Ferreira, entrem a proferir *deliberações majoritárias caprichosas,* ou, em terminologia atual em face da Lei vigente, entrem a emitir deliberações arbitrárias sob orientação dominadora dos controladores e em detrimento dos minoritários". Vide LUCENA, José Waldecy. **Das sociedades anônimas**. Op. cit., v. 1, p. 1.195.

164. "Quais os direitos que podem ser suspensos? Divergem os autores brasileiros a respeito, uns entendendo que o dispositivo abrange todos os direitos, outros só admitindo a suspensão dos chamados direitos modificáveis. Nessa última corrente, colocam-se Gudesteu Pires e Waldemar Ferreira, que excluem os direitos essenciais, visto que esses, por própria disposição de lei, são invulneráveis aos ataques da assembleia geral. Admitíssemos a suspensão dos direitos intangíveis, estaríamos realçando um contrassenso da lei, que estabelece num artigo, que a assembleia geral nunca poderá privar o acionista dos direitos intangíveis que enumera, ao mesmo passo que, em outro artigo, admitiria que a mesma assembleia poderia privar o aludido acionista do exercício daqueles direitos impostergáveis. Valverde, porém, em posição oposta, entende aplicável a norma *a todos* os direitos dos acionistas, visto que, na espécie, a lei estaria suspendendo *momentaneamente* o acionista apenas do *exercício* de seus direitos, e, não, privando-o definitivamente desses direitos próprios". Vide REQUIÃO, Rubens et al. **Comentários à Lei de Sociedades Anônimas**. São Paulo: Saraiva, 1980, v. 2, p. 270, item 290.

165. "A Lei das S.A. prevê, no artigo 109, um elenco limitado de direitos dos quais os acionistas não podem ser privados, nem pelo estatuto nem por deliberação da assembleia da assembleia geral, a saber: (i) participação nos lucros sociais; (ii) participação no acervo da companhia em caso de liquidação; (iii) fiscalização, na forma da lei, da gestão dos negócios sociais; (iv) preferência para subscrição de ações, partes beneficiárias conversíveis em ações e bônus de subscrição; e (v) retirar-se da companhia nos casos nela previstos. Tal elenco não é exaustivo, existindo outros direitos não mencionados na norma específica que também são essenciais, como o de ter a responsabilidade limitada ao preço de emissão das ações subscritas ou adquiridas; por outro lado, há direitos como o de preferência, que podem ser negados aos acionistas. Daí resulta que os direitos essenciais podem ser excepcionalmente atingidos pela deliberação da assembleia geral. Caso contrário, não só a norma que prevê a sanção seria inócua, como existiria grande incerteza jurídica sobre quais direitos poderiam ser objeto de suspensão". Vide EIZIRIK, Nelson. **Lei das S/A comentada**. São Paulo: Quartier Latin, 2011, v. 1, p. 733-734.

da ponderação de que o preceito contido no artigo 120 visou acabar com a possibilidade de o acionista minoritário prejudicar a companhia, ou do entendimento de que a existência do artigo 109 se deveu à necessidade de proteger o acionista minoritário do "rolo compressor" da maioria. Ou seja, nem histórica nem juridicamente os autores convergem para um ponto comum.

Tenho para mim que toda essa dificuldade interpretativa pode ser resolvida com a aplicação dos princípios gerais de interpretação das normas legais. A presunção legal é que os comandos legais não têm antinomias nem são contraditórios. Mas uma vez existentes as contradições, estas precisam ser demonstradas e, para tanto, utilizam-se os instrumentais de interpretação a fim de estabelecer uma hierarquia de valores e, portanto, de precedência na sua aplicabilidade. Como ensina já há muito tempo Carlos Maximiliano:

> Tome como ponto de partida o fato de não ser lícito aplicar uma norma jurídica senão à ordem de coisas para a qual foi feita. Se existe antinomia entre a regra geral e a peculiar, específica, esta, no caso particular, tem a supremacia. Preferem-se as disposições que se relacionam mais direta e especialmente com o assunto de que trata.[166]

Ou seja, o artigo 120 é a norma geral, sofrendo restrições em sua aplicabilidade quando o exercício do direito de voto tiver que ser garantido em defesa dos direitos do acionista elencados no artigo 109.

Isso porque, como ensina Carlos Maximiliano, deve-se procurar aclarar se efetivamente existe uma antinomia entre os dispositivos legais tidos como conflitantes. Nesse sentido, é de se ver que o artigo 120 prevê a exclusão dos direitos do acionista, enquanto o artigo 109 trata fundamentalmente da impossibilidade de privar o acionista dos direitos de: participar dos lucros, participar do acervo da companhia, em caso de liquidação, fiscalizar a companhia e a gestão, de preferir na aquisição de ações ou debêntures conversíveis e de exercer o direito de recesso nas situações previstas em lei. Nestas hipóteses específicas, cessa a faculdade da maioria de excluir o acionista do exercício de tais direitos, bem como do exercício da capacidade de voto, nos casos em que seja necessário para fazer valer seus diretos previstos no artigo 109.

Em última instância, a solução dada por Carlos Maximiliano é que:

> Se nenhum dos sete preceitos expostos resolve a incompatibilidade, e são os dois textos da mesma data e procedência, da antinomia resulta a eliminação recíproca de ambos: nenhum deles se aplica ao objeto a que se referem. Se têm um e outro igual autoridade [...].[167]

---

166. MAXIMILIANO, Carlos. **Hermenêutica e aplicação do Direito**. Rio de Janeiro: Forense, 2004, p. 110-111.
167. MAXIMILIANO, Carlos. **Hermenêutica e aplicação do Direito**. Op. cit., p. 111.

6.7.19 Acordo de acionistas com ente público

Três são as possibilidades de atuação do ente governamental no campo da atividade empresarial. Ele pode atuar diretamente, constituindo empresas revestidas de qualquer das formas societárias admitidas em Direito, assim como o faz no campo da atividade financeira, a exemplo da Caixa Econômica Federal ou do Banco Nacional de Desenvolvimento Econômico e Social,[168] casos em que atua como um ente estatal. Pode o ente público atuar por meio de uma sociedade anônima, mas sempre detendo a maioria o capital votante da companhia; ou seja, a associação se caracteriza por ser uma companhia de economia mista. Finalmente, a atividade estatal poderá se dar através da subscrição minoritária no capital votante da sociedade, como o faz, por exemplo, o BNDESPar, atuando como incentivador do crescimento das empresas nas quais faz o investimento, com o objetivo de posterior venda de sua participação.

Na primeira modalidade de atuação estatal, não há que se falar em acordo de acionistas, na medida em que seu capital é exclusivamente subscrito pelo ente público. Já nas companhias em que o investimento for feito em ações sem voto, estas podem ser totalmente colocadas junto ao mercado. Entretanto, se a emissão colocada junto ao público for de ações votantes, o ente governamental terá que deter a maioria desses votos.

A sociedade de economia mista será sempre constituída e dissolvida, liquidada ou extinta por meio de lei, sujeitando-se ao regime das sociedades privadas.[169] Com base no preceito constitucional referente às empresas de economia mista, a edição consolidada do Decreto-Lei n. 200, de 1967, caracterizou as sociedades de economia mista como sendo dotadas de personalidade jurídica de Direito Privado, subordinadas ao controle do Estado, com objeto social necessariamente constante de lei, constituídas sob a forma de sociedades anônimas e sujeitas aos comandos

---

168. Artigo 5º do Decreto-Lei n. 200/1967: "Para os fins desta Lei, considera-se: [...] Empresa Pública – a entidade dotada de personalidade jurídica de direito privado, com patrimônio próprio e capital exclusivo da União, criado por lei para a exploração de atividade econômica que o Governo seja levado a exercer por força de contingência ou de conveniência administrativa podendo revestir-se de qualquer das formas admitidas em direito."

169. Artigo 173 da Constituição Federal: "Ressalvados os casos previstos nesta Constituição, a exploração direta da atividade econômica pelo Estado só será permitida quando necessária aos imperativos da segurança nacional ou a relevante interesse coletivo, conforme definidos em lei. § 1º – A lei estabelecerá o estatuto jurídico da empresa pública, da sociedade de economia mista e de suas subsidiárias que explorem atividade econômica de produção ou comercialização de bens ou prestação de serviços. Dispondo sobre: [...] II – a sujeição ao regime jurídico próprio das empresas privadas, inclusive quanto aos direitos e obrigações civis, comerciais, trabalhistas e tributárias. [...] IV – a constituição e o funcionamento dos conselhos de administração e fiscal, com a participação de acionistas minoritários."

legais de Direito Público e de Direito Privado.[170] Além de tais requisitos, a lei comandou que a maioria das ações com direito a voto devem pertencer "à União ou a entidade da Administração indireta".

É neste ponto que entram os acordos de acionistas. De um lado, os acordos de acionistas são firmados para estabelecer uma forma de divisão de poder que é previamente ajustada entre o controle votante da companhia e o minoritário, estimulado por algum interesse financeiro ou administrativo do governo de tê-lo junto a si. De outro lado, como já visto anteriormente, os acordos também são firmados na busca da formação de maiorias votantes ou minorias que passem a ter direitos eleitorais específicos estabelecidos pela Lei das Companhias.

No caso dos acordos de voto firmados entre os investidores privados e o estatal, temos que, na medida em que este último legalmente deve deter a maioria votante do capital, o acordo de voto significa uma alienação de poder aos acionistas privados. Mas também deve ser apontado que pode existir o interesse do investidor estatal controlador de se associar ao investidor privado em busca de capitais, de tecnologia, de mercado, etc. De outro lado, verifica-se que, se os acionistas minoritários privados não tiverem determinadas garantias providas pelos acordos de acionistas, dificilmente se associarão ao empreendimento de controle votante estatal.

A discussão consiste em saber o limite da autoalienação de poder que o sócio estatal se impõe de forma a transformar o comando legal de manutenção do controle de voto em alienação parcial pelo acordo de acionistas. Essa nuance, de difícil gradação, foi objeto de decisão pela 1ª Vara da Fazenda Pública da Capital de Santa Catarina, prolatada pelo Juiz de Direito Luiz Antônio Zanini Fornerolli,[171] entendendo que:

> A Constituição Federal de 1988 estabeleceu, em seu art. 25, § 2º, aos Estados-membros da Federação autonomia para explorar diretamente ou mediante concessão os serviços locais de gás canalizado, na forma da lei. Garantindo, dessa forma, competência constitucional para legislar e regular os serviços locais de distribuição de gás canalizado aos Estados Federados. Com redação idêntica ao preceito federal, a Constituição do Estado de Santa Catarina imputou, em seu art. 8º, inc. VI, ao Estado a exploração, direta ou mediante concessão, dos serviços de gás canalizado, na forma de lei, vedada a edição

---

170. Artigo 5º do Decreto-Lei n. 200/1967: "Para os fins desta lei, considera-se: [...] Sociedade de Economia Mista – a entidade dotada de personalidade jurídica de direito privado, criada por lei para a exploração de atividade econômica, sob a forma de sociedade anônima, cujas ações com direito a voto pertençam em sua maioria à União ou entidade da Administração indireta. [...] §1º – No caso do inciso III, quando a atividade for submetida a regime de monopólio estatal, a maioria acionária caberá apenas à União, em caráter permanente."
171. Vide Autos n. 0011447-19.2013.8.24.0023, em que foi autor o Estado de Santa Catarina e ré a Companhia de Gás de Santa Catarina – SC Gás e outros.

de medida provisória para sua regulamentação. Diante das competências estabelecidas pela Constituição Federal e Estadual, o Estado de Santa Catarina, através da Lei estadual n. 8.999/93, autorizou o Poder executivo a constituir uma empresa anônima de economia mista de capital, denominada Companhia de Gás de Santa Catarina (SC Gás). Na ocasião de sua constituição, o capital social subscrito foi [...] dividido em [...] ações ordinárias [...] e ações preferenciais. [...] Na formulação do Estatuto Social, aprovado pela Assembleia Geral [...] o capital social foi reajustado, em razão da alteração da moeda [...] ficando consignado, ainda, *quorum* diferenciado para aprovação das matérias submetidas à Diretoria Executiva, à Assembleia Geral e ao Conselho de Administração. Todavia, tal estatuto social foi arquivado na Junta Comercial sem ter sido aprovado por Decreto pelo Chefe do Poder Executivo, infringindo, assim, as disposições normativas constantes do art. 4º da Lei estadual n. 8.999/93.

Em 29 de junho de 1994, a composição do capital ficou dividida entre o Estado de Santa Catariana com 51%, Petrobrás com 23% das ações ordinárias, Gaspart com 23% e Infragás com 3% das ações votantes. Um mês após, a companhia realizou um novo aumento do capital social e adequou-o à nova moeda, resultando a seguinte composição acionária: ações ordinárias — Estado de Santa Catarina 51%, Gaspetro 23%, Gaspart/Mitsui 23% e Infragás 3%. Uma metade das ações preferenciais coube à Gaspetro e a outra metade à Gaspar/Mitsui, resultando a seguinte divisão quanto ao capital total: Estado de Santa Catarina 17%, Gaspetro 41%, Gaspart/Mitsui 41% e Infragás 1%.

> Diante do quadro modificativo, a natureza jurídica da empresa estatal acabou se esvaindo, gerando consequências nefastas quanto à distribuição de receitas e ao império lucrativo na exploração de serviço público. Além, é de claro, de usurpar por completo o poder controlador do ente Estatal. 1. Da criação do estatuto social. Como bem sabido, as sociedades de economia mista são pessoas jurídicas de direito privado, integrantes da Administração Indireta do Estado, criadas por autorização legal, sob a forma de sociedades anônimas, cujo controle acionário pertença ao Poder Público, tendo por objeto, como regra, a exploração de atividades gerais de caráter econômico e, em algumas ocasiões, a prestação de serviços públicos.
> [...] Autorizada legislativamente a instituição da sociedade de economia mista, sua criação dá-se de forma correlata ao regime de direito privado, competindo ao Estado providenciar a prática do ato que contenha o estatuto, ou dos próprios atos constitutivos da entidade, para que sejam inscritos no registro próprio, dando, assim, início à existência legal. Percebe-se, dessa forma, que as sociedades de economia mista exibem dois aspectos inerentes a sua condição jurídica: de um lado, são pessoas jurídicas de direito privado e, de outro, são pessoas sob o controle do Estado. Tais aspectos demonstram categoricamente que nem estão elas sujeitas inteiramente ao regime de direito privado, nem inteiramente ao direito público. Tem-se, na verdade, um regime nitidamente

híbrido, já que sofrem influxos de normas de direito privado em alguns setores de sua atuação e de normas de direito público em outros.

Assim, para uma abordagem normativa acerca dos atos desempenhados pela empresa estatal, necessário se torna a verificação dos aspectos de sua atuação. De forma que quando se tratar do aspecto relativo ao exercício em si da atividade econômica, predominam as normas de direito privado, o que se ajusta à condição de entidade como instrumento do Estado-empresário; diametralmente oposto, incidem as normas de direito público nos aspectos ligados ao controle administrativo resultante de sua vinculação à pessoa federativa. [...] a) da estrutura administrativa na gestão dos atos da empresa. O Estatuto Social na forma em que foi entabulado criou empecilhos para a regência imperativa do ente Estatal, eis que, embora o Estado de Santa Catarina figurasse (como figura ainda hoje) como acionista majoritário, posto deter a maioria das ações com direito a voto, efetivamente não exerce o controle de mando sobre a entidade estatal.

Isso porque, pelo método de administração especificado no Estatuto Social seria necessário (como ainda assim o é): a) voto afirmativo de acionistas que representam no mínimo 2/3 do capital social com direito a voto para: a.1) eleger ou destituir, a qualquer tempo, os membros do Conselho de Administração e do Conselho Fiscal da Companhia; a.2) tomar, anualmente, as contas dos administradores e deliberar sobre as demonstrações financeiras por eles apresentadas; a.3) suspender o exercício dos direitos do acionista que deixar de cumprir obrigação imposta por lei ou pelo presente estatuto; a.4) eleger o presidente e o vice-presidente do Conselho de Administração; a.5) decidir sobre aquisições, vendas, licenciamentos ou desistência de direitos sobre patentes, marcas registradas e conhecimentos técnicos; a.6) fixar a remuneração dos administradores da Companhia, bem como dos membros do Conselho Fiscal.

b) o voto afirmativo de acionistas que representem, no mínimo, 80% do capital social com direito a voto para: b.1) deliberar sobre a transformação, fusão, incorporação, paralisação temporária, cisão da Companhia, sua dissolução e liquidação, eleger e destituir liquidante e julgar-lhes as contas, observadas as disposições de direito pertinentes; b.2) autorizar a emissão de debêntures, não conversíveis em ações; b.3) deliberar sobre a destinação dos lucros; b.4) autorizar a criação e resgate de bônus de subscrição ou obrigações assemelhadas. c) voto afirmativo da totalidade dos acionistas para deliberar sobre a avaliação de bens com que cada acionista concorre para a formação do capital. d) voto afirmativo de acionistas que representam a totalidade do capital social com direito a voto para: d.1) reformar o estatuto social; d.2) estabelecer novas espécies e classes de ações. Diante do qualificado *quorum* de votação especificado no estatuto de criação e acima discorrido, é fácil perceber que o Estado, mesmo detendo a maioria do capital, depende sempre da adesão de outros acionistas. Minguado, por completo, qualquer poder de mando cabível na direção da sociedade de economia mista. Ora, é justamente o poder de mando estatal elemento caracterizador de uma sociedade de economia mista, não o havendo estar-se-á diante de uma "sociedade de mera participação do Estado" que, além de não integrar a Administração Pública, não é considerada uma sociedade de economia mista.

Afinal, não é o capital misto que configura a sociedade de economia mista, pois o termo "economia" tem conteúdo mais amplo que "capital". Na verdade, seu traço marcante é a participação necessária do Estado na direção, o que lhe confere o poder de atuar, de decidir, em nível de execução, sobre a atividade que lhe foi cometida através de delegação. Tanto é assim, que a lei 6.404/76, em seu artigo 116, define acionista controlador a pessoa, natural ou jurídica, ou grupo de pessoas vinculadas por acordo de voto, ou sob controle comum, que: a) é titular de direitos de sócio que lhe assegurem, de modo permanente, a maioria dos votos nas deliberações da assembleia-geral e o poder de eleger a maioria dos administradores da companhia; e, b) usa efetivamente o seu poder para dirigir as atividades sociais e orientar o funcionamento dos órgãos da companhia. O mesmo artigo estabelece ainda que o acionista controlador deve usar o poder com o fim de fazer a companhia realizar o seu objeto e cumprir sua função social, tendo deveres e responsabilidades para com os demais acionistas da empresa, os que nela trabalham, e para com a comunidade em que atua, cujos direitos e interesses deve lealmente respeitar e atender. Pelo conteúdo normativo, nítido é que o controle societário nas sociedades por ações advém de dois critérios: um formal, aritmético, concernente à titularidade de ações que garantam ao controlador a maioria absoluta nas deliberações da assembleia geral e a maioria dos administradores; e outro, material, atinente ao plano da eficácia, em que se visa garantir que o controle do acionista majoritário não seja mera insígnia, mas que exerça efetivamente seu poder.

Logo, concatenando o *quorum* qualificado estipulado no estatuto social com o critério material anotado pela lei das sociedades anônimas, é fácil perceber o esvaziamento do poder gerencial do Estado de Santa Catarina sobre a empresa SGás. Evidenciando não só fulgente afronta à lei 6.404/76, como também, e principalmente, vergasta preterição do interesse público com o qual o controlador está comprometido ante a natureza estatal da empresa.

[...] é incontestável que o acordo que disponha sobre o exercício do direito de voto nas sociedades de economia mista estaria contrariando a natureza estatal da sociedade. Isso porque o controle societário não decorre necessariamente da posição dominante no capital votante de uma sociedade e, por outro lado, essa posição dominante não leva, necessariamente, à titularidade do controle societário. À luz do direito privado, a noção de controle transcende a mera participação acionária e se fixa na efetiva direção da atividade social, por meio da indicação da maioria dos administradores da sociedade e da preponderância nas deliberações dos sócios, que constituem os critérios orgânicos estabelecidos pela Lei n. 6404/76 [...] É através da participação majoritária do capital votante da sociedade de economia mista que o Estado instrumentaliza sua supremacia na gestão da empresa, gestão empreendida não por razões empresariais, mas para dar atendimento aos interesses coerentes com as causas que justificaram sua criação e organização.

Logo, a exigência de que o Estado detenha 51% do capital votante nela se dá a fim de que ele efetivamente detenha a direção da companhia, ante a sua incumbência de dever--poder de assegurar que a administração e operações se desenvolvam de acordo com a causa final da outorga da autorização legal para sua criação e organização. Porém, não basta deter a maioria do capital votante quando essa maioria não é capaz de direcionar o poder controlador sob a empresa. Caso em que, como dito anteriormente, haveria um controle formal sem um controle material, caráter que se mostra inadmissível em se tratando de sociedade de economia mista.

A decisão acima traz o importante argumento jurídico de que, nas sociedades de economia mista, a caracterização do controle não se manifesta pelo critério numérico da detenção pelo Estado de mais de 50% das ações votantes. Ao contrário, o controle da companhia — como, aliás, mostra a Lei das Companhias, fato apontado pelo julgador em sua decisão — decorre da capacidade de comando, que independe da participação dos demais acionistas. Na situação relatada, os demais acionistas detêm o poder de veto sobre determinadas matérias que exigem a totalidade dos votos para sua aprovação. Ora, o poder de veto, mesmo que haja um controlador, implica a perda da capacidade de governo da companhia. Essa conclusão implica que os acordos de acionistas nas companhias de capital misto admitem somente leves interferências, as quais não acarretem a alienação do poder de mando do acionista estatal.

Como decorrência desse raciocínio, temos que, se a atuação estatal se der com o controle numérico do Estado, mas de forma que, através de acordo de acionistas, ele abra mão da sua capacidade de dirigir a companhia, via quóruns qualificados, teremos que admitir que não mais estaremos diante de uma sociedade de economia mista, mas de um investimento estatal em empresa privada. O mesmo raciocínio se aplica à hipótese em que uma companhia, cuja participação estatal seja minoritária, tenha sua gestão dependente da aprovação do minoritário estatal (poder este exercido pelo veto); neste caso, isso fará com que o poder de direcionar a empresa passe para a mão do Estado, acarretando todos os controles e constrangimentos inerentes a esse tipo de sociedade. Desta feita, se uma companhia estatal subscrever minoritariamente ações em uma companhia privada, mas, ao mesmo tempo, firmar um acordo de acionistas que lhe dê poderes de veto, cabe questionar se estaremos diante da ocorrência de uma *frau legis*.

Se o acordo de acionistas for firmado com o acionista Estado, ou com uma empresa de economia mista, ou indiretamente com uma empresa pública, poderá restar maculado o pacto; de outro lado, continua a valer para as companhias de economia mista o regramento civil para o desmanche do pacto, quer seu término ocorra antes do prazo de vigência, quer o pacto tenha sido firmado por prazo indeterminado. Isso porque a vontade estatal é representada por aquele que à época da prática do ato detinha o poder para praticar o ato. Se posteriormente outro é o ocupante do cargo, a obrigação assumida continua válida até a extinção do vínculo obrigacional — como, aliás, ocorre sempre no mundo jurídico, sejam os direitos e deveres assumidos por entes privados ou públicos.

Essa foi a situação que se verificou quando o governador do Estado do Paraná, declarou, por decreto, nulo o acordo de acionistas celebrado entre o Estado e empresas privadas com base em preceito constante da Constituição do Estado, bem como na Súmula n. 473 do Supremo Tribunal Federal.[172] A parte processual é longa,[173] cheia de marchas e contramarchas. Os fatos têm início com a publicação de lei estadual autorizando a alienação em leilão de até 40% das ações da Sanepar. A vencedora do leilão foi a empresa Dominó Holding S.A., adquirente de 39,71% das ações ordinárias da companhia.

Conforme consta do relato dos autos, segundo o Estado do Paraná, este e a Dominó Holding S.A.:

> celebraram as partes contratantes acordo de acionistas e nele se inseriu a cláusula pela qual o Estado do Paraná abdicava das prerrogativas inerentes à sua condição de pessoa administrativa, obrigava-se a votar em bloco, o que anulava, na prática, a maioria estatutária do Estado, na composição do Conselho de Administração e na diretoria executiva da companhia. Tal acordo resultou, em termos práticos, no seguinte: muito embora o Estado do Paraná indicasse cinco dentre os nove membros do Conselho de Administração o acordo obrigava o Estado a votar no sentido de estabelecer a competência do Conselho de administração nos assuntos ali descritos [na minuta de acordo de acionistas a que o vencedor do leilão se obrigava a firmar]. Como essa competência vem fixada nos estatutos, com a exigência de *quorum* qualificado (sete conselheiros) para as matérias mais importantes, na prática, os cinco Conselheiros indicados pelo Estado dependeriam da concordância dos representantes do acionista minoritário para todas as decisões de peso da Sanepar. O mesmo se repetia no âmbito da diretoria, pois, dos sete diretores, quatro são indicados pelo Estado do Paraná. Contudo, em razão do acordo de acionistas, os Diretores Superintendentes de Operações e Financeiro seriam eleitos entre nomes apresentados pela Dominó Holding S.A., o que a levava a deter o comando real da companhia.[174]

Ainda segundo o Governo do Estado do Paraná, "o acordo de acionistas agrediu o princípio da indisponibilidade do interesse público, ao atrelar o exercício do direito de voto do Estado do Paraná aos interesses da acionista minoritária, uma sociedade mercantil privada".

---

172. Diz a Súmula 473: "A Administração pode anular seus próprios atos, quando eivados de vício que os tornem ilegais, porque deles não se originam direitos; ou revogá-los, por motivo de conveniência ou oportunidade, respeitados os direitos adquiridos, e ressalvada, em todos os casos, a apreciação judicial."
173. Somente perante o Superior Tribunal de Justiça foram apresentadas as seguintes peças aqui estudadas: (a) Agravo Regimental na Medida Cautelar n. 8.527-PR (2004/0094048-1), Relatora Ministra Eliana Calmon; (b) Recurso Ordinário em Mandado de Segurança n. 18.769-PR (2004/0112390-6), Relatora Ministra Eliana Calmon e (c) Reclamação n. 3016-PR (2008/0235433-9), Relatora Ministra Eliana Calmon.
174. Recurso Ordinário em Mandado de Segurança n. 18.769-PR (2004/0112390-6).

Em seu *leading vote*, a Ministra Relatora Eliana Calmon concluiu que:

[...] Antes de ingressar no exame dos dois aspectos indicados como nódoa máxima no acordo — e que, por isso mesmo, veio a ser expurgado do mundo jurídico pelo Executivo do Estado do Paraná e pelo Tribunal de Justiça —, cabe examinar a forma como agiu o Estado, ao decretar a nulidade do ato sem submeter a situação a um processo de apuração e sem, ao menos, ouvir as partes interessadas, dentre as quais a empresa impetrante, sua parceira na propriedade da empresa.
Admitindo-se, para argumentar, ser nulo o acordo de acionistas, como entende o Estado do Paraná, não lhe restaria opção senão a decretação da nulidade, como dever, para a qual encontraria, em tese, limitações de duas ordens: a) de ordem temporal, se já vencido o prazo prescricional, o qual não ocorreu na hipótese dos autos, porque transcorrido prazo inferior a cinco anos; b) de ordem substancial porque, em se tratando de acordo cuja anulação acabou por atingir direito de terceiro, gerando gravame, somente poderia realizar-se após observância do devido processo legal. Mas não foi o que ocorreu, porque o Executivo, de forma inopinada, depois de quase cinco anos de atuação, veio a afastar da sociedade, por ato de império, a empresa que investiu vultosas somas de capital depois de sair vencedora em processo licitatório.
Dentro da nova ótica do Direito Administrativo, praticamente desaparecem os atos pessoais do administrador, que fica adstrito à observância de um processo no qual seja garantido ao interessado o contraditório e a ampla defesa, de tal sorte que não tenha, no ato administrativo, a vontade absoluta do seu prolator. O devido processo legal é a regra, e a ideia que impera em um Estado democrático de direito é a de envolver o ato administrativo em um iter procedimental, tal como na esfera judicial, no dizer de Celso Antonio Bandeira de Mello [...]. É o atendimento ao princípio constitucional do devido processo legal, fora do qual não há garantia. A partir daí, pode-se acoimar de ilegal o Decreto 452/03, merecedor de censura judicial, aspecto não examinado em nenhum passo, pelo Tribunal de Justiça, escudado na Súmula 473/STF.
[...] Como se vê, ao Executivo foi garantido [pela decisão do Tribunal de Justiça do Paraná] o direito de anular um ato negocial firmado mediante licitação, sem exigência de indenização pelos possíveis prejuízos, ao argumento da inadequabilidade da via mandamental. Assim, uma empresa que atendeu a um edital de leilão, que investiu vultosas somas na compra de ações, que firmou com o Estado um acordo, seguindo regras do edital de leilão, depois de cinco anos de sociedade é surpreendida com os efeitos de um decreto de extinção sob alegação de nulidade, porque o agente estatal que assinou o acordo não era competente para fazê-lo.
Mas a surpresa não ficou por aí, porque o Judiciário, quando acionado pela inconformada empresa, disse ser de absoluta correção o ato governamental e que os possíveis prejuízos decorrentes da anulação só poderiam ser examinados e contabilizados em outra ação. Examinando o acordo de acionistas anulado pelo malsinado Decreto, alega o Estado do Paraná que foi ele assinado por autoridade incompetente para fazê-lo. Mesmo que se admita como verdadeira a premissa, não se pode olvidar que o acordo de

acionistas estava previsto no edital e, como tal, atuou o Secretário de Estado da Fazenda por delegação do Governador do Estado, como plenamente permitido no parágrafo único do art. 87 da Constituição do Estado. Ademais, passados quase cinco anos, pois o acordo de acionistas foi assinado em 4 de setembro de 1998, depois de ter o Estado investido na Sanepar com vultoso aporte de capital e ter nela efetivamente participado em todos os seus segmentos administrativos, não se pode aceitar que venha a alegar, em seu favor, nulidade de seu próprio vício. Por fim, temos que o Estado do Paraná estava autorizado por lei a alienar as ações da Sanepar, de sua propriedade, da forma prevista no edital, documento no qual estabelecido estavam os limites de contornos da negociação, de tal forma que o acordo de acionistas foi, na verdade, a materialização de um compromisso assumido quando foi a Dominó Holdings S/A proclamada vencedora da licitação.

Segundo o Estado, no acordo havia cláusula que, na prática, levava o acionista majoritário a submeter-se às deliberações da empresa particular, sócia minoritária, em desacordo com o princípio da preponderância do poder público. Seja pela forma como procedeu o Estado do Paraná, sem observar o devido processo legal para anular o ato, seja pela inexistência de defeito competencial ou substancial, o certo é que houve, por parte do recorrido, o cometimento de um ato ilegal e abusivo, o qual merece a censura judicial. Com essas considerações, afastando a preliminar de perda de objeto, examino o mérito da impetração para conceder a segurança, decretando a nulidade do decreto que extinguiu o acordo de acionistas, confirmando, assim, a liminar concedida [...].[175]

Fundamentalmente distintas foram as razões de decidir nas duas decisões acima transcritas. A sentença dada pelo Juiz de Santa Catarina suporta-se na característica legal das sociedades de economia mista, segundo a qual o Estado necessariamente tem que ser o acionista controlador do voto e, consequentemente detentor dos direitos e responsabilidades do acionista controlador. Ademais, o controle não seria caracterizável só pela detenção pelo ente estatal da maioria das ações votantes, mas pelo exercício do poder de controle conforme definido na Lei das Companhias. Tal exercício, no caso lá examinado, encontrava-se prejudicado pela existência do acordo de acionista, que dava o poder de veto aos acionistas privados pelo estabelecimento de quóruns deliberativos maiores do que a maioria detida pelo Estado de Santa Catarina.

Diferentemente da sentença catarinense acima mostrada, na decisão dada pela unanimidade da Segunda Turma do Superior Tribunal de Justiça, temos que a razão de decidir prende-se à não observância do devido processo legal para a terminação do acordo de acionistas, bem como ao fato de este ter sido firmado por agente capaz, a compra das ações ter se realizado mediante leilão público, as regras do acordo, em forma de minuta editada pelo Estado, constarem do processo

---

175. Recurso Ordinário em Mandado de Segurança n. 18.769-PR (2004/0112390-6).

competitivo da venda das ações, e o acordo ter sido exercido pelas partes contratantes por cinco anos. Ademais, a rescisão unilateral do acordo se dera por meio de decreto governamental sem ouvir a outra parte acordante.

Ou seja, a decisão do STJ não entrou no mérito da descaracterização da sociedade de economia mista pela perda do comando que caracteriza o controle; analisou-se tão somente a não obediência ao devido processo legal para a extinção de acordo de acionista ainda vigente. Como se verifica, ainda há vários problemas concernentes aos acordos de acionistas que devem merecer a atenção do legislador e dos doutrinadores — como, por exemplo, a questão discutida na última decisão, que se refere à legitimidade ou não da consorciação entre o Estado e capitais privados.

Toda a temática da descaracterização do poder de controle do acionista estatal dentro das sociedades de economia mista é suscetível de discussão em outras situações nas quais a legislação estabeleça determinados percentuais máximos de participação do acionista minoritário, o qual, por meio de quóruns qualificados, cria restrições ao exercício de comando característico do acionista controlador. Tal situação, por exemplo, poderá ocorrer nas companhias para as quais a legislação estabeleça participação máxima do capital estrangeiro, como nas companhias de aviação. Para essas empresas, a lei estabelece que o controle deva ser detido por brasileiros natos, além de estipular um teto na participação das ações votantes. É certo que o acordo de acionistas não irá transformar o capital estrangeiro da sociedade anônima, mas também é certo que, dependendo das cláusulas inseridas no acordo, ele poderá transformar a companhia, pelo poder de veto atribuído ao minoritário, em uma sociedade de controle compartilhado.

capítulo 7
AÇÕES PREFERENCIAIS

7.1 As razões justificativas das ações preferenciais

O mundo jurídico vem quase em monocórdio aceitando e repetindo, ao longo dos tempos, as razões formais justificadoras da criação das ações preferenciais sem voto, sem se aprofundar nas razões econômicas que possam dar sustentação ao quadro teórico. O grande cenário proclama que em tais valores mobiliários há uma troca justa, em que a ausência do voto é compensada pelo melhor conteúdo financeiro atribuído à ação preferencial. O conceito formal se repete na legislação bem como na doutrina nacional ou estrangeira. Nossa lei societária vem repetindo, desde 1940, que a preferência sobre as ações ordinárias consistiria na prioridade dos dividendos, no reembolso do capital, bem como na combinação de ambos. No mundo europeu continental, grosso modo, às preferenciais atribuem-se (i) a certeza do recebimento de um dividendo mínimo, e (ii) uma rentabilidade elevada.[1] No que tange ao ordenamento pátrio, há que se reconhecer, principalmente após a vigência da Lei n. 10.303/2001, a ocorrência de uma considerável melhora nos termos de troca entre a perda do direito ao voto e a melhoria da perspectiva financeira.

Entretanto, creio que poderá ser útil para a discussão do tema analisar alguns pontos que não partam de uma premissa tão abstrata, mas que busquem dar uma concretude mínima à discussão com algumas pinceladas de realidade do mundo negocial hoje existente no mercado brasileiro. Assim, não será demasia atribuir ao investidor certo grau de racionalidade, principalmente aos grandes investidores ou gestores de fundos de terceiros de todo gênero e nacionalidade.

Dentro da busca de adequação à realidade brasileira, será de se levar em consideração que são muito raras as companhias que têm seu controle pulverizado

---

1. Vide PERES, J. J. Vieira. Ações preferenciais sem voto. **Revista de Direito e de Estudos Sociais**. Coimbra: Almedina, v. 30, n. 4, set./dez. 1988, p. 336.

entre um grande número de acionistas pequenos e médios. Ou seja, no Brasil, hoje, a grande maioria das companhias com ações junto ao mercado secundário tem controle definido. Nessas situações, os minoritários votantes — ou aqueles que, muito embora sejam os majoritários no capital social, não detenham voto — têm dois momentos importantes para sua decisão. Um deles é o da subscrição, quando é possível analisar as regras de relacionamento com o controlador ou com o grupo de controle. O outro é a verificação da normatização existente em prol da transparência e das regras de governança corporativa. A tarefa não é fácil, haja visto, por exemplo, as ocorrências em mercados do primeiro mundo que só são descobertas pelos organismos reguladores ou pelos credores muito tempo depois de a falcatrua ter sido praticada e da aprovação das contas.

Uma das bandeiras das ações preferenciais sem voto é sua rentabilidade de curto e médio prazo. Normalmente, os investidores aplicam seus capitais ou de terceiros em busca da obtenção de lucro ou da valorização do papel, fator muito mais presente quando ausente o direito de voto. Disso decorre o preceito legal que atribui às ações preferenciais sem voto as várias modalidades de dividendos garantidos aos acionistas. No Brasil, o cálculo da rentabilidade leva em conta não só a remuneração paga em relação a outras formas de investimento, mas também a liquidez da ação junto ao mercado secundário.

Houve tempo em que as ações preferencias sem voto predominavam junto ao mercado secundário. Essa preponderância se devia à enorme quantidade de ações preferenciais oferecidas ao mercado em função de incentivos fiscais e financeiros outorgados pelo governo federal. Ademais, com a alteração da Lei das Companhias, durante certo tempo foi possível que as companhias lançassem até 2/3 do capital social em ações preferenciais sem voto.

A justificativa dada aos dois incentivos acima apontados fora a desnecessidade de se oferecer ao mercado ações com voto, na medida em que — como de fato até hoje é — os preferencialistas se abstêm de comparecer às assembleias, demonstrando desinteresse pela gestão, sendo sua única preocupação a percepção dos dividendos prioritários, fixos ou mínimos.[2]

Tal premissa, entretanto, recomenda alguma consideração.

De um lado, há que se retificar a concepção teórica de que o absenteísmo seria uma característica das ações preferenciais. Quem tiver acompanhado

---

2. "Essa divisão [entre acionistas rentistas e acionistas dirigentes] de sub-funções empresariais, facilitada pelo modelo de companhia, é o que explica a omissão do público investidor em comparecer às assembléias gerais para discutir e votar as decisões sobre o destino da companhia, a não ser quando sente que há perigo de perder seu investimento." Resposta dos autores do anteprojeto de Lei das Companhias às críticas da Bolsa de Valores do Rio de Janeiro quanto à proposta de aumento para 2/3 de ações preferenciais. Vide LAMY FILHO, Alfred; PEDREIRA, José Luis Bulhões. **A Lei das S.A.** Op. cit., p. 184.

minimamente o comparecimento do acionista preferencialista ou ordinarista minoritário às assembleias das companhias (pelo menos nas sociedades anônimas brasileiras de capital aberto), constatará que a ausência quase que sistemática dos não controladores e dos não votantes se prende a um distanciamento da vida da companhia. Aqueles detentores de voto, mas investidores de pequena monta, não comparecem, provavelmente, pelo gasto de dinheiro e tempo em face do valor investido. Já os não votantes, provavelmente pela sensação de que nada podem fazer nas assembleias senão ouvir.

De alguns anos para cá tem mudado a composição de nosso mercado secundário de ações, com a diminuição do peso dos acionistas pessoas físicas e com o surgimento dos *pools* de investimento. Com tal transformação, começam a comparecer os representantes dos investidores institucionais, ou dos administradores de fundos de investimento, que passam a exigir de maneira mais justa o cumprimento da Lei das Companhias, e isso ocorre na medida em que esses administradores de recursos de terceiros têm que prestar contas a seus cotistas.

De outro lado, por iniciativa da bolsa de valores brasileira, dentro de sua capacidade de autorregulação surge o mecanismo que, ao dar mais direitos aos acionistas minoritários, leva a que o mercado comece a precificar melhor as ações ordinárias, fazendo com que surja um mercado de liquidez para esses valores mobiliários. Todos esses movimentos de natureza mercadológica fazem com que, via preço, tenha início uma melhor valoração do direito de voto atribuído às ações ordinárias.

Ou seja, toda essa mudança paulatina que vem ocorrendo em nosso mercado secundário de ações nos leva a concluir que o absenteísmo não é característico do comportamento dos preferencialistas, mas uma característica bem mais ampla em nossa cultura — a de não considerarmos relevante a participação individual em eventos coletivos quando não façamos parte do grupo decisor.

Mas qualquer que seja a causa de tal comportamento, devemos sempre lembrar que o voto é, ou deveria ser, um direito, e que o seu não exercício por parte dos absenteístas não justifica a catadupa de colocações de ações preferenciais sem voto. Seria mais correto propor que a ausência do voto corresponderá à existência de um verdadeiro e palpável interesse financeiro. A existência do grande número das ações sem voto se deve muito mais às distorções inseridas em nosso ordenamento jurídico pelos incentivos fiscais patrocinados pelo governo federal em passado não distante do que a uma valoração efetiva do produto pelo mercado.

Ou seja, o mercado se movimentou em direção às ações preferenciais, na medida em que os incentivos fiscais e financeiros oferecidos pelo governo estimularam os controladores das companhias a emitirem somente ações preferenciais para a capitalização das companhias. De um lado, tínhamos os estímulos governamentais que distorciam a demanda e, de outro, um real interesse financeiro das companhias emitentes, que recebiam também subsídios para lançar ações ao mercado. Toda essa engenharia — que, na visão governamental, buscava criar um ativo mercado capaz de financiar a grande empresa nacional — levou a que as companhias emitissem fundamentalmente ações preferenciais sem voto para colocação junto ao público, distorcendo, em consequência, o mercado secundário.

A doutrina defensora das ações sem voto enfatiza bastante os eventuais direitos financeiros preferenciais atribuídos a tais ações. Embebidos na doutrina societária europeia continental, e realizando um exame comparativo das respectivas legislações, descuidaram do exame daquilo que ocorre na realidade empresarial brasileira. Assim, quando aprovada em 1976 a Lei das Companhias, ficou aparente que, ao adotarmos parte do modelo societário norte-americano, mantivemos a estrutura herdada fundamentalmente do modelo francês.

Além disso, é fato conhecido que mesmo as companhias do Novo Mercado têm controle definido, sendo raríssimas as companhias desprovidas de controlador ou grupo de controle. Ou seja, o modelo societário brasileiro contou e conta quase que fatalmente com um controlador ou um restrito grupo de controle. Foi nesse cenário que, da legislação de 1976, resultou que o acionista controlador ou seu grupo é usualmente eleito para compor o conselho de administração, o qual, por sua vez, elege a diretoria. Até esse ponto, as ações votantes estão cumprindo seu papel de controle da sociedade, só que é esse mesmo grupo de controle que elege parte do aparato fiscalizador da sociedade anônima ou a sua maioria decisória. O controlador ou seu grupo elege a maioria dos membros do conselho fiscal, e o conselho de administração, que agasalha a maioria ou a totalidade do controle, indica e demite a empresa de auditoria encarregada de verificar a veracidade das contas sociais.

Ora, na medida em que o conselho fiscal conta com a maioria de seus membros designada pelo controlador — o qual, na qualidade de também controlador do conselho de administração, contrata e demite a auditoria —, decorre que a fiscalização social se reporta quase que forçosamente ao controlador, que é o fiscalizado, detentor de grande poder de coerção sobre os fiscalizadores. A fiscalização dos atos financeiros da companhia é feita continuadamente durante o exercício social, mas constantes de laudos dos quais, em regra, os acionistas só tomarão conhecimento quando da realização da respectiva assembleia de acionistas. Naquele momento futuro, poderá ser muito tarde.

Idealmente, seria interessante que as ações sem voto adquirissem o direito de participar das assembleias, votando para eleger e demitir os fiscais das contas sociais. Esta eleição não contaria com a participação dos acionistas formadores do bloco de controle da companhia, eleitor majoritário do conselho de administração. Buscar-se-ia, assim, um nível de fiscalização da companhia sem o viés do conflito de interesse inerente ao modelo atual.[3] Tal contradição ou conflito resulta, entre nós, da adoção de um modelo societário aplicado em sociedades de controle pulverizado, transplantado sem qualquer "climatização" para um país em que o controle das companhias sempre foi definido em uma pessoa ou em um pequeno grupo normalmente familiar. É de se aplaudir as inovações introduzidas pela Lei n. 10.303, de 2001, que deu passos importantes para trazer o controle da estrutura de poder das companhias para um modelo mais aberto e apto a dar mais confiança aos investidores não controladores.

7.2 Origem e evolução

Historicamente, as ações preferenciais surgem fundamentalmente nas empresas de controle familiar ou controladas por vários pequenos grupos, com o objetivo de atrair novos investidores externos ao bloco de comando. Para tanto, ofereciam-se vantagens superiores às detidas pelas ações ordinárias ou comuns, em troca de, normalmente, retirar-lhes total ou parcialmente o direito de voto. Sua denominação de "preferenciais" significava que elas detinham preferências ou direitos que as colocavam em uma categoria detentora de direitos superiores aos outorgados às ações ordinárias. É nesse sentido que também já foram denominadas como "ações privilegiadas", "ações de prioridade", "ações maiores", "ações de categoria", etc.[4]

Surgem as ações preferenciais sem voto ou com voto restrito no século XIX, em alguns países europeus, sendo rapidamente notadas e copiadas entre nós, tendo em vista suas vantagens enquanto instrumento de capitalização das companhias sem colocar em risco o controle.

Em contrapartida, as emissões de ações preferenciais sem voto propiciaram, quer entre nós, quer no exterior, um sem número de abusos, que ocasionaram a edição de normas restritivas quanto à possibilidade de emissão de tais valores mobiliários. Entre nós, como se verá abaixo, o excesso produziu uma longa e

---

3. Uma boa oportunidade foi perdida por ocasião da promulgação da Lei n. 10.303/2001, quando, pelo veto presidencial ao § 5º do art. 115, eliminou-se a possibilidade de os acionistas detentores de 10% ou mais do capital social, aí incluídos os acionistas com e sem voto, discutirem e decidirem sobre a eventual utilização do voto controlador em conflito com os interesses da companhia e, como decorrência, em prejuízo dos acionistas não participantes do controle.
4. Vide LEME, Ernesto. **Das acções preferenciaes nas sociedades anonymas**. São Paulo: Saraiva, 1933, p. 23. Em boa parte de seu trabalho, o professor do Largo de São Francisco aborda também o tema, que à época era objeto de enorme discussão, referente a uma das preferências que podia ser atribuída às ações preferenciais, concernente à sua habilidade de deter voto múltiplo, voto desigual, voto privilegiado, voto plúrimo ou plural. Tal discussão cingia-se aos modelos das leis das companhias então praticadas em vários países da Europa. Hoje tal discussão tem sabor histórico, na medida em que nossa Lei das Companhias só admite um voto por ação, e cada ação admite um só proprietário perante a companhia; porém, enquanto trilha histórica, valho-me do trabalho do Professor Ernesto Leme.

feroz discussão entre, de um lado, os empresários beneficiários da capitalização via preferenciais sem voto e, de outro lado, os formadores de opinião, juristas e acionistas preferencialistas, os quais buscavam contrapor-se à força empresarial junto ao Congresso Nacional, mostrando o resultado das distorções que o modelo estava ocasionando.

No exterior, as ações preferenciais sem voto já eram admitidas pela legislação societária do estado de Nova York desde 1855. Entretanto, com o correr do tempo, as distorções causadas pelas preferenciais ou pelas ordinárias de classe distinta (sem voto), fez com que a Bolsa de Nova York, já em 1926, se recusasse a autorizar a listagem e negociação de ações sem voto em seu pregão, sem, entretanto, dar qualquer explicação mais detalhada. Foi somente oito anos depois que o presidente do comitê de listagem da NYSE se pronunciaria mais explicitamente quanto à proibição de listagem de ações sem voto, no que foi seguido pelo próprio presidente da NYSE.[5] Posteriormente, em julho de 1986, em razão da competição com outras bolsas de valores, e pressionada por uma relevante emissão sem voto pela Ford Motor Co., a Bolsa de Nova York passa a admitir a cotação de ações sem voto, mas examinando caso a caso. Tal mudança, entretanto, acarretou a admissão em seu pregão de ações sem voto, ainda que em um percentual extremamente baixo.[6]

Em outros países, a possibilidade de emissão de ações preferenciais sem voto se deu mais tarde. Assim é que, na França, a permissão ocorreu em 1978; na Alemanha, em 1937; na Itália, em 1976, etc. Assim, enquanto no mercado norte-americano o controle para a emissão de ações sem voto se fez via autorregulação

---

5. *"You will note a reference to action of the governing committee taken on January 27, 1926, in the matter of the issue of common stock without voting power. This device was being increasingly used to lodge control issues of voting stock leaving ownership of the bulk of the property divorced from any vestige of effective voice in the choice of management. The committee felt that this tendency ran counter to sound public policy, and accordingly decided to list more nonvoting common stock. With this action of the committee, the period of creation of nonvoting common stock came to an end."* (SELIGMAN, Joel. Equal Protection in Shareholder Voting Rights: The One Common Share, One Vote Controversy. **George Washington Law Review**, n. 687, 1985-1986, p. 697).

6. *"In July 1986, the NYSE directors adopted a proposal permitting dual class of capitalization provided the plan was approved by the owners of a majority of its publicly held shares, as well a majority of its independent directors [...] The historical background of the one common share, one vote controversy effectively begins in 1925. State corporate law had long before discarded the rule that each shareholder was entitled to only one vote regardless of the number of the shares of share owed, so that 'by the end of the nineteenth century [...] it was unusual to find a statutory reference to any formula other than one vote per share.' At the turn of the century, both common and preferred stock frequently had equal voting rights; only during the period after 1903 did the author of a leading 1926 study find that corporate stock issues showed 'an increasing tendency to restrict the voting rights of a certain classes of shareholders.' With the controlling factions in the largest business corporations often possessing a minority stock ownership, a number of legal devices developed to maintain control, notably 'pyramiding,' nonvoting preferred stock, and voting trust."* (SELIGMAN, Joel. Equal Protection in Shareholder Voting Rights. Op. cit., p. 688-693).

da bolsa de Nova York, na Europa continental isso ocorreu via legislação, como aconteceu entre nós.

No Direito brasileiro, a polêmica surge desde a sua utilização na segunda metade do século XIX. A parca legislação societária então existente — consubstanciada no Código Comercial de 1850 — não previa nem proibia a existência de outras espécies de ações — como, aliás, ocorria também em vários países europeus. As discussões se iniciam, ainda sob a vigência do Decreto n. 434, de 4 de julho de 1891, quando duas companhias sentem a necessidade de capitalização de seus empreendimentos e, para tanto, realizam a colocação de ações preferenciais.

Por haver dúvida quanto à possibilidade de tal emissão, os advogados representantes dessas companhias buscaram fundamentar o projeto de capitalização em pareceres da nata jurídica de então. O ponto de partida para a plêiade de pareceres[7] eram dois quesitos formulados aos pareceristas. O primeiro questionava a respeito de eventual ilegalidade em face do ordenamento jurídico brasileiro quanto à fixação de regra estatutária, em caso de ausência de comando legal positivando a matéria. O segundo referia-se à problemática da distribuição de dividendos.[8] Com a exceção de Carvalho de Mendonça, todos os demais juristas responderam pela possibilidade da emissão de ações preferenciais pelas companhias, mesmo inexistindo previsão legal permissiva para tanto.[9] O embasamento maior que permitia

---

7. Foram pedidos pareceres, nos dois casos então surgidos, para: Visconde de Ouro Preto, Conselheiro Ruy Barbosa, Dr. Manuel I. Gonzaga, Professores J. X. Carvalho de Mendonça, Francisco Morato, Luiz Barbosa Gama Cerqueira, Spencer Vampré e Waldemar Ferreira.
8. Especificamente, o Dr. João Batista de Oliveira Penteado formulou os seguintes quesitos aos pareceristas: "1º) Repugna á legislação patria estipularem os estatutos, *ad instar* da pratica corrente, em França e na Inglaterra, (cuja legislação, tambem, não é expressa), que o capital será formado: (a) por ações *preferenciais*, com dividendo fixo e que são as representativas das entradas em dinheiro, (salvo equiparação posterior, pela conversão voluntária em títulos ao portador), e (b) por a*ções ordinárias*, com dividendo aleatório, salvo equiparação de todas, quanto ás sobras, se houver, um dividendo egual ao daquellas." (LEME, Ernesto. **Das acções preferenciaes nas sociedades anonymas**. Op. cit., p. 90). A consulta formulada, com relação à segunda sociedade anônima, estava assim redigida: "A Caixa de Liquidação de São Paulo, para vencer as dificuldades financeiras, com que se viu a braços e evitar maiores prejuízos a seus credores, resolveu levar a effeito, de acordo com estes, um augmento de capital, a ser integralmente tomado pelos próprios credores, eliminando-se assim o passivo social, pela transformação em capital. Realizado esse plano, a sociedade tomou a deliberação de assembléa geral, constante da acta anexa a esta consulta, as quaes estão em via de execução. Em face do exposto, pergunta-se: 'há, nos actos da Caixa, alguma coisa que contravenha as disposições legaes e regulamentares em vigor sobre as sociedades anonymas?'" (LEME, Ernesto. **Das acções preferenciaes nas sociedades anonymas**. Op. cit., p. 93-94).
9. Na verdade, Carvalho de Mendonça, em seu parecer, e no que tange especificamente à possibilidade de emissão de ações preferenciais, não chega a uma conclusão positiva ou negativa. O mesmo se reflete em seu "Tratado de Direito Comercial brasileiro" quando indaga: "E as *ações preferenciais*? Para uns, elas são permitidas no silêncio da lei, que deixa aos interessados a maior liberdade em regular a repartição dos lucros sociais. Pensam outros de modo contrário, justamente porque a lei delas não falou. A questão entre

a resposta positiva era suportado pelo artigo 72, § 1º, da Constituição de 1891, segundo o qual ninguém está obrigado a fazer ou deixar de fazer alguma coisa senão em virtude de lei.[10] Também era lembrado o art. 7º da Introdução ao Código Civil de Clóvis, bem como o artigo 288 do Código Comercial.[11]

Assim, durante vários anos, muito embora inúmeros projetos de lei tenham sido encaminhados ao Poder Legislativo, nenhum foi capaz de ganhar o apoio dos parlamentares. Essa situação só vem a ser alterada a partir de 1932, com a edição do Decreto n. 21.536, cujo objetivo foi dispor "sobre o modo de constituição do capital das sociedades anônimas, permitindo que ele se constitua, em parte, por ações preferenciais de uma ou mais classes". O Decreto edificou o marco legal das ações preferenciais, criando mecanismos que atravessaram os tempos, estando, inclusive, vivos em nosso vigente estatuto das companhias. Assim é que ele delimitou o volume de preferenciais que poderiam ser emitidas, bem como atribuiu as seguintes vantagens: (i) prioridade na distribuição de dividendos, mesmo fixos e cumulativos; (ii) prioridade no reembolso do capital, com ou sem prêmio; e (iii) cumulação das vantagens descritas em (i) e (ii). Além disso, impossibilitou a distribuição de dividendos com prejuízo do capital, proibiu o voto plural, determinou que todas as ações tivessem o mesmo valor nominal e dispôs que a alteração de suas vantagens só poderia ocorrer com a aprovação dos preferencialistas, dando o direito de recesso aos dissidentes.

O Decreto n. 21.536/1932 também convalidou todas as emissões de ações preferenciais emitidas desde o Decreto n. 434/1891, na medida em que, durante esse interregno de 41 anos, várias companhias haviam emitido ações preferenciais, com os mais variados direitos. Claro está que a convalidação se deu com a

---

nós é duvidosa, e para solvê-la a Comissão de Constituição, Legislação e Justiça apresentou à Câmara dos Deputados, em sessão de 7 de novembro de 1903, o projeto de lei permitindo às sociedades anônimas emitir ações preferenciais". Vide CARVALHO DE MENDONÇA, José Xavier. **Tratado de Direito Comercial brasileiro**. Op. cit., v. 3, item 1.054, p. 416.

10. Ou, como colocou Gama Cerqueira: "[...] penso que taes acções são permitidas, exactamente porque nossas leis sobre sociedades anonymas não as prohibem, nem expressa, nem implicitamente, o que dá logar á invocação do preceito constitucional — ninguém póde ser obrigado a fazer ou deixar de fazer alguma coisa, senão em virtude de lei, (Const. Fed., art. 72, §1º)." (LEME, Ernesto. **Das acções preferenciaes nas sociedades anonymas**. Op. cit., p. 96).

11. "Se a lei commercial não regula a matéria, deve-se recorrer ás leis civis, subsidiariamente, e aos usos e costumes, áquellas de preferencia a estes, (reg. n. 737, de 25 de novembro de 1850, art. 2) e, em falta daquellas e destes, como subsidiários, aos casos analogos e, não os havendo, aos principios geraes de direito, como determina o art. 7 da Introducção do Codigo Civil, que regula os direitos e as obrigações de ordem privada concernentes ás pessoas, aos bens e ás coisas." (LEME, Ernesto. **Das acções preferenciaes nas sociedades anonymas**. Op. cit., p. 98). Já o apelo ao Código de 1850 baseava-se no art. 288, que, nas palavras do parecerista Dr. Renato Maia, "veda sómente que a totalidade dos lucros pertença a um só dos associados ou em que estes sejam excluidos ou exonerados das perdas sociaes" (LEME, Ernesto. **Das acções preferenciaes nas sociedades anonymas**. Op. cit., p. 99).

adaptação necessária aos comandos legais instituídos em 1932, com os quais as criações anteriores conflitavam.[12]

O Decreto n. 21.536/1932 foi aprovado após passar pelo crivo do Ministro Francisco Campos. Quando da edição do Decreto-Lei n. 2.627/1940, manteve-se uma grande quantidade de seus mecanismos, os quais foram posteriormente copiados pela Lei n. 6.404/1976. Porém, a legislação de 1932 ficou silente quanto ao montante do capital social que poderia ser emitido em forma de ações preferenciais. De tal ausência legislativa, por esquecimento ou por se acreditar na autorregulação das anônimas, ou ainda por não se ter ideia do eventual problema, resultou que, nos fins da década de 1930, podíamos encontrar companhias com mais de 90% de seu capital total representado por ações preferenciais sem direito de voto. Tal situação só foi resolvida oito anos mais tarde, com a edição do Decreto-Lei n. 2.627/1940, quando este limitou a 50% do capital social a possibilidade de emissão de ações preferenciais sem o direito de voto.[13]

Porém, a questão de se atribuir ou não o direito de voto às ações preferenciais já atormentava os legisladores, discussão essa que perpassa até os nossos dias. A discórdia é constatável pela leitura dos vários projetos de lei que foram elaborados desde a edição do Decreto n. 434/1891 até a promulgação do Decreto n. 21.536/1932. Assim é que já em 1903 foi apresentado projeto de origem legislativa que dava o direito de voto pleno e perene aos preferencialistas,[14] conforme constava do projeto de Clodomir Cardoso.[15] À mesma época, 1932, a Federação das Associações Comerciais do Brasil, conjuntamente com a Associação Bancária do Rio de Janeiro, apresentaram ao governo federal um memorial, seguido de projeto de lei que previa como opcional a concessão do direito de voto para as ações preferenciais.[16]

---

12. "Art. 14 – As acções preferenciais, emittidas antes do presente decreto, deverão conformar-se aos seus dispositivos, sem que estes, porém, as invalidem, nem as deliberações e os actos praticados na conformidade das leis que os regulavam."

13. Decreto-Lei n. 2.627/1940: "Art. 9º – As ações, conforme a natureza dos direitos ou vantagens que confiram a seus titulares, são comuns ou ordinárias e preferenciais, estas de uma ou mais classes, e as de gozo ou fruição. Parágrafo único – A emissão de ações preferenciais sem direito de voto não pode ultrapassar a metade do capital da companhia."

14. "Art. 1º – As sociedades anonymas podem crear accções preferenciaes, as quaes, na partilha dos lucros ou do activo social, terão preferencia sobre as acções ordinarias, conforme tiver sido estipulado nos estatutos ou contratos. § 1º – Os portadores ou donos dessas acções terão, como os outros accionistas, o direito de tomar parte, votar e ser votado nas assembléas geraes da sociedade."

15. "Art. 67, § 4º – O direito de voto poderá ser concedido ás ações ordinárias, com exclusão absoluta das preferenciais; mas não será lícito conferi-lo a estas com exclusão daquellas, nem a uma parte, apenas, das ações ordinárias, senão para a eleição dos administradores ou para os fiscaes."

16. "Os estatutos poderão, por outro lado, deixar de conferir ás acções preferenciaes algum ou alguns dos direitos legados ás acções ordinárias, inclusive o de voto, ou conferi-los com restricções" (parágrafo único do art. 1º do projeto).

Em junho de 1939, o então Ministro da Justiça, Francisco Campos, encarregou ao jurista Trajano de Miranda Valverde a elaboração de um anteprojeto de lei das companhias. O autor, já em agosto do mesmo ano, entregou-o ao Ministro da Justiça e, após curta discussão, o projeto é editado enquanto Decreto-Lei n. 2.627/1940. Esse texto legal representou, pela primeira vez, um conjunto orgânico de normas com princípio, meio e fim referente às companhias. Até então, como parcialmente mostrado acima, inúmeros foram os textos legais editados, desde 1850, o que tornava qualquer tentativa de entendimento sistematizado extremamente penosa.

Também teve o texto de Valverde o condão de durar por 36 anos, assistindo à enorme mudança por que passou o mundo empresarial brasileiro. Tal mérito foi reconhecido pelos dois autores da legislação societária de 1976, na medida em que, com os acréscimos julgados necessários, mantiveram a estrutura básica da proposta de Valverde. Assim é que, de 1940 até 1976, o mundo empresarial nacional conviveu com o limite legal de 50% para a emissão de ações preferenciais. Tal limite não trazia maiores constrangimentos, pois as companhias eram familiares ou de controle alienígena. O mercado de ações era extremamente reduzido, sendo que, já naquela época, a pouca liquidez existente no mercado secundário se dava muito mais com ações preferenciais sem voto.

A grande mudança, como já apontado acima, tem início a partir de 1964, quando o governo federal decide criar as condições necessárias ao surgimento de um mercado de ações capaz de financiar o crescimento da grande empresa nacional. Essa ideia não era nova, frequentando as discussões governamentais desde a segunda metade da década de 1950. As alternativas eram limitadas pelas enormes dificuldades financeiras do Estado, bem como pelos instrumentos financeiros disponíveis. Esses se limitavam à utilização de incentivos fiscais e financeiros ou pelo aporte direto de recursos governamentais junto às empresas privadas.

Assim é que, já em 1958, o então Ministro da Fazenda, Lucas Lopes, quando da criação do "Programa de Estabilização Monetária para o Período de Setembro de 1958 a Dezembro de 1959", propunha a criação de um:

> [...] incentivo à poupança, principalmente à pequena economia, pela criação de um mercado de títulos que possa oferecer instrumento de aplicação de pequenas unidades de capital, como alternativa às duas possibilidades atuais, que são o depósito em bancos e nas Caixas Econômicas (desestimulado pela inflação) e a compra a prazo de terrenos loteados (improdutivo para o país).[17]

---

17. LAMY FILHO, Alfred; PEDREIRA, José Luis Bulhões. **A Lei das S.A.** Op. cit., v. 1, p. 121.

Para tanto, já se previa a possibilidade de "utilização do Imposto de Renda como instrumento de uma política de investimento",[18] buscando-se, também, o desincentivo à detenção de imóveis improdutivos enquanto reserva de valor, a instituição da correção monetária e o tratamento mais benigno dos lucros sociais aplicados no reequipamento do parque produtivo da companhia e da aplicação das depreciações de bens do ativo.[19]

A primeira ação concreta no sentido de se utilizar o imposto de renda como mecanismo de capitalização das companhias privadas ocorre para as empresas com sede na área da Sudene, quando se criam mecanismos de captação de poupança para a aquisição de ações de forma pulverizada, mantendo, porém, a maioria ou a totalidade dos votos em mãos dos acionistas controladores originários. Por esse mecanismo, foi possível, inicialmente, a aquisição de ações de "empresas incentivadas", com a consequente redução da carga tributária. A legislação instituidora do mecanismo toma o cuidado de alterar o Decreto-Lei n. 2.627/1940, no sentido de aumentar para 2/3 o limite máximo para a emissão de ações preferenciais sem voto, mantido o limite de 50% nas demais situações. Tal mecanismo, criado a partir de 1963, foi posteriormente ampliado para capitalizar empreendimentos na área da Sudam e em setores específicos da economia, tais como pesca, reflorestamento, turismo, alfabetização de adultos, e até mesmo para capitalizar a Empresa Brasileira de Engenharia Aeronáutica – Embraer. Como seria de se esperar, todos esses investimentos vieram ao mercado com a colocação de ações preferenciais sem direito a voto.

O "admirável mundo novo" das ações preferenciais sem voto tem continuidade em 1964. No início do governo militar, o Programa de Ação Econômica do Governo 1964-1966 (PAEG) reforça, como premissa da política de governo, que: "nas sociedades menos desenvolvidas, as forças do mercado livre não garantem necessariamente a criação de um volume de poupança desejável", pelo que "o Governo deve suplementar ou estimular aquelas forças, e não substituí-las". O PAEG anunciava a intenção do governo de "estimular a abertura do capital das sociedades anônimas tendo em vista ser esse o melhor sistema para compatibilizar o controle democrático das empresas com a dimensão tecnológica associada à economia de escala".[20] Com esse objetivo, surge, ainda em 1964, a Lei n. 4.357, que permitiu às pessoas físicas abaterem, até 15% da renda bruta, o montante aplicado na subscrição de ações oriundas de aumento de capital social cujas ações fossem objeto de ao menos uma negociação ao mês, em qualquer bolsa de valores do território nacional, independentemente de objeto social ou área de localização no

---

18. LAMY FILHO, Alfred; PEDREIRA, José Luis Bulhões. **A Lei das S.A.** Op. cit., v. 1, p. 121.
19. Vide LAMY FILHO, Alfred; PEDREIRA, José Luis Bulhões. **A Lei das S.A.** Op. cit., v. 1, p. 121.
20. LAMY FILHO, Alfred; PEDREIRA, José Luis Bulhões. **A Lei das S.A.** Op. cit., v. 1, p. 125.

território nacional. Após, veio a Lei n. 4.506/1964, autorizando às pessoas jurídicas que abrissem o seu capital a isenção do imposto de renda de 7% sobre o lucro distribuído aos acionistas, sendo devido só o imposto de renda sobre o lucro da companhia, à alíquota de 28%. Para efeito do incentivo fiscal, ficou determinado que a companhia de "capital aberto" se caracterizaria como sendo aquela que tivesse ao menos 30% de suas ações votantes em mãos de mais de 200 acionistas pessoas físicas ou fundos mútuos, cada um destes últimos com participação não superior a 3%.

Dado o pobre sucesso dessa medida de incentivo, no ano seguinte, a Lei n. 4.728 subiu para 30% o montante do abatimento da renda bruta, bem como passou à órbita do Conselho Monetário Nacional a caracterização do que fosse uma companhia de capital aberto.

O grande momento de capitalização de empresas nasce com a edição do Decreto-Lei n. 157/1967, criador dos fundos incentivados para investimento em ações, gerando, inicialmente, mais recursos incentivados do que empresas aptas ao recebimento dos recursos. Esse mecanismo foi saudado como aquele que ocasionou o nascimento do mercado acionário entre nós.[21]

Porém, olhando o passado quanto aos resultados dos incentivos fiscais para a criação de um mercado acionário nacional apto a financiar o desenvolvimento do setor produtivo, e levando em conta as ações preferenciais, creio que alguns comentários podem ser feitos. Claro está que conto com o benefício e a facilidade da análise *a posteriori*, sem o risco de antever o que ocorreria com a proposta implementada a partir do incentivo fiscal da Sudene, até a extinção dos benefícios do Decreto-Lei n. 157/1967.

Tenho para mim que tais incentivos, que nada mais são do que a transferência de renda pública para determinados setores empresariais ou grupo de pessoas, ao longo do tempo tendem a causar enormes distorções que posteriormente se tornam difíceis de serem reajustadas, ademais do enorme custo e desperdício, que hoje são de difícil avaliação em uma correlação de custo/benefício. Entretanto, no que diz respeito às ações preferenciais, creio que as distorções causadas foram imensas, só sendo parcialmente corrigidas com o advento do Novo Mercado, criado pela então Bolsa de Valores de São Paulo.

---

21. Vide TRUBECK, David; VIEIRA, Jorge Hilário Gouveia; SÁ, Paulo Fernandes de. **Mercado de capitais brasileiro**. São Paulo: Saraiva; Direito GV, 1971. Os autores atribuem o papel fundamental ao Decreto-Lei n. 157/1967 como elemento que teria consolidado o mercado acionário de então. Segundo os autores, então com a visão daquele momento, "o sistema estabelecido pelo Decreto-Lei 157 canalizou substanciais recursos para dentro dos mercados primário e secundário, e foi responsável pelo ritmo do fenomenal crescimento de atividade nos mercados de ações, nos dois últimos anos. Talvez ainda com maior importância, ele serviu como um elemento 'disparador', e há evidência que o D.L. 157 esteja conduzindo à criação de um processo automantenedor de crescimento do mercado." (p. 137).

De qualquer maneira, resta insofismável que a existência de qualquer incentivo fiscal só se justifica se a situação anteriormente existente se mostra incapaz de atrair a demanda desejada pelo gestor público. Isso foi o que ocorreu com os incentivos fiscais e financeiros ofertados aos empresários e aos contribuintes do imposto de renda. Já que o produto "ação" não era bom, agregou-se a ele uma enorme vantagem financeira. O produto bem-sucedido, como se verifica até hoje por suas distorções, não foi a ação sem voto, mas a vantagem tributária/financeira dada aos investidores e aos controladores das companhias emissoras das ações preferenciais sem voto; e o prejuízo, como é facilmente verificável, foi do Tesouro Nacional.

As ações emitidas com incentivos regionais somadas ao enorme volume de ações emitidas para serem subscritas, nos termos dos incentivos fiscais patrocinados pelo Decreto-Lei n. 157/1967, significaram a inundação do mercado secundário com ações preferenciais sem voto. Tal situação deu força ao setor empresarial para exigir a alteração da lei societária, de sorte a permitir a possibilidade de que o capital social pudesse conter até 2/3 de ações preferenciais sem voto.

Aplicou-se, assim, o percentual existente para as ações incentivadas das áreas da Sudene e da Sudam, derrogando o limite de 50% então previsto na legislação vigente, qual seja, o Decreto-Lei n. 2.627/1940. A única situação em que a emissão de ações preferenciais sem voto ficou mantida no percentual criado pelo Decreto-Lei de 1940 referia-se às empresas financeiras comandadas pela Lei n. 4.595/1964. Isto porque se entendeu que, por ser a Lei Bancária uma lei especial, ela suplantaria a lei geral. Disso resultou que, na medida em que o Banco Central nascia sob a égide da Lei Bancária de 1964 — a qual, ao tratar do capital social das empresas financeiras, se reportou ao limite de 50% para emissão de ações preferenciais sem direito de voto —, passou esta a ser a norma válida e aplicável às instituições financeiras.

Tal situação só veio a ser recomposta com o advento da Lei n. 10.303/2001, que, alterando novamente a lei societária, fez, dentre outras modificações, retornar o limite de 50% do capital social para a emissão de ações preferenciais sem o direito de voto ou com voto restrito. Porém, para evitar maiores comoções, a própria lei de 2001 garantiu o direito das companhias de manterem o percentual de 2/3 de preferenciais preexistentes, "inclusive em relação a novas emissões de ações".[22] De outro lado, a enxurrada de ações preferenciais sem voto, emitidas a partir de 1967, não teve o condão de criar o espírito participativo entre os investidores advertícios e os controladores das companhias. Em verdade, me parece muito mais que os investidores estavam optando pelo investimento em ações sem voto ao invés de pagar o imposto de renda.

22. Art. 8º, § 1º, II e III.

De outro lado, os empresários pareciam estar buscando recursos baratos e não sócios que, mesmos minoritários, teriam voto, aos quais deveriam prestar contas dos recursos e com os quais deveriam discutir nas assembleias da companhia. Talvez seja esse o motivo da liquidez histórica das ações preferenciais sem voto junto ao mercado secundário, cujo único concorrente, se bem que ainda fraco, seja a obrigação das empresas que aportam no Novo Mercado de emitirem somente ações ordinárias.

A falta da *affectio societatis* se comprovou após alguns anos do exercício desse incentivo fiscal, quando a CVM teve que publicar uma edição especial do Diário Oficial da União para tentar alertar mais de um milhão de cotistas do Fundo 157 de que seus recursos poderiam ser sacados, o mesmo acontecendo com milhares de acionistas resultantes dos incentivos fiscais e financeiros dados para a aquisição direta de ações. O resultado não foi nada animador, talvez pela pouca circulação dos diários oficiais junto ao público que não o dos servidores públicos.

Mais tarde, a CVM coloca em seu *site* dispositivo para que o acionista, meramente digitando seu cadastro de pessoa física, possa saber se é credor do Fundo 157,[23] de qual quantia e em qual banco comercial. Mesmo assim, os resultados não foram positivos, fazendo com que a autarquia renovasse seus esforços.[24] Talvez seja esse o motivo do fracasso da tentativa do governo de criar e popularizar uma nova classe, a dos preferencialistas, por meio de incentivos fiscais, quando o grande apelo foi a simples redução do imposto de renda devido. A realidade do esforço da CVM nos mostra que investidores nascidos dos incentivos fiscais nunca se sentiram como tal, mas sim como meros aplicadores em algo que lhes parecia melhor que o pagamento do imposto de renda, mas suficientemente insignificante para não merecer ser lembrado no futuro, apesar dos esforços da Comissão de Valores Mobiliários.

O aumento da possibilidade de emissão de ações preferenciais sem voto veio a facilitar uma situação de fato, ocasionada pela grande quantidade desses valores

---

23. "O Fundo 157, que foi criado pelo Decreto-Lei n. 157, de 10 fev. 1967, tratava-se de uma opção dada aos contribuintes de utilizar parte do imposto devido quando da Declaração do Imposto de Renda, em aquisição de quotas de fundos administrados por instituições financeiras de livre escolha do aplicador. Informamos que somente pessoas que declararam Imposto de Renda, nos exercícios entre 1967 e 1983, e que tinham Imposto devido neste mesmo período, são os que podem, ainda, possuir aplicação no referido Fundo." (CVM. **Fundo 157**. Disponível em: <http://www.cvm.gov.br/port/suporte/PERGUNTAS_MAIS_FREQUENTES_%20NOVEMBRO_2008.asp#FUNDO 157>. Acesso em 07 nov. 2014).

24. "[...] uma fortuna de mais de R$ 800 milhões pode estar simplesmente esquecida nos bancos por cerca de 3,4 milhões de investidores. Esse é o valor referente aos extintos fundos 157, convertidos em outras aplicações em 1985 e hoje distribuídos em diversas instituições financeiras. Muita gente não se lembra da existência do investimento ou não sabe como encontrá-lo, mas a Comissão de Valores Mobiliários (CVM) ajuda no processo e este ano põe em funcionamento uma ferramenta tecnológica para facilitar o resgate." (CVM facilitará resgate do fundo 157. **O Estado de São Paulo**, 10 abr. 2011, p. B13).

mobiliários emitidos por conta dos incentivos fiscais e financeiros patrocinados pelo governo federal. Porém, o teto de 2/3 de preferenciais sem voto também se deveu à adoção bem mais acentuada, por parte da lei, de uma atitude pró-empresário do que em prol dos acionistas e do mercado. Tal atitude aprovada pelo Congresso Nacional assentava-se na premissa de que:

> Os investidores de mercado querem aplicar capital e receber dividendos ou revender suas ações com lucro. Não se interessam por participar da administração da companhia nem — muito menos — admitem preocupar-se com seus problemas técnicos e de mercado, ou seus planos de expansão. Esperam que o acionista controlador e os administradores resolvam essas questões com maior eficácia, mantenham a companhia próspera e respeitem seus direitos. Se isso não ocorre, alienam suas ações, investem em outras companhias ou se retiram do mercado. Em geral não têm tempo nem capacidade técnica para viver todos os problemas da empresa ou das várias empresas em que investiram.[25]

Porém, o resultado foi muito diferente. O raciocínio acima, que parte da premissa de que a companhia atua como um instrumento dotado de automatismo anódino e que o ser humano não carregue em si senão atos generosos e equânimes, deve merecer alguns comentários.

Parte ele das premissas: i) que os preferencialistas são e devem ser acionistas passivos, aguardando a deliberação dos votantes que participam ou elegem os gestores que irão ou não produzir os lucros ou prejuízos; ii) os investidores em preferenciais só querem receber os dividendos, achando aborrecido saber o que ocorre com a gestão; iii) se não estiverem satisfeitos com o desempenho econômico ou gerencial da companhia, podem vender suas ações junto ao mercado secundário, e iv) que essa divisão de tarefas é que explicaria a ausência dos acionistas minoritários nas assembleias da companhia.

Ora, tal premissa corre em direção contrária à realidade, mesmo aquela existente à época da discussão do projeto de lei. O acionista não é nem deve ser induzido a ser um fatalista, que entrega seus recursos a um grupo de pessoas e fica no aguardo da decisão superior. Como entre nós existe uma grande simbiose entre o exercício concomitante no controle de voto e a gestão, as decisões importantes ocorrem internamente à sociedade, e delas o acionista sem voto só tomaria conhecimento quando o mercado iniciar sua marcha descendente. Nessa ocasião, o preço de mercado já terá caído — isso imaginando que à época do projeto de lei o mercado secundário fosse um poço profundo de liquidez, e que permitisse a saída do acionista descontente com o comportamento ou desempenho dos ordinaristas controladores/gestores. Por último, creio que estaria mais próximo da realidade

---

25. LAMY FILHO, Alfred; PEDREIRA, José Luis Bulhões. **A Lei das S.A.** Op. cit., v. 1, p. 184.

dizer que nem preferencialistas nem ordinaristas fora do controle têm o hábito de comparecer às assembleias das companhias. Tal comportamento é muito mais produto da nossa falta de tradição de participar de decisões coletivas de interesse comum — a qual é peculiar à cultura anglófila —, tendo em vista que somos avessos aos eventos coletivos mais próximos de nós, como as reuniões de condomínio ou de pais e mestres.

As colocações feitas à época da discussão da possibilidade do aumento de emissão das preferenciais sem voto para 2/3 — umas a favor da permissão, outras visceralmente contra o aumento da proporção — deixaram aos favoráveis ao incremento uma série de indagações sem resposta. Uma das colocações mostrava que, à época, o mercado secundário era muito mais líquido em ações preferenciais do que em ordinárias; o que era verdade. Entretanto, não seria tal liquidez maior nascida de emissões incentivadas, as quais foram feitas quase que só em ações preferenciais sem voto, tendo o auxílio da compra compulsória de tais ações pelos fundos de pensão e pelas empresas seguradoras?[26] Não teria sido o percentual de 2/3 estabelecido pela nova lei societária para que as companhias pudessem continuar se beneficiando dos incentivos fiscais, na medida em que o limite de 50%, previsto no Decreto-Lei n. 2.627/1940, já se mostrava insuficiente para se continuar com as transferências de recursos públicos para o setor privado? Seriam efetivamente as preferenciais sem voto "ações de poupança", quando comparadas aos benefícios financeiros de controle existentes à época?

Seria possível assemelhar tais ações sem voto às debêntures, tendo em vista os objetivos de se obter renda, sem se incomodar com a gestão, como mencionado à época, na medida em que o pagamento da remuneração das debêntures tem que ocorrer independentemente da existência de lucro? Ademais, o pagamento do principal ocorre quando do resgate das debêntures, o que não ocorre com as ações preferenciais sem voto, ou do fato de que a emissão de debêntures pode ser feita com a oferta de garantias concretas. Se as companhias incentivadas oferecessem em pé de igualdade ações com e sem voto, qual seria o comportamento do mercado comprador?

Essa seria uma maneira de se aferir de forma real se os privilégios das preferenciais estavam ou não sendo julgados de forma positiva ou negativa pelo mercado comprador e, posteriormente, pelo mercado secundário. Se à época fossem inexistentes os incentivos fiscais e financeiros ofertados pelo governo federal, qual teria sido a resposta do eventual mercado comprador? Creio que hoje, já afastados uns e outros das paixões e dos interesses defendidos à época, já se pode concluir

---

26. Leve-se em consideração que, à época, os fundos de pensão e as companhias seguradoras eram obrigados a comprar um mínimo de ações para compor suas reservas. Hoje, inexiste mínimo para compra, mas teto, significando que, se quiserem, poderão prescindir de ter tal ativo em suas carteiras.

que, na realidade, tais incentivos foram contra as forças naturais do mercado e a favor dos interesses de um só lado da relação societária. Tal política, que não conseguiu, como já mencionado, criar um verdadeiro vínculo associativo entre controladores e acionistas de mercado, serviu como mecanismo engenhoso para capitalizar empresas com dinheiro público, muitas das quais quebraram ou foram vendidas com ganhos privados e fundamentalmente dirigidos aos controladores.

Porém, a melhor resposta veio do próprio mercado, que, com a instituição do Novo Mercado e com a abertura ao investimento estrangeiro, passou a precificar de forma muito mais favorável as companhias com emissão somente de ações ordinárias. Tal se constata ao verificarmos que, no processo de ofertas iniciais de ações, as companhias do Novo Mercado somam um número maior do que aqueles lançamentos que buscam os Níveis 1 e 2.

Assim, creio que as ações preferenciais nasceram no Brasil para não ter voto algum. Desde a legislação de 1932, criadora da possibilidade de emissão das ações preferenciais, elas nasceram como meio de transferência de recursos abundantes para o caixa da empresa, sem nunca ter por espírito a formação do controle compartilhado — o que refletiria uma postura mais moderna e que colocaria os acionistas de mercado como detentores de um interesse comum. Pela grande quantidade de suas emissões, nunca foi experimentada a tão decantada separação entre propriedade e gestão. Só com a criação do Novo Mercado, cujas empresas não podem ter ações preferenciais sem voto, um vento de capitalismo soprou em nosso mercado. Mas mesmo assim, quando se propôs a alteração de suas regras, visando a uma maior abertura e transparência, as reformas propostas receberam um "não" dos representantes das companhias componentes do mesmo Novo Mercado.

Desta feita, as companhias brasileiras, mesmo após o advento do Novo Mercado, continuam sendo, em sua quase totalidade, de controle concentrado, situação cristalizada desde o início de nossa história societária, sendo as companhias com controle difuso extremamente raras. Essa constatação nos afasta completamente do paradigma norte-americano, que passamos a adotar em nossa legislação desde 1964. Em verdade, criamos, consciente ou inconscientemente, uma realidade por meio dos incentivos fiscais e financeiros que nos contrapôs fortemente ao imaginário acadêmico constatado no mercado norte-americano por Berle e Means.[27] Tais

---

27. GORGA, Érica. **Análise da eficiência de normas societárias**: emissão de preferenciais, tag along e composição do conselho fiscal. Disponível em: <http://escholarship.org/uc/item/6xd441jc>. Acesso em: 06 out. 2014, p. 4: "Postas essas considerações, podemos perceber que o problema de agência (*agency*) no Brasil tem características diversas do que o exposto usualmente na literatura americana. Não encontramos aqui os casos de sociedades abertas com ações dispersas entre o público (*quasi public corporations*), caracterizadas pelo controle gerencial (*management control*), o que ocorre quando as participações acionárias dos

fatos têm o condão de nos afastar das regras econômicas que punem, via preço ou via mudança de controle, os maus administradores.[28] Na verdade, no Brasil, a aquisição hostil de controle via mercado secundário beira muito mais a ficção científica, não guardando correspondência com a realidade do nosso mercado de valores mobiliários. No mais das vezes, a alienação de controle se dá em negociações privadas entre o controlador e o pretendente à compra do controle.

Assim, resta aos mercados de valores mobiliários não detentores da cultura anglo-saxã do controle difuso apegarem-se, de um lado, ao seu direito de exigir e premiar, via preço, a cotação, no mercado secundário, das empresas com bom desempenho de governança corporativa; de outro lado, continuar abrindo o mercado aos investidores institucionais e aos gestores de fundos de investimento coletivo para que estes, também via preço, premiem os lançamentos primários que sejam feitos em ações ordinárias ou preferenciais com altíssimo grau de transparência e respeito ao capital preferencialista.

Essa importante discussão, porém, transcende os limites do presente trabalho. Os apontamentos feitos acima não significam que as ações preferenciais sem voto ou com voto restrito não tenham seu lugar junto ao processo de capitalização das companhias. O que se pretendeu discutir foi que o processo patrocinado pelo Estado teve o condão de distorcer o mercado lançador de ações, pecando pelo excesso. Imaginava-se que as empresas poderiam continuar lançando essas ações uma vez tendo acabado os incentivos fiscais e financeiros, bem como tendo terminado a

---

maiores acionistas da empresa são tão pequenas que passa a ser proporcionalmente desprezíveis perante a quantidade total de ações. No Brasil, as companhias abertas possuem acionista(s) majoritário(s) efetivamente detentor(es) da maioria do capital votante. Existe a concentração da propriedade principalmente em relação às ações votantes que conferem o direito de tomada de decisões na sociedade, havendo alguma extensão de dispersão acionária, por meio de ações preferenciais." Daí decorre a acertada conclusão de Eduardo Secchi Munhoz de que: "No sistema norte-americano, a separação entre propriedade e controle decorre da diluição do capital e de o poder de comando empresarial ser exercido pelos administradores. Assim, o foco central do direito societário norte-americano são problemas que decorrem do conflito entre coletividade acionária e administradores. No Brasil, pelo contrário, o sistema é de um controle fortemente concentrado, de modo que o conflito central a ser regulado é o que se estabelece entre controlador e não controladores [...]. Em suma, se no sistema de controle diluído os principais problemas dizem respeito ao monitoramento dos administradores pela coletividade de acionistas (*agency problems*), no sistema de controle concentrado a questão é evitar que o controlador possa extrair benefícios particulares elevados em detrimento dos demais acionistas." (MUNHOZ, Eduardo Secchi. **Desafios do Direito Societário brasileiro da companhia aberta**: avaliação de controle diluído e concentrado: Direito Societário e desafios atuais. São Paulo: Quartier Latin, 2009, p. 126).

28. "Uma companhia cronicamente mal gerida não encontrará a pressão do mercado consistente na possibilidade da aquisição de seu controle por um terceiro [...]. Ou seja, a competência do controlador não é posta à prova pelo mercado de disputa de controle, como ocorre no caso de administradores de uma companhia de capital diluído. Além disso, também é relevante o fato de que a negociação do controle ocorre diretamente entre controlador e terceiro interessado, o que confere ao primeiro uma ampla margem para extrair benefícios particulares da negociação." (MUNHOZ, Eduardo Secchi. **Desafios do Direito Societário brasileiro da companhia aberta**. Op. cit., p. 125).

obrigatoriedade de compra de ações pelos fundos de pensão e pelas companhias seguradoras. Como bem se vê, não foi isso o que ocorreu.

7.3 A NORMATIZAÇÃO VIGENTE

Entre nós, as ações preferenciais passaram por cinco fases distintas. A primeira delas com a edição do Decreto n. 21.536/1932, que limitou a possibilidade de emissão de ações preferenciais a 50% do capital social. A segunda fase veio com a edição do Decreto-Lei n. 2.627/1940, que manteve o limite de emissão nos mesmos 50% do capital social e repetiu os privilégios para as ações preferenciais. Tais benefícios constituíam-se: (i) na prioridade na distribuição de dividendos, mesmo que fixos e cumulativos; (ii) na prioridade de reembolso do capital, com prêmio ou sem ele; ou (iii) na acumulação de ambas as vantagens. Com a edição da Lei n. 6.404/1976, tivemos uma repetição do comando anterior, retirando-se, entretanto, do texto legal o enunciado "mesmo fixos e cumulativos" (art. 17).

A quarta fase adveio com a edição da Lei n. 9.457/1997, que, modificando o artigo 17 da Lei n. 6.404/1976, ampliou o benefício aos acionistas preferencialistas no sentido de lhes atribuir um dividendo 10% maior do que aquele outorgado aos ordinaristas, salvo se tais ações preferenciais fossem detentoras de direitos a dividendos fixos ou cumulativos. Além disso, manteve a prioridade em sua distribuição, bem como a prioridade no reembolso do capital, com prêmio ou sem ele, ou na acumulação de tais benefícios.

O nascimento da Lei n. 9.457/1997 foi precedido de uma série de tentativas de mudança nos privilégios concedidos às ações sem voto. Tal disputa iniciou-se em 1992, quando a CVM colocou em audiência pública uma proposta em que reduzia para 40% o teto para emissão de ações preferenciais sem voto, bem como estabelecia a proposta de um dividendo mínimo de 6%, calculado sobre o capital social, para os detentores de ações preferenciais sem voto, dividendos esses pagos independentemente da apuração de lucro. Tal proposta não prosperou, e a própria CVM pediu a colaboração dos autores da Lei n. 6.404/1976 para sugerir aperfeiçoamentos quanto aos direitos atribuíveis aos detentores de ações preferenciais sem voto. Desse segundo trabalho resulta a proposta de se voltar aos 50% de preferenciais constantes do Decreto-Lei n. 2.627/1940, conferindo um dividendo mínimo de 6% aos preferencialistas sobre o preço de emissão ou sobre o valor nominal, conforme a ação tivesse sido emitida com ou sem valor nominal. O Congresso Nacional, de seu lado, apresenta para discussão o Projeto de Lei n. 1.546/1996 (Projeto Kandir), o qual, dentre outras coisas, previa um membro do conselho de administração escolhido pelos acionistas preferencialistas, caso a companhia tivesse ações cotadas em bolsa ou em balcão organizado. Surge outro projeto de lei, que é apresentado como substitutivo ao anterior, tendo sido aprovado e promulgado enquanto Lei n. 9.457/1997, introduzindo as modificações constantes do artigo 17 da Lei das Companhias.[29]

A quinta fase ocorre com a edição da Lei n. 10.303/2001, cuja modificação da redação do *caput* artigo 172 da Lei das Companhias, bem como a alteração do inciso II, teve em mente atender à necessidade específica das sociedades anônimas de capital aberto. Como já visto anteriormente, nas economias centrais dotadas de mercado de bolsa com boa liquidez, rara será a legislação que estabeleça o direito de preferência entre os direitos fundamentais dos acionistas. Nesses países, o mercado secundário é, por excelência, o local por onde entram os novos acionistas e por ele os sócios saem total ou parcialmente do convívio social. Da mesma maneira, os aumentos de capital não são usualmente ofertados primeiramente aos antigos sócios, mas as novas ações são oferecidas ao público em geral, permitindo que qualquer melhora no preço da ação, determinado pela lei de oferta e procura, seja captada em benefício da sociedade anônima. Ou seja, o direito de preferência poderia limitar a formação do preço de lançamento, principalmente se a metodologia de avaliação das condições de subscrição levasse em consideração o valor patrimonial ou outra metodologia cujo resultado fosse diferente da precificação do mercado. Assim, velhos acionistas e potenciais compradores disputarão a oferta das ações, resultando na melhor formação de preço, fazendo com que eventual leilão entre os interessados possa carrear para a companhia as eventuais mais-valias.

Com esse objetivo, o artigo 172 também deu o direito de que companhia contemple em seu estatuto social a possibilidade de que os aumentos de capital possam ser feitos mesmo que mantido o direito de preferência, mas com a observância de prazo menor do que os trinta dias constante do parágrafo 4º do artigo 171 da Lei das Companhias. Nesta quinta fase, a modificação da Lei das Companhias não visou proteger o acionista já existente, mas sim dar à companhia a possibilidade de aproveitar a eventual melhoria de preço, que poderá ser inalcançável com a manutenção do direito de preferência para as sociedades anônimas, que podem alcançar mercados mais pulverizados. Com a redação consolidada do artigo 172, criou-se a possibilidade da exclusão do direito de preferência para a subscrição dos bônus e das debêntures conversíveis em ações. A oferta pública desses valores mobiliários, com a exclusão da preferência, tem a mesma lógica de permitir que a companhia receba qualquer melhoria de preço decorrente da natural competição que ocorre nos mercados secundários dotados de boa liquidez.

---

29. Para maior detalhamento vide WALD, Arnold; MORAES, Luiza Rangel de. Regime das ações preferenciais na nova legislação societária. **Revista de Direito Bancário e do Mercado de Capitais**. São Paulo: Revista dos Tribunais, v. 1, n. 1, p. 41-44, jan./abr. 1998.

REFERÊNCIAS

ALBUQUERQUE, Pedro de; PEREIRA, Maria de Lurdes. **As *golden shares* do Estado português em empresas privatizadas**: limites à sua admissibilidade e exercício. Coimbra: Coimbra, 2006.

ALVARENGA, Maria Isabel de Almeida. Impossibilidade de resilição unilateral de acordo de acionistas por prazo indeterminado: jurisprudência comentada. **Revista de Direito Mercantil, Industrial, Econômico e Financeiro**. São Paulo: Malheiros, v. 108, p. 186-196, out./dez. 1997.

ANDRADE, Darcy Bessone de Oliveira. Parecer. **Revista Forense**. Rio de Janeiro: Forense, v. 83, n. 300, p. 123-130, out./dez., 1987.

ANTUNES, José A. Engrácia. **Os títulos de crédito**: uma introdução. Coimbra: Coimbra, 2009.

ARAGÃO, Paulo Cesar. Disciplina do acordo de acionistas na reforma da Lei das Sociedades por Ações (Lei 10.303, de 2001). In: LOBO, Jorge (Coord.). **Reforma da Lei das Sociedades Anônimas**. Rio de Janeiro: Forense, 2002, p. 367-384.

ASCARELLI, Tullio. **Panorama do Direito Comercial**. São Paulo: Saraiva, 1947.

ASCARELLI, Tullio. **Saggi giuridici**. Milão: Giuffrè, 1949.

ASCARELLI, Tullio. **Teoria geral dos títulos de crédito**. São Paulo: Saraiva, 1969.

ASCENSÃO, José de Oliveira. **Direito dos Valores Mobiliários**. Lisboa: Lex, 1997.

ASSOCIATION OF BRITISH INSURERS. **Applications of the one share-one vote principle in Europe**. Amsterdam: Demonor Rating, mar. 2005. p. 1-34.

BALLANTINE, Henry W. **Law of Corporation**. Chicago: Callaghan, 1946.

BARBI FILHO, Celso. **Acordo de acionistas**. Belo Horizonte: Del Rey, 1993.

BARBI FILHO, Celso. Os efeitos da reforma do Código de Processo Civil na execução específica do acordo de acionistas. **Revista do Centro Acadêmico Afonso Pena**. Belo Horizonte: UFMG, v. 2, n. 3, p. 125-162, jul. 1997.

BERLE JUNIOR, A. A. Convertible Bonds and Stock Purchase Warrants. **Yale Law Journal**. Yale, v. 36, n. 5, p. 649-666, mar. 1927.

BERLE JUNIOR, A. A. Non-Voting Stock and Bankers Control. **Harvard Law Review**. Cambridge, v. 39, n. 6, p. 673-693, abr. 1926.

BERLE, Adolf; MEANS, Gardiner. **The Modern Corporation & Private Property**. New Brunswick: Transaction, 2010.

BERTOLDI, Marcelo. **Acordo de acionistas**. São Paulo: Revista dos Tribunais, 2006.

BHAGAT, Sanjai; BRICKEY, James A. Cumulative Voting: Value of Minority Shareholder Voting Rights. **Journal of Law and Economics**, v. 27, p. 339-365, out. 1984.

BIMBATO, José Mário. Eleição do conselho de administração da S/A: voto múltiplo e votos fracionários. **Revista de Direito Mercantil**. São Paulo: Malheiros, n. 147, p. 63-72, jul./set. 2007.

BLACK, Henry Campbell. **Black's Law Dictionary**. Union: Lawbook Exchange, 1991.

BLANCO, José Enrique Cachón. **Derecho del mercado de valores**. Madri: Dykinson, 1992.

BONELLI, Gustavo. Appunti sulla natura giuridica dei titoli di credito: parte prima. **Rivista di Diritto Commerciale**. Milano: Vallardi, v. 6, n. 6, p. 513-549, 1908.

BORGES, João Eunápio. **Títulos de crédito**. Rio de Janeiro: Forense, 1971.

BRAUDEL, Fernand. **The Structure of Every Day Life**: the Limits of the Possible. New York: Harper & Row, 1979.

BRUNETTI, Antonio. **Tratado del derecho de las sociedades**. Buenos Aires: Uteha, 1960.

BULGARELLI, Waldírio. Os valores mobiliários brasileiros como títulos de crédito. **Revista de Direito Mercantil**, n. 37, p. 94-112, jan./mar. 1980.

CALERO, F. Sanchez. **Régimen jurídico de las emissiones y ofertas publicas de venta (OPVs) de valores**. Madri: Centro de Documentación Bancaria y Bursátil, 1995.

CAMARGO, João Laudo de; BOCATER, Maria Isabel do Prado. Conselho de administração: seu funcionamento e participação de membros indicados por acionistas minoritários e preferencialistas. In: LOBO, Jorge (Coord.). **Reforma da Lei das Sociedades Anônimas**. Rio de Janeiro: Forense, 2002, p. 384-419.

CAMARGO, João Laudo de; BOCATER, Maria Isabel do Prado. Modificações introduzidas na Lei das Sociedades por ações quanto à disciplina da administração das companhias. In: LOBO, Jorge (Coord.). **Reforma da Lei das Sociedades Anônimas**. Rio de Janeiro: Forense, 2002, p. 421-452.

CAMMEO, Federico. **Titoli del debito pubblico e la competenza sulle relative controversie**. Whitefish: Kessinger, 2010.

CAMPBELL, Whitney. The Origin and Growth of Cumulative Voting for Directors. **The Business Lawyer**. Chicago, v. 3, n. 3, p. 3-16, abr. 1955.

CARVALHO DE MENDONÇA, José Xavier. **Tratado de Direito Comercial brasileiro**. Rio de Janeiro: Freitas Bastos, 1963.

CARVALHOSA, Modesto. Acordo de acionistas. **Revista de Direito Mercantil, Industrial, Econômico e Financeiro**. São Paulo: Malheiros, n. 106, abr./jun. 1997.

CARVALHOSA, Modesto. **Acordo de acionistas**: homenagem a Celso Barbi Filho. São Paulo: Saraiva, 2011.

CARVALHOSA, Modesto. **Comentários à Lei de Sociedades Anônimas**. 6. ed., São Paulo: Saraiva, 2011.

CARY, William L.; EISENBERG, Melvin A. **Corporations and Other Business Organizations Corporations**: Case and Materials. Mineloa: Foundation, 1980. Série "University Casebook".

CASTRO, Carlos Osório de. **Valores mobiliários**: conceito e espécies. Porto: Universidade Católica Portuguesa, 1998.

COELHO, Fábio Ulhoa. **Curso de Direito Civil**: v. 4: direito das coisas e direito autoral. São Paulo: Saraiva, 2010.

COMPARATO, Fábio Konder. **Direito Empresarial**: estudos e pareceres. São Paulo: Saraiva, 1990.

COMPARATO, Fábio Konder. **Novos ensaios e pareceres de Direito Empresarial**. Rio de Janeiro: Forense, 1981.

CORNIOT, S. (Coord.). **Dictionnaire de Droit**. Paris: Dalloz, 1966.

COSTA, Philomeno J. da. **Anotações às companhias**. São Paulo: Revista dos Tribunais, 1980.

COSTA, Philomeno J. da. **Operações da anônima com ações de seu capital**. 278 f. Dissertação (Concurso à Cátedra de Direito Comercial) – Faculdade de Direito da Universidade de São Paulo, São Paulo, 1965.

CUNHA, Rodrigo Ferraz Pimenta da. **Estrutura de interesses nas sociedades anônimas**: hierarquia e conflitos. São Paulo: Quatier Latin, 2007.

CVM facilitará resgate do fundo 157. **O Estado de São Paulo**, 10 abr. 2011, p. B13.

DALE, Christian C. Partners to Plutocrat: The Separation of Ownership from Management in Emerging Capital Markets: 19th Century Industrial America. **University of Miami Law Review**. Miami: University of Miami Law, v. 58, n. 525, 2003.

DE LUCCA, Newton. **Aspectos da teoria geral dos títulos de crédito**. São Paulo: Pioneira, 1979.

DE LUCCA, Newton. Dos títulos de crédito. In: TEIXEIRA, Sálvio de Figueiredo (Coord.). **Comentários ao Código Civil**. Rio de Janeiro: Forense, 2003.

DI PIETRO, Maria Sylvia Zanella. O princípio da supremacia do interesse público: sobrevivência diante dos ideais do neoliberalismo. In: DI PIETRO, Maria Sylvia Zanella; RIBEIRO, Carlos Vinícius Alves (Coords.). **A supremacia do interesse público**. São Paulo: Atlas, 2010.

DISNEY, A. R. **A decadência do império da pimenta**: comércio português na Índia no início do século XVII. Lisboa: Edições 70, 1981.

DOMINGUES, Paulo de Tarso. **Do capital social**: noção, princípios e funções. 2. ed., Coimbra: Universidade de Coimbra; Studia Iuridica, 2004.

DOWES, John; GOODMAN, Jordan Elliot. **Dictionary of Finance and Investment Terms**. New York: Barron, 1998.

DUNLAVY, Colleen A. Social Conceptions of the Corporation: Insights from the History of Shareholder Voting Rights. **Washington & Lee Review**. v. 63, p. 1.347-1.388, 2006. Disponível em <http://papers.ssrn.com/sol3/papers.cfm?abstract_id=964377>. Acesso em 07 nov. 2014.

EIZIRIK, Nelson. **Lei das S/A comentada**. São Paulo: Quartier Latin, 2011.

ESPINOSA, Alonso. **Mercado primario de valores negociables**. Barcelona: Bosch, 1994.

FERRARINI, Guido. One Share-One Vote: An European Rule? **ECGI – Law Working Paper**, n. 58, 2006. Disponível em <http://papers.ssrn.com/sol3/papers.cfm?abstract_id=875620> Acesso em 07 nov. 2014.

FERREIRA, Amadeu José. **Direito dos Valores Mobiliários**. Lisboa: Associação Acadêmica da Faculdade de Direito Lisboa, 1997.

FERREIRA, Amadeu José. **Valores mobiliários escriturais**: um novo modo de representação e circulação de direitos. Coimbra: Almedina, 1997.

FERREIRA, Waldemar. **Compêndio de sociedades mercantis**: v. 2: sociedades anônimas. Rio de Janeiro: Freitas Bastos, 1942.

FERREIRA, Waldemar. **Tratado de Direito Comercial**. São Paulo: Saraiva, 1961.

FERREIRA, Waldemar. **Tratado de sociedades mercantis**. Rio de Janeiro: Nacional de Direito, 1958.

FERRI, Giuseppe. **Títulos de crédito**. Buenos Aires: Abeledo-Perrot, 1965.

FRANÇA, Erasmo Valladão Azevedo e Novaes. **Temas de direito societário, falimentar e teoria da empresa**. São Paulo: Malheiros, 2009.

FRONTINI, Paulo Salvador. Sociedade anônima: a questão do voto múltiplo. **Revista de Direito Mercantil**. São Paulo: Malheiros, v. 113, p. 68-77, jan./mar. 1999.

GABALDON, Theresa A. A Sense of Security: an Empirical Study. **Journal of Corporation Law**, v. 25, n. 2, 2001.

GAMA, Affonso Dionysio. **Das sociedades commerciais**. São Paulo: Saraiva, 1929.

GARCIA, Alexandre Hildebrand. A redução do capital social (em companhias abertas e fechadas). 194 f. Dissertação (Mestrado em Direito) – Faculdade de Direito da Universidade de São Paulo, São Paulo, 2009.

GASPERONI, Nicola. **Le azioni di società**. Padova: Cedam, 1942.

GLAZER, Amihai; GLAZER, Debra; GROFMAN, Bernard. Cumulative Voting in Corporate Elections: Introducing Strategy Into the Equation. **South Carolina Law Review**, v. 35, n. 295, 1984. Disponível em: <http://www.socsci.uci.edu/~bgrofman/Glazer-Glazer-Grofman-Cumulative%20Voting%20in%20Corporate%20Elections%20S%20C%20L%20R.pdf>. Acesso em 07 nov. 2014

GORGA, Érica. **Análise da eficiência de normas societárias**: emissão de preferenciais, *tag along* e composição do conselho fiscal. Disponível em: <http://escholarship.org/uc/item/6xd-441jc>. Acesso em: 06 out. 2014.

GUERREIRO, José Alexandre Tavares. Cheque visado. **Revista de Direito Mercantil**, n. 62, p. 17-24, abr./jun. 1986.

GUERREIRO, José Alexandre Tavares. **Regime jurídico do capital autorizado**. São Paulo: Saraiva, 1984.

HERMIDA, Alberto Javier Tapia. **Derecho del mercado de valores**. Barcelona: Bosch, 2000.

HILT, Eric. **Corporate Ownership and Governance in the Early Nineteenth Century**, out. 2006. Disponível em: <http://econ.barnard.columbia.edu/~econhist/papers/Hilt_Columbia.pdf>. Acesso em 24 jun. 2010.

JUSTEN FILHO, Marçal. **Curso de Direito Administrativo**. 9. ed., São Paulo: Revista dos Tribunais, 2013.

KHACHATURYAN, Arman. The One-Share-One-Vote Controversy in the EU. European Capital Market Institute. **Research Paper**, n. 1, 2006. Disponível em: <http://papers.ssrn.com/sol3/papers.cfm?abstract_id=2005054>. Acesso em: 07 nov. 2014.

LA PORTA, Rafael; LOPEZ-DE-SILANES, Florencio; SHLEIFER, Andrei. What Works in Securities Laws? **The Journal of Finance**, v. 61, n. 1, p. 1-32, fev. 2006.

LAMY FILHO, Alfred; PEDREIRA, José Luis Bulhões. **A Lei das S.A.**: pareceres. 2. ed., Rio de Janeiro: Renovar, 1996.

LARIOS, Carlos Moradillos. La naturaleza juridica de las *stock options* desde la perspectiva laboral y de la seguridad social. **Revista del Ministerio de Trabajo y Asuntos Sociales**. Madri: Ministerio de Trabajo y Asuntos Sociales, n. 29, p. 133-153, 2001.

LEÃES, Luiz Gastão Paes de Barros. O conceito de *security* no Direito norte-americano e o conceito análogo no Direito brasileiro. **Revista de Direito Mercantil Industrial Econômico Financeiro**, v. 13, nova série, n. 14, p. 41-60, 1974.

LEME, Ernesto. **Das acções preferenciaes nas sociedades anonymas**. São Paulo: Saraiva, 1933.

LONG, Joseph C. Interpreting the Statutory Definition of a Security: Some Pragmatic Considerations. **Saint Mary Law Journal**, v. 6, n. 1, p. 95-205, 1974.

LOPES, Mauro Brandão. A contribuição de Tullio Ascarelli à doutrina dos títulos de crédito. **Revista de Direito Mercantil, Industrial e Financeiro**. São Paulo: Malheiros, n. 38, p. 27-35, abr./jun. 1980.

LOPES, Mauro Brandão. Direito de preferência do acionista e a evolução da sociedade anônima no Brasil. **Revista de Direito Mercantil**. São Paulo: Revista dos Tribunais, n. 19, p. 29-46, 1975.

LOPES, Miguel Maria de Serpa. **Curso de Direito Civil**. Rio de Janeiro: Freitas Bastos, 1957.

LOSS, Louis; SELIGMAN, Joel. **Fundamentals of Securities Regulation**. Aspen: Aspen Law & Business, 1998.

LOSS, Louis; YAZAWA, Makoto; BANOFF, Barbara. **Japanese Securities Regulation**. Tokyo: University of Tokyo; Little, Brown, 1983.

LUCENA, José Waldecy. **Das sociedades anônimas**: comentários à lei. Rio de Janeiro: Renovar, 2009.

LYON-CAEN, Charles; RENAULT, Louis. **Traité de Droit Commercial**. 3. ed., Paris: Cotillon, 1898.

MAXIMILIANO, Carlos. **Hermenêutica e aplicação do Direito**. Rio de Janeiro: Forense, 2004.

MCCRAW, Thomas K. **Prophets of Regulation**. Cambridge: Harvard University; The Bleknap, 1984.

MICKLEWAIT, John; WOOLDRIGE, Adrian. **A companhia**: breve história de uma idéia revolucionária. Rio de Janeiro: Objetiva, 2003.

MIRANDA, Custódio da Piedade Ubaldino. Dos contratos em geral: arts. 421 a 480. In: AZEVEDO, Antônio Junqueira de (Coord.). **Comentários ao Código Civil**. São Paulo: Saraiva, 2013.

MORAIS, Helena Catarina Silva. **Acordos parassocias**: restrições em matéria de administração das sociedades. Dissertação (Mestrado) – Faculdade de Direito da Universidade do Porto, Porto, 2010.

MORANDIÈRE, Leon Julier de la. **Droit Commercial**. Paris: Dalloz, 1965.

MUNHOZ, Eduardo Secchi. **Desafios do Direito Societário brasileiro da companhia aberta**: avaliação de controle diluído e concentrado: Direito Societário e desafios atuais. São Paulo: Quartier Latin, 2009.

MUNRO, John. Empreendedores e empreendedorismo na Europa medieval. In: **A origem das corporações**. Rio de Janeiro: Elsevier, 2010.

MUNRO, John. O século de Tawney: 1540-1640: as raízes do moderno empreendedorismo capitalista. In: **A origem das corporações**. Rio de Janeiro: Elsevier, 2010.

MUSACCHIO, Aldo. **Experiments in Financial Democracy**: Corporate Governance and Finacial Development in Brazil, 1882-1950. Cambridge: Cambridge University, 2009.

ONLINE ETYMOLOGY DICTIONARY. Disponível em: <http://www.etymonline.com>. Acesso em 07 nov. 2014.

PARGENDLER, Mariana. Corporate Law in Nineteenth-Century Brazil. **The American Journal of Comparative Law**. Michigan, v. 60, n. 3, p. 805-850, 2012.

PARGENDLER, Mariana. The Evolution of Shareholder Voting Rights: Separation of Ownership and Consumption. **The Yale Law Journal**. Yale, v. 123, n. 4, p. 947-1.013, 2014.

PARGENDLER, Mariana; HANSMANN, Henry. A View of Shareholders Voting in the Nineteenth Century: Evidence from Brazil, England and France. **Business History**. v. 55, n. 4, p. 582-597, 2013.

PEDREIRA, José Luiz Bulhões. Acordo de Acionistas sobre controle de grupos de sociedades: validade da estipulação de que os membros do conselho de administração de controladas devem votar em bloco segundo orientação definida pelo grupo controlador. **Revista de Direito Bancário, do Mercado de Capitais e da Arbitragem**. São Paulo: Revista dos Tribunais, v. 5, n. 15, p. 226-248, jan./mar. 2002.

PEIXOTO, Carlos Fulgêncio da Cunha. **Sociedade por ações**. São Paulo: Saraiva, 1972-1973. 3 v.

PELA, Juliana Krueger. **As *golden shares* no Direito brasileiro**. São Paulo: Quartier Latin, 2012.

PERES, J. J. Vieira. Ações preferenciais sem voto. **Revista de Direito e de Estudos Sociais**. Coimbra: Almedina, v. 30, n. 4, set./dez. 1988.

PIRES, Gudesteu. **Manual das sociedades anônimas**. Rio de Janeiro: Freitas Bastos, 1942.

PONTES DE MIRANDA, Francisco Cavalcanti. **Tratado de Direito Privado**. Rio de Janeiro: Henrique Cahen, 1947.

REQUIÃO, Rubens et al. **Comentários à Lei de Sociedades Anônimas**. São Paulo: Saraiva, 1980.

REQUIÃO, Rubens. **Aspectos modernos de Direito Comercial**: estudos e pareceres São Paulo: Saraiva, 2010.

RIPERT, George. **Droit Commerciel**. Paris: Librarie Générale de Droit et de Jurispridence, 1963.

ROBINS, Nick. **The Corporation that Changed the World**. PlutoPress, 2006.

RODRIGUES, Nuno Cunha. *Golden shares*: as empresas participadas e os privilégios do Estado enquanto acionista minoritário. Coimbra: Coimbra, 2004.

SCAMELL, G. V. **The World Encompassed**: The First European Maritime Empires: c. 800-1650. Oakland: University of California, 1981.

SELIGMAN, Joel. Equal Protection in Shareholder Voting Rights: The One Common Share, One Vote Controversy. **George Washington Law Review**, n. 687, 1985-1986.

SILVA, Nuno Miguel Vieira da. Estudo sobre contratos mistos. **Verbo Jurídico**, 2006. Disponível em: <http://www.verbojuridico.com/doutrina/civil/civil_contratosmistos.pdf>. Acesso em 07 nov. 2014.

SMITH, Marion. Limitations on the Validity of Voting Trusts. **Columbia Law Review**. New York, v. 22. n. 7, p. 627-637, nov. 1922.

STEDMAN, Graham; JONES, Janet. **Shareholders' Agreement**. Londres: Longman Law, 1995.

TEIXEIRA, Egberto Lacerda; GUERREIRO, José Alexandre Tavares. **Das sociedades anônimas no Direito brasileiro**. Rio de Janeiro: José Bushatsky, 1979.

THEISSEN, Erik. Organized Equity Market in Germany. In: KRAHNEN, Jan Pieter; SCHMIDT, Reinhard H. (Eds.). **The German Financial System**. Oxford: Oxford University, 2004, p. 139-163.

TRIGO, Maria da Graça. **Os acordos parassociais sobre o exercício do direito de voto**. 2. ed., Lisboa: Universidade Católica de Lisboa, 2011.

TRUBECK, David; VIEIRA, Jorge Hilário Gouveia; SÁ, Paulo Fernandes de. **Mercado de capitais brasileiro**. São Paulo: Saraiva; Direito GV, 1971.

VALVERDE, Trajano de Miranda. **Comentários à Lei das Sociedades Anônimas**. 4. ed., Rio de Janeiro: Forense, 1959.

VALVERDE, Trajano de Miranda. **Sociedade por ações**: comentários ao Decreto-Lei n. 2.627, de 26 de setembro de 1940. Rio de Janeiro: Forense, 1959.

VAN RYN, Jean; HEENEN, Jacques. **Principe de Droit Commercial**. Bruxelas: É. Bruylant, 1976.

VERGUEIRO, Carlos Eduardo. **Acordos de acionistas e a governança das companhias**. São Paulo: Quatier Latin, 2010.

VIVANTE, Cesare. **Trattato di Diritto Commerciale**. Milano: Francesco Vallardi, 1929.

VOTING TRUSTS: Their Nature and Validity. **Harvard Law Review**, v. 40, n. 1, p. 106-110, nov. 1926.

VRIES, Jan de; WOUDE, Ad van der. **The First Modern Economy**: Success, Failure, and Perseverance of the Dutch Economy: 1500-1815. Cambridge: Cambridge University, 1997.

WALD, Arnold. Do descobrimento de denúncia unilateral de pacto parassocial que estrutura o grupo societário. **Revista de Direito Mercantil Industrial Econômico e Financeiro**. São Paulo: Revista dos Tribunais, v. 30, n. 81, p. 13-21, jan./mar. 1991.

WALD, Arnold. Parecer. **Revista de Direito Civil Imobiliário, Agrário e Empresarial**. São Paulo: Revista dos Tribunais, v. 78, p. 151-175, out./dez. 1996.

WALD, Arnold; MORAES, Luiza Rangel de. Regime das ações preferenciais na nova legislação societária. **Revista de Direito Bancário e do Mercado de Capitais**. São Paulo: Revista dos Tribunais, v. 1, n. 1, p. 41-44, jan./abr. 1998.

WALD, Arnold. Sociedade limitada: necessidade de aprovação de quotista na transferência de quotas: direito de bloqueio: direito do sócio remanescente de não subscrever o acordo de quotistas com o adquirente de quotas perante o poder judiciário antes de instaurado o juízo arbitral: foro competente. **Revista de Direito Bancário e de Mercado de Capitais**. São Paulo: Revista dos Tribunais, v. 8, n. 27, p. 141-200, jan./mar. 2005.

WANG, William K. S. Pooling Agreements Under the New California General Corporation Law. **University of California Law Review**. Los Angeles, v. 23, n. 1.171, 1976.

WORMSER, I. Maurice. The Legality of Corporate Voting Trust and Pooling Agreements. **Columbia Law Review**. New York, v. 18, n. 2, p. 123-136, fev. 1918.

ZILBER, Maurice. Corporate Tender Offers for Their Own Stock: Legal and Financial Considerations. **University of Cincinnati Law Review**. Cincinnati, v. 33, n. 315, p. 315-380, verão 1964.

ÍNDICE REMISSIVO

Ação
  Ação de tesouraria: 266
  Ação escritural: 203
  Ação ordinária: 363
  Ação preferencial: 523
  Ações dadas em garantia: 426
  Acordo de acionistas: 436, 453
    Arquivamento: 488
    Execução: 497
    Prazo: 479
    Rescisão: 479
    Vigência: 479
  Amortização: 325
  Classe: 212
  Conversão: 222, 245
  Definição: 198
  Direito de subscrição: 244, 335, 469
    Direito de preferência: 242, 477, 523
  Dividendo: 208
  Espécie: 212
  Reembolso: 319
  Resgate: 329
  Valor nominal: 208
  Voto: 371, 382, 400
    Conflito de interesse: 430, 461
    Múltiplo: 418
    Negociação: 468
    Procuração: 400

Acionista
   Dever: 200, 263
   Direito: 187, 200, 219, 224
   Responsabilidade: 200, 481

Administração
   Dever: 253, 260, 273
   Direito: 293
   Responsabilidade: 223, 238, 292
   Conselho de administração
     Competência: 218, 262
     Dever: 244
     Direito: 294
     Responsabilidade: 294
   Conselho fiscal
     Competência: 250, 408
     Dever: 528
     Responsabilidade: 409
   Diretoria
     Dever: 262
     Direto: 298
     Responsabilidade: 187

Assembleia geral: 208

Balanço: 98, 208, 258, 311, 320

Bloqueio: 477

Bolsa
   BM&FBovespa: 308, 324, 401
   Bolsa de Amsterdã: 198
   Bolsa de Valores de Londres: 126, 129
   New York Stock Exchange: 105, 122, 390, 530
   Nasdaq: 390
   Chicago Mercantile Exchange: 122

Bond: 58, 82

Bônus de subscrição: 335

Câmbio: 165

Capital social
  Aumento: 220
  Redução: 250

Cautela: 161

Certificado de ação: 163, 206

Colocação: 51, 173

Commercial paper: 34, 156, 185

Companhia: 193
  Companhia de economia mista: 441
    Interesse público: 445

Contrato de investimento: 55
  Contrato de investimento coletivo: 44, 176

Controle: 242, 472

Crédito quirografário: 323, 426

Comissão de Valores Mobiliários: 170

Depositário: 162, 431

Duplicata: 46

Efeito de comércio: 45

Emissão: 160, 176, 206, 208, 210, 222
  Escritura: 41, 167, 189, 256, 336
  Registro: 310

Endosso: 21, 203

Estatuto social: 200, 213, 270, 320, 325, 333

Garantia
  Garantia real: 178
    Alienação fiduciária: 430
    Penhor: 426

Golden share: 213

Integralização: 216, 220, 256, 263

Interesse social: 469

Jurisprudência norte-americana: 55
  Edwards: 103
  Forman: 77
  Howey: 66
  Joiner: 64
  Landreth: 88
  Marine Bank: 86
  Reves: 97
  Ruefenacht: 95
  Tcherepnin: 75
  Teamsters: 82
  United: 73
  VALIC: 70

Letra de câmbio: 45

Mercado
  Mercado de capitais: 48, 87, 128, 168
  Mercado de valores mobiliários: 157
  Mercado financeiro: 165
  Mercado primário: 163, 193
  Mercado secundário: 160, 193
  Liquidez: 162, 194, 222, 308, 319, 368, 529

Nota promissória: 31, 45, 59

Notes: 92, 100

Oferta pública: 51, 175

Participação: 208
  Diluição: 222

Portador: 161

Prêmio: 329, 543

Quórum
  Amortização: 325
  Modificação do capital social: 220
  Resgate: 334

SEC: 57

Security: 62

Sócio: 199
  Sócio minoritário: 254, 319, 382, 401, 420, 475, 495
  Sócio preferencialista: 319, 329, 393, 424, 495, 523

Stock option: 293

Subscrição: 200

Título de crédito: 27

Trust: 438

Usufruto: 426

Valor mobiliário: 17

Warrant: 42, 48

Copyright © 2015 Ary Oswaldo Mattos Filho

Todos os direitos reservados. A reprodução não autorizada desta publicação, no todo ou em parte, constitui violação do copyright (Lei n. 9.610/1998).

1ª edição – 2015

Edição de texto: Hugo Maciel de Carvalho
Revisão de provas: Hugo Maciel de Carvalho
Serviços bibliográficos: Valkiria Zacharias da Silva
Projeto gráfico de miolo: Negrito Produção Editorial
Diagramação: Negrito Produção Editorial
Capa e aberturas de capítulo: Ultravioleta Design
Produção gráfica: Ultravioleta Design

M435d
   Mattos Filho, Ary Oswaldo.
   Direito dos Valores Mobiliários / Ary Oswaldo Mattos Filho. – Rio de Janeiro: FGV, 2015.

Inclui Bibliografia.
ISBN: 978-85-225-1724-4 (v.1, t.1).

1. Valores Mobiliários. 2. Direito. 3. Ações. I. Título. II. Ary Oswaldo Mattos Filho, 1940-. III. Fundação Getúlio Vargas.

                                         CDD – 332.6322

Direitos desta edição reservados à
EDITORA FGV
Rua Jornalista Orlando Dantas, 37
22231-010 – Rio de Janeiro – Brasil
Tels.: 0800-021-7777 – 21-3799-4427
Fax: 21-3799-4430
E-mail: editora@fgv.br – pedidoseditora@fgv.br

Impresso no Brasil/Printed in Brazil